企业财务会计报告编制指南

（2012 版）

财政部企业司 编

中国财政经济出版社

图书在版编目（CIP）数据

企业财务会计报告编制指南：2012 版 / 财政部企业司编．—北京：中国财政经济出版社，2012.12

ISBN 978-7-5095-4160-9

Ⅰ.①企… Ⅱ.①财… Ⅲ.①企业-财务会计-会计报表-编制-中国-2012-指南 Ⅳ.①F275.2-62

中国版本图书馆 CIP 数据核字（2012）第 295531 号

责任编辑：吕小军　　责任校对：杨瑞琦

封面设计：郁　佳

中国财政经济出版社出版

URL：http：//www.cfeph.cn

E-mail：cfeph@cfeph.cn

社址：北京市海淀区阜成路甲 28 号　邮政编码：100142

营销中心电话：88190406　北京财经书店电话：64033436　84041336

北京财经印刷厂印刷　各地新华书店经销

787×1092 毫米　16 开　39.75 印张　1 288 000 字

2012 年 12 月第 1 版　2012 年 12 月北京第 1 次印刷

印数：1—5 000 定价：65.00 元

ISBN 978-7-5095-4160-9/F·3379

（图书出现印装问题，本社负责调换）

本社质量投诉电话：010-88190744

编 写 说 明

《企业财务会计报告编制指南》（以下称《指南》）是在原来《企业财务会计报告编制手册》的基础上撰写而成的。《指南》内容改变了传统的制度汇编形式，除编制快报和年度决算等工作要求外，增加了如何加强财务报告分析等内容，突出了一年多来最新发布实施的财政支持企业相关政策及系列解读，更具实用性、知识性和政策性，有助于各级财政部门、中央部门和各类企业科学分析和有效利用财务数据，掌握最新政策。

本书内容共分三部分。第一部分为企业财务报告编制要求和实用分析方法，以贯彻财政部《加强企业财务信息管理暂行规定》及其解读为主线，明确了2012年度企业财务会计决算和2013年度企业经济效益月度快报相关要求，收录了2012年1—10月快报分析实例和数篇基于快报和决算数据撰写而成的分析报告。第二部分为最新发布实施的财政企业政策及解读，包括首次试行的中央国有资本经营预算资金绩效评价制度、修订后的中小企业担保专项资金和中小企业发展专项资金政策、修订后的物联网发展专项资金政策、新建立的稀土产业资金政策等。第三部分为相关财务会计制度及政策，包括近年来最新发布实施的相关财务会计制度、财税政策以及工作文件等。

本书的出版对各级财政部门、中央部门和各类企业而言，无疑是一件重大利好。这是一本有价值的综合性工作手册，阅读和备查本书，能够全面提升财务报告编报质量和分析利用水平，有助于广大财政财务工作者掌握最新财政政策，实现知识更新并增强实际工作能力，更好地服务于宏观经济管理和企业改革发展。

财政部企业司

2012年12月

目　录

第一部分　企业财务报告编制要求与分析方法

财政部关于印发《加强企业财务信息管理暂行规定》的通知
（2012 年 2 月 17 日　财企［2012］23 号） ……………………………………………（ 3 ）
加强企业财务信息管理　科学研判经济形势——财政部企业司关于《加强企业财务信息管理暂行规定》的解读 ……………………………………………………（ 6 ）
2012 年度企业财务会计决算报表及编制说明 ……………………………………………（ 14 ）
财政部关于印发 2012 年度企业财务会计决算报表的通知
（2012 年 11 月 8 日　财企［2012］373 号） ……………………………………………（ 14 ）
财政部关于印发 2012 年度外商投资企业财务会计决算报表的通知
（2012 年 11 月 8 日　财企［2012］374 号） ……………………………………………（115）
财政部办公厅关于做好 2013 年企业经济效益月度快报工作的通知
（2012 年 11 月 22 日　财办企［2012］117 号） ………………………………………（143）
财务报告分析利用及参考范例 ……………………………………………………………（167）
常用财务分析方法及关注的重点领域…………………………………………………（167）
参考范例一：全国国有企业经济运行形势持续严峻 …………………………………（175）
参考范例二：2011 年度全国国有企业财务会计决算情况报告 ………………………（179）
参考范例三：2011 年度外商投资企业财务会计决算情况报告 ………………………（183）
参考范例四：财政部关于我国国有企业十年发展的报告 ……………………………（189）

第二部分　最新发布实施的财政企业政策及解读

财政部关于开展 2008—2011 年中央国有资本经营预算支出项目绩效评价工作的通知
（2012 年 11 月 9 日　财企［2012］384 号） ……………………………………………（201）
财政部企业司负责人就试行中央国有资本经营预算支出项目绩效评价答记者问 ………（207）
财政部　工业和信息化部关于印发《中小企业发展专项资金管理办法》的通知
（2012 年 5 月 25 日　财企［2012］96 号） ………………………………………………（210）
突出支持重点　改革管理方式——财政部企业司关于修订中小企业发展专项资金政策

解读 …………………………………………………………………………………………（213）
财政部　工业和信息化部关于印发《中小企业信用担保资金管理办法》的通知
（2012年5月25日　财企［2012］97号）…………………………………………（216）
缓解小型微型企业融资难的一项重要财政政策——财政部企业司关于修订中小企业
信用担保资金政策解读 …………………………………………………………（219）
财政部　工业和信息化部关于印发《物联网发展专项资金管理暂行办法》的通知
（2012年8月17日　财企［2012］225号）…………………………………………（222）
财政部修改管理办法　助推物联网产业发展——关于修订后《物联网发展专项资金
管理暂行办法》解读 ………………………………………………………………（224）
财政部　工业和信息化部关于印发《稀土产业调整升级专项资金管理办法》的通知
（2012年11月9日　财企［2012］375号）…………………………………………（227）
关于促进我国稀土产业调整升级的一项重要财政政策解读 ………………………（230）
财政部关于印发《中国资产评估行业发展规划》的通知
（2012年10月23日　财企［2012］330号）…………………………………………（232）
中国资产评估行业迎来了前所未有的发展机遇
——《中国资产评估行业发展规划》解读之一…………………………………（235）
转观念　顺形势　绘制行业发展宏伟蓝图
——《中国资产评估行业发展规划》解读之二…………………………………（237）
市场需求是资产评估行业加快发展的根本
——《中国资产评估行业发展规划》解读之三…………………………………（240）
科学定位　协调发展　打造资产评估机构发展新格局
——《中国资产评估行业发展规划》解读之四…………………………………（244）
全面实施我国资产评估行业人才战略
——《中国资产评估行业发展规划》解读之五…………………………………（248）
财政部　国家安全生产监督管理总局关于印发《中央国有资本经营预算安全生产
保障能力建设专项资金管理暂行办法》的通知
（2011年8月26日　财企［2011］239号）…………………………………………（253）
财政部　国家安全生产监督管理总局关于印发《企业安全生产费用提取和使用
管理办法》的通知
（2012年2月14日 财企［2012］16号）……………………………………………（259）
财政部着力构建企业安全生产财务制度及财政政策体系
——财政部企业司解读企业安全生产费用财务制度和安全生产专项资金政策 ………（267）
2011年以来财政部领导关于市场经济条件下财政企业工作转型升级相关问题讲话……（271）
刘红薇部长助理在2011年度中央企业财务会计报告布置会上的讲话 ………………（271）
关于新时期财政企业工作若干问题的思考——刘玉廷司长在2010年度企业财务
决算汇审工作会议上的讲话…………………………………………………………（273）
刘玉廷司长在2011年度全国地方企业财务会计报告布置会上的发言 ………………（279）
刘玉廷司长在全国地方财政与企业财务工作暨2011年度企业财务会计决算汇审会议
上的讲话……………………………………………………………………………（281）

刘玉廷司长在2012年度企业财务会计报告布置培训会上的讲话 ……………………（286）

第三部分 相关财务会计制度及政策文件

一、相关财务制度及政策文件

财政部关于实施修订后的《企业财务通则》有关问题的通知
（2007年3月20日 财企［2007］48号） ……………………………………（291）
国资委 财政部 科技部关于印发《中央科研设计企业实施中长期激励试行办法》的通知
（2007年5月18日 国资发分配［2007］86号） ……………………………（292）
财政部关于企业加强研发费用财务管理的若干意见
（2007年9月4日 财企［2007］194号） …………………………………（294）
国务院关于试行国有资本经营预算的意见
（2007年9月8日 国发［2007］26号） ……………………………………（296）
财政部关于淘汰高能耗 高污染行业落后生产设备设施有关财务问题的通知
（2007年9月14日 财企［2007］198号） …………………………………（298）
财政部 国资委关于印发《中央企业国有资本收益收取管理暂行办法》的通知
（2007年12月11日 财企［2007］309号） ………………………………（299）
财政部关于企业新旧财务制度衔接有关问题的通知
（2008年2月26日 财企［2008］34号） …………………………………（302）
财政部关于中外合作经营企业外方合作者先行回收投资有关问题的通知
（2008年8月6日 财企［2008］159号） …………………………………（303）
财政部关于外商投资企业场地使用费征收问题的意见
（2008年8月21日 财企［2008］166号） ………………………………（304）
国资委 财政部关于规范国有控股上市公司实施股权激励制度有关问题的通知
（2008年10月21日 国资发分配［2008］171号） ………………………（304）
财政部关于企业重组有关职工安置费用财务管理问题的通知
（2009年6月25日 财企［2009］117号） ………………………………（307）
财政部 国家安全监管总局关于印发《中央下放地方政策性关闭破产有色金属矿山企业尾矿库闭库治理安全工程项目和补助资金管理暂行办法》的通知
（2009年7月8日 财企［2009］120号） …………………………………（308）
财政部 安全监管总局 煤矿安监局关于印发《中央财政整顿关闭小煤矿专项资金管理办法》的通知
（2009年8月20日 财企［2009］175号） ………………………………（311）
财政部关于企业公益性捐赠股权有关财务问题的通知
（2009年10月20日 财企［2009］213号） ………………………………（312）
财政部关于企业加强职工福利费财务管理的通知
（2009年11月12日 财企［2009］242号） ………………………………（313）

财政部关于提高化学矿山维持简单再生产费用标准的通知
（2009 年 11 月 13 日　财企［2009］240 号）……………………………………………（314）
财政部关于中央下放政策性关闭破产有色金属矿山企业尾矿库闭库治理安全工程项目概算审核有关问题的通知
（2010 年 1 月 12 日　财企［2010］2 号）………………………………………………（315）
财政部　科技部关于印发《中关村国家自主创新示范区企业股权和分红激励实施办法》的通知
（2010 年 2 月 1 日　财企［2010］8 号）………………………………………………（317）
财政部关于中央企业重组中退休人员统筹外费用财务管理问题的通知
（2010 年 5 月 21 日　财企［2010］84 号）……………………………………………（323）
财政部关于印发《地方特色产业中小企业发展资金管理暂行办法》的通知
（2010 年 6 月 10 日　财企［2010］103 号）…………………………………………（324）
财政部　工业和信息化部关于印发《中央财政政策关闭小企业补助资金管理办法》的通知
（2010 年 9 月 17 日　财企［2010］231 号）…………………………………………（327）
财政部　公安部　国家税务总局关于石油天然气和“三电”基础设施安全保护费用管理问题的通知
（2010 年 10 月 11 日　财企［2010］291 号）………………………………………（331）
财政部　科技部关于《中关村国家自主创新示范区企业股权和分红激励实施办法》的补充通知
（2011 年 1 月 10 日　财企［2011］1 号）……………………………………………（333）
国务院办公厅关于在全国范围内开展厂办大集体改革工作的指导意见
（2011 年 4 月 18 日　国办发［2011］18 号）…………………………………………（333）
财政部关于印发《中央国有资本经营预算节能减排资金管理暂行办法》的通知
（2011 年 4 月 18 日　财企［2011］92 号）……………………………………………（336）
工业和信息化部　国家统计局　国家发展和改革委员会　财政部关于印发《中小企业划型标准规定》的通知
（2011 年 6 月 18 日　工信部联企业［2011］300 号）………………………………（337）
财政部关于印发《中央国有资本经营预算企业离休干部医药费补助资金管理办法》的通知
（2011 年 7 月 26 日　财企［2011］206 号）…………………………………………（339）
财政部　科技部关于印发《中欧中小企业节能减排科研合作资金管理暂行办法》的通知
（2011 年 8 月 8 日　财企［2011］226 号）……………………………………………（345）
财政部关于印发《中央国有资本经营预算编报办法》的通知
（2011 年 10 月 13 日　财企［2011］318 号）…………………………………………（347）
财政部　国家发展改革委关于公布取消 253 项涉及企业行政事业性收费的通知
（2011 年 12 月 30 日　财综［2011］127 号）…………………………………………（365）
财政部关于扩大中央国有资本经营预算实施范围有关事项的通知

（2012 年 1 月 13 日　财企［2012］3 号）……………………………………………（375）
财政部　监察部　审计署　国资委关于印发《国有企业负责人职务消费行为监督管理暂行办法》的通知
（2012 年 2 月 13 日　财企［2012］15 号）……………………………………………（376）
财政部关于印发《国家级经济技术开发区　国家级边境经济合作区基础设施项目贷款中央财政贴息资金管理办法》的通知
（2012 年 3 月 19 日　财建［2012］94 号）……………………………………………（378）
财政部关于印发《基本建设贷款中央财政贴息资金管理办法》的通知
（2012 年 3 月 19 日　财建［2012］95 号）……………………………………………（381）
财政部关于调整石油特别收益金征收方式的通知
（2012 年 4 月 5 日　财企［2012］42 号）……………………………………………（385）
财政部　商务部关于做好 2012 年度进口贴息资金申报工作的通知
（2012 年 4 月 18 日　财企［2012］55 号）……………………………………………（386）
财政部关于重新修订印发《文化产业发展专项资金管理暂行办法》的通知
（2012 年 4 月 28 日　财文资［2012］4 号）……………………………………………（388）
财政部　商务部关于印发《进口贴息资金管理暂行办法》的通知
（2012 年 6 月 11 日　财企［2012］142 号）……………………………………………（391）
财政部　商务部关于做好 2012 年度茧丝绸发展专项资金管理工作的通知
（2012 年 6 月 27 日　财企［2012］174 号）……………………………………………（394）
财政部　商务部关于做好 2012 年度承接国际服务外企业务发展资金管理工作的通知
（2012 年 6 月 29 日　财企［2012］165 号）……………………………………………（397）
国务院国有资产监督管理委员会　国家发展和改革委员会　财政部关于进一步做好中央级财政资金转为部分中央企业国家资本金有关工作的通知
（2012 年 7 月 18 日　国资发法规［2012］103 号）……………………………………（406）
财政部关于做好中央文化企业国有资本经营预算支出管理工作的通知
（2012 年 7 月 23 日　财文资［2012］9 号）……………………………………………（407）
财政部　工业和信息化部关于印发《工业转型升级资金管理暂行办法》的通知
（2012 年 8 月 3 日　财建［2012］567 号）……………………………………………（409）
财政部　民航局关于印发《民航节能减排专项资金管理暂行办法》的通知
（2012 年 8 月 5 日　财建［2012］547 号）……………………………………………（411）
财政部关于做好 2012 年对外劳务合作服务平台支持资金管理工作的通知
（2012 年 8 月 10 日　财企［2012］217 号）……………………………………………（413）
财政部关于编报 2013 年中央国有资本经营预算建议草案的通知
（2012 年 8 月 30 日　财企［2012］243 号）……………………………………………（415）
财政部关于印发《国有冶金矿山企业发展专项资金管理办法》的通知
（2012 年 11 月 7 日　财企［2012］362 号）……………………………………………（417）

二、相关会计制度

财政部关于印发《企业会计准则解释第 1 号》的通知

（2007 年 11 月 16 日　财会［2007］14 号）……………………………………（420）
财政部关于印发《非上市银行业金融机构执行〈企业会计准则〉有关衔接规定》的通知
（2007 年 12 月 29 日　财会［2007］16 号）……………………………………（423）
财政部　证监会　审计署　银监会　保监会关于印发《企业内部控制基本规范》的通知
（2008 年 5 月 22 日　财会［2008］7 号）……………………………………（424）
财政部关于印发《企业会计准则解释第 2 号》的通知
（2008 年 8 月 7 日　财会［2008］11 号）……………………………………（430）
财政部关于印发《企业会计准则解释第 3 号》的通知
（2009 年 6 月 11 日　财会［2009］8 号）……………………………………（432）
财政部　证监会　审计署　银监会　保监会关于印发企业内部控制配套指引的通知
（2010 年 4 月 15 日　财会［2010］11 号）……………………………………（435）
财政部关于印发《企业会计准则解释第 4 号》的通知
（2010 年 7 月 14 日　财会［2010］15 号）……………………………………（436）
财政部关于印发《营业税改征增值税试点有关企业会计处理规定》的通知
（2012 年 7 月 5 日　财会［2012］13 号）……………………………………（439）
财政部关于印发《企业会计准则解释第 5 号》的通知
（2012 年 11 月 5 日　财会［2012］19 号）……………………………………（441）

三、相关税收政策文件

财政部　国家税务总局关于补充养老保险费　补充医疗保险费有关企业所得税政策问题的通知
（2009 年 6 月 2 日　财税［2009］27 号）……………………………………（444）
财政部　国家税务总局关于专项用途财政性资金有关企业所得税处理问题的通知
（2009 年 6 月 16 日　财税［2009］87 号）……………………………………（444）
财政部　国家税务总局关于对跨年度老合同实行营业税过渡政策的通知
（2009 年 8 月 25 日　财税［2009］112 号）……………………………………（445）
财政部　国家税务总局关于固定资产进项税额抵扣问题的通知
（2009 年 9 月 9 日　财税［2009］113 号）……………………………………（446）
国务院关于统一内外资企业和个人城市维护建设税和教育费附加制度的通知
（2010 年 10 月 18 日　国发［2010］35 号）……………………………………（446）
财政部　国家税务总局关于促进节能服务产业发展增值税、营业税和企业所得税政策问题的通知
（2010 年 12 月 30 日　财税［2010］110 号）……………………………………（447）
财政部　国家税务总局关于继续执行宣传文化增值税和营业税优惠政策的通知
（2011 年 12 月 7 日　财税［2011］92 号）……………………………………（448）
财政部　国家税务总局关于应税服务适用增值税零税率和免税政策的通知
（2011 年 12 月 29 日　财税［2011］131 号）……………………………………（454）

财政部　国家税务总局关于交通运输业和部分现代服务业营业税改征增值税试点若干税收政策的通知
（2011 年 12 月 29 日　财税［2011］133 号）……………………………………（455）
财政部　国家税务总局关于公共基础设施项目和环境保护、节能节水项目企业所得税优惠政策问题的通知
（2012 年 1 月 5 日　财税［2012］10 号）……………………………………（456）
财政部　国家税务总局关于企业事业单位改制重组契税政策的通知
（2012 年 1 月 12 日　财税［2012］4 号）……………………………………（457）
财政部　国家税务总局关于固定业户总分支机构增值税汇总纳税有关政策的通知
（2012 年 1 月 16 日　财税［2012］9 号）……………………………………（459）
财政部　国家税务总局关于物流企业大宗商品仓储设施用地城镇土地使用税政策的通知
（2012 年 1 月 20 日　财税［2012］13 号）……………………………………（459）
财政部　工业和信息化部　海关总署　国家税务总局关于调整重大技术装备进口税收政策有关目录的通知
（2012 年 3 月 7 日　财关税［2012］14 号）……………………………………（460）
财政部　国家税务总局关于中小企业信用担保机构有关准备金企业所得税税前扣除政策的通知
（2012 年 4 月 11 日　财税［2012］25 号）……………………………………（462）
财政部　国家税务总局关于进一步鼓励软件产业和集成电路产业发展企业所得税政策的通知
（2012 年 4 月 20 日　财税［2012］27 号）……………………………………（463）
财政部　国家税务总局关于工伤职工取得的工伤保险待遇有关个人所得税政策的通知
（2012 年 5 月 3 日　财税［2012］40 号）……………………………………（465）
财政部　国家税务总局关于出口货物劳务增值税和消费税政策的通知
（2012 年 5 月 25 日　财税［2012］39 号）……………………………………（466）
财政部　国家税务总局关于广告费和业务宣传费支出税前扣除政策的通知
（2012 年 5 月 30 日　财税［2012］48 号）……………………………………（474）
财政部　国家税务总局关于交通运输业和部分现代服务业营业税改征增值税试点若干税收政策的补充通知
（2012 年 6 月 29 日　财税［2012］53 号）……………………………………（474）
财政部　国家税务总局关于在北京等 8 省市开展交通运输业和部分现代服务业营业税改征增值税试点的通知
（2012 年 7 月 31 日　财税［2012］71 号）……………………………………（475）

附录　有关国家标准

国家标准：《全国组织机构代码编制规则》GB 11714—1997 ……………………（479）

国家标准:《中央党政机关、人民团体及其他机构代码》GB/T 4657—2002 …………(480)
国家标准:《中华人民共和国行政区划代码》GB/T 2260—2007 ……………………(484)
国家标准:《国民经济行业分类与代码》GB/T 4754—2011 ……………………(519)
国家标准:《世界各国和地区名称代码》GB/T 2659—2000 ……………………(578)
国家统计局关于印发统计上大中小微型企业划分办法的通知
(2011 年 9 月 2 日 国统字[2011]75 号)……………………………………(621)

第一部分

企业财务报告编制要求与分析方法

财政部关于印发《加强企业财务信息管理暂行规定》的通知

2012 年 2 月 17 日　财企［2012］23 号

党中央有关部门，国务院有关部委、有关直属机构，全国人大常委会办公厅，全国政协办公厅，高法院，高检院，有关人民团体，各省、自治区、直辖市、计划单列市财政厅（局），新疆生产建设兵团财务局，有关中央管理企业：

为规范和加强财政部门对企业财务信息的收集汇总和利用，确保企业财务信息的真实、及时、完整，充分发挥企业财务信息在国家宏观经济管理和企业改革发展中的重要作用，依据《中华人民共和国预算法》、《中华人民共和国会计法》、《企业财务会计报告条例》等法律法规，我们制定了《加强企业财务信息管理暂行规定》。现予印发，请遵照执行。

附件：加强企业财务信息管理暂行规定

附件：

加强企业财务信息管理暂行规定

第一章　总　　则

第一条　为进一步规范和加强新时期企业财务信息管理，充分发挥企业财务信息在宏观经济管理和企业改革发展中的重要作用，根据《中华人民共和国预算法》、《中华人民共和国会计法》、《企业财务会计报告条例》等法律法规，制定本规定。

第二条　本规定所称企业财务信息管理，是指各级财政部门组织、收集、监测、分析和报告各类企业财务信息的行为。

第三条　企业财务信息管理工作由财政部统一组织，各中央部门、中央企业、省级财政部门（以下统称企业财务信息管理单位）负责本系统、本地区企业财务信息管理工作。

第四条　企业财务信息主要包括以下内容：

（一）国有企业经济效益月度快报；

（二）国有企业年度财务会计决算报告；

（三）集体企业年度财务会计决算报告；

（四）外商投资企业年度财务会计决算报告；

（五）财政管理需要掌握的其他企业财务信息。

第二章　企业财务信息收集汇总

第五条　财政部每年度对企业财务信息管理工作进行统一布置。企业财务信息管理单位应当按照统一要求，组织和落实本系统、本地区企业财务信息管理工作。

（一）企业遵照国家相关法律法规和财政部相关文件要求，按照隶属关系或属地原则向上级单位或同级财政部门报送企业财务信息。地市、县级财政部门对本地区企业财务信息进行收集、汇总，并就信息的规范性和完整性审核后报省级财政部门。

（二）企业财务信息管理单位对本系统、本地区企业财务信息进行收集、汇总，并就信息的规范性和完整性审核后报财政部。

（三）财政部对企业财务信息管理单位报送的企业财务信息进行复审、汇总后形成全国企业财务信息。

第六条　国有企业经济效益月度快报反映国有及国有控股企业（企业集团为纳入合并报表范围的企业，下同）月度主要财务指标和主要生产经营情况。由企业财务信息管理单位组织所属企业对月度快报逐级汇总上报，于次月10日前报送财政部。

第七条　国有企业年度财务会计决算报告反映国有企业及国有控股企业年度财务状况和经营成果。由企业财务信息管理单位组织所属企业对决算报告逐级汇总上报，于次年4月30日前报送财政部。

集体企业年度财务会计决算报告反映集体所有制企业年度财务状况和经营成果。由地市、县级财政部门按企业注册地进行收集、汇总，并就信息的规范性和完整性审核，报送省级财政部门审核、汇总后，于次年4月30日前报送财政部。

外商投资企业年度财务会计决算报告反映外商投资企业年度财务状况和经营成果。由地市、县级财政部门根据外商投资企业相关法律法规以及国家有关部委有关外商投资企业联合年检的规定，按企业注册地进行收集、汇总，并就信息的规范性和完整性审核，报送省级财政部门审核、汇总后，于次年按规定的时间报送财政部。

第八条　企业财务信息管理单位在年度决算工作中，应当加强决算质量的审核，同时关注企业收到和使用财政性资金及其带动社会资本的有关情况。

企业收到的财政性资金应当纳入企业预算管理，实现资金统一管控，提高财政性资金使用的整体效益。企业收到资本性财政性资金，列作国有实收资本或股本，企业股东（大）会或董事会、经理办公会等决策机构应当出具同意注（增）资的书面材料。企业一个会计年度内多次收到资本性财政性资金的，可暂作资本公积，但应在次年履行法定程序转增国有实收资本或股本；发生增资扩股、改制上市等事项，应当及时转增。

企业集团母公司将资本性财政性资金拨付所属全资或控股法人企业使用的，应当作为股权投资。母公司所属控股法人企业暂无增资扩股计划的，列作委托贷款，与母公司签订协议，约定在发生增资扩股、改制上市等事项时，依法将委托贷款转为母公司的股权投资。

企业收到费用性财政性资金，列作收益，符合《财政部　国家税务总局关于专项用途财政性资金企业所得税处理问题的通知》（财税［2011］70号）规定不征税条件的，可作为不征税收入。企业按规定将费用性财政性资金拨付所属全资或控股法人企业使用，中间拨付环节企业均作为往来款项。

第九条　企业财务信息管理单位应当确定纳入企业财务信息汇总范围的各类企业法人户数和重点企业名单，建立逐级审核责任制，确保所收集和汇总的企业财务信息的规范性和完整性。

企业对其所报送的财务信息的真实性、完整性负责。

第十条　地市、县级财政部门应当按企业注册地收集汇总各类企业财务信息，根据财政部、省级财政部门和本地区财政管理工作需要分别形成国有企业财务信息、集体企业财务信息、外商投资企业财务信息，中小企业财务信息、重点税源企业财务信息等。

第十一条 企业财务信息管理单位应当加强企业经济运行的动态监测，及时组织、收集、整理企业行业生产经营状况、问题以及宏观经济政策实施效果等，以“企业信息专报”形式报送财政部。

企业信息专报即有即报，做到反应迅速、情况真实、简明扼要。

第十二条 企业财务信息管理单位应当建立与财政部“企业财务会计信息网络报送系统”对接的网络报送系统，逐步实现各类企业信息网络化报送，确保企业财务信息收集、整理的便捷和高效。

各级财政部门应当对企业加快实现财务管理信息化予以指导和重视。

第三章 企业财务信息分析利用

第十三条 企业财务信息管理单位应当对汇总的国有企业经济效益月度快报、国有企业年度财务会计决算、集体企业年度财务会计决算、外商投资企业年度财务会计决算、企业信息专报等信息进行整理，运用科学方法，采取多种形式，深入开展分析工作，形成分析报告，及时报送财政部，并可根据实际情况以适当方式向社会公布。

第十四条 财政部对收集汇总的企业财务信息进行审核、分析，编制全国国有企业经济效益月度快报、国有企业年度财务会计决算报告、外商投资企业年度财务会计决算报告、企业信息专报等，及时上报国务院，并以适当方式向社会公布。

第十五条 各级财政部门应当充分利用企业财务信息建立企业信息库，实现企业财务信息与财政管理工作的有机结合，为国有资本经营预算管理、企业使用财政性资金的绩效评价等工作提供基础性数据。

第十六条 各级财政部门应当以国有企业年度财务会计决算报告等财务信息为依据，审核确定上交国有资本收益数额，确保国有资本收益按时足额上缴。企业转让国有产权形成的转让收入，应当作为国有资本收益。

第十七条 各级财政部门应当建立企业使用财政性资金绩效评价制度。利用企业信息库对各类企业经济运行状况进行全过程动态监测和评价；通过政府购买服务方式引入资产评估等中介机构，开展绩效评价工作，形成绩效评价报告。监测和评价结果、绩效评价报告应当作为制定有关财政政策、安排使用财政性资金的依据。

第十八条 财政部及企业财务信息管理单位对企业报送的各类信息建立存储、保管、查阅制度。按照“谁产生信息，谁确定密级”的原则，由企业根据自身情况确定信息报送方式，接收单位严格按国家有关保密工作规定进行管理。

未经企业同意，财政部及企业财务信息管理单位不得对外公布单户企业信息。

第四章 企业财务信息工作表彰奖励

第十九条 财政部每年对企业财务信息管理单位报送信息的及时性、规范性和完整性进行总结评审，并予以公布。主要包括：企业经济运行信息工作、国有企业年度财务会计决算工作（含集体企业年度财务会计决算工作，下同）、外商投资企业年度财务会计决算工作等。

企业经济运行信息工作包括：国有企业经济效益月度快报工作、企业信息专报工作、全年经济运行分析报告工作等。

第二十条 国有企业经济效益月度快报、国有企业年度财务会计决算、外商投资企业年度财务会计决算的考核按照及时性、规范性和完整性分项设定分值，确定总结评审结果。

第二十一条 企业信息专报、全年经济运行分析报告、地方财政部门建立分级收集各类企业财务信息制度及执行情况的总结评审，采取加分制，计入企业经济运行信息工作总结评审结果。

第二十二条 财政部对企业财务信息管理单位和在企业财务及信息工作中做出突出贡献的先进工作者予以表彰奖励。

第二十三条 财政部依据《企业财会信息资料统计补助经费管理办法》（财企［2007］58 号）对地方财政部门开展企业财务信息管理工作所需经费予以适当补助，中央财政补助资金由地方财政部门按规定用于企业财务信息管理工作。

第五章　附　　则

第二十四条　企业财务信息管理单位可参照本规定，结合实际情况，制定本系统、本地区企业财务信息管理实施办法。

第二十五条　本规定自发布之日起实施。

加强企业财务信息管理　科学研判经济形势

——财政部企业司关于《加强企业财务信息管理暂行规定》的解读

今年10月，财政部企业司分三期紧张高效地举办了地方财政、中央管理企业、中央部门2012年度企业决算布置培训研讨会。会议以宣传贯彻《财政部关于印发〈加强企业财务信息管理暂行规定〉的通知》（财企［2012］23号，以下简称《暂行规定》）为主线，密切结合最新企业财务快报和年度决算数据，采用科学的分析方法，对当前国内经济持续下行的严峻形势及其原因进行了分析，深入研讨了建立中央国资预算等财政资金支出项目绩效评价、企业财务管理评估制度，构建新时期企业财务管理模式等诸多重要议题。与会代表一致认为，加强企业财务信息管理对于宏观部门管理经济十分重要，各级财政部门及有关方面应当充分运用企业财务数据，及时准确把握企业财务状况，科学研判经济运行形势，抓住有利时机，研究促进企业转型升级和可持续发展的长效机制。本文结合贯彻《暂行规定》精神，就如何运用企业财务信息，有效开展经济运行分析工作，为加强宏观经济管理提供支撑，更好地服务于企业改革发展等问题进行解读。

一、企业财务月度快报作为经济运行的“晴雨表”和“预警器”，具有快速反映功能，能够为及时分析研究相关政策措施提供支撑

财政部现行企业财务月度快报（以下简称“快报”）分为《国有企业经济效益月度快报》和《非国有企业经济效益月度快报》（试行）。国有企业快报涵盖了全国所有中央管理企业、中央部门企业和地方所属的国有及国有控股企业，共13.6万户；非国有企业快报目前尚处于试行阶段，约6万户大中型非国有企业，主要反映重点民营企业经济运行状况。快报信息的收集从最基层企业开始，层层逐级审核汇总后上报财政部，形成全国快报数据。从2012年开始，在全国范围内推行“网报”制度，基本实现了“即时上报”，大大提升了上报效率，为快速反映和分析全国及重点行业经济运行动态奠定了基础。

近年来，受国际金融危机影响，全球经济复苏乏力，国内经济下行，企业运行状况不容乐观，何时走出低谷，已成为各级政府和社会各界普遍关心的问题。财政部企业司每月汇总分析全国企业财务信息后，及时报告并在财政部官方网站公布。2012年1—10月快报数据显示，全国国有企业经济运行形势更为严峻，资产负债率和财务费用持续上升、居高不下，销售利润率、净资产收益率、存货和应收账款周转率等重要指标均远低于前两年同期水平。

针对国际金融危机影响和国内经济持续下滑，中央财政从财税政策等宏观层面，推出了系列政策措施。比如涉及国民经济重要行业和关键领域的石油特别收益金，在市场煤计划电条件下五大发电集团火电企业的严重亏损以及中小企业特别是小微企业经营困境和融资难等问题，出台了一系列财税政策等等。在推出系列政策措施过程中，企业财务快报数据发挥了重要的支撑作用。需要强调的是，从现实和长远看，除宏观政策措施支持外，企业自身向管理要效益已成为必然选择。财政部等五部委联合发布的《企业内部控制基本规范体系》已在全国范围内推行。财政部近期推出了中央国有资本经营预算支出项目绩效评价制度，并积极研究企业财务管理评估机制，实现构建市场经济条件下企业财务管理模式创新，其中涵盖了企业现金流管理、资本运作、产融结合、全面预算、风险管控、财务信息化等重要内容，在此过程中需要充分发挥企业财务高管人员的作用。

从目前情况分析，缓解经济下滑局势尚需一个过程，需要进一步关注经济运行，研判经济形势，完善快报指标体系，充分发挥“晴雨表”和“预警器”作用。为此，财政部办公厅近日下发了《关于做好2013年企业经济效益月度快报工作的通知》（财办企［2012］117号），对快报指标体系进行了必要补充（见表1、表2）。

表1　　　　企业利润及相关指标

编制单位：　　　　　　　　　　　　　　　　　　　　　单位：万元

项　　目	行　号	本月数	本年累计	上年同期
企业法人户数（户）（三级及三级以上企业）	1			
其中：亏损企业户数（三级及三级以上企业）	2			
一、利润表指标				
营业总收入	3			
其中：主营业务收入	4			
营业总成本	5			
其中：主营业务成本	6			
营业税金及附加	7			
销售费用	8			
管理费用	9			
其中：研究与开发费	10			
财务费用	11			
其中：利息支出	12			
资产减值损失	13			
投资收益（损失以“－”号填列）	14			
营业利润（亏损以“－”号填列）	15			
营业外收入	16			
其中：政府补助	17			
营业外支出	18			
利润总额（亏损总额以“－”号填列）	19			
其中：亏损企业亏损额	20			
净利润（净亏损以“－”号填列）	21			
归属于母公司所有者的净利润	22			
二、税费指标				
应交税费	23			
其中：应交增值税	24			

续表

项　　目	行　号	本月数	本年累计	上年同期
应交消费税	25			
应交营业税	26			
应交所得税	27			
已交税费	28			
其中：已交增值税	29			
已交消费税	30			
已交营业税	31			
已交所得税	32			
期末未交税费	33			
其中：未交增值税	34			
未交消费税	35			
未交营业税	36			
未交所得税	37			
三、现金流量表指标				
经营活动产生的现金流量净额	38			
投资活动产生的现金流量净额	39			
筹资活动产生的现金流量净额	40			

表 2　**企业资产负债及所有者权益相关指标**

编制单位：　　　　　　　　　　单位：万元

项　　目	行　号	本月数	本年累计	上年同期
资产负债表指标				
一、资产总计	1			
其中：流动资产合计	2			
其中：货币资金	3			
应收账款	4			
应收利息	5			
存货	6			
其中：原材料	7			
库存商品（产成品）	8			
存货减值准备	9			
非流动资产合计	10			
其中：长期应收款	11			
长期股权投资	12			
投资性房地产	13			
固定资产净值	14			
固定资产减值准备	15			
在建工程	16			
开发支出	17			
无形资产	18			
二、负债合计	19			
其中：流动负债合计	20			

续表

项　　目	行　号	本月数	本年累计	上年同期
其中：短期借款	21			
应付账款	22			
应付职工薪酬	23			
其中：应付工资	24			
应付福利费	25			
应付利息	26			
非流动负债合计	27			
其中：长期借款	28			
应付债券	29			
长期应付款	30			
三、所有者权益合计	31			
其中：实收资本（股本）	32			
其中：国有资本	33			
其中：国有法人资本	34			
集体资本	35			
民营资本	36			
其中：个人资本	37			
外商资本	38			
资本公积	39			
盈余公积	40			
未分配利润	41			
归属于母公司所有者权益合计	42			

补充完善后的快报从2013年1月1日起执行，各类企业和相关汇总部门应当引起重视，按照《暂行规定》要求贯彻执行，确保快报数据及时上报，层层审核汇总至财政部，为各级财政部门及有关方面科学研判经济运行提供数据支撑。

二、企业财务决算是经注册会计师审计的年度数据，层层汇总合并形成数据库系统，能够更加全面深入地反映企业经济运行，为分析研究企业改革与发展等深层次问题提供支撑

财政部每年布置下发年度企业财务会计决算工作的通知，分别召开中央部门、中央企业、地方财政部门决算布置会，通过文件和会议形式向全国财政部门、中央部门和中央企业提出要求。2012年的决算布置培训会，是在全国经济运行持续下滑的背景下召开的，各地区、各部门和中央企业高度重视，很多地区财政厅局分管厅（局）长和中央企业总会计师参加了会议。2012年度决算报表体系主要包括8张主表和17张补充指标表格式和编制说明，目前已布置培训完毕，即将进入实施阶段。近年来，我们每年对形成的决算系统数据进行全面深度分析，针对存在的突出问题，从宏观层面提出企业改革与发展的政策建议。党的十八大报告中更加明确了进一步深化国有企业改革和国有资本投向的要求，要求推行公有制多种实现方式，推进经济结构战略性调整，实施创新驱动性发展战略等，因此2012年的决算数据特别重要，将为推进改革与发展提供数据支撑。

2011年，我们曾在对2000—2010年决算数据进行深度分析研究的基础上，形成了向国务院上报的《财政部关于我国国有企业十年发展的报告》，国务院领导高度重视并作出重要批示。该报告以大量数据，论证了我国国有企业改革与发展取得的巨大成就，得出巩固了中国特色社会主义强大的经济基础，国有企业充分利用国内国际两个市场、两种资源和实施“走出去”战略成效显著以及资本输出格局基本形成等重大结论。同时分析提出我国国有企业发展中存在的一股独大、机制不活、财务管理弱化、效率低下、发展质量不高、特别是存在与现代企业制度发展目标趋向相悖等突出问题，同时提出了加快国有企业产权制度改革、盘活国有资本存量以及构建市场经济条件下企业财务管理模式等系列政策建议，并得到国务院肯定。目前，有些已经启动，如研究构建企业财务管理模式等，有些将作为深化改革的重要支撑。

为充分发挥企业财务决算数据的重要作用，2012 年，我们对全国 13.6 万户国有企业、3.2 万户集体企业和 18.5 万户外资企业的庞大数据库进行了整理加工，编辑出版《2007—2011 年企业财务会计信息摘要》一书。这是一套非常重要和有价值的数据参考资料，均以各类企业经注册会计师审计的财务报告为基础，层层汇总合并而成，反映各类企业的资产、负债和所有者权益等财务状况，经营成果及其构成，企业经营活动、筹资活动和投资活动产生的现金流量及其变动，各种税费、实现利润等社会贡献，企业人员工资及福利性支出，以及反映企业可持续发展动态的净资产等重要经济指标。既有当年系统数据，也有历史系统数据，可进行纵向对比分析；既有国有及国有控股企业系统数据，又有集体企业和外资企业的系统数据，可以作横向对比分析。“数据里面有黄金”，相当于一座“金矿”。各级财政部门、主管部门、各类企业以及研究工作者通过这套数据资料，结合本地区、本部门、本系统或企业自身实际，分析企业发展状况并预测未来走势，研究未来发展战略。

三、快报和决算所形成的大量信息，应当运用科学的分析方法，进行深度加工和充分利用

财政部企业司十分重视快报和决算的分析工作，目前主要运用常用的分析方法和图表等形式，注重通俗易懂、简便易行。

一是偿债能力，是指企业对债务清偿的承受能力或保证程度，主要运用资产负债率、流动比率等指标进行分析。

资产负债率 = 负债总额/资产总额 × 100%

该指标是评价企业负债水平的综合指标，是一项衡量企业利用债权人资金进行经营活动能力的指标，反映着债权人发放贷款的安全程度。

今年以来，资产负债率一直在攀升，不少行业和地区超过 70%。数据表明，今年 1—10 月全国国有企业资产负债率均高于 2010 年（63.2%）和 2011 年（64%）同期水平（见图 1）。

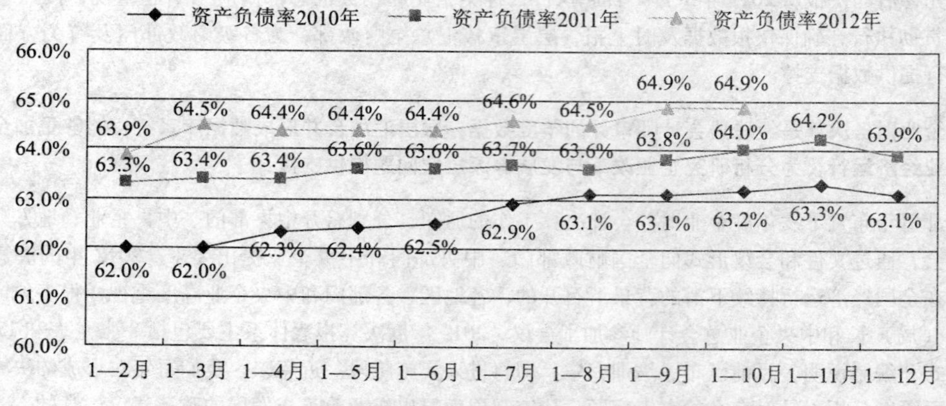

图 1　2010—2012 年全国国有企业资产负债率变动图

二是盈利能力，是指企业获取利润的能力，也称为企业的资金或资本增值能力，主要运用净资产收益率、销售利润率等指标进行分析。

净资产收益率 = 净利润/平均净资产 × 100%

该指标反映股东权益的收益水平，用以衡量公司投入产出的回报率。该指标越高，说明投资带来的收益越高。

今年以来，全国国有企业净资产收益（投资回报）率过低，不少行业接近甚至低于一年期银行存款利率（3%）。2012 年 1—10 月全国国有企业净资产收益率为 4.9%，远低于 2010 年（8.6%）和 2011 年（6.2%）同期水平（见图 2）。

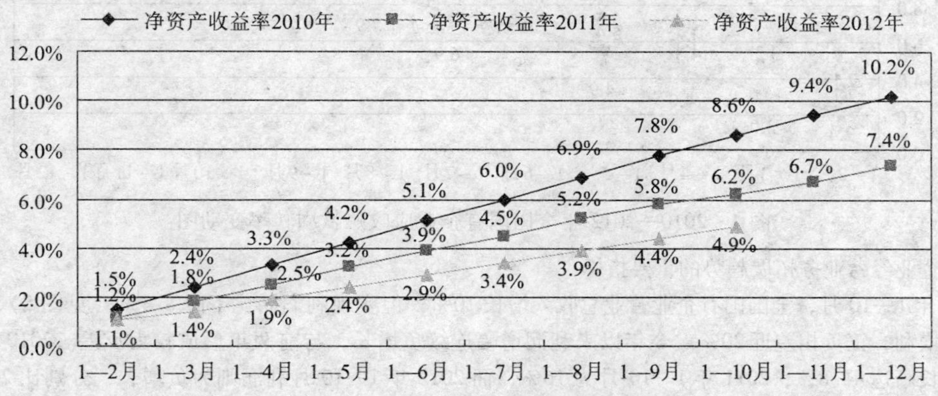

图 2　2010—2012 年全国国有企业净资产收益率变动图

三是营运能力，是指企业的经营运行能力，即企业运用各项资产赚取利润的能力。营运能力反映的是资产的利用效率，它不仅反映企业的盈利水平，而且反映基础管理、经营策略、市场营销等方面的综合状况，主要运用存货周转率、应收账款周转率等指标进行分析。

存货周转率 = 营业成本/平均存货余额

该指标反映存货的周转速度，即存货的流动性及存货资金占用量是否合理。

应收账款周转率 = 营业总收入/应收账款平均余额

该指标反映企业应收账款周转速度。

今年以来，企业库存积压、销售回款困难、现金流短缺状况仍在持续。2012 年 1—10 月全国国有企业存货周转率为 3.2 次，均低于 2010 年（3.8 次）和 2011 年（3.6 次）同期水平（见图 3）。应收账款周转率为 9.7 次，均低于 2010 年（10.5 次）和 2011 年（10.4 次）同期水平（见图 4）。

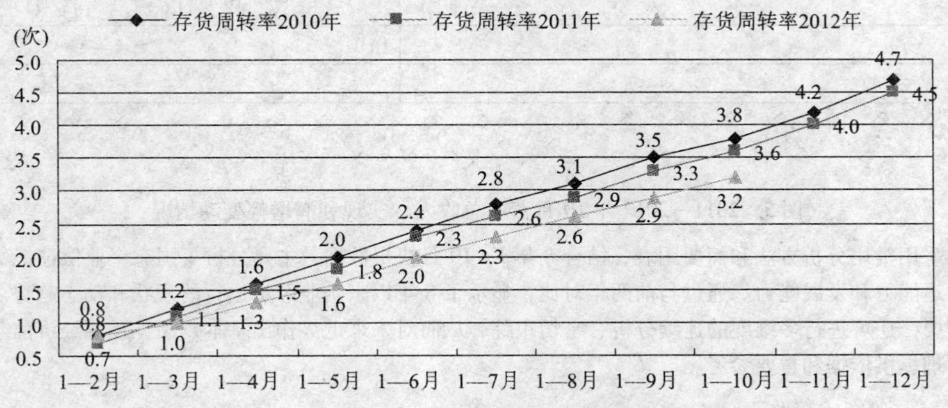

图 3　2010—2012 年全国国有企业存货周转率变动图

四是发展能力，通常是指企业未来生产经营活动的发展趋势和发展潜能，主要运用营业收入增长率、资本积累率、技术投入比率等指标进行分析。

营业收入增长率 =（本年度营业总收入 - 上年度营业总收入）/上年度营业总收入 ×100%

该指标反映了企业营业收入的增长状况及发展能力。营业收入增长率是衡量企业经营状况和市场占有能

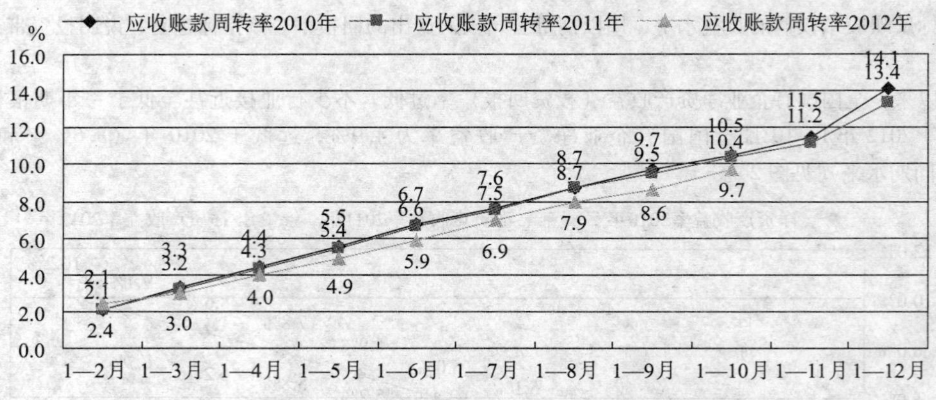

图4　2010—2012年全国国有企业应收账款周转率变动图

力、预测企业经营业务拓展趋势的重要指标。

2012年1—10月，全国国有企业营业总收入增长10%，但实现利润同比下降8.3%（见图5），可以说是增收不增利，正负相差近20%。今年以来利润增幅连续负增长，与前两年形成较大反差。2010年1—10月利润增长高达44.8%，2011年1—10月为16%，而2012年1—10月利润则为负增长，分别比2010年和2011年同期回落53.1和24.3个百分点。

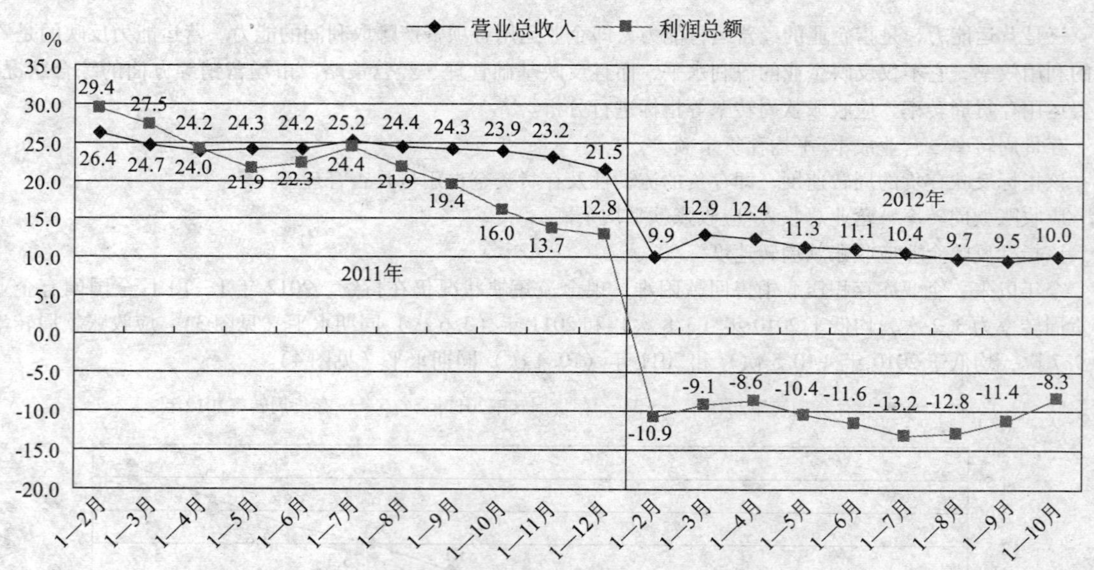

图5　2011—2012年10月营业总收入、实现利润增幅变动情况

以上采用常用分析方法和简要图表，结合今年1—10月快报数据，主要分析了国有企业偿债能力、盈利能力、营运能力和发展能力。通过与前两年对比，显示了今年以来企业经济运行的现状和动态趋势。根据宏观管理需要，还可进行多维度的连续分析、密切跟踪，从而对未来走势作出基本判断，预测经济前景，为宏观经济管理提供依据和重要参考。

四、贯彻《暂行规定》，还应关注其中的两项重要政策

（一）明确了企业收到财政性资金的财务处理，解决了困扰企业多年的难点

《暂行规定》第八条指出，“企业财务信息管理单位在年度决算工作中，应当加强决算质量的审核，同时关注企业收到和使用财政性资金及其带动社会资本的有关情况。”企业按照国家宏观政策获得支持的财政性资金，有些属于资本性，又难以注入股份公司形成股权资本的，长期在资本公积挂账，是实际工作中一个

长期悬而未决的问题。《暂行规定》对此作出明确规定："企业收到的财政性资金应当纳入企业预算管理，实现资金统一管控，提高财政性资金使用的整体效益。企业收到资本性财政性资金，列作国有实收资本或股本，企业股东（大）会或董事会、经理办公会等决策机构应当出具同意注（增）资的书面材料。企业一个会计年度内多次收到资本性财政性资金的，可暂作资本公积，但应在次年履行法定程序转增国有实收资本或股本；发生增资扩股、改制上市等事项，应当及时转增。企业集团母公司将资本性财政性资金拨付所属全资或控股法人企业使用的，应当作为股权投资。母公司所属控股法人企业暂无增资扩股计划的，列作委托贷款，与母公司签订协议，约定在发生增资扩股、改制上市等事项时，依法将委托贷款转为母公司的股权投资。"

企业收到费用性财政性资金列作收益，是指计入企业营业外收入中的"政府补助"项目，但在实际执行中，有些往往还要交纳所得税，降低了政策效果。国家有关税收制度对于有明确用途的财政补助收入，允许免交所得税，这是一项延续政策。所以，《暂行规定》第八条第四款强调："符合《财政部　国家税务总局关于专项用途财政性资金企业所得税处理问题的通知》（财税［2011］70号）规定不征税条件的，可作为不征税收入。企业按规定将费用性财政性资金拨付所属全资或控股法人企业使用，中间拨付环节企业均作为往来款项。"

（二）《暂行规定》明确了企业使用财政性资金，应当建立绩效评价制度，为今年试行中央国有资本经营预算支出项目绩效评价工作提供了依据

《暂行规定》指出，"各级财政部门应当建立企业使用财政性资金绩效评价制度。利用企业信息库对各类企业经济运行状况进行全过程动态监测和评价；通过政府购买服务方式引入资产评估等中介机构，开展绩效评价工作，形成绩效评价报告。监测和评价结果、绩效评价报告应当作为制定有关财政政策、安排使用财政性资金的依据。"

据此，财政部在调研基础上，于11月9日正式下发了《财政部关于开展2008—2011年中央国有资本经营预算支出项目绩效评价工作的通知》（财企［2012］384号，以下简称"384号文"），决定从2012年开始试行国有资本经营预算（以下简称国资预算）支出项目绩效评价制度，财政部办公厅专门为此次评价工作安排了经费预算。

根据384号文要求，2012年将对"国有经济和产业结构调整"、"兼并重组"、"技术创新"、"节能减排"等国资预算支出项目的资金管理情况和资金使用效益开展绩效评价，评价程序包括企业自评和财政部委托资产评估等中介机构抽评，评价结果将作为研究改进国资预算制度、进一步明确支出方向和重点、加强国资预算管理和以后年度安排国资预算资金的重要参考。

五、《暂行规定》要求对财务信息管理单位和企业财务及信息先进工作者予以表彰奖励，为加强企业财务信息管理建立激励机制

近年来，在财政部门和企业中，财务信息管理工作往往得不到应有的重视。从事财务信息工作的人员长期与财务数据打交道，默默无闻，无私奉献。实际上，通过本文分析足以证明财务信息工作的重要性。按照新时期对财政企业干部的要求，可以这样认为，不懂财务信息就做不好企业财政财务工作，工作就缺乏依据，极易导致盲目性。财务信息工作不能边缘化，更不能"两张皮"，两者必须融为一体。因此，表彰的人员应为在财务及信息工作中表现突出者。

《暂行规定》单列一章（第四章）规定考核内容、标准、形式等。与以往考核工作相比，主要有三方面完善，一是明确要将考核结果公布，以增加考核工作的透明度，同时便于各单位对照检查自身工作；二是为更加有效地调动从事此项工作人员的积极性，增加了对企业财务及信息工作先进个人的表彰，以求不断提高企业财务管理干部的综合素质和工作能力；三是根据各单位意见，考核工作以鼓励为主，达到优秀的给予部级通报表扬。

为使考核工作更具操作性，财政部企业司今年3月对考核指标进行了量化，下达了《关于发布企业财务信息工作考核标准的通知》（财企便函［2012］9号），以指导、督促、鼓励中央部门、中央企业、地方财政部门更好地开展企业财务及信息工作，为新时期企业改革发展、经济稳定运行和健康有序发展作出应有的贡献。

2012 年度企业财务会计决算报表及编制说明

财政部关于印发 2012 年度企业财务会计决算报表的通知

2012 年 11 月 8 日　财企［2012］373 号

党中央有关部门，国务院有关部委、有关直属机构，全国人大常委会办公厅，全国政协办公厅，高法院，高检院，各省、自治区、直辖市、计划单列市财政厅（局），新疆生产建设兵团财务局，有关人民团体，有关中央管理企业：

依据《中华人民共和国会计法》、《企业财务会计报告条例》、《企业财务通则》、《企业会计准则》等有关法规制度，以及《财政部关于印发〈加强企业财务信息管理暂行规定〉的通知》（财企［2012］23 号），我部制定了《2012 年度企业财务会计决算报表》格式及编制说明，现印发给你们，请认真遵照执行。

一、本套报表为企业向财政部门报送的年终财务会计决算统一格式，适用于境内、境外所有国有及国有控股企业和城镇集体企业（以下简称企业）。

二、本套报表由报表封面、主表和补充指标表组成，其中报表封面、主表适用于所有企业（单位）填报；补充指标表中，“境外子企业基本情况表”（财会年企补 16 表）由境外子企业分户填报，“汇编范围企业户数情况表”（财会年企补 17 表）由直接向财政部报送企业财务会计决算报表的一级单位填报，其他补充指标表适用于相关行业的企业选择填报。

三、企业要以真实的交易事项、完整的账簿记录为依据，在全面清查资产，核实债务和权益，正确结转损益，依法进行年终审计等工作的基础上，编制《2012 年度企业财务会计决算报表》，并按规定认真组织录入、审核、汇总（合并）等工作，确保数据的真实性和完整性。

四、本套报表系基层与汇总（合并）统一格式，基本填报单位是指具备法人资格、独立核算并能够编制完整会计报表的企业（单位），企业集团应将纳入合并报表范围的企业实行全级次上报。

五、企业集团母子公司应全面执行《企业会计准则（2006）》，在此基础上编制年度财务会计报告。企业集团母公司除编制本级会计报表外，还应当编制集团公司的合并财务报表。合并财务报表的编制原则、范围及编制方法按《企业会计准则第 33 号——合并财务报表》等 38 项具体准则，以及《企业会计准则——应用指南》中对合并报表的有关规定执行。

六、境外国有企业应根据《企业会计准则第 19 号——外币折算》等相关规定将外币折算为人民币填报，分户填报和录入的金额单位为人民币元。

七、厂办大集体财务会计决算由主办国有企业负责上报。中央企业厂办大集体是指各类中央企业（含国务院有关部门所属企业）批准并资助兴办的集体所有制企业。中央下放企业厂办大集体是指中央下放的煤炭、有色、军工等企业批准并资助兴办的集体所有制企业。地方企业厂办大集体指地方国有企业批准并资助兴办的集体所有制企业。凡中央企业兴办的厂办大集体，其决算工作由中央部门和中央管理企业负责组织填报、汇总和审核，在年度决算中须同时填报中央企业厂办大集体决算，并在软件中选择相应任务单独填列。中央下放企业及地方企业兴办的厂办大集体企业由各地财政部门负责组织填报、汇总和审核，在软件中的集体企业决算任务中填报。

八、各省（自治区、直辖市、计划单列市）财政厅（局）、中央各部门和中央管理企业要认真执行有关法规制度，按照本通知规定的编制基础、编制依据、编制原则和编制方法，落实填报工作任务，明确分工，精心组织，严格审核汇总（合并）。

（一）2012 年度企业决算报表报送财政部的时间为：2013 年 4 月 30 日前。各省（自治区、直辖市、计划单列市）财政厅（局）应将本地区所属企业报表汇总上报财政部企业司；中央部门应将所属企业的报表汇总报送财政部企业司和有关业务司各一份；中央管理企业在向财政部企业司和有关业务司报送报表的同时，抄送国有资产监督管理机构备案。

（二）各省（自治区、直辖市、计划单列市）财政厅（局）、中央各部门和中央管理企业应正式行文报送汇总（合并）的财务会计决算报表（含纸质材料和电子文档），其中纸质的财务会计决算报表以“万元”为金额单位。

（三）各省（自治区、直辖市、计划单列市）财政厅（局）报送内容包括：（1）2012 年度汇总的决算报表、财务情况说明书（中央部门和地方使用格式）、汇编范围企业户数情况表。按以上顺序加具封面，编排目录和页码，装订成册并加盖本单位印章；（2）汇总和全部基层企业分户计算机数据、汇总的决算报表财务情况说明书电子文档。

（四）中央各部门报送内容包括：（1）2012 年度汇总的决算报表、财务情况说明书（中央部门和地方使用格式）、汇编范围企业户数情况表。按以上顺序加具封面，编排目录和页码，装订成册并加盖本单位印章；（2）汇总和全部基层企业分户计算机数据、汇总的决算报表财务情况说明书电子文档。

（五）中央管理企业报送内容包括：（1）2012 年度合并的决算报表、会计报表附注、财务情况说明书（企业使用格式）、集团母公司财会年企 01—04 表、汇编范围企业户数情况表。按以上顺序加具封面，编排目录和页码，装订成册并加盖本单位印章；（2）合并及全部基层企业分户计算机数据、财务情况说明书及会计报表附注电子文档；（3）中介机构对集团公司合并报表出具的审计报告及审计意见、管理建议书。出具了保留意见、无法表示意见或否定意见审计报告的，企业还应同时提交对审计报告相关内容提出的财务处理、账务调整意见或者报表编制的有关情况和意见。

（六）各编报单位在决算工作中，应进一步加强决算数据的分析工作，按照本通知规定的格式和内容，结合一年来经济运行情况，撰写《财务情况说明书》（附件 6），对本年度的生产经营、经济效益、重大事项、存在问题、风险管控等情况及相关建议进行全面、深入的分析总结。

（七）各编报单位必须严格按照财政部统一下发的数据处理软件、参数进行决算数据的逐级录入、审核和汇总工作。

（八）财政部将于 2013 年 5 月对全部国有企业及集体企业财务会计决算报表进行验审。为保证企业财务会计决算报表信息质量，财政部将对各地方、中央各部门和中央管理企业的决算工作，注册会计师及中介机构出具的审计报告进行检查，并予以通报。

九、各省（自治区、直辖市、计划单列市）财政厅（局）、中央各部门和中央管理企业必须严格按照本通知规定的企业财务会计决算报表统一格式和要求向企业布置决算工作，不得擅自修改变更。

各地方、中央各部门和中央管理企业在报表编制和报送过程中，如发现问题，请及时与财政部企业司联系。

附件：1. 2012 年度企业财务会计决算报表

2. 2012 年度企业财务会计决算报表编制说明

3. 2012 年度企业财务会计决算报表［补充指标表］

4. 2012 年度企业财务会计决算报表［补充指标表］编制说明

5. 会计报表附注内容提要

6. 财务情况说明书内容提要

附件 1：

［单位汇总封面］

2012 年度企业财务会计决算报表

汇总单位名称：______________________（公章）

单 位 负 责 人：______________________（签章）

编　报　日　期：________年______月______日

中华人民共和国财政部印制

［企业分户录入封面］

2012 年度企业财务会计决算报表

企　业　名　称：________________（公章）

单　位　负　责　人：________________（签章）

主管会计工作负责人
（总　会　计　师）：________________（签章）

会计（财务）机构负责人：________________（签章）

填　表　人：________________

通　讯　地　址：________________

邮　政　编　码：□□□□□□

电　话　号　码：□□□□□　□□□□□□□□　□□□□□
（长途区号）　（电话号）　（分机号）

编　报　日　期：____年____月____日

报　表　审　计　机　构：________________

审　计　报　告　签　字　人：________________

中华人民共和国财政部印制

组织机构代码
（各级质量技术监督部门核发）
本企业代码 □□□□□□□□-□
上一级企业（单位）代码 □□□□□□□□-□
集团企业（公司）总部代码 □□□□□□□□-□

隶属关系
（国家标准：行政隶属关系代码—部门标识代码） □□□□□□-□□□

所在地区
（国家标准：国家代码—行政区划代码） □□□-□□□□□□

所属行业码
（国家标准：国民经济行业分类与代码—执行会计准则情况代码） □□□□-□□

经营规模 1. 大型 2. 中型 3. 小型 4. 微型 □

经济类型 10. 国有及国有控股（是否中外合资合作企业 11. 是 12. 否）
20. 厂办大集体 （21. 中央厂办大集体 22. 中央下放企业厂办大集体 23. 地方企业厂办大集体） 30. 其他城镇集体 □□

组织形式 10. 公司制企业 （11. 国有独资公司 12. 其他有限责任公司 13. 上市股份有限公司 股票代码□□□□□□ 14. 非上市股份有限公司） 20. 非公司制企业 （21. 非公司制独资企业 22. 其他非公司制企业） 30. 企业化管理事业单位 40. 其他 □□

工资管理标识码 10. 整体执行工效挂钩 20. 部分执行工效挂钩
30. 不执行工效挂钩 （31. 工资总额预算管理 32. 其他） □□

社会保险标识码 0. 未参加 1. 参加
基本养老保险□ 失业保险□ 基本医疗保险□ 工伤保险□
生育保险□ 补充养老保险□ 补充医疗保险□ 其他保险□

审计方式
0. 未经审计 1. 社会中介机构审计 2. 内部审计机构审计 □

审计意见类型
1. 标准无保留意见 2. 非标准无保留意见 3. 保留意见
4. 否定意见 5. 无法表示意见 □

设立年份 □□□□

上年组织机构代码 □□□□□□□□□-□

上报因素 0. 连续上报 1. 新投资设立 2. 竣工移交 3. 新设合并 4. 分立
5. 上年应报未报 6. 划转 7. 收购 9. 其他 □

报表类型码 0. 单户表 1. 集团差额表 2. 金融子企业表 3. 境外并企业表
4. 事业并企业表 5. 基建并企业表 9. 集团合并表 □

补充指标表标识码 00 无补充表 01 粮食 02 铁路运输 03 民用航空
04 工业、交通运输、邮电 05 邮政 06 电信 07 农口 08 文教 09 外经 10 旅游
11 施工 12 烟草 13 供销合作社 14 电力 15 石油石化 16 境外企业 17 户数表
55 其他 □□

备用码 □□□□□□□□□□

资 产 负 债 表

财会年企01表

编制单位：　　　　2012年12月31日　　　　金额单位：元

项　　目	行次	期末余额	年初余额	项　　目	行次	期末余额	年初余额
流动资产：	1	—	—	流动负债：	65	—	—
货币资金	2			短期借款	66		
△结算备付金	3			△向中央银行借款	67		
△拆出资金	4			△吸收存款及同业存放	68		
交易性金融资产	5			△拆入资金	69		
应收票据	6			交易性金融负债	70		
应收账款	7			应付票据	71		
预付款项	8			应付账款	72		
△应收保费	9			预收款项	73		
△应收分保账款	10			△卖出回购金融资产款	74		
△应收分保合同准备金	11			△应付手续费及佣金	75		
应收利息	12			应付职工薪酬	76		
应收股利	13			其中：应付工资	77		
其他应收款	14			应付福利费	78		
△买入返售金融资产	15			#其中：职工奖励及福利基金	79		
存货	16			应交税费	80		
其中：原材料	17			其中：应交税金	81		
库存商品（产成品）	18			应付利息	82		
一年内到期的非流动资产	19			应付股利	83		
其他流动资产	20			其他应付款	84		
流动资产合计	21			△应付分保账款	85		
非流动资产：	22	—	—	△保险合同准备金	86		
△发放贷款及垫款	23			△代理买卖证券款	87		
可供出售金融资产	24			△代理承销证券款	88		
持有至到期投资	25			一年内到期的非流动负债	89		
长期应收款	26			其他流动负债	90		
长期股权投资	27			流动负债合计	91		
投资性房地产	28			非流动负债：	92	—	—
固定资产原价	29			长期借款	93		
减：累计折旧	30			应付债券	94		
固定资产净值	31			长期应付款	95		
减：固定资产减值准备	32			专项应付款	96		
固定资产净额	33			预计负债	97		
在建工程	34			递延所得税负债	98		
工程物资	35			其他非流动负债	99		
固定资产清理	36			其中：特准储备基金	100		
生产性生物资产	37			非流动负债合计	101		
油气资产	38			负 债 合 计	102		
无形资产	39			所有者权益（或股东权益）：	103	—	—
开发支出	40			实收资本（股本）	104		
商誉	41			国有资本	105		
长期待摊费用	42			其中：国有法人资本	106		
递延所得税资产	43			集体资本	107		
其他非流动资产	44			私营资本	108		
其中：特准储备物资	45			其中：个人资本	109		
非流动资产合计	46			外商资本	110		
	47			#减：已归还投资	111		
	48			实收资本（或股本）净额	112		
	49			资本公积	113		
	50			减：库存股	114		
	51			专项储备	115		
	52			盈余公积	116		
	53			其中：法定公积金	117		
	54			任意公积金	118		
	55			#储备基金	119		
	56			#企业发展基金	120		
	57			#利润归还投资	121		
	58			△一般风险准备	122		
	59			未分配利润	123		
	60			外币报表折算差额	124		
	61			归属于母公司所有者权益合计	125		
	62			＊少数股东权益	126		
	63			所有者权益合计	127		
资 产 总 计	64			负债和所有者权益总计	128		

注：表中带＊科目为合并会计报表专用；加△楷体项目为金融类企业专用；带#为外商投资企业专用。

利　润　表

财会年企 02 表

编制单位：　　　　2012 年度　　　　金额单位：元

项　目	行次	本期金额	上期金额	项　目	行次	本期金额	上期金额
一、营业总收入	1			其他	28		
其中：营业收入	2			加：公允价值变动收益（损失以“－”号填列）	29		
其中：主营业务收入	3			投资收益（损失以“－”号填列）	30		
其他业务收入	4			其中：对联营企业和合营企业的投资收益	31		
△利息收入	5			△汇兑收益（损失以“－”号填列）	32		
△已赚保费	6			三、营业利润（亏损以“－”号填列）	33		
△手续费及佣金收入	7			加：营业外收入	34		
二、营业总成本	8			其中：非流动资产处置利得	35		
其中：营业成本	9			非货币性资产交换利得	36		
其中：主营业务成本	10			政府补助	37		
其他业务成本	11			债务重组利得	38		
△利息支出	12			减：营业外支出	39		
△手续费及佣金支出	13			其中：非流动资产处置损失	40		
△退保金	14			非货币性资产交换损失	41		
△赔付支出净额	15			债务重组损失	42		
△提取保险合同准备金净额	16			四、利润总额（亏损总额以“－”号填列）	43		
△保单红利支出	17			减：所得税费用	44		
△分保费用	18			五、净利润（净亏损以“－”号填列）	45		
营业税金及附加	19			归属于母公司所有者的净利润	46		
销售费用	20			*少数股东损益	47		
管理费用	21			六、每股收益：	48	—	—
其中：研究与开发费	22			基本每股收益	49		
财务费用	23			稀释每股收益	50		
其中：利息支出	24			七、其他综合收益	51		
利息收入	25			八、综合收益总额	52		
汇兑净损失（净收益以“－”号填列）	26			归属于母公司所有者的综合收益总额	53		
资产减值损失	27			*归属于少数股东的综合收益总额	54		

注：表中带*科目为合并会计报表专用；加△楷体项目为金融类企业专用。

现 金 流 量 表

财会年企 03 表

编制单位：　　　　2012 年度　　　　金额单位：元

项　　目	行次	本期金额	上期金额	项　　目	行次	本期金额	上期金额
一、经营活动产生的现金流量：	1	—	—	处置固定资产、无形资产和其他长期资产所收回的现金净额	30		
销售商品、提供劳务收到的现金	2			处置子公司及其他营业单位收回的现金净额	31		
△客户存款和同业存放款项净增加额	3			收到其他与投资活动有关的现金	32		
△向中央银行借款净增加额	4			**投资活动现金流入小计**	33		
△向其他金融机构拆入资金净增加额	5			购建固定资产、无形资产和其他长期资产所支付的现金	34		
△收到原保险合同保费取得的现金	6			投资支付的现金	35		
△收到再保险业务现金净额	7			△质押贷款净增加额	36		
△保户储金及投资款净增加额	8			取得子公司及其他营业单位支付的现金净额	37		
△处置交易性金融资产净增加额	9			支付其他与投资活动有关的现金	38		
△收取利息、手续费及佣金的现金	10			**投资活动现金流出小计**	39		
△拆入资金净增加额	11			**投资活动产生的现金流量净额**	40		
△回购业务资金净增加额	12			**三、筹资活动产生的现金流量：**	41	—	—
收到的税费返还	13			吸收投资收到的现金	42		
收到其他与经营活动有关的现金	14			其中：子公司吸收少数股东投资收到的现金	43		
经营活动现金流入小计	15			取得借款所收到的现金	44		
购买商品、接收劳务支付的现金	16			△发行债券收到的现金	45		
△客户贷款及垫款净增加额	17			收到其他与筹资活动有关的现金	46		
△存放中央银行和同业款项净增加额	18			**筹资活动现金流入小计**	47		
△支付原保险合同赔付款项的现金	19			偿还债务所支付的现金	48		
△支付利息、手续费及佣金的现金	20			分配股利、利润或偿付利息所支付的现金	49		
△支付保单红利的现金	21			其中：子公司支付给少数股东的股利、利润	50		
支付给职工以及为职工支付的现金	22			支付其他与筹资活动有关的现金	51		
支付的各项税费	23			**筹资活动现金流出小计**	52		
支付其他与经营活动有关的现金	24			**筹资活动产生的现金流量净额**	53		
经营活动现金流出小计	25			**四、汇率变动对现金及现金等价物的影响**	54		
经营活动产生的现金流量净额	26			**五、现金及现金等价物净增加额**	55		
二、投资活动产生的现金流量：	27	—	—	加：期初现金及现金等价物余额	56		
收回投资收到的现金	28			**六、期末现金及现金等价物余额**	57		
取得投资收益收到的现金	29				58		

注：加△楷体项目为金融类企业专用。

所有者权益变动表

财会年企 04 表

编制单位：　　　　　　　　2012 年度　　　　　　　　金额单位：元

项目	行次	本年金额											上年金额										
		归属于母公司所有者权益									少数股东权益	所有者权益合计	归属于母公司所有者权益									少数股东权益	所有者权益合计
		实收资本（或股本）	资本公积	减:库存股	专项储备	盈余公积	△一般风险准备	未分配利润	其他	小计			实收资本（或股本）	资本公积	减:库存股	专项储备	盈余公积	△一般风险准备	未分配利润	其他	小计		
栏次	—	1	2	3	4	5	6	7	8	9	10	11	12	13	14	15	16	17	18	19	20	21	22
一、上年年末余额	1																						
加：会计政策变更	2	—	—	—	—	—	—	—	—	—	—	—											
前期差错更正	3	—	—	—	—	—	—	—	—	—	—	—											
二、本年年初余额	4																						
三、本年增减变动金额（减少以"－"号填列）	5																						
（一）净利润	6	—	—	—	—	—	—		—				—	—	—	—	—	—		—			
（二）其他综合收益	7																						
综合收益小计	8																						
（三）所有者投入和减少资本	9																						
1. 所有者投入资本	10			—	—	—	—	—	—						—	—	—	—	—	—			
2. 股份支付计入所有者权益的金额	11			—	—	—	—	—	—						—	—	—	—	—	—			
3. 其他	12																						
（四）专项储备提取和使用	13																						
1. 提取专项储备	14	—	—	—		—	—	—	—				—	—	—		—	—	—	—			
2. 使用专项储备	15	—	—	—		—	—	—	—				—	—	—		—	—	—	—			
（五）利润分配	16																						
1. 提取盈余公积	17																						
其中：法定公积金	18	—	—	—	—		—		—		—		—	—	—	—		—		—		—	
任意公积金	19	—	—	—	—		—		—		—		—	—	—	—		—		—		—	
#储备基金	20	—	—	—	—		—		—		—		—	—	—	—		—		—		—	
#企业发展基金	21	—	—	—	—		—		—		—		—	—	—	—		—		—		—	
#利润归还投资	22	—	—	—	—		—		—		—		—	—	—	—		—		—		—	
2. 提取一般风险准备	23	—	—	—	—	—			—		—		—	—	—	—	—			—		—	
3. 对所有者（或股东）的分配	24	—	—	—	—	—	—		—				—	—	—	—	—	—		—			
4. 其他	25																						
（六）所有者权益内部结转	26																						
1. 资本公积转增资本（或股本）	27			—	—	—	—	—	—		—				—	—	—	—	—	—		—	
2. 盈余公积转增资本（或股本）	28		—	—	—		—	—	—		—			—	—	—		—	—	—		—	
3. 盈余公积弥补亏损	29	—	—	—	—		—		—		—		—	—	—	—		—		—		—	
4. 其他	30																						
四、本年年末余额	31																						

注：加△楷体项目为金融类企业专用，带#为外商投资企业专用。

国有资产变动情况表

财会年企05表

编制单位：　　　　2012年度　　　　金额单位：元

项　　目	行次	金　额	项　　目	行次	金　额
一、年初国有资本及权益总额	1		**三、本年国有资本及权益减少**	17	
二、本年国有资本及权益增加	2		（一）经国家专项批准核销	18	
（一）国家、国有单位直接或追加投资	3		（二）无偿划出	19	
（二）无偿划入	4		（三）资产评估减少	20	
（三）资产评估增加	5		（四）清产核资减少	21	
（四）清产核资增加	6		（五）产权界定减少	22	
（五）产权界定增加	7		（六）消化以前年度潜亏和挂账而减少	23	
（六）资本（股本）溢价	8		（七）因自然灾害等不可抗拒因素减少	24	
（七）接受捐赠	9		（八）因主辅分离减少	25	
（八）债权转股权	10		（九）企业按规定上缴利润	26	
（九）税收返还	11		（十）资本（股本）折价	27	
（十）补充流动资本	12		（十一）中央和地方政府确定的其他因素	28	
（十一）减值准备转回	13		（十二）经营减值	29	
（十二）会计调整	14		**四、年末国有资本及权益总额**	30	
（十三）中央和地方政府确定的其他因素	15		**五、年末其他国有资金**	31	
（十四）经营积累	16		**六、年末合计国有资产总量**	32	

资产减值准备情况表

财会年企 06 表

编制单位：　　　　2012 年 12 月 31 日　　　　金额单位：元

项　目	行次	年初账面余额	本期增加额				本期减少额					期末账面余额	项　目	行次	金额
			本期计提额	合并增加额	其他	合计	资产价值回升转回额	转销	合并减少额	其他	合计				
栏　次	0	1	2	3	4	5	6	7	8	9	10	11	补　充　资　料	—	12
一、坏账准备	1												一、待处理资产损失（执行行业会计制度企业填列）	17	
二、存货跌价准备	2												（一）待处理流动资产净损失	18	
三、可供出售金融资产减值准备	3												其中：1. 坏账损失	19	
四、持有至到期投资减值准备	4												2. 存货损失	20	
五、长期股权投资减值准备	5						—						3. 短期投资损失	21	
六、投资性房地产减值准备	6						—						（二）待处理固定资产损失	22	
七、固定资产减值准备	7						—						其中：固定资产盘亏	23	
八、工程物资减值准备	8						—						固定资产毁损、报废	24	
九、在建工程减值准备	9						—						固定资产盘盈	25	
十、生产性生物资产减值准备	10						—						（三）长期投资损失	26	
十一、油气资产减值准备	11						—						（四）无形资产损失	27	
十二、无形资产减值准备	12						—						（五）在建工程损失	28	
十三、商誉减值准备	13						—						（六）委托贷款损失	29	
十四、其他减值准备	14												二、政策性挂账	30	
	15												三、当年处理以前年度损失和挂账	31	
合　计	16												其中：在当年损益中处理以前年度损失挂账	32	

应上交应弥补款项表

财会年企 07 表

编制单位：　　　　2012 年度　　　　金额单位：元

项　　目	行次	金额	项　　目	行次	金额	项　　目	行次	金额
一、增值税：	1	—	本年应交数	26		本年已交数	51	
本年应交数	2		本年已交数	27		十八、财政拨款：	52	
本年已交数	3		十、石油特别收益金：	28	—	本年拨入	53	
二、消费税：	4	—	本年应交数	29		本年支出	54	
本年应交数	5		本年已交数	30		十九、储备粮油差价款：	55	—
本年已交数	6		十一、其他税费：	31	—	本年应补数	56	
三、营业税：	7	—	本年应交数	32		本年已补数	57	
本年应交数	8		本年已交数	33		二十、预算弥补亏损及补贴：	58	—
本年已交数	9		十二、基本养老保险：	34	—	本年应补数	59	
四、资源税：	10	—	本年应交数	35		本年已补数	60	
本年应交数	11		本年已交数	36		二十一、国有资本收益：	61	—
本年已交数	12		十三、基本医疗保险：	37	—	本年应交数	62	
五、城建税：	13	—	本年应交数	38		本年已交数	63	
本年应交数	14		本年已交数	39		补充资料：	64	—
本年已交数	15		十四、失业保险：	40	—	一、本年应交税费总额	65	
六、农牧业税：	16	—	本年应交数	41		二、本年实际上交税费总额	66	
本年应交数	17		本年已交数	42		三、本年实际支付补充养老保险（含年金）总额	67	
本年已交数	18		十五、工伤保险：	43	—	四、本年实际支付补充医疗保险总额	68	
七、关税：	19	—	本年应交数	44		五、出口退税情况：	69	—
本年已交进口关税	20		本年已交数	45		出口额（美元）	70	
本年已交出口关税	21		十六、生育保险：	46	—	以前年度欠出口退税	71	
八、企业所得税：	22	—	本年应交数	47		本年度应收出口退税	72	
本年应交数	23		本年已交数	48		本年度已收出口退税	73	
本年已交数	24		十七、住房公积金：	49	—	年末欠出口退税	74	
九、教育费附加：	25	—	本年应交数	50				

基 本 情 况 表

财会年企 08 表

编制单位： 2012 年 12 月 31 日 金额单位：元

项　目	行次	金额	项　目	行次	金额	项　目	行次	金额
一、企业人数情况（人）：	1	—	（四）本年支付的离退休人员养老金及福利性补助	37		（四）外商资本	73	
（一）年末从业人员人数	2		（五）本年支付的企业负责人薪酬总额	38		十、固定资产情况：	74	—
（二）全年平均从业人员人数	3		企业负责人人数（人）	39		（一）主要类别固定资产情况	75	—
（三）年末职工人数	4		（六）本年支付的职工福利费	40		1. 固定资产原价合计	76	
其中：年末在岗职工人数	5		（七）本年支付的医药费	41		其中：土地资产	77	
（四）全年平均职工人数	6		其中：离退休人员医药费	42		房屋、建筑物	78	
其中：全年平均在岗职工人数	7		（八）本年企业支付的职工住房费用	43		机器设备	79	
（五）年末离休人数	8		其中：本年按月发放的住房补贴	44		运输工具	80	
（六）年末退休人数	9		四、本年提取的职工培训费用	45		2. 当年计提的固定资产折旧总额	81	
（七）劳务派遣提供的就业人数	10		五、本年支付的职工培训费用	46		其中：房屋、建筑物	82	
（八）参加基本养老保险职工人数	11		六、产值（按现行价格计算）：	47	—	机器设备	83	
（九）参加补充养老保险职工人数	12		（一）工业总产值	48		运输工具	84	
（十）参加基本医疗保险职工人数	13		（二）劳动生产总值	49		3. 当年计提折旧的固定资产原价	85	
（十一）参加补充医疗保险职工人数	14		七、本年收到的财政性资金	50		（二）当年固定资产投资额	86	
（十二）参加失业保险职工人数	15		（一）基本建设性资金	51		1. 购置固定资产	87	
（十三）参加工伤保险职工人数	16		（二）生产发展性资金	52		2. 基建投资	88	
（十四）参加生育保险职工人数	17		（三）社会保障性资金	53		3. 其他投资	89	
（十五）实行工效挂钩职工人数	18		（四）其他	54		十一、投资收益	90	
二、企业不在岗职工及劳动关系处理情况：	19	—	八、本年科技资金来源及支出情况：	55	—	其中：长期股权投资	91	
（一）年初不在岗职工人数（人）	20		（一）本年科技资金来源合计	56		交易性金融资产	92	
其中：内退人数（人）	21		其中：政府拨款	57		交易性金融负债	93	
（二）年末不在岗职工人数（人）	22		企业自筹	58		持有至到期投资	94	
其中：内退人数（人）	23		其他	59		可供出售金融资产	95	
（三）本年累计解除劳动关系人数	24		（二）本年科技支出合计	60		其他收益项目	96	
（四）本年累计支付经济补偿金额	25		1. 研究开发费用合计	61		十二、拥有的自主知识产权专利数量（项）	97	
其中：财政负担部分	26		其中：研发人员人工支出	62		其中：本年度新增专利数量（项）	98	
三、工资及福利情况：	27	—	研究开发性固定资产支出	63		十三、当年企业提取的安全生产费用	99	
（一）全年应发工资总额	28		其他研究开发支出	64		十四、当年企业支出的安全生产费用	100	
（二）全年实际发放工资总额	29		2. 购买新技术、科研设备等支出	65		十五、当年企业支付的环境保护及生态恢复支出	101	
其中：全年实际发放职工工资总额	30		3. 其他科技支出	66		其中：（一）本年度上交政府统筹的支出	102	
其中：全年实际发放在岗职工工资总额	31		九、资本构成情况（以汇总口径填列）：	67	—	（二）本年度企业提取或据实列支的支出	103	
（三）企业提取的工资总额	32		（一）国有资本	68		十六、当年企业支出的节能减排费用	104	
1. 非工挂企业工资总额	33		其中：国有法人资本	69		十七、企业累计向境外投资额	105	
2. 工挂企业工资总额	34		（二）集体资本	70		其中：企业当年新增向境外投资额	106	
（1）核定的工挂企业工资总额基数	35		（三）民营资本	71		十八、社会贡献总额	107	
（2）工挂企业提取的新增效益工资	36		其中：个人资本	72			108	

附件2：

2012年度企业财务会计决算报表编制说明

财政部依据《中华人民共和国会计法》、《企业财务会计报告条例》、《企业财务通则》、《企业会计准则》及相关财务会计制度规定制订本套企业财务会计决算报表。

一、填报范围

本套报表适用于境内、境外具有法人资格、独立核算、并能够编制完整会计报表的所有国有及国有控股的企业和实行企业化管理的事业单位、城镇集体企业填报。具体指执行现行工业、农业、商品流通、施工、房地产开发、交通运输、邮电通信、旅游、饮食服务等行业会计制度、《企业会计制度》和《企业会计准则(2006)》的各类国有企业（单位），以及供销合作社、二轻集体企业、劳动就业服务企业、民政福利企业、街道企业、校办企业等城镇集体企业、厂办大集体。

（一）国有控股企业是指国家或国有企业（单位）作为出资人之一，国有投资份额（包括国家资本和国有法人资本）占被投资企业实收资本50%以上（含50%），或者虽未拥有多数股权，但对被投资企业拥有实际控制力的企业。具体包括：

1. 国有间接控制的企业，指通过子公司间接拥有其过半数以上国有权益性资本的企业。

2. 国有直接与间接控制的企业，指母公司虽然只拥有其半数以下的权益性资本，但通过与子公司合计拥有其过半数以上国有权益性资本。

3. 多方国有单位投资的、具有实际控制权的企业，控制权指能够决定一个企业的财务和经营政策，并能据以从企业的经营活动中获取利益的权力。

（二）境外企业是指以下三类企业（单位）：

1. 在中华人民共和国境外和香港、澳门特别行政区设立的国有境外企业集团（以下简称境外企业集团）及所属子公司（或二级企业），包括香港招商局集团有限公司、香港中旅（集团）有限公司、华润（集团）有限公司、澳门南光集团有限公司和地方的有关境外企业集团。

2. 在中华人民共和国境外和香港、澳门特别行政区投资设立企业或办事机构的境内国有及国有控股的投资单位（以下简称境内投资单位）。

3. 境内投资单位直接投资控股的境外企业。

境内投资单位在境外设立的属于经费报账性质的境外办事机构（包括经理部、办事处、代表处、项目组等）的有关情况，应由境内投资单位在本套报表的“境外子企业基本情况表”中予以反映。

（三）企业化管理的事业单位是指执行《企业财务通则》和相关企业会计制度，实行企业管理的报社、出版社等国有事业单位。

（四）厂办大集体是指二十世纪七八十年代，为安置回城知识青年和国有企业职工子女就业，一些国有企业批准并资助兴办的劳动服务公司或其他形式工商登记注册的集体所有制企业。

二、报表组成

本套报表包括：

（一）报表封面

（二）主表：资产负债表（财会年企01表）、利润表（财会年企02表）、现金流量表（财会年企03表）

和所有者权益变动表（财会年企04表），国有资产变动情况表（财会年企05表），资产减值准备情况表（财会年企06表），应上交应弥补款项表（财会年企07表），基本情况表（财会年企08表）。

（三）补充指标表：粮食企业补充指标表（财会年企补01表），铁路运输企业补充指标表（财会年企补02表），民用航空企业补充指标表（财会年企补03表），工业、交通运输、邮电企业补充指标表（财会年企补04表），邮政集团补充指标表（财会年企补05表），电信企业补充指标表（财会年企补06表），农口企业补充指标表（财会年企补07表），文教企业补充指标表（财会年企补08表），对外经济合作企业补充指标表（财会年企补09表），旅游企业补充指标表（财会年企补10表），施工企业补充指标表（财会年企补11表），烟草企业补充指标表（财会年企补12表），供销合作社企业补充指标表（财会年企补13表），电力企业补充指标表（财会年企补14表），石油石化企业补充指标表（财会年企补15表），境外办事机构基本情况表（财会年企补16表）、汇编范围企业户数情况表（财会年企补17表）。

三、分户报表封面

（一）封面左边

1. 企业名称：指在工商行政管理部门登记注册的企业全称。

2. 单位负责人：指在工商行政管理部门登记的法定代表人。凡企业正在更换法定代表人，但尚未办理变更登记手续的，由实际负责人签字盖章。

3. 主管会计工作负责人（总会计师）：指按照国家规定担任总会计师职务的企业领导人。尚未设置总会计师职务及总会计师未分管财务决算工作的企业，由实际分管财务决算工作的企业负责人签字盖章。

4. 会计（财务）机构负责人：指企业内部承担财务会计职能的专职机构的部门负责人。

5. 填表人：指具体负责编制报表的工作人员。

6. 编报日期：指财务决算报表通过企业经理办公会或董事会，或类似决策机构审核签发的日期。

7. 报表审计机构：指对企业年度财务决算报表实施审计并发表审计意见的会计师事务所名称或企业内部审计机构名称。

8. 审计报告签字人：指在企业年度财务决算报表审计报告上签字的注册会计师或内部审计机构负责人。

（二）封面右边

1. 组织机构代码：指各级质检部门核发的企业（单位）法人代码证书规定的9位代码。尚未领取统一代码的企业（单位），应主动与当地质检部门联系办理核发手续。

本代码由本企业代码、上一级企业（单位）代码、集团企业（公司）总部代码三部分组成，具体填报方法如下：

（1）非集团型企业只需填列“本企业代码”，“上一级企业（单位）代码”和“集团企业（公司）总部代码”不填。

（2）集团型企业需区别以下情况填列：

①集团公司总部（一级）在填报集团企业合并报表时，“本企业代码”和“集团企业（公司）总部代码”均按集团公司代码填列，“上一级企业（单位）代码”不填。

②当本企业为集团公司二级企业时，按要求填列“本企业代码”、“上一级企业（单位）代码”和“集团企业（公司）总部代码”。其中“上一级企业（单位）代码”与“集团企业（公司）总部代码”相同。集团公司本部填列的方法同集团公司二级企业的填列方法，差额表比照集团本部填列。

③当本企业为集团三级企业时，应按实际情况填列“本企业代码”、“上一级企业（单位）代码”及“集团企业（公司）总部代码”。集团公司二级企业本部视同集团公司三级企业填列，差额表比照二级企业本部填列。

④当本企业为集团三级以下企业时，比照三级企业填列。

2. 隶属关系：本代码由“行政隶属关系代码”和“部门标识代码”两部分组成。具体填报方法如下：

（1）中央企业（不论级次和所在地区）：“行政隶属关系代码”均填零，“部门标识代码”根据国家标准《中央党政机关、人民团体及其他机构名称代码》（GB/T4657—2002）编制。

（2）地方企业：

①“行政隶属关系代码”根据国家标准《中华人民共和国行政区划代码》（GB/T2260—2007）编制。具体编制方法：

A. 省级企业以行政区划代码的前两位数字后加四个零表示。如：山东省省属企业一律填列“370000”；

B. 地市级企业以行政区划代码的前四位数字后加两个零表示。如：山东省济南市市属企业一律填列“370100”；

C. 县级（市辖区）企业以行政区划代码的本身六位数表示。如：山东省济南市长清区区级企业一律填列“370113”。

②“部门标识代码”根据企业财务或产权归口管理的部门、机构或企业集团，比照国家标准《中央党政机关、人民团体及其他机构名称代码》（GB/T4657—2002）填报。如：隶属各省“交通厅（局）”管理的企业，填报“交通部”代码“348”。无行政主管部门的企业，填行业对口部门（协会）的代码。机构设置与中央对口的各地方部门均应按国家标准填列。

3. 所在地区：根据国家标准《世界各国和地区名称代码》（GB/T2659—2000）和国家标准《中华人民共和国行政区划代码》（GB/T2260—2007）选择填列。

4. 所属行业码：本代码由“国民经济行业分类与代码”和“执行会计准则情况代码”两部分组成。

（1）“国民经济行业分类与代码”依据国家标准《国民经济行业分类》（GB/T4754—2011），结合企业主要从事的社会经济活动性质，按“小类”划分填列。

（2）“执行会计准则情况代码”根据企业目前所执行的《企业会计准则》、《企业会计制度》、行业会计制度等会计核算制度的实际情况填列。具体代码为：

企业会计准则—00，工业企业—01，商品流通企业—02（其中外贸企业按12填列），施工企业—03，房地产开发企业—04，旅游、饮食服务企业—05，铁路运输企业—06，民用航空运输企业—07，交通运输企业—08，邮电通信企业—09，对外经济合作企业—10，农业企业—11，企业会计制度—13，小企业会计制度—14，其他—99。

5. 经营规模：按照工信部、国家统计局、国家发改委和财政部联合发布的《关于印发中小企业划型标准规定的通知》（工信部联企业［2011］300号）、国家统计局《关于印发统计上大中小微型企业划分办法的通知》（国统字［2011］75号）规定的分类标准填列，具体分为：1大型，2中型，3小型，4微型。

6. 经济类型：按照所有制形式划分的企业类型。厂办大集体是指20世纪七八十年代，为安置回城知识青年和国有企业职工子女就业，一些国有企业批准并资助兴办了一批劳动服务公司或其他形式工商登记注册的集体所有制企业。厂办大集体主要依附于主办国有企业从事生产经营活动，向主办国有企业提供配套产品或劳务服务。其中：

中央企业厂办大集体是指各类中央企业（含国务院有关部门所属企业）批准并资助兴办的集体所有制企业。

中央下放企业厂办大集体是指中央下放的煤炭、有色、军工等企业批准并资助兴办的集体所有制企业。

地方企业厂办大集体指地方国有企业批准并资助兴办的集体所有制企业。

7. 组织形式：根据企业在工商行政管理部门注册登记的类型及有关性质填列。具体包括：10公司制企业（11国有独资公司，12其他有限责任公司，13上市股份有限公司，14非上市股份有限公司），20非公司制企业（21非公司制独资企业，22其他非公司制企业），30企业化管理事业单位，40其他。国有独资的有限责任公司选“公司制企业”中的“国有独资公司”，一人有限等有限责任公司选“其他有限责任公司”填列。

上市股份有限公司还应填报其股票代码，为6位数字。如果企业已发行A股股票并有其他类别股票上市（如B股、H股、N股等）则填报A股股票代码；如果只发行了B股股票，则填报B股股票代码；如果只在境外发行股票，则该代码填“000000”。

8. 工资管理标识码：整体执行工效挂钩工资办法的企业填“10”；部分执行工效挂钩工资办法的企业填“20”；部分执行工效挂钩工资办法针对合并主体而言，如果其合并报表范围内所属企业既有执行工效挂钩工资办法的企业，又有不执行工效挂钩工资办法的企业，则其合并报表封面工效挂钩标识码填“20”；不执行工效挂钩工资办法的企业填“30”，其中：实行工资总额预算管理的企业填“31”，除此以外的其他情况填“32”。

9. 社会保险标识码：按照基本养老保险、失业保险、基本医疗保险、工伤保险、生育保险、补充养老保险、补充医疗保险、其他保险等参加情况分别填列，未参加填“0”，参加填“1”。其他保险是指除上述五项保险以外的其他社会保险。

10. 审计方式：指企业年度财务决算报表具体审计方式，包括：0 未经审计，1 社会中介机构审计，2 内部审计机构审计。

11. 审计意见类型：指注册会计师或内部审计机构对企业年度财务决算报表出具的审计报告意见类型，具体包括：1 标准无保留意见，2 非标准无保留意见，3 保留意见，4 否定意见，5 无法表示意见。非标准无保留意见是指带强调事项段和其他事项段的无保留意见。

12. 设立年份：指企业（单位）工商注册登记或批准成立的具体年份。

13. 上年组织机构代码：由本企业上一年度填报本套报表时，录入的“组织机构代码——本企业代码”和上年“报表类型码”共10位码组成。如为新报单位，此代码不填。

14. 上报因素：反映企业连续上报情况，或以前年度未填报企业财务决算报表、从本年度起纳入企业财务决算报表填报范围的新报原因。具体标识含义如下：

（1）0 连续上报：指上年度填报企业财务决算报表的企业（单位）。

（2）1 新投资设立：指本年新投资注册设立并正式营业的企业（不含竣工移交、新设合并、分立）。

（3）2 竣工移交：指建设项目竣工后从基本建设单位转为生产经营的企业。

（4）3 新设合并：指两个或两个以上企业（单位）合并成一个新企业（单位），原企业（单位）均不再具有法人资格。

（5）4 分立：指经批准由企业分立而成立的新企业（单位）。

（6）5 上年应报未报：指上年漏报或因客观原因未填报本报表，从本年度起按规定单独报送的企业（单位）。

（7）6 划转：指因管理体制改革、组织形式调整和资产重组等原因引起的整建制划入而新增且上年未作单户填报企业财务决算报表的企业（单位）。

（8）7 收购：指因购入而新增的上年未作单户填报本报表的企业（单位）。

（9）9 其他：指上述各项原因中未包括的上报原因。

15. 报表类型码：指企业根据实际情况选择的报表类型码，具体包括：

0 单户表，1 集团差额表，2 金融子企业表，3 境外并企业表，4 事业并企业表，5 基建并企业表，9 集团合并表。

16. 补充指标表标识码：按企业与财政部门对口管理关系选择填报，具体内容包括：01 粮食，02 铁路运输，03 民用航空，04 工业、交通运输、邮电，05 邮政，06 电信，07 农口，08 文教，09 外经，10 旅游，11 施工，12 烟草，13 供销合作社，14 电力，15 石油石化，16 境外企业，17 户数表，55 其他；不在以上范围内的企业填“00”。

17. 备用码：根据实际需要可自行规定填报内容。

四、资产负债表［财会年企01表］

（一）编制方法

1. 表内“期末余额”指标以企业年终财务决算有关指标填列。

2. 表内“年初余额”指标根据企业上年度财务决算中资产负债表的“期末余额”结合本年度调整数填列。

3. 表内“结算备付金”、“拆出资金”、“应收保费”、“应收分保账款”、“应收分保合同准备金”、“买入返售金融资产”、“发放贷款及垫款”、“向中央银行借款”、“吸收存款及同业存放”、“拆入资金”、“卖出回购金融资产款”、“应付手续费及佣金”、“应付分保账款”、“保险合同准备金”、“代理买卖证券款”、“代理承销证券款”、“一般风险准备”等指标仅由金融企业填列。

4. 表内“职工奖励及福利基金”、“已归还投资”、“储备基金”、“企业发展基金”、“利润归还投资”等指标由集团公司控股的外商投资企业填列。

5. 表内“少数股东权益”由集团型企业在编制“合并财务报表”时填列。

6. 企业应依据本编制说明要求填列表中各项指标，编制说明中未作解释的内容以企业目前所执行的会计核算制度为依据。

（二）表内有关指标解释

1. △结算备付金：反映企业为证券交易的资金清算与交收而存入指定清算代理机构的款项，应根据“结算备付金”科目的期末余额填列。仅由金融企业填报。

2. △拆出资金：反映企业拆借给境内、境外其他金融机构的款项，应根据“拆出资金”科目的期末余额，减去“贷款损失准备”科目所属相关明细科目期末余额后的金额分析计算填列。仅由金融企业填报。

3. 交易性金融资产：反映企业持有的以公允价值计量，且其变动计入当期损益的以交易为目的所持有的债券投资、股票投资、基金投资、权证投资等金融资产，应根据“交易性金融资产”科目的期末余额填列。

4. 应收账款：企业应根据“应收账款”科目所属各明细科目的期末借方余额合计减去“坏账准备”科目中有关坏账准备期末余额后的净额填列。

5. △应收保费：反映按照原保险合同约定应向投保人收取的保费，应根据期末余额减去“坏账准备”科目中有关坏账准备期末余额后的净额填列。仅由金融企业填报。

6. △应收分保账款：反映企业从事再保险业务应收取的款项，应根据期末余额减去“坏账准备”科目中有关坏账准备期末余额后的净额填列。仅由金融企业填报。

7. △应收分保合同准备金：反映再保险分出人从事再保险业务确认的应收分保未到期责任准备金，以及应向再保险接受人摊回的保险责任准备金，应根据期末余额减去“坏账准备”科目中有关坏账准备期末余额后的净额填列。仅由金融企业填报。

8. 应收利息：反映企业交易性金融资产、持有至到期投资、可供出售金融资产、发放贷款、存放中央银行款项、拆出资金、买入返售金融资产等应收取的利息，应根据科目的期末余额，减去“坏账准备”科目中有关坏账准备期末余额后的净额填列。

9. 应收股利：反映企业尚未收回的被投资单位已宣告未发放的现金股利或利润，应根据科目的期末余额，减去“坏账准备”科目中有关坏账准备期末余额后的净额填列。

10. 其他应收款：反映企业的其他应收款情况，应根据“其他应收款”科目所属各明细科目的期末借方余额合计，减去相应“坏账准备”科目期末余额后的净额填列。

11. △买入返售金融资产：反映按照返售协议约定先买入再按固定价格返售的票据、证券、贷款等金融资产所融出资金，应根据“买入返售金融资产”科目的期末余额减去“坏账准备”科目所属相关明细科目的期末余额填列。仅由金融企业填报。

12. 存货：企业应根据存货相关科目的期末余额合计，减去“存货跌价准备”或“商品削价准备”、“代销商品款”科目的期末余额后的净额填列。

13. 一年内到期的非流动资产：反映企业将于一年内到期的非流动资产项目金额，本项目应根据有关科目的期末余额填列。

14. 其他流动资产：反映企业除货币资金、交易性金融资产、应收票据、应收账款、存货等流动资产以外的其他流动资产。

15. △发放贷款及垫款：反映企业发放的贷款和贴现资产扣减贷款损失准备期末余额后的金额，应根据“贷款”、“贴现资产”等科目的期末借方余额合计，减去“贷款损失准备”科目所属明细科目期末余额后的净额分析计算填列。仅由金融企业填报。

16. 可供出售金融资产：反映企业持有的以公允价值计量的可供出售的股票投资、债券投资等金融资产，应根据“可供出售金融资产”科目的期末余额，减去“可供出售金融资产减值准备”科目期末余额后的净额填列。

17. 持有至到期投资：反映企业持有至到期日投资的摊余成本，即到期日固定，回收金额固定或可确定，且企业有明确意图和能力持有至到期的非衍生金融资产的摊余成本，应根据“持有至到期投资”科目的期末余额，减去“持有至到期投资减值准备”科目余额后的净额填列。

18. 长期应收款：企业应根据“长期应收款”科目的期末余额，减去相应的“未实现融资收益”科目和“坏账准备”科目所属相关科目期末余额后的净额填列。

19. 长期股权投资：企业应根据“长期股权投资”科目账面余额，减去相应“长期股权投资减值准备”科目期末余额后的净额填列。

20. 投资性房地产：反映企业持有的投资性房地产。采用成本模式计量投资性房地产的，应根据“投资性房地产”科目的期末余额，减去“投资性房地产累计折旧（摊销）”和“投资性房地产减值准备”科目期末余额后的净额填列；采用公允价值模式计量投资性房地产的，应根据“投资性房地产”科目的期末余额填列。

21. 固定资产净额：反映企业持有固定资产的账面余额扣减累计折旧、减值准备后的账面价值。

22. 在建工程：反映企业尚未达到预定可使用状态的在建工程的成本扣减减值准备后的账面价值，应根据“在建工程”科目的期末余额，减去“在建工程减值准备”科目期末余额后的净额填列。

23. 固定资产清理：反映企业因出售、毁损、报废等原因转入清理但尚未清理完毕的固定资产净值，以及固定资产清理过程中所发生的清理费用和变价收入等各项金额的差额。

24. 生产性生物资产：反映企业持有的为产出农产品、提供劳务或出租等目的而持有的生物资产，应根据“生产性生物资产”科目的期末余额，减去“生产性生物资产累计折旧”和“生产性生物资产减值准备”科目期末余额后的净额填列。

25. 油气资产：反映企业持有的矿区权益和油气井及相关设施的原价减去累计折耗和累计减值准备后的净额，应根据“油气资产”科目期末余额，减去“累计折耗”科目期末余额和相应减值准备后的净额填列。

26. 无形资产：反映企业持有无形资产的账面价值，包括专利权、非专利技术、商标权、著作权、土地使用权等，应根据“无形资产”科目的期末余额，减去相应的“无形资产减值准备”、“累计摊销”科目期末余额后的净额填列。

27. 开发支出：反映企业开发无形资产过程中能够资本化形成无形资产成本的支出部分，应根据“研发支出”科目中所属的“资本化支出”明细科目期末余额填列。

28. 商誉：反映企业合并中形成商誉的价值，应根据“商誉”科目期末余额，减去相应减值准备后的净额填列。

29. 长期待摊费用：反映企业已经发生但应由本期和以后各期负担的分摊期限在一年以上的各项费用，应根据“长期待摊费用”科目的期末余额减去将于一年内（含一年）摊销的数额后的金额填列。

30. 递延所得税资产：反映企业确认的可抵扣暂时性差异产生的递延所得税资产，应根据“递延所得税资产”科目期末余额填列。

31. 其他非流动资产：反映企业除以上资产以外的其他长期资产。其中，特准储备物资主要反映企业按照国家和上级规定储备的用于防汛、战备等特定用途的物资年末结存成本，应单独列示。如该项目价值较大的，应在会计报表附注中披露其内容和金额。

32. △向中央银行借款：反映企业向中国人民银行借入的款项，应根据“向中央银行借款”科目的期末余额填列。仅由金融企业填报。

33. △吸收存款及同业存放：反映企业吸收的各种存款和境内、境外金融机构的存款，应根据“同业存放”、“吸收存款”等科目的期末余额填列。仅由金融企业填报。

34. △拆入资金：反映企业从境内、境外金融机构拆入的款项，应根据“拆入资金”科目的期末余额填列。仅由金融企业填报。

35. 交易性金融负债：反映企业承担的以公允价值计量且其变动计入当期损益的以交易为目的所持有的金融负债，应根据“交易性金融负债”科目期末余额填列。

36. △卖出回购金融资产款：反映企业按照回购协议先卖出再按固定价格买入的票据、证券、贷款等金融资产所融入的资金，应根据“卖出回购金融资产款”科目的期末余额填列。仅由金融企业填报。

37. △应付手续费及佣金：反映企业从事再保险业务应向再保险分出人或再保险接受人支付但尚未支付的款项，应根据相关科目的期末余额填列。仅由金融企业填报。

38. 应付职工薪酬：反映企业根据有关规定应付给职工的工资、职工福利、社会保险费、住房公积金、工会经费、职工教育经费、非货币性福利、辞退福利等各种薪酬，应根据“应付职工薪酬”科目的期末余额填列。其中：应付工资和应付福利费应单独列示。外商投资企业按规定从净利润中提取的职工奖励及福利基金，应在“应付福利费”项下单独列示。

39. 应交税费：反映企业按照税法规定计算应缴纳的各种税费，包括增值税、消费税、营业税、所得税、资源税、土地增值税、城市维护建设税、房产税、土地使用税、车船使用税、教育费附加、矿产资源补偿费等，应根据“应交税费”科目的期末贷方余额填列。如期末为借方余额，应以“－”号填列。其中：应交税金应单独列示。

40. 应付利息：企业根据“应付利息”科目的期末余额填列。

41. 应付股利：反映企业根据股东大会或类似机构审议批准的利润分配方案应付未付的现金股利或利润，应根据“应付股利”科目期末余额填列。

42. 其他应付款：反映企业应付、暂收的款项，应根据“其他应付款”期末贷方余额填列。

43. △应付分保账款：反映从事再保险业务应付未付的款项，应根据“应付分保账款”科目期末贷方余额填列。仅由金融企业填报。

44. △保险合同准备金：反映企业提取的保险合同准备金，应根据“未到期责任准备金”、“未决赔款准备金”科目期末贷方余额填列。仅由金融企业填报。

45. △代理买卖证券款：反映企业接受客户委托，代理客户买卖股票、债券和基金等有价证券而收到的款项，应根据“代理买卖证券款”科目的期末贷方余额填列。仅由金融企业填报。

46. △代理承销证券款：反映企业接受委托，采用承购包销方式或代销方式承销证券所形成的、应付证券发行人的承销资金，应根据“代理承销证券款”科目的期末贷方余额填列。仅由金融企业填报。

47. 其他流动负债：反映未包括在短期借款、交易性金融负债、应付票据、应付账款及预收账款、应付职工薪酬、应交税费、应付利息、应付股利、其他应付款、一年内到期的非流动负债项目内的流动负债，含短期融资券。

48. 长期应付款：企业应根据“长期应付款”科目余额，减去“未确认融资费用”科目期末余额后的净额填列。

49. 专项应付款：企业应根据“专项应付款”科目的期末余额填列。

50. 预计负债：反映企业各项预计的负债，包括对外提供担保、商业承兑票据贴现、未决诉讼、产品质量保证、重组义务、亏损合同等，应根据“预计负债”科目期末余额填列。

51. 递延所得税负债：反映企业确认的应纳税暂时性差异产生的递延所得税负债，应根据“递延所得税负债”科目期末余额填列。

52. 特准储备基金：反映国家拨给企业的特准储备基金的余额。

53. 实收资本（股本）：反映企业各投资者实际投入的资本（或股本）总额。其中：中外合作经营企业“实收资本净额”按“实收资本”扣除“已归还投资”后的金额填列。

（1）国有资本：指有权代表国家投资的政府部门或机构、直属事业单位及具有独立法人地位的国有企业（单位）或国有独资公司对企业投资形成的资本金。

国有法人资本：指具有独立法人地位的国有企业（单位）或国有独资公司对企业投资形成的资本金。

（2）集体资本：指由本企业职工等自然人集体投资或各种机构对企业进行扶持形成的集体性质的资本金，以及具有独立法人地位的集体企业对企业投资形成的资本金。

（3）民营资本：指除国有资本、集体资本、外商资本以外的其他资本。

个人资本：指自然人实际投入企业的资本金。

（4）外商资本：指外国和我国香港、澳门及台湾地区投资者实际投入企业的资本金。

54. #已归还投资：反映中外合作经营企业按合同规定在合作期间归还投资者的投资。本项目应根据“已归还投资”科目的期末借方余额填列。非中外合作经营企业不填。

55. 库存股：反映企业持有尚未转让或注销的本企业股份金额，应根据“库存股”科目期末余额分析填列。

56. 专项储备：反映高危行业企业按照国家规定提取的安全生产费、维简费等专项储备的期末余额。

57. 盈余公积：反映企业盈余公积的期末余额。本项目应根据“盈余公积”科目的期末余额填列。其中，“法定盈余公积”反映企业按照规定的比例从净利润中提取的盈余公积；“任意盈余公积”反映企业经股东大会或类似机构批准按照规定的比例从净利润中提取的盈余公积；“储备基金”反映外商投资企业按照法律、行政法规规定从净利润中提取的、经批准用于弥补亏损和增加资本的储备基金；“企业发展基金”反映外商投资企业按照法律、行政法规规定从净利润中提取的、用于企业生产发展和经批准用于增加资本的企业发展基金；“利润归还投资”反映中外合作经营企业按照规定在合作期间以利润归还投资者的投资。

58. △一般风险准备：反映企业按规定从净利润中提取的一般风险准备。仅由金融企业填报。

59. 外币报表折算差额：反映企业将外币表示的资产负债表折算成记账本位币表示的资产负债表时，由于报表项目采用不同的折算汇率所产生的差额。

60. 未分配利润：反映尚未分配的利润，未弥补的亏损，在本项目内以“－”填列。

61. ＊少数股东权益：反映除母公司以外的其他投资者在子公司中拥有的权益数额。

（三）未执行《企业会计准则》企业主要指标对照表

2012年报表项目	行次	未执行新准则项目	2012年报表项目	行次	未执行新准则项目
流动资产：	1		流动负债：	65	
货币资金	2	货币资金	短期借款	66	短期借款
结算备付金	3		向中央银行借款	67	
拆出资金	4		吸收存款及同业存放	68	
交易性金融资产	5	短期投资	拆入资金	69	
应收票据	6	应收票据	交易性金融负债	70	
应收账款	7	应收账款	应付票据	71	应付票据
预付款项	8	预付账款	应付账款	72	应付账款
应收保费	9		预收账款	73	预收账款、预提费用中属于预收性质的内容
应收分保账款	10		卖出回购金融资产款	74	
应收分保合同准备金	11		应付手续费及佣金	75	
应收利息	12	应收利息	应付职工薪酬	76	
应收股利	13	应收股利	其中：应付工资	77	应付工资
其他应收款	14	其他应收款	应付福利费	78	应付福利费
买入返售金融资产	15		其中：职工奖励及福利基金	79	
存货	16	存货	应交税费	80	应交税金、其他应交款等
其中：原材料	17	原材料	其中：应交税金	81	应交税金
库存商品（产成品）	18	库存商品（产成品）	应付利息	82	应付利息、预提费用中的借款利息
一年内到期的非流动资产	19	一年内到期的长期债权投资等	应付股利	83	应收股利
其他流动资产	20	以上未包括的其他流动资产	其他应付款	84	其他应付款、预提费用中的其他内容
流动资产合计	21		应付分保账款	85	
非流动资产：	22		保险合同准备金	86	
发放贷款及垫款	23		代理买卖证券款	87	
可供出售金融资产	24	长期债权投资	代理承销证券款	88	
持有至到期投资	25	长期债权投资	一年内到期的非流动负债	89	一年内到期的长期负债
长期应收款	26	长期应收款	其他流动负债	90	应付权证、其他流动负债

续表

2012 年报表项目	行次	未执行新准则项目	2012 年报表项目	行次	未执行新准则项目
长期股权投资	27	长期股权投资、股权分置流通权	流动负债合计	91	
投资性房地产	28		非流动负债：	92	
固定资产原价	29	固定资产原价	长期借款	93	长期借款
减：累计折旧	30	累计折旧	应付债券	94	应付债券
固定资产净值	31	固定资产净值	长期应付款	95	长期应付款
减：固定资产减值准备	32	固定资产减值准备	专项应付款	96	专项应付款
固定资产净额	33	固定资产净额	预计负债	97	预计负债
在建工程	34	在建工程	递延所得税负债	98	递延税款贷项
工程物资	35	工程物资	其他非流动负债	99	其他非流动负债
固定资产清理	36	固定资产清理	其中：特准储备基金	100	特准储备基金
生产性生物资产	37		非流动负债合计	101	
油气资产	38		负 债 合 计	102	
无形资产	39	无形资产	所有者权益（或股东权益）：	103	
开发支出	40		实收资本（股本）	104	实收资本（股本）
商誉	41	商誉、合并价差	国有资本	105	国家资本及国有法人资本
长期待摊费用	42	长期待摊费用（递延资产）	其中：国有法人资本	106	国有法人资本
递延所得税资产	43	递延税款借项	集体资本	107	集体资本及集体法人资本
其他非流动资产	44	其他长期资产	民营资本	108	
其中：特准储备物资	45	特准储备物资	其中：个人资本	109	个人资本
非流动资产合计	46		外商资本	110	外商资本
	47		减：已归还投资	111	
	48		实收资本（或股本）净额	112	
	49		资本公积	113	资本公积
	50		减：库存股	114	库存股
	51		专项储备	115	
	52		盈余公积	116	盈余公积
	53		其中：法定公积金	117	
	54		任意公积金	118	
	55		储备基金	119	
	56		企业发展基金	120	
	57		利润归还投资	121	
	58		一般风险准备	122	一般风险准备
	59		未分配利润	123	未分配利润、未确认的投资损失、未处理资产损失
	60		外币报表折算差额	124	外币报表折算差额
	61		归属于母公司所有者权益合计	125	
	62		少数股东权益	126	
	63		所有者权益合计	127	
资 产 总 计	64		负债和所有者权益总计	128	

（四）执行《企业会计准则》金融企业报表项目对照表

行次	金融企业报表项目	企业财务会计决算报表项目
1	现金及存放中央银行款项	货币资金
2	存放同业款项	货币资金
3	货币资金	货币资金
4	结算备付金	△结算备付金
5	衍生金融资产	交易性金融资产

续表

行次	金融企业报表项目	企业财务会计决算报表项目
6	交易性金融资产	交易性金融资产
7	应收利息	应收利息
8	应收保费	△应收保费
9	应收分保账款	△应收分保账款
10	应收代位追偿款	其他应收款
11	其他资产（属于流动资产的部分）	其他流动资产
12	拆出资金	△拆出资金
13	买入返售金融资产	△买入返售金融资产
14	贵金属	其他流动资产
15	应收分保未到期责任准备金	△应收分保合同准备金
16	应收分保未决赔款准备金	△应收分保合同准备金
17	保户质押贷款（期限在一年以内的部分）	一年内到期的非流动资产
18	发放贷款及垫款（期限在一年以内的部分）	一年内到期的非流动资产
19	可供出售金融资产	可供出售金融资产
20	持有至到期投资	持有至到期投资
21	长期股权投资	长期股权投资
22	投资性房地产	投资性房地产
23	固定资产	固定资产净额
24	无形资产	无形资产
25	递延所得税资产	递延所得税资产
26	其他资产（属于非流动资产的部分）	其他非流动资产
27	发放贷款及垫款（期限在一年以上的部分）	△发放贷款及垫款
28	保户质押贷款（期限在一年以上的部分）	其他非流动资产
29	存出资本保证金	其他非流动资产
30	独立账户资产	其他非流动资产
31	定期存款	其他非流动资产
32	应收分保寿险责任准备金	其他非流动资产
33	应收分保长期健康险责任准备金	其他非流动资产
34	向中央银行借款	△向中央银行借款
35	短期借款	短期借款
36	交易性金融负债	交易性金融负债
37	衍生金融负债	交易性金融负债
38	应付赔付款	应付账款
39	应付手续费及佣金	应付手续费及佣金
40	应付分保账款	应付分保账款
41	预收保费	预收账款

续表

行次	金融企业报表项目	企业财务会计决算报表项目
42	应付职工薪酬	应付职工薪酬
43	应交税费	应交税费
44	应付利息	应付利息
45	应付保单红利	应付利息
46	其他负债（偿还期限在一年以内的部分）	一年内到期的非流动负债
47	同业及其他金融机构存放款项	△吸收存款及同业存放
48	吸收存款	△吸收存款及同业存放
49	拆入资金	△拆入资金
50	卖出回购金融资产款	△卖出回购金融资产款
51	保户储金及投资款	其他流动负债
52	未到期责任准备金	△保险合同准备金
53	未决赔款准备金	△保险合同准备金
54	代理买卖证券款	△代理买卖证券款
55	代理承销证券款	△代理承销证券款
56	长期借款	长期借款
57	应付债券	应付债券
58	预计负债	预计负债
59	递延所得税负债	递延所得税负债
60	其他负债（偿还期限在一年以上的部分）	其他非流动负债
61	独立账户负债	其他非流动负债
62	寿险责任准备金	其他非流动负债
63	长期健康险责任准备金	其他非流动负债
64	实收资本	实收资本
65	库存股	库存股
66	资本公积	资本公积
67	盈余公积	盈余公积
68	一般风险准备	△一般风险准备
69	未分配利润	未分配利润

（五）表内公式

16行≥(17+18)行（合理性）；21=(2+3+4+5+6+7+8+9+10+11+12+13+14+15+16+19+20)行；31行=(29-30)行；33行=(31-32)行；44行≥45行；46行=(23+24+25+26+27+28+33+34+35+36+37+38+39+40+41+42+43+44)行；64行=(21+46)行；76行≥(77+78)行；78行≥79行；80行≥81行（合理性）；91行=(66+67+68+69+70+71+72+73+74+75+76+80+82+83+84+85+86+87+88+89+90)行；99行≥100行；101行=(93+94+95+96+97+98+99)行；102行=(91+101)行；104行=(105+107+108+110)行；112行=(104-111)行；116行≥(117+118+119+120+121)行；125行=(112+113-114+115+116+122+123+124)行；127行=(125+126)行；128行=(102+127)行；128行=64行；若封面“上报因素”为0或5或6或7或9，则64行年初金额>0（合理

性）；若封面“报表类型码”为0或2或3或4或5，则126行=0（合理性）；若“报表类型码”为0或3或4或5，则3行=0、4行=0、9行=0、10行=0、11行=0、15行=0、23行=0、67行=0、68行=0、69行=0、74行=0、75行=0、85行=0、86行=0、87行=0、88行=0、122行=0（合理性）。

五、利润表［财会年企02表］

（一）编制方法

1. 本表反映企业在一年或一个会计期间内的经营成果。企业应根据损益类账户及其有关明细账户的上年累计实际发生数和本年累计实际发生数分析填列。如果上年度利润表与本年度该表的项目名称和内容不相一致，应按本年度口径调整后填列。

2. 表内“△利息收入”、“△已赚保费”、“△手续费及佣金收入”、“△利息支出”、“△手续费及佣金支出”、“△退保金”、“△赔付支出净额”、“△提取保险合同准备金净额”、“△保单红利支出”、“△分保费用”、“△汇兑收益”为金融企业专用，其他企业不填。

3. 表内“少数股东损益”和“归属于少数股东的综合收益总额”仅由编制合并财务报表的集团企业填报。

4. 企业应依据本编制说明要求和相关项目填列表中各项指标，编制说明中未作解释的内容以目前企业所执行的会计核算制度为依据。

（二）表内有关指标解释

1. 营业总收入：包括营业收入、△利息收入、△已赚保费和△手续费及佣金收入四部分内容。

2. 营业收入：反映企业经营主要业务和其他业务所确认的收入总额，应根据“主营业务收入”和“其他业务收入”科目的发生额分析填列。

3. 主营业务收入：反映企业在销售商品、提供劳务等日常活动中所产生的收入总额，应根据“主营业务收入”科目发生额分析填列。

粮食企业以及有国家特准储备物资的企业，应以主营业务收入扣减“抵减销售收入的应交款”和“转出差价收入（转出差价支出以“-”号计算）”后的余额填列。

4. △利息收入：反映企业经营贷款业务等确认的利息收入，应根据“利息收入”科目的发生额分析填列。仅由金融企业填报。

5. △已赚保费：反映“保险业务收入”项目金额减去“分出保费”、“提取未到期责任准备金”项目金额后的余额。仅由金融企业填报。

6. △手续费及佣金收入：反映企业确认的包括办理结算业务等在内的手续费、佣金收入，应根据“手续费及佣金收入”等科目的发生额分析填列。仅由金融企业填报。

7. 营业总成本：包括营业成本、△利息支出、△手续费及佣金支出、△退保金、△赔付支出净额、△提取保险合同准备金净额、△保单红利支出、△分保费用、营业税金及附加、销售费用、管理费用、财务费用、资产减值损失和其他共十四部分内容。

8. 营业成本：反映企业经营主要业务和其他业务所确认的成本总额，应根据“主营业务成本”和“其他业务成本（支出）”科目的发生额分析填列。

9. △利息支出：反映企业经营存款业务等确认的利息支出，应根据“利息支出”的发生额分析填列。仅由金融企业填报。

10. △手续费及佣金支出：反映企业确认的包括办理结算业务等在内发生的手续费、佣金支出，应根据“手续费及佣金支出”等科目的发生额分析填列。仅由金融企业填报。

11. △退保金：反映企业寿险原保险合同提前解除时按照约定退还投保人的保单现金价值，应根据“退保金”科目的发生额分析填列。仅由金融企业填报。

12. △赔付支出净额：反映企业支付的原保险合同赔付款项和再保险合同赔付款项。仅由金融企业填报。

13. △提取保险合同准备金净额：反映企业提取的保险责任准备金，包括未决赔款准备金、寿险责任准备金、长期健康险责任准备金，应根据“提取保险责任准备金”科目的发生额分析填列。仅由金融企业填报。

14. △保单红利支出：反映企业按原保险合同约定支付给投保人的红利。仅由金融企业填报。

15. △分保费用：反映企业从事再保险业务支付的分保费用，依据“分保费用”扣减“摊回分保费用”的净额填列。仅由金融企业填报。

16. 营业税金及附加：反映企业经营主要业务和其他业务所负担的消费税、营业税、城市维护建设税、资源税、土地增值税、教育费附加等，应根据“营业税金及附加”科目的发生额填列。

17. 销售费用：反映企业在销售过程中发生的包装费、广告费等相关费用，以及专设销售机构的职工薪酬、业务费等经营费用，应根据“销售费用”科目的发生额分析填列。

18. 财务费用：反映企业为筹集生产经营所需资金等发生的费用，其中：利息支出、利息收入、汇兑净损失项目需单独列示，均以正数填列，若汇兑净损失项目为汇兑净收益，以“－”号填列。其中，利息支出反映企业本年发生的不符合资本化条件而计入当期损益的票据贴现利息、应付票据利息、交易性金融负债利息、金融机构长短期借款利息、应付债券利息等其他带息负债利息。

19. 资产减值损失：反映企业计提资产减值准备所形成的各项减值损失，应根据“资产减值损失”科目发生额分析填列。仅由执行新会计准则企业填列。

20. 其他：反映石油石化企业勘探费用。

21. 公允价值变动收益：反映企业应当计入当期损益的资产或负债公允价值变动收益，应根据“公允价值变动损益”科目发生额分析填列，如为净损失以“－”号填列。仅由执行新会计准则企业填列。

22. 投资收益：反映企业以各种方式对外投资所取得的收益，应根据“投资收益”科目的发生额分析填列。如为投资损失以“－”号填列。其中，“对联营企业和合营企业的投资收益”单独列示。

23. △汇兑收益：反映企业外币货币性项目因汇率变动形成的净收益，应根据“汇兑损益”科目的发生额分析填列。如为净损失以“－”号列示。仅由金融企业填列。

24. 营业外收入：反映企业发生的与生产经营业务无直接关系，但构成本年利润总额的利得，应根据“营业外收入”科目的发生额分析填列，包括非流动资产处置利得、非货币性资产交换利得、债务重组利得、政府补助、盘盈利得、捐赠利得等。企业确认处置非流动资产利得、非货币性资产交换利得、债务重组利得，比照“固定资产清理”、“无形资产”、“原材料”、“库存商品”、“应付账款”等科目的相关规定进行处理。

25. 政府补助：反映企业从政府无偿取得货币性资产或非货币性资产，但不包括政府作为企业所有者投入的资本。未执行新企业会计准则的企业根据“补贴收入”科目填报。

26. 营业外支出：反映企业发生的与生产经营活动无直接关系，但应从本年实现的利润总额中扣除的损失，应根据“营业外支出”科目的发生额分析填列，包括非流动资产处置损失、非货币性资产交换损失、债务重组损失、公益性捐赠支出、非常损失、盘亏损失等。企业确认处置非流动资产损失、非货币性资产交换损失、债务重组损失，比照“固定资产清理”、“无形资产”、“原材料”、“库存商品”、“应付账款”等科目的相关规定进行处理。

27. 所得税费用：反映企业应从当期利润总额中扣除的所得税费用，包括当期所得税和递延所得税两个部分。

28. 净利润：包括归属于母公司所有者的净利润和少数股东损益两部分内容。

29. 每股收益：反映普通股股东每持有一股所能享有的企业利润或承担的亏损，包括基本每股收益和稀释每股收益。仅由普通股或潜在普通股已公开交易的企业，以及正处于公开发行普通股或潜在普通股过程中的企业填列。

基本每股收益：反映股份有限公司仅考虑当期实际发行在外的普通股股份计算的每股收益，按照归属于普通股股东的当期净利润，除以当期实际发行在外普通股的加权平均数计算确定。

稀释每股收益：反映股份有限公司以基本每股收益为基础，假设企业所有发行在外的稀释性潜在普通股均已转换为普通股，从而分别调整归属于普通股股东的当期净利润以及发行在外普通股的加权平均数而计算的每股收益。

30. 其他综合收益：反映企业根据企业会计准则规定未在损益中确认的各项利得和损失扣除所得税影响后的净额，主要包括以下项目：

（1）可供出售金融资产的公允价值变动、减值及处置导致的其他资本公积的增加或减少；将持有至到期投资重分类为可供出售金融资产时，重分类日公允价值与账面余额的差额计入其他资本公积的部分，以及将可供出售金融资产重分类为采用成本或摊余成本计量的金融资产的，对于原计入资本公积的相关金额进行摊销或于处置时转出导致的其他资本公积的减少。

（2）确认按照权益法核算的在被投资单位其他综合收益中所享有的份额导致的其他资本公积的增加或减少。

（3）计入其他资本公积的现金流量套期工具利得或损失中属于有效套期的部分，以及其后续的转出。

（4）境外经营外币报表折算差额的增加或减少。

（5）其他。如自用房地产或存货转换为采用公允价值模式计量的投资性房地产，转换当日的公允价值大于原账面价值，其差额计入所有者权益导致的其他资本公积的增加，及处置时的转出；计入其他资本公积的，满足运用套期会计方法条件的境外经营净投资套期产生的利得或损失中有效套期的部分，以及其后续的转出。

（三）未执行《企业会计准则》企业主要指标对照表

2012 年报表项目	行次	未执行新准则项目	2012 年报表项目	行次	未执行新准则项目
一、营业总收入	1		其他	28	
其中：营业收入	2		加：公允价值变动收益	29	
其中：主营业务收入	3	主营业务收入	投资收益（损失以“－”号填列）	30	投资收益、期货收益
其他业务收入	4	其他业务收入	其中：对联营企业和合营企业的投资收益	31	
△利息收入	5		△汇兑收益（损失以“－”号填列）	32	
△已赚保费	6		三、营业利润（亏损以“－”号填列）	33	营业利润
△手续费及佣金收入	7		加：营业外收入	34	营业外收入、补贴收入
二、营业总成本	8		其中：非流动资产处置利得	35	处置固定资产净收益
其中：营业成本	9		非货币性资产交换利得	36	非货币性交易收益
其中：主营业务成本	10	主营业务成本	政府补助	37	
其他业务成本	11	其他业务成本	债务重组利得	38	
△利息支出	12		减：营业外支出	39	营业外支出
△手续费及佣金支出	13		其中：非流动资产处置损失	40	处置固定资产净损失
△退保金	14		非货币性资产交换损失	41	非货币性交易损失
△赔付支出净额	15		债务重组损失	42	
△提取保险合同准备金净额	16		四、利润总额（亏损总额以“－”号填列）	43	利润总额
△保单红利支出	17		减：所得税费用	44	所得税费用
△分保费用	18		五、净利润（净亏损以“－”号填列）	45	净利润、未确认的投资损失
营业税金及附加	19	主营业务税金及附加	归属于母公司所有者的净利润	46	归属于母公司所有者的净利润
销售费用	20	销售费用	少数股东损益	47	少数股东损益
管理费用	21	管理费用	六、每股收益：	48	
其中：研究与开发费	22	研究与开发费	基本每股收益	49	
财务费用	23	财务费用	稀释每股收益	50	
其中：利息支出	24	利息支出	七、其他综合收益	51	
利息收入	25	利息收入	八、综合收益总额	52	
汇兑净损失	26	汇兑净损失	归属于母公司所有者的综合收益总额	53	
资产减值损失	27		归属于少数股东的综合收益总额	54	

（四）执行《企业会计准则》金融企业报表项目对照表

行次	金融企业报表项目	2012 年报表项目
1	利息收入	△利息收入
2	手续费及佣金收入	△手续费及佣金收入
3	已赚保费	△已赚保费
4	其他业务收入	其他业务收入
5	利息支出	△利息支出
6	手续费及佣金支出	△手续费及佣金支出
7	退保金	△退保金
8	赔付支出减“摊回赔付支出”	△赔付支出净额
9	保单红利支出	△保单红利支出
10	分保费用减“摊回分保费用”	△分保费用
11	提取保险合同准备金净额	△提取保险合同准备金净额
12	其他业务成本	其他业务成本
13	营业税金及附加	营业税金及附加
14	业务及管理费	销售费用
15	汇兑收益	△汇兑收益
16	资产减值损失	资产减值损失
17	公允价值变动收益	公允价值变动收益
18	投资收益	投资收益
19	对联营企业和合营企业的投资收益	对联营企业和合营企业的投资收益
20	营业外收入	营业外收入
21	营业外支出	营业外支出
22	每股收益	每股收益
23	基本每股收益	基本每股收益
24	稀释每股收益	稀释每股收益

（五）表内公式

1 行 =（2 + 5 + 6 + 7）行；2 行 =（3 + 4）行；8 行 =（9 + 12 + 13 + 14 + 15 + 16 + 17 + 18 + 19 + 20 + 21 + 23 + 27 + 28）行；9 行 =（10 + 11）行；23 行≥（24 − 25 + 26）行（合理性）；30 行≥31 行（合理性）；33 行 =（1 − 8 + 29 + 30 + 32）行；34 行≥（35 + 36 + 37 + 38）行；39 行≥（40 + 41 + 42）行；43 行 =（33 + 34 − 39）行；45 行 =（43 − 44）行；45 行 =（46 + 47）行；如果组织形式为 13，则 49 行与 50 行不为 0（合理性）；52 行 =（45 + 51）行；52 行 =（53 + 54）行；若封面“报表类型码”为 0 或 2 或 3 或 4 或 5，47 行 =0、54 行 =0（合理性）；若“报表类型码”为 0 或 3 或 4 或 5，则 5 行 =0、6 行 =0、7 行 =0、12 行 =0、13 行 =0、14 行 =0、15 行 =0、16 行 =0、17 行 =0、18 行 =0、32 行 =0（合理性）。

六、现金流量表［财会年企 03 表］

（一）编制方法

1. 本表反映企业在一年或一个会计期间内有关现金和现金等价物的流入和流出的情况。企业采用直接法报告经营活动的现金流量时，有关现金流量的信息可以从会计记录中直接获得，也可以在利润表营业收入、营业成本等数据的基础上，通过调整存货和经营性应收应付项目的变动，以及固定资产折旧、无形资产摊销等项目后获得。

2. 企业应根据本编制说明要求填列表中各项指标，编制说明中未作解释的内容以目前企业所执行的会计核算制度为依据。

（二）表内有关指标解释

1. 销售商品、提供劳务收到的现金：反映企业销售商品、提供劳务实际收到的现金（含销售收入和应向购买者收取的增值税额），包括本期销售商品、提供劳务收到的现金，以及前期销售和前期提供劳务本期收到的现金和本期预收的账款，减去本期退回本期销售的商品和前期销售本期退回的商品支付的现金。企业销售材料和代购代销业务收到的现金也在本项目反映。本项目可根据“现金”、“银行存款”、“应收账款”、“应收票据”、“预收账款”、“主营业务收入”、“其他业务收入”等科目的记录分析填列。

2. △客户存款和同业存放款项净增加额：反映财务公司和商业银行本期客户存款和同业存放款项的净增加额。仅由金融企业填报。

3. △向中央银行借款净增加额：反映财务公司和商业银行本期向中央银行借入款项的净增加额。仅由金融企业填报。

4. △向其他金融机构拆入资金净增加额：反映商业银行和财务公司本期从境内外金融机构拆入款项的净增加额。仅由金融企业填报。

5. △收到原保险合同保费取得的现金：反映保险公司本期收到的原保险合同保费取得的现金净额。包括本期收到的原保险合同收入、本期收到的前期应收原保险合同保费、本期预售的原保险合同保费和本期代其他企业收取的原保险合同保费，扣除本期保险合同提前结束以现金支付的退保费。仅由金融企业填报。

6. △收到再保险业务现金净额：反映保险公司本期从事再保险业务实际收支的现金净额。仅由金融企业填报。

7. △保户储金及投资款净增加额：反映保险公司向投保人收取的以储金利息作为保费收入的储金，以及以投资收益作为保费收入的投资保障性保险业务的投资本金，减去保险公司向投保人返还的储金和投资本金后的净额。仅由金融企业填报。

8. △处置交易性金融资产净增加额：反映证券公司本期自行买卖交易性金融资产所取得的现金净增加额。仅由金融企业填报。

9. △收取利息、手续费及佣金的现金：反映金融企业本期收到的利息、手续费及佣金。仅由金融企业填报。

10. △拆入资金净增加额：反映证券公司本期从境内外金融机构拆入款项所取得的现金，减去拆借给境内外金融机构所支付的现金后的净额。仅由金融企业填报。

11. △回购业务资金净增加额：反映证券公司本期按回购协议卖出票据、证券、贷款等金融资产所融入的现金，减去按返售协议约定先买入再按固定价格返售给卖出方的票据、证券、贷款等金融资产所融出的现金后的现金增加额。仅由金融企业填报。

12. 收到的税费返还：反映企业收到返还的各种税费，如收到的增值税、消费税、营业税、所得税、教育费附加返还等。本项目可根据“现金”、“银行存款”、“营业税金及附加”、“营业外收入”、“补贴收入”、“其他应收款”、“应收补贴款”等科目的记录分析填列。

13. 收到其他与经营活动有关的现金：反映企业除上述各项目外，收到的其他与经营活动有关的现金，如罚款收入、流动资产损失中由个人赔偿的现金收入等。其他现金流入如价值较大的，应在报表附注中披露。执行行业会计制度的企业“经营租赁收到的租金”也包括在此项中。本项目可根据“现金”、“银行存款”、“营业外收入”等科目的记录分析填列。

14. 购买商品、接受劳务支付的现金：反映企业购买材料、商品、接受劳务实际支付的现金，包括本期购入材料、商品、接受劳务支付的现金（包括增值税进项税额），以及本期支付前期购入商品、接受劳务的未付款项和本期预付款项。本期发生的购货退回收到的现金应从本项目中扣除。本项目可根据“现金”、“银行存款”、“应付账款”、“应付票据”、“预付账款”、“主营业务成本”、“其他业务支出”等科目的记录分析填列。

15. △客户贷款及垫款净增加额：反映财务公司和商业银行本期发放的各种客户贷款，以及办理商业票据贴现、转贴现融出及融入资金等业务的款项的净增加额。仅由金融企业填报。

16. △存放中央银行和同业款项净增加额：反映财务公司和商业银行本期存放于中央银行以及境内外金融机构款项的净增加额，仅由金融企业填报。

17. △支付原保险合同赔付款项的现金：反映保险公司本期实际支付原保险合同赔付的现金。仅由金融企业填报。

18. △支付利息、手续费及佣金的现金：反映金融企业本期支付的利息、手续费及佣金。仅由金融企业填报。

19. △支付保单红利的现金：反映保险公司本期支付保单红利所支付的现金。仅由金融企业填报。

20. 支付给职工以及为职工支付的现金：反映企业实际支付给职工，以及为职工支付的现金，包括本期实际支付给职工的工资、奖金、各种津贴和补贴、为职工代扣代缴的个人所得税等，以及为职工支付的其他费用。不包括支付的离退休人员的各项费用和支付给在建工程人员的工资等。企业为职工支付的养老、失业等社会保险基金、补充养老保险、住房公积金、支付给职工的住房困难补助，以及企业支付给职工或为职工支付的其他福利费等，应按职工的工作性质和服务对象，分别在本项目和“购建固定资产、无形资产和其他长期资产所支付的现金”项目反映。本项目可根据“应付工资”、“现金”、“银行存款”等科目的记录分析填列。企业支付给离退休人员的费用，在“支付的其他与经营活动有关的现金”项目中反映。

21. 支付的各项税费：反映企业按规定支付的各种税费，包括本期发生并支付的税费，以及本期支付以前各期发生的税费和预交的税金。本项目可根据“应交税金”、“现金”、“银行存款”等科目的记录分析填列，不包括企业代扣代缴的个人所得税。

22. 支付其他与经营活动有关的现金：反映企业除上述各项目外，支付的其他与经营活动有关的现金，如罚款支出、支付的差旅费、业务招待费现金支出、支付的保险费、支付的工会经费及签发银行承兑汇票、保函时缴纳的保证金等。

23. 收回投资收到的现金：本项目反映企业出售、转让或到期收回除现金等价物以外的交易性金融资产、持有至到期投资、可供出售金融资产、长期股权投资等而收到的现金。不包括债权性投资收回的利息、收回的非现金资产，以及处置子公司及其他营业单位收到的现金净额。本项目可根据“交易性金融资产”、“持有至到期投资”、“可供出售金融资产”、“长期股权投资”、“现金”、“银行存款”等科目的记录分析填列。

24. 取得投资收益收到的现金：反映企业因权益性投资和债权性投资而取得的现金股利、利息，以及从子公司、联营企业和合营企业分回利润收到的现金。不包括股票股利。包括在现金等价物范围内的债券性投资，其利息收入在本项目中反映。本项目可根据“应收股利”、“应收利息”、“现金”、“银行存款”、“投资收益”等科目的记录分析填列。

25. 处置固定资产、无形资产和其他长期资产收回的现金净额：反映企业处置固定资产、无形资产和其他长期资产所取得的现金，减去为处置这些资产而支付的有关费用后的净额。由于自然灾害所造成的固定资产等长期资产损失而收到的保险赔偿收入，也在本项目反映。如处置固定资产、无形资产和其他长期资产所收回的现金净额为负数，则应作为投资活动产生的现金流量，在“支付的其他与投资活动有关的现金”项目中反映。本项目可根据“固定资产清理”、“现金”、“银行存款”等科目的记录分析填列。

26. 处置子公司及其他营业单位收到的现金净额：反映企业处置子公司及其他营业单位所取得的现金减去子公司或其他营业单位持有的现金和现金等价物以及相关处置费用后的净额。本项目可以根据有关科目的记录分析填列。

27. 收到其他与投资活动有关的现金：反映企业除上述各项外，收到的其他与投资活动有关的现金流入。本项目可根据有关科目的记录分析填列。

28. 购建固定资产、无形资产和其他长期资产支付的现金：反映企业购买、建造固定资产，取得无形资产和其他长期资产所支付的现金。包括购买机器设备所支付的现金及增值税款、建造工程支付的现金、支付在建工程人员的工资等现金支出，不包括为购建固定资产、无形资产和其他长期资产而发生的借款利息资本化的部分，以及融资租入固定资产所支付的租赁费。为购建固定资产、无形资产和其他长期资产而发生的借款利息资本化部分，在“分配股利、利润或偿付利息支付的现金”项目中反映；融资租入固定资产所支付的租赁费，在“支付其他与筹资活动有关的现金”项目中反映。本项目可根据“固定资产”、“在建工程”、“无形资产”、“现金”、“银行存款”等科目的记录分析填列。

29. 投资支付的现金：反映企业进行权益性投资和债权性投资所支付的现金，包括企业取得的除现金等价物以外的交易性金融资产、持有至到期投资、可供出售金融资产而支付的现金，以及支付的佣金、手续费等交易费用。本项目可根据“交易性金融资产”、“持有至到期投资”、“可供出售金融资产”、“投资性房地产”、“长期股权投资”、“现金”、“银行存款”等科目的记录分析填列。

30. △质押贷款净增加额：反映保险公司本期发放保户质押贷款的现金净额。仅由金融企业填报。

31. 取得子公司及其他营业单位支付的现金净额：反映企业取得子公司及其他营业单位购买出价中以现金支付的部分，减去子公司或其他营业单位持有的现金和现金等价物后的净额，可根据有关科目的记录分析填列。

32. 支付其他与投资活动有关的现金：反映企业除上述各项目外，支付的其他与投资活动有关的现金。本项目可根据有关科目的记录分析填列。

33. 吸收投资收到的现金：反映企业以发行股票等方式筹集资金实际收到款项净额（发行收入减去支付的佣金等发行费用后的净额）。以发行股票等方式筹集资金而由企业直接支付的审计、咨询等费用不在本项目反映，在“支付的其他与筹资活动有关的现金”项目反映，不在本项目内减去。本项目可根据“实收资本（或股本）”、“现金”、“银行存款”等科目的记录分析填列。

34. 子公司吸收少数股东投资收到的现金：反映子公司以发行股票等方式筹集来自少数股东资金实际收到的款项净额。

35. 取得借款收到的现金：本项目反映企业举借各种短期、长期借款而收到的现金，以及发行债券实际收到的款项净额（发行收入减去直接支付的佣金等发行费用后的净额）。本项目可以根据“短期借款”、“长期借款”、“交易性金融负债”、“应付债券”、“现金”、“银行存款”等科目的记录分析填列。

36. △发行债券收到的现金：反映商业银行发行债券收到的现金净额。仅由金融企业填报。

37. 收到其他与筹资活动有关的现金：反映企业除上述各项目外，收到的其他与筹资活动有关的现金，如接受现金捐赠等。

38. 偿还债务支付的现金：反映企业偿还债务本金而支付的现金，包括偿还金融企业的借款本金、偿还债券本金等。本项目可根据“短期借款”、“长期借款”、“现金”、“银行存款”等科目的记录分析填列。

39. 分配股利、利润或偿付利息支付的现金：反映企业实际支付的现金股利、以现金支付给其他投资单位的利润以及支付的借款利息、债券利息等。本项目可根据“应付股利”、“应付利息”、“财务费用”、“长期借款”、“现金”、“银行存款”等科目的记录分析填列。

40. 子公司支付给少数股东的股利、利润：反映子公司实际支付给少数股东的现金股利、利润等。

41. 支付其他与筹资活动有关的现金：反映企业除上述各项外，支付的其他与筹资活动有关的现金，如捐赠现金支出、融资租入固定资产支付的租赁费、发生筹资费用所支付的现金、融资租赁所支付的现金、减少注册资本所支付的现金等。企业以分期付款方式购建的固定资产，在本项目中反映。

42. 汇率变动对现金及现金等价物的影响：反映企业外币现金流量折算为人民币时，所采用的现金流量发生日的即期汇率折算为人民币金额与“现金及现金等价物净增加额”中外币现金净增加额按资产负债表日的即期汇率折算的人民币金额之间的差额。

（三）表内公式

15行=（2+3+4+5+6+7+8+9+10+11+12+13+14）行；25行=（16+17+18+19+20+21+22+23+24）行；26行=（15-25）行；33行=（28+29+30+31+32）行；39行=（34+35+36+37+38）行；40行=（33-39）行；42行≥43行；47行=（42+44+45+46）行；49行≥50行；52行=（48+49+51）行；53行=（47-52）行；55行=（26+40+53+54）行；57行=（55+56）行；56行本期金额=57行上期金额；若“报表类型码”为0或3或4或5，则3行=0、4行=0、5行=0、6行=0、7行=0、8行=

0、9 行 =0、10 行 =0、11 行 =0、12 行 =0、17 行 =0、18 行 =0、19 行 =0、20 行 =0、21 行 =0、36 行 = 0、45 行 =0。

七、所有者权益变动表［财会年企 04 表］

（一）基本内容

本表反映企业所有者权益的各组成部分本年和上年年初调整及本年和上年增减变动的情况，不仅包括所有者权益总量的增减变动，还包括所有者权益增减变动的重要结构性信息。“少数股东权益”栏目用于反映合并报表中少数股东权益变动的情况。

（二）编制方法

本表各项目应根据“实收资本（或股本）”、“资本公积”、“库存股”、“盈余公积”、“利润分配”等科目本年和上年的年初余额、年末余额、当年发生额等分析填列。编制合并财务报表的企业，应按照合并报表口径填报本表中的有关项目。

（三）表内有关指标解释

1. 上年年末余额：1 行 12—22 栏反映企业上上年资产负债表中的年末所有者权益金额。1 行 1—11 栏与 31 行 12—22 栏一致。

2. 会计政策变更和前期差错更正：仅填列表中 12—22 栏，反映企业本年及上年会计政策变更和会计差错更正等对上上年及以前年度所有者权益的累积影响金额。

（1）会计政策变更：反映企业采用追溯调整法处理的会计政策变更的累积影响金额。

（2）前期差错更正：反映企业采用追溯重述法处理的会计差错更正的累积影响金额。

3. 本年年初余额：4 行 12—22 栏反映企业在上上年年末所有者权益金额的基础上，考虑本年及上年会计政策变更和前期差错更正等对上上年及以前年度所有者权益的累积影响调整后的上年年初所有者权益金额。4 行 1—11 栏反映企业考虑本年会计政策变更及前期差错更正等对以前年度的影响调整后得出的本年初所有者权益金额，与 1 行 1—11 栏一致。

4. 本年年末余额：31 行 12—22 栏反映企业考虑本年会计政策变更及前期差错更正等对以前年度的影响调整后得出的上年年末所有者权益金额。31 行 1—11 栏反映企业本年年末所有者权益金额。

5. 本年增减变动金额：

（1）净利润：反映企业当年实现的净利润（或净亏损）金额，对应列在“未分配利润”栏。

（2）其他综合收益：反映企业根据企业会计准则规定未在损益中确认而直接计入所有者权益的各项利得和损失扣除所得税影响后的净额。

（3）所有者投入和减少资本：反映企业当年所有者投入的资本和减少的资本。其中：

①所有者投入资本：反映企业接受投资者投入形成的实收资本（或股本）和资本（股本）溢价，对应列在“实收资本”和“资本公积”栏。

②股份支付计入所有者权益的金额：反映企业处于等待期中的权益结算的股份支付当年计入资本公积的金额，对应列在“资本公积”栏。

（4）专项储备提取和使用：反映企业当年专项储备的提取和使用情况。

①提取专项储备：反映企业当年依照国家有关规定提取的安全费用以及具有类似性质的各项费用，对应列在“专项储备”栏。

②使用专项储备：反映企业当年按规定使用安全生产储备用于购建安全防护设备或与安全生产相关的费用性支出情况，对应列在“专项储备”栏。

（5）利润分配：反映企业当年按照规定提取的盈余公积金额和对所有者（或股东）分配的利润（或股利）金额，对应列在“盈余公积”和“未分配利润”栏。其中：

①提取盈余公积：反映企业按照规定提取的盈余公积、储备基金、企业发展基金项目、中外合作经营在合作期间归还投资者的投资等项目。

②对所有者（或股东）的分配：反映企业对所有者（或股东）分配的利润（或股利）金额。

（6）所有者权益内部结转：反映不影响当年所有者权益总额的所有者权益各组成部分之间当年的增减变动。其中：

①资本公积转增资本（或股本）：反映企业以资本公积转增资本或股本的金额。

②盈余公积转增资本（或股本）：反映企业以盈余公积转增资本或股本的金额。

③盈余公积弥补亏损：反映企业以盈余公积弥补亏损的金额。

（四）表内公式

1. 行次：1行本年金额=31行上年金额；4行本年金额=1行本年金额；4行上年金额=(1+2+3）行；5行=(8+9+13+16+26）行；8行=(6+7）行；9行=(10+11+12）行；13行=(14+15）行；16行=(17+23+24+25）行；17行≥(18+19+20+21+22）行；26行=(27+28+29+30）行；31行=(4+5）行。

2. 栏间：11栏=(9+10）栏；9栏=(1+2-3+4+5+6+7+8）栏；20栏=(12+13-14+15+16+17+18+19）栏；22栏=(20+21）栏。

3. (17-22、26-30）行（9、20）栏=0（合理性）。

（五）表间公式

1. 4行第1栏=财会年企01表112行年初余额；4行第2栏=财会年企01表113行年初余额；4行第3栏=财会年企01表114行年初余额；4行第4栏=财会年企01表115行年初余额；4行第5栏=财会年企01表116行年初余额；4行第6栏=财会年企01表122行年初余额；4行第7栏=财会年企01表123行年初余额；4行第8栏=财会年企01表124行年初余额；4行第9栏=财会年企01表125行年初余额；4行第10栏=财会年企01表126行年初余额；4行第11栏=财会年企01表127行年初余额。

2. 6行第7栏=财会年企02表46行本期金额；6行第10栏=财会年企02表47行本期金额；6行11栏=财会年企02表45行本期金额；6行第18栏=财会年企02表46行上期金额；6行第21栏=财会年企02表47行上期金额；6行22栏=财会年企02表45行上期金额。

3. 7行第9栏=财会年企02表53行本期金额-46行本期金额（合理性）；7行第10栏=财会年企02表54行本期金额-47行本期金额（合理性）；7行第11栏=财会年企02表51行本期金额（合理性）；7行第20栏=财会年企02表53行上期金额-46行上期金额（合理性）；7行第21栏=财会年企02表54行上期金额-47行上期金额（合理性）；7行第22栏=财会年企02表51行上期金额（合理性）。

4. 31行第1栏=财会年企01表112行期末余额；31行第2栏=财会年企01表113行期末余额；31行第3栏=财会年企01表114行期末余额；31行第4栏=财会年企01表115行期末余额；31行第5栏=财会年企01表116行期末余额；31行第6栏=财会年企01表122行期末余额；31行第7栏=财会年企01表123行期末余额；31行第8栏=财会年企01表124行期末余额；31行第9栏=财会年企01表125行期末余额；31行第10栏=财会年企01表126行期末余额；31行第11栏=财会年企01表127行期末余额。

八、国有资产变动情况表［财会年企05表］

（一）基本内容

本表反映企业占用国有资产总量以及由于各种原因影响国有资本及权益增减变动的情况。

（二）编制方法

本表应根据企业本年财会年企02表等相关科目数据分析填列。编制合并财务报表的企业，应按照合并报表口径填报本表中的有关项目。

（三）表内有关指标解释

1. 国有资本及权益总额：指企业所有者权益中，国有实收资本及其享有的权益额。属于合资、合作、股份制等多元投资主体性质的企业，国有资本享有的权益年初、年末余额按以下公式计算填列：

（资本公积+盈余公积+未分配利润+外币报表折算差额+专项储备+一般风险准备-国有独享部分）×（国有实收资本/实收资本）+国有独享部分

国家独享部分包括国家专项拨款、各项基金转入、土地估价入账、税收返还或专项减免、国家拨付流动资本等政策因素形成的国家独享权益数额。

2. 年初国有资本及权益总额：反映企业根据国家财务会计制度有关规定，对上年年末国有资本及权益总额追溯调整后形成的本年年初国有资本及权益总额。

3. 国家、国有单位直接或追加投资：反映有权代表国家投资的部门或机构本年投资设立企业或对原企业追加投入所增加的国家资本；国有企、事业单位本年投资设立企业或对原企业增加投入所增加的国有法人资本。

4. 无偿划入、无偿划出：分别反映企业当年按国家有关规定将其他企业（单位）的国有资产全部或部分划入、划出本企业（单位）而造成国有资本及其权益增加、减少的数额。按规定已经进行追溯调整的不在本项目反映。

5. 资产评估增加、减少：分别反映企业当年因改制、上市等原因按国家规定进行资产评估而造成国有资本及权益增加、减少的数额。

6. 清产核资增加、减少：分别反映企业按规定程序进行清产核资后，经国有资产监管（财政）部门批复而当年增加、减少国有资本及权益的数额。按规定已经进行追溯调整的不在本项目反映。

7. 产权界定增加、减少：分别反映企业因产权界定增加、减少国有资本及权益的数额。

8. 资本（股票）溢价：反映由于资本（股票）溢价而影响国有资本及权益增减变动的数额。

9. 接受捐赠：反映企业当年接受其他企业、单位和个人捐赠的资产而增加的国有资本及权益。

10. 债权转股权：反映企业按国家规定，将银行债权转为金融资产管理公司投资而增加的国有资本及权益。

11. 税收返还：反映企业按国家有关规定，收到返还的所得税、增值税等而直接增加的国有资本及权益。企业享受行业性的税收返回政策，不在本项目中反映。

12. 补充流动资本：反映根据财政部《关于“优化资本结构”试点城市国有工业企业补充流动资本有关问题的通知》（财工字［1995］1 号）规定，对优化资本结构试点城市的国有工业企业上交所得税的 15% 返还给企业，用于弥补企业流动资本而增加的国有资本及权益。

13. 减值准备转回：反映企业经营期间因资产价值回升等原因转回已计提减值准备影响当期损益而增加的国有资本及权益。

14. 会计调整：反映企业经营期间因会计政策和会计估计发生重大变更、前期差错调整以及其他会计调整事项影响当期损益而增加的国有资本及权益。涉及减值准备会计政策与估计变更以及差错调整事项影响当期损益而增加的国有资本及权益在“减值准备转回”项目中反映。

15. 经营积累、经营减值：反映企业当期生产经营实现的净利润（或亏损）扣除因客观原因影响当期损益而增加（或减少）国有资本及权益的数额，应根据财会年企 02 表分析填列。企业当期无法支付的应付款项、未确认的投资损失、外币报表折算差额作为企业当期经营因素，而不确认为国有资产管理部门国有资本保值增值客观因素。

16. 消化以前年度潜亏和挂账而减少：反映企业当年消化的按照有关规定统一组织清产核资基准日以前（中央企业为 2003 年底以前）发生的潜亏挂账而造成国有权益减少的数额，不包括非国有权益减少部分。该项目须经中介机构逐户、分明细项审计确认，并在审计报告中加以详细披露或作专项审计说明。

17. 因自然灾害等不可抗拒因素减少：反应企业因自然灾害等不可抗拒因素而发生的国有资本及权益减少。不可抗拒因素指不能预见、不能避免并不能克服的客观情况，一般情况下指地震、台风、火灾、水灾、雷击等自然灾害。

18. 因主辅分离减少：反映企业按照《关于国有大中型企业主辅分离辅业改制分流安置富余人员的实施办法》（国经贸企改［2002］859 号）开展主辅分离、辅业改制工作，本年度减少的国有资本及权益数额。

19. 企业按规定上缴利润：反映企业按照有关政策、制度规定分配给投资者红利而减少的国有资本及权益。

20. 资本（股票）折价：反映企业以全部或主要资产折价发行股票或配股而减少的国有资本及权益。

21. 中央和地方政府确定的其他因素：反映经中央和地方政府确定、未在上述客观因素中反映的增加或减少国有资本及权益的金额。增加额和减少额应在表中分别填列。其中企业负担义务教育支出、股权分置改革引起的权益变动等也在此项列示。

22. 年末其他国有资金：反映年末不列入企业所有者权益，但由企业管理、使用的具有权益性质的国家所有的资金，如保险保障基金、特准储备基金、股份制改造剥离权益、国家专用拨款等。

23. 年末合计国有资产总量：反映企业国有资本及权益和其他国有资金的年末合计数。

（四）表内公式

1. 行次：2 行 =（3 + 4 + 5 + 6 + 7 + 8 + 9 + 10 + 11 + 12 + 13 + 14 + 15 + 16）行；17 行 =（18 + 19 + 20 + 21 + 22 + 23 + 24 + 25 + 26 + 27 + 28 + 29）行；若封面“报表类型”不为 1，则 2 行至 29 行各项指标应为≥0；30 行 =（1 + 2 - 17）行；32 行 =（30 + 31）行。

（五）表间公式

1 行 = 财会年企 01 表［105 行/104 行 × 125 行］年初余额（合理性）；30 行 = 财会年企 01 表［105 行/104 行 × 125 行］期末余额（合理性）。

九、资产减值准备情况表［财会年企 06 表］

（一）基本内容

本表反映企业各项资产减值准备的年初账面余额、本期增减变动和期末账面余额，以及待处理资产损失、政策性挂账和当年处理以前年度损失和挂账等情况。

（二）编制方法

1. 本表各项目应根据各项资产减值准备明细科目分析填列。

2. 编制合并财务报表的企业，应按照合并报表口径填报本表中的有关项目。

3. “待处理资产损失”、“政策性挂账”、“当年处理以前年度损失和挂账”由执行行业会计制度企业填列，其他企业不填。

（三）表内有关指标解释

1. 坏账准备：反映企业应收款项的坏账准备。

2. 存货跌价准备：反映企业按照成本高于可变现净值的差额计提的存货跌价准备。执行新准则企业适用《企业会计准则第 1 号——存货》。

3. 可供出售金融资产减值准备：反映企业在期末对各项可供出售的金融资产进行全面检查，有客观证据表明该金融资产发生减值的，所计提的减值准备。执行新准则企业适用《企业会计准则第 22 号——金融工具确认和计量》。未执行新准则企业将短期投资及长期债权投资划分至可供出售金融资产所对应的减值准备填列至该行。

4. 持有至到期投资减值准备：反映企业计提的持有至到期投资减值准备。未执行新准则企业将短期投资及长期债权投资划分至可供出售金融资产所对应的减值准备填列至该行。

5. 长期股权投资减值准备：反映企业按照可收回金额低于账面价值的差额计提的长期股权投资减值准备。

6. 投资性房地产减值准备：采用公允价值模式计量的投资性房地产的减值，适用《企业会计准则第 3 号——投资性房地产》的规定。

7. 固定资产减值准备：反映企业按照可收回金额低于账面价值的差额提取的固定资产减值准备。

8. 工程物资减值准备、在建工程减值准备：根据《企业会计准则第 15 号——建造合同》等规定计提的资产减值准备。

9. 生产性生物资产减值准备：反映企业遵循《企业会计准则第 5 号——生物资产》和《企业会计准则第 8 号——资产减值》准则，根据生产性生物资产的可收回金额低于账面价值的差额提取的资产减值准备。

10. 油气资产减值准备：反映企业遵循《企业会计准则第 27 号——石油天然气开采》和《企业会计准则第 8 号——资产减值》等准则，按照可收回金额低于账面价值的差额提取的油气资产减值损失。

11. 无形资产减值准备：反映企业按照可收回金额低于账面价值的差额计提的无形资产减值准备。

12. 商誉减值准备：反映企业遵循《企业会计准则第20号——企业合并》和《企业会计准则第8号——资产减值》等准则，根据购买方企业合并成本大于合并中取得的被购买方可辨认资产公允价值的部分作为商誉确认，于每一个会计年度进行测试，商誉发生减值的，计入商誉减值准备。

13. 其他减值准备：反映企业其他减值准备。未执行企业会计准则的企业核算的短期投资减值准备及长期债权投资减值准备扣除划分至可供出售金融资产减值准备及持有至到期投资减值准备后的余额填列至该行反映。

14. 合并增加额、合并减少额：反映企业（集团）因合并范围变化而增加或减少的减值准备金额。执行新会计准则的企业，因同一控制下企业合并增加的子公司，应调整合并期初数，不在本项目下反映。

15. 资产价值回升转回额：反映企业在以前会计期间计提的减值准备，在本期期末因资产价值回升而转回的金额。

16 转销额：反映企业在以前会计期间计提的减值准备，在本期因资产处置、核销等因素，转销的减值准备金额。

17. 待处理资产损失：仅由执行行业会计制度的企业填报。其中：

坏账损失：反映执行行业会计制度的企业不能收回的各项应收款项造成的损失，主要包括：应收账款和其他应收款、应收票据、预付账款等发生坏账造成的损失。

存货损失：反映执行行业会计制度的企业库存商品、产成品、半成品、在产品以及各类材料、燃料、包装物、低值易耗品等发生的盘盈、盘亏、变质、毁损、报废、淘汰、被盗等造成的净损失。

短期投资损失：反映执行行业会计制度的企业由于短期投资期末余额高于市价等原因形成的损失，包括短期股票投资、短期债券投资损失等。

固定资产净损失：反映执行行业会计制度的企业房屋建筑物、机器设备、运输设备、工具器具等发生的盘盈、盘亏、淘汰、毁损、报废、丢失、被盗等造成的净损失，其中：固定资产盘亏，固定资产毁损、报废，固定资产盘盈需单独列示。

长期投资损失：反映执行行业会计制度的企业年末长期投资余额中，由于被投资企业已破产、清算、被撤销、关闭或被注销、吊销工商登记等原因造成的损失数。

无形资产损失：反映执行行业会计制度的企业无形资产已经被其他新技术所代替或已经超过了法律保护的期限，已经全部丧失使用价值和转让价值，不能给企业再带来经济利益而造成的损失数。

在建工程损失：反映执行行业会计制度的企业已经发生的因停建、废弃和报废、拆除的在建工程项目造成的损失。

委托贷款损失：反映执行行业会计制度的企业委托金融机构向其他单位贷出的款项，由于借款单位已破产、清算、被撤销、关闭或被注销、吊销工商登记等原因无法收回贷款而造成的损失数。

18. 当年损益中处理以前年度损失挂账：反映企业按财务会计制度规定当年消化处理2000年（企业会计制度颁布时间）以前发生且未处理的各类损失，包括无法收回的应收款项、积压存货、应提未提和应摊未摊费用，以及历史遗留问题挂账等。该项目须经中介机构逐户、分明细项审计确认，并在审计报告中加以详细披露或作专项审计说明。

（四）表内关系

1. 行次：16行=（1+2+3+4+5+6+7+8+9+10+11+12+13+14）行；18行≥（19+20+21）行；22行≥（23+24+25）行；17行=（18+22+26+27+28+29）行。

2. 栏间：11栏=（1+5−10）栏，5栏=（2+3+4）栏，10栏=（6+7+8+9）栏。

（五）表间关系

7行1栏年初余额、11栏期末余额=财会年企01表32行年初余额、期末余额。16行10栏本期减少额合计≥财会年企05表（国有资产变动情况表）13行减值准备转回金额。

十、应上交应弥补款项表［财会年企附07表］

本表反映企业各项税金、保险、拨款等款项的负担和上交情况。本表只反映由企业承担和上交的中国境内的部分，不包括企业代扣代缴的应由个人承担部分。

（一）编制方法

本表应根据企业当年基础会计资料及其他有关资料填列。企业填报时应注意与财政、税务等部门批准、认可的有关数据衔接一致。

（二）表内有关指标解释

1. 石油特别收益金：反映根据《财政部关于印发〈石油特别收益金征收管理办法〉的通知》（财企［2006］72 号）规定，由在中华人民共和国陆地领域和所辖海域独立开采并销售原油的企业缴纳的石油特别收益金。

2. 其他税费：反映除表中所列各项税费外，企业应交纳的城镇土地使用税、土地增值税、契税、印花税、土地使用税、房产税、车船税等所有其他各项税费的交纳情况。地方教育费附加应填列在“教育费附加”项目中，不在本项目反映。

3. 基本养老保险、基本医疗保险、失业保险、工伤保险、生育保险、住房公积金：指企业按国家规定缴纳的五险一金情况，只反映由企业承担的部分。

4. 财政拨款：反映当年财政拨付企业的技改资金、挖潜改造资金以及基建资金等款项收支结存情况（不含财政通过其他部门拨付给企业的资金）。

5. 国有资本收益：反映根据财政部门有关国有资本收益收缴管理办法等规定，本年应交和本年已交各级财政的国有资本收益。本项目仅由企业集团本部填列，不包含国有及国有控股企业对其企业投资者的红利。

6. 本年应交税费总额：反映企业本年应交的增值税、消费税、营业税、资源税、城建税、农牧业税、关税、企业所得税、教育费附加、石油特别收益金及其他税费的合计总额。

7. 本年实际上交税费总额：反映企业本年实际上交的增值税、消费税、营业税、资源税、城建税、农牧业税、关税、企业所得税、教育费附加、石油特别收益金及其他税费的合计总额。

8. 本年实际支付补充养老保险（含年金）总额：反映企业本年按照《财政部关于企业为职工购买保险有关财务处理问题的通知》（财企［2003］61 号）、《企业财务通则》（财政部令第 41 号）、《财政部关于企业新旧财务制度衔接有关问题的通知财企》（财企［2010］34 号）的有关规定实际支付的补充养老保险金额，只反映由企业承担的部分。

9. 本年实际支付补充医疗保险总额：反映企业本年按照《财政部关于企业为职工购买保险有关财务处理问题的通知》（财企［2003］61 号）、《企业财务通则》（财政部令第 41 号）的有关规定实际支付的补充医疗保险金额，只反映由企业承担的部分。

10. 出口退税情况：由外贸公司或有出口经营权的企业填列，包括未设置“应收出口退税”科目核算的工业生产企业、外商投资企业、委托代理出口企业、外轮供应企业等按要求填列相关指标。

（1）出口额（美元）：反映本年度企业出口产品（商品）收入额（含自营出口和代理出口）按加权平均汇率折算为美元的金额，本项目填列数应与海关报关数保持一致。

（2）以前年度欠出口退税：反映企业以前年度应退未退的出口退税，按上年末“应收出口退税”借方余额填列。

（3）本年度应收出口退税：企业按“应收出口退税”科目本期借方发生额合计填列。

（4）本年度已收出口退税：反映企业本期实际已收到的出口退税额，按“应收出口退税”本期贷方发生额合计填列。

（三）表内关系：

65 行 =（2 + 5 + 8 + 11 + 14 + 17 + 20 + 21 + 23 + 26 + 29 + 32）行；66 行 =（3 + 6 + 9 + 12 + 15 + 18 + 20 + 21 + 24 + 27 + 30 + 33）行；74 行 =（71 + 72 − 73）行。

十一、基本情况表［财会年企附 08 表］

本表主要反映企业的职工、工资及福利、本年支付的职工培训费用、产值、本年收到的财政性资金、本年科技资金来源及支出、固定资产投资等情况。

（一）编制方法

本表应根据企业当年基础会计资料及其他相关资料分析填列。本表涉及职工人数情况填列的，应按照人员与工资相匹配、“人随工资走”原则填列。

（二）表内有关指标解释

1. 企业人数情况（人）：

（1）年末从业人员人数：反映年末在本企业实际从事生产经营活动的全部人员。包括：在岗的职工（合同制职工）、临时工及其他聘用、留用的人员，不包括与法人单位签订劳务派遣合同的人员。

（2）全年平均从业人员人数：反映企业本年 12 个月从业人员人数的算术平均值。

（3）年末职工人数：反映企业年末人事关系或工资关系在本单位的固定职工及劳动合同制职工，不包括离休、退休人员等，但包含内退下岗人员。企业“年末在岗职工人数”单独列示。

（4）全年平均职工人数：反映企业本年 12 个月职工人数的算术平均值。企业“全年平均在岗职工人数”单独列示。

（5）年末离休人数：反映企业年末已办理离休手续的职工人数。

（6）年末退休人数：反映企业年末已办理退休手续的职工人数。

（7）劳务派遣提供的就业人数：指企业当年已履行劳务派遣合同实际提供就业人员（这些就业人员的劳动合同由劳务承包单位与其签订，并由承包单位负责发放工资、办理社会保险等事宜）的平均数，按照企业当年已履行劳务派遣合同全年实际提供就业人次（1 人工作 1 天为 1 个就业人次）除以年制度工作日数计算填列。

（8）参加基本养老保险职工人数：反映企业参加基本养老保险的年末职工人数。

（9）参加补充养老保险职工人数：反映企业参加补充养老保险的年末职工人数。

（10）参加基本医疗保险职工人数：反映企业参加基本医疗保险的年末职工人数。

（11）参加补充医疗保险职工人数：反映企业参加补充医疗保险的年末职工人数。

（12）参加失业保险职工人数：反映企业参加失业保险的年末职工人数。

（13）参加工伤保险职工人数：反映企业参加工伤保险的年末职工人数。

（14）参加生育保险职工人数：反映企业参加生育保险的年末职工人数。

（15）实行工效挂钩职工人数：反映企业享受工效挂钩工资的职工人数。

2. 企业不在岗职工及劳动关系处理情况：

（1）年初不在岗职工人数（人）：反映年初档案关系在本企业或与企业签订劳动合同关系尚未到期的人员实际不在岗人数。其中，“内退人数（人）”单独列示，反映不在岗职工中的内退人数。

（2）年末不在岗职工人数（人）：反映年末档案关系在本企业或与企业签订劳动合同关系尚未到期的人员实际不在岗人数。其中，“内退人数（人）”单独列示，反映不在岗职工中的内退人数。

（3）本年累计解除劳动关系人数：反映企业按规定与职工解除劳动关系人数。

（4）本年累计支付经济补偿金额：反映企业按规定与职工解除劳动关系所支付经济补偿金额，其中财政负担部分单列。

3. 工资及福利情况：

（1）全年应发工资总额：反映全年应发放的工资总额。根据“应付工资”、“应付职工薪酬”科目及其他相关科目的本年发生额填列。本项目包含按月发放的住房补贴。

（2）全年实际发放工资总额：反映企业本年度实际发放的工资总额，包括临时工和聘用人员工资。其中“全年实际发放职工工资总额”和“全年实际发放在岗职工工资总额”单项列示。本项目包含按月发放的住房补贴。

（3）离退休人员养老金及福利性补助：反映企业本年度实际发放的离退休人员养老金及各项补助，不包括离退休人员通过社会保险经办机构领取的基本养老金以及企业支付给离退休人员的医药费。

（4）企业负责人薪酬总额：按照企业负责人当年实际收到的薪酬总额填列。企业负责人薪酬主要由基本年薪、绩效年薪、当年兑现的中长期激励收益组成，按照当年实际发放数填报。基本年薪是指企业负责人年度基本收入，绩效年薪是指与企业负责人当年经营业绩考核结果相联系的收入，当年兑现的中长期激励收益是指根据经薪酬审核部门批准的股权激励计划，负责人行权或兑现取得的收益。未实行年薪制的企业，负责人薪酬主要由工资、奖金、津贴、补贴组成。负责人当年取得的其他货币收入，一并填报。

（5）企业负责人人数：按照企业本年的负责人人数填列。企业负责人是指企业的董事长、党委书记（党组书记）、总经理（总裁）、监事长以及其他企业领导班子成员（包括副董事长、党委副书记、副总经理、总会计师、总经济师、执行董事等）。本项目不包括在企业兼职不兼酬的企业负责人人数。合并报表按汇总口径填列。

（6）本年支付的职工福利费：反映企业本年度实际支付的职工福利费总额。

（7）本年支付的医药费：反映企业本年实际支付的除职工基本医疗保险费以外的其他各类人员的医药费。其中“离退休人员医药费”单独列示。

（8）本年企业承担的职工住房费用：反映企业当年在职工住房方面的费用情况。包括企业当年承担的职工住房公积金、发放的购房补贴、住房补贴以及由企业承担的取暖、房屋修缮等费用。

4. 本年提取的职工培训费用：反映企业在本年度按规定比例提取的专项用于职工教育和培训的费用。

5. 本年支付的职工培训费用：反映企业在本年度对本单位职工教育和培训方面实际发生的全部支出。

6. 产值：（按现行价格计算）

（1）工业总产值：按报告期内实际销售价格计算的工业产品总量。仅由工业企业填列。

（2）劳动生产总值：指各种生产活动所创造的新增价值，是企业总产出与中间投入之差。增加值为劳动者报酬、生产税净额、固定资产折旧和营业盈余四个部分之和。各部分与会计指标的基本对应关系如下：

劳动者报酬：指劳动者为企业提供服务获得的全部报酬。主要包括本年在成本费用中列支的工资（薪金）所得、职工福利费、社会保险费、公益金以及其他各种费用中含有和列支的个人报酬部分。

固定资产折旧：指企业当年提取的固定资产折旧。

生产税净额：指国家对企业生产、销售产品和从事生产经营活动所征收的各种税金、附加和规费扣除生产补贴后的净额。各种税费主要有：本年应交的增值税、主营业务（产品销售）税金及附加以及在管理费用中列支的税费等。扣除内容主要有：国家财政对企业的政策性亏损补贴、价格补贴和外贸企业的出口退税等生产补贴。

营业盈余：指企业本年的营业利润加补贴，主要包括：企业营业利润、补贴收入等。

7. 本年收到的财政性资金：反映企业当年收到的各项财政性资金，按性质划分，主要包括基本建设性资金、生产发展性资金、社会保障性资金和其他资金。企业收到的财政部门以外的其他部门、机构转拨的财政性质资金也应当在本项目中反映。

基本建设性资金，反映企业收到的按规定用于基本建设的各项财政资金，包括基建有偿使用支出、基建拨款支出、国家资本金、基建贷款贴息支出、国债专项基建拨款和其他基建支出等。

生产发展性资金，反映企业收到的由国家预算拨款用于企业挖潜、革新和改造方面的资金（包括经济战备动员费）和反映新产品试制费、中间试验费、重要科学研究补助费等科学技术三项费用以及支持企业各项事业发展的专项资金，如宣传文化发展专项资金、国家电影事业发展专项资金等。

社会保障性资金，反映企业收到的用于下岗补助、救济等社会保障性支出的财政资金。

其他，反映企业收到的其他政策性补贴、税收返还等其他财政性资金。

8. 本年科技资金来源与支出情况：

（1）本年科技资金来源合计按来源分为政府拨款、企业自筹和其他。

①政府拨款：反映政府有关部门当年对本企业拨款到账的资金总额。

②企业自筹：反映本企业用于科技的自有资金、借入资金总额。

（2）本年科技支出合计：反映企业开展科学研究与试验发展、科学研究与试验发展成果应用、科技教育与培训及相关科技服务等全部科技活动的支出情况。

①本年研究开发费用：反映企业在产品、技术、材料、工艺、标准的研究、开发过程中发生的各项费

用，包括：研发活动直接消耗的材料、燃料和动力费用；企业在职研发人员的工资、奖金、津贴、补贴、社会保险费、住房公积金等人工费用以及外聘兼职研发人员的劳务费；用于研发活动的仪器、设备、房屋等固定资产的租赁、运行维护、维修等费用；用于中间试验和产品试制的模具、工艺装备开发及制造费，设备调整及检验费，样品、样机及一般测试手段购置费，试制产品的检验费等；研发成果的论证、评审、验收、评估以及知识产权的申请费、注册费、代理费等费用；通过外包、合作研发等方式，委托其他单位、个人或者与之合作进行研发而支付的费用；与研发活动直接相关的其他费用，包括技术图书资料费、资料翻译费、会议费、差旅费、办公费、外事费、研发人员培训费、培养费、专家咨询费、高新科技研发保险费用等。本年研究开发费用不包含用于企业研发活动的固定资产的折旧和无形资产的摊销。执行新《企业会计准则》的企业，本年研究开发费用应当等于“研发支出”科目当年归集核算的借方发生额扣除固定资产折旧和无形资产摊销；以前年度由“研发支出”或“开发支出”转出形成的无形资产，其当年摊销费用不计入当年的“研发支出”科目。

研发人员人工支出：反映企业在职研发人员的工资、奖金、津贴、补贴、社会保险费、住房公积金等人工费用以及外聘兼职研发人员的劳务费。

研究开发性固定资产支出：反映用于研发活动的仪器、设备、房屋等固定资产的租赁、运行维护、维修等费用，不含折旧。

②购买新技术、科研设备等支出：反映企业当年购置用于研发活动的软件、专利权、非专利技术等无形资产和仪器、设备、房屋等固定资产的实际支出。

③其他科技支出：反映企业除本年研究开发费用及购买新技术、科研设备等支出之外的其他各项科技支出，如知识产权维护费、诉讼费、代理费、“打假”、非研发人员的科技教育与培训等费用支出。

9. 资本构成情况：本类指标参照资产负债表相关解释按照汇总口径填列。

10. 固定资产情况：反映企业固定资产的使用、分类、原值、折旧情况，当年计提的固定资产折旧总额和当年计提折旧的平均固定资产原价以及当年固定资产投资等情况。

（1）土地资产：按 1995 年全国第五次清产核资后土地估价入账的金额填列。

（2）当年固定资产投资额：反映企业本年度新增固定资产投资总额，不包括企业以非货币交易换入和债务重组等方式取得的固定资产。本项目应根据“固定资产”、“在建工程”、“工程物资”等科目的借方发生额分析填列。

11. 投资收益：反映企业确认的投资收益或投资损失。指企业长期股权投资、交易性金融资产、持有至到期投资、可供出售金融资产在持有期间取得的投资收益；以及长期股权投资、交易性金融资产、交易性金融负债、以公允价值计量的金融资产或金融负债（其变动记入当期损益）、持有至到期投资、可供出售金融资产在处置时实现的损益。项目填报按照“交易性金融资产”、“持有至到期投资”、“可供出售金融资产”、“交易性金融负债”等科目的相关会计规定分析填列。未执行新准则的企业按照投资持有和处置的性质分析填列。

12. 拥有的自主知识产权专利数量（项）：反映企业在科技创新过程中所产生的独立研制开发的他人不能提出权利要求的专利，以专利的项数填列。其中，本年度新增专利数量（项）单独列示。

13. 当年企业提取的安全生产费用：反映企业按照规定标准提取的，专门用于完善和改进企业安全生产的资金。

14. 当年企业支出的安全生产费用：主要包括：

（1）完善、改造和维护安全防护设备、设施支出。

（2）配备必要的应急救援器材、设备和现场作业人员安全防护物品支出。

（3）安全生产检查与评价支出。

（4）重大危险源、重大事故隐患的评估、整改、监控支出。

（5）安全技能培训及进行应急救援演练支出。

（6）其他与安全生产直接相关的支出。

15. 当年企业支付的环境保护及生态恢复支出：反映企业履行保护环境义务及生态恢复所发生的支出，

具体包括：生产过程直接降低环境负荷的成本、生产过程间接降低环境负荷的成本、销售及回收过程降低环境负荷的成本、企业环保系统的研究开发成本、企业配合社会地域的环保支援成本、由于企业活动而造成对土壤污染、自然破坏的修复成本及公害诉讼赔偿金、罚金等方面的支出。其中，本年度上交政府统筹的支出，反映企业按规定上缴的可持续发展基金、提取的生态环境治理保证金以及其他直接列支的环境治理与生态恢复支出；本年度企业提取或据实列支的支出，反映已提取但实际未完全支出的，以提取统计。

16. 当年企业支出的节能减排费用：反映企业用于节约能源，减少废水、废气、废渣等排放的全部支出。

17. 企业累计向境外投资额：反映企业期末累计向境外的投资金额，但应剔除返还境内投资部分。其中，企业当年新增向境外投资额单独列示。

18. 社会贡献总额：反映企业工资、劳保退休统筹及其他社会福利支出、利息支出净额、已交增值税、消费税、营业税、有关销售税金及附加、所得税及有关费用、企业对外捐赠和净利润等。

（三）表内关系：

4 行≥5 行；4 行 =（5 +22）行；6 行≥7 行；20 行≥21 行；22 行≥23 行；25 行≥26 行；28 行≥29 行（合理性）；29 行≥30 行；30 行≥31 行；32 行≥（33 +34）行；34 行≥（35 +36）行；41 行≥42 行；38 行、39 行必填；50 行 =（51 +52 +53 +54）行；56 行 =（57 +58 +59）行；60 行 =（61 +65 +66）行；61 行 =（62 +63 +64）行；76 行≥（77 +78 +79 +80）行；81 行≥（82 +83 +84）行；86 行 =（87 +88 +89）行；90 行 =（91 +92 +93 +94 +95 +96）行；97 行≥98 行；101 行≥（102 +103）行；105 行≥106 行。

（四）表间关系

若应上交应弥补款项表 35 行 >0，则 11 行 >0；若应上交应弥补款项表 67 行 >0，则 12 行 >0；若应上交应弥补款项表 38 行 >0，则 13 行 >0；若应上交应弥补款项表 68 行 >0，则 14 行 >0；若应上交应弥补款项表 41 行 >0，则 15 行 >0；若应上交应弥补款项表 44 行 >0，则 16 行 >0；若应上交应弥补款项表 47 行 >0，则 17 行 >0；76 行 = 资产负债表 29 行期末金额；90 行 = 利润表 30 行本期金额；若 11 行 >0，则应上交应弥补款项表 35 行 >0；若 12 行 >0，则应上交应弥补款项表 67 行 >0；若 13 行 >0，则应上交应弥补款项表 38 行 >0；若 14 行 >0，则应上交应弥补款项表 68 行 >0；若 15 行 >0，则应上交应弥补款项表 41 行 >0；若 16 行 >0，则应上交应弥补款项表 44 行 >0；若 17 行 >0，则应上交应弥补款项表 47 行 >0。

十二、关于报表金额单位

本套报表分户填报金额单位为“元”（保留两位小数），汇总上报时由计算机转换成“万元”单位。

附件3：

2012年度企业财务会计决算报表

［补充指标表］

中华人民共和国财政部印制

粮食企业补充指标表（一）

财会年企补 01－1 表

编制单位： 2012 年度 金额单位：元

项目	行次	上年应补未补数	本年应补数	本年已补数		年末未补数
				已补数	其中：已补上年未补数	
栏次	0	1	2	3	4	5
中央财政补贴合计	1					
一、粮油价格补贴	2					
（一）军供粮食差价补贴	3					
（二）军供食油差价补贴	4					
（三）处理储备粮食差价补贴	5		—			
（四）处理储备食油差价补贴	6		—			
（五）退耕还林粮食补助	7					
（六）其他价格补贴	8					
二、粮油费用和利息补贴	9					
（一）国家储备粮食利息、费用补贴	10					
1. 利息补贴	11					
2. 费用补贴	12					
其中：轮换费用补贴	13					
（二）国家储备食油利息、费用补贴	14					
1. 利息补贴	15					
2. 费用补贴	16					
其中：轮换费用补贴	17					
（三）最低收购价粮食利息费用补贴	18					
1. 利息补贴	19					
2. 费用补贴	20					
（四）临时收储粮食利息费用补贴	21					
1. 利息补贴	22					
2. 费用补贴	23					
（五）临时收储食油利息费用补贴	24					
1. 利息补贴	25					
2. 费用补贴	26					
（六）其他利息、费用补贴	27					
三、储备粮食移库费用补贴	28					
（一）中央储备粮食移库费用补贴	29		—			
（二）地方储备粮食移库费用补贴	30		—			
四、其他补贴	31					
（一）仓库维修补贴	32					
（二）东北粮食入关运费补贴	33					
（三）委托油脂加工企业入市收购加工补贴	34					
（四）其他补贴	35					

粮食企业补充指标表（二）

财会年企补01－2表

编制单位：　　　　2012年度　　　　金额单位：元

项　目	行　次	上年应补未补数	本年应补数	本年已补数		年末未补数
				已补数	其中：已补上年未补数	
栏　次	0	1	2	3	4	5
地方财政补贴合计	1					
一、粮油价格补贴	2					
（一）收购粮食价外补贴	3					
（二）军供粮食差价补贴	4					
（三）军供食油差价补贴	5					
（四）抛售地方储备粮食差价补贴	6					
（五）抛售地方储备食油差价补贴	7					
（六）供应贫困地区农村返销粮差价补贴	8					
（七）处理陈化粮补贴	9					
（八）退耕还林费用补助	10					
（九）其他价格补贴	11					
二、粮油费用和利息补贴	12					
（一）国家专项储备粮油利息、费用补贴	13					
1. 利息补贴	14					
2. 费用补贴	15					
（二）地方储备粮油利息、费用补贴	16					
1. 粮食	17					
2. 食油	18					
（三）粮食建仓贷款贴息	19					
（四）其他利息、费用补贴	20					
三、地方储备粮移库费用补贴	21					
四、粮食销售奖励款	22					
五、扶持性补贴	23					
（一）经营性补贴	24					
（二）离退休人员经费补贴	25					
（三）行政人员经费补贴	26					
（四）粮食企业轮换经营机制补助	27					
其中：下岗职工补助	28					
（五）其他补贴	29					
六、其他补贴	30					

粮食企业补充指标表（三）

财会年企补 01 - 3 表

编制单位： 2012 年度 金额单位：元

项　目	行次	金额	项　目	行次	金额	项　目	行次	金额
一、流动及长期资产	1	—	其中：国家专项储备粮油借款	28		2. 修理费	55	
（一）库存粮食	2		四、处理陈化粮价差亏损	29		3. 低值易耗品摊销	56	
1. 周转库存粮食	3		其中：商品周转库存陈化粮价差亏损	30		4. 折旧费	57	
（1）国家定购库存粮食	4		五、财务挂账	31		5. 工会经费	58	
（2）按保护价收购的库存粮食	5		（一）政策性财务挂账	32		6. 职工教育经费	59	
（3）执行最低收购价政策收购的库存粮食	6		1. 1991 年粮食年度末粮食挂账年末未消化数	33		7. 管理人员工资及福利费	60	
（4）其他周转库存粮食	7		2. 1992 年以来新增粮食财务挂账及不合理资金占用	34		8. 坏帐准备	61	
2. 储备库存粮食	8		3. 省政府核定的 1998 年 6 月以来挂账年末未消化数	35		9. 其他	62	
（1）中央储备粮食	9		（二）经营性财务挂账	36		（三）财务费用	63	
①国家专项储备粮食	10		1. 1991 年粮食年度末粮食挂账年末未消化数	37		1. 利息	64	
②特种储备粮食	11		2. 1992 年以来新增粮食财务挂账及不合理资金占用	38		2. 加息	65	
（2）地方储备粮食	12		3. 省政府核定的 1998 年 6 月以来挂账年末未消化数	39		3. 手续费	66	
其中：省级储备粮食	13		六、简易建筑费借款	40		4. 其他	67	
（二）库存食油	14		七、简易建筑费拨款	41		（四）商品纯经营量（吨）：	68	—
1. 周转库存食油	15		八、专储粮结算价差收入	42		1. 收购	69	
2. 储备库存食油	16		九、专储粮结算价差支出	43		2. 进口	70	
（1）国家专项储备食油	17		十、粮油购销企业指标：	44	—	3. 调入	71	
（2）临时储备食油	18		（一）经营费用	45		其中：省间	72	
（3）商品储备食油	19		1. 运输费	46		4. 销售	73	
（4）特种储备食油	20		2. 保管费	47		5. 出口	74	
（5）地方储备食油	21		3. 差旅费	48		6. 调出	75	
其中：省级储备食油	22		4. 商品损耗	49		其中：省间	76	
二、短期借款	23		5. 包装费	50		7. 平均库存	77	
其中：定购粮油借款	24		6. 经营人员工资及福利费	51		（五）商品纯销售额	78	
保护价粮食借款	25		7. 其他	52		（六）费用率（%）（保留两位小数）	79	
三、长期借款	26		（二）管理费用	53		（七）每吨经营量平均费用（保留整数）	80	
其中：粮油借款	27		1. 业务招待费	54				

铁路运输企业补充指标表

财会年企补02表

编制单位： 2012年度 金额单位：元

项 目	行次	金 额	项 目	行次	金 额
一、营运收入	1		（二）未完成考核指标应扣新增效益工资	27	
（一）旅客票价收入	2		（三）扣减未完成考核指标后的新增效益工资	28	
（二）货运收入	3		其中：在成本中列支的工资	29	
（三）行包收入	4		（四）按劳部发［1996］410号文件实行分档扣减的新增效益工资	30	
（四）邮运收入	5		（五）核定的工资总额基数	31	
（五）铁路建设基金收入	6		其中：在成本中列支的工资	32	
（六）保价运输收入	7		（六）应提挂钩工资总额合计	33	
（七）其他收入	8		其中：在成本中列支的工资	34	
二、转作铁路建设基金	9		十三、本年企业实际提取挂钩工资总额计算：	35	—
三、保价运输支出	10		（一）挂钩企业实际提取的工资总额	36	
四、客货运支出	11		其中：在成本中列支的工资	37	
（一）客运支出	12		（二）未挂钩企业实际提取的工资总额	38	
（二）货运支出	13		其中：在成本中列支的工资	39	
五、单位营运成本	14		（三）企业实际提取的挂钩工资总额合计	40	
六、单位营运支出	15		其中：在成本中列支的工资	41	
（一）单位客运支出	16		十四、本年执行情况审核：	42	—
（二）单位货运支出	17		（一）上年企业工资调节基金指标结余数	43	
七、单位支出	18		（二）本年企业工资调节基金指标增加数	44	
八、多种经营企业利润	19		（三）本年企业工资调节基金指标年末数	45	
九、铁路建设基金营业税应返还数	20		十五、本年单列工资的计算：	46	—
十、铁路建设基金营业税已返还数	21		（一）新安置复转军人当年列支的工资	47	
十一、客货运输换算周转量（吨公里）	22		（二）经批准新扩建项目增人当年列支的工资	48	
其中：客运周转量（人公里）	23		（三）成建制划入增减的工资	49	
货运周转量（吨公里）	24		（四）新增大中专毕业生当年列支的工资	50	
十二、本年部门应提取挂钩工资总额的计算：	25	—	（五）经批准当年提高一线艰苦岗位津贴	51	
（一）新增效益工资合计	26		（六）专用线人员工资	52	

民用航空企业补充指标表

财会年企补03表

编制单位：　　　　2012年度　　　　金额单位：元

项　　目	行　次	金　额
一、高价周转件	1	
二、航材消耗件	2	
三、机上供应品	3	
四、国际票证结算	4	
五、国内票证结算	5	
六、本年应交民航建设基金	6	
七、本年已交民航建设基金	7	
八、本年未交民航建设基金	8	
九、本年应交机场管理建设费	9	
十、主营业务成本：	10	—
（一）运输成本和通用航空成本	11	
其中：各种航空用油消耗	12	
其中：航油消耗量（万吨）	13	
航材消耗件消耗	14	
高价周转件摊销	15	
飞机、发动机折旧费	16	
飞机、发动机保险费	17	
经营性租赁费	18	
（二）机场服务费用	19	
十一、销售费用：	20	—
（一）国内销售费用	21	
其中：代理售票手续费	22	
（二）国外销售费用	23	
其中：代理售票手续费	24	
其中：国内代理售票手续费	25	
十二、客货运输周转量（换算吨公里）	26	
其中：旅客周转量（人公里）	27	
货物周转量（吨公里）	28	
国内航线	29	
国际航线	30	
地区航线	31	
十三、航油消耗量（万吨）	32	
十四、年平均运营的各种飞机数量（架）	33	
十五、流动负债利息支出净额	34	
十六、长期负债利息支出净额	35	
其中：融资租赁利息支出	36	
十七、进口关税和增值税	37	
（一）飞机、发动机进口关税和增值税	38	
（二）航材进口关税和增值税	39	
十八、飞机租赁预提所得税	40	

工业、交通运输、邮电企业补充指标表

财会年企补04表

编制单位：　　　　2012年度　　　　金额单位：元

项　　目	行次	金额	项　　目	行次	金额
工效挂钩清算情况：	1	—	其中：在成本中列支的工资	22	
一、本年实物（工作量）的计算	2		（五）应提挂钩工资总额合计	23	
（一）实际完成实物（工作）量	3		其中：成本中列支的工资	24	
（二）核定的实物（工作）量基数	4		四、本年企业实际提取挂钩工资总额计算：	25	—
（三）实物（工作）量增加数	5		（一）挂钩企业实际提取的工资总额	26	
（四）核定的工资含量	6		其中：在成本中列支的工资	27	
（五）与实物（工作）量挂钩的复合比重（%）	7		（二）未挂钩企业实际提取的工资总额	28	
（六）应提新增效益工资	8		其中：在成本中列支的工资	29	
二、本年实际上交税利或实现税利的计算：	9	—	（三）企业实际提取的挂钩工资总额合计	30	
（一）实际上交税利或实现税利	10		其中：在成本中列支的工资	31	
（二）核定的上交税利或实现税利基数	11		五、本年执行情况审核：	32	—
（三）上交税利或实现税利增加数	12		（一）上年企业工资基金指标结余数	33	
（四）浮动比例（1：　）	13		（二）本年企业工资基金指标增加数	34	
（五）与上交税利或实现税利挂钩的复合比重（%）	14		（三）本年企业工资基金指标年末数	35	
（六）应提新增效益工资	15		六、本年单列工资的计算：	36	—
三、本年部门应提取挂钩工资总额的计算：	16	—	（一）新安置复转军人当年列支的工资	37	
（一）新增效益工资合计	17		（二）经批准新扩建项目增人当年列支的工资	38	
（二）未完成考核指标应扣新增效益工资	18		（三）成建制划入增减的工资	39	
（三）扣减未完成考核指标后的新增效益工资	19		（四）新增大中专毕业生当年列支的工资	40	
其中：在成本中列支的工资	20		（五）经批准当年提高一线艰苦岗位津贴	41	
（四）核定的工资总额基数	21		（六）专用线人员工资	42	

邮政集团补充指标表

财会年企补05表

编制单位：　　　　　　　　2012年度　　　　　　　　金额单位：元

项　目	行次	本年实际数	上年实际数	项　目	行次	本年实际数	上年实际数
一、邮政集团业务总收入	1			国内物品型	26		
（一）函件业务收入	2			国际文件型	27		
（二）包裹业务收入	3			国际物品型	28		
（三）机要通信收入	4			（八）分销配送销售额	29		
（四）报刊业务收入	5			三、邮政集团分部经营情况	30	—	—
（五）集邮业务收入	6			（一）邮政企业	31		
（六）金融业务收入	7			1. 营业总收入（邮政）	32		
其中：汇兑收入	8			其中：代理邮储银行业务收入	33		
储蓄收入（利差口径）	9			代理速递物流公司业务收入	34		
保险收入	10			2. 营业总成本（邮政）	35		
对公收入	11			3. 利润总额	36		
信贷收入	12			（二）金融保险企业	37	—	—
其他收入	13			1. 邮政储蓄银行（利差口径）	38	—	—
（七）速递物流收入	14			（1）营业总收入	39		
（八）其他业务收入	15			（2）营业总成本	40		
二、邮政集团主要业务量	16	—	—	（3）利润总额	41		
（一）函件业务量（万件）	17			2. 中邮人寿有限公司	42	—	—
（二）包裹业务量（万件）	18			（1）营业总收入	43		
（三）机要通信业务量（万件）	19			（2）营业总成本	44		
（四）报刊业务量（万件）	20			（3）利润总额	45		
（五）汇兑业务量（万笔）	21			（三）速递物流股份公司	46	—	—
（六）年末邮政储蓄期末余额	22			1. 营业总收入	47		
全年邮政储蓄平均余额	23			2. 营业总成本	48		
（七）特快专递业务量（万件）	24			3. 利润总额	49		
其中：国内文件型	25						

电信企业补充指标表

财会年企补06表

编制单位：　　　　2012年度　　　　金额单位：元

项　目	行　次	金　额
一、通信业务收入	1	
（一）固定本地电话网	2	
（二）长途电话网	3	
1. 国内长途	4	
2. 国际及港澳台长途	5	
（三）数据通信网	6	
（四）移动通信网	7	
（五）卫星通信网	8	
（六）无线寻呼网	9	
（七）初装费摊销	10	
二、通信业务成本	11	
（一）工资	12	
（二）职工福利费	13	
（三）折旧费	14	
（四）邮件运输费	15	
（五）修理费	16	
（六）低值易耗品摊销	17	
（七）业务费	18	
三、存货	19	
其中：通信商品	20	
四、预收账款	21	
其中：用户预存款	22	
五、其他企业利润	23	

农口企业补充指标表

财会年企补 07 表

编制单位：　　　　　2012 年度　　　　　金额单位：元

项　目	行次	金额	项　目	行次	金额
一、专用拨款：	1	—	减：本年支出数	33	
（一）专用拨款及社会性收支情况：	2	—	其中：工程完工转入国家资本数	34	
年初结余数	3		年末结余数	35	
加：本年增加数	4		二、应收家庭农场款	36	
其中：财政拨入	5		三、应付家庭农场款	37	
企业自筹	6		四、家庭农场上交承包收入	38	
其他收入	7		五、社会性收支差额	39	
减：本年支出数	8		六、社会性固定资产原价	40	
其中：基本建设资金支出	9		七、营业收入	41	
教育支出	10		其中：（一）种植业、养殖业	42	
专职政法支出	11		（二）农林产品初加工	43	
民兵值勤训练支出	12		（三）农林产品初加工以外的工业	44	
医疗卫生支出	13		八、盈利企业盈利额	45	
社区支出	14		其中：（一）种植业、养殖业	46	
供水供电供暖供气支出	15		（二）农林产品初加工	47	
救灾支出	16		（三）农林产品初加工以外的工业	48	
对农户补助支出	17		九、亏损企业亏损额（以“+”填列）	49	
年末结余数	18		其中：（一）种植业、养殖业	50	
（二）森工企业育林费：	19	—	（二）农林产品初加工	51	
年初结余数	20		（三）农林产品初加工以外的工业	52	
加：本年增加数	21		十、产值：	53	—
其中：财政拨入数	22		（一）全年总产值（按现行价格计算）	54	
减：本年支出数	23		（二）农业增加值（按现行价格计算）	55	
其中：完工转入国家资本数	24		十一、土地面积（亩）	56	
森工企业营林成本	25		其中：播种面积（亩）	57	
森工企业营林费用	26		十二、粮食产量（吨）	58	
年末结余数	27		十三、天然橡胶产量（吨）	59	
其中：用于在建工程数	28		十四、人工林面积（亩）	60	
（三）森工企业维简费：	29	—	十五、其他：	61	—
年初结余数	30		（一）专职政法人员数（人）	62	
加：本年增加数	31		（二）民兵值勤人数（人次）	63	
其中：财政拨入数	32		（三）实行家庭承包职工人数（人）	64	

文教企业补充指标表

财会年企补08表

编制单位：　　2012年度　　金额单位：元

项　　目	行次	金额	项　　目	行次	金额
一、宣传文化发展专项资金：	1	—	三、享受免交优惠政策的增值税：	25	—
年初数	2		本年已免交数	26	
本年增加数	3		本年应免交数	27	
其中：财政（主管）部门拨款	4		四、国家电影事业发展专项资金：	28	—
财政（主管）部门贴息	5		（一）年初未交数	29	
本年减少数	6		（二）本年应交数	30	
其中：转增资本金	7		（三）本年已交数	31	
转增资本公积	8		（四）本年未交数	32	
转补贴收入	9		（五）本年返还数	33	
年末数	10		（六）本年支出数	34	
宣传文化发展专项资金（此项目由中央或省级主管部门填报）：	11	—	五、文化事业建设费：	35	—
年初数	12		年初未交数	36	
本年增加数	13		本年应交数	37	
其中：财政部门拨款	14		本年已交数	38	
财政部门贴息	15		年末未交数	39	
收回借款	16		六、报纸广告净收入	40	
本年减少数	17		七、出版物千印张	41	
其中：拨付企业	18		八、出版社和报社全年耗用正文纸张数量（吨）	42	
贴息	19		其中：凸版纸	43	
年末数	20		新闻纸	44	
二、享受先征后退优惠的增值税：	21	—	九、出版社和报社应补定额补贴	45	
本年已交数	22		十、电影发行公司全年拷贝费用实际支出数	46	
本年应返还数	23				
本年已返还数	24				

对外经济合作企业补充指标表

财会年企补09表

编制单位：　　　　2012年度　　　　金额单位：元

项　目	行次	合　计		承包工程业务		劳务、技术服务业务		经援业务		其他业务	
		金额	其中：外币折美元数（美元）	金额	其中：外币折美元数（美元）	金额	其中：外币折美元数（美元）	金额	其中：外币折美元数（美元）	金额	其中：外币折美元数（美元）
栏　次	0	1	2	3	4	5	6	7	8	9	10
一、营业收入	1										
减：销售折扣与折让	2										
营业成本	3										
加：递延收益	4										
减：营业税金	5										
进货费用	6										
二、销售利润	7										
减：销售费用	8										
管理费用	9										
财务费用	10										
国外所得税	11										
三、营业利润	12										

旅游企业补充指标表

财会年企补 10 表

编制单位：　　　　2012 年度　　　　金额单位：元

项　　目	行次	本 年 数	上 年 数
一、汇编企业户数（家）	1		
其中：旅行社户数	2		
旅游饭店座数（座）	3		
旅游车船公司户数	4		
旅游商贸公司户数	5		
二、营业收入	6		
其中：旅行社国际旅游收入	7		
旅行社国内旅游收入	8		
旅行社出境旅游收入	9		
旅游饭店收入	10		
三、实现的外汇结汇收入（美元）	11		
四、旅行社应收境外账款（美元）	12		
五、旅行社上交的质量保证金	13		
六、旅行社营业收入净额	14		
七、旅行社营业成本净额	15		
八、饭店客房间数	16		
九、饭店客房出租间天数	17		

施工企业补充指标表

财会年企补 11 表

编制单位： 2012 年度 金额单位：元

项　　目	行次	金额	项　　目	行次	金额
一、产值	1		（十一）应计提含量工资的产值	15	
（一）全年自行完成施工产值	2		（十二）核定的含量系数（%）	16	
（二）全年非自行完成施工产值	3		（十三）按产值计提的含量工资	17	
二、百元产值工资含量包干结算情况	4		（十四）未完成考核指标的企业户数（户）	18	
（一）企业户数（户）	5		（十五）未完成考核指标应扣减的含量工资额	19	
（二）企业总产值	6		（十六）应提未提的含量工资	20	
（三）建筑业总产值	7		（十七）应增或应减数	21	
（四）工业总产值	8		（十八）实提全部含量工资	22	
（五）营运收入	9		（十九）实发工资总额	23	
（六）其他产值	10		（二十）提前竣工奖	24	
（七）营业税	11		（二十一）实发含量工资总额	25	
（八）城市维护建设税	12		（二十二）以前年度包干节余动用数	26	
（九）教育费附加	13		（二十三）当年包干节余	27	
（十）其他	14		（二十四）累计节余	28	

烟草企业补充指标表

财会年企补 12 表

编制单位： 2012 年度 金额单位：元

项　　目	行次	本年数	上年数
一、汇总企业户数（户）	1		
（一）工业企业户数	2		
其中：产量超过 30 万箱企业户数	3		
（二）商业企业户数	4		
二、财政专项——烟草打假经费	5		
三、卷烟产量（万箱）	6		
四、卷烟销量（万箱）	7		
五、烟叶收购量（万担）	8		
六、当年应提取挂效工资总额计算	9		
（一）新增效益工资合计	10		
（二）未完成考核指标应扣新增效益工资	11		
（三）扣减未完成考核指标后的新增效益工资	12		
（四）核定的工资总额基数	13		
（五）应提挂钩工资总额合计	14		
七、当年实际提取的挂钩工资总额计算	15		
（一）挂钩企业实际提取的工资总额	16		
（二）未挂钩企业实际提取的工资总额	17		
（三）企业实际提取的挂钩工资总额合计	18		

供销合作社企业补充指标表

财会年企补13表

编制单位：　　　　2012年度　　　　金额单位：元

项　　目	行次	金额	项　　目	行次	金额
一、汇编企业户数（户）	1		八、供销社“四大网络”主营业务收入	20	
其中：供销社全资企业	2		1. 农资企业主营业务收入	21	
供销社控股企业	3		2. 农产品企业主营业务收入	22	
供销社参股企业	4		其中：棉麻企业	23	
开放办社企业	5		3. 再生资源企业主营业务收入	24	
二、利润总额（万元）	6		4. 日用消费品企业主营业务收入	25	
其中：供销社全资企业	7		九、供销社“四大网络”利润总额	26	
供销社控股企业	8		1. 农资企业利润总额	27	
供销社参股企业	9		2. 农产品企业利润总额	28	
开放办社企业	10		其中：棉麻企业	29	
三、社员股金	11		3. 再生资源企业利润总额	30	
四、社员社股金	12		4. 日用消费品企业利润总额	31	
五、供销社资本	13		十、为农服务支出	32	
六、供销社“新网工程”项目数（个）	14		十一、救灾支出	33	
1. 农资企业“新网工程”项目	15		十二、帮助贫困供销社支出	34	
2. 农产品企业“新网工程”项目	16		十三、社会贡献总额	35	
3. 再生资源企业“新网工程”项目	17		其中：上缴国家税费总额	36	
4. 日用消费品企业“新网工程”项目	18		十四、税前处理亏损挂账	37	
七、地方政府扶持“新网工程”资金（万元）	19		十五、上缴合作发展基金	38	

电力企业补充指标表

财会年企补 14 表

2012 年度

项　　目	行次	本年实际数	上年实际数	项　　目	行次	本年实际数	上年实际数
发电量（千千瓦时）	1			其中：发电用标准煤量（吨）	27		
其中：火电	2			发电供热用天然气量（立方米）	28		
其中：燃煤电厂	3			其中：发电用天然气量（立方米）	29		
水电	4			发电供热用天然油量（吨）	30		
核电	5			其中：发电用天然油量（吨）	31		
风电	6			发电燃料费（元）	32		
抽水蓄能用电量（千千瓦时）	7			其中：燃煤	33		
供热厂用电量（千千瓦时）	8			燃气	34		
发电厂供电量（千千瓦时）	9			燃油	35		
其中：火电	10			供热用电分摊的燃料费（元）	36		
其中：燃煤电厂	11			其中：燃煤	37		
水电	12			燃气	38		
核电	13			燃油	39		
风电	14			期末发电设备容量（万千瓦）	40		
发电企业上网电量（千千瓦时）	15			其中：火电	41		
发电企业直供大用户电量（千千瓦时）	16			其中：燃煤电厂	42		
电网企业外购电量（千千瓦时）	17			水电	43		
电网供电线路损失电量（千千瓦时）	18			核电	44		
电网企业售电量（千千瓦时）	19			风电	45		
发电企业电力产品销售收入净额	20			平均发电设备容量（万千瓦）	46		
电网企业电力产品销售收入净额	21			其中：火电	47		
发电企业电力产品生产成本	22			其中：燃煤电厂	48		
电网企业购电成本	23			水电	49		
发电供热用天然煤量（吨）	24			核电	50		
其中：发电用天然煤量（吨）	25			风电	51		
发电供热用煤折标准煤量（吨）	26						

石油石化企业补充指标表

财会年企补15表

2012年度

项　目	行次	本年实际数	上年实际数
一、国内原油产量（吨）	1		
二、国内天然气产量（万立方米）	2		
三、境外原油权益产量（吨）	3		
四、境外天然气权益产量（吨）	4		
五、原油销售量（吨）	5		
六、原油加工量（吨）	6		
七、成品油产量（吨）	7		
其中：汽油产量（吨）	8		
柴油产量（吨）	9		
航空煤油产量（吨）	10		
八、成品油销售量（吨）	11		
其中：汽油销售量（吨）	12		
柴油销售量（吨）	13		
航空煤油销售量（吨）	14		
九、原油进口量（吨）	15		
十、原油出口量（吨）	16		
十一、成品油进口量（吨）	17		
其中：汽油进口量（吨）	18		
柴油进口量（吨）	19		
航空煤油进口量（吨）	20		
十二、成品油出口量（吨）	21		
其中：汽油出口量（吨）	22		
柴油出口量（吨）	23		
航空煤油出口量（吨）	24		
十三、乙烯产量（吨）	25		
十四、乙烯销售量（吨）	26		
十五、年末原油库存量（吨）	27		
十六、年末成品油库存量（吨）	28		

注：仅由中石油、中石化、中海油、中化集团四集团总部填报。

境外子企业基本情况表

财会年企补16表

编制单位：　　　　2012年12月31日　　　　金额单位：元

序号	境外子企业名称	洲别	驻在地		资产总额	所有者权益	营业总收入	营业成本	期间费用	利润总额	净利润	驻在地所得税税率（%）（按实际执行税率）	本年实际上交驻在地税金总额	年末职工人数（人）		职工全年实发工资	
			国家	城市/地区											其中：中方		其中：中方
	栏次	1	2	3	4	5	6	7	8	9	10	11	12	13	14	15	16
	合计	—	—	—													
1	……																
2	……																
3	……																
	……																

注：1. 本表由境外子企业分户填报；

2. 驻在地国家通过枚举选择，城市直接填写。

汇编范围企业户数情况表

财会年企补 17 表

2012 年度 单位：户

项 目	行次	户数	项 目	行次	户数
企业户数（户）	1	—	上年户数	25	
（一）集团全部企业户数	2		本年增加合计	26	
总部及二级子企业户数	3		0. 连续上报小计	27	
三级子企业户数	4		1. 新投资设立小计	28	
四级子企业户数	5		2. 竣工移交小计	29	
五级及五级以下子企业户数	6		3. 新设合并小计	30	
（二）集团所属上市公司户数	7		4. 分立小计	31	
其中：境内上市公司户数	8		5. 上年应报未报小计	32	
（三）集团所属金融子企业户数	9		6. 划转小计	33	
其中：财务公司户数	10		7. 收购小计	34	
证券类公司户数	11		8. 其他小计	35	
保险类公司户数	12		本年减少合计	36	
信托公司户数	13		1. 改制小计	37	
（四）集团纳入决算合并范围企业户数	14		2. 撤销关闭小计	38	
总部及二级子企业户数	15		3. 破产小计	39	
三级子企业户数	16		4. 出售（拍卖）小计	40	
四级子企业户数	17		5. 合并小计	41	
五级及五级以下子企业户数	18		6. 隶属关系改变小计	42	
（五）集团总部所属非法人单位户数	19		7. 报表类型改变小计	43	
	20		8. 歇业小计	44	
	21		9. 其他小计	45	
	22		本年户数	46	
	23		净增减户数	47	
	24		执行新企业会计制度户数	48	

附件4：

2012年度企业财务会计决算报表［补充指标表］编制说明

一、粮食企业补充指标表［财会年企补01表］

（一）填报范围

本表适用于国有粮食购销企业、粮食商业性经营企业。填报范围为上年粮食企业年度汇总会计报表所涉及的企业，以及上述范围内的本年新增企业。

（二）填报要求

1. 填报本表的粮食企业，封面标识中的“补充指标表标识码”填列“01”。

2. 国民经济行业分类与代码：填报本表的所有粮食企业，应根据自身实际情况，按下列代码选择填列封面中的“国民经济行业分类与代码”：

（1）国有粮食购销企业，包括粮管所［站］（代码为“5811”）、粮库（代码为“5812”），其他粮食购销企业（代码为“5813”）。

（2）粮食商业性经营企业，明细分类为商业企业包括军粮供应企业（代码为“6315”）、城镇粮食供应企业（代码为“6316”）、粮食贸易企业（代码为“6317”）、其他粮油商业企业（代码为“6318”）；粮油工业包括粮油机械设备制造企业（代码为“3528”）、面粉加工企业（代码为“1311”）、大米加工企业（代码为“1312”）、油脂加工企业（代码为“1333”）；饲料工业包括饲料的生产加工企业（代码为“1320”）、其他粮油工业企业（代码为“1394”）；粮食运输企业（代码为“5221”）；其他企业包括粮食主管部门开办的事业单位等（代码为“7413”）。

（三）粮食企业补充指标表（一）［财会年企补01－1表］

1. 基本内容

本表主要反映应由中央财政负担的各项粮食补贴款的拨补情况。

2. 主要指标的填报方法

（1）军供粮食差价补贴和军供食油差价补贴：反映按《国务院、中央军委关于深化军粮供应体制改革的通知》（国发［1996］50号）和《关于印发〈军粮供应管理暂行办法〉的通知》（［1997］后需字第4号）的有关规定，应由中央财政负担的军供粮食和以前年度食油差价补贴情况。

（2）处理储备粮食差价补贴和处理储备食油差价补贴：反映企业按照国家下达的计划抛售、轮换国家储备粮油所发生的应由中央财政负担的差价补贴。

（3）其他价格补贴：反映除上述有关价格补贴以外的应由中央财政负担的其他价格补贴。

（4）国家储备粮食利息、费用补贴：反映粮食企业保管的国家储备粮食应由中央财政拨补的利息、费用补贴情况。此项目区分利息补贴和费用补贴分别反映。

（5）国家储备食油利息、费用补贴：反映粮食企业保管的国家储备食油应由中央财政拨付利息、费用补贴情况。此项目区分利息和费用分别反映。

（6）最低收购价粮食利息费用补贴：反映粮食企业保管的因执行最低收购价政策而收购的粮食，应由中央财政拨付利息费用补贴情况。此项目区分利息和费用分别反映。

（7）临时收储粮食、粮油利息费用补贴：分别反映粮食企业保管的因执行国家临时收储价格而收购的粮食应由中央财政拨付利息费用补贴情况。此项目区分利息和费用分别反映。

（8）其他利息、费用补贴：反映上述各项利息、费用补贴之外的应由中央财政负担的其他利息和费用补贴。

（9）其他补贴：反映应有中央财政拨付的仓库维修补贴、东北粮食入关运费补贴（含粳稻及玉米运费补贴），以及油脂加工企业执行国家油菜子入市收购加工补贴等。

3. 表内关系

1 行 =（2 +9 +28 +31）行；2 行 =（3 +4 +5 +6 +7 +8）行；9 行 =（10 +14 +18 +21 +24 +27）行；10 行 =（11 +12）行；14 行 =（15 +16）行；18 行 =（19 +20）行；21 行 =（22 +23）行；24 行 =（25 +26）行；28 行 =（29 +30）行；31 行 =（32 +33 +34 +35）行；5 栏 =（1 +2 −3）栏；3 栏≥4 栏。

（四）粮食企业补充指标表（二）［财会年企补 01 −2 表］

1. 基本内容

本表主要反映应由地方财政负担的粮食企业各项补贴款的拨补情况。

2. 主要指标的填报方法

（1）收购粮食价外补贴：反映在政府规定的定购价格之外，企业因执行地方各级人民政府制定的价外加价政策收购粮食所发生的差价补贴。

（2）军供粮食差价补贴和军供食油差价补贴：反映按《国务院、中央军委关于深化军粮供应体制改革的通知》（国发［1996］50 号）和《关于印发〈军粮供应管理暂行办法〉的通知》（［1997］后需字第 4 号）的有关规定，应由地方财政负担的军供粮食和以前年度食油差价补贴情况。

（3）供应贫困地区农村返销粮差价补贴：反映企业按国家规定供应贫困地区的贫困农民返销粮和水库移民口粮所发生的低于国家提价后的销售价或成本价的差价补贴。

（4）处理陈化粮补贴：反映按处理陈化粮有关文件的规定，应由地方财政负担的处理地方储备粮和商品周转库存中陈化粮的差价补贴。

（5）其他价格补贴：反映表内已列各项以外的其他粮油价格补贴。

（6）国家专项储备粮油利息、费用补贴：反映地方财政在中央补贴标准之外追加的国家专项储备粮油利息、费用补贴情况。此项目区分利息、费用分别反映。

（7）地方储备粮油利息、费用补贴：反映粮食企业保管的地方储备粮油应由地方财政拨补的利息、费用补贴情况。此项目区分利息补贴和费用补贴分别反映。

（8）其他利息、费用补贴：反映表内已列各项利息、费用补贴之外的其他利息和费用补贴。

（9）粮食销售奖励款：部分省（区、市）政府为鼓励粮食企业顺价销售而制定了奖励政策，此项目反映销售奖励款的拨付情况。

（10）扶持性补贴：反映财政拨补的企业正常经营业务之外的属于扶持性的各项补贴。

①经营性补贴项目，反映对给予正常补贴后仍发生亏损的企业，财政继续给予的过渡性扶持补贴。

②离退休人员经费补贴项目，反映财政对企业离退休人员开支单独给予的补贴。

③行政人员经费补贴项目，反映财政通过“事业费”渠道之外的对粮食主管部门的行政经费补贴。

④其他补贴项目，反映表内已列各项补贴之外的扶持性补贴，但不包括对企业经营设施改、扩、建方面的拨款和借款。

3. 表内关系

1 行 =（2 +12 +21 +22 +23 +30）行；2 行 =（3 +4 +5 +6 +7 +8 +9 +10 +11）行；12 行 =（13 +16 +19 +20）行；13 行 =（14 +15）行；16 行 =（17 +18）行；23 行 =（24 +25 +26 +27 +29）行；27 行≥28 行；5 栏 =（1 +2 −3）栏；3 栏≥4 栏。

（五）粮食企业补充指标表（三）［财会年企补 01 −3 表］

1. 主要内容

本表主要反映粮食企业的流动及长期资产、借款、挂账、粮油购销企业指标等的情况。

2. 主要指标的填报方法

处理陈化粮价差亏损：反映企业根据国家政策，按规定的方式处理陈化粮所发生的价差亏损，其中商品周转库存陈化粮价差亏损应单独列示。

3. 表内关系

2 行 = （3 + 8）行；3 行 = （4 + 5 + 6 + 7）行；8 行 = （9 + 12）行；9 行 = （10 + 11）行；12 行≥13 行；14 行 = （15 + 16）行；16 行 = （17 + 18 + 19 + 20 + 21）行；21 行≥22 行；23 行≥（24 + 25）行；26 行≥27 行；27 行≥28 行；29 行≥30 行；31 行≥（32 + 36）行；32 行≥（33 + 34 + 35）行；36≥（37 + 38 + 39）行；45 行 = （46 + 47 + 48 + 49 + 50 + 51 + 52）行；53 行 = （54 + 55 + 56 + 57 + 58 + 59 + 60 + 61 + 62）行；63 行 = （64 + 65 + 66 + 67）行。

二、铁路运输企业补充指标表［财会年企补 02 表］

本表主要反映铁路运输企业的营运收入、客货运输支出、工作量和工效挂钩清算等情况。

（一）填报范围

本表填报范围为上年铁路运输企业年度汇总会计报表所涉及的企业，以及上述范围内的本年新增企业。

（二）填报要求

填报本表的铁路运输企业，封面标识中的“补充指标表标识码”应填列“02”。

（三）表内关系

1 行 = （2 + 3 + 4 + 5 + 6 + 7 + 8）行；11 行 = （12 + 13）行；28 行≥29 行；31 行≥32 行；33 行≥34 行；36 行≥37 行；38 行≥39 行；40 行≥41 行。

三、民用航空企业补充指标表［财会年企补 03 表］

本表主要反映民用航空运输企业的流动资产、票证结算、民航基础设施建设基金情况、主营业务成本、销售成本和客货运输周转量等情况。

（一）填报范围

本表的填报范围为上年民用航空企业年度汇总会计报表所涉及的企业，以及上述范围内的本年新增企业。

（二）填报要求

填报本表的民航企业，封面标识中的“补充指标表标识码”填列“03”。

（三）主要指标的填报方法

1. 国外销售费用：反映企业派驻国外的销售机构在业务销售过程中发生的各项费用。

2. 代理售票手续费：反映应支付给代理售票机构的代售票手续费，其中，支付给国内代理售票机构的代售票手续费在本项目下单独反映。

（四）表内关系

11 行≥（12 + 14 + 15 + 16 + 17 + 18）行；21 行≥22 行；23 行≥24 行≥25 行。

四、工业、交通运输、邮电企业补充指标表［财会年企补 04 表］

（一）主要内容

本表主要反映工业、交通运输、邮电、民用航空企业工效挂钩清算等情况。

（二）填报要求

填报本表的工业、交通运输、邮电、民用航空企业，封面标识中的“补充指标表标识码”填列“04”。

（三）表内关系

19 行≥20 行；21 行≥22 行；23 行≥24 行；26 行≥27 行；28 行≥29 行；30 行≥31 行。

五、邮政集团补充指标表［财会年企补 05 表］

（一）主要内容

本表反映中国邮政集团公司业务经营指标。

（二）填报要求

表内数据分别按上年实际数和本年实际数填列，封面标识中的“补充指标表标识码”应填列“05”。

（三）指标解释

1. 邮政集团业务总收入：反映企业提供服务或销售商品取得的各项收入的总额，包括：函件业务收入、包裹业务收入、机要通信收入、报刊业务收入、集邮业务收入、金融业务收入、速递物流收入和其他业务收入。

2. 函件业务收入：反映企业销售通信用邮票（含纪特零枚票）和邮资封、片、卡、简，收寄国内函件、国际及港澳台函件，及提供其他函件附加服务取得的收入。

3. 包裹业务收入：反映企业办理包裹业务取得的收入。

4. 机要通信收入：反映企业收寄各种机要邮件取得的基本资费收入、挂号费等收入，以及代发新华社“内参选编”等通过机要渠道发行的、按发行费率记收的密级刊物取得的收入。

5. 报刊业务收入：反映企业办理报刊发行、订阅业务，零售业务等取得的收入。

6. 集邮业务收入：反映企业销售集邮邮票、纪特邮资封片、集邮品及集邮用品等取得的收入。

7. 金融业务收入：反映企业经营汇兑、储蓄、保险、对公和信贷等金融业务取得的收入和代理金融业务取得的手续费及佣金收入。

8. 速递物流收入：反映企业经营速递和物流业务取得的收入。

9. 其他业务收入：反映企业经营代理电信业务、代理票务业务、代收款业务、信息业务、商品销售和出租固定资产、无形资产、包装物和音像制品等业务取得的收入。

10. 营业总收入（邮政）：反映邮政企业经营主营业务和其他业务所确认的收入总额，按照邮政企业利润表的营业总收入填列。

11. 代理邮储银行业务收入：反映邮政企业从邮政储蓄银行取得的利息净收入和手续费及佣金净收入，包括储蓄业务、公司业务、信贷业务、国际业务等取得的利息净收入，以及办理个人结算、单位结算、银行卡业务、国际业务、代理保险、代理国债、代理基金及代收付业务等取得的手续费及佣金收入。

12. 代理速递物流公司业务收入：反映邮政企业为速递物流公司提供收寄、分拣、运输、投递等服务，结算取得的代理收入。

13. 营业总成本（邮政）：反映邮政企业经营主营业务和其他业务所发生的成本总额，按照邮政企业利润表的营业总成本填列。

14. 营业总收入、营业总成本和利润总额按照企业利润表对应项目填列，其中邮政储蓄银行按照利差口径填列。

15. 函件业务量：指邮政企业为用户传递以书面信息为主的邮件的业务量，包括信件、印刷品、义务兵免费信件、盲人读物和无名址函件等。

16. 包裹业务量：指符合包裹准寄范围，按包裹资例收取资费，通过邮政渠道寄递的物品的业务量。

17. 机要通信业务量：指按照保密规定范围和手续收寄、处理、传递的机要文件、机要刊物和机要物品的业务量。

18. 报刊业务量：指邮政部门发行及销售国内外出版的各种报纸、杂志、图书，包括整订、破订、零售、赠送、交换、贴报的业务量。

19. 汇兑业务量：指邮政银行接受汇款人委托，将收汇的款项全额兑付给指定收款人的业务量。

20. 年末邮政储蓄期末余额：指本企业（包括所属支局、所、储蓄点）在报告期末储蓄用户实际存留的储蓄款额。包括定期储蓄余额、活期储蓄余额、定活两便储蓄余额和通知存款余额。

21. 全年邮政储蓄平均余额：指本企业在报告期内用户各种储蓄存款每天余额的平均数。

22. 特快专递业务量：由专人、专车和专门的作业组织实施和特殊处理，严格按照优化选定的路由和运输工具，以最快捷的传递方式，最短的处理时限发运、投递的邮件，并提供邮件全程信息查询服务的业务量。特快专递按内件性质划分为文件型和物品型。

23. 分销配送销售额：指通过邮政渠道开展产品的代销、代购和配送所实现的销售额，即邮政部门自行开发上游客户（商品提供方）和下游客户（商品需求方）的各类实物产品的代理销售和配送项目所实现的销售额。

（四）表内关系

1 行 =（2 +3 +4 +5 +6 +7 +14 +15）行；7 行 =（8 +9 +10 +11 +12 +13）行；24 行 =（25 +26 +27 +28）行；32 行≥（33 +34）行。

六、电信企业补充指标表［财会年企补 06 表］

本表主要反映电信企业的通信业务收入、成本、存货和预收账款等情况。

（一）填报范围

本表的填报范围为上年电信企业年度汇总会计报表所涉及的企业，以及上述范围内的本年新增企业。

（二）填报要求

填报本表的电信企业，封面标识中的“补充指标表标识码”应填列“06”。

（三）表内关系

1 行≥（2 +3 +6 +7 +8 +9 +10）行；3 行 =（4 +5）行；11 行≥（12 +13 +14 +15 +16 +17 +18）行；19 行≥20 行；21 行≥22 行。

七、农口企业补充指标表［财会年企补 07 表］

（一）填报范围

本表的填报范围为上年度农口企业汇总会计报表所涉及的农垦、水产、农牧、森工、华侨企业，以及上述范围内的本年新增企业。具体包括农垦所属的农业、工业、商品流通、运输、建筑、服务等企业；水产养殖、捕捞及水产主管部门直属的工业、供销等企业；实行企业化管理的农业良种场、种畜场、鱼种场、园艺特产场；畜牧部门直属的牧工商公司、兽医药械公司、畜禽厂、兽药厂、加工厂；森工采伐和林业主管部门直属的木材加工、林业化工、林业机械、供销等企业。

（二）填报要求

1. 填报本表的农口企业，封面标识中的“补充指标表标识码”应填列“07”。

2. 表中指标应以 2012 年末或 2012 年度企业的有关数据填报，具体指标的填报口径按相关企业会计制度和财务制度的有关规定执行，如有与主表或附表相同的指标，前后表内的数据应保持一致。

（三）主要指标的填报方法

1. 专用拨款及社会性收支情况：反映国家拨给企业的各种专用拨款（除社会保障补助拨款）的拨付、使用和结余，以及企业办社会情况。

（1）年初结余数：反映企业年初尚未转销的以前年度拨入的专用拨款的余额。

（2）本年增加数：反映企业本年内实际收到的财政拨款（除社会保障补助拨款）、企业自筹及其他收入的金额。“财政拨入”反映各级财政对企业的实际拨款金额；“企业自筹”反映财政项目配套和企业办社会补助等；“其他收入”反映企业办社会机构取得的除财政拨款和企业自筹以外的收入。

（3）本年支出数：反映企业本年内发生的财政拨款项目和企业办社会的全年支出总额。其中：“基本建设资金支出”、“教育支出”、“专职政法支出”、“民兵值勤训练支出”、“医疗卫生支出”、“社区支出”、“供水供电供暖供气支出”、“救灾支出”、“对农户补助支出”项目单独填列。“基本建设资金支出”是指各级政府发展与改革部门集中安排的财政项目支出；“对农户补助支出”是指国家补贴给农户的粮食直补、良种补贴、农资综合直补、农机具补贴等。

（4）年末结余数：反映企业年末尚未使用的专用拨款余额。

2. 应收家庭农场款：反映企业应收、暂付家庭农场的各种款项。

3. 应付家庭农场款：反映企业应付、暂收家庭农场的各种款项。

4. 家庭农场上交承包收入：反映企业当年应收家庭农场上交的承包收入。

5. 社会性收支差额：反映企业当年社会性支出减社会性收入的差额。

6. 营业收入、盈利企业盈利额和亏损企业亏损额中，“种植业、养殖业”、“农林产品初加工”、“农林产品初加工以外的工业”单独列示。

7. 亏损企业亏损额：亏损企业亏损额以正值填列。

8. 全年总产值、农业增加值、土地面积、粮食产量、天然橡胶产量和人工林面积应按统计口径计算填列。

（四）表内关系

4行 =（5+6+7）行；8行≥（9+10+11+12+13+14+15+16+17）行；18行 =（3+4-8）行；21行≥22行；23行≥（24+25+26）行；27行≥28行；27行 =（20+21-23）行；31行≥32行；33行≥34行；35行 =（30+31-33）行；41行≥（42+43+44）行；45行≥（46+47+48）行；49行≥（50+51+52）行；56行≥57行。

八、文教企业补充指标表［财会年企补08表］

（一）填报范围

本表的填报范围为上年度文教企业汇总会计报表所涉及的国有文教企业，以及上述范围内的本年新增企业。

（二）填报要求

填报本表的国有文教企业，封面标识中的“补充指标表标识码”中应填列“08”。

（三）主要指标的填报方法

1. 宣传文化发展专项资金：宣传文化发展专项资金：指根据《国务院办公厅转发财政部中宣部关于进一步支持文化事业发展若干经济政策的通知》（国办发［2006］43号），“十一五”期间中央和省级财政按宣传文化发展专项资金2005年实际拨付数为基数列支出预算，建立宣传文化发展专 项资金。该项资金是为支持宣传文化企业的发展而建立的财政专项资金，应按照重新修订的《宣传文化发展专项资金管理办法》，加强专项资金的管理和使用。表中指标分为两部分：第一部分用宋体字表示，有关项目由基层企业根据自身实际情况填列；第二部分用楷体字表示，由中央级或省级主管部门填列。

2. 享受先征后退优惠政策的增值税：反映文教企业根据《关于“十一五”继续实行宣传文化税收优惠政策的通知》，享受增值税先征后退优惠政策返还的增值税部分。

3. 享受免缴优惠政策的增值税：反映文教企业根据《关于“十一五”继续实行宣传文化税收优惠政策的通知》，享受增值税免税部分。

4. 国家电影事业发展专项资金：反映文教企业根据《国务院办公转发财政部中宣部关于进一步支持文化事业发展若干经济政策的通知》（国办发［2006］43号），按照《国家电影事业发展专项资金管理办法》，上缴与使用国家电影事业发展专项资金的情况。

5. 文化事业建设费：反映文教企业根据《国务院办公转发财政部中宣部关于进一步支持文化事业发展若干经济政策的通知》（国办发［2006］43号），交纳的文化事业建设费情况。

6. 报纸广告净收入：反映报社当年已收到的广告收入扣除成本费用后的净额部分。

7. 出版物千印张：反映报社、出版社、杂志社等出版单位，本年出版的出版物总印张数。

8. 出版社和报社全年耗用正文纸张数量（吨）：反映出版社和报社全年出版图书、报纸所耗用的正文纸的吨数。

9. 出版社和报社应补定额补贴：反映根据国家规定，由财政拨给印制中小学课本和高等、中等专业学校教材的出版社的中小学教材补贴、大中专教材补贴、中小学教材纸张价格补贴、大中专教材纸张价格补贴，以及报社的纸张价格补贴。

10. 电影发行公司全年拷贝费用实际支出数：反映电影发行企业全年发行拷贝的成本费用的实际支出数。

（四）表内关系

10行 =（2 +3 -6）行；3行≥（4 +5）行；6行≥（7 +8 +9）行；20行 =（12 +13 -17）行；13行≥（14 +15 +16）行；17行≥（18 +19）行；32行 =（29 +30 -31）行；39行 =（36 +37 -38）行；42行≥（43 +44）行。

九、对外经济合作企业补充指标表［财会年企补09表］

（一）填报范围

本表的填报范围为上年度对外经济合作企业汇总会计报表所涉及的国有对外经济合作企业，以及上述范围内的本年新增企业。

（二）填报要求

1. 填报本表的对外经济合作企业，封面标识中的“补充指标表标识码”应填列“08”。

2. 表中指标应以2012年度末或2012年度企业的有关数据填报，具体指标的填报口径按行业会计制度和财务制度的有关规定执行，如有与主表或附表相同的指标，前后表中的数据应保持一致。

3. 表中外币折美元的有关项目，应按国家外汇管理局公布的2012年12月31日人民币与美元比价的中间价进行折算。

（三）填报方法

表中各栏项目按企业经营业务性质分项选择填报。

（四）表内关系

7行 =（1 -2 -3 +4 -5 -6）行；12行 =（7 -8 -9 -10 -11）行；1栏 =（3 +5 +7 +9）栏；2栏 =（4 +6 +8 +10）栏。

十、旅游企业补充指标表［财会年企补10表］

（一）填报范围

本表的填报范围为上年度旅游企业汇总会计报表所涉及的国有旅游企业，以及上述范围内的本年新增企业。

（二）填报要求

1. 填报本表的旅游企业，封面标识中的“补充指标表标识码”应填列“10”。

2. 表中指标应以2012年末或2012年度企业的有关数据填报，具体指标的填报口径按行业会计制度和财务制度的有关规定执行，如有与主表或附表相同的指标，前后表中的数据应保持一致。

3. 表中外币折美元的有关项目，应按国家外汇管理局公布的2012年12月31日人民币与美元比价的中间价进行折算。

（三）主要指标的填报方法

1. 汇编企业户数：反映填报单位汇编的具有法人资格的独立核算企业户数。其中旅行社户数、旅游饭店座数、旅游车船公司户数、旅游商贸公司户数应单独列示。

2. 实现的外汇结汇收入（美元）：反映企业向银行实际结汇的外汇收入，折合成美元进行填列。

3. 旅行社应收境外账款（美元）：反映旅行社在经营过程中为境外客户提供服务等而应向客户收取的款项，折合成美元进行填列。

4. 旅行社实际上交的质量保证金：反映旅行社实际上交的质量保证金金额。

5. 旅行社营业收入净额和旅行社营业成本净额：反映旅行社营业收入总额和营业成本总额扣除拨付的房、餐、车费及其他费用后的净额。

6. 饭店客房间数：反映饭店可供出租的客房间数。

7. 饭店客房出租间天数：反映饭店客房实际出租的间天数。

8. 饭店客房间数和饭店客房出租间天数应按统计口径填列。

（四）表内关系

1行≥（2 +3 +4 +5）行；6行≥（7 +8 +9 +10）行。

十一、施工企业补充指标表［财会年企补 11 表］

（一）填报范围

本表的填报范围为上年度施工企业汇总会计报表所涉及的国有施工企业，以及上述范围内的本年新增企业。

（二）填报要求

1. 填报本表的施工企业，封面标识中的“补充指标表标识码”应填列“10”。

2. 表中指标应以 2012 年末或 2012 年度企业的有关数据填报，具体指标的填报口径按行业会计制度和财务制度的有关规定执行，如有与主表或附表相同的指标，前后表内的数据应保持一致。

3. 填列表内比例指标时保留两位小数。

（三）主要指标填报方法

1. 全年自行完成施工产值：原则上按照施工企业和建设单位的工程结算价格计算。

2. 全年非自行完成施工产值：反映企业分包、转包工程产值，原则上按照分包、转包结算价格计算。

3. 营运收入：反映施工企业从事公路、水上运输的营业收入。

十二、烟草企业补充指标表［财会年企补 12 表］

（一）主要内容

本表主要反映烟草企业财政专项资金、卷烟产销量和工效挂钩清算等情况。

（二）填报要求

填报本表的烟草企业，封面标识中的“补充指标表标识码”填列“11”。

十三、供销合作社企业补充指标表［财会年企补 13 表］

本表专用于反映供销合作社企业全年经营农资、棉麻、羊毛、茶叶、再生资源等大类商品的销售、利润和资金情况以及供销合作社企业特有的有关情况。其他城镇集体企业不用填报此表。

（一）填报范围

本表适用于各级供销合作社及其所属企业，以及由供销合作社领办或扶持起来的专业合作社、村级综合服务站（社）及符合报表管理单位条件的社外企业和经济组织。

（二）填报要求

1. 填报本表的供销合作社企业，封面标识中的“补充指标表标识码”填列“12”。

2. 按照开放办社要求，对于纳入供销合作社报表统计范围的社外企业或经济组织，在填报本表时，封面标识中的“隶属关系—部门标识代码”应填列供销合作总社代码“975”。

（三）主要指标的填报方法

1. 汇编企业户数：是指在境内具有法人资格、独立核算，并能够编制资产负债表的企业和实行企业化管理的事业单位（包括纳入供销合作社报表统计范围的社外企业或经济组织）。

2. 供销社全资企业、控股企业、参股企业和开放办社企业根据股权情况分别填列。供销社控股企业是指由供销合作社或社属企业作为出资人之一，投资份额占被投资企业实收资本 50% 以上（含 50%），或虽未拥有多数股权，但对被投资企业拥有实际控制权的股份制企业，也包括在本项目内。

3. 社员股金：根据供销合作社各级理事会和以供销合作社为依托建立的专业合作社吸收的社员股金数填列。

4. 为农服务支出：是指为了扶持农村经济发展所支出的数额，包括价格优惠、费用补贴、向农民返利、无偿服务的支出及投资等。根据有关账户的明细科目分析填列。

5. 救灾支出：根据“营业外支出”科目中的“非常损失”明细项目的有关资料填列。

6. 帮助贫困供销社支出：根据“营业外支出”科目中的有关明细资料填列。

7. 上缴国家税费总额：反映企业本年度缴纳的增值税、营业税、城建税、教育费附加、所得税等，包括在“管理费用”中核算的房产税、印花税、车船使用税、土地使用税等。

8. 上缴合作发展基金：反映企业本年按照有关规定上缴的合作发展基金。

9. 税前处理亏损挂账：反映企业本年度缴纳所得税前处理以前年度待处理流动资产净损失和弥补以前年度亏损的数额。本项目根据“待处理财产损益——待处理流动资产损益”和“利润分配——未分配利润”科目的期末余额对比期初余额分析填列。通过财政等部门弥补的政策性亏损挂账不包括在本项目内。

（四）表内关系

1 行 =（2 +3 +4 +5）行；6 行 =（7 +8 +9 +10）行；14 行≥（15 +16 +17 +18）行；20 行 =（21 + 22 +24 +25）行；26 行 =（27 +28 +30 +31）行；35 行≥ 36 行。

（五）表间关系

报表类型码为“0”且补充指标码为“12”时：6 行 = 财会年企 02 表“利润总额”的本年实际数。

十四、电力企业补充指标表［财会年企补 14 表］

本表反映电力生产运营企业（不含电力施工、修造等电力辅业）技术经济指标，分别按上年实际数和本年实际数填列。

（一）主要指标填报方式

1. “发电量”，指按发电机端电度表计量的发电度数，应根据向统计部门提供的数字填列，其中：火、水、核、风电发电量分别填列。

2. “抽水蓄能用电量”，指抽水蓄能电站用电量。

3. “供热厂用电量”，指发电厂在生产热力过程中消耗的电量，应根据统计提供的数字填列。

4. “发电厂供电量”，指发电厂出口关口表计量电量，其中：火、水、核、风电供电量分别填列。

5. “发电企业上网电量”，指发电企业年度累计上网电量。

6. “发电企业直供大用户电量”，指发电企业直接供应大用户结算的电量。

7. “电网企业外购电量”，指电网企业向系统外发电企业购买的电量。

8. “电网企业售电量”，指电网企业销售给最终用户或代销的电量。仅由电网企业填列。

9. “电网供电线路损失电量”，指电网企业在电力输送和供应过程中发生的线路损失电量。仅由电网企业填列。其中：

电网供电线路损失电量 = 电网企业所属发电企业供电量 + 电网企业外购电量 - 电网企业售电量；

10. “发电企业电力产品销售收入净额”，指发电企业的电力产品销售收入净额，限于电力产品收入，不含“热力收入”和“其他收入”。

11. “电网企业电力产品销售收入净额”，指电网企业扣除有关加价和基金后的电力产品销售收入净额。

12. “发电企业电力产品生产成本”，指发电企业与上述“电力产品销售收入”对应的生产成本，根据有关成本项目分析填列。

13. “电网企业购电成本”，指电网企业向系统外发电企业购买电力产品发生的成本，不含电网企业所属发电企业电力产品生产成本，根据有关成本项目分析填列。

14. 发电供热用天然煤量（吨）：指实际用于电力、热力产品生产耗用的天然煤数量，以吨为单位。其中发电用天然煤量单独填列。

15. 发电供热用煤折标准煤量（吨）：指实际用于电力、热力产品生产耗用的天然煤数量根据热值折算的标准煤量，以吨为单位。其中发电用煤折标准煤量单独填列。

16. 发电供热用天然气量（立方米）：指实际用于电力、热力产品生产耗用的天然气数量，以立方米为单位。其中发电用天然气量单独填列。

17. 发电供热用天然油量（吨）：指实际用于电力、热力产品生产耗用的天然油数量，以吨为单位。其中发电用天然油量单独填列。

18. “发电燃料费”，指已在发电成本中列支的燃料费部分，以人民币“元”为单位。其中燃煤费、燃气费、燃油费分别填列。

19. 供热用电分摊燃料费 = 实际供热厂用电量 × 发电煤耗 ×（发电）综合标准煤单价

20. "期末发电设备容量"，指发电企业期末实际拥有的发电设备容量总和。发电设备容量以发电机组的铭牌上标明的容量计算填列。

21. "平均发电设备容量"，指发电企业年度平均发电设备容量，根据期初发电设备容量和报告期内发电设备容量增减变动情况加权计算填列。

（二）表内关系

1 行≥（2 +4 +5 +6）行；9 行≥（10 + 12 + 13 + 14）行；9 行≥（15 + 16）行；19 行（电网企业）=（9 + 17 – 18）行。

（三）表间关系

20 行≤02 表 3 行（发电企业）；21 行≤02 表 3 行（电网企业）；22 行≤02 表 10 行（发电企业）；23 行≤02 表 10 行（电网企业）。

十五、石油石化企业补充指标表［财会年企补 15 表］

本表主要反映石油石化企业主要产品的产量、销量、进口量、出口量、库存量等情况。

（一）填报范围

本表的填报范围为中国石油天然气集团公司、中国石油化工集团公司、中国海洋石油总公司和中国中化集团公司。

（二）填报要求

填报本表的石油石化企业，封面标识中得到"补充指标表标识码"应填列"14"。

（三）主要指标的填报方法

1. 国内原油产量：反映填报范围内的石油石化企业在境内开采的原油权益产量。

2. 国内天然气产量：反映填报范围内的石油石化企业在境内开采的天然气权益产量。

3. 境外原油权益产量：反映填报范围内的石油石化企业在境外开发油气资源获得的原油权益产量。

4. 境外天然气权益产量：反映填报范围内的石油石化企业境外开发油气资源获得的天然气权益产量。

（四）表内关系

7 行≥（8 +9 +10）行；11 行≥（12 + 13 + 14）行；17 行≥（18 + 19 + 20）行；21 行≥（22 + 23 + 24）行。

十六、境外子企业基本情况表（财会年企补 16 表）

（一）编制方法

本表由境外子企业分户填报。

（二）表内有关指标解释

1. 驻在地所得税率：应按照境外企业实际执行的税率填列。采用比例税率的企业，按实际比例税率填列；采用累进税率的企业，按平均所得税率填列。集团合并报表可不填列。

2. 本年实际上交驻在地税金总额：指境外企业本年度实际上交驻在地的各类税金之和，集团合并报表汇总填列所有境外子企业向境外国家或地区上交的税金之和。

3. 职工全年实发工资：反映境外企业全年实际发放的职工（含外方）工资情况，其中中方职工全年实发工资单独列示。

4. 年末职工：反映境外企业年末职工（含外方）人数情况，其中中方年末职工人数单独列示。

（三）表内公式

4 栏≥5 栏；13 栏≥14 栏；15 栏≥16 栏。

附件5：

会计报表附注内容提要

企业应当按照规定披露附注信息。其中：中央管理企业集团除按规定向财政部上报企业年度财务会计决算报表、财务状况说明书等内容外，还应上报企业合并财务会计决算报表附注。附注主要包括下列内容：

一、企业的基本情况

（一）企业历史沿革、注册地、组织形式和总部地址。

（二）企业所处行业、经营范围、业务性质、主要经营活动和主要业务板块。

（三）母公司以及集团最终母公司的名称。

二、财务报表的编制基础

三、遵循企业会计准则的声明

编制的财务报表是否符合企业会计准则的要求，真实、完整地反映了企业的财务状况、经营成果和现金流量等有关信息。

四、重要会计政策和会计估计

企业应当披露采用的重要会计政策和会计估计，不重要的会计政策和会计估计可以不披露。在披露重要会计政策和会计估计时，应当披露重要会计政策的确定依据和财务报表项目的计量基础，以及会计估计中所采用的关键假设和不确定因素。

五、会计政策和会计估计变更以及差错更正的说明

（一）企业应当在附注中披露与会计政策变更有关的下列信息：

1. 会计政策变更的性质、内容和原因。
2. 当期和各个列报前期财务报表中受影响的项目名称和调整金额。
3. 无法进行追溯调整的，说明该事实和原因以及开始应用变更后的会计政策的时点、具体应用情况。

（二）企业应当在附注中披露与会计估计变更有关的下列信息：

1. 会计估计变更的内容和原因。
2. 会计估计变更对当期和未来期间的影响数。
3. 会计估计变更的影响数不能确定的，披露这一事实和原因。

（三）企业应当在附注中披露与前期重大差错更正有关的下列信息：

1. 前期重大差错的性质。
2. 各个列报前期财务报表中受影响的项目名称和更正金额。
3. 无法进行追溯重述的，说明该事实和原因以及对前期重大差错开始进行更正的时点、具体更正情况。

六、税项

说明企业适用的主要税种及税率，以及具体的纳税情况，涉及税收优惠的，还需说明优惠税负情况及相关批文。

七、企业合并及合并财务报表

（一）本年纳入合并报表范围的子企业基本情况。企业应当按下列格式披露纳入报表合并范围的全部子企业主要情况；大型企业集团合并报表范围可以披露到二级子企业，集团所属重要子企业不分级次全部披露：

序号	企业名称	级次	企业类型	注册地	业务性质	注册资本	持股比例	享有的表决权	投资额	取得方式

注：企业类型：1. 境内非金融子企业，2. 境内金融子企业，3. 境外子企业，4. 事业单位，5. 基建单位。

取得方式：1. 投资设立，2. 同一控制下的企业合并，3. 非同一控制下的企业合并，4. 其他。

（二）母公司拥有被投资单位表决权不足半数但能对被投资单位形成控制的原因。

序号	企业名称	持股比例	享有的表决权	注册资本	投资额	级次	纳入合并范围原因

（三）母公司直接或通过其他子公司间接拥有被投资单位半数以上的表决权但未能对其形成控制的原因。

序号	企业名称	持股比例	享有的表决权	注册资本	投资额	级次	未纳入合并范围原因

（四）子公司所采用的会计政策与母公司不一致的，母公司编制合并财务报表的处理方法。

说明境外子企业、金融子企业、基建单位和事业单位纳入合并范围的情况及合并方法。

子公司的特殊会计政策。对纳入合并报表范围内子公司与母公司会计政策不一致且未进行调整的，应说明子公司采用的特殊会计政策、未调整的原因及其对合并财务报表的影响。

（五）子公司与母公司会计期间不一致的，母公司编制合并财务报表的处理方法。

（六）本年不再纳入合并范围的原子公司。说明原子公司的名称、注册地、业务性质、母公司的持股比例和表决权比例，本年不再成为子公司的原因。

原子公司在处置日和上一会计期间资产负债表日资产、负债和所有者权益的金额以及本年年初至处置日的收入、费用和利润的金额。

（七）本年新纳入合并范围的主体。说明本年新纳入合并范围子公司、特殊目的主体、通过受托经营或承租等方式形成控制权的经营实体名称及其年末净资产、本年净利润。

（八）本年发生的同一控制下企业合并情况。说明合并日的确定依据、支付的对价及被合并方的账面净资产，并披露被合并方自合并当年年初至合并日的收入、净利润、现金流量等情况。

公司名称	合并日	账面净资产	交易对价	实际控制人	本年初至合并日的相关情况			
					收入	净利润	现金净增加额	经营活动现金流量净额

（九）本年发生的非同一控制下企业合并情况。企业发生非同一控制下购买、出售股权而增加或减少子公司的，说明购买日或出售日的确定方法、合并日相关交易公允价值的确定方法、商誉的金额及其计算方法。

公司名称	合并日	账面净资产	可辨认净资产公允价值		交易对价	商誉	
			金额	确定方法		金额	确定方法

（十）本年发生的反向购买。企业以发行股份购买资产等方式构成反向购买的，应说明判断构成反向购买的依据、企业合并成本的确定方法、合并中确认的商誉或计入当期的损益的计算方法。

购买方（借壳方）	判断构成反向购买的依据	合并成本的确定方法	合并中确认的商誉或计入当期的损益的计算方法

（十一）本年发生的吸收合并。应分别同一控制下和非同一控制下的吸收合并，披露并入的主要资产、负债项目及其金额。

吸收合并的类型	并入的主要资产		并入的主要负债	
同一控制下吸收合并	项目	金额	项目	金额
非同一控制下吸收合并	项目	金额	项目	金额

（十二）子公司向母公司转移资金的能力受到严格限制的情况。

（十三）作为子公司纳入合并范围的特殊目的主体或通过受托经营或承租等方式形成控制权的经营实体的业务性质、业务活动等。

名称	与公司主要业务往来	在合并报表内确认的主要资产、负债年末余额

八、合并财务报表重要项目的说明

企业对报表重要项目的说明，应当按照资产负债表、利润表、现金流量表、所有者权益变动表及其项目列示的顺序，采用文字和数字描述相结合的方式进行披露。报表重要项目的明细金额合计，应当与报表项目金额相衔接。(除另有注明外，所有金额均以人民币元为货币单位)

（一）交易性金融资产

项目	年末公允价值	年初公允价值
1. 交易性债券投资		
2. 交易性权益工具投资		
3. 指定为以公允价值计量且其变动计入当期损益的金融资产		
4. 衍生金融资产		
5. 套期工具		
6. 其他		
合　　计		

注：说明有限售条件或变现方面有其他重大限制的交易性金融资产项目及其金额。

（二）应收票据

种类	年末余额	年初余额
银行承兑汇票		
商业承兑汇票		
合　计		

注：说明已贴现的商业承兑汇票。

（三）应收账款

种　类	年末数				年初数			
	账面余额		坏账准备		账面余额		坏账准备	
	金额	比例（%）	金额	比例（%）	金额	比例（%）	金额	比例（%）
单项金额重大并单项计提坏账准备的应收账款								
按组合计提坏账准备的应收账款								
组合 1								
组合 2								
……								
组合小计								
单项金额虽不重大但单项计提坏账准备的应收账款								
合　计		—		—		—		—

注：账面余额中的比例按年末该类应收账款除以应收账款合计数计算，坏账准备比例按该类应收账款年末已计提坏账准备除以年末该类应收账款金额计算。

1. 按组合计提坏账准备的应收账款。

（1）组合中，按账龄分析法计提坏账准备的应收账款：

账　龄	年末数			年初数		
	账面余额		坏账准备	账面余额		坏账准备
	金额	比例（%）		金额	比例（%）	
1 年以内						
1 至 2 年						
2 至 3 年						
3 年以上						
合　计		—			—	

注：账龄划分根据企业具体情况确定。

（2）组合中，采用余额百分比法计提坏账准备的应收账款：

组合名称	年末数			年初数		
	账面余额		坏账准备	账面余额		坏账准备
	金额	比例（%）		金额	比例（%）	
组合 1						
组合 2						

续表

组合名称	年末数			年初数		
	账面余额		坏账准备	账面余额		坏账准备
	金额	比例（%）		金额	比例（%）	
……						
合　计						

注：填写具体组合名称。

（3）组合中，采用其他方法计提坏账准备的应收账款：

组合名称	年末数		年初数	
	账面余额	坏账准备	账面余额	坏账准备
组合1				
组合2				
……				
合　计				

注：填写具体组合名称。

2. 单项计提坏账准备的应收账款。

（1）年末单项金额重大并单项计提坏账准备的应收账款：

债务人名称	年末余额	坏账准备	计提比例	计提理由
合　计			—	—

（2）年末单项金额虽不重大但单项计提坏账准备的应收账款：

债务人名称	年末余额	坏账准备	计提比例	计提理由
合　计			—	—

3. 本年转回或收回情况。

债务人名称	转回或收回原因	确定原坏账准备的依据	转回或收回前累计已计提坏账准备金额	转回或收回金额
合　计				—

注：本表列报本报告期前已全额计提坏账准备，或计提减值准备的比例较大，但在本年又全额收回或转回，或在本年收回或转回比例较大的应收账款。对本年通过重组等方式收回的金额重大的应收账款，则应逐笔列报，金额不重大的，可汇总列报。

4. 本报告期实际核销的应收账款情况。

债务人名称	应收账款性质	核销金额	核销原因	是否因关联交易产生
合　计			—	—

（四）预付款项

1. 预付款项按账龄列示：

账龄	年末数		年初数	
	金额	比例（%）	金额	比例（%）
1 年以内				
1 至 2 年				
2 至 3 年				
3 年以上				
合　计		—		—

2. 账龄超过一年的大额预付款项情况：

债权单位	债务单位	年末账面余额	账龄	未结算的原因
			—	—
小　计				

（五）其他应收款

其他应收款参照应收账款披露。

（六）存货

1. 存货分类：

项目	年末数			年初数		
	账面余额	跌价准备	账面价值	账面余额	跌价准备	账面价值
原材料						
自制半成品及在产品						
库存商品（产成品）						
周转材料 （包装物、低值易耗品等）						
消耗性生物资产						
工程施工 （已完工未结算款）						
其他						
合计						

注：其他项中应说明房地产企业土地储备的情况，包括土地储备的面积、本年增加及土地储备年末余额。

年末消耗性生物资产情况：

项目	年初账面余额	本年增加额	本年减少额	年末账面余额
一、种植业				
其中：1.				
……				
二、畜牧养殖业				
其中：1.				
……				
三、林业				
其中：1.				
……				
四、水产业				
其中：1.				
……				
合　计				

注：说明消耗性生物资产的年末实物数量。

2. 存货年末余额中含有借款费用资本化金额的，应予以披露。

（七）其他流动资产

项目	年末余额	年初余额
1.		
……		
合　计		

（八）可供出售金融资产

项目	年末公允价值	年初公允价值
1. 可供出售债券		
2. 可供出售权益工具		
3. 其他		
合　计		

注：本期将持有至到期投资重分类为可供出售金融资产的，本期重分类的金额________元，该金额占重分类前持有至到期投资总额的比例________%。

（九）持有至到期投资

项目	年末余额	年初余额
1.		
……		
合　计		

（十）长期应收款

项目	年末余额	年初余额
融资租赁		
其中：未实现融资收益		
分期收款销售商品		
分期收款提供劳务		
其他		
合　　计		

（十一）长期股权投资

1. 长期股权投资分类：

项　　目	年初余额	本年增加	本年减少	年末余额
对子公司投资				
对合营企业投资				
对联营企业投资				
对其他企业投资				
小　　计				
减：长期股权投资减值准备				
合　　计				

2. 长期股权投资明细（披露期末余额最大的前10项）：

被投资单位	核算方法	投资成本	年初余额	增减变动	年末余额	在被投资单位持股比例（%）	减值准备	本年计提减值准备	本年现金红利
合计	—					—			
其中：1.									
2.									

注：若对被投资单位持股比例与其在被投资单位表决权比例不一致，应说明原因。

3. 对合营企业投资和联营企业投资：

被投资单位名称	本企业持股比例（%）	年末资产总额	年末负债总额	年末净资产总额	本年营业收入总额	本年净利润
一、合营企业						
其中：						
二、联营企业						
其中：						

注：（1）合营企业、联营企业的重要会计政策、会计估计与公司的会计政策、会计估计存在重大差异的说明。

（2）若对被投资单位持股比例与其在被投资单位表决权比例不一致，应说明原因。

（3）若在权益法核算时未按照被投资单位账面净利润与投资股权比例确认投资收益，应当说明原因以及影响金额（如股权比例与享有或承担的权益不一致、投资企业与合营单位会计政策和会计估计存在重大差异、取得联营企业时其可辨认净资产与账面价值存在差异等）。

4. 向投资企业转移资金的能力受到限制的有关情况

向投资企业转移资金能力受到限制的长期股权投资项目	受限制的原因	当期累计未确认的投资损失金额

（十二）投资性房地产

1. 按成本计量的投资性房地产

项　　目	年初余额	本年增加	本年减少	年末余额
一、账面原值合计				
其中：1. 房屋、建筑物				
2. 土地使用权				
二、累计折旧和累计摊销合计				
其中：1. 房屋、建筑物				
2. 土地使用权				
三、投资性房地产账面净值合计				
其中：1. 房屋、建筑物				
2. 土地使用权				
四、投资性房地产减值准备累计金额合计				
其中：1. 房屋、建筑物				
2. 土地使用权				
五、投资性房地产账面价值合计				
其中：1. 房屋、建筑物				
2. 土地使用权				

注：本年折旧和摊销额________。投资性房地产本年减值准备计提额________。

2. 按公允价值计量的投资性房地产

项　　目	年初公允价值	本年增加			本年减少		年末公允价值
		购置	自用房地产或存货转入	公允价值变动损益	处置	转为自用房地产	
一、成本合计							
其中：1. 房屋、建筑物							
2. 土地使用权							
3. 其他							
二、公允价值变动合计							
其中：1. 房屋、建筑物							
2. 土地使用权							
3. 其他							
三、投资性房地产账面价值合计		—	—	—	—	—	

续表

项　目	年初公允价值	本年增加			本年减少		年末公允价值
		购置	自用房地产或存货转入	公允价值变动损益	处置	转为自用房地产	
其中：1. 房屋、建筑物		—	—	—	—	—	
2. 土地使用权		—	—	—	—	—	
3. 其他		—	—	—	—	—	

注：（1）披露投资性房地产公允价值的确定依据。

（2）说明报告期内改变计量模式的投资性房地产转换的原因及其影响。

（十三）固定资产

1. 固定资产分类

项　目	年初余额	本年增加	本年减少	年末余额
一、账面原值合计：				
其中：土地资产				
房屋及建筑物				
机器设备				
运输工具				
电子设备				
办公设备				
酒店业家具				
其他				
二、累计折旧合计：				
其中：土地资产				
房屋及建筑物				
机器设备				
运输工具				
电子设备				
办公设备				
酒店业家具				
其他				
三、固定资产账面净值合计		—	—	
其中：土地资产		—	—	
房屋及建筑物		—	—	
机器设备		—	—	
运输工具		—	—	
电子设备		—	—	
办公设备		—	—	
酒店业家具		—	—	

续表

项　　目	年初余额	本年增加	本年减少	年末余额
其他		—	—	
四、减值准备合计				
其中：土地资产				
房屋及建筑物				
机器设备				
运输工具				
电子设备				
办公设备				
酒店业家具				
其他				
五、固定资产账面价值合计		—	—	
其中：土地资产		—	—	
房屋及建筑物		—	—	
机器设备		—	—	
运输工具		—	—	
电子设备		—	—	
办公设备		—	—	
酒店业家具		—	—	
其他		—	—	

注：说明年末已提足折旧仍继续使用的固定资产原值。

2. 年末持有待售的固定资产情况：

项　　目	账面价值	公允价值	预计处置费用	预计处置时间

（十四）生产性生物资产和公益性生物资产

1. 以成本计量：

项　　目	年初账面价值	本年增加额	本年减少额	年末账面价值
一、种植业				
其中：1.				
……				
二、畜牧养殖业				
其中：1.				
……				
三、林业				
其中：1.				

续表

项　目	年初账面价值	本年增加额	本年减少额	年末账面价值
……				
四、水产业				
其中：1.				
……				
合　计				

注：（1）说明各类生物资产的年末实物数量，如有天然起源的生物资产，还应披露该资产的类别、取得方式和数量等。

（2）说明各类生产性生物资产的预计使用寿命、预计净残值、折旧方法、累计折旧和减值准备累计金额。

2. 以公允价值计量：

项　目	年初公允价值	本年增加额	本年减少额	年末公允价值
一、种植业				
其中：1.				
……				
二、畜牧养殖业				
其中：1.				
……				
三、林业				
其中：1.				
……				
四、水产业				
其中：1.				
……				
合　计				

3. 说明生产性生物资产相关的风险情况与管理措施。

（十五）油气资产

1. 当期在国内和国外发生的取得矿区权益、油气勘探和油气开发各项支出的总额。

2. 油气资产分类：

项　目	年初余额	本年增加额	本年减少额	年末余额
一、原价合计				
其中：1. 探明矿区权益				
2. 未探明矿区权益				
3. 井及相关设施				
二、累计折耗合计				
其中：1. 探明矿区权益				
2. 井及相关设施				
三、油气资产减值准备累计金额合计				

续表

项　　目	年初余额	本年增加额	本年减少额	年末余额
其中：1. 探明矿区权益				
2. 未探明矿区权益				
3. 井及相关设施				
四、油气资产账面价值合计		—	—	
其中：1. 探明矿区权益		—	—	
2. 未探明矿区权益		—	—	
3. 井及相关设施		—	—	

（十六）无形资产

1. 无形资产分类：

项　　目	年初余额	本年增加额	本年减少额	年末余额
一、原价合计				
其中：软件				
土地使用权				
专利权				
非专利技术				
商标权				
著作权				
特许权				
……				
二、累计摊销额合计				
其中：软件				
土地使用权				
专利权				
非专利技术				
商标权				
著作权				
特许权				
……				
三、无形资产减值准备金额合计				
其中：软件				
土地使用权				
专利权				
非专利技术				
商标权				
著作权				
特许权				
……				
四、账面价值合计		—	—	
其中：软件		—	—	
土地使用权		—	—	
专利权		—	—	

续表

项　　目	年初余额	本年增加额	本年减少额	年末余额
非专利技术		—	—	
商标权		—	—	
著作权		—	—	
特许权		—	—	
……		—	—	

注：本年摊销额____________。

2. 计入当期损益和确认为无形资产的研究开发支出金额：

项　目	年初余额	本年增加	本年减少		年末余额
			计入当期损益	确认为无形资产	
合　计					

（十七）商誉

被投资单位名称或形成商誉的事项	形成来源	初始余额	年初余额	本年增加	本年减少	年末余额	年末减值准备
合　计							

注：说明商誉的减值测试方法和减值准备计提方法，详细说明减值原因、减值金额确认依据。

（十八）长期待摊费用

项　目	年初余额	本年增加额	本年摊销额	其他减少额	年末余额	其他减少的原因
合　计						

（十九）递延所得税资产和递延所得税负债

递延所得税资产和递延所得税负债不以抵销后的净额列示的，按1披露；若递延所得税资产和递延所得税负债以抵销后的净额列示的，按2披露。

1. 递延所得税资产和递延所得税负债不以抵销后的净额列示。

（1）已确认递延所得税资产和递延所得税负债：

项　目	年末余额		年初余额	
	递延所得税资产	可抵扣暂时性差异	递延所得税资产	可抵扣暂时性差异
一、递延所得税资产				
资产减值准备				
开办费				

续表

项　目	年末余额		年初余额	
	递延所得税资产	可抵扣暂时性差异	递延所得税资产	可抵扣暂时性差异
可抵扣亏损				
……				
合　计				
二、递延所得税负债				
交易性金融工具、衍生金融工具的估值				
计入资本公积的可供出售金融资产公允价值变动				
……				
合　计				

（2）未确认递延所得税资产明细：

项　目	年末余额	年初余额
可抵扣暂时性差异		
可抵扣亏损		
合　计		

（3）未确认递延所得税资产的可抵扣亏损将于以下年度到期：

年　份	年末余额	年初余额	备　注
2×××			
2×××			
2×××			
合　计			

注：无法在资产负债表日确定全部可抵扣亏损情况的，可只填写能确定部分的金额及其到期年度，并在备注栏予以说明。

2. 递延所得税资产和递延所得税负债以抵销后的净额列示。

（1）互抵后的递延所得税资产或负债及对应的互抵后可抵扣或应纳税暂时性差异：

项　目	报告年末互抵后的递延所得税资产或负债	报告年末互抵后的可抵扣或应纳税暂时性差异	报告年初互抵后的递延所得税资产或负债	报告年初互抵后的可抵扣或应纳税暂时性差异
递延所得税资产				
递延所得税负债				

（2）递延所得税资产和递延所得税负债互抵明细：

项　　目	本年互抵金额

（二十）其他非流动资产

项　　目	年末余额	年初余额
合　　计		

（二十一）所有权受到限制的资产

所有权受到限制的资产类别	年初账面价值	本年增加额	本年减少额	年末账面价值
一、用于担保的资产				
其中：1.				
2.				
……				
二、其他原因造成所有权受到限制的资产				
其中：1.				
2.				
……				
合　　计				

注：资产所有权受到限制的原因应详细说明。

（二十二）短期借款

1. 短期借款分类：

项　　目	年末余额	年初余额
质押借款		
抵押借款		
保证借款		
信用借款		
合　　计		

2. 已到期未偿还的短期借款情况：

贷款单位	贷款金额	贷款利率	贷款资金用途	逾期时间（天）	未按期偿还原因	预计还款期
合　　计		—		—	—	—

（二十三）交易性金融负债

项　　目	年末公允价值	年初公允价值
一、发行的交易性债券		
二、指定为以公允价值计量且其变动计入当期损益的金融负债		
三、衍生金融负债		
四、其他		
合　　计		

（二十四）应付职工薪酬

项　　目	年初余额	本年增加额	本年减少额	年末余额
一、工资、奖金、津贴和补贴				
二、职工福利费				
三、社会保险费				
其中：1. 基本医疗保险费				
2. 补充医疗保险费				
3. 基本养老保险费				
4. 年金缴费（补充养老保险）				
5. 失业保险费				
6. 工伤保险费				
7. 生育保险费				
四、住房公积金				
五、工会经费和职工教育经费				
六、非货币性福利				
七、辞退福利及内退补偿				
其中：1. 因解除劳动关系给予的补偿				
2. 预计内退人员支出				
八、其他				
其中：以现金结算的股份支付				
合　　计				

注：（1）企业应说明企业本年为职工提供的各项非货币性福利形式、金额及其计算依据。

（2）企业应说明辞退福利（具体包括解除劳动关系补偿义务、内退职工内退期间补偿义务等内容）是否折现，以及折现率的确定方法。

（二十五）其他流动负债

项　　目	年末余额	年初余额
合　　计		

（二十六）长期借款

1. 长期借款分类：

项　　目	年末余额	年初余额
质押借款		
抵押借款		
保证借款		
信用借款		
合　　计		

2. 已到期未偿还的长期借款情况：

贷款单位	贷款金额	贷款利率	贷款资金用途	逾期时间（月）	未按期偿还原因	预计还款期
合　　计		—		—	—	—

（二十七）应付债券

债券名称	面值	发行日期	债券期限	发行金额	年初应付利息	本年应计利息	本年已付利息	年末应付利息	年末余额

注：企业需说明可转换公司债券的转股条件、转股时间等情况。

（二十八）长期应付款

长期应付款年末余额最大的前5项：

项　　目	年初余额	年末余额
合　　计		
其中：1.		
2.		
……		
5.		

（二十九）预计负债

说明因存在担保、商业承兑票据贴现、未决诉讼、产品质量保证、亏损合同、重组义务等事项确认为预计负债的年初、年末余额及增减变动情况。

项　　目	年初余额	本年增加	本年减少	年末余额
弃置费用				
对外提供担保				
商业承兑票据贴现				
未决诉讼				

续表

项　目	年初余额	本年增加	本年减少	年末余额
产品质量保证				
重组义务				
辞退福利				
待执行的亏损合同				
其他				
合　计				—

（三十）其他非流动负债

项目/类别	年初余额	本年增加	本年减少	年末余额	备注
合　计					—

递延收益：

项目/类别	年初余额	本年增加	本年减少	年末余额	本年返还的原因
合　计					

注：企业还应当在附注中披露与政府补助有关的下列信息：

（1）政府补助的种类及金额。

（2）计入当期损益的政府补助金额。

（3）本期返还的政府补助金额及原因。

（三十一）实收资本

投资者名称	年初余额		本年增加	本年减少	年末余额	
	投资金额	所占比例（%）			投资金额	所占比例（%）
合　计						
……						

注：如果报告期内有增减变动行为的，应披露执行验资的会计师事务所名称和验资报告文号。

（三十二）营业收入、营业成本

项　目	本年发生额		上年发生额	
	收入	成本	收入	成本
1. 主营业务小计				

续表

项　　目	本年发生额		上年发生额	
	收入	成本	收入	成本
2. 其他业务小计				
合　　计				

此外，还应分项披露建造合同当期确认收入金额最大的前10项：

合同项目		总金额	累计已发生成本	累计已确认毛利（亏损以“－”号表示）	已办理结算的价款金额
固定造价合同	1				
	……				
	合计				
成本加成合同	1				
	……				
	合计				

如果企业建造合同发生预计损失，企业应当披露建造合同当期预计损失的原因和金额：

建造项目	预计损失金额	预计损失原因	备注

（三十三）资产减值损失

项　　目	本年发生额	上年发生额
一、坏账损失		
二、存货跌价损失		
三、可供出售金融资产减值损失		
四、持有至到期投资减值损失		
五、长期股权投资减值损失		
六、投资性房地产减值损失		
七、固定资产减值损失		
八、工程物资减值损失		
九、在建工程减值损失		
十、生产性生物资产减值损失		
十一、油气资产减值损失		
十二、无形资产减值损失		
十三、商誉减值损失		
十四、其他		
合　　计		

（三十四）公允价值变动收益

产生公允价值变动收益的来源	本年发生额	上年发生额
交易性金融资产		
其中：衍生金融工具产生的公允价值变动收益		
交易性金融负债		
按公允价值计量的投资性房地产		
其他		
……		
合　计		

（三十五）投资收益

1. 投资收益明细情况的披露格式如下：

产生投资收益的来源	本年发生额	上年发生额
成本法核算的长期股权投资收益		
权益法核算的长期股权投资收益		
处置长期股权投资产生的投资收益		
持有交易性金融资产期间取得的投资收益		
持有至到期投资期间取得的投资收益		
持有可供出售金融资产等期间取得的投资收益		
处置交易性金融资产取得的投资收益		
处置持有至到期投资取得的投资收益		
处置可供出售金融资产取得的投资收益		
其他		
合　计		

2. 按照权益法核算的长期股权投资，直接以被投资单位的账面净损益计算确认投资损益的事实及原因。

3. 投资收益的说明，若投资收益汇回有重大限制的，应予以说明；若不存在此类重大限制，也应做出说明。

（三十六）营业外收入

项　目	本年发生额	上年发生额
非流动资产处置利得合计		
其中：固定资产处置利得		
无形资产处置利得		
债务重组利得		
非货币性资产交换利得		
接受捐赠		
政府补助		
其他		
合　计		

政府补助明细：

项　　目	本年发生额	上年发生额	说明
合　　计			—

（三十七）营业外支出

项　　目	本年发生额	上年发生额
非流动资产处置损失合计		
其中：固定资产处置损失		
无形资产处置损失		
债务重组损失		
非货币性资产交换损失		
对外捐赠		
其他		
合　　计		

（三十八）所得税费用

项　　目	本年发生额	上年发生额
按税法及相关规定计算的当期所得税		
递延所得税调整		
其他		
合　　计		

（三十九）每股收益（仅限于上市公司和证监会已经明确复函企业同意发行股票的拟上市公司披露）

1. 基本每股收益和稀释每股收益分子、分母的计算过程。

2. 列报期间不具有稀释性但以后期间很可能具有稀释性的潜在普通股。

3. 在资产负债表日至财务报告批准报出日之间，企业发行在外普通股或潜在普通股股数发生重大变化的情况，如股份发行、股份回购、潜在普通股发行、潜在普通股转换或行权等。

（四十）企业可以按照费用的性质分类披露利润表

（四十一）其他综合收益

项　　目	本年发生额	上年发生额
1. 可供出售金融资产产生的利得（损失）金额		
减：可供出售金融资产产生的所得税影响		
前期计入其他综合收益当期转入损益的净额		
小　　计		
2. 按照权益法核算的在被投资单位其他综合收益中所享有的份额		

续表

项　　目	本年发生额	上年发生额
减：按照权益法核算的在被投资单位其他综合收益中所享有的份额产生的所得税影响		
前期计入其他综合收益当期转入损益的净额		
小　　计		
3. 现金流量套期工具产生的利得（或损失）金额		
减：现金流量套期工具产生的所得税影响		
前期计入其他综合收益当期转入损益的净额		
转为被套期项目初始确认金额的调整额		
小　　计		
4. 外币财务报表折算差额		
减：处置境外经营当期转入损益的净额		
小　　计		
5. 其他		
减：由其他计入其他综合收益产生的所得税影响		
前期其他计入其他综合收益当期转入损益的净额		
小　　计		
合　　计		

（四十二）非货币性资产交换

1. 换入资产、换出资产的类别。

2. 换入资产成本的确定方式。

3. 换入资产、换出资产的公允价值及换出资产的账面价值。

（四十三）股份支付

1. 股份支付总体情况：

公司本年授予的各项权益工具总额	
公司本年行权的各项权益工具总额	
公司本年失效的各项权益工具总额	
公司年末发行在外的股份期权行权价格的范围和合同剩余期限	
公司年末其他权益工具行权价格的范围和合同剩余期限	

2. 以权益结算的股份支付情况：

授予日权益工具公允价值的确定方法	
对可行权权益工具数量的最佳估计的确定方法	
本年估计与上期估计有重大差异的原因	
资本公积中以权益结算的股份支付的累计金额	
以权益结算的股份支付确认的费用总额	

注：本年估计与上期估计有重大差异的原因如没有，请填写“无”。

3. 以现金结算的股份支付情况：

公司承担的、以股份或其他权益工具为基础计算确定的负债的公允价值确定方法	
负债中因以现金结算的股份支付产生的累计负债金额	
以现金结算的股份支付而确认的费用总额	

4. 以股份支付服务情况：

以股份支付换取的职工服务总额	
以股份支付换取的其他服务总额	

5. 股份支付的修改、终止情况。

（四十四）债务重组

1. 债务人披露情况：

债务重组方式	债务重组利得金额	股本增加金额	或有应付金额
以低于债务账面价值的现金清偿债务		—	
以非现金资产清偿债务		—	
债务转为资本			
修改其他债务条件		—	
混合重组方式			

转让的非现金资产的公允价值、由债务转成的股份的公允价值和修改其他债务条件后债务的公允价值的确定方法及依据。

项　　目	公允价值金额	确定方法及依据
非现金资产		
债务转成的股份		
修改其他条件后的债务		

2. 债权人披露情况：

债务重组方式	债务重组损失金额	长期股权投资增加金额	占债务人股权的比例	或有应收金额
低于债权账面价值的现金收回债权		—	—	
以非现金资产收回债权		—	—	
债权转为股权				
修改其他债务条件		—	—	
混合重组方式				

受让的非现金资产的公允价值、由债权转成的股份的公允价值和修改其他债务条件后债权的公允价值的确定方法及依据。

项　　目	公允价值金额	确定方法及依据
非现金资产		
债权转成的投资		
修改其他条件后的债权		

（四十五）借款费用

1. 当期资本化的借款费用金额。

2. 当期用于计算确定借款费用资本化金额的资本化率。

（四十六）外币折算

1. 计入当期损益的汇兑差额。

2. 处置境外经营对外币财务报表折算差额的影响。

（四十七）租赁

1. 融资租赁出租人应当说明未实现融资收益的余额，并披露与融资租赁有关的下列信息：

剩余租赁期	最低租赁收款额
1 年以内（含 1 年）	
1 年以上 2 年以内（含 2 年）	
2 年以上 3 年以内（含 3 年）	
3 年以上	
合　计	

2. 经营租赁出租人各类租出资产的披露格式如下：

经营租赁租出资产类别	年末账面价值	年初账面价值
1. 机器设备		
2. 运输工具		
……		
合　计		

3. 融资租赁承租人应当说明未确认融资费用的余额，并披露与融资租赁有关的下列信息：

（1）各类租入固定资产的年初和年末原价、累计折旧额、减值准备累计金额。

（2）以后年度将支付的最低租赁付款额的披露格式如下：

剩余租赁期	最低租赁付款额
1 年以内（含 1 年）	
1 年以上 2 年以内（含 2 年）	
2 年以上 3 年以内（含 3 年）	
3 年以上	
合　计	

4. 对于重大的经营租赁，经营租赁承租人应当披露下列信息：

剩余租赁期	最低租赁付款额
1 年以内（含 1 年）	
1 年以上 2 年以内（含 2 年）	
2 年以上 3 年以内（含 3 年）	
3 年以上	
合　计	

5. 披露各售后租回交易以及售后租回合同中的重要条款。

（四十八）终止经营

项　　目	本年发生额	上年发生额
一、终止经营收入		
减：终止经营费用		
二、终止经营利润总额		
减：终止经营所得税费用		
三、终止经营净利润		

（四十九）分部报告

项　　目	××业务		××业务		……	其他		抵销		合计	
	本年	上年	本年	上年		本年	上年	本年	上年	本年	上年
一、营业收入											
其中：对外交易收入											
分部间交易收入											
二、对联营和合营企业的投资收益											
三、资产减值损失											
四、折旧费和摊销费											
五、利润总额											
六、所得税费用											
七、净利润											
八、资产总额											
九、负债总额											
十、其他重要的非现金项目											
折旧费和摊销费以外的其他非现金费用											
对联营企业和合营企业的长期股权投资											
长期股权投资以外的其他非流动资产增加额											

除已经作为报告分部信息组成部分的披露内容外，企业还应当披露下列信息：

（1）每一产品和劳务或每一类似产品和劳务的对外交易收入；

（2）企业取得的来自于本国的对外交易收入总额，以及企业从其他国家或地区取得的对外交易收入总额；

（3）企业取得的位于本国的非流动资产（不包括金融资产、独立账户资产、递延所得税资产）总额，以及企业位于其他国家或地区的非流动资产（不包括金融资产、独立账户资产、递延所得税资产）总额；

（4）企业对主要客户的依赖程度。

（五十）合并现金流量表

1. 企业应当采用间接法在现金流量表附注中披露将净利润调节为经营活动现金流量的信息。格式如下：

补 充 资 料	本年金额	上年金额
1. 将净利润调节为经营活动现金流量：		
净利润		
加：资产减值准备		
固定资产折旧、油气资产折耗、生产性生物资产折旧		
无形资产摊销		
长期待摊费用摊销		
处置固定资产、无形资产和其他长期资产的损失（收益以“－”号填列）		
固定资产报废损失（收益以“－”号填列）		
公允价值变动损失（收益以“－”号填列）		
财务费用（收益以“－”号填列）		
投资损失（收益以“－”号填列）		
递延所得税资产减少（增加以“－”号填列）		
递延所得税负债增加（减少以“－”号填列）		
存货的减少（增加以“－”号填列）		
经营性应收项目的减少（增加以“－”号填列）		
经营性应付项目的增加（减少以“－”号填列）		
其他		
经营活动产生的现金流量净额		
2. 不涉及现金收支的重大投资和筹资活动：		
债务转为资本		
一年内到期的可转换公司债券		
融资租入固定资产		
3. 现金及现金等价物净变动情况：		
现金的年末余额		
减：现金的年初余额		
加：现金等价物的年末余额		
减：现金等价物的年初余额		
现金及现金等价物净增加额		

2. 按下列格式披露当期取得或处置子公司及其他营业单位有关信息：

项 目	金 额
一、取得子公司及其他营业单位的有关信息：	
1. 取得子公司及其他营业单位的价格	
2. 取得子公司及其他营业单位支付的现金和现金等价物	
减：子公司及其他营业单位持有的现金和现金等价物	
3. 取得子公司及其他营业单位支付的现金净额	
4. 取得子公司的净资产	

续表

项　　目	金　额
流动资产	
非流动资产	
流动负债	
非流动负债	
二、处置子公司及其他营业单位的有关信息：	
1. 处置子公司及其他营业单位的价格	
2. 处置子公司及其他营业单位收到的现金和现金等价物	
减：子公司及其他营业单位持有的现金和现金等价物	
3. 处置子公司及其他营业单位收到的现金净额	
4. 处置子公司的净资产	
流动资产	
非流动资产	
流动负债	
非流动负债	

3. 披露现金和现金等价物的有关信息：

项　　目	本年余额	上年余额
一、现金		
其中：库存现金		
可随时用于支付的银行存款		
可随时用于支付的其他货币资金		
可用于支付的存放中央银行款项		
存放同业款项		
拆放同业款项		
二、现金等价物		
其中：三个月内到期的债券投资		
三、年末现金及现金等价物余额		
其中：母公司或集团内子公司使用受限制的现金及现金等价物		

九、或有事项

企业应当在附注中披露与或有事项有关的下列信息：

（一）或有负债（不包括极小可能导致经济利益流出企业的或有负债）。

1. 或有负债的种类及其形成原因，包括已贴现商业承兑汇票、未决诉讼、未决仲裁、对外提供担保等形成的或有负债。

2. 经济利益流出不确定性的说明。

3. 或有负债预计产生的财务影响，以及获得补偿的可能性；无法预计的，应当说明原因。

（二）企业通常不应当披露或有资产。但或有资产很可能会给企业带来经济利益的，应当披露其形成的原因、预计产生的财务影响等。

（三）若公司没有需要在财务报表附注中说明的或有事项，也应予以说明。

十、资产负债表日后事项

（一）每项重要的资产负债表日后非调整事项的性质、内容，及其对财务状况和经营成果的影响。无法做出估计的，应当说明原因。

（二）资产负债表日后，企业利润分配方案中拟分配的以及经审议批准宣告发放的股利或利润。

十一、关联方关系及其交易

（一）本企业的母公司有关信息披露格式如下：

母公司名称	注册地	业务性质	注册资本	母公司对本企业的持股比例（%）	母公司对本企业的表决权比例（%）

母公司不是本企业最终控制方的，说明最终控制方名称。

母公司和最终控制方均不对外提供财务报表的，说明母公司之上与其最相近的对外提供财务报表的母公司名称。

（二）本企业的子企业有关信息披露格式如下：（其中：大型企业集团合并报表范围可以披露到二级子企业，但所属重要子企业不分级次全部披露）

子企业名称	注册地	业务性质	注册资本	持股比例	表决权比例
1.					
……					

（三）本企业的合营企业、联营企业有关信息详见长期股权投资。

（四）本企业与关联方发生交易的，分别说明各关联方关系的性质、交易类型及交易要素。交易要素至少应当包括：

1. 交易的金额。
2. 未结算项目的金额、条款和条件，以及有关提供或取得担保的信息。
3. 未结算应收项目的坏账准备金额。
4. 定价政策。

（五）关联方交易应分别关联方以及交易类型，披露关联交易定价方式及决策程序、关联交易金额占同类交易金额的比例等情况。

（六）披露应收、应付关联方款项情况。

十二、母公司会计报表的主要项目附注

对已编制合并财务报表的企业，在财务报表附注会计报表附注中，除对合并报表项目注释外，还应当对母公司报表的主要项目注释。按照以下要求披露：

（一）母公司报表主要项目包括应收账款、其他应收款、长期股权投资、营业收入和营业成本、投资收益、现金流量表补充资料等项目，应参照上述相应项目的要求加以注释；

（二）本年发生反向购买的，母公司报表附注应披露以公允价值入账的资产、负债及其公允价值、确定公允价值方法、公允价值计算过程、原账面价值。因反向购买形成长期股权投资的，应披露长期股权投资成本及其确定方法、计算过程。

十三、按照有关财务会计制度应披露的其他内容

十四、财务报表的批准

说明年度财务报表经公司董事会（总经理办公会）或类似机构批准的情况。

附件6：

财务情况说明书内容提要

（企业使用格式）

财务情况说明书是年度财务会计决算报告的重要组成部分。各企业应依据《企业财务会计报告条例》（国务院令第287号）等有关规定，以财务指标和相关统计指标为主要依据，对本年度资产质量、财务状况、经营成果等情况进行分析说明，客观反映企业运营特点及发展趋势。财务情况说明书主要包括以下内容：

一、企业基本情况

企业资产、负债、所有者权益总额、结构和年度变化情况及原因分析；企业户数变化情况，包括合并范围子企业户数、金融子企业、境外子企业与所属上市公司户数，未纳入合并范围户数及原因，企业低效及无效资产清理情况；企业职工人数及人工成本、薪酬水平等基本情况。

二、生产经营情况分析

（一）企业主营业务范围及经营规模、行业分布等情况分析。

（二）按主要业务板块分析本年度生产经营情况，包括主要产品的产量、业务营业量、销售量（出口额、进口额）的增减变化和原因分析，各主要业务板块收入及毛利占企业集团总收入的比重，所处行业中的地位及发展趋势；宏观经济政策产生的影响。

（三）其他业务收支增减变化及原因分析。

（四）生产经营中面临的困难与挑战。

三、企业经济效益分析

（一）企业盈利情况分析，包括盈利结构，各业务板块效益贡献，效益增减变化的主要原因。

（二）成本费用变动的主要因素，包括原材料费用、能源费用、工资性支出、借款利率调整对效益的影响。

（三）税赋调整对效益的影响，包括有关税种和税率调整、享受税收优惠政策退税返还等。

（四）会计政策、会计估计变更的原因及其对效益的影响。

（五）本年度房地产开发、高风险业务投资及损益情况，包括：委托理财、股票投资、基金投资、金融衍生业务，分析对企业效益及财务风险的影响程度。

（六）亏损企业户数、亏损面、亏损额及原因。

（七）企业净资产收益率、总资产报酬率等盈利能力相关指标的年度间对比分析和行业对标。

四、现金流情况分析

（一）经营、投资、筹资活动产生的现金流入和流出情况。

（二）与上年度现金流量情况进行比较分析，包括现金流规模和结构，流入的主要来源（经营、投资或筹资），流出的主要用途（投资、筹资），分析盈余现金保障倍数、现金流动负债比率、资产现金回收率等指标并与行业对标。

（三）对企业本年度现金流产生重大影响的事项说明。

五、所有者权益变动情况分析

（一）会计处理追溯调整影响年初所有者权益（或股东权益）的变动情况及原因。
（二）所有者权益（或股东权益）本年初与上年末因其他原因变动情况及原因。
（三）所有者权益（或股东权益）本年度内经营因素增减情况及原因。

六、重大事项说明

对企业利润分配、资产重组、债务重组、兼并收购、改制上市、重大投融资、重大资产处置、股权（产权）转让及资产损失情况等重大事项进行详细说明和分析。

七、风险及内控管理情况

（一）风险治理和内控管理的组织架构及相关职能部门运转情况。
（二）风险和内控管理制度及实施情况。

八、问题整改情况

企业对有关方面的检查、审计等监管工作中发现问题的整改落实情况及拟采取的主要措施。

九、有关工作建议

对改进财务会计决算工作的有关工作建议。

财务情况说明书内容提要

（中央部门和地方使用格式）

财务情况说明书是年度财务决算报告的重要组成部分，各中央部门、各地方应依据《企业财务会计报告条例》（国务院令第287号）等有关规定，以财务指标和相关统计指标为主要依据，对本年度所属企业的资产质量、财务状况、经营成果等情况进行分析说明，客观反映本部门、本地区企业运营特点及发展趋势。财务情况说明书主要包括以下内容：

一、基本情况

说明本部门（地区）所属企业户数、结构及增减变化情况，企业职工人数及人工成本、薪酬水平，会计准则执行情况等。

二、财务状况分析

分析本部门（地区）所属企业汇总资产总额、负债总额、所有者权益总额、国有资产总量及增减变化及影响因素、行业分布情况及资产和负债的结构分析，国有资本保值增值情况及增减变化、影响因素，所属企业资产运营效率、债务风险等情况。

三、经营成果分析

分析本部门（地区）所属企业汇总营业总收入、成本费用总额、实现净利润的增减变化及影响因素，所属企业盈亏状况、盈利结构、盈利质量及盈利能力，重点行业企业占比及对本部门（地区）经济发展的影响等。

四、重大事项说明

对本部门（地区）所属企业重大资产重组、债务重组、兼并收购、改制上市、重大投融资、重大资产处置、股权（产权）转让及资产损失情况等重大事项进行详细说明和分析。

五、面临的困难与挑战

分析说明本部门（地区）所属企业日常生产经营中普遍面临的主要困难与挑战、财务管理中存在的主要问题等。

六、有关工作建议。

对改进财务会计决算工作的有关工作建议。

财政部关于印发 2012 年度外商投资企业财务会计决算报表的通知

2012 年 11 月 8 日　财企［2012］374 号

各省、自治区、直辖市、计划单列市财政厅（局）：

为做好 2012 年度全国外商投资企业财务会计决算工作，依据《中华人民共和国会计法》、《企业财务会计报告条例》、《企业财务通则》、《企业会计准则》等有关法规制度，以及《财政部关于印发〈加强企业财务信息管理暂行规定〉的通知》（财企［2012］23 号），我部制定了《2012 年度外商投资企业财务会计决算报表》格式及编制说明，现印发给你们，请认真遵照执行。

一、本套报表为外商投资企业向财政部门报送的年终财务会计决算报表统一格式，适用于具有法人资格、独立核算、并能够编制完整会计报表的外商投资企业填报。

二、本套报表由报表封面、主表和补充指标表组成。

三、外商投资企业应当根据真实的交易事项以及完整的账簿记录等资料，依据国家统一的会计准则、制度，在全面清查资产、核实债务和权益、正确结转损益、依法审计等年终决算工作基础上，按照本套报表格式和编制说明等具体要求，以 2012 年 12 月 31 日年终财务会计决算结果和其他有关资料填报，保证数据的真实性和完整性，并按规定认真组织好录入、审核、汇总等工作。

四、各省（自治区、直辖市、计划单列市）财政厅（局）应根据财务会计相关法规制度及本通知要求，全面落实填报工作任务，明确分工，精心组织，严格审核，确保报表数据的真实、合法和完整。

五、各省（自治区、直辖市、计划单列市）财政厅（局）外商投资企业财务会计决算报表报送财政部的时间为 2013 年 7 月 31 日前。报送内容包括：

（一）2012 年度汇总的外商投资企业财务会计决算报表、编制说明。加具封面，装订成册并加盖本单位印章。

（二）汇总和全部分户企业计算机数据、汇总会计报表编制说明的电子文档。计算机数据和电子文档须符合财政部统一要求的数据处理软件和参数要求。报表软件参数，请到财政部网站企业司频道或者 www. jiuqi. com. cn 参数下载区中下载。

（三）本地区外商投资企业决算分析报告和决算工作总结。分析报告应包括企业投产和经营情况、报表汇总情况、企业财务管理存在的问题；工作总结包括外商投资企业联合年检情况，决算工作中存在的问题、建议等。

财政部将于 2013 年 8 月对全国外商投资企业财务会计决算报表进行验审。为保证外商投资企业财务会计决算报表信息质量，财政部将对各地方的决算工作进行检查，并予以通报。

六、各省（自治区、直辖市、计划单列市）财政厅（局）必须严格按照本通知规定的企业财务会计决算报表统一格式向企业布置决算工作，不得擅自修改变更。

各地方财政部门在报表编制和上报过程中，如发现问题，请及时与财政部企业司联系。

附件：1. 2012 年度外商投资企业财务会计决算报表

2. 2012 年度外商投资企业财务会计决算报表编制说明

附件 1：

［企业分户录入封面］

2012 年度外商投资企业财务会计决算报表

企业名称：________________（公章）

单位负责人：________________（签章）

主管会计工作负责人（总会计师）：________________（签章）

会计（财务）机构负责人：________________（签章）

填表人：________________

通讯地址：________________

邮政编码：□□□□□□

电话号码：□□□□□（长途区号） □□□□□□□□（电话号） □□□□□（分机号）

编报日期：______年______月______日

报表审计机构：________________

审计报告签字人：________________

中华人民共和国财政部印制

组织机构代码
（各级质量技术监督部门核发）
本企业代码 □□□□□□□□-□
上一级企业（单位）代码 □□□□□□□□-□
集团企业（公司）总部代码 □□□□□□□□-□

企业类别
1. 合资 2. 独资 3. 合作 □

外方投资来源地和企业所在地区
（国家标准：国家代码—行政区划代码） □□□-□□□□□□

企业形式 1. 产品出口企业 2. 先进技术企业 □

企业状况 1. 已投产（经营）企业 2. 已批准未投产企业 3. 清算企业 □

所属行业码
（国家标准：国民经济行业分类与代码—执行会计准则情况代码） □□□□-□□

经营规模 1. 大型 2. 中型 3. 小型 4. 微型 □

企业初始设立方式
1. 新设 2. 并购 3. 母公司海外上市 4. 其他 □

组织形式
1. 上市股份有限公司 股票代码 □□□□□□ 2. 非上市股份有限公司
3. 有限责任公司 4. 股份合作制企业

社会保险标识码 1. 未参加任何社会保险 2. 基本养老保险 3. 失业保险
4. 基本医疗保险 5. 工伤保险 6. 生育保险
□□□□□□

注册会计师审计意见类型
0. 未经审计 1. 无保留意见 2. 保留意见
3. 否定意见 4. 无法表示意见 □

设立年份 □□□□

管理级次 1. 中央级 2. 省市级 3. 区县级 □

备用码 □□□□□□□□□□

资 产 负 债 表

企外年企01表

编制单位：　　　　2012年12月31日　　　　金额单位：元

项　　目	行次	期末余额	年初余额	项　　目	行次	期末余额	年初余额
流动资产：	1	—	—	流动负债：	65	—	—
货币资金	2			短期借款	66		
△结算备付金	3			△向中央银行借款	67		
△拆出资金	4			△吸收存款及同业存放	68		
交易性金融资产	5			△拆入资金	69		
应收票据	6			交易性金融负债	70		
应收账款	7			应付票据	71		
预付款项	8			应付账款	72		
△应收保费	9			预收款项	73		
△应收分保账款	10			△卖出回购金融资产款	74		
△应收分保合同准备金	11			△应付手续费及佣金	75		
应收利息	12			应付职工薪酬	76		
应收股利	13			其中：应付工资	77		
其他应收款	14			应付福利费	78		
△买入返售金融资产	15			#其中：职工奖励及福利基金	79		
存货	16			应交税费	80		
其中：原材料	17			其中：应交税金	81		
库存商品（产成品）	18			应付利息	82		
一年内到期的非流动资产	19			应付股利	83		
其他流动资产	20			其他应付款	84		
流动资产合计	21			△应付分保账款	85		
非流动资产：	22	—	—	△保险合同准备金	86		
△发放贷款及垫款	23			△代理买卖证券款	87		
可供出售金融资产	24			△代理承销证券款	88		
持有至到期投资	25			一年内到期的非流动负债	89		
长期应收款	26			其他流动负债	90		
长期股权投资	27			流动负债合计	91		
投资性房地产	28			非流动负债：	92	—	—
固定资产原价	29			长期借款	93		
减：累计折旧	30			应付债券	94		
固定资产净值	31			长期应付款	95		
减：固定资产减值准备	32			专项应付款	96		
固定资产净额	33			预计负债	97		
在建工程	34			递延所得税负债	98		
工程物资	35			其他非流动负债	99		
固定资产清理	36			其中：特准储备基金	100		
生产性生物资产	37			非流动负债合计	101		
油气资产	38			负 债 合 计	102		
无形资产	39			所有者权益（或股东权益）：	103	—	—
开发支出	40			实收资本（股本）	104		
商誉	41			国有资本	105		
长期待摊费用	42			其中：国有法人资本	106		
递延所得税资产	43			集体资本	107		
其他非流动资产	44			民营资本	108		
其中：特准储备物资	45			其中：个人资本	109		
非流动资产合计	46			外商资本	110		
	47			#减：已归还投资	111		
	48			实收资本（或股本）净额	112		
	49			资本公积	113		
	50			减：库存股	114		
	51			专项储备	115		
	52			盈余公积	116		
	53			其中：法定公积金	117		
	54			任意公积金	118		
	55			#储备基金	119		
	56			#企业发展基金	120		
	57			#利润归还投资	121		
	58			△一般风险准备	122		
	59			未分配利润	123		
	60			外币报表折算差额	124		
	61			归属于母公司所有者权益合计	125		
	62			＊少数股东权益	126		
	63			所有者权益合计	127		
资 产 总 计	64			负债和所有者权益总计	128		

注：表中带＊科目为合并会计报表专用；加△楷体项目为金融类企业专用；带#为外商投资企业专用。

利 润 表

会外年企 02 表

编制单位： 2012 年度 金额单位：元

项 目	行次	本期金额	上期金额	项 目	行次	本期金额	上期金额
一、营业总收入	1			其他	28		
其中：营业收入	2			加：公允价值变动收益（损失以“－”号填列）	29		
其中：主营业务收入	3			投资收益（损失以“－”号填列）	30		
其他业务收入	4			其中：对联营企业和合营企业的投资收益	31		
△利息收入	5			△汇兑收益（损失以“－”号填列）	32		
△已赚保费	6			**三、营业利润（亏损以“－”号填列）**	33		
△手续费及佣金收入	7			加：营业外收入	34		
二、营业总成本	8			其中：非流动资产处置利得	35		
其中：营业成本	9			非货币性资产交换利得	36		
其中：主营业务成本	10			政府补助	37		
其他业务成本	11			债务重组利得	38		
△利息支出	12			减：营业外支出	39		
△手续费及佣金支出	13			其中：非流动资产处置损失	40		
△退保金	14			非货币性资产交换损失	41		
△赔付支出净额	15			债务重组损失	42		
△提取保险合同准备金净额	16			**四、利润总额（亏损总额以“－”号填列）**	43		
△保单红利支出	17			减：所得税费用	44		
△分保费用	18			**五、净利润（净亏损以“－”号填列）**	45		
营业税金及附加	19			归属于母公司所有者的净利润	46		
销售费用	20			*少数股东损益	47		
管理费用	21			**六、每股收益：**	48	—	—
其中：研究与开发费	22			基本每股收益	49		
财务费用	23			稀释每股收益	50		
其中：利息支出	24			**七、其他综合收益**	51		
利息收入	25			**八、综合收益总额**	52		
汇兑净损失（净收益以“－”号填列）	26			归属于母公司所有者的综合收益总额	53		
资产减值损失	27			*归属于少数股东的综合收益总额	54		

注：表中带*科目为合并会计报表专用；加△楷体项目为金融类企业专用。

现 金 流 量 表

会外年企 03 表

编制单位：　　　　2012 年度　　　　金额单位：元

项　　目	行次	本期金额	上期金额	项　　目	行次	本期金额	上期金额
一、经营活动产生的现金流量：	1	—	—	处置固定资产、无形资产和其他长期资产所收回的现金净额	30		
销售商品、提供劳务收到的现金	2			处置子公司及其他营业单位收回的现金净额	31		
△客户存款和同业存放款项净增加额	3			收到其他与投资活动有关的现金	32		
△向中央银行借款净增加额	4			**投资活动现金流入小计**	33		
△向其他金融机构拆入资金净增加额	5			购建固定资产、无形资产和其他长期资产所支付的现金	34		
△收到原保险合同保费取得的现金	6			投资支付的现金	35		
△收到再保险业务现金净额	7			△质押贷款净增加额	36		
△保户储金及投资款净增加额	8			取得子公司及其他营业单位支付的现金净额	37		
△处置交易性金融资产净增加额	9			支付其他与投资活动有关的现金	38		
△收取利息、手续费及佣金的现金	10			**投资活动现金流出小计**	39		
△拆入资金净增加额	11			**投资活动产生的现金流量净额**	40		
△回购业务资金净增加额	12			**三、筹资活动产生的现金流量：**	41	—	—
收到的税费返还	13			吸收投资收到的现金	42		
收到其他与经营活动有关的现金	14			其中：子公司吸收少数股东投资收到的现金	43		
经营活动现金流入小计	15			取得借款所收到的现金	44		
购买商品、接收劳务支付的现金	16			△发行债券收到的现金	45		
△客户贷款及垫款净增加额	17			收到其他与筹资活动有关的现金	46		
△存放中央银行和同业款项净增加额	18			**筹资活动现金流入小计**	47		
△支付原保险合同赔付款项的现金	19			偿还债务所支付的现金	48		
△支付利息、手续费及佣金的现金	20			分配股利、利润或偿付利息所支付的现金	49		
△支付保单红利的现金	21			其中：子公司支付给少数股东的股利、利润	50		
支付给职工以及为职工支付的现金	22			支付其他与筹资活动有关的现金	51		
支付的各项税费	23			**筹资活动现金流出小计**	52		
支付其他与经营活动有关的现金	24			**筹资活动产生的现金流量净额**	53		
经营活动现金流出小计	25			**四、汇率变动对现金及现金等价物的影响**	54		
经营活动产生的现金流量净额	26			**五、现金及现金等价物净增加额**	55		
二、投资活动产生的现金流量：	27	—	—	加：期初现金及现金等价物余额	56		
收回投资收到的现金	28			**六、期末现金及现金等价物余额**	57		
取得投资收益收到的现金	29				58		

注：加△楷体项目为金融类企业专用。

所有者权益变动表

会外年企 04 表

编制单位：　　　　2012 年度　　　　金额单位：元

项目	行次	本年金额											上年金额										
		归属于母公司所有者权益									少数股东权益	所有者权益合计	归属于母公司所有者权益									少数股东权益	所有者权益合计
		实收资本（或股本）	资本公积	减:库存股	专项储备	盈余公积	△一般风险准备	未分配利润	其他	小计			实收资本（或股本）	资本公积	减:库存股	专项储备	盈余公积	△一般风险准备	未分配利润	其他	小计		
栏　次	—	1	2	3	4	5	6	7	8	9	10	11	12	13	14	15	16	17	18	19	20	21	22
一、上年年末余额	1																						
加：会计政策变更	2	—	—	—	—	—	—	—	—	—	—	—											
前期差错更正	3	—	—	—	—	—	—	—	—	—	—	—											
二、本年年初余额	4																						
三、本年增减变动金额（减少以“－”号填列）	5																						
（一）净利润	6	—	—	—	—	—	—		—				—	—	—	—	—	—		—			
（二）其他综合收益	7																						
综合收益小计	8																						
（三）所有者投入和减少资本	9																						
1. 所有者投入资本	10			—	—	—	—	—	—						—	—	—	—	—	—			
2. 股份支付计入所有者权益的金额	11			—	—	—	—	—	—						—	—	—	—	—	—			
3. 其他	12																						
（四）专项储备提取和使用	13																						
1. 提取专项储备	14	—	—	—		—	—	—	—				—	—	—		—	—	—	—			
2. 使用专项储备	15	—	—	—		—	—	—	—				—	—	—		—	—	—	—			
（五）利润分配	16																						
1. 提取盈余公积	17																						
其中：法定公积金	18	—	—	—	—		—		—		—		—	—	—	—		—		—		—	
任意公积金	19	—	—	—	—		—		—		—		—	—	—	—		—		—		—	
#储备基金	20	—	—	—	—		—		—		—		—	—	—	—		—		—		—	
#企业发展基金	21	—	—	—	—		—		—		—		—	—	—	—		—		—		—	
#利润归还投资	22	—	—	—	—		—		—		—		—	—	—	—		—		—		—	
2. 提取一般风险准备	23	—	—	—	—	—			—		—		—	—	—	—	—			—		—	
3. 对所有者（或股东）的分配	24	—	—	—	—	—	—		—				—	—	—	—	—	—		—			
4. 其他	25																						
（六）所有者权益内部结转	26																						
1. 资本公积转增资本（或股本）	27			—	—	—	—	—	—		—				—	—	—	—	—	—		—	
2. 盈余公积转增资本（或股本）	28		—	—	—		—	—	—		—			—	—	—		—	—	—		—	
3. 盈余公积弥补亏损	29	—	—	—	—		—		—		—		—	—	—	—		—		—		—	
4. 其他	30																						
四、本年年末余额	31																						

注：加△楷体项目为金融类企业专用，带#为外商投资企业专用。

财务指标补充表

会外年企补01表

编制单位：　　　　2012年度　　　　金额单位：元

项　　目	行次	本年数	上年数	项　　目	行次	本年数	上年数
（一）汇编企业户数	1			其中：土地增值税	25		
其中：产品出口企业户数	2			资源税	26		
先进技术企业户数	3			印花税	27		
高新技术企业户数	4			契税	28		
已交所得税企业户数	5			城镇土地使用税	29		
（二）合同投资总额	6			其他	30		
其中：计划外资额	7			（七）中方职工各项社会保险	31		
（三）实际投资总额	8			其中：养老保险	32		
其中：实际外资额	9			医疗保险	33		
（四）注册资本	10			失业保险	34		
其中：外方	11			工伤保险	35		
（五）进出口总额	12			生育保险	36		
其中：进口总额	13			其他	37		
出口总额	14			（八）住房公积金	38		
（六）缴纳税收合计	15			（九）场地使用费	39		
1. 关税	16			（十）海域使用金	40		
2. 增值税	17			（十一）土地出让金	41		
其中：进口环节增值税	18			（十二）实际工资总额	42		
3. 消费税	19			其中：外方职工实际工资总额	43		
其中：进口环节消费税	20			（十三）全年平均职工人数	44		
4. 营业税	21			其中：外方职工人数	45		
5. 企业所得税	22			（十四）年人均工资	46		
6. 个人所得税	23			其中：中方职工年人均工资	47		
7. 其他税金	24			外方职工年人均工资	48		

备注：①企业汇编户数项：根据企业形式在对应项上填“1”；
②缴纳的各项税金均为企业实际已缴数。

附件 2：

2012 年度外商投资企业财务会计决算报表编制说明

财政部依据《中华人民共和国会计法》、《企业财务会计报告条例》、《企业财务通则》、《企业会计准则》及相关财务会计制度规定制订本套企业财务会计决算报表。

一、填报范围

本套报表适用于我国境内具有法人资格、独立核算、并能够编制完整会计报表的外商投资企业填报。

二、报表组成

本套报表包括：

（一）报表封面。

（二）主表：资产负债表（会外年企 01 表）、利润表（会外年企 02 表）、现金流量表（会外年企 03 表）、所有者权益变动表（会外年企 04 表）。

（三）补充表：财务指标补充资料表（会外年企补 01 表）。

三、分户填报报表封面解释

（一）企业名称：指在工商行政管理部门登记注册的企业全称。

（二）单位负责人：指在工商行政管理部门登记的法定代表人。凡企业正在更换法定代表人，但尚未办理变更登记手续的，由实际负责人签字盖章。

（三）会计（财务）机构负责人：指企业内部承担财务会计职能的专职机构的部门负责人。

（四）填表人：指具体负责编制报表的工作人员。

（五）企业类别：根据外经贸部门批准设置的企业性质填列。具体包括：（1）中外合资经营企业；（2）外商独资企业；（3）中外合作经营企业。

（六）外方投资来源地和企业所在地区：

（1）外方投资来源地：根据外方投资者所在的国家（地区）填列。

（2）企业所在地区：按企业工商注册地，根据国家标准《世界各国和地区名称代码》（GB/T 2659—2000）和国家标准《中华人民共和国行政区划代码》（GB/T 2260—2007）选择填列。

（七）企业形式：按企业是否是产品出口企业、先进技术企业填列。

（八）企业状况：按已投产（经营）企业、已批准未投产企业和清算企业填列。

（九）组织机构代码：指各级质检部门核发的企业（单位）法人代码证书规定的 9 位代码。尚未领取统一代码的企业（单位），应主动与当地质检部门联系办理核发手续。

（十）所属行业码：本代码由“国民经济行业分类与代码”和“执行会计准则情况代码”两部分组成。

（1）“国民经济行业分类与代码”依据国家标准《国民经济行业分类》（GB/T 4754—2011），结合企业主要从事的社会经济活动性质，按“小类”划分填列。

（2）“执行会计准则情况代码”根据企业目前所执行的《企业会计准则》、《企业会计制度》、行业会计制度等会计核算制度的实际情况填列。具体代码为：

企业会计准则—00，工业企业—01，商品流通企业—02（其中外贸企业按12填列），施工企业—03，房地产开发企业—04，旅游、饮食服务企业—05，铁路运输企业—06，民用航空运输企业—07，交通运输企业—08，邮电通信企业—09，对外经济合作企业—10，农业企业—11，企业会计制度—13，小企业会计制度—14，其他—99。

（十一）管理级次：按财政登记的财务隶属关系填列。

（十二）企业初始设立方式：按新设、并购、母公司海外上市和其他填列。

（十三）所属行业：依据国家标准《国民经济行业分类》（GB/T 4754—2011），结合企业主要从事的社会经济活动性质，按“小类”划分填列。

（十四）企业设立年份：指企业工商注册登记成立的具体年份。

四、资产负债表［财会年企01表］

（一）编制方法

1. 表内“期末余额”指标以企业年终财务决算有关指标填列。

2. 表内“年初余额”指标根据企业上年度财务决算中资产负债表的“期末余额”结合本年度调整数填列。

3. 表内“结算备付金”、“拆出资金”、“应收保费”、“应收分保账款”、“应收分保合同准备金”、“买入返售金融资产”、“发放贷款及垫款”、“向中央银行借款”、“吸收存款及同业存放”、“拆入资金”、“卖出回购金融资产款”、“应付手续费及佣金”、“应付分保账款”、“保险合同准备金”、“代理买卖证券款”、“代理承销证券款”、“一般风险准备”等指标仅由金融企业填列。

4. 表内“职工奖励及福利基金”、“已归还投资”、“储备基金”、“企业发展基金”、“利润归还投资”等指标由集团公司控股的外商投资企业填列。

5. 表内“少数股东权益”由集团型企业在编制“合并财务报表”时填列。

6. 企业应依据本编制说明要求填列表中各项指标，编制说明中未作解释的内容以企业目前所执行的会计核算制度为依据。

（二）表内有关指标解释

1. △结算备付金：反映企业为证券交易的资金清算与交收而存入指定清算代理机构的款项，应根据“结算备付金”科目的期末余额填列。仅由金融企业填报。

2. △拆出资金：反映企业拆借给境内、境外其他金融机构的款项，应根据“拆出资金”科目的期末余额，减去“贷款损失准备”科目所属相关明细科目期末余额后的金额分析计算填列。仅由金融企业填报。

3. 交易性金融资产：反映企业持有的以公允价值计量，且其变动计入当期损益的以交易为目的所持有的债券投资、股票投资、基金投资、权证投资等金融资产，应根据“交易性金融资产”科目的期末余额填列。

4. 应收账款：企业应根据“应收账款”科目所属各明细科目的期末借方余额合计减去“坏账准备”科目中有关坏账准备期末余额后的净额填列。

5. △应收保费：反映按照原保险合同约定应向投保人收取的保费，应根据期末余额减去“坏账准备”科目中有关坏账准备期末余额后的净额填列。仅由金融企业填报。

6. △应收分保账款：反映企业从事再保险业务应收取的款项，应根据期末余额减去“坏账准备”科目中有关坏账准备期末余额后的净额填列。仅由金融企业填报。

7. △应收分保合同准备金：反映再保险分出人从事再保险业务确认的应收分保未到期责任准备金，以及应向再保险接受人摊回的保险责任准备金，应根据期末余额减去“坏账准备”科目中有关坏账准备期末余额后的净额填列。仅由金融企业填报。

8. 应收利息：反映企业交易性金融资产、持有至到期投资、可供出售金融资产、发放贷款、存放中央银行款项、拆出资金、买入返售金融资产等应收取的利息，应根据科目的期末余额，减去“坏账准备”科目中有关坏账准备期末余额后的净额填列。

9. 应收股利：反映企业尚未收回的被投资单位已宣告未发放的现金股利或利润，应根据科目的期末余额，减去“坏账准备”科目中有关坏账准备期末余额后的净额填列。

10. 其他应收款：反映企业的其他应收款情况，应根据“其他应收款”科目所属各明细科目的期末借方余额合计，减去相应“坏账准备”科目期末余额后的净额填列。

11. △买入返售金融资产：反映按照返售协议约定先买入再按固定价格返售的票据、证券、贷款等金融资产所融出资金，应根据“买入返售金融资产”科目的期末余额减去“坏账准备”科目所属相关明细科目的期末余额填列。仅由金融企业填报。

12. 存货：企业应根据存货相关科目的期末余额合计，减去“存货跌价准备”或“商品削价准备”、“代销商品款”科目的期末余额后的净额填列。

13. 一年内到期的非流动资产：反映企业将于一年内到期的非流动资产项目金额，本项目应根据有关科目的期末余额填列。

14. 其他流动资产：反映企业除货币资金、交易性金融资产、应收票据、应收账款、存货等流动资产以外的其他流动资产。

15. △发放贷款及垫款：反映企业发放的贷款和贴现资产扣减贷款损失准备期末余额后的金额，应根据“贷款”、“贴现资产”等科目的期末借方余额合计，减去“贷款损失准备”科目所属明细科目期末余额后的净额分析计算填列。仅由金融企业填报。

16. 可供出售金融资产：反映企业持有的以公允价值计量的可供出售的股票投资、债券投资等金融资产，应根据“可供出售金融资产”科目的期末余额，减去“可供出售金融资产减值准备”科目期末余额后的净额填列。

17. 持有至到期投资：反映企业持有至到期日投资的摊余成本，即到期日固定，回收金额固定或可确定，且企业有明确意图和能力持有至到期的非衍生金融资产的摊余成本，应根据“持有至到期投资”科目的期末余额，减去“持有至到期投资减值准备”科目余额后的净额填列。

18. 长期应收款：企业应根据“长期应收款”科目的期末余额，减去相应的“未实现融资收益”科目和“坏账准备”科目所属相关科目期末余额后的净额填列。

19. 长期股权投资：企业应根据“长期股权投资”科目账面余额，减去相应“长期股权投资减值准备”科目期末余额后的净额填列。

20. 投资性房地产：反映企业持有的投资性房地产。采用成本模式计量投资性房地产的，应根据“投资性房地产”科目的期末余额，减去“投资性房地产累计折旧（摊销）”和“投资性房地产减值准备”科目期末余额后的净额填列；采用公允价值模式计量投资性房地产的，应根据“投资性房地产”科目的期末余额填列。

21. 固定资产净额：反映企业持有固定资产的账面余额扣减累计折旧、减值准备后的账面价值。

22. 在建工程：反映企业尚未达到预定可使用状态的在建工程的成本扣减减值准备后的账面价值，应根据“在建工程”科目的期末余额，减去“在建工程减值准备”科目期末余额后的净额填列。

23. 固定资产清理：反映企业因出售、毁损、报废等原因转入清理但尚未清理完毕的固定资产净值，以及固定资产清理过程中所发生的清理费用和变价收入等各项金额的差额。

24. 生产性生物资产：反映企业持有的为产出农产品、提供劳务或出租等目的而持有的生物资产，应根据“生产性生物资产”科目的期末余额，减去“生产性生物资产累计折旧”和“生产性生物资产减值准备”科目期末余额后的净额填列。

25. 油气资产：反映企业持有的矿区权益和油气井及相关设施的原价减去累计折耗和累计减值准备后的净额，应根据“油气资产”科目期末余额，减去“累计折耗”科目期末余额和相应减值准备后的净额填列。

26. 无形资产：反映企业持有无形资产的账面价值，包括专利权、非专利技术、商标权、著作权、土地使用权等，应根据“无形资产”科目的期末余额，减去相应的“无形资产减值准备”、“累计摊销”科目期末余额后的净额填列。

27. 开发支出：反映企业开发无形资产过程中能够资本化形成无形资产成本的支出部分，应根据“研发支出”科目中所属的“资本化支出”明细科目期末余额填列。

28. 商誉：反映企业合并中形成商誉的价值，应根据“商誉”科目期末余额，减去相应减值准备后的净额填列。

29. 长期待摊费用：反映企业已经发生但应由本期和以后各期负担的分摊期限在一年以上的各项费用，应根据“长期待摊费用”科目的期末余额减去将于一年内（含一年）摊销的数额后的金额填列。

30. 递延所得税资产：反映企业确认的可抵扣暂时性差异产生的递延所得税资产，应根据“递延所得税资产”科目期末余额填列。

31. 其他非流动资产：反映企业除以上资产以外的其他长期资产。其中，特准储备物资主要反映企业按照国家和上级规定储备的用于防汛、战备等特定用途的物资年末结存成本，应单独列示。如该项目价值较大的，应在会计报表附注中披露其内容和金额。

32. △向中央银行借款：反映企业向中国人民银行借入的款项，应根据“向中央银行借款”科目的期末余额填列。仅由金融企业填报。

33. △吸收存款及同业存放：反映企业吸收的各种存款和境内、境外金融机构的存款，应根据“同业存放”、“吸收存款”等科目的期末余额填列。仅由金融企业填报。

34. △拆入资金：反映企业从境内、境外金融机构拆入的款项，应根据“拆入资金”科目的期末余额填列。仅由金融企业填报。

35. 交易性金融负债：反映企业承担的以公允价值计量且其变动计入当期损益的以交易为目的所持有的金融负债，应根据“交易性金融负债”科目期末余额填列。

36. △卖出回购金融资产款：反映企业按照回购协议先卖出再按固定价格买入的票据、证券、贷款等金融资产所融入的资金，应根据“卖出回购金融资产款”科目的期末余额填列。仅由金融企业填报。

37. △应付手续费及佣金：反映企业从事再保险业务应向再保险分出人或再保险接受人支付但尚未支付的款项，应根据相关科目的期末余额填列。仅由金融企业填报。

38. 应付职工薪酬：反映企业根据有关规定应付给职工的工资、职工福利、社会保险费、住房公积金、工会经费、职工教育经费、非货币性福利、辞退福利等各种薪酬，应根据“应付职工薪酬”科目的期末余额填列。其中：应付工资和应付福利费应单独列示。外商投资企业按规定从净利润中提取的职工奖励及福利基金，应在“应付福利费”项下单独列示。

39. 应交税费：反映企业按照税法规定计算应缴纳的各种税费，包括增值税、消费税、营业税、所得税、资源税、土地增值税、城市维护建设税、房产税、土地使用税、车船使用税、教育费附加、矿产资源补偿费等，应根据“应交税费”科目的期末贷方余额填列。如期末为借方余额，应以“－”号填列。其中：应交税金应单独列示。

40. 应付利息：企业根据“应付利息”科目的期末余额填列。

41. 应付股利：反映企业根据股东大会或类似机构审议批准的利润分配方案应付未付的现金股利或利润，应根据“应付股利”科目期末余额填列。

42. 其他应付款：反映企业应付、暂收的款项，应根据“其他应付款”期末贷方余额填列。

43. △应付分保账款：反映从事再保险业务应付未付的款项，应根据“应付分保账款”科目期末贷方余额填列。仅由金融企业填报。

44. △保险合同准备金：反映企业提取的保险合同准备金，应根据“未到期责任准备金”、“未决赔款准备金”科目期末贷方余额填列。仅由金融企业填报。

45. △代理买卖证券款：反映企业接受客户委托，代理客户买卖股票、债券和基金等有价证券而收到的款项，应根据“代理买卖证券款”科目的期末贷方余额填列。仅由金融企业填报。

46. △代理承销证券款：反映企业接受委托，采用承购包销方式或代销方式承销证券所形成的、应付证券发行人的承销资金，应根据“代理承销证券款”科目的期末贷方余额填列。仅由金融企业填报。

47. 其他流动负债：反映未包括在短期借款、交易性金融负债、应付票据、应付账款及预收账款、应付职工薪酬、应交税费、应付利息、应付股利、其他应付款、一年内到期的非流动负债项目内的流动负债，含短期融资券。

48. 长期应付款：企业应根据“长期应付款”科目余额，减去“未确认融资费用”科目期末余额后的净额填列。

49. 专项应付款：企业应根据“专项应付款”科目的期末余额填列。

50. 预计负债：反映企业各项预计的负债，包括对外提供担保、商业承兑票据贴现、未决诉讼、产品质量保证、重组义务、亏损合同等，应根据“预计负债”科目期末余额填列。

51. 递延所得税负债：反映企业确认的应纳税暂时性差异产生的递延所得税负债，应根据“递延所得税负债”科目期末余额填列。

52. 特准储备基金：反映国家拨给企业的特准储备基金的余额。

53. 实收资本（股本）：反映企业各投资者实际投入的资本（或股本）总额。其中：中外合作经营企业“实收资本净额”按“实收资本”扣除“已归还投资”后的金额填列。

（1）国有资本：指有权代表国家投资的政府部门或机构、直属事业单位及具有独立法人地位的国有企业（单位）或国有独资公司对企业投资形成的资本金。

国有法人资本：指具有独立法人地位的国有企业（单位）或国有独资公司对企业投资形成的资本金。

（2）集体资本：指由本企业职工等自然人集体投资或各种机构对企业进行扶持形成的集体性质的资本金，以及具有独立法人地位的集体企业对企业投资形成的资本金。

（3）民营资本：指除国有资本、集体资本、外商资本、个人资本以外的其他资本。

个人资本：指自然人实际投入企业的资本金。

（4）外商资本：指外国和我国香港、澳门及台湾地区投资者实际投入企业的资本金。

54. #已归还投资：反映中外合作经营企业按合同规定在合作期间归还投资者的投资。本项目应根据“已归还投资”科目的期末借方余额填列。非中外合作经营企业不填。

55. 库存股：反映企业持有尚未转让或注销的本企业股份金额，应根据“库存股”科目期末余额分析填列。

56. 专项储备：反映高危行业企业按照国家规定提取的安全生产费、维简费等专项储备的期末余额。

57. 盈余公积：反映企业盈余公积的期末余额。本项目应根据“盈余公积”科目的期末余额填列。其中，“法定盈余公积”反映企业按照规定的比例从净利润中提取的盈余公积；“任意盈余公积”反映企业经股东大会或类似机构批准按照规定的比例从净利润中提取的盈余公积；“储备基金”反映外商投资企业按照法律、行政法规规定从净利润中提取的、经批准用于弥补亏损和增加资本的储备基金；“企业发展基金”反映外商投资企业按照法律、行政法规规定从净利润中提取的、用于企业生产发展和经批准用于增加资本的企业发展基金；“利润归还投资”反映中外合作经营企业按照规定在合作期间以利润归还投资者的投资。

58. △一般风险准备：反映企业按规定从净利润中提取的一般风险准备。仅由金融企业填报。

59. 外币报表折算差额：反映企业将外币表示的资产负债表折算成记账本位币表示的资产负债表时，由于报表项目采用不同的折算汇率所产生的差额。

60. 未分配利润：反映尚未分配的利润，未弥补的亏损，在本项目内以“－”填列。

61. ＊少数股东权益：反映除母公司以外的其他投资者在子公司中拥有的权益数额。

（三）未执行《企业会计准则》企业主要指标对照表

2012 年报表项目	行次	未执行新准则项目	2012 年报表项目	行次	未执行新准则项目
流动资产：	1		流动负债：	65	
货币资金	2	货币资金	短期借款	66	短期借款
结算备付金	3		向中央银行借款	67	
拆出资金	4		吸收存款及同业存放	68	
交易性金融资产	5	短期投资	拆入资金	69	
应收票据	6	应收票据	交易性金融负债	70	
应收账款	7	应收账款	应付票据	71	应付票据

续表

2012年报表项目	行次	未执行新准则项目	2012年报表项目	行次	未执行新准则项目
预付款项	8	预付账款	应付账款	72	应付账款
应收保费	9		预收账款	73	预收账款、预提费用中属于预收性质的内容
应收分保账款	10		卖出回购金融资产款	74	
应收分保合同准备金	11		应付手续费及佣金	75	
应收利息	12	应收利息	应付职工薪酬	76	
应收股利	13	应收股利	其中：应付工资	77	应付工资
其他应收款	14	其他应收款	应付福利费	78	应付福利费
买入返售金融资产	15		其中：职工奖励及福利基金	79	
存货	16	存货	应交税费	80	应交税金、其他应交款等
其中：原材料	17	原材料	其中：应交税金	81	应交税金
库存商品（产成品）	18	库存商品（产成品）	应付利息	82	应付利息、预提费用中的借款利息
一年内到期的非流动资产	19	一年内到期的长期债权投资等	应付股利	83	应收股利
其他流动资产	20	以上未包括的其他流动资产	其他应付款	84	其他应付款、预提费用中的其他内容
流动资产合计	21		应付分保账款	85	
非流动资产：	22		保险合同准备金	86	
发放贷款及垫款	23		代理买卖证券款	87	
可供出售金融资产	24	长期债权投资	代理承销证券款	88	
持有至到期投资	25	长期债权投资	一年内到期的非流动负债	89	一年内到期的长期负债
长期应收款	26	长期应收款	其他流动负债	90	应付权证、其他流动负债
长期股权投资	27	长期股权投资、股权分置流通权	流动负债合计	91	
投资性房地产	28		非流动负债：	92	
固定资产原价	29	固定资产原价	长期借款	93	长期借款
减：累计折旧	30	累计折旧	应付债券	94	应付债券
固定资产净值	31	固定资产净值	长期应付款	95	长期应付款
减：固定资产减值准备	32	固定资产减值准备	专项应付款	96	专项应付款
固定资产净额	33	固定资产净额	预计负债	97	预计负债
在建工程	34	在建工程	递延所得税负债	98	递延税款贷项
工程物资	35	工程物资	其他非流动负债	99	其他非流动负债
固定资产清理	36	固定资产清理	其中：特准储备基金	100	特准储备基金
生产性生物资产	37		非流动负债合计	101	
油气资产	38		负 债 合 计	102	
无形资产	39	无形资产	所有者权益（或股东权益）：	103	
开发支出	40		实收资本（股本）	104	实收资本（股本）
商誉	41	商誉、合并价差	国有资本	105	国家资本及国有法人资本
长期待摊费用	42	长期待摊费用（递延资产）	其中：国有法人资本	106	国有法人资本
递延所得税资产	43	递延税款借项	集体资本	107	集体资本及集体法人资本
其他非流动资产	44	其他长期资产	民营资本	108	
其中：特准储备物资	45	特准储备物资	其中：个人资本	109	个人资本
非流动资产合计	46		外商资本	110	外商资本
	47		减：已归还投资	111	
	48		实收资本（或股本）净额	112	
	49		资本公积	113	资本公积
	50		减：库存股	114	库存股
	51		专项储备	115	
	52		盈余公积	116	盈余公积

续表

2012年报表项目	行次	未执行新准则项目	2012年报表项目	行次	未执行新准则项目
	53		其中：法定公积金	117	
	54		任意公积金	118	
	55		储备基金	119	
	56		企业发展基金	120	
	57		利润归还投资	121	
	58		一般风险准备	122	一般风险准备
	59		未分配利润	123	未分配利润、未确认的投资损失、未处理资产损失
	60		外币报表折算差额	124	外币报表折算差额
	61		归属于母公司所有者权益合计	125	
	62		少数股东权益	126	
	63		所有者权益合计	127	
资产总计	64		负债和所有者权益总计	128	

（四）执行《企业会计准则》金融企业报表项目对照表

行次	金融企业报表项目	企业财务会计决算报表项目
1	现金及存放中央银行款项	货币资金
2	存放同业款项	货币资金
3	货币资金	货币资金
4	结算备付金	△结算备付金
5	衍生金融资产	交易性金融资产
6	交易性金融资产	交易性金融资产
7	应收利息	应收利息
8	应收保费	△应收保费
9	应收分保账款	△应收分保账款
10	应收代位追偿款	其他应收款
11	其他资产（属于流动资产的部分）	其他流动资产
12	拆出资金	△拆出资金
13	买入返售金融资产	△买入返售金融资产
14	贵金属	其他流动资产
15	应收分保未到期责任准备金	△应收分保合同准备金
16	应收分保未决赔款准备金	△应收分保合同准备金
17	保户质押贷款（期限在一年以内的部分）	一年内到期的非流动资产
18	发放贷款及垫款（期限在一年以内的部分）	一年内到期的非流动资产

续表

行次	金融企业报表项目	企业财务会计决算报表项目
19	可供出售金融资产	可供出售金融资产
20	持有至到期投资	持有至到期投资
21	长期股权投资	长期股权投资
22	投资性房地产	投资性房地产
23	固定资产	固定资产净额
24	无形资产	无形资产
25	递延所得税资产	递延所得税资产
26	其他资产（属于非流动资产的部分）	其他非流动资产
27	发放贷款及垫款（期限在一年以上的部分）	△发放贷款及垫款
28	保户质押贷款（期限在一年以上的部分）	其他非流动资产
29	存出资本保证金	其他非流动资产
30	独立账户资产	其他非流动资产
31	定期存款	其他非流动资产
32	应收分保寿险责任准备金	其他非流动资产
33	应收分保长期健康险责任准备金	其他非流动资产
34	向中央银行借款	△向中央银行借款
35	短期借款	短期借款
36	交易性金融负债	交易性金融负债
37	衍生金融负债	交易性金融负债
38	应付赔付款	应付账款
39	应付手续费及佣金	应付手续费及佣金
40	应付分保账款	应付分保账款
41	预收保费	预收账款
42	应付职工薪酬	应付职工薪酬
43	应交税费	应交税费
44	应付利息	应付利息
45	应付保单红利	应付利息
46	其他负债（偿还期限在一年以内的部分）	一年内到期的非流动负债
47	同业及其他金融机构存放款项	△吸收存款及同业存放
48	吸收存款	△吸收存款及同业存放
49	拆入资金	△拆入资金
50	卖出回购金融资产款	△卖出回购金融资产款
51	保户储金及投资款	其他流动负债
52	未到期责任准备金	△保险合同准备金
53	未决赔款准备金	△保险合同准备金
54	代理买卖证券款	△代理买卖证券款

续表

行次	金融企业报表项目	企业财务会计决算报表项目
55	代理承销证券款	△代理承销证券款
56	长期借款	长期借款
57	应付债券	应付债券
58	预计负债	预计负债
59	递延所得税负债	递延所得税负债
60	其他负债（偿还期限在一年以上的部分）	其他非流动负债
61	独立账户负债	其他非流动负债
62	寿险责任准备金	其他非流动负债
63	长期健康险责任准备金	其他非流动负债
64	实收资本	实收资本
65	库存股	库存股
66	资本公积	资本公积
67	盈余公积	盈余公积
68	一般风险准备	△一般风险准备
69	未分配利润	未分配利润

（五）表内公式

16 行≥（17 +18）行（合理性）；21 =（2 +3 +4 +5 +6 +7 +8 +9 +10 +11 +12 +13 +14 +15 +16 +19 +20）行；31 行 =（29 -30）行；33 行 =（31 -32）行；44 行≥45 行；46 行 =（23 +24 +25 +26 +27 +28 +33 +34 +35 +36 +37 +38 +39 +40 +41 +42 +43 +44）行；64 行 =（21 +46）行；76 行≥（77 +78）行；78 行≥79 行；80 行≥81 行（合理性）；91 行 =（66 +67 +68 +69 +70 +71 +72 +73 +74 +75 +76 +80 +82 +83 +84 +85 +86 +87 +88 +89 +90）行；99 行≥100 行；101 行 =（93 +94 +95 +96 +97 +98 +99）行；102 行 =（91 +101）行；104 行 =（105 +107 +108 +110）行；112 行 =（104 -111）行；116 行≥（117 +118 +119 +120 +121）行；125 行 =（112 +113 -114 +115 +116 +122 +123 +124）行；127 行 =（125 +126）行；128 行 =（102 +127）行；128 行 =64 行；若封面“上报因素”为 0 或 5 或 6 或 7 或 9，则 64 行年初金额 >0（合理性）；若封面“报表类型码”为 0 或 2 或 3 或 4 或 5，则 126 行 =0（合理性）；若“报表类型码”为 0 或 3 或 4 或 5，则 3 行 =0、4 行 =0、9 行 =0、10 行 =0、11 行 =0、15 行 =0、23 行 =0、67 行 =0、68 行 =0、69 行 =0、74 行 =0、75 行 =0、85 行 =0、86 行 =0、87 行 =0、88 行 =0、122 行 =0（合理性）。

五、利润表［财会年企 02 表］

（一）编制方法

1. 本表反映企业在一年或一个会计期间内的经营成果。企业应根据损益类账户及其有关明细账户的上年累计实际发生数和本年累计实际发生数分析填列。如果上年度利润表与本年度该表的项目名称和内容不相一致，应按本年度口径调整后填列。

2. 表内“△利息收入”、“△已赚保费”、“△手续费及佣金收入”、“△利息支出”、“△手续费及佣金支出”、“△退保金”、“△赔付支出净额”、“△提取保险合同准备金净额”、“△保单红利支出”、“△分保费用”、“△汇兑收益”为金融企业专用，其他企业不填。

3. 表内“少数股东损益”和“归属于少数股东的综合收益总额”仅由编制合并财务报表的集团企业填报。

4. 企业应依据本编制说明要求和相关项目填列表中各项指标，编制说明中未作解释的内容以目前企业所执行的会计核算制度为依据。

（二）表内有关指标解释

1. 营业总收入：包括营业收入、△利息收入、△已赚保费和△手续费及佣金收入四部分内容。

2. 营业收入：反映企业经营主要业务和其他业务所确认的收入总额，应根据“主营业务收入”和“其他业务收入”科目的发生额分析填列。

3. 主营业务收入：反映企业在销售商品、提供劳务等日常活动中所产生的收入总额，应根据“主营业务收入”科目发生额分析填列。

粮食企业以及有国家特准储备物资的企业，应以主营业务收入扣减“抵减销售收入的应交款”和“转出差价收入（转出差价支出以“-”号计算）”后的余额填列。

4. △利息收入：反映企业经营贷款业务等确认的利息收入，应根据“利息收入”科目的发生额分析填列。仅由金融企业填报。

5. △已赚保费：反映“保险业务收入”项目金额减去“分出保费”、“提取未到期责任准备金”项目金额后的余额。仅由金融企业填报。

6. △手续费及佣金收入：反映企业确认的包括办理结算业务等在内的手续费、佣金收入，应根据“手续费及佣金收入”等科目的发生额分析填列。仅由金融企业填报。

7. 营业总成本：包括营业成本、△利息支出、△手续费及佣金支出、△退保金、△赔付支出净额、△提取保险合同准备金净额、△保单红利支出、△分保费用、营业税金及附加、销售费用、管理费用、财务费用、资产减值损失和其他共十四部分内容。

8. 营业成本：反映企业经营主要业务和其他业务所确认的成本总额，应根据“主营业务成本”和“其他业务成本（支出）”科目的发生额分析填列。

9. △利息支出：反映企业经营存款业务等确认的利息支出，应根据“利息支出”的发生额分析填列。仅由金融企业填报。

10. △手续费及佣金支出：反映企业确认的包括办理结算业务等在内发生的手续费、佣金支出，应根据“手续费及佣金支出”等科目的发生额分析填列。仅由金融企业填报。

11. △退保金：反映企业寿险原保险合同提前解除时按照约定退还投保人的保单现金价值，应根据“退保金”科目的发生额分析填列。仅由金融企业填报。

12. △赔付支出净额：反映企业支付的原保险合同赔付款项和再保险合同赔付款项。仅由金融企业填报。

13. △提取保险合同准备金净额：反映企业提取的保险责任准备金，包括未决赔款准备金、寿险责任准备金、长期健康险责任准备金，应根据“提取保险责任准备金”科目的发生额分析填列。仅由金融企业填报。

14. △保单红利支出：反映企业按原保险合同约定支付给投保人的红利。仅由金融企业填报。

15. △分保费用：反映企业从事再保险业务支付的分保费用，依据“分保费用”扣减“摊回分保费用”的净额填列。仅由金融企业填报。

16. 营业税金及附加：反映企业经营主要业务和其他业务所负担的消费税、营业税、城市维护建设税、资源税、土地增值税、教育费附加等，应根据“营业税金及附加”科目的发生额填列。

17. 销售费用：反映企业在销售过程中发生的包装费、广告费等相关费用，以及专设销售机构的职工薪酬、业务费等经营费用，应根据“销售费用”科目的发生额分析填列。

18. 财务费用：反映企业为筹集生产经营所需资金等发生的费用，其中：利息支出、利息收入、汇兑净损失项目需单独列示，均以正数填列，若汇兑净损失项目为汇兑净收益，以“-”号填列。其中，利息支出反映企业本年发生的不符合资本化条件而计入当期损益的票据贴现利息、应付票据利息、交易性金融负债利息、金融机构长短期借款利息、应付债券利息等其他带息负债利息。

19. 资产减值损失：反映企业计提资产减值准备所形成的各项减值损失，应根据“资产减值损失”科目发生额分析填列。仅由执行新会计准则企业填列。

20. 其他：反映石油石化企业勘探费用。

21. 公允价值变动收益：反映企业应当计入当期损益的资产或负债公允价值变动收益，应根据“公允价值变动损益”科目发生额分析填列，如为净损失以“－”号填列。仅由执行新会计准则企业填列。

22. 投资收益：反映企业以各种方式对外投资所取得的收益，应根据“投资收益”科目的发生额分析填列。如为投资损失以“－”号填列。其中，“对联营企业和合营企业的投资收益”单独列示。

23. △汇兑收益：反映企业外币货币性项目因汇率变动形成的净收益，应根据“汇兑损益”科目的发生额分析填列。如为净损失以“－”号列示。仅由金融企业填列。

24. 营业外收入：反映企业发生的与生产经营业务无直接关系，但构成本年利润总额的利得，应根据“营业外收入”科目的发生额分析填列，包括非流动资产处置利得、非货币性资产交换利得、债务重组利得、政府补助、盘盈利得、捐赠利得等。企业确认处置非流动资产利得、非货币性资产交换利得、债务重组利得，比照“固定资产清理”、“无形资产”、“原材料”、“库存商品”、“应付账款”等科目的相关规定进行处理。

25. 政府补助：反映企业从政府无偿取得货币性资产或非货币性资产，但不包括政府作为企业所有者投入的资本。未执行新企业会计准则的企业根据“补贴收入”科目填报。

26. 营业外支出：反映企业发生的与生产经营活动无直接关系，但应从本年实现的利润总额中扣除的损失，应根据“营业外支出”科目的发生额分析填列，包括非流动资产处置损失、非货币性资产交换损失、债务重组损失、公益性捐赠支出、非常损失、盘亏损失等。企业确认处置非流动资产损失、非货币性资产交换损失、债务重组损失，比照“固定资产清理”、“无形资产”、“原材料”、“库存商品”、“应付账款”等科目的相关规定进行处理。

27. 所得税费用：反映企业应从当期利润总额中扣除的所得税费用，包括当期所得税和递延所得税两个部分。

28. 净利润：包括归属于母公司所有者的净利润和少数股东损益两部分内容。

29. 每股收益：反映普通股股东每持有一股所能享有的企业利润或承担的亏损，包括基本每股收益和稀释每股收益。仅由普通股或潜在普通股已公开交易的企业，以及正处于公开发行普通股或潜在普通股过程中的企业填列。

基本每股收益：反映股份有限公司仅考虑当期实际发行在外的普通股股份计算的每股收益，按照归属于普通股股东的当期净利润，除以当期实际发行在外普通股的加权平均数计算确定。

稀释每股收益：反映股份有限公司以基本每股收益为基础，假设企业所有发行在外的稀释性潜在普通股均已转换为普通股，从而分别调整归属于普通股股东的当期净利润以及发行在外普通股的加权平均数而计算的每股收益。

30. 其他综合收益：反映企业根据企业会计准则规定未在损益中确认的各项利得和损失扣除所得税影响后的净额，主要包括以下项目：

（1）可供出售金融资产的公允价值变动、减值及处置导致的其他资本公积的增加或减少；将持有至到期投资重分类为可供出售金融资产时，重分类日公允价值与账面余额的差额计入其他资本公积的部分，以及将可供出售金融资产重分类为采用成本或摊余成本计量的金融资产的，对于原计入资本公积的相关金额进行摊销或于处置时转出导致的其他资本公积的减少。

（2）确认按照权益法核算的在被投资单位其他综合收益中所享有的份额导致的其他资本公积的增加或减少。

（3）计入其他资本公积的现金流量套期工具利得或损失中属于有效套期的部分，以及其后续的转出。

（4）境外经营外币报表折算差额的增加或减少。

（5）其他。如自用房地产或存货转换为采用公允价值模式计量的投资性房地产，转换当日的公允价值大于原账面价值，其差额计入所有者权益导致的其他资本公积的增加，及处置时的转出；计入其他资本公积的，满足运用套期会计方法条件的境外经营净投资套期产生的利得或损失中有效套期的部分，以及其后续的转出。

（三）未执行《企业会计准则》企业主要指标对照表

2012 年报表项目	行次	未执行新准则项目
一、营业总收入	1	
其中：营业收入	2	
其中：主营业务收入	3	主营业务收入
其他业务收入	4	其他业务收入
△利息收入	5	
△已赚保费	6	
△手续费及佣金收入	7	
二、营业总成本	8	
其中：营业成本	9	
其中：主营业务成本	10	主营业务成本
其他业务成本	11	其他业务成本
△利息支出	12	
△手续费及佣金支出	13	
△退保金	14	
△赔付支出净额	15	
△提取保险合同准备金净额	16	
△保单红利支出	17	
△分保费用	18	
营业税金及附加	19	主营业务税金及附加
销售费用	20	销售费用
管理费用	21	管理费用
其中：研究与开发费	22	研究与开发费
财务费用	23	财务费用
其中：利息支出	24	利息支出
利息收入	25	利息收入
汇兑净损失	26	汇兑净损失
资产减值损失	27	
其他	28	
加：公允价值变动收益	29	
投资收益（损失以“－”号填列）	30	投资收益、期货收益
其中：对联营企业和合营企业的投资收益	31	
△汇兑收益（损失以“－”号填列）	32	
三、营业利润（亏损以“－”号填列）	33	营业利润
加：营业外收入	34	营业外收入、补贴收入
其中：非流动资产处置利得	35	处置固定资产净收益
非货币性资产交换利得	36	非货币性交易收益

续表

2012 年报表项目	行次	未执行新准则项目
政府补助	37	
债务重组利得	38	
减：营业外支出	39	营业外支出
其中：非流动资产处置损失	40	处置固定资产净损失
非货币性资产交换损失	41	非货币性交易损失
债务重组损失	42	
四、利润总额（亏损总额以“－”号填列）	43	利润总额
减：所得税费用	44	所得税费用
五、净利润（净亏损以“－”号填列）	45	净利润、未确认的投资损失
归属于母公司所有者的净利润	46	归属于母公司所有者的净利润
少数股东损益	47	少数股东损益
六、每股收益：	48	
基本每股收益	49	
稀释每股收益	50	
七、其他综合收益	51	
八、综合收益总额	52	
归属于母公司所有者的综合收益总额	53	
归属于少数股东的综合收益总额	54	

（四）执行《企业会计准则》金融企业报表项目对照表

行次	金融企业报表项目	2012 年报表项目
1	利息收入	△利息收入
2	手续费及佣金收入	△手续费及佣金收入
3	已赚保费	△已赚保费
4	其他业务收入	其他业务收入
5	利息支出	△利息支出
6	手续费及佣金支出	△手续费及佣金支出
7	退保金	△退保金
8	赔付支出减“摊回赔付支出”	△赔付支出净额
9	保单红利支出	△保单红利支出
10	分保费用减“摊回分保费用”	△分保费用
11	提取保险合同准备金净额	△提取保险合同准备金净额
12	其他业务成本	其他业务成本
13	营业税金及附加	营业税金及附加
14	业务及管理费	销售费用

续表

行次	金融企业报表项目	2012 年报表项目
15	汇兑收益	△汇兑收益
16	资产减值损失	资产减值损失
17	公允价值变动收益	公允价值变动收益
18	投资收益	投资收益
19	对联营企业和合营企业的投资收益	对联营企业和合营企业的投资收益
20	营业外收入	营业外收入
21	营业外支出	营业外支出
22	每股收益	每股收益
23	基本每股收益	基本每股收益
24	稀释每股收益	稀释每股收益

（五）表内公式

1 行 =（2 +5 +6 +7）行；2 行 =（3 +4）行；8 行 =（9 +12 +13 +14 +15 +16 +17 +18 +19 +20 +21 +23 +27 +28）行；9 行 =（10 +11）行；23 行≥（24 −25 +26）行（合理性）；30 行≥31 行（合理性）；33 行 =（1 −8 +29 +30 +32）行；34 行≥（35 +36 +37 +38）行；39 行≥（40 +41 +42）行；43 行 =（33 +34 −39）行；45 行 =（43 −44）行；45 行 =（46 +47）行；如果组织形式为 13，则 49 行与 50 行不为 0（合理性）；52 行 =（45 +51）行；52 行 =（53 +54）行；若封面“报表类型码”为 0 或 2 或 3 或 4 或 5，47 行 =0、54 行 =0（合理性）；若“报表类型码”为 0 或 3 或 4 或 5，则 5 行 =0、6 行 =0、7 行 =0、12 行 =0、13 行 =0、14 行 =0、15 行 =0、16 行 =0、17 行 =0、18 行 =0、32 行 =0（合理性）。

六、现金流量表［财会年企 03 表］

（一）编制方法

1. 本表反映企业在一年或一个会计期间内有关现金和现金等价物的流入和流出的情况。企业采用直接法报告经营活动的现金流量时，有关现金流量的信息可以从会计记录中直接获得，也可以在利润表营业收入、营业成本等数据的基础上，通过调整存货和经营性应收应付项目的变动，以及固定资产折旧、无形资产摊销等项目后获得。

2. 企业应根据本编制说明要求填列表中各项指标，编制说明中未作解释的内容以目前企业所执行的会计核算制度为依据。

（二）表内有关指标解释

1. 销售商品、提供劳务收到的现金：反映企业销售商品、提供劳务实际收到的现金（含销售收入和应向购买者收取的增值税额），包括本期销售商品、提供劳务收到的现金，以及前期销售和前期提供劳务本期收到的现金和本期预收的账款，减去本期退回本期销售的商品和前期销售本期退回的商品支付的现金。企业销售材料和代购代销业务收到的现金也在本项目反映。本项目可根据“现金”、“银行存款”、“应收账款”、“应收票据”、“预收账款”、“主营业务收入”、“其他业务收入”等科目的记录分析填列。

2. △客户存款和同业存放款项净增加额：反映财务公司和商业银行本期客户存款和同业存放款项的净增加额。仅由金融企业填报。

3. △向中央银行借款净增加额：反映财务公司和商业银行本期向中央银行借入款项的净增加额。仅由金融企业填报。

4. △向其他金融机构拆入资金净增加额：反映商业银行和财务公司本期从境内外金融机构拆入款项的净

增加额。仅由金融企业填报。

5. △收到原保险合同保费取得的现金：反映保险公司本期收到的原保险合同保费取得的现金净额。包括本期收到的原保险合同收入、本期收到的前期应收原保险合同保费、本期预售的原保险合同保费和本期代其他企业收取的原保险合同保费，扣除本期保险合同提前结束以现金支付的退保费。仅由金融企业填报。

6. △收到再保险业务现金净额：反映保险公司本期从事再保险业务实际收支的现金净额。仅由金融企业填报。

7. △保户储金及投资款净增加额：反映保险公司向投保人收取的以储金利息作为保费收入的储金，以及以投资收益作为保费收入的投资保障性保险业务的投资本金，减去保险公司向投保人返还的储金和投资本金后的净额。仅由金融企业填报。

8. △处置交易性金融资产净增加额：反映证券公司本期自行买卖交易性金融资产所取得的现金净增加额。仅由金融企业填报。

9. △收取利息、手续费及佣金的现金：反映金融企业本期收到的利息、手续费及佣金。仅由金融企业填报。

10. △拆入资金净增加额：反映证券公司本期从境内外金融机构拆入款项所取得的现金，减去拆借给境内外金融机构所支付的现金后的净额。仅由金融企业填报。

11. △回购业务资金净增加额：反映证券公司本期按回购协议卖出票据、证券、贷款等金融资产所融入的现金，减去按返售协议约定先买入再按固定价格返售给卖出方的票据、证券、贷款等金融资产所融出的现金后的现金增加额。仅由金融企业填报。

12. 收到的税费返还：反映企业收到返还的各种税费，如收到的增值税、消费税、营业税、所得税、教育费附加返还等。本项目可根据“现金”、“银行存款”、“营业税金及附加”、“营业外收入”、“补贴收入”、“其他应收款”、“应收补贴款”等科目的记录分析填列。

13. 收到其他与经营活动有关的现金：反映企业除上述各项目外，收到的其他与经营活动有关的现金，如罚款收入、流动资产损失中由个人赔偿的现金收入等。其他现金流入如价值较大的，应在报表附注中披露。执行行业会计制度的企业“经营租赁收到的租金”也包括在此项中。本项目可根据“现金”、“银行存款”、“营业外收入”等科目的记录分析填列。

14. 购买商品、接受劳务支付的现金：反映企业购买材料、商品、接受劳务实际支付的现金，包括本期购入材料、商品、接受劳务支付的现金（包括增值税进项税额），以及本期支付前期购入商品、接受劳务的未付款项和本期预付款项。本期发生的购货退回收到的现金应从本项目中扣除。本项目可根据“现金”、“银行存款”、“应付账款”、“应付票据”、“预付账款”、“主营业务成本”、“其他业务支出”等科目的记录分析填列。

15. △客户贷款及垫款净增加额：反映财务公司和商业银行本期发放的各种客户贷款，以及办理商业票据贴现、转贴现融出及融入资金等业务的款项的净增加额。仅由金融企业填报。

16. △存放中央银行和同业款项净增加额：反映财务公司和商业银行本期存放于中央银行以及境内外金融机构款项的净增加额，仅由金融企业填报。

17. △支付原保险合同赔付款项的现金：反映保险公司本期实际支付原保险合同赔付的现金。仅由金融企业填报。

18. △支付利息、手续费及佣金的现金：反映金融企业本期支付的利息、手续费及佣金。仅由金融企业填报。

19. △支付保单红利的现金：反映保险公司本期支付保单红利所支付的现金。仅由金融企业填报。

20. 支付给职工以及为职工支付的现金：反映企业实际支付给职工，以及为职工支付的现金，包括本期实际支付给职工的工资、奖金、各种津贴和补贴、为职工代扣代缴的个人所得税等，以及为职工支付的其他费用。不包括支付的离退休人员的各项费用和支付给在建工程人员的工资等。企业为职工支付的养老、失业等社会保险基金、补充养老保险、住房公积金、支付给职工的住房困难补助，以及企业支付给职工或为职工支付的其他福利费等，应按职工的工作性质和服务对象，分别在本项目和“购建固定资产、无形资产和其他长期资产所支付的现金”项目反映。本项目可根据“应付工资”、“现金”、“银行存款”等科目的记录分析填列。企业支付给离退休人员的费用，在“支付的其他与经营活动有关的现金”项目中反映。

21. 支付的各项税费：反映企业按规定支付的各种税费，包括本期发生并支付的税费，以及本期支付以前各期发生的税费和预交的税金。本项目可根据“应交税金”、“现金”、“银行存款”等科目的记录分析填列，不包括企业代扣代缴的个人所得税。

22. 支付其他与经营活动有关的现金：反映企业除上述各项目外，支付的其他与经营活动有关的现金，如罚款支出、支付的差旅费、业务招待费现金支出、支付的保险费、支付的工会经费及签发银行承兑汇票、保函时缴纳的保证金等。

23. 收回投资收到的现金：本项目反映企业出售、转让或到期收回除现金等价物以外的交易性金融资产、持有至到期投资、可供出售金融资产、长期股权投资等而收到的现金。不包括债权性投资收回的利息、收回的非现金资产，以及处置子公司及其他营业单位收到的现金净额。本项目可根据“交易性金融资产”、“持有至到期投资”、“可供出售金融资产”、“长期股权投资”、“现金”、“银行存款”等科目的记录分析填列。

24. 取得投资收益收到的现金：反映企业因权益性投资和债权性投资而取得的现金股利、利息，以及从子公司、联营企业和合营企业分回利润收到的现金。不包括股票股利。包括在现金等价物范围内的债券性投资，其利息收入在本项目中反映。本项目可根据“应收股利”、“应收利息”、“现金”、“银行存款”、“投资收益”等科目的记录分析填列。

25. 处置固定资产、无形资产和其他长期资产收回的现金净额：反映企业处置固定资产、无形资产和其他长期资产所取得的现金，减去为处置这些资产而支付的有关费用后的净额。由于自然灾害所造成的固定资产等长期资产损失而收到的保险赔偿收入，也在本项目反映。如处置固定资产、无形资产和其他长期资产所收回的现金净额为负数，则应作为投资活动产生的现金流量，在“支付的其他与投资活动有关的现金”项目中反映。本项目可根据“固定资产清理”、“现金”、“银行存款”等科目的记录分析填列。

26. 处置子公司及其他营业单位收到的现金净额：反映企业处置子公司及其他营业单位所取得的现金减去子公司或其他营业单位持有的现金和现金等价物以及相关处置费用后的净额。本项目可以根据有关科目的记录分析填列。

27. 收到其他与投资活动有关的现金：反映企业除上述各项外，收到的其他与投资活动有关的现金流入。本项目可根据有关科目的记录分析填列。

28. 购建固定资产、无形资产和其他长期资产支付的现金：反映企业购买、建造固定资产，取得无形资产和其他长期资产所支付的现金。包括购买机器设备所支付的现金及增值税款、建造工程支付的现金、支付在建工程人员的工资等现金支出，不包括为购建固定资产、无形资产和其他长期资产而发生的借款利息资本化的部分，以及融资租入固定资产所支付的租赁费。为购建固定资产、无形资产和其他长期资产而发生的借款利息资本化部分，在“分配股利、利润或偿付利息支付的现金”项目中反映；融资租入固定资产所支付的租赁费，在“支付其他与筹资活动有关的现金”项目中反映。本项目可根据“固定资产”、“在建工程”、“无形资产”、“现金”、“银行存款”等科目的记录分析填列。

29. 投资支付的现金：反映企业进行权益性投资和债权性投资所支付的现金，包括企业取得的除现金等价物以外的交易性金融资产、持有至到期投资、可供出售金融资产而支付的现金，以及支付的佣金、手续费等交易费用。本项目可根据“交易性金融资产”、“持有至到期投资”、“可供出售金融资产”、“投资性房地产”、“长期股权投资”、“现金”、“银行存款”等科目的记录分析填列。

30. △质押贷款净增加额：反映保险公司本期发放保户质押贷款的现金净额。仅由金融企业填报。

31. 取得子公司及其他营业单位支付的现金净额：反映企业取得子公司及其他营业单位购买出价中以现金支付的部分，减去子公司或其他营业单位持有的现金和现金等价物后的净额，可根据有关科目的记录分析填列。

32. 支付其他与投资活动有关的现金：反映企业除上述各项目外，支付的其他与投资活动有关的现金。本项目可根据有关科目的记录分析填列。

33. 吸收投资收到的现金：反映企业以发行股票等方式筹集资金实际收到款项净额（发行收入减去支付的佣金等发行费用后的净额）。以发行股票等方式筹集资金而由企业直接支付的审计、咨询等费用不在本项目反映，在“支付的其他与筹资活动有关的现金”项目反映，不在本项目内减去。本项目可根据“实收资本（或股本）”、“现金”、“银行存款”等科目的记录分析填列。

34. 子公司吸收少数股东投资收到的现金：反映子公司以发行股票等方式筹集来自少数股东资金实际收到的款项净额。

35. 取得借款收到的现金：本项目反映企业举借各种短期、长期借款而收到的现金，以及发行债券实际收到的款项净额（发行收入减去直接支付的佣金等发行费用后的净额）。本项目可以根据“短期借款”、“长期借款”、“交易性金融负债”、“应付债券”、“现金”、“银行存款”等科目的记录分析填列。

36. △发行债券收到的现金：反映商业银行发行债券收到的现金净额。仅由金融企业填报。

37. 收到其他与筹资活动有关的现金：反映企业除上述各项目外，收到的其他与筹资活动有关的现金，如接受现金捐赠等。

38. 偿还债务支付的现金：反映企业偿还债务本金而支付的现金，包括偿还金融企业的借款本金、偿还债券本金等。本项目可根据“短期借款”、“长期借款”、“现金”、“银行存款”等科目的记录分析填列。

39. 分配股利、利润或偿付利息支付的现金：反映企业实际支付的现金股利、以现金支付给其他投资单位的利润以及支付的借款利息、债券利息等。本项目可根据“应付股利”、“应付利息”、“财务费用”、“长期借款”、“现金”、“银行存款”等科目的记录分析填列。

40. 子公司支付给少数股东的股利、利润：反映子公司实际支付给少数股东的现金股利、利润等。

41. 支付其他与筹资活动有关的现金：反映企业除上述各项外，支付的其他与筹资活动有关的现金，如捐赠现金支出、融资租入固定资产支付的租赁费、发生筹资费用所支付的现金、融资租赁所支付的现金、减少注册资本所支付的现金等。企业以分期付款方式购建的固定资产，在本项目中反映。

42. 汇率变动对现金及现金等价物的影响：反映企业外币现金流量折算为人民币时，所采用的现金流量发生日的即期汇率折算为人民币金额与“现金及现金等价物净增加额”中外币现金净增加额按资产负债表日的即期汇率折算的人民币金额之间的差额。

（三）表内公式

15 行 =（2 +3 +4 +5 +6 +7 +8 +9 +10 +11 +12 +13 +14）行；25 行 =（16 +17 +18 +19 +20 +21 +22 +23 +24）行；26 行 =（15 −25）行；33 行 =（28 +29 +30 +31 +32）行；39 行 =（34 +35 +36 +37 +38）行；40 行 =（33 −39）行；42 行≥43 行；47 行 =（42 +44 +45 +46）行；49 行≥50 行；52 行 =（48 +49 +51）行；53 行 =（47 −52）行；55 行 =（26 +40 +53 +54）行；57 行 =（55 +56）行；56 行本期金额 =57 行上期金额；若“报表类型码”为 0 或 3 或 4 或 5，则 3 行 =0、4 行 =0、5 行 =0、6 行 =0、7 行 =0、8 行 =0、9 行 =0、10 行 =0、11 行 =0、12 行 =0、17 行 =0、18 行 =0、19 行 =0、20 行 =0、21 行 =0、36 行 =0、45 行 =0。

七、所有者权益变动表［财会年企 04 表］

（一）基本内容

本表反映企业所有者权益的各组成部分本年和上年年初调整及本年和上年增减变动的情况，不仅包括所有者权益总量的增减变动，还包括所有者权益增减变动的重要结构性信息。“少数股东权益”栏目用于反映合并报表中少数股东权益变动的情况。

（二）编制方法

本表各项目应根据“实收资本（或股本）”、“资本公积”、“库存股”、“盈余公积”、“利润分配”等科目本年和上年的年初余额、年末余额、当年发生额等分析填列。编制合并财务报表的企业，应按照合并报表口径填报本表中的有关项目。

（三）表内有关指标解释

1. 上年年末余额：1 行 12 −22 栏反映企业上上年资产负债表中的年末所有者权益金额。1 行 1 −11 栏与

31 行 12 - 22 栏一致。

2. 会计政策变更和前期差错更正：仅填列表中 12 - 22 栏，反映企业本年及上年会计政策变更和会计差错更正等对上上年及以前年度所有者权益的累积影响金额。

（1）会计政策变更：反映企业采用追溯调整法处理的会计政策变更的累积影响金额。

（2）前期差错更正：反映企业采用追溯重述法处理的会计差错更正的累积影响金额。

3. 本年年初余额：4 行 12 - 22 栏反映企业在上上年年末所有者权益金额的基础上，考虑本年及上年会计政策变更和前期差错更正等对上上年及以前年度所有者权益的累积影响调整后的上年年初所有者权益金额。4 行 1 - 11 栏反映企业考虑本年会计政策变更及前期差错更正等对以前年度的影响调整后得出的本年初所有者权益金额，与 1 行 1 - 11 栏一致。

4. 本年年末余额：31 行 12 - 22 栏反映企业考虑本年会计政策变更及前期差错更正等对以前年度的影响调整后得出的上年年末所有者权益金额。31 行 1 - 11 栏反映企业本年年末所有者权益金额。

5. 本年增减变动金额：

（1）净利润：反映企业当年实现的净利润（或净亏损）金额，对应列在"未分配利润"栏。

（2）其他综合收益：反映企业根据企业会计准则规定未在损益中确认而直接计入所有者权益的各项利得和损失扣除所得税影响后的净额。

（3）所有者投入和减少资本：反映企业当年所有者投入的资本和减少的资本。其中：

①所有者投入资本：反映企业接受投资者投入形成的实收资本（或股本）和资本（股本）溢价，对应列在"实收资本"和"资本公积"栏。

②股份支付计入所有者权益的金额：反映企业处于等待期中的权益结算的股份支付当年计入资本公积的金额，对应列在"资本公积"栏。

（4）专项储备提取和使用：反映企业当年专项储备的提取和使用情况。

①提取专项储备：反映企业当年依照国家有关规定提取的安全费用以及具有类似性质的各项费用，对应列在"专项储备"栏。

②使用专项储备：反映企业当年按规定使用安全生产储备用于购建安全防护设备或与安全生产相关的费用性支出情况，对应列在"专项储备"栏。

（5）利润分配：反映企业当年按照规定提取的盈余公积金额和对所有者（或股东）分配的利润（或股利）金额，对应列在"盈余公积"和"未分配利润"栏。其中：

①提取盈余公积：反映企业按照规定提取的盈余公积、储备基金、企业发展基金项目、中外合作经营在合作期间归还投资者的投资等项目。

②对所有者（或股东）的分配：反映企业对所有者（或股东）分配的利润（或股利）金额。

（6）所有者权益内部结转：反映不影响当年所有者权益总额的所有者权益各组成部分之间当年的增减变动。其中：

①资本公积转增资本（或股本）：反映企业以资本公积转增资本或股本的金额。

②盈余公积转增资本（或股本）：反映企业以盈余公积转增资本或股本的金额。

③盈余公积弥补亏损：反映企业以盈余公积弥补亏损的金额。

（四）表内公式

1. 行次：1 行本年金额 =31 行上年金额；4 行本年金额 =1 行本年金额；4 行上年金额 =（1 +2 +3）行；5 行 =（8 +9 +13 +16 +26）行；8 行 =（6 +7）行；9 行 =（10 +11 +12）行；13 行 =（14 +15）行；16 行 =（17 +23 +24 +25）行；17 行≥（18 +19 +20 +21 +22）行；26 行 =（27 +28 +29 +30）行；31 行 =（4 +5）行。

2. 栏间：11 栏 =（9 +10）栏；9 栏 =（1 +2 -3 +4 +5 +6 +7 +8）栏；20 栏 =（12 +13 -14 +15 +16 +17 +18 +19）栏；22 栏 =（20 +21）栏。

3.（17 -22、26 -30）行（9、20）栏 =0（合理性）。

（五）表间公式

1. 4 行第 1 栏 = 财会年企 01 表 112 行年初余额；4 行第 2 栏 = 财会年企 01 表 113 行年初余额；4 行第 3 栏 = 财会年企 01 表 114 行年初余额；4 行第 4 栏 = 财会年企 01 表 115 行年初余额；4 行第 5 栏 = 财会年企 01 表 116 行年初余额；4 行第 6 栏 = 财会年企 01 表 122 行年初余额；4 行第 7 栏 = 财会年企 01 表 123 行年初余额；4 行第 8 栏 = 财会年企 01 表 124 行年初余额；4 行第 9 栏 = 财会年企 01 表 125 行年初余额；4 行第 10 栏 = 财会年企 01 表 126 行年初余额；4 行第 11 栏 = 财会年企 01 表 127 行年初余额。

2. 6 行第 7 栏 = 财会年企 02 表 46 行本期金额；6 行第 10 栏 = 财会年企 02 表 47 行本期金额；6 行 11 栏 = 财会年企 02 表 45 行本期金额；6 行第 18 栏 = 财会年企 02 表 46 行上期金额；6 行第 21 栏 = 财会年企 02 表 47 行上期金额；6 行 22 栏 = 财会年企 02 表 45 行上期金额。

3. 7 行第 9 栏 = 财会年企 02 表 53 行本期金额 - 46 行本期金额（合理性）；7 行第 10 栏 = 财会年企 02 表 54 行本期金额 - 47 行本期金额（合理性）；7 行第 11 栏 = 财会年企 02 表 51 行本期金额（合理性）；7 行第 20 栏 = 财会年企 02 表 53 行上期金额 - 46 行上期金额（合理性）；7 行第 21 栏 = 财会年企 02 表 54 行上期金额 - 47 行上期金额（合理性）；7 行第 22 栏 = 财会年企 02 表 51 行上期金额（合理性）。

4. 31 行第 1 栏 = 财会年企 01 表 112 行期末余额；31 行第 2 栏 = 财会年企 01 表 113 行期末余额；31 行第 3 栏 = 财会年企 01 表 114 行期末余额；31 行第 4 栏 = 财会年企 01 表 115 行期末余额；31 行第 5 栏 = 财会年企 01 表 116 行期末余额；31 行第 6 栏 = 财会年企 01 表 122 行期末余额；31 行第 7 栏 = 财会年企 01 表 123 行期末余额；31 行第 8 栏 = 财会年企 01 表 124 行期末余额；31 行第 9 栏 = 财会年企 01 表 125 行期末余额；31 行第 10 栏 = 财会年企 01 表 126 行期末余额；31 行第 11 栏 = 财会年企 01 表 127 行期末余额。

八、财务指标补充资料表（会外年企补 01 表）

（一）编制方法

关于本表中外币折合为人民币的汇率问题，以人民币为记账本位币的企业，注册资本应按合同规定的汇率或出资日汇率折合人民币填列。企业借款额应以人民币借款加外币借款按年末 12 月 31 日汇率折合为人民币的数额合并填列。

投资总额 = 注册资本 + 企业借款

（二）表内有关指标解释

1、产品出口企业户数：指凡经商务部门确认及考核，领取了产品出口企业证书的外商投资企业户数。

2. 先进技术企业户数：指凡经商务部门确认及考核，领取了先进技术企业证书的外商投资企业户数。

3. 高新技术企业户数：指凡经科技部门确认及考核，领取了高新技术企业证书的外商投资企业户数。

4. 已交所得税企业户数：指当年或以前年度已经缴纳过企业所得税的企业户数。

5. 合同投资总额：反映合资、合作企业合同中规定的投资总额或外资企业经批准的投资总额。其中，合资、合作企业的外方或外资企业的投资者认缴的出资额和企业计划向国外借款的数额，还应在该项目下单列的“计划外资额”项目中反映。企业的投资总额如因计划增资或增加借款而发生变化的，也应按上述要求一并反映。

6. 实际投资总额：反映企业投资人按规定实际缴付的出资额和企业实际借入的款项（长期借款按已借入数反映，短期借款按年平均余额反映）。其中，合资、合作企业的外方投资者或外资企业的投资者实际缴付的出资额和企业从国外实际借入的款项，还应在该项目下单列的“实际利用外资额”项目中反映。企业计划增资中实际缴付的部分或计划增加借款中实际借入的部分，也应按上述要求一并反映。

7. 注册资本：反映企业在工商行政管理机关登记注册的资本总额（即合同中规定的合资、合作各方认缴的出资额之和，或外资企业的投资者认缴的全部出资额）。合资、合作企业外方认缴的出资额还应在该项目下另行反映。企业如因增资等而变更登记资本总额的应按变更登记后的情况填写。

8. 缴纳的其他税金：反映企业实际缴纳的土地增值税、城市房地产税等项税金。企业实际缴纳的土地增值税、资源税、印花税、契税、城镇土地使用税等，还应在该项目下的相应项目中分别反映。

9. 实际工资总额：反映企业实际发放给全部职工的工资及工资性收入（包括：计时工资、计件工资、奖金、津贴、补贴和加班工资等）和从职工奖励及福利基金中支付的奖金。其中，实际发放给外方职工的工资及工资性收入和奖金，还应在该项目下单独反映。

10. 全年平均职工人数：反映企业本年按各月月末职工人数之和除以12计算的全年平均职工人数。其中，外方职工平均人数还应在该项目下单独反映。

（三）表内公式

6行>0；7行>0；8行>0；9行>0；10行>0；11行>0；6行≥7行；8行≥9行；10行≥11行；12行≥（13+14）行；24行=（25+26+27+28+29+30）行；15行=（16+17+19+21+22+23+24）行；31行=（32+33+34+35+36+37）行；42行≥43行；44行≥45行；如果为独资企业，则：10行=11行；如果是中外合资企业，则10行≠11行。

（四）表间公式

会外年企补01表14行≤会外年企02表2行；会外年企补01表15行≤会外年企02表1行。

九、财务情况说明书编制说明

财务情况说明书至少应当对下列情况做出说明：

1. 企业生产经营的基本情况；
2. 利润实现和分配情况；
3. 资金增减和周转情况；
4. 对企业财务状况、经营成果和现金流量有重大影响的其他事项。

十、会计报表附注编制说明

会计报表附注是为便于会计报表使用者理解会计报表的内容而对会计报表的编制基础、编制依据、编制原则和方法及主要项目等所作的解释。会计报表附注至少应当包括下列内容：

1. 不符合基本会计假设的说明；
2. 重要会计政策和会计估计及其变更情况、变更原因及其对财务状况和经营成果的影响；
3. 或有事项和资产负债表日后事项的说明；
4. 关联方关系及其交易的说明；
5. 重要资产转让及其出售情况；
6. 企业合并、分立；
7. 重大投资、融资活动；
8. 会计报表中重要项目的明细资料；
9. 有助于理解和分析会计报表需要说明的其他事项。

十一、关于报表金额单位

本套报表分户填报金额单位为人民币“元”（保留两位小数），汇总上报时由计算机转换成“万元”单位。

财政部办公厅关于做好2013年企业经济效益月度快报工作的通知

2012年11月22日　财办企［2012］117号

党中央有关部委财务部门，国务院有关部委、有关直属机构财务部门，全国人大常委会办公厅机关事务管理局，全国政协办公厅机关事务管理局，高法院行装局，高检院计财局，有关人民团体财务部门，各省、自治区、直辖市、计划单列市财政厅（局），新疆生产建设兵团财务局，有关中央管理企业：

为进一步做好2013年企业经济效益月度快报及分析工作，提高信息的时效性、全面性和准确性，根据《财政部关于印发〈加强企业财务信息管理暂行规定〉的通知》（财企［2012］23号）等有关规定要求，我部修订了2013年企业经济效益月度快报格式及填报要求，现印发给你们，请布置执行。有关事项通知如下：

一、2013年国有企业经济效益月度快报和非国有企业经济效益月度快报（以下简称效益月报）填报使用统一的利润及相关指标表、资产负债指标表、生产经营指标表（详见附件1），以及编制说明、代码编制规定以及网络报送系统操作指南（详见附件2、附件3、附件4）。

二、国有企业和非国有企业两类效益月报继续按照“分别编制、分别汇总和分别上报”的原则组织实施。其中，国有企业效益月报工作按照财务和产权关系由中央管理企业、中央部门和地方财政部门分别组织实施；非国有企业效益月报工作按照属地原则，由母公司或企业总部所在地的省级财政部门组织实施。除破产、关闭、歇业等特殊原因外，编报企业效益月报的企业户数不应随意减少。

（一）中央管理企业、中央部门和地方各级财政部门，应当及时将2013年企业财务关系新列入财政部门管理的国有及国有控股企业纳入月报编报范围。

（二）各中央部门除报送当月汇总数据外，应同时报送其所属财政部中央文化企业国有资产监督管理领导小组办公室（文资办）履行出资人职责的中央文化企业分户数据（一级企业合并数据）；教育部、农业部、广电总局、贸促会、工信部、卫生部、国资委、体育总局、民航局等9个中央部门除报送当月汇总数据外，应同时报送其所属已纳入中央国有资本经营预算实施范围的企业分户数据（一级企业合并数据）。

（三）地方财政部门应加大扩大非国有企业编报范围的工作力度，特别是将符合规定标准的大中型非国有企业、已纳入财政资金扶持范围和需要申请财政资金扶持政策的新增非国有企业，全部纳入非国有企业效益月报。

三、进一步规范企业效益月报的统计范围和口径，切实提高数据上报速度和质量。

（一）保持月报报送企业户数的相对稳定，每月对上报企业数量进行核对，并在向财政部报送月报时说明企业数量和变动情况。因关闭、破产、重组等重大事项引起快报上报口径发生变动时，应同时附报相关说明材料。同时，应加强国有企业效益月报与企业财务会计决算中的国有及国有控股企业统计范围和口径的核对，查找存在差异的原因并及时加以解决，确保二者保持一致。

（二）企业效益月报应严格按照隶属关系报送，各省级财政部门的月报数据应剔除所在地中央企业分支机构的数据；有计划单列市的省份应剔除计划单列市的相关数据，避免重复报送。

（三）单户企业行业分类不应完全按照母公司所属行业的类别填报，应按照企业实际所属行业填报。

四、各报送单位企业效益月报汇总及分户数据应于次月 10 日前上报财政部。

五、各省级财政部门应对《地方国有及国有控股企业重点监测名单》（附件 7）进行核实，根据本地区情况增加和调整监测名单，并于 2012 年 12 月 20 日前上报财政部企业司。

六、加强动态信息监测，及时上报经济运行中出现的新情况、新问题和新对策。密切结合本行业、本地区实际，重视做好企业经济运行分析工作，形成的分析报告在上报本企业、本部门和本地区领导的同时，上报财政部企业司。财政部将对动态信息和分析报告上报工作进行全面考核。

七、按照“谁产生信息，谁确定密级”的原则，由报送主体确定所报送的企业财务信息是否涉密，凡企业认定或按国家有关规定认定为涉密的信息，不得通过网络报送系统报送，仍采取单机版方式报送，并报财政部备案。

八、各报送单位应当加强组织领导，健全考核机制，细化考评内容。明确内部牵头部门和人员分工，实行专人负责制，并应于 2012 年 12 月底前将本单位《2013 年企业经济效益月度快报法人户数表》（附件 5）、《2013 年企业经济效益月度快报负责人和经办人通讯表》（附件 6）报财政部企业司。财政部企业司运行处联系电话：68552417　68552820。

附件：1. 2013 年企业经济效益月度快报

2. 2013 年企业经济效益月度快报指标表编制说明

3. 2013 年企业经济效益月度快报代码编制规定

4. 企业财务会计信息网络报送系统操作指南

5. 2013 年企业经济效益月度快报法人户数表

6. 2013 年企业经济效益月度快报负责人和经办人通讯表

7. 地方国有及国有控股企业重点监测名单

附件 1：

［单位汇总封面］

2013 年企业经济效益月度快报

汇总单位名称：________________________（公章）

主管会计工作负责人：________________________（签章）

填表人：________________________（签章）

联系电话：办公：____________ 手机：____________

编制日期：2013 年 ________ 月 ________ 日

中华人民共和国财政部印制

[企业分户录入封面]

2013 年企业经济效益月度快报

企 业 名 称：________________（公章）

法 定 代 表 人：________________（签章）

企业所在地地址：________________

填 表 人：________________

邮 政 编 码：□□□□□□

联 系 电 话：办公：________ 手机：________

编 制 日 期：2013 年___月___日

中华人民共和国财政部印制

企业（单位）统一代码：

本企业代码□□□□□□□□□□□□□□－□

上一级企业（单位）代码□□□□□□□□－□

集团企业（公司）总部代码□□□□□□□□－□

企业行政隶属关系

中央 10　省 20　市、地区 40　县 50

街道 61　镇 62　乡 63

□□

经济类型

1 国有及国有控股企业　2 集体企业　3 私营企业

4 港、澳、台商投资企业　5 外商投资企业　6 其他

□

组织形式

1 独资公司　2 非公司制独资企业　3 上市股份有限公司

4 非上市股份有限公司　5 有限责任公司　6 股份合作制企业

7 合资或合营企业　8 企业化管理事业单位　9 其他

□

所属行业

□□

企业规模

1 大型企业　2 中型企业　3 小型企业　4 微型企业

□

企业正式开业时间

□□□□□□

企业新报原因

0 连续上报　1 新投资设立　2 竣工移交　3 新设合并

4 分立　5 上年应报未报　6 报表类别改变　7 划转

8 收购　9 其他

□

自定义码

□□□□□□□□

2013 年企业经济效益月度快报指标表之一

（利润及相关指标）

编制单位：　　　　　　　　　　　　　　　　　　　　　　　　　　　　单位：万元

项　　目	行号	本月数	本年累计	上年同期
企业法人户数（户）（三级及三级以上企业）	1			
其中：亏损企业户数（三级及三级以上企业）	2			
一、利润表指标				
营业总收入	3			
其中：主营业务收入	4			
营业总成本	5			
其中：主营业务成本	6			
营业税金及附加	7			
销售费用	8			
管理费用	9			
其中：研究与开发费	10			
财务费用	11			
其中：利息支出	12			
资产减值损失	13			
投资收益（损失以“－”号填列）	14			
营业利润（亏损以“－”号填列）	15			
营业外收入	16			
其中：政府补助	17			
营业外支出	18			
利润总额（亏损总额以“－”号填列）	19			
其中：亏损企业亏损额	20			
净利润（净亏损以“－”号填列）	21			
归属于母公司所有者的净利润	22			
二、税费指标				
应交税费	23			
其中：应交增值税	24			
应交消费税	25			
应交营业税	26			
应交所得税	27			
已交税费	28			
其中：已交增值税	29			
已交消费税	30			
已交营业税	31			
已交所得税	32			
期末未交税费	33			
其中：未交增值税	34			
未交消费税	35			
未交营业税	36			
未交所得税	37			
三、现金流量表指标				
经营活动产生的现金流量净额	38			
投资活动产生的现金流量净额	39			
筹资活动产生的现金流量净额	40			

2013 年企业经济效益月度快报指标表之二

（资产负债指标）

编制单位：　　　　　　　　　　　　　　　　　　　　　　　　　　　　单位：万元

项　　目	行号	本月数	本年累计	上年同期
资产负债表指标				
一、资产总计	1			
其中：流动资产合计	2			
其中：货币资金	3			
应收账款	4			
应收利息	5			
存货	6			
其中：原材料	7			
库存商品（产成品）	8			
存货减值准备	9			
非流动资产合计	10			
其中：长期应收款	11			
长期股权投资	12			
投资性房地产	13			
固定资产净值	14			
固定资产减值准备	15			
在建工程	16			
开发支出	17			
无形资产	18			
二、负债合计	19			
其中：流动负债合计	20			
其中：短期借款	21			
应付账款	22			
应付职工薪酬	23			
其中：应付工资	24			
应付福利费	25			
应付利息	26			
非流动负债合计	27			
其中：长期借款	28			
应付债券	29			
长期应付款	30			
三、所有者权益合计	31			
其中：实收资本（股本）	32			
其中：国有资本	33			
其中：国有法人资本	34			
集体资本	35			
民营资本	36			
其中：个人资本	37			
外商资本	38			
资本公积	39			
盈余公积	40			
未分配利润	41			
归属于母公司所有者权益合计	42			

2013年企业经济效益月度快报指标表之三

（生产经营指标）

编制单位：　　　　　　　　　　　　　　　　　　　　　　　　　　　　　　　　单位：万元

项　　目	行号	本月数	本年累计	上年同期
劳动生产总值（万元）	1			
一、生产运营情况（部分行业填报）				
01. 工业企业（石油、石化、钢铁、煤炭、电力、汽车等）				
（1）原油产量（万吨）	2			
其中：境内	3			
境外	4			
（2）进口原油（万吨）	5			
（3）原油平均结算价格（美元/桶）	6			
（4）成品油产量（万吨）	7			
其中：汽油产量（万吨）	8			
柴油产量（万吨）	9			
（5）天然气产量（万立方米）	10			
其中：境内	11			
境外	12			
（6）进口天然气（万立方米）	13			
（7）天然气平均销售价格（元/万立方米）	14			
（8）粗钢产量（万吨）	15			
（9）钢材产量（万吨）	16			
（10）钢材销量（万吨）	17			
（11）钢材平均销售价格（元/吨）	18			
（12）铝材产量（万吨）	19			
（13）稀土产量（万吨）	20			
（14）原煤产量（万吨）	21			
（15）商品煤销量（万吨）	22			
（16）商品煤平均销售价格（元/吨）	23			
（17）发电量（万千瓦时）	24			
（18）售电量（万千瓦时）	25			
（19）汽车产量（万辆）	26			
（20）汽车销量（万辆）	27			
其中：进口量	28			
出口量	29			
02. 交通、民航企业				
（1）客运量（万人次）	30			
（2）货运量（万吨）	31			
（3）各种航空用油消耗量（万吨）	32			
（4）航空油价（元/吨）	33			
（5）燃油附加费（万元）	34			
（6）汇兑损益（万元）	35			
03. 电信企业				
（1）完成电信业务总量（亿元）	36			
（2）完成固定资产投资（亿元）	37			
（3）互联网用户（万户）	38			
（4）物联网用户（万户）	39			
04. 房地产开发企业				
（1）房地产开发量（万平方米）	40			
（2）房地产销售量（万平方米）	41			
二、节能减排指标				
01. 万元产值综合能耗（吨标煤）	42			
02. 吨钢综合能耗（千克标煤/吨）	43			
03. 供电煤耗（克/千瓦时）	44			
三、进出口及企业累计向境外投资指标				
01. 出口总额（千美元）（海关统计数）	45			
02. 进口总额（千美元）（海关统计数）	46			
03. 企业累计向境外投资额（万元）	47			

注：国有企业必须填列以上相关指标，鼓励有条件的非国有企业填报本表。

附件 2：

2013 年企业经济效益月度快报指标表编制说明

2013 年企业经济效益月度快报包括封面、企业利润及相关指标表、资产负债指标表和生产经营指标表，现将有关指标填报说明如下：

一、填报范围

本报表适用于具有法人资格、独立核算、并能够编制完整会计报表的各类企业以及实行企业化管理的事业单位。

二、封面说明

包括单位汇总封面和企业分户录入封面两部分。其中：单位汇总封面为各中央部门、中央企业和地方财政部门汇总上报财务快报时使用；企业分户录入封面为各级企业填报快报和录入计算机时使用，编制方法详见《2013 年企业经济效益月度快报代码编制规定》。

三、企业财务指标表编报说明

本套报表包括利润及相关指标、资产负债指标、生产经营指标等三类指标。具体说明如下：

企业法人户数（户）（三级及三级以上企业）：反映所含三级及三级以上具有法人资格的独立核算企业户数。由直接上报财政部的汇总单位填报。

（一）利润及相关指标表编报说明

该类指标根据企业利润表及相关科目填列。

1. 营业总收入：指企业在从事销售商品，提供劳务和让渡资产使用权等日常业务过程中所形成的经济利益的总流入。

2. 主营业务收入：反映企业在销售商品、提供劳务等日常活动中所产生的收入总额，应根据“主营业务收入”科目发生额分析填列。

3. 营业总成本：指企业销售商品、提供劳务等经营过程中所形成的总成本。

4. 营业税金及附加：反映企业经营主要业务和其他业务所负担的消费税、营业税、城市维护建设税、资源税、土地增值税、教育费附加等，应根据“营业税金及附加”科目的发生额填列。

5. 销售费用：反映企业在销售商品过程中发生的包装费、广告费等费用和为销售本企业商品而专设的职工薪酬、业务费等经营费用。应根据“销售费用”科目的发生额分析填列。

6. 管理费用：反映企业为组织和管理企业生产经营所发生的费用。

7. 财务费用：反映企业为筹集生产经营所需资金等发生的费用。

8. 利息支出：反映企业本年发生的不符合资本化条件而计入当期损益的票据贴现利息、应付票据利息、交易性金融负债利息、金融机构长短期借款利息、应付债券利息等其他带息负债利息。

9. 资产减值损失：反映企业计提资产减值准备所形成的各项减值损失，应根据“资产减值损失”科目发生额分析填列。仅由执行新会计准则企业填列。

10. 投资收益：反映企业以各种方式对外投资所取得的收益。应根据“投资收益”科目的发生额分析填列。如为投资损失以“-”号填列。

11. 营业利润：指企业从事生产经营活动（包括销售商品和提供劳务等活动）所实现的利润。

12. 营业外收入：反映企业发生的与生产经营业务无直接关系，但构成本年利润总额的利得，应根据“营业外收入”科目的发生额分析填列，包括非流动资产处置利得、非货币性资产交换利得、债务重组利得、政府补助、盘盈利得、捐赠利得等。企业确认处置非流动资产利得、非货币性资产交换利得、债务重组利得，比照“固定资产清理”、“无形资产”、“原材料”、“库存商品”“应付账款”等科目的相关规定进行处理。

13. 政府补助：反映企业从政府无偿取得货币性资产或非货币性资产，但不包括政府作为企业所有者投入的资本。未执行新企业会计准则的企业根据“补贴收入”科目填报。

14. 营业外支出：反映企业发生的与生产经营活动无直接关系，但应从本年实现的利润总额中扣除的损失，应根据“营业外支出”科目的发生额分析填列，包括非流动资产处置损失、非货币性资产交换损失、债务重组损失、公益性捐赠支出、非常损失、盘亏损失等。企业确认处置非流动资产损失、非货币性资产交换损失、债务重组损失，比照“固定资产清理”、“无形资产”、“原材料”、“库存商品”“应付账款”等科目的相关规定进行处理。

15. 利润总额：指企业在营业收入中扣除成本消耗及税费后的剩余。利润总额=营业利润+营业外收入-营业外支出。

16. 净利润：包括归属于母公司所有者的净利润和少数股东损益两部分内容。

17. 归属于母公司所有者的净利润：反映企业合并净利润中，归属于母公司所有者的净利润。

18. 应交税费：反映企业按照税法规定计算应缴纳的各种税费，包括增值税、消费税、营业税、所得税、资源税、土地增值税、城市维护建设税、印花税、房产税、土地使用税、车船使用税、教育费附加、矿产资源补偿费等，应根据“应交税费”科目的期末贷方余额填列。如期末为借方余额，应以“-”号填列。

19. 应交增值税：指一般纳税人和小规模纳税人销售货物或者提供加工、修理修配劳务应交纳的增值税，等于销项税额与进项税额之间的差额。如果一般纳税人企业进项税大于销项税，致使应交税金出现负数时，该项一律填零，不填负数。

20. 应交消费税：反映企业应交的消费税，包含从量计征和从价计征的应交消费税。

21. 应交营业税：反映企业应交的营业税，企业应交营业税等于企业应税收入与营业税税率的乘积。

22. 应交所得税：反映企业应交的所得税，应交所得税等于企业的应纳税所得额与所得税税率的乘积。

23. 已交税费：反映企业本年已经缴纳税费的总和。

24. 已交增值税：反映企业本年已经缴纳的增值税。

25. 已交消费税：反映企业本年已经缴纳的消费税。

26. 已交营业税：反映企业本年已经缴纳的营业税。

27. 已交所得税：反映企业本年已经缴纳的所得税。

注：以上指标中，“上年同期”指上年年初到上年同期的累计数。“所有者权益合计”、“净利润”指标，应按财政部规定的合并会计报表的合并方法编制填列。

（二）资产负债指标表编报说明

该类指标根据企业资产负债表的相应科目填列。

1. 资产总计：指企业拥有或控制的全部资产。资产总计=流动资产合计+非流动资产合计。

2. 流动资产合计：指企业在一年内或超过一年的一个营业周期内变现或运用的资产。

3. 应收账款：企业应根据“应收账款”科目所属各明细科目的期末借方余额合计减去“坏账准备”科目中有关坏账准备期末余额后的净额填列。

4. 应收利息：反映企业交易性金融资产、持有至到期投资、可供出售金融资产、发放贷款、存放中央银行款项、拆出资金、买入返售金融资产等应收取的利息，应根据科目的期末余额，减去“坏账准备”科目中有关坏账准备期末余额后的净额填列。

5. 存货：企业应根据存货相关科目的期末余额合计，减去“存货跌价准备”或“商品削价准备”、“代销商品款”科目的期末余额后的净额填列。

6. 库存商品：指企业库存的各种外购商品、企业经过加工制造达到规格技术条件验收合格的产品。

7. 非流动资产合计：指企业流动资产以外的资产。

8. 长期应收款：企业应根据“长期应收款”科目的期末余额，减去相应的“未实现融资收益”科目和“坏账准备”科目所属相关科目期末余额后的净额填列。

9. 长期股权投资：企业应根据“长期股权投资”科目账面余额，减去相应“长期股权投资减值准备”科目期末余额后的净额填列。

10. 投资性房地产：反映企业持有的投资性房地产。采用成本模式计量投资性房地产的，应根据“投资性房地产”科目的期末余额，减去“投资性房地产累计折旧（摊销）”和“投资性房地产减值准备”科目期末余额后的净额填列；采用公允价值模式计量投资性房地产的，应根据“投资性房地产”科目的期末余额填列。

11. 固定资产净值：指企业持有固定资产的账面余额扣减累计折旧、减值准备后的账面价值。

12. 在建工程：反映企业尚未达到预定可使用状态的在建工程的成本扣减减值准备后的账面价值，应根据“在建工程”科目的期末余额，减去“在建工程减值准备”科目期末余额后的净额填列。

13. 开发支出：反映企业开发无形资产过程中能够资本化形成无形资产成本的支出部分，应根据“研发支出”科目中所属的“资本化支出”明细科目期末余额填列。

14. 无形资产：反映企业持有无形资产的账面价值，包括专利权、非专利技术、商标权、著作权、土地使用权等，应根据“无形资产”科目的期末余额，减去相应的“无形资产减值准备”、“累计摊销”科目期末余额后的净额填列。

15. 负债合计：指企业承担的能以货币计量，将以资产或劳务偿付的债务。

16. 流动负债合计：指企业在一年内或者超过一年的一个营业周期内需要偿还的债务合计。

17. 应付账款：指企业因购买材料、商品和接受劳务供应等经营活动应支付的款项。

18. 应付职工薪酬：反映企业根据有关规定应付给职工的工资、职工福利、社会保险费、住房公积金、工会经费、职工教育经费、非货币性福利、辞退福利等各种薪酬，应根据“应付职工薪酬”科目的期末余额填列。其中：应付工资和应付福利费应单独列示。外商投资企业按规定从净利润中提取的职工奖励及福利基金，应在“应付福利费”项下单独列示。

19. 应付利息：企业根据“应付利息”科目的期末余额填列。

20. 非流动负债合计：指企业偿还期在一年以上或者超过一年的一个营业周期以上的负债。

21. 长期借款：指企业向银行或其他金融机构借入的期限在一年以上（不含一年）的各项借款。

22. 长期应付款：企业应根据“长期应付款”科目余额，减去“未确认融资费用”科目期末余额后的净额填列。

23. 所有者权益合计：指企业投资人对企业净资产的所有权。

24. 实收资本（股本）：反映企业各投资者实际投入的资本（或股本）总额。其中：中外合作经营企业“实收资本净额”按“实收资本”扣除“已归还投资”后的金额填列。

25. 国有资本：指有权代表国家投资的政府部门或机构、直属事业单位及具有独立法人地位的国有企业（单位）或国有独资公司对企业投资形成的资本金。

26. 国有法人资本：指具有独立法人地位的国有企业（单位）或国有独资公司对企业投资形成的资本金。

27. 集体资本：指由本企业职工等自然人集体投资或各种机构对企业进行扶持形成的集体性质的资本金，以及具有独立法人地位的集体企业对企业投资形成的资本金。

28. 民营资本：指除国有资本、集体资本、外商资本以外的其他资本。

29. 个人资本：指自然人实际投入企业的资本金。

30. 外商资本：指外国和我国香港、澳门及台湾地区投资者实际投入企业的资本金。

31. 盈余公积：反映企业盈余公积的期末余额。本项目应根据“盈余公积”科目的期末余额填列。

32. 未分配利润：反映尚未分配的利润，未弥补的亏损。

33. 归属于母公司所有者权益合计：指在合并报表中归属于母公司的所有者权益部分。

（三）生产经营指标表编报说明

本报表包括生产运营情况指标，节能减排指标和进出口及企业累计向境外投资额指标三大类指标。

1. 生产运营情况指标（部分企业填报）：该类指标按企业有关统计资料填列。

2. 节能减排指标：该类指标根据各企业节能减排工作进展情况选择相应科目填列。

3. 进出口及企业累计向境外投资指标：进出口指标按海关统计数填列；企业累计向境外投资指标反映企业期末向境外的投资金额，但应剔除返还境内投资部分。

以上指标中，"上年同期"指上年年初到上年同期的累计数。

四、其他

（一）本报表应按照国家有关财务会计制度如实填报，不得虚报、瞒报和擅自更改财务数据。

（二）应认真核实填报数据的准确性和报表所填数据勾稽关系是否正确，软件参数中已设置多种审核公式，可根据软件提示对数据准确性进行核实。

（三）除有特殊要求外，报表填报的金额单位统一规定为万元。

（四）软件下载地址请登录财政部官方网站，点击进入企业司频道后，在左侧"在线服务"中的"企业年度财务会计决算和月度财务快报软件下载"中点击下载财务快报软件。

附件3：

2013年企业经济效益月度快报代码编制规定

一、企业名称

企业名称以本企业在工商行政管理局登记注册的汉字名称为准，并与企业公章所使用的名称一致。企业名称在填写时一般不应超过18个汉字，最多占36位，企业名称汉字偏长的单位可适当缩减。

二、法定代表人

指在工商行政管理部门登记的法人代表。企业正在更换法人代表，尚未办理登记手续的，以实际负责人为准。法定代表人在填写时一般不超过4个汉字，最多占8位。

三、企业所在地地址

共32位。应填写经邮政部门认可的单位地址，从地区（市）、县（市、区）开始填，具体到乡（镇）、村、街名称和门牌号，不填省（自治区、直辖市）。门牌号用阿拉伯数字表示，每个数字占一格，一般不填写通讯信箱号。

四、企业所在地邮政编码

共6位，填写企业所在地通信用邮政编码。

五、企业财务部门电话号码

填写企业财务部门的有效电话号码（包括办公电话和手机号码）。

六、企业（单位）统一代码

1. 本企业代码。共15位，分为两个部分。前六位为第一部分，由企业所在地行政区划代码组成，根据国家技术监督局发布的行政区划代码（GB/T2260—2002）编制；后9位为第二部分，由企业统一标识代码组成。统一标识代码是根据中华人民共和国国家标准《全国组织机构代码编制规则》（GB11714—1997），由政府标准化主管部门给每个企业颁布的在全国范围内唯一的、始终不变的法定代码。这一代码在全国的银行、税务、计划、统计、财政、物资、公安等部门强制使用。

企业统一标识代码由8位无属性的数字和一位校验码组成，在填写时要按照技术监督部门颁布的《法人单位代码证书》上的代码填写；尚未领到国家统一代码的企业，可按各级统计部门赋予临时代码填写。

企业标识代码与国家税务部门颁发的企业纳税登记号相同，可从企业税纳登记证上查取。

2. 上一级企业（单位）代码。共9位，即本企业上一级企业的企业统一标识代码。非集团性企业不需填列。

3. 集团企业（公司）总部代码。共9位，即本企业隶属的集团企业总部的企业统一标识代码。非集团性企业不需填列。

七、行政隶属关系

共2位。指企业隶属于哪一级行政管理单位领导。隶属关系分为：

1. 中央：包括全国人大常委会、中共中央、国务院直属机构和办事机构、各部委及直属机构等。
2. 省：包括自治区、直辖市直属的行政管理单位。
3. 市、地区：包括自治州、盟、省辖市和直辖市辖区直属行政管理单位。
4. 县：包括地、州、盟辖市、省辖市辖区、自治县、自治旗、县级市直属的行政管理单位。
5. 街道：指经国务院批准设置的建制市的市区街道办事处等机构管理的单位。
6. 镇：指经省、自治区、直辖市人民政府批准设置的建制镇政府所管辖的行政管理机构单位。
7. 乡：指乡一级人民政府及直属行政管理单位。

企业行政隶属关系代码按国家标准《单位隶属关系代码》（GB/T12404—1997）填写。具体规定如下：

中央	10	县	50	乡	63
省	20	街道	61		
市、地区	40	镇	62		

八、经济类型

共1位：

1　国有及国有控股企业
2　集体企业（包括股份合作制企业）
3　私营企业
4　港、澳、台商投资企业
5　外商投资企业
6　其他

九、组织形式

共1位，按照以下类型编制：

1　独资公司

2　非公司制独资企业
3　上市股份有限公司
4　非上市股份有限公司
5　有限责任公司
6　股份合作制企业
7　合资或合营企业
8　企业化管理事业单位
9　其他

十、所属行业

共2位，根据企业实际从事的社会经济活动性质，按照以下类型编制：
01　煤炭工业
02　石油工业
18　钢铁工业
04　有色金属工业
03　其他冶金工业
05　建材工业
06　化学工业
07　轻工业
08　烟草工业
09　纺织工业
10　石化工业
11　医药工业
12　机械工业（不含汽车）
13　汽车工业
14　军工业
15　电子工业
16　电力工业
19　其他工业
20　施工、房地产
21　工业供销企业
22　城市公用企业
23　医药商业企业
24　烟草商业企业
25　勘察设计企业
31　商贸
32　餐饮业
33　金融业
35　外经
36　旅游
37　服务业
41　物资
51　供销合作社
61　粮食

71　铁道
72　交通
73　民航
74　邮政
75　电信
76　农口企业
77　文化及相关产业
99　其他企业

十一、企业规模

按照《国家统计局关于印发〈统计上大中小型企业划分办法（暂行）〉的通知》（国统字［2003］17号）和《工业和信息化部 国家统计局 国家发展和改革委员会 财政部关于印发中小企业划型标准规定的通知》（工信部联企业［2011］300号）等有关规定，企业规模划分为4种：

1　大型企业
2　中型企业
3　小型企业
4　微型企业

十二、企业正式开业时间

共6位，填企业正式开业（投产）时间，填到月份。六位要填满。如2009年6月开业，应填写“200906”。

十三、企业新报原因

指企业以前年度未填报企业类汇总会计报表，但从本年度起纳入企业类会计报表填报范围的新报报表原因。具体标识含义如下：

0　连续上报：指上年度填报企业类汇总会计报表的企业（单位）。

1　新投资设立：指本年新投资注册设立并正式营业的企业（不含竣工移交、新设合并、分立）。

2　竣工移交：指建设项目竣工后从基本建设单位转为生产经营的企业。

3　新设合并：指两个或两个以上企业（单位）合并成一个新企业（单位），原企业（单位）均不再具有法人资格。

4　分立：指经批准由企业分立而成立的新企业（单位）。

5　上年应报未报：指上年漏报或因客观原因未填报本报表，从本年度起按规定单独报送的企业（单位）。

6　报表类别改变：指上年填报其他类别报表，本年由于企业（单位）性质发生变化而填报企业类报表的企业或单位（不含竣工移交）。

7　划转：指因管理体制改革、组织形式调整和资产重组等原因引起的整建制划入而新增企业（单位），并且上年未作单户填报企业类汇总会计报表的企业（单位）。

8　收购：指企业因收购而并入的整建制新增企业（单位）。

9　其他：指上述各项原因中未包括的新报原因。

十四、自定义码

共8位，各地区可根据工作需要自行定义。

附件4:

企业财务会计信息网络报送系统操作指南

目　　录

1. 填报流程 …………………………………………………………………………………… (157)
  1.1　系统使用范围 …………………………………………………………………………… (157)
  1.2　流程描述 ………………………………………………………………………………… (158)
  1.3　登陆系统 ………………………………………………………………………………… (158)
  1.4　填写快报数据 …………………………………………………………………………… (159)
  1.5　运算 ……………………………………………………………………………………… (160)
  1.6　审核 ……………………………………………………………………………………… (160)
  1.7　上报数据 ………………………………………………………………………………… (161)
2. 常见问题 …………………………………………………………………………………… (162)
  2.1　报表无法展示 …………………………………………………………………………… (162)
  2.2　数据无法上报 …………………………………………………………………………… (162)
  2.3　Excel 文件无法导入 ……………………………………………………………………… (162)

序　　言

系统采用“浏览器/服务器”模式（B/S模式），用户只需要一台能够接入互联网络的电脑，通过浏览器访问系统网站，输入用户名、密码和验证码，就可以在网页上完成各种功能操作。系统采用先进的加密传输方式和完善的权限管理，保证用户的数据安全。

系统使用环境

为了使系统正常运行，请确认您的操作环境与以下要求一致：

- 操作系统：支持 Windows2000/2003/Xp/Win7 操作系统，其他操作系统请用户依照单位的实际情况使用。
- 浏览器：系统要求使用 Microsoft Internet Explorer（以下简称 IE）浏览器，版本在6.0以上，推荐使用 IE7.0 版本。系统不支持 FireFox、Opera、Safari、Chrome 等非 IE 内核的浏览器访问系统。
- 网络条件：用户必须能够与财政部服务器正确建立通信，并且在处理业务的过程中，与服务器的通信状态良好。

1. 填报流程

1.1　系统使用范围

一级中央管理企业、中央部门、地方财政厅局。

1.2 流程描述

效益月报报送流程如下：

用户登录系统，登录后按照当年企业效益月报要求，逐项填录报表，填报完成后进行数据审核与检查，检查无误后上报数据。分户企业数据、月报分析材料等做为附件上传到报表封面的对应单元格中（对部分地方财政用户，还要上传地方监控企业分户数据附件）。

1.3 登陆系统

启动浏览器（如 IE 浏览器），进入财政部官方网站（www. mof. gov. cn）选择企业司频道，在网页左侧“在线服务”下选择“网络报送系统”，即打开系统登录系统主界面。

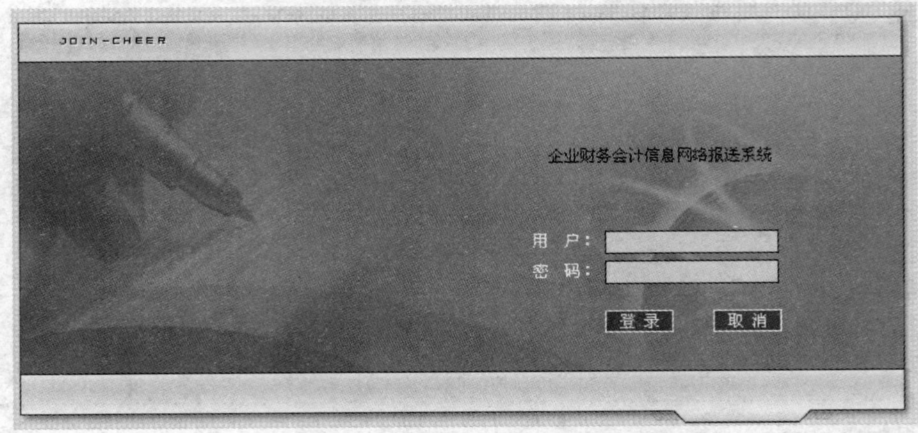

1.3－1 系统登陆界面

在登录界面输入用户名、密码，单击【登录】即可登录系统。

登录系统后，点击页面右上角的修改密码按钮，在弹出对话框中，依次输入【原密码】、【新密码】和【确认密码】，即可修改密码。

点击页面右上角的【注销】按钮，即可退出系统，返回登录界面。

登录后首先看到的是系统首页。首页用于发布和展示各类信息，包括财政部或财政厅发布的通知、新闻，与系统相关的填报说明及操作手册，以及主要统计数据的展示等。点击某一条目，即可查看此条目的详细信息。如下图：

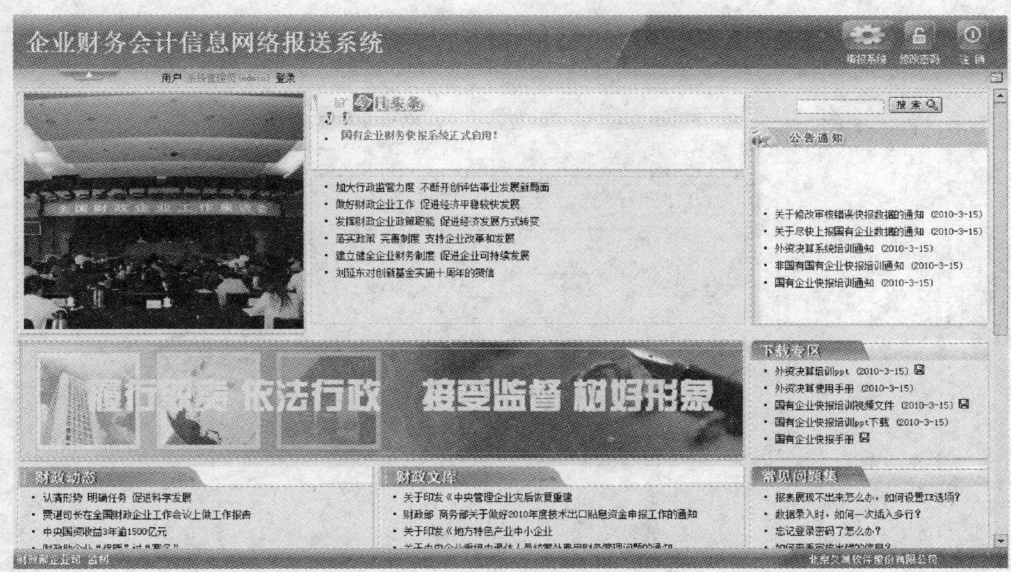

1.3-2　系统首页

1.4　填写快报数据

登陆进入系统后，点击页面上方的【数据管理】，进入到快报填报功能模块。

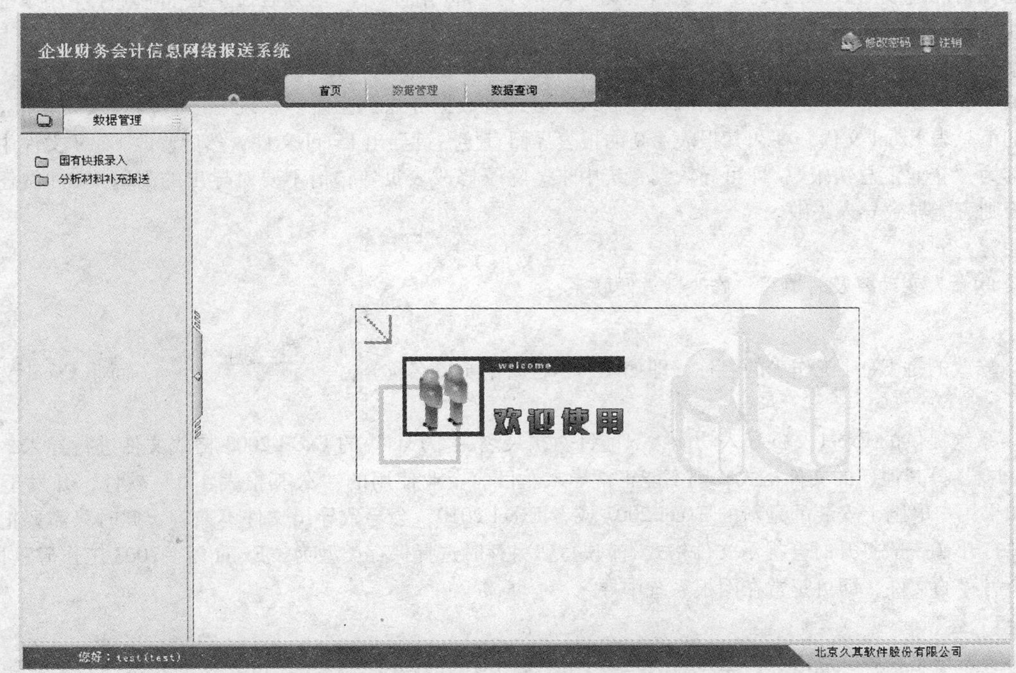

1.4-1　系统功能主界面

选择左侧的【国有快报录入】，选择时期，即可进入到国有效益月报填报界面。用户可以在此界面中填录、保存、运算、审核、上报当月快报。

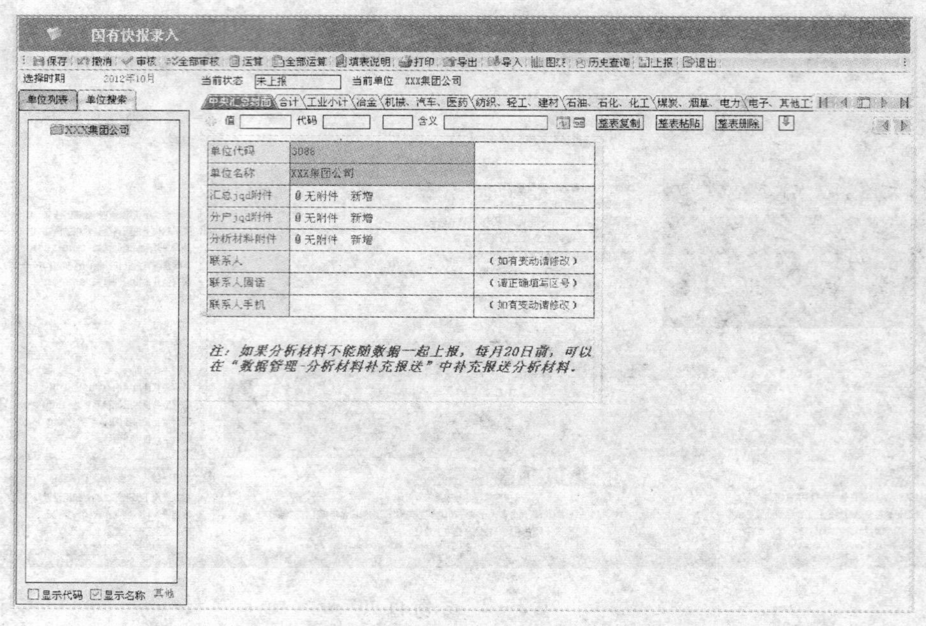

1.4－2　效益月报填报界面

每张报表填录完成后，点击页面左上角的【保存】按钮，保存数据。数据填写完成后，须及时保存，以免意外情况造成的数据丢失。“汇总 jqd 附件”、“分户 jqd 附件”、“地方监控企业 jqd 附件”用来上传单机版快报软件导出的 jqd 格式的文件，点击单元格中的【新增】后弹出附件上传框，在其中选择文件上传即可。“分析材料附件”用于上传企业的月报分析材料，通常是 word、excel 或 pdf 文档，上传方法同上。

除了手工逐项填写，还可以采用 Excel 导入的形式将数据导入到系统。系统可以直接导入久其报表 4.0 导出的汇总表 Excel 文件，在久其报表 4.0 的报表界面直接右键导出 Excel 文件，然后修改 Excel 文件中表页签名称为“企业汇总快报”，即可导入到系统中来。除了修改表页签，请不要对导出的 Excel 文件做任何修改，否则可能导致导入失败。

注意：

1. 联系人变动要及时填写、修改，方便联系；

2. 修改的是 Excel 工作表的名称，即如图所示位置的页签名称 45 46 企业汇总快报 就绪，而非 Excel 文件的名称；

3. 系统提供的 Excel 文件导入功能，只能针对扩展名为“.xls”的 Excel 2003 格式文件进行导入，如果是“.xlsx”等其他新的文件格式，则不能正常导入。目前企业使用的“久其报表 4.0”软件，开发于 2002 年，如果用户电脑上安装的是新的 Excel 2007 或者 Excel 2010，会导致导出文件不兼容。此时只需要把导出的文件打开（一般打开时会提示文件格式有问题），另存时选择保存类型为“Excel 97－2003 工作簿”即可。用这个另存的文件，即可正常在网报系统中导入。

1.5　运算

报表填写完成后，点击页面上方的【运算】按钮，则表内的【运算单元格】根据系统内置的逻辑关系进行运算，生成数据。点击【全部运算】按钮，可以一次对全部报表进行运算，生成相关的数据。一般情况下用户进行报表保存时会自动进行数据运算，并不需要用户特意去点击【运算】按钮。

1.6　审核

点击页面上方【审核】按钮，可以对当前报表进行审核。审核是用系统内置的逻辑关系对所填录的数据进行判别，未通过审核的数据关系，将在页面下方列出，错误的数据项以红色显示。

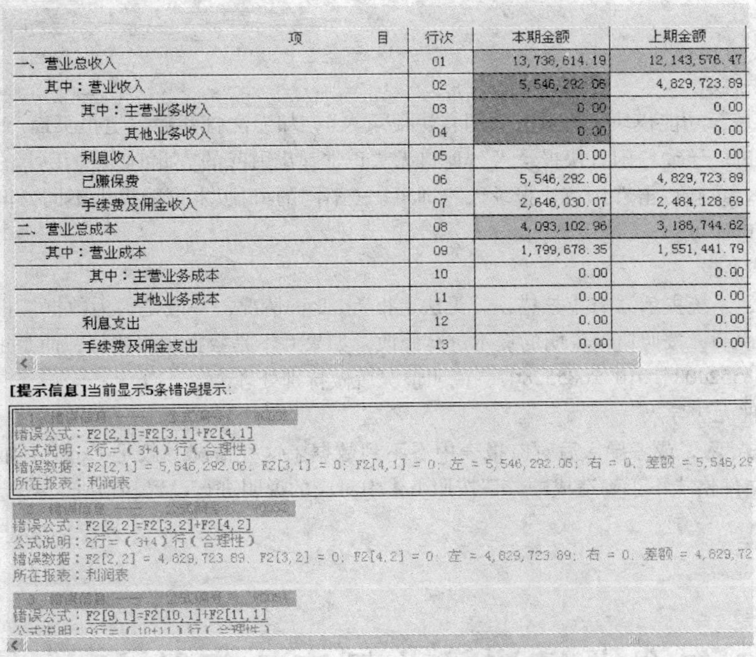

项　　　目	行次	本期金额	上期金额
一、营业总收入	01	13,738,614.19	12,143,576.47
其中：营业收入	02	5,546,292.06	4,829,723.89
其中：主营业务收入	03	0.00	0.00
其他业务收入	04	0.00	0.00
利息收入	05	0.00	0.00
已赚保费	06	5,546,292.06	4,829,723.89
手续费及佣金收入	07	2,646,030.07	2,484,128.69
二、营业总成本	08	4,093,102.96	3,188,744.62
其中：营业成本	09	1,799,678.35	1,551,441.79
其中：主营业务成本	10	0.00	0.00
其他业务成本	11	0.00	0.00
利息支出	12	0.00	0.00
手续费及佣金支出	13	0.00	0.00

[提示信息]当前显示5条错误提示：

错误公式：F2[2,1]=F2[3,1]+F2[4,1]
公式说明：2行=（3+4）行（合理性）
错误数据：F2[2,1] = 5,546,292.06; F2[3,1] = 0; F2[4,1] = 0; 左 = 5,546,292.06; 右 = 0; 差额 = 5,546,29
所在报表：利润表

错误公式：F2[2,2]=F2[3,2]+F2[4,2]
公式说明：2行=（3+4）行（合理性）
错误数据：F2[2,2] = 4,829,723.89; F2[3,2] = 0; F2[4,2] = 0; 左 = 4,829,723.89; 右 = 0; 差额 = 4,829,72
所在报表：利润表

错误公式：F2[9,1]=F2[10,1]+F2[11,1]

1.6－1　审核公式报错

通过页面下方的提示信息，可以看到错误的原因。其中，【公式说明】一行以文字形式描述错误的具体情况，可供参考。错误的数据直接在单元格中进行修改，修改完成后保存数据、审核数据，直至表内数据全部通过审核。【全部审核】按钮，可以一次对该单位的所有表格进行全部审核。

1.7　上报数据

审核通过后，单击页面上方的【上报】按钮，即可执行上报程序。如果报表数据未通过审核，则系统不允许上报。上报后的单位其单位状态为【已上报】，上报的单位在单位列表中以蓝色标记，上报后的数据不允许自行修改。如上报后确实需要对数据进行修改，请联系财政部相关负责人，由财政部负责人执行【退回】后，方可修改数据。

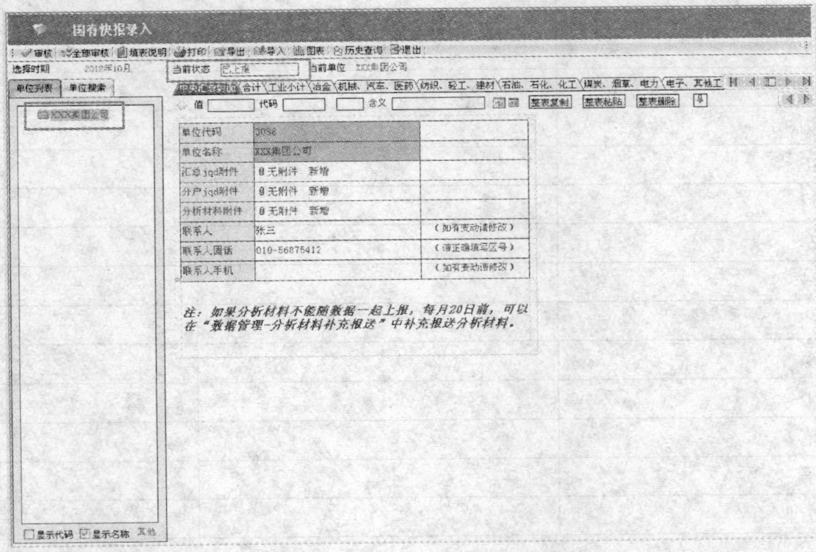

1.7－1　上报数据

2. 常见问题

2.1　报表无法展示

点击“数据管理”功能模块，再点击“国有快报录入”，却无法打开数据填报页面。一般是因为 IE 浏览器阻止了弹出窗口，导致“国有快报录入”窗口无法正常弹出引起的。此时注意 IE 上的提示，选择“不阻止当前网站”后，重新点击“国有快报录入”即可。（不同的 IE 版本可能提示不同，但含义类似，选择不阻止当前弹出窗口即可。）

2.2　数据无法上报

数据无法上报，系统提示“有审核错误，无法上报”。此种情况，一般是因为数据填报错误引起的，请仔细检查审核错误说明，按照错误说明的提示进行修改。如果并不是数据填报错误，而是正常的企业经营状况，请致电 010－68552408、010－68552807，说明情况后做特别处理。

2.3　Excel 文件无法导入

Excel 文件无法导入，或者导入后对应报表中看不到数据。这种情况一般是 Excel 工作表名称没有填写正确，或者 Excel 文件格式不正确造成的。请按照 1.4 中对应的说明进行设置和检查。

附件 5：

2013 年企业经济效益月度快报法人户数表

（三级及三级以上企业）

填报单位：　　　　　　　　　　　　　　　　　　　　　　　　　　　　单位：户

所属行业	国有企业	非国有企业
一、工业		
其中：冶　金		
其中：钢　铁		
有　色		
石　油		
石　化		
煤　炭		
电　力		
化　工		
建　材		
汽　车		
机　械		
医　药		
纺　织		
轻　工		
烟　草		
电　子		
其他工业		

续表

所属行业	国有企业	非国有企业
二、施工、房地产		
三、交通企业		
四、邮电通信企业		
五、商贸企业		
六、外经企业		
七、旅游企业		
八、物资企业		
九、供销企业		
十、餐饮业		
十一、服务业		
十二、金融业		
十三、文化及相关产业		
十四、其他企业		
合　计		

主管会计工作负责人（签字）：____________　　单位公章：____________

附件6：

2013年企业经济效益月度快报负责人和经办人通讯表

<table>
<tr><td>单位名称：</td><td colspan="5"></td></tr>
<tr><td>通信地址：</td><td colspan="5"></td></tr>
<tr><td rowspan="2">项　目</td><td rowspan="2">姓名</td><td rowspan="2">职务</td><td colspan="2">电　话</td><td rowspan="2">电子信箱</td></tr>
<tr><td>单位电话</td><td>手机</td></tr>
<tr><td>月报工作经办人</td><td></td><td></td><td></td><td></td><td></td></tr>
<tr><td>月报工作负责人</td><td></td><td></td><td></td><td></td><td></td></tr>
<tr><td>单位分管此项工作负责人</td><td></td><td></td><td></td><td></td><td></td></tr>
</table>

注：1. “月报工作经办人”指月报工作具体编报人员；

2. “月报工作负责人”指相关处室负责人；

3. “单位分管此项工作负责人”指中央企业（部门）财务部门负责人或地方财政厅（局）分管相关工作的厅领导。

附件7：

地方国有及国有控股企业重点监测名单

省份	企业名称
北京（2户）	北京京煤集团有限责任公司
	北京汽车工业控股有限责任公司
天津（4户）	天津钢管集团股份有限公司
	天津冶金集团有限公司
	天津天铁冶金集团有限公司
	天津天钢集团有限公司
河北（5户）	河北冀中能源集团有限责任公司
	河北开滦（集团）有限责任公司
	河北省磁县六合工业有限公司
	河北省磁县申家庄煤矿
	河北钢铁集团有限公司
山西（16户）	山西煤炭运销集团有限公司
	山西焦煤集团有限责任公司
	山西大同煤矿集团有限责任公司
	山西晋城无烟煤矿业集团有限责任公司
	山西潞安矿业（集团）有限责任公司
	山西阳泉煤业（集团）有限责任公司
	山西煤炭进出口集团有限公司
	山西兰花煤炭实业集团有限公司
	山西襄垣晋平煤业有限公司
	山西离柳焦煤集团有限公司
	山西省阳泉荫营煤矿
	山西大同鹊山精煤有限责任公司
	山西义棠煤业有限责任公司
	山西省长治经坊煤业有限公司
	山西太原东山煤矿有限责任公司
	太原钢铁（集团）有限公司
内蒙古（1户）	包头钢铁（集团）有限责任公司
辽宁（6户）	辽宁铁法煤业（集团）有限责任公司
	辽宁沈阳煤业（集团）有限责任公司
	辽宁阜新矿业（集团）有限责任公司
	辽宁抚顺矿业集团有限责任公司
	本溪钢铁（集团）有限责任公司
	凌源钢铁集团有限责任公司

续表

省　　份	企业名称
大连（1户）	东北特殊钢集团有限责任公司
吉林（3户）	吉林辽源矿业（集团）有限责任公司
	吉林通化矿业（集团）有限责任公司
	通化钢铁集团股份有限公司
黑龙江（1户）	黑龙江龙煤矿业控股集团有限责任公司
上海（1户）	上海汽车集团股份有限公司
江苏（2户）	江苏徐州矿务集团有限公司
	江苏宏安集团有限公司
浙江（2户）	浙江长广（集团）有限责任公司
	杭州钢铁集团公司
安徽（5户）	安徽淮南矿业（集团）有限责任公司
	安徽淮北矿业（集团）有限责任公司
	安徽省皖北煤电集团有限责任公司
	马钢（集团）控股有限公司
	奇瑞汽车股份有限公司
福建（2户）	福建能源集团有限责任公司
	福建省三钢（集团）有限责任公司
江西（2户）	江西省煤炭集团公司
	新余钢铁有限责任公司
山东（15户）	山东兖矿集团有限公司
	山东新汶矿业集团有限责任公司
	山东枣庄矿业（集团）有限责任公司
	山东淄博矿业集团有限责任公司
	山东肥城矿业集团有限责任公司
	山东临沂矿业集团有限责任公司
	山东龙口矿业集团有限公司
	山东泰丰矿业集团有限公司
	山东济宁矿业集团有限公司
	山东省丰源煤电股份有限公司
	山东裕隆矿业集团有限公司
	山东宏河矿业集团有限公司
	山东王晁煤电集团有限公司
	山东省岱庄生建煤矿
	山东钢铁集团有限公司
青岛（1户）	青岛钢铁控股集团有限责任公司

续表

省　　份	企业名称
河南（8户）	河南煤业化工集团有限责任公司
	中国平煤神马能源化工集团有限责任公司
	河南神火集团有限公司
	郑州煤炭工业（集团）有限责任公司
	义马煤业集团股份有限公司
	郑州煤矿机械集团股份有限公司
	平顶山煤矿机械有限责任公司
	安阳钢铁集团有限责任公司
湖南（1户）	湖南省煤业集团有限公司
广东（1户）	广州汽车集团股份有限公司
广西（1户）	广西柳州钢铁（集团）公司
四川（1户）	四川省煤炭产业集团有限责任公司
重庆（2户）	重庆市能源投资集团公司
	重庆钢铁（集团）有限责任公司
贵州（3户）	贵州盘江煤电（集团）有限责任公司
	贵州水城矿业（集团）有限责任公司
	贵州六枝工矿（集团）有限责任公司
云南（2户）	云南东源煤业集团有限公司
	云南省小龙潭矿务局
陕西（4户）	陕西煤业化工集团有限责任公司
	陕西榆林市榆神煤炭有限责任公司
	陕西延长石油（集团）有限责任公司
	陕西龙门钢铁（集团）有限责任公司
甘肃（4户）	甘肃华亭煤业集团有限责任公司
	甘肃靖远煤业集团有限责任公司
	甘肃窑街煤电集团有限公司
	酒泉钢铁（集团）有限责任公司
青海（1户）	西宁特殊钢集团有限责任公司

注：此表由地方财政部门填列，请认真核实和增减调整后报财政部企业司。

财务报告分析利用及参考范例

常用财务分析方法及关注的重点领域

财务分析又称财务报表分析或财务报告分析，是以企业财务报告及其他相关资料为主要依据，采用一系列专门的分析技术和方法，对企业的财务状况和经营成果进行评价和剖析，反映企业在经营过程中的利弊得失和发展趋势，从而为改进企业财务管理工作和政府宏观经济决策提供重要的决策信息。

一、常用财务分析方法

财务分析的方法很多，常用的有趋势分析法、比率分析法和比较分析法（见图1）。这三种方法是相对简单、常用的财务分析方法，除此之外还有因素分析法、项目分析法等等，但在实际工作中我们目的是为了能够作出系统、全面的分析判断，全方位地了解企业经营成果，这就要求我们不应局限一种方法，需要将各种分析方法灵活地结合在一起为我们所用。实际工作中用得更多地是不同分类和不同方法的多维度的组合，比如：“总体分析 + 行业分析”，“同期分析 + 环比分析”，“文字表述 + 图形分析”等等。

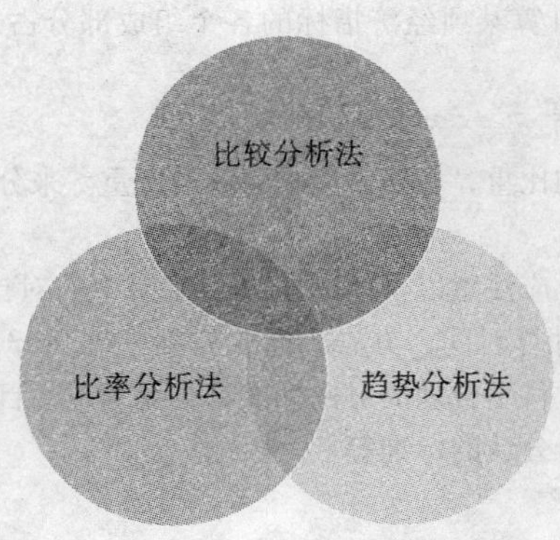

图1　常用财务分析方法

（一）比较分析法

比较分析法是最基本的分析方法，在财务分析中得到了广泛应用。比较分析法是指通过主要项目或指标数值变化的对比，确定出差异，分析和判断企业财务状况和经营成果的一种方法。按比较对象的不同主要有以下三种形式：

1. 绝对数比较分析。一般通过编制比较财务报表，将比较各期的报表项目的数额予以并列，直接观察每一项目的增减变化情况。如本月利润与上月利润进行比较。

2. 绝对数增减变动分析。为使比较情况进一步明朗化，在比较财务报表中增添绝对数字“增减数额”一栏，计算比较对象各项目之间的增减变动差异。

3. 百分比增减变动分析。为消除项目绝对规模因素的影响，在计算增减变动额的同时计算变动百分比，并列示于比较财务报表中，使报表使用者一目了然。其计算公式如下：

增减变动百分比 =（分析标准项目金额 - 分析项目金额）÷ 分析项目金额 ×100%

按照比较标准可以将比较分析法分为：

（1）实际指标同计划指标比较。可以解释计划与实际之间的差异，了解该项指标的计划或定额的完成情况。

（2）本期指标同上期指标比较。可以确定前后不同时期有关指标的变动情况，了解企业生产经营活动的发展趋势和管理工作的改进情况。

（3）本单位指标同国内外先进单位指标比较。可以找出与先进单位之间的差距，推动本单位改善经营管理。

应用比较分析法对同一性质指标进行数量比较时，要注意所用指标的可比性，应在指标内容、期间、计算口径、计价基础等方面一致。

（二）比率分析法

比率分析法是把某些彼此存在关联的项目加以对比，通过计算经济指标的比率，来确定经济活动变动程度的分析方法。比率是一个相对数，因此可以把某些不可比的指标变为可比的指标。比率指标主要有三类：

1. 相关比率。它是以某个项目和与其有关但又不同的项目加以对比所得的比率，反映有关经济活动的相关关系。利用相关比率指标，可以考察有联系的相关业务安排是否合理，以保障生产经营活动能顺利地进行。例如，速动比率即速动资产与流动负债之间的比率，负债比率即负债与资产之间的比率等，通过分析速动比率和负债比率，可以判断企业的偿债能力。

2. 效率比率。用以计算某项经济活动中所费与所得的比例，反映投入与产出的关系。利用效率比率指标，可以进行得失比较，考察经营成果，评价经济效益。例如，将利润项目与主营业务成本相比（成本费用利润率），利润与主营业务收入（主营业务利润率），利润与资本项目（净资产收益率）等利润率指标，进而通过这些指标从不同角度观察比较企业获利能力的高低及其增减变化情况。

3. 构成比率。又称结构比率，计算某项经济指标的各个组成部分占总体的比重，反映部分与总体的关系。计算公式为：

构成比率 = 部分数额 ÷ 总体数额

例如，计算流动资产占总资产的比重，坏账占应收账款的比重。来分析总体某个部分的形成和安排是否合理。

在使用比率分析法进行分析时，应注意以下问题：（1）比率中的对比指标要有相关性。（2）比率中的对比指标的计算口径要一致，包括计算时间、方法、标准等要一致。（3）运用比率分析，采用的比率指标需要选用一定的标准与之对比。通常科学合理的对比标准有企业预定的目标、企业历史上达到的标准、同行业内平均水平或先进水平标准、社会公认的标准等。

（三）趋势分析法

是将两期或多期连续的相同指标或比率进行对比，分析它们增减变动的方向、数额和幅度，来判断企业财务状况和生产经营状况变化趋势的一种方法。采用这种方法，可以分析引起变化的原因、性质，进而预测企业前景。

趋势分析法的具体运用主要有以下三种：

1. 重要财务指标的比较。将不同时期财务会计报告中的相同指标或比率进行比较，直接观察其绝对额或比率的增减变动情况及变动幅度，判断有关业务的发展趋势。

对于不同时期财务指标的比较，可以计算动态比率指标，由于选取的基期不同，可以有两种方法：

——定基动态比率。以某一时期的数值为固定的基期数值而计算出来的动态比率。计算公式为：定基比率 = 分析期数额 ÷ 固定基期数额。

——环比动态比率。以每一分析期的前期数值为基期数值而计算出来的动态比率。其计算公式为：环比比率 = 分析期数额 ÷ 前期数额。

2. 会计报表金额的比较。将连续数期的会计报表数字并列起来，比较其相同指标的增减变动金额和幅度，分析企业财务状况和经营成果的发展变化情况。

会计报表的比较具体包括资产负债表比较、利润表比较、现金流量表比较等。比较时，既要计算出表中有关项目增减变动的绝对额，还要计算出其增减变动的百分比。通过会计报表金额的比较，可以看出某些项目的异常变动情况，为进一步进行会计报表分析提供依据。

3. 会计报表项目构成的比较。是利用构成比率的增减变动，判断变化趋势。构成比率的计算方法可见比率分析法。该方法可用于同一企业不同时期财务状况的比较，还可用于不同企业之间或同行业平均数之间的比较。

在采用趋势分析法时，应注意以下问题：（1）用于进行对比的各个时期的指标，在计算口径上应一致；（2）剔除偶发性项目的影响，使作为分析的数据能反映正常的经营状况；（3）应用例外原则，对某项有显著变动的指标作重点分析，研究其产生的原因，以便采取对策，趋利避害。

二、财务分析的重点内容

常用的财务能力分析体系主要包括企业偿债能力、盈利能力、营运能力、发展能力分析等（见表1）。

表1　　常用的财务能力分析体系

分析内容	常用指标	计算公式
一、偿债能力	资产负债率	负债总额/资产总额×100%
	已获利息倍数	息税前利润总额/利息支出
二、盈利能力	净资产收益率	净利润/平均净资产×100%
	销售利润率	利润总额/营业收入×100%
三、营运能力	存货周转率	销货成本/平均存货余额
	应收账款周转率	营业收入净额/应收账款平均余额
四、发展能力	营业收入增长率	（本年度营业总收入－上年度营业总收入）/上年度营业总收入×100%
	资本积累率	本期所有者权益增长额/期初所有者权益×100%
	技术投入比率	本年科技支出合计/主营业务收入×100%

（一）偿债能力分析

偿债能力是指企业用其资产偿还长期债务与短期债务的能力（见图2）。企业的偿债能力是反映企业财务状况和经营能力的重要指标，是偿还到期债务的承受能力或保证程度。偿债能力按着时间长短划分主要为短期偿债能力与长期偿债能力。（1）短期偿债能力主要包含流动比率、速动比率、现金比率、现金流量比率等。常用的是流动比率、速动比率等。（2）长期偿债能力主要包含资产负债率、股东权益比例、权益乘数、负债股权比例、有形净值债务率、偿债保障比率、已获利息倍数、现金利息保障倍数等。常用的分析指标是资产负债率、已获利息倍数等。

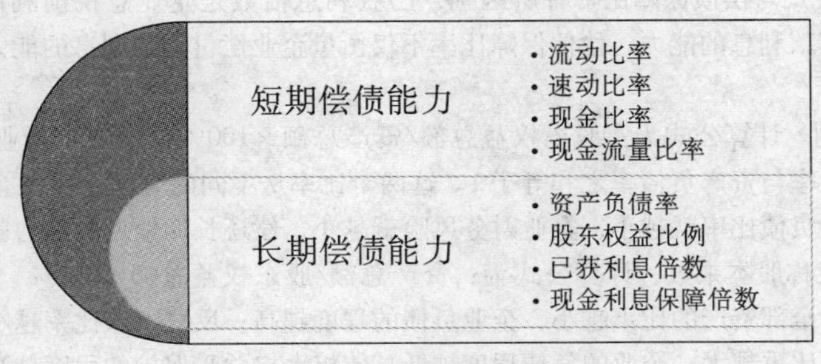

图2　偿债能力分析

1. 短期偿债能力主要是衡量企业当前的财务能力，特别是流动资产变现能力的重要指标。

（1）流动比率（CR）。计算公式为：流动资产/流动负债×100%。主要是用来衡量企业流动资产在短期债务到期以前，可以变为现金用于偿还负债的能力。流动资产大于流动负债，一般表明偿还短期能力强，流动比率越高，企业资产的流动性越大，表明企业有足够变现的资产用于偿债，但是，并不是流动比率越高越好。因为，比率太大表明流动资产占用较多，会影响经营资金周转效率和获利能力；如果比率过低，又说明偿债能力较差。一般认为，合理的最低流动比率是2。这是因为，处在流动资产中，变现能力最差的存货金额约占流动资产总额的一半，剩下的流动性大的流动资产至少要等于流动负债，企业的偿债能力才会有保证。

（2）速动比率（QR）。计算公式为：（流动资产－存货）/流动负债×100%，是指速动资产对流动负债的比率。它是衡量企业流动资产中可以立即变现用于偿还流动负债的能力。速动比率比流动比率更能表现一个企业的短期偿债能力。因为速动比率非常苛刻的反映了一个单位能够立即还债的能力和水平一般情况下，把两者确定为1∶1是比较讲得通的。因为一份债务有一份速动资产来做保证，就不会发生问题。而且合适的速动比率可以保障公司在偿还债务的同时不会影响生产经营。衡量企业偿还短期债务能力强弱，应该两者结合起来看，一般来说如下：在CR<1 and QR<0.5区间表明资金流动性差，在1.5<CR<2 and 0.75<QR<1区间表明资金流动性一般，在CR>2 and QR>1区间表明资金流动性好。

（3）现金比率。计算公式为：（货币资金＋交易性金融资产）/流动负债×100%。这个公式反映出公司在不依靠存货销售及应收款的情况下，支付当前债务的能力。它将存货与应收款项排除在外，也就是说，现金比率只量度所有资产中相对于当前负债最具流动性的项目，因此它也是三个流动性比率中最保守的一个。最能反映企业直接偿付流动负债的能力。现金比率一般认为20%以上为好。但这一比率过高，就意味着企业流动资产未能得到合理运用，而现金类资产获利能力低，这类资产金额太高会导致企业机会成本增加。

（4）现金流量比率。计算公式为：经营活动现金流/流动负债×100%，该比率用于衡量企业经营活动所产生的现金流量可以抵偿流动负债的程度。比率越高，说明企业的财务弹性越好。不同行业由于其经营性质的不同（服务型、生产型），经营活动产生的现金净流量的差别较大，因此行业性质不同的企业该比率的变化较大。

在短期负债中流动比率、速动比率和现金比率的相互关系为：（1）以全部流动资产作为偿付流动负债的基础，所计算的指标是流动比率；（2）速动比率以扣除变现能力较差的存货和不能变现的待摊费用作为偿付流动负债的基础，它弥补了流动比率的不足；（3）现金比率以现金类资产作为偿付流动负债的基础，但现金持有量过大会对企业资产利用效果产生副作用，这项指标仅在企业面临财务危机时使用，相对于流动比率和速动比率来说，其作用力度较小。

2. 长期偿债能力是指企业有无足够的能力偿还长期负债的本金和利息的能力。

（1）资产负债率。计算公式为：负债总额/资产总额×100%，表示公司总资产中有多少是通过负债筹集的，该指标是评价公司负债水平的综合指标。同时也是一项衡量公司利用债权人资金进行经营活动能力的指标，也反映债权人发放贷款的安全程度。

（2）已获利息倍数。计算公式为：息税前利润总额/利息支出×100%，以利润表为计算基础，已获利息倍数（利息保障倍数）与偿债保障比率有所区别，已获利息倍数是企业息税前利润与利息费用的比率，是用来衡量企业偿付借款利息的能力，偿债保障比率不仅衡量企业偿付借款利息的能力，而且衡量企业偿付本金的能力。

（3）股东权益比例。计算公式为：股东权益总额/资产总额×100%，反映了企业资产中有多少是所有者投入的。股东权益比率与资产负债率之和等于1。这两个比率从不同的侧面来反映企业长期财务状况，股东权益比率越大，资产负债比率就越小，企业财务风险就越小，偿还长期债务的能力就越强。

（4）权益乘数。又称股本乘数，计算公式为：资产总额/股东权益总额×100%。权益乘数越大表明所有者投入企业的资本占全部资产的比重越小，企业负债的程度越高；反之，该比率越小，表明所有者投入企业的资本占全部资产的比重越大，企业的负债程度越低，债权人权益受保护的程度越高。权益乘数较大，表明企业负债较多，一般会导致企业财务杠杆率较高，财务风险较大。

(5) 负债股权比例。也称为债务股本比、负债对所有者权益的比率，计算公式为：负债总额/股东权益总额×100%。它是衡量公司财务杠杆的指标，即显示公司建立资产的资金来源中股本与债务的比例，是为评估资金结构合理性的一种指标。

(6) 有形净值债务率。计算公式为：负债总额/（股东权益－无形资产净额）×100%，主要用于揭示企业的长期偿债能力，表明债权人在企业破产时的被保护程度，同时也是衡量企业的风险程度和对债务的偿还能力大小的指标。该指标越小，表明企业长期偿债能力越强，反之，则越弱。有形净值债务率指标最大的特点是在可用于偿还债务的净资产中扣除了无形资产，这主要是由于无形资产的计量缺乏可靠的基础，不可能作为偿还债务的资源。有形净值债务率指标的分析与产权比率分析相同，负债总额与有形资产净值应维持1:1的比例。另外需注意在使用产权比率时，必须结合有形净值债务率指标做进一步分析。

(7) 偿债保障比率。计算公式为：负债总额/经营活动现金净流量×100%。一般认为，该比率越低，企业偿还债务的能力越强。

(8) 现金利息保障倍数。计算公式为：（经营活动现金净流量＋现金利息支出＋付现所得税）/现金利息支出×100%。现金流量利息保障倍数是指经营现金净流量为利息费用的倍数，以现金流量表为基础计算的，旨在计算用现金支付利息的能力。它比收益基础的利息保障倍数更可靠，因为实际用以支付利息的是现金，而非收益。该比率比以收益为基础的利息保障倍数更可靠。

（二）盈利能力分析

盈利能力是指企业获取利润的能力，也称为企业的资金或资本增值能力，通常表现为一定时期内企业收益数额的多少及其水平的高低（见图3）。盈利能力指标主要包括总资产报酬率、净资产报酬率、销售净利率、销售利润率、成本费用利润率、主营业务利润率六项。常用的是净资产收益率、销售净利率、销售利润率、成本费用利润率。

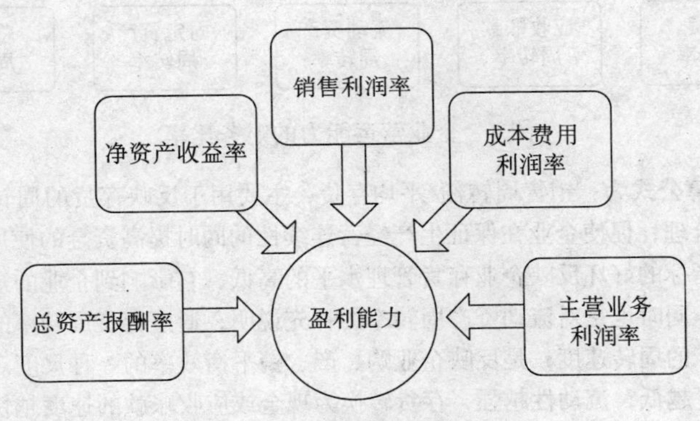

图3 盈利能力分析

1. 净资产收益率。计算公式为：净利润/平均净资产×100%。是公司税后利润除以平均净资产得到的百分比率，该指标反映股东权益的收益水平，用以衡量公司运用自有资本的效率。该指标越高，说明投资带来的收益越高。

2. 销售净利率。计算公式为：净利润/营业收入净额×100%。销售净利率又称销售净利润率。该指标反映每1元营业收入带来的净利润的多少，表示营业收入的收益水平。它与净利润成正比关系，与营业收入成反比关系，企业在增加营业收入额的同时，必须相应地获得更多的净利润，才能使销售净利率保持不变或有所提高。通过分析销售净利率的升降变动，可以促使企业在扩大销售的同时，注意改进经营管理，提高盈利水平。

3. 销售利润率。计算公式为：利润总额/销售收入×100%。是衡量企业销售收入的收益水平的指标。

4. 成本费用利润率。计算公式为：利润总额/成本费用总额×100%。该指标表明每付出一元成本费用可获得多少利润，体现了经营耗费所带来的经营成果。该项指标越高，利润就越大，反映企业的经济效益越好。

5. 总资产报酬率。又称资产所得率，计算公式为：（利润总额＋利息支出）/平均资产总额×100%。总资产报酬率是指企业一定时期内获得的报酬总额与资产平均总额的比率，是用以评价企业运用全部资产的总体获利能力，是评价企业资产运营效益的重要指标。总资产报酬率越高，表明资产利用效率越高，说明企业在增加收入、节约资金使用等方面取得了良好的效果；该指标越低，说明企业资产利用效率低，应分析差异原因，提高销售利润率，加速资金周转，提高企业经营管理水平。

6. 主营业务利润率。计算公式为：主营业务利润/主营业务收入×100%。表明了企业每单位主营业务收入能带来多少主营业务利润，反映了企业主营业务的获利能力，是评价企业经营效益的主要指标。该指标越高，说明企业产品或商品定价科学，产品附加值高，营销策略得当，主营业务市场竞争力强，发展潜力大，获利水平高。另外该指标反映出公司的主营业务获利水平，只有当公司主营业务突出，即主营业务利润率较高的情况下，才能在竞争中占据优势地位。该指标还体现了企业经营活动最基本的获利能力，没有足够大的主营业务利润率就无法形成企业的最终利润，为此，结合企业的主营业务收入和主营业务成本分析，能够充分反映出企业成本控制、费用管理、产品营销、经营策略等方面的不足与成绩。

（三）营运能力分析

营运能力是指企业的经营运行能力，即企业运用各项资产以赚取利润的能力。企业的营运能力财务分析比率有：存货周转率、应收账款周转率、流动资产周转率、固定资产周转率、总资产周转率（见图4）。其中经常使用的指标是存货周转率、应收账款周转率、总资产周转率。

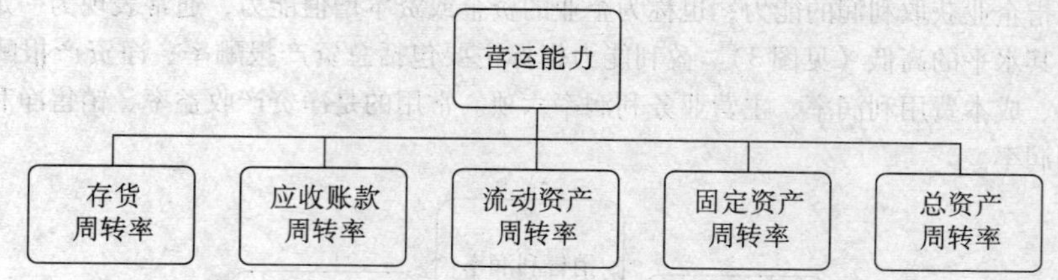

图4　企业营运能力的财务比率

1. 存货周转率。计算公式为：销售周转额/平均存货，主要用于反映存货的周转速度，即存货的流动性及存货资金占用量是否合理，促使企业在保证生产经营连续性的同时提高资金的使用效率，增强企业的短期偿债能力。存货周转率指标的好坏反映企业存货管理水平的高低，它影响到企业的短期偿债能力，是整个企业管理的一项重要内容，同时也是对流动资产周转率的补充说明，通过存货周转率的计算与分析，可以测定企业一定时期内存货资产的周转速度，是反映企业购、产、销平衡效率的一种尺度。一般来讲，存货周转速度越快，存货的占用水平越低，流动性越强，存货转换为现金或应收账款的速度越快。因此，提高存货周转率可以提高企业的变现能力。但存货周转率不是越高越好，比如减少存货量，可以缩短周转天数，但可能会对正常的经营活动带来不利影响。另外计算存货周转率时我们需要注意分析目的的不同，作为周转额是使用“营业收入”还是“营业成本”也不同，如果分析目的是判断短期偿债能力，应采用营业收入。如果分析目的是评估存货管理业绩，应当使用营业成本。

在分析存货周转率的同时有个相关指标，即存货周转天数，公式为：存货周转天数＝360/存货周转率。它表明了企业购入存货、投入生产到销售出去所需要的天数。提高存货周转率，缩短营业周期，可以提高企业的变现能力。

2. 应收账款周转率。计算公式为：营业收入/平均应收账款余额。它是反映公司应收账款周转速度的比率，说明一定期间内公司应收账款转为现金的平均次数。用时间表示的应收账款周转速度为应收账款周转天数，也称平均应收账款回收期或平均收现期。它表示公司从获得应收账款的权利到收回款项、变成现金所需要的时间。一般情况下，应收账款周转率越高越好，周转率高，表明收账迅速，账龄较短；资产流动性强，短期偿债能力强，可以减少坏账损失等。反之则说明营运资金过多呆滞在应收账款上，影响正常资金周转及偿债能力。

它的相关指标为应收账款周转天数，计算公式为：应收账款周转天数＝360/应收账款周转率。表示企业从取得应收账款的权利到收回款项、转换为现金所需要的时间。另外应收账款周转率，要与企业的经营方式结合考虑。以下几种情况使用该指标不能反映实际情况：第一，季节性经营的行业；第二，大量使用分期收款结算方式；第三，大量使用现金结算的销售；第四，年末大量销售或年末销售大幅度下降。

3. 总资产周转率。计算公式为：营业收入/平均资产总额，是考察企业资产运营效率的指标，体现了企业经营期间全部资产从投入到产出的流转速度，反映了企业全部资产的管理质量和利用效率。通过该指标的对比分析，可以反映企业本年度以及以前年度总资产的运营效率和变化，发现企业与同类企业在资产利用上的差距，促进企业挖掘潜力、积极创收、提高产品市场占有率、提高资产利用效率，一般情况下，该数值越高，表明企业总资产周转速度越快。销售能力越强，资产利用效率越高。

4. 流动资产周转率。计算公式为：营业收入 / 平均流动资产余额，是评价企业资产利用率的一个重要指标。它反映了企业流动资产的周转速度，是从企业全部资产中流动性最强的流动资产角度对企业资产的利用效率进行分析，以进一步揭示影响企业资产质量的主要因素。通过该指标的对比分析，可以促进企业加强内部管理，充分有效地利用流动资产，如降低成本、调动暂时闲置的货币资金用于短期投资创造收益等，还可以促进企业采取措施扩大销售，提高流动资产的综合使用效率。一般情况下，该指标越高，表明企业流动资产周转速度越快，利用越好。在较快的周转速度下，流动资产会相对节约，相当于流动资产投入的增加，在一定程度上增强了企业的盈利能力；而周转速度慢，则需要补充流动资金参加周转，会形成资金浪费，降低企业盈利能力。

5. 固定资产周转率。计算公式为：营业收入/平均固定资产净额，表示在一个会计年度内，固定资产周转的次数，或表示每 1 元固定资产支持的营业收入。固定资产周转率主要用于分析对厂房、设备等固定资产的利用效率，比率越高，说明利用率越高，管理水平越好。如果固定资产周转率与同行业平均水平相比偏低，则说明企业对固定资产的利用率较低，可能会影响企业的获利能力。它反映了企业资产的利用程度。

（四）发展能力分析

发展能力状况是指扩大规模、壮大实力的潜在能力。分析发展能力主要考察以下指标：营业收入增长率、资本积累率、总资产增长率、固定资产成新率、营业利润增长率、技术投入比率、营业收入三年平均增长率、资本三年平均增长率、利润总额三年平均增长率等。其中常用的有营业收入增长率、总资产增长率、技术投入比率等（见图 5）。

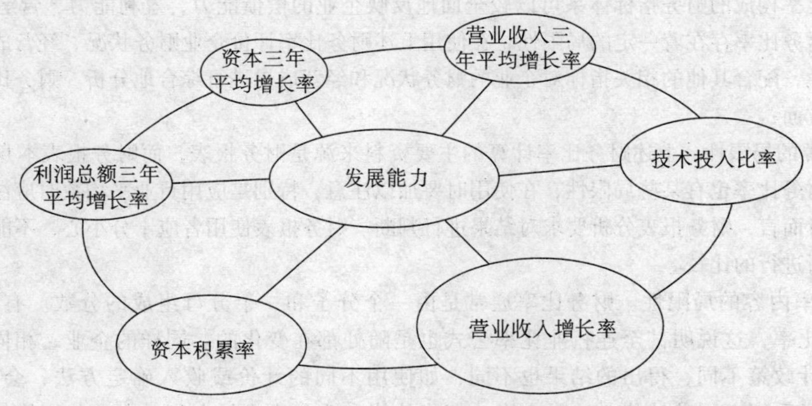

图 5　发展能力结构图

1. 营业收入增长率。计算公式为：（本年度营业总收入 - 上年度营业总收入）/上年度营业总收入 × 100%。基本形式为快报、决算中营业同比增长数据。营业收入增长率是反映营业收入的增减变动情况。同时营业增长率是衡量企业经营状况和市场占有能力，预测企业经营业务拓展趋势的重要指标。该指标反映了企业营业收入的成长状况及发展能力。

2. 营业利润增长率。计算公式为：本年营业利润增长额/上年营业利润总额 × 100%。营业利润增长率，是企业本年营业利润增长额与上年营业利润总额的比率，反映企业营业利润的增减变动情况。

3. 总资产增长率。计算公式为：本期总资产增长额/年初资产总额，反映企业本期资产规模的增长情况。总资产增长率越高，表明企业一定时期内资产经营规模扩张的速度越快。在分析时需要关注资产规模扩张的质和量的关系，以及企业的后续发展能力，避免盲目扩张。

4. 技术投入比率。计算公式为：本年科技支出合计/主营业务收入×100%，是企业本年科技支出（包括用于研究开发、技术改造、科技创新等方面的支出）与本年营业收入的比率，反映企业在科技进步方面的投入，在一定程度上可以体现企业的发展潜力。

5. 营业收入三年平均增长率。计算公式为：$(\sqrt[3]{(\text{当年营业收入总额}/\text{三年前营业收入总额}-1)}\times 100\%$，营业收入三年平均增长率表明企业营业收入连续三年的增长情况，反映企业的持续发展态势和市场扩张能力。一般认为，营业收入三年平均增长率越高，表明企业营业持续增长势头越好，市场扩张能力越强。

6. 利润总额三年平均增长率。计算公式为：$(\sqrt[3]{\text{年末利润总额}/\text{三年前年末利润总额}-1})\times 100\%$，利润是企业积累和发展的基础，该指标越高，表明企业积累越多，可持续发展能力越强，发展的潜力越大。利用三年利润平均增长率指标，能够反映企业的利润增长趋势和效益稳定程度，较好地体现了企业的发展状况和发展能力，避免因少数年份利润不正常增长而对企业发展潜力的错误判断。

7. 资本三年平均增长率。计算公式为：$(\sqrt[3]{\text{年末所有者权益}/\text{三年前年末所有者权益}-1})\times 100\%$，资本三年平均增长率表示企业资本连续三年的积累情况，在一定程度上反映了企业的持续发展水平和发展趋势。

8. 固定资产成新率。计算公式为：平均固定资产净值/平均固定资产原值。固定资产成新率又称“固定资产净值率”或“有用系数”，反映了企业所拥有的固定资产的新旧程度，体现了企业固定资产更新的快慢和持续发展的能力。

9. 资本积累率。计算公式为：本期所有者权益增长额/年初所有者权益，资本积累率即股东权益增长率。表示企业当年资本的积累能力，是评价企业发展潜力的重要指标。资本积累率反映了投资者投入企业资本的保全性和增长性，该指标越高，表明企业的资本积累越多，企业资本保全性越强，应付风险、持续发展的能力越大。该指标如为负值，表明企业资本受到侵蚀，所有者利益受到损害，应予充分重视。

（五）财务比率的局限性

上述财务比率构成的财务指标体系可以较全面地反映企业的偿债能力、盈利能力、营运能力和发展能力。但是上述财务比率存在着一定的局限性，在使用上述财务比率评价企业财务状况、经营成果时应充分地认识到其局限性，配合其他的相关指标对企业的财务状况和经营成果进行综合地分析。财务比率的局限性主要表现在以下方面：

1. 资料来源的局限性。上述财务比率计算的主要资料来源是财务报表，而财务报表本身有局限性，据此计算出来的财务比率也有某些局限性，在使用时要加以注意，特别是应用行业平均数时应注意一些特定的事项。就分析者而言，财务报表分析要求对结果进行判断。财务报表使用者应十分小心，不能绝对信任所计算出的比率或所进行的比较。

2. 财务比率内容的局限性。财务比率通常是由一个分子和一个分母组成的分数。有多少对数字就有多少种财务比率，这说明甚至连行业比率公式也是随处都在变化的。同样的企业，相同的经营活动，如果采用的会计政策不同，得出的结果也不同，如使用不同的计价或收入确定方法，会形成不同的收入数额；对存货采用不同的计价方法，会影响存货价值和业务成本的金额。会计年度终结的日期不同，也会产生不同的结果。就分析者而言，应仔细阅读报表及其附注所涵盖的内容，判断财务比率的可比程度。

3. 比较标准的局限性。进行财务报表分析时，通常应根据财务报表计算财务比率，并将财务比率进行比较以说明企业的财务状况及经营成果。比较的依据一般是行业平均数，而行业平均数会将本行业各种类型的企业包括在内，如将资本密集型公司与劳动密集型公司包括在一个组内，将大量举债的公司与宁愿避免借债风险的公司包括在一组内，就会使行业平均数成为一个纯粹的算术平均数。如果计算行业平均数时所选择的样本不具有代表性，如一张极端的报表，或者是包括大额亏损的报表，也会使行业数据发生偏离。因此行业比率也不是绝对的标准。在对一个公司的财务状况进行系统评价时，应把它们视为一般性指南，与其他方法结合使用。如果所有类型的比较方法都使用到将是最好的。趋势分析、行业分析以及与主要竞争对手的对比分析都能为调查结果提供证据，也可以为问题的解决提供实际基础。在分析时有时会遇到亏损数而分子或分母为负数的分析都是没有意义的，需注释说明。

参考范例一：

全国国有企业经济运行形势持续严峻

全国国有企业最新快报显示，2012 年 9—10 月各项主要经济指标略有好转，但与前两年相比，总体大幅度下滑。一是增收不增利，出现正负超过 10% 的反差。二是存货周转率和应收账款周转率持续降低。三是财务费用和资产负债率持续直线上升。四是亏损企业亏损额增幅总体持续攀升。

一、盈利状况异常

（一）增收不增利

2012 年 1—10 月，全国国有企业营业总收入增长 10%，但实现利润为 -8. 3%（见图 1）。

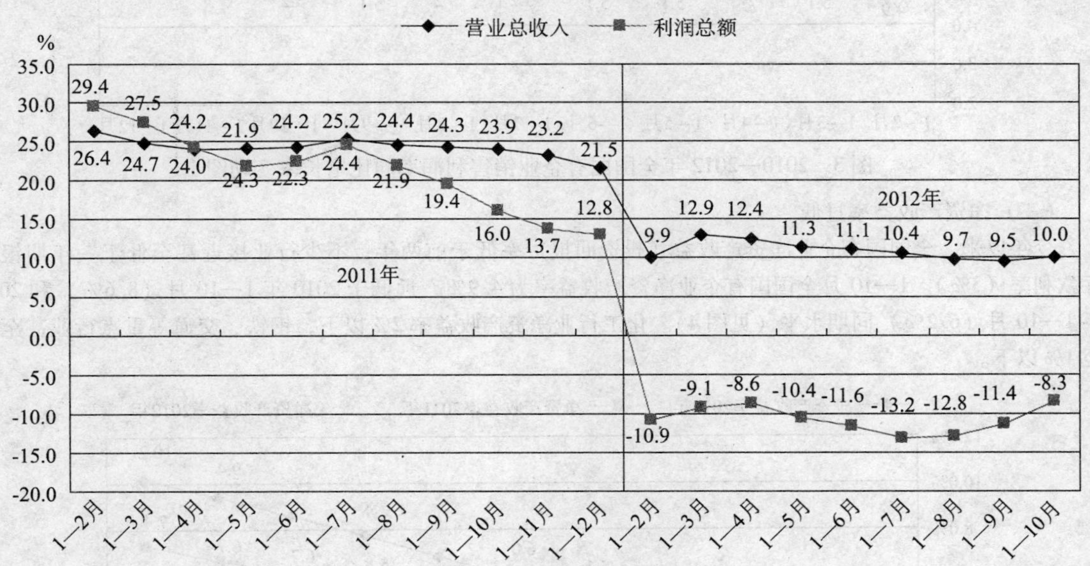

图 1　2011—2012 年 10 月营业总收入、实现利润增幅变动情况

今年以来利润增幅连续负增长，与前两年形成较大反差。2010 年 1—10 月利润增长高达 44. 8%，2011 年 1—10 月份为 16%，而 2012 年 1—10 月利润则为负增长，分别比 2010 年和 2011 年同期回落 53. 1 和 24. 3 个百分点（见图 2）。

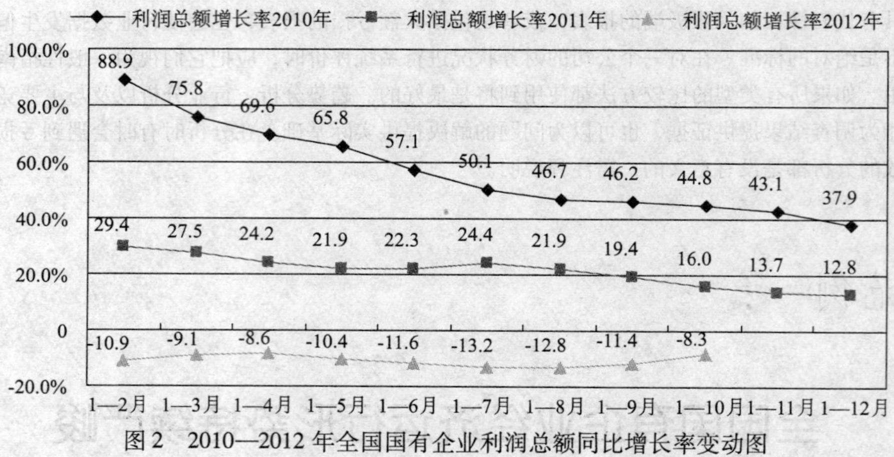

图2　2010—2012 年全国国有企业利润总额同比增长率变动图

（二）销售利润率下降

今年1—10月，全国国有企业销售利润率为5.2%，均低于2010年1—10月（6.6%）和2011年1—10月（6.2%）同期水平（见图3）。

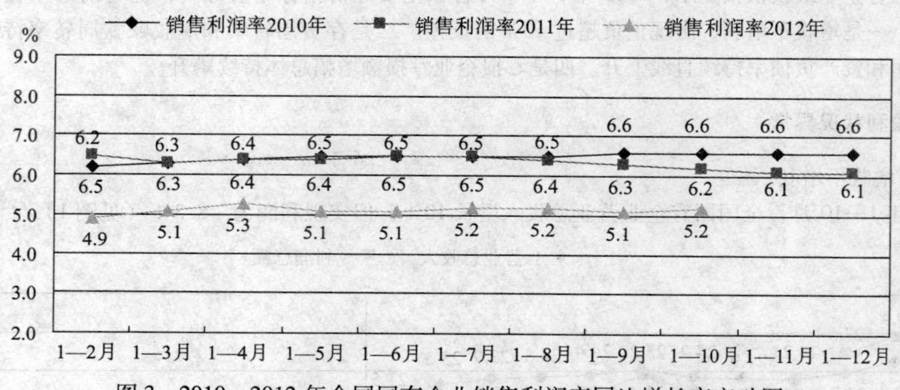

图3　2010—2012 年全国国有企业销售利润率同比增长率变动图

（三）净资产收益率过低

今年以来，全国国有企业净资产收益（投资回报）率低于前两年，不少行业接近甚至低于一年期银行存款利率（3%）。1—10月全国国有企业净资产收益率为4.9%，远低于2010年1—10月（8.6%）和2011年1—10月（6.2%）同期水平（见图4）。化工行业净资产收益率2%以下，钢铁、交通等重点行业甚至降至1%以下。

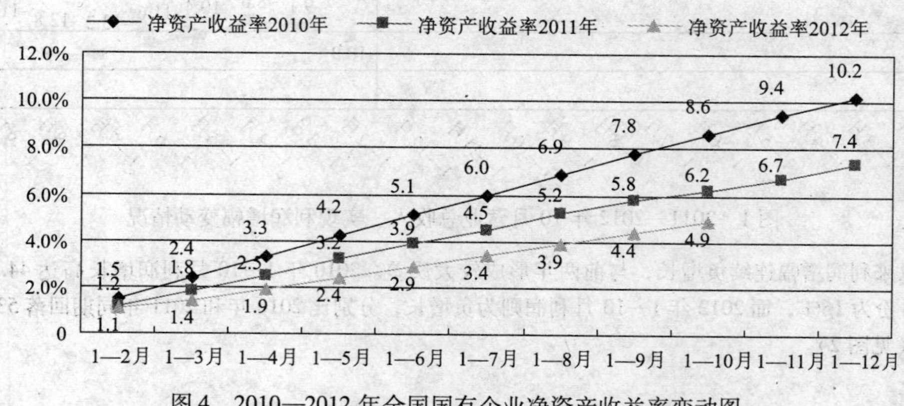

图4　2010—2012 年全国国有企业净资产收益率变动图

二、存货周转率和应收账款周转率持续减慢

今年以来，企业库存积压、销售收款困难、现金流短缺状况仍在持续。今年1—10月全国国有企业存货周转率为3.2次，均低于2010年1—10月（3.8次）和2011年1—10月（3.6次）同期水平（见图5），施工、房地产（0.99次）、烟草（1.08次）、旅游（1.76次）、机械（1.8次）、外经（1.95次）等行业尤为突出。1—10月不少行业应收账款大幅增长，建材（49.9%）、纺织（34.8%）等行业增幅均超过30%，分别比去年同期提高了23.5和16.9个百分点。应收账款周转率为9.7次，均低于2010年1—10月（10.5次）和2011年1—10月（10.4次）同期水平（见图6），机械（2.9次）、电子（4次）、施工、房地产（4.3次）、医药（5.5次）、建材（6.1次）等行业。

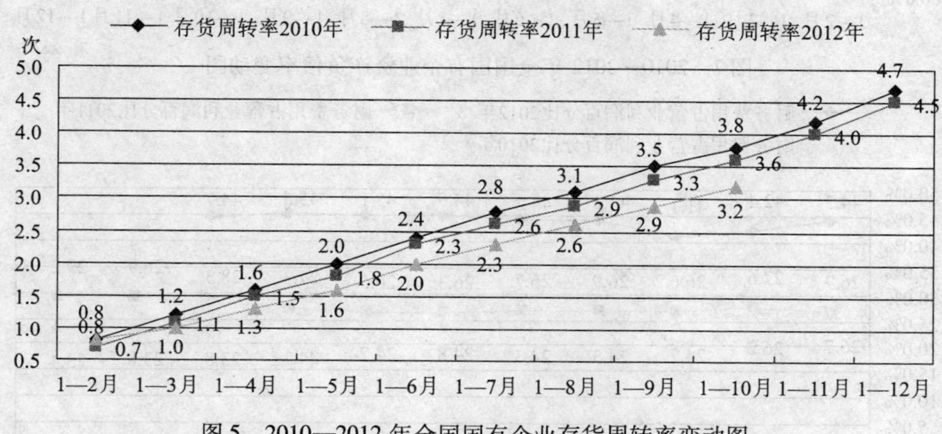

图5　2010—2012年全国国有企业存货周转率变动图

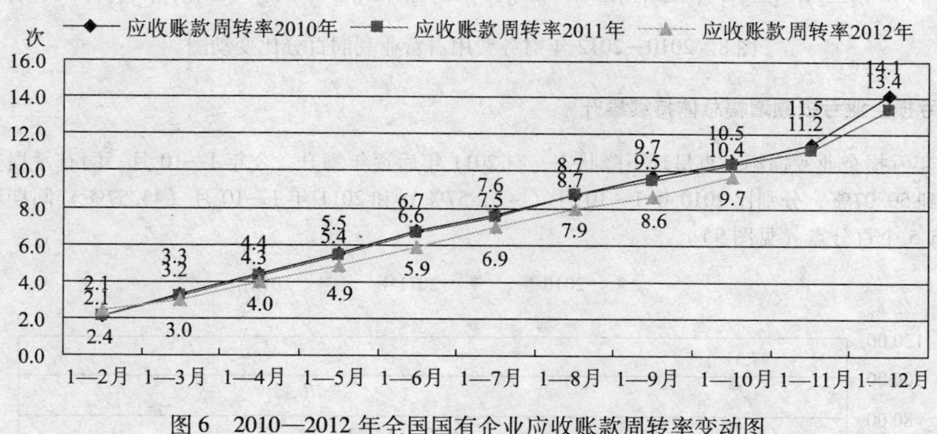

图6　2010—2012年全国国有企业应收账款周转率变动图

三、资产负债率直线上升，财务费用居高不下

今年以来，资产负债率仍在攀升，不少行业和地区超过70%。数据表明，今年1—10月国有企业偿债能力显著下降，资产负债率仍处在今年最高位（64.9%），均高于2010年1—10月（63.2%）和2011年1—10月（64%）同期水平（见图7）。

今年1—10月财务费用占营业利润的比重高达44.7%，分别比2010年1—10月（23.8%）和2011年1—10月（28.3%）同期高出20.9和16.4个百分点（见图8）。

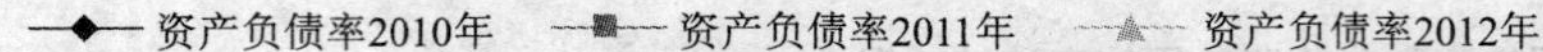

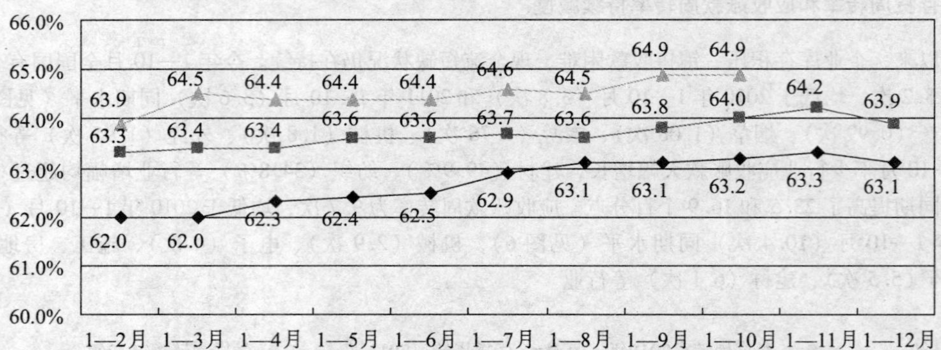

图7 2010—2012 年全国国有企业资产负债率变动图

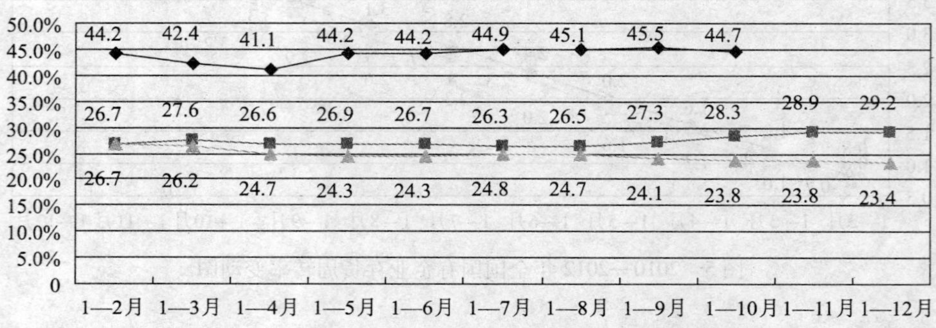

图8 2010—2012 年财务费用占营业利润百分比变动图

四、亏损企业亏损额增幅总体持续攀升

2010 年亏损企业亏损额一直呈现下降状态，自 2011 年后逐年攀升，今年 1—10 月，国有亏损企业亏损额增幅达到 50. 07%，分别比 2010 年 1—10 月（-21. 57%）和 2011 年 1—10 月（43. 57%）同期增幅高出 71. 64 和 6. 5 个百分点（见图 9）。

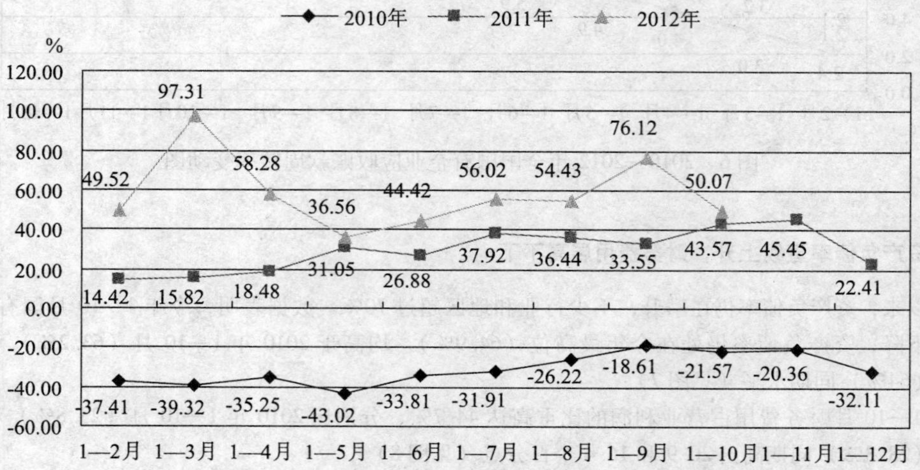

图9 2010—2012 年国有企业亏损额增幅变动图

综上数据显示和分析，目前和未来国有企业经济运行态势不容乐观，如何从有助于企业可持续发展和培养财源的角度，帮助企业走出困境，是当前的一项紧迫任务。

参考范例二：

2011年度全国国有企业财务会计决算情况报告

为全面了解和掌握全国国有企业①发展情况，我部组织完成了2011年度全国国有企业财务会计决算汇审工作。从总体上看，国有企业主要经济效益指标保持两位数增长，转变经济发展方式迈出新步伐，为保持宏观经济平稳运行发挥了重要作用。但国有企业盈利能力下降，发展方式仍较粗放，国有经济布局和结构不合理等问题突出。发展社会主义市场经济，实现科学发展，必须进一步明确方向和目标，全面系统地深化国有企业改革。

一、国有企业在国民经济中的主导骨干作用日益增强

（一）主要经济效益指标保持较快增长

2011年，世界经济形势错综复杂，金融危机对中国经济的负面冲击余波未了，国有企业克服诸多不利因素，努力扩生产、保增长，主要经济效益指标均保持两位数增长。截至2011年底，全国国有企业共计135682户②，比上年增长4.8%。资产总额759081.8亿元，增长18.6%。实现营业总收入386341.4亿元，增长22.7%。实现利润总额24669.8亿元，增长15.1%；净利润为18531.8亿元，增长13.9%；归属于母公司所有者的净利润为13086.1亿元，增长15.5%。

图1显示了2011年主要经济指标中央与地方的占比情况。

（二）为保持宏观经济平稳运行发挥重要作用

从经济效益上看，国有企业为国家财政作出了积极贡献。2011年，国有企业实际上交税费32546.3亿元，比上年增长22.6%，高于净利润增速8.7个百分点，占全国税收收入的34%。2011年开始，国家进一步提高国有资本收益收取比例，资源类国有企业国有资本收益收取比例由10%提高到15%，一般竞争类企业收取比例由5%提高到10%，随着国企上交红利比例的提高，国有企业将为国家财政贡献更多的收入，为保障和改善民生提供更强的物质基础。

从社会效益上看，国有企业在积极落实国家宏观调控政策，全力保障市场供应，保持社会和谐稳定等方面发挥着骨干作用。2011年，中央管理的五大发电集团消化了煤炭价格上涨带来的成本大幅上升压力，以全年超过300亿元的火电亏损，保障了全国电力消费11.7%的增长；三大石油公司努力开发资源、开拓市场，积极克服油价倒挂影响利润1600亿元的不利影响，保障了生产经营的平稳运行和国内成品油市场的供应；国有军工企业圆满完成了一系列具有世界影响力的重大航天工程任务，铸就了我国航天事业发展史上新的重要里程碑；中央企业全年累计捐赠支出37.7亿元，用于抗击自然灾害、扶贫帮困、支持教育以及各种公益事业。

---

① 本报告中有关国有企业数据来源于2011年全国国有企业财务会计决算。全国国有企业包括中央企业和36个省（自治区、直辖市、计划单列市）国有及国有控股企业，不含国有金融类企业。其中，中央企业包括：82个中央部门所属国有及国有控股企业、117户国资委监管的企业集团。

② 本报告国有企业户数按纳入决算报表合并范围的独立核算法人户数统计。

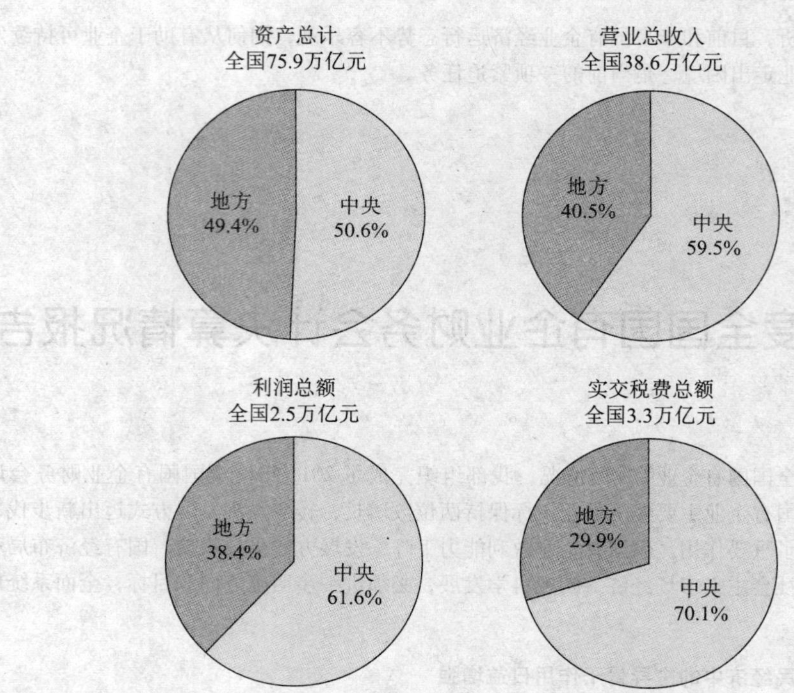

图1　中央、地方主要指标占比情况

此外，国有企业特别是中央企业还承担了大量急难险重任务，如2011年初利比亚撤侨事件中，国有航空、海运企业先后出动飞机76架次、轮船6艘，撤出员工25481人，并协助使馆撤离其他中资企业员工、留学生和外籍员工近8000人。

（三）转变经济发展方式迈出坚实步伐

一是创新能力不断增强，大力推进战略性新兴产业发展。国有经济是科技创新的主要力量，根据国家中长期科技发展规划，我国需要突破的11个重点领域和16个重大科技专项，国有企业几乎全部涉及。中央企业的专利指标年均增长35%以上，在载人航天、绕月探测、特高压电网、4G标准、高速动车等领域和重大工程项目中取得了一批具有自主知识产权和国际先进水平的创新成果。2011年，国有企业科技支出4728亿元，比上年增长13.6%，其中研究开发费用3639.4亿元，比上年增长13.3%；国有企业提取安全生产费用总额1209.6亿元，比上年增长13.2%；用于环境保护及生态恢复的费用492亿元，提高31.5%；用于节能减排的支出达299.2亿元。以上四项支出共计6728.8亿元，占营业总成本的1.8%。

二是境外投资大幅增加，"走出去"步伐不断加快。国有企业特别是中央企业在"走出去"开展国际化经营中发挥着领军作用，对外投资合作取得长足进展。截至2011年底，国有企业累计向境外投资10661.1亿元（人民币，下同），增长36.4%。其中2011年新增投资2177.4亿元，占累计境外投资额的20.4%，占当年全国非金融类企业对外直接投资的56.1%。

三是产融结合成效逐步显现，整体竞争实力不断提高。随着我国金融领域的不断开放和国有企业集团实力的不断壮大，越来越多的国有企业涉足金融领域，实现了实体经济和金融产业的有机结合。2011年，纳入决算合并范围的金融类企业共1137户，资产总额85799.5亿元，比上年增长30.9%；实现营业总收入3967.8亿元，比上年增长49.5%；实现利润总额1214.9亿元，比上年增长49.6%；实际上交税费408.6亿元，比上年增长47.3%。目前国资委监管的117家中央企业中，有58家涉足金融领域，业务范围涵盖银行、保险、信托、证券、担保、期货等多个领域。金融业务的开展为国有企业集团自身提供了融资便利，降低了融资成本，丰厚的投资收益也为企业创造了新的利润增长点。

二、盈利能力下降，规模扩张较快，制约国有企业健康发展

（一）主要效益指标增速放缓，盈利能力下降

受市场需求疲软、主要产品价格下降、部分能源资源类产品价格倒挂，以及宏观调控政策等多种因素影响，2011 年全国国有企业主要效益指标增幅明显回落（见图 2）。营业总收入同比增长 22.7%，增幅比上年下降 6.9 个百分点；利润总额同比增长 15.1%，增幅下降 22.2 个百分点；净利润同比增长 13.9%，增幅下降 25.9 个百分点。同时，国有企业的盈利能力指标也出现下降，净资产收益率 7.2%，比上年降低 0.3 个百分点；成本费用利润率 6.9%，降低 0.3 个百分点；销售利润率 6.6%，降低 0.4 个百分点。

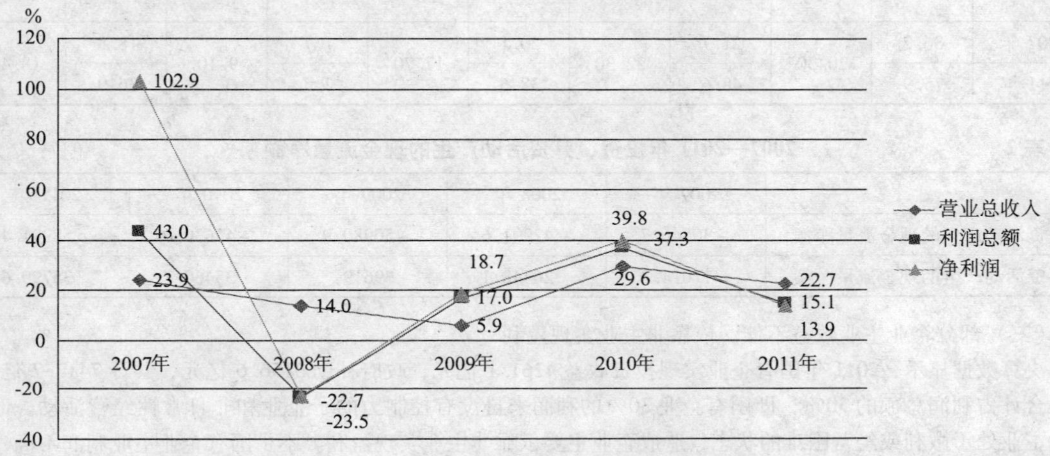

图 2　2007—2011 年主要效益指标增减幅度

部分行业与 2010 年相比利润增速放缓较为明显，如冶金工业、交通运输业、汽车工业、电力工业、石油石化工业、煤炭工业、房地产业等，利润增幅下降均超过 30 个百分点。由于这些行业在全国汇总利润中所占比重较高，对全国汇总利润增幅下降产生较大影响。同时，近年来企业营业总成本在营业总收入中的占比居高不下也成为影响企业利润增长的重要原因。2008—2011 年，国有企业营业总成本占营业总收入的比重连续 4 年在 95% 以上，2011 年比重高达 95.6%，企业毛利率仅为 4.4%（见图 3）。

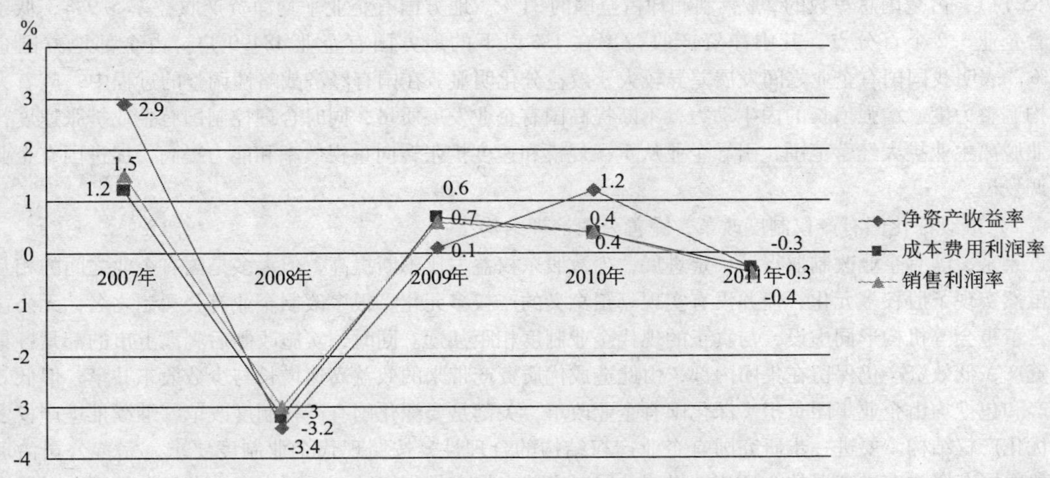

图 3　2007—2011 年盈利能力指标增减幅度

（二）规模扩张较快，与效益增长不同步

从 2007—2011 年主要财务指标的对比情况可以看出，国有企业规模扩张较快，与效益增长不同步现象

突出。负债增速快于资产增速 2 个百分点；资产增速快于利润增速 11.2 个百分点；收入增长快于利润增长 8.6 个百分点；成本增长快于利润增长 9.3 个百分点；资产负债率由 60.1% 上升到 64%（见表 1）。此外，投资活动和筹资活动产生的现金流量净额近五年一直呈快速增长趋势，2011 年与 2007 年相比分别增长了 1.9 倍和 2.1 倍，且投资活动产生的现金流量净额一直为负（见表 2）。

表 1　　2007—2011 年主要财务指标增长情况　　单位：万亿元

	资产总额	5 年平均增长（%）	负债合计	5 年平均增长（%）	营业总收入	5 年平均增长（%）	利润总额	5 年平均增长（%）	营业总成本	5 年平均增长（%）
2007 年	36.2	20.30	21.7	22.30	20.1	17.70	1.7	9.10	18.8	18.40
2011 年	75.9		48.6		38.6		2.5		36.9	

表 2　　2007—2011 年投资、筹资活动产生的现金流量净额　　单位：亿元

	2007 年	2008 年	2009 年	2010 年	2011 年
投资活动产生的现金流量净额	-30546.7	-42991.6	-50980.9	-47630.6	-58991.4
筹资活动产生的现金流量净额	17014.3	26448.1	39619	35460.7	35799.6

（三）部分企业主业效益不佳，依靠非主业实现盈利

决算数据显示，2011 年国有企业实现投资收益 4261.1 亿元，政府补助 3156.6 亿元，共计 7417.7 亿元，两项合计占利润总额的 30%，即国有企业 30% 的利润来自没有控制力的子企业和非日常性经营活动。部分企业主业处于微利或经营困难的状态，造成企业主要依靠非主业实现盈利。不少国有企业主业利润不高，但投资收益特别是股票投资收益增长较快，还有的企业依靠住宅地产投资和金融及其他业务获取较大利润盈利。中央管理的五大发电企业也均存在主营业务亏损，依靠非主业和营业外收入实现盈利的状况。

三、继续深化国企改革，实现国有企业科学发展

（一）努力提高发展质量，促进国有企业健康协调发展

决算数据显示，全国国有企业实现利润超过 1000 亿元的企业集团共 5 家（纳入合并报表的企业户数合计 2785 户），占全国总户数的 2%，利润却占全国的 31%。地方国有企业平均净资产收益率 5.9%，低于中央监管企业 3.2 个百分点，其中净资产收益率在 1% 以下的地方国有企业 48490 户，占全部地方国企的 51.4%。表明我国国有企业之间发展差异较大，效益分化明显。在国有经济战略性调整的过程中，应着力加大结构调整力度，增强增长的内生动力，不断提高国有企业发展质量，同时合理控制国有企业扩张速度，防止企业脱离主业扩大经营范围，引导企业从重视规模和速度扩张转向重视效率和能力提高，促进国有企业健康协调发展。

（二）继续深化国有产权制度改革，完善公司治理结构

近年来，国有企业改制取得了一定进展，少数股东权益占比不断提高，但大多是国有企业之间的相互参股，虽然实现了股权多元化，但并没有实现真正意义的产权多元化。很多改制企业有公司制之名，无公司制之实，董事会等机构形同虚设，与真正的现代企业制度相距甚远。同时，实施改制后剥离上市的都是各集团优质资产，低效资产仍保留在集团内部，由此造成优质资产带来的效益高速增长与少数股东共享，但低效劣质资产和包袱均由企业集团负担。深化国有企业改革，关键是要深化国有产权制度改革，继续推进产权多元化，优化产权结构。要进一步研究国有企业产权结构的合理性，按照现代企业制度要求，完善公司治理结构，建立国有资本有进有退的合理流动机制。同时完善产权交易市场，盘活国有资本存量，鼓励和引导民间资本参与国有企业改革，切实推进产权多元化，实现现代企业制度。

（三）加强和创新企业管理，构建新型财务管理模式

国有企业内部管理层级较多，链条过长是制约国有企业提高效益的重要因素。目前，中央管理企业三级

及以下户数占全部中央管理企业户数的42%。很多企业集团生产经营实体主要集中在三级以下，财务管理，风险管控的难度很大。要大力推进国有企业内部组织机构优化，减少管理层级，收缩投资链条，突出主业。同时，加快构建市场经济条件下企业新型的财务管理模式，强化全面预算、资金管控、财务管理信息化等要素构成的企业财务管理能力认证体系，从而有效防范财务风险，不断提高企业生产质量和经营效益。

参考范例三：

2011年度外商投资企业财务会计决算情况报告

2011年，我国外商投资企业总体运行状况良好，年检户数增加，全年利用外资再创历史新高。但是，国内外经济环境变化对我国外商投资企业产生较大影响，实际使用外资增速放缓，实现利润和盈利能力下降，亏损面扩大。外商投资企业在中国的投资取向的新变化不容忽视。

一、2011年外商投资企业基本情况

（一）外资企业年检户数逐步增加

2011年度，参加全国外商投资企业联合年检的外商投资企业（以下简称外资企业）共23.2万户。其中，财政部汇总财务会计决算报表的外资企业共184545户，比上年增加4890户，同比增长2.7%。广东、上海、江苏位列户数前3位，分别为37200户、33631户和28687户。合资企业户数为51698户，比上年减少0.2%；合作企业户数为5421户，比上年减少1.8%；独资企业的户数为127426户，比上年增长4.1%。

（二）全年利用外资再创历史新高

截至2011年，外资企业实际投资11.5万亿元（人民币，下同），增长5.8%，其中由外商承担投资额8.5万亿元，增长10.1%；实际投资总额占合同投资总额的73.7%，比上年提高0.3个百分点，外资企业注册资本9.1万亿元，其中外方注册资本7.3万亿元，企业资本到位率为92.3%，比上年上升1个百分点，与前年持平。

（三）资产、收入和上交税收继续增长

2011年，汇编外资企业资产总额32万亿元（人民币，下同），负债总额19.5万亿元，所有者权益12.4万亿元，分别比上年增长17.1%、19%和14.2%，增幅比去年分别下降3.1、1.8和5.1个百分点；实现营业总收入26.2万亿元，实际上交税收1.7万亿元，分别比上年增长14.3%和23.3%，增幅分别比去年同期下降18.2和10.4个百分点。

2011年，外商投资企业共计18.5万户，实现利润为17550亿元，同比下降2.9%，户均利润951万元。分行业来看，同比增长最快的前三位行业均为第三产业，分别是金融业（86.7%）、租赁和商务服务业（84.6%）、科学研究、技术服务和地质勘察业（62%）。实现利润总额最大的三个行业为制造业（10046.4亿元）、批发和零售业（1373.2亿元）和采矿业（1269亿元）（见表1）。

（四）出口销售收入继续上升

外资企业出口额占全国出口额的比例除在2007—2008年较快增长外，近3年比例逐年略有降低，2009年、2010年、2011年三年比例依次为46.7%、46.2%、44.4%，年均降低1.2个百分点（见图1）。2011年，外资企业实现产品出口销售收入5.4万亿元，折合8423.6亿美元（按平均汇率6.4588元/美元计算），比上年同期增长15.6%，占当年全国出口总额（18986.0亿美元）的44.4%，比上年下降1.8个百分点，其中制造业外资企业占整个外资企业出口额的94.8%。

表 1　　2011 年各行业外商投资企业利润实现情况　　单位：万元

产　业	行　业	户数（户）	利　润	比上年增减%	户均利润
合　计	—	184545	175495195.0	-2.9	951.0
第一产业	农、林、牧、渔业	2977	396898.9	41.3	133.3
第二产业	采矿业	875	12690187.2	23.7	14503.1
	制造业	115909	100463777.3	-1.0	866.7
	电力、燃气及水的生产和供应业	1932	3254863.8	-46.8	1684.7
	建筑业	2845	1415432.3	27.1	497.5
第三产业	交通运输、仓储和邮政业	3527	7155942.5	-0.3	2028.9
	信息传输、计算机服务和软件业	5929	9893875.3	-41.1	1668.7
	批发和零售业	20822	13732238.5	-17.3	659.5
	住宿和餐饮业	3452	735260.8	53.5	213.0
	金融业	519	3925528.8	86.7	7563.6
	房地产业	6700	10675814.0	-4.7	1593.4
	租赁和商务服务业	8939	8470879.1	84.6	947.6
	科学研究、技术服务和地质勘察业	2788	828908.5	62.0	297.3
	水利、环境和公共设施管理业	374	127499.5	-34.8	340.9
	居民服务和其他服务业	5611	1895758.6	1.3	337.9
	教育	195	-3232.0		-16.6
	卫生、社会保障和社会福利业	283	1707.0	1.6	6.0
	文化、体育和娱乐业	868	-166145.1	321.2	-191.4
	公共管理和社会组织	0	0.0	0.0	0.0

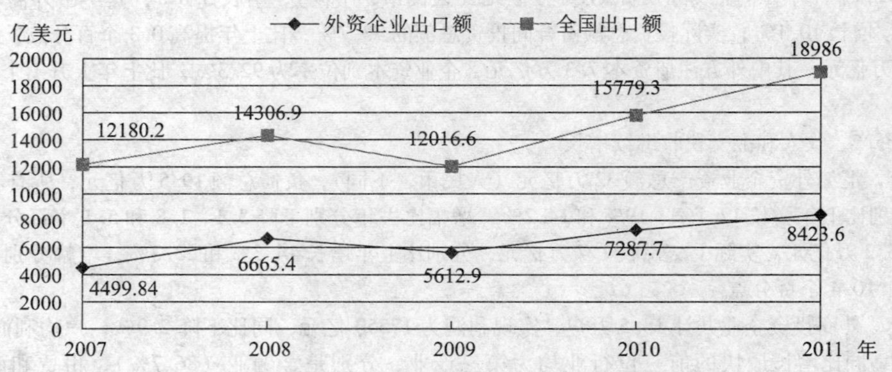

图 1　2007—2011 年外资企业出口额与全国出口额对比图

（五）外商投资国别主要来源于亚洲，香港最多

从外商投资企业户数看。2011 年对中国大陆投资户数前十位的国家和地区依次为：中国香港特区（71461 户）、中国台湾地区（17414 户）、日本（17354 户）、美国（13180 户）、韩国（11800 户）、新加坡（5905 户）、英属维尔京群岛（5386 户）、英国（3581 户）、德国（3256 户）、加拿大（2597 户）。前 10 位国家和地区投资的外资企业户数占全部外资企业的 82.3%，比上年增加了 2956 户，其他国家和地区增加了 1934 户（见图 2）。

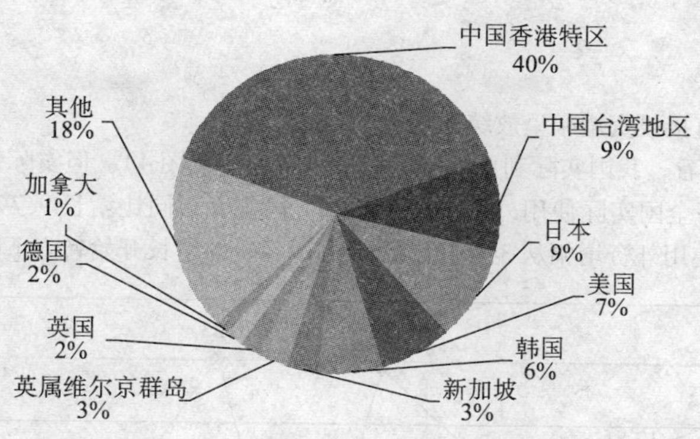

图2　2011年外商投资企业投资来源地分布（户数）

从外商投资企业实际投资额看。2011年对中国大陆投资前10位的国家和地区（以实际投入外资金额计）依次为：中国香港特区（3.9万亿元）、日本（0.7万亿元）、英属维尔京群岛（0.5万亿元）、新加坡（0.4万亿元）、美国（0.4万亿元）、韩国（0.3万亿元）、中国台湾地区（0.3万亿元）、英国（0.2万亿元）、德国（0.2万亿元）和开曼群岛（英）（0.1万亿元）（见图3）。前10位国家和地区投资的外资企业实际投资额占全部外资企业的83%，比上年增加2533.9亿元，其他国家和地区增长3821.5亿元。香港特区依然是来华投资最多的地区，香港特区、日本和英属维尔京群岛对华投资的外资企业资产总额分别占全部外资企业的48.5%、7.2%和4.7%，营业总收入分别占全部外资企业的40.6%、10.5%和4.3%，比例较高。投资国（地区）别主要集中于亚洲，占84.8%。2011年全国利用外资项目中亚洲外资实际到位金额5.9万亿元，占全部实际到账外资的69.1%。

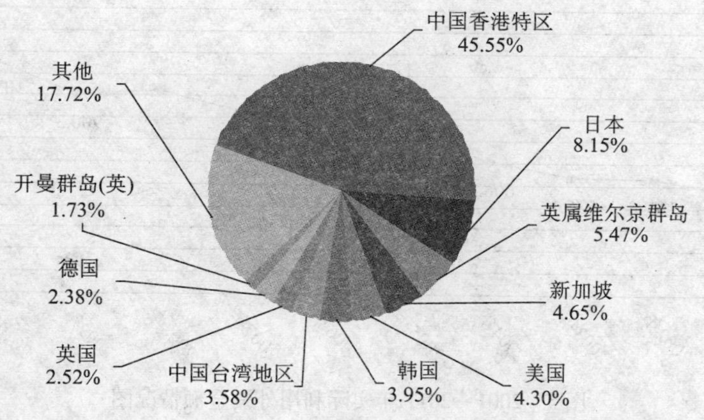

图3　2011年外商投资企业投资来源地分布（实际外资额）

（六）外资企业中的国有成分有所上升

近年来，随着我国企业资本多元化步伐加快，境内国有企业吸引外资不断增长，海外注册的国有企业在国内经营以及境外国有企业回投国内的现象也不断增多。2011年度，外资企业中含有3078户国有企业，占全部外资企业的1.7%，比上年上升0.4%，其中合资、合作、独资企业的户数分别为2524户、175户、379户。这些国有企业的资产、收入分别为4.5万亿元、3.6万亿元，分别比上年增长19.6%、18.6%，分别占外资企业的14.2%、13.6%，比去年同期分别提高了0.3和0.5个百分点；利润为0.4万亿元，比上年下降4.7%，占外资企业的23.5%，比去年同期下降了0.4个百分点；上交税收0.3万亿元，比上年增长24.8%，占外资企业的19.4%，比去年同期提高了0.2个百分点。

二、存在主要问题

(一) 中国吸收外商直接投资增幅呈放缓态势

从2001—2011年情况看，我国实际利用外资增幅变化波动（见图4），但实际使用外资金额呈逐步增长趋势（见图5）。2011年，全国实际使用外资金额1160.11亿美元，同比增长9.7%，增幅比上年同期下降7.7个百分点；全国实际使用外资增幅从3月开始的同比29.4%的增长开始转入下降，年底下降到9.7%。

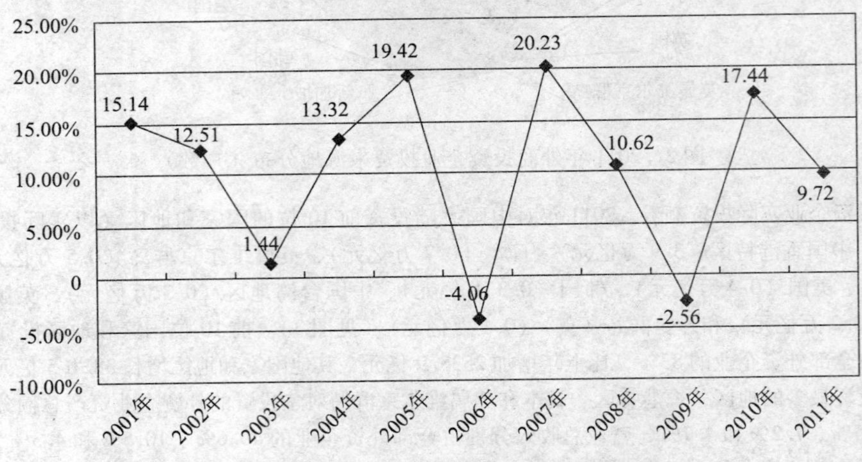

图4　2001—2011年实际利用外资增幅变化情况

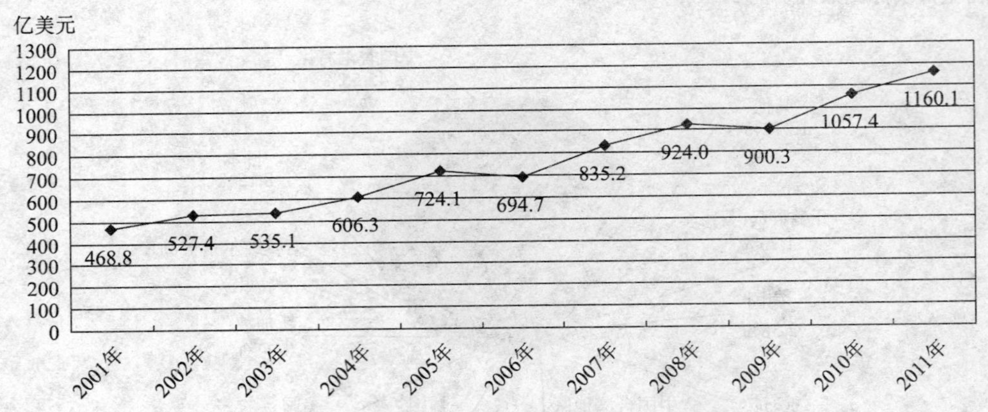

图5　2001—2011年实际利用外资金额情况图

(二) 实现利润出现负增长，亏损面扩大，两极分化严重

自2001年开始，外资企业盈利面逐渐扩大，但2006年后盈亏比率有所震动，亏损面基本维持在45%附近（见图6）。2011年，外资企业实现利润总额1.75万亿元，下降2.9%（去年增长46.6%，出现负增长）。其中，盈利企业98797户占总户数的53.5%，实现利润2.1万亿元，与上年相比增长1.9%；亏损企业85748户，亏损额3379.6亿元，与上年相比，增亏37.1%，亏损面为46.5%，上升3.3个百分点。

另外外资企业两极分化严重，2011年，外资企业资产总额100强企业总资产56783亿元，占全国的17.8%；营业总收入100强企业实现营业收入52371.1亿元，占全国的20%；利润总额前100户企业实现利润5568.8亿元，占全国的31.7%。外资企业的大户集聚效应导致利润十分集中，同时不少中小外商投资企业运营状况不佳，亏损严重，部分企业注册多年，但一直无营业收入，注册资本不到位，两极分化严重。

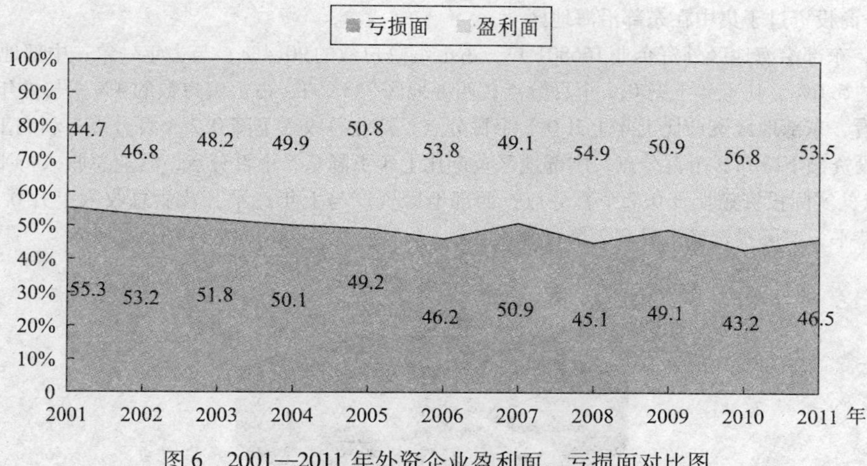

图 6　2001—2011 年外资企业盈利面、亏损面对比图

（三）盈利、偿债和营运能力均有不同程度下降

2011 年，受国内经济运行下行压力加大和世界经济不稳定的影响，外资企业经济效益同比下降。

一是盈利能力减弱。销售净利率、销售毛利率和资产净利率分别为 5.4%、16.6% 和 4.3%，分别比上年同期下降 1.0、1.2 和 0.9 个百分点。股东投资回报率下降，净资产收益率为 11%，比上年下降 2.1 个百分点，对外商投资有一定程度的影响。

二是从偿债能力看，外资企业短期偿债及变现能力变化不大，流动比率和速动比率分别为 116.1% 和 88.1%，与上年比分别下降 0.9 和 0.7 个百分点；长期偿债能力相对稳定，资产负债率为 61.2%，近年基本变化不大，比上年同期上升 1.0 个百分点。已获利息倍数由 2010 年的 15 倍，下降为 10.2 倍，财务风险上升。综合看，外资企业除满足日常生产经营的需要外，融资需求相对较高，短期筹集资金能力不足。

三是从营运能力看，各项指标均有所下降。其中，总资产周转率 0.86 次，比上年下降 0.04 次；流动资产周转率 1.43 次，比上年下降 0.09 次；应收账款周转率 7.52 次，比上年下降 0.3 次；存货周转率 4.66 次，比上年下降 0.08 次（见表 2）。

表 2　　全国外商投资企业主要财务指标表

财务指标	2011 年	2010 年	2009 年
一、偿债能力（%）			
流动比率	116.12	117.03	115.29
速动比率	88.08	88.84	86.99
资产负债率	61.15	60.16	59.85
产权比率（债务股权比率）	157.42	150.98	149.05
有形净值债务率	168.75	161.81	160.01
已获利息倍数（倍）	10.21	14.97	10.51
二、营运能力（次）			
总资产周转率	0.86	0.9	0.79
流动资产周转率	1.43	1.52	1.39
应收账款周转率	7.52	7.82	7.18
存货周转率	4.66	4.74	4.38
三、盈利能力（%）			
销售净利率	5.38	6.37	5.91
销售毛利率	16.55	17.8	18.31
资产净利率	4.29	5.23	4.39
净资产收益率	11.04	13.12	10.93

（四）外商投资过于集中在东部沿海地区

2011 年，东部沿海地区外资企业 166801 户，占汇编总户数的 90.4%，与去年一致；中部地区 10311 户，占汇编户数的 5.6%，比上年上升 0.1 个百分点；西部地区 7433 户，占汇编户数的 4%，与去年一致（见图 9）。从比重看，东部地区资产比上年上升 0.5 个百分点，营业总收入下降 0.2 个百分点，利润上升 1.5 个百分点，实际投资额下降 0.9 个百分点；中部地区资产比上年下降 0.5 个百分点，营业总收入持平，利润下降 1.5 个百分点，实际投资额上升 0.7 个百分点；西部地区资产与上年持平，营业总收入上升 0.2 个百分点，利润与上年持平，实际投资额上升 0.2 个百分点。

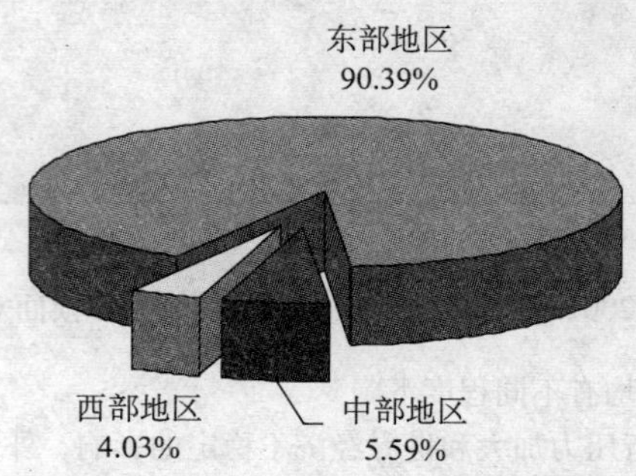

图 7　2011 年外商投资企业地区分布

（五）外商投资过于集中在第二行业

2011 年，外商投资企业主要集中于第二产业。全国全年利用外资合同额 10.8 万亿元，实际到位外资 8.5 万亿元，其中第一产业合同额 904.1 亿元，占比 0.8%，实际到位外资 657.9 亿元，占比 0.8%；第二产业合同额 6.8 万亿元，占比 63.1%，实际到位外资 5.3 万亿元，占比 62.6%；第三产业合同额 3.9 万亿元，占比 36.1%，实际到位外资 3.1 万亿元，占比 36.6%。

2011 年第三产业增幅加大、比重上升。全年第三产业合同利用外资 38922.1 亿元，同比增长 18.7%；实际利用外资 31248.9 亿元，同比增长 16.8%，增幅高于全国平均 6.7 个百分点；占全国实际利用外资的比重为 36.6%，比去年同期提高 2.1 个百分点。房地产业是第三产业实际利用外资最多的行业，实际利用外资 12462.7 亿美元，同比增长 10.4%，高于全国平均 0.3 个百分点，低于服务业 6.4 个百分点。

三、政策建议

（一）进一步优化外商投资环境，促进其与各类企业共同发展

当前要按照党的“十八大”精神要求，做好统筹和长远规划，继续促进利用外资总量稳定增长。进一步为外商营造良好软硬环境，鼓励外商投资企业参与国有企业改革，促进多种所有制企业共同发展，积极为外商投资企业提供政策性服务，完善和规范市场体系，清除限制外商企业发展的障碍，简化审批、办事程序，为外商投资企业发展创造更好的条件。

（二）优化利用外资结构，促进产业调整和升级

要加快经济结构调整和经济发展方式转变力度，在继续增加外资总量的同时，更要注重提高科技型、新兴产业型外资企业比重，进一步优化利用外资结构，积极培育新的经济增长点。要把利用外资同推动产业升级、促进产业结构调整结合起来，推动外商产业优化升级。

（三）提高引进外资质量，提高利用外资水平

当前，我国引进的外商投资企业以劳动密集型工业企业为主，难以形成完整的产业体系，更难以掌握先进的生产工艺和技术。要制定招商引资的长期目标和战略规划，创新引资方式，拓展引资渠道，扩大引资领域，重点支持和鼓励具有资金、技术和管理优势的跨国公司到我国投资，真正提高利用外资的规模和质量。同时注重引进技术的消化吸收和创新提高，全面提升利用外资水平，确保外资投入的实效性。

（四）加强区域协调，促进外商投资企业均衡发展

目前，外商投资企业主要分布在我国东南沿海地区。应认真落实中央关于区域发展的总体战略，因地制宜，充分发挥各地比较优势，打破行政区划的局限，促进生产要素在区域间自由流动，引导产业转移，促进协调各区域外商投资均衡发展。加强跨地区外资登记管理业务协调，完善服务措施，鼓励和引导优势区域外商投资企业向相对落后区域转移。健全合作机制，鼓励和支持各地区开展多种形式的区域经济协作和技术、人才合作，形成以东带西、东中西共同发展的格局。

参考范例四：

财政部关于我国国有企业十年发展的报告①

编者按：2011 年，我们对全国国有企业十年的财务决算报告进行了系统分析，形成了《财政部关于我国国有企业十年发展的报告》，并于 2011 年 9 月 2 日上报国务院。国务院领导非常重视并作出重要批示。我们要认真贯彻落实国务院领导的批示精神，加强与有关方面的协调配合，进一步开展调查研究，制定相关工作方案，稳步推进我国国有企业科学发展。

一、国有企业改革与发展取得了巨大成就，巩固了中国特色社会主义强大的经济基础

（一）国有企业总资产和净资产数倍增长，国有经济规模不断扩大，中央企业和国有重点行业规模占据主体地位

2000—2010 年国有企业财务决算显示，2010 年全国国有及国有控股企业（以下简称国有企业）共 11.4 万户，比 2000 年下降 40.3%；职工人数 3594.7 万人，比 2000 年下降 37.9%。其中，中央企业 2.65 万户，比 2000 年增长 81.4%；职工人数 1668.7 万人，比 2000 年增长 9.6%。地方国有企业 8.75 万户，比 2000 年下降 50.3%；职工人数 1926 万人，比 2000 年下降 54.9%。十年来，虽然全国国有企业户数和职工人数总体下降，但总资产大幅增长，从 2000 年的 17.3 万亿元增长到 2010 年的 64 万亿元，增长 2.7 倍；所有者权益从 2000 年的 6.4 万亿元增长到 2010 年的 23.4 万亿元，增长 2.7 倍（见图 1）。其中，中央企业总资产从 2000 年的 7.2 万亿元扩大到 2010 年的 33 万亿元，增长 3.6 倍，占全国国有企业资产的比重从 2000 年的 41.6% 提高到 2010 年的 51.6%；所有者权益从 2000 年的 3.3 万亿元扩大到 2010 年的 12.2 万亿元，增长 2.7 倍，占全国国有企业的比重从 2000 年的 51.5% 提高到 2010 年的 52.3%。全国国有重点行业 2010 年总资产为 42.6 万亿元，占全国国有企业的 66.5%，比 2000 年增长 2.4 倍；所有者权益 20 万亿元，占全国国有企业的 85.5%，比 2000 年增长 3.5 倍（见表 1）。进入世界 500 强的国有企业由 2000 年的 9 户增加到 2010 年的 40 户，其中，中央企业 38 户，地方国有企业 2 户。2010 年进入世界 500 强的国有企业户数占世界 500 强的 8%，占入围中国内地企业（不含港、澳、台企业）的 93%。

（二）国有企业实现的营业总收入、利润总额和上交税金逐年增长，中央企业和国有重点行业仍占绝对优势

十年间，全国国有企业营业总收入快速增长，从 2000 年的 7.5 万亿元增长到 2010 年的 31.5 万亿元，增长 3.2 倍。其中，中央企业 2010 年营业总收入 18.8 万亿元，占全国国有企业的比重为 59.7%，比 2000 年增长 4.6 倍；地方国有企业 2010 年营业总收入 12.7 万亿元，占全国国有企业的比重为 40.3%，比 2000 年

① 本报告中有关国有企业数据来源于 2000—2010 年全国国有企业财务会计决算。全国国有企业包括中央企业和 36 个省（自治区、直辖市、计划单列市）国有及国有控股企业，不含国有金融类企业。本报告国有企业户数按三级以上（含三级）独立核算法人户数统计。中央企业包括：83 个中央部门所属国有及国有控股企业、123 家中央管理的企业集团。

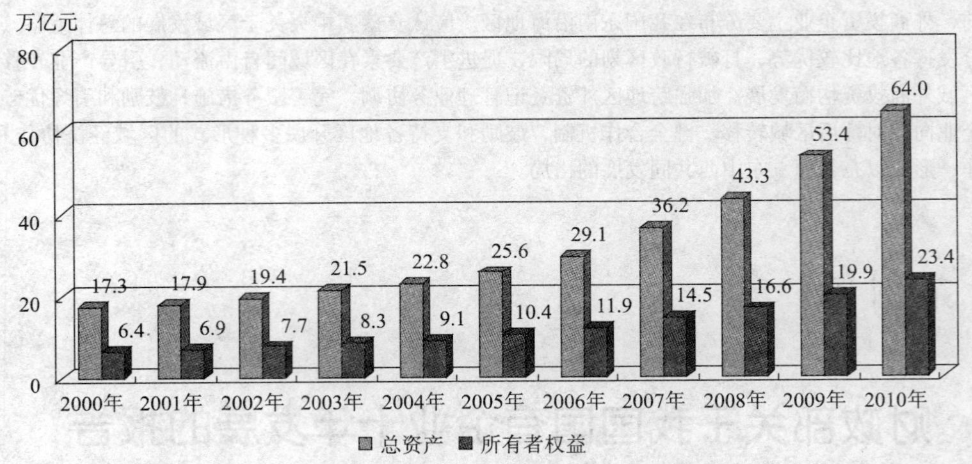

图1 2000—2010年全国国有企业总资产和所有者权益变动图

表1　　2000年和2010年全国国有重点行业总资产和所有者权益变动表　　单位：亿元

主要行业	总资产				所有者权益			
	2010年	2000年	增长（倍）	年均增长率（%）	2010年	2000年	增长（倍）	年均增长率（%）
一、煤炭	23855.2	4337.0	4.5	20.9	10902.9	1513.5	6.2	24.5
二、电力	65567.4	18873.5	2.5	14.8	19208.0	7088.0	1.7	11.7
三、石油石化	38964.5	12563.8	2.1	13.4	25181.6	7751.3	2.2	14.0
其中：石油	19208.1	5538.1	2.5	14.8	14467.9	3709.9	2.9	16.3
石化	19756.4	7025.7	1.8	12.2	10713.8	4041.4	1.7	11.4
四、交通	84693.7	21316.2	3.0	16.6	33058.1	7319.1	3.5	18.2
五、冶金	36613.5	10141.2	2.6	15.3	13557.2	3779.8	2.6	15.2
六、机械	27064.5	11566.6	1.3	9.9	9996.7	3838.4	1.6	11.2
其中：汽车	10620.7	3919.7	1.7	11.7	4334.5	1100.7	2.9	16.5
七、邮电通信	24849.5	11964.2	1.1	8.5	24849.5	6647.4	2.7	15.8
八、流通	38545.3	18816.9	1.0	8.3	11728.4	3607.3	2.3	14.0
九、房地产	46752.7	7627.3	5.1	22.3	12802.7	1381.7	8.3	28.1
十、建筑	38913.3	7045.3	4.5	20.9	38913.3	1422.5	26.4	44.4
合计	425819.6	124252.0	2.4	14.7	200198.4	44349.0	3.5	18.2
占全国比重（%）	66.5	71.9			85.5	69.4		

增长2.1倍。全国国有企业实现利润总额从2000年的2833.8亿元增长到2010年的2.1万亿元，增长6.4倍；2010年上交税金2.7万亿元，比2000年增长4倍（见图2）。其中，中央企业2010年实现利润总额1.4万亿元，占全国国有企业的63.4%，比2000年增长5.1倍；上交税金1.8万亿元，占全国国有企业的69.2%，比2000年增长4.8倍。全国国有重点行业2010年实现利润总额1.7万亿元，占全国国有企业的77.6%，比2000年增长6.1倍；上交税金2万亿元，占全国国有企业的75.4%，比2000年增长4.5倍（见表2）。

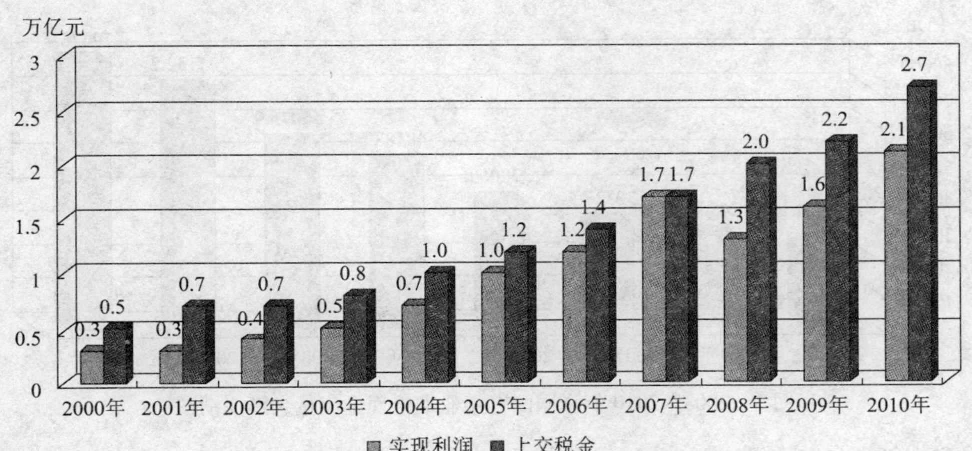

图 2　2000—2010 年全国国有企业实现利润和上交税金变动图

表 2　　2000 年和 2010 年全国国有重点行业实现利润、上交税金变动表　　单位：亿元

主要行业	实现利润				上交税金			
	2010 年	2000 年	增长（倍）	年均增长率（%）	2010 年	2000 年	增长（倍）	年均增长率（%）
一、煤炭	2047. 4	－6. 1			2066. 6	130. 9	14. 8	35. 9
二、电力	1150. 0	453. 3	1. 5	10. 9	2352. 4	618. 8	2. 8	16. 0
三、石油石化	3659. 8	845. 5	3. 3	17. 7	5864. 5	809. 0	6. 2	24. 6
其中：石油	1996. 8	620. 2	2. 2	13. 9	2662. 7	572. 0	3. 7	18. 6
石化	1663. 0	225. 3	6. 4	24. 9	3201. 8	237. 0	12. 5	33. 5
四、交通	1307. 1	49. 4	25. 5	43. 9	989. 6	232. 6	3. 3	17. 5
五、冶金	768. 7	144. 1	4. 3	20. 4	1110. 9	377. 0	1. 9	12. 8
六、机械	1960. 5	91. 3	20. 5	40. 6	2058. 6	318. 5	5. 5	23. 0
其中：汽车	1323. 9	315. 3	3. 2	17. 3	1424. 6	420. 4	2. 4	14. 5
七、邮电通信	1460. 6	495. 1	2. 0	12. 8	850. 6	244. 4	2. 5	14. 9
八、流通	2419. 4	376. 9	5. 4	22. 9	2699. 6	717. 7	2. 8	15. 9
九、房地产	1237. 8	－115. 5			864. 3	75. 7	10. 4	31. 1
十、建筑	623. 3	20. 8	29. 0	45. 9	1168. 8	122. 8	8. 5	28. 4
合计	16634. 6	2354. 8	6. 1	24. 3	20025. 9	3647. 4	4. 5	20. 8
占全国比重（%）	77. 6	83. 1			75. 4	68. 3		

（三）国有企业的净现金流量同样呈逐年增长趋势，绝大部分集中在中央企业和国有重点行业

2010 年，全国国有企业期末现金流量余额（2003 年开始汇总全国国有企业现金流量数据）为 7. 9 万亿元，比 2003 年增长 2. 2 倍（见图 3）。其中，中央企业 2010 年期末现金流量余额 3. 9 万亿元，比 2003 年增长 2 倍；全国国有重点行业为 4. 8 万亿元（见表 3），增长 2 倍，占全国国有企业的 60. 7%。2010 年期末现金流量余额中的经营活动现金流量净额为 2 万亿元，其中，中央企业为 1. 3 万亿元，占全国国有企业的 65%；全国国有重点行业为 2. 4 万亿元，占全国国有企业的比重接近 100%。

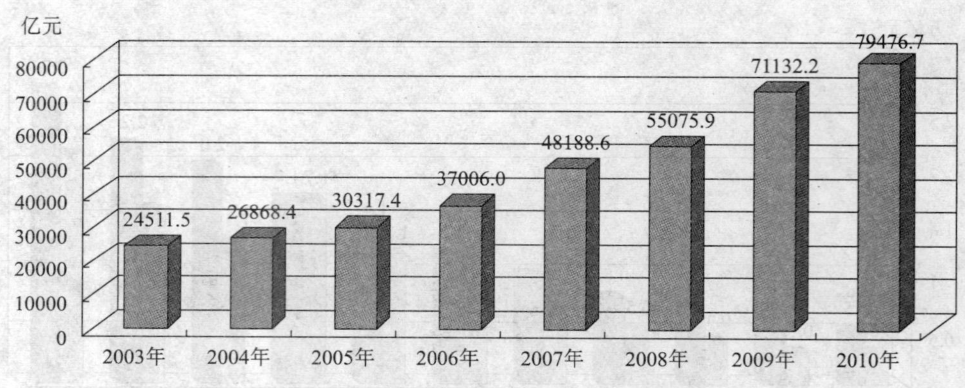

图 3　2003—2010 年全国国有企业期末现金流量余额变动图

表 3　　2003 年和 2010 年全国国有重点行业期末现金流量余额变动表　　单位：亿元

主要行业	2010 年	2003 年	增长率（倍）
一、煤炭	3765. 9	565. 5	5. 7
二、电力	2158. 2	2351. 0	-0. 1
三、石油石化	1539. 2	1112. 8	0. 4
其中：石油	1065. 7	633. 0	0. 7
石化	473. 6	479. 8	0. 0
四、交通	6079. 6	2418. 5	1. 5
五、冶金	2938. 2	1151. 6	1. 6
六、机械	5217. 3	1602. 6	2. 3
其中：汽车	2659. 8	695. 3	2. 8
七、邮电通信	5387. 3	2429. 6	1. 2
八、流通	9266. 7	2136. 6	3. 3
九、房地产	6398. 2	1045. 3	5. 1
十、建筑	5495. 7	1143. 0	3. 8
合计	48246. 3	15956. 5	2. 0

（四）"走出去"战略成效显著，资本输出格局已经形成

十年来，国有企业充分利用国内国际两个市场、两种资源，加快实施"走出去"战略，境外资产和利润总额增长较快。2010 年全国国有境外企业（2003 年开始汇总全国国有境外企业决算数据）共 1768 户，比 2003 年增长 1 倍。其中，2010 年中央境外企业 1161 户，地方国有境外企业 607 户，分别增长 120% 和 66. 8%。2010 年全国国有境外企业资产总额 4. 2 万亿元，比 2003 年增长 3. 5 倍；所有者权益 2. 1 万亿元，增长 3. 3 倍（见图 4）。其中，中央企业 2010 年境外资产总额 3. 9 万亿元，增长 3. 9 倍；所有者权益 1. 9 万亿元，增长 3. 5 倍。地方国有企业 2010 年境外资产总额 3628 亿元，增长 1. 3 倍；所有者权益 1717. 4 亿元，增长 2 倍。2010 年，"走出去"的中央企业资产总额和所有者权益分别占全国"走出去"的国有企业的 91. 4% 和 91. 8%。

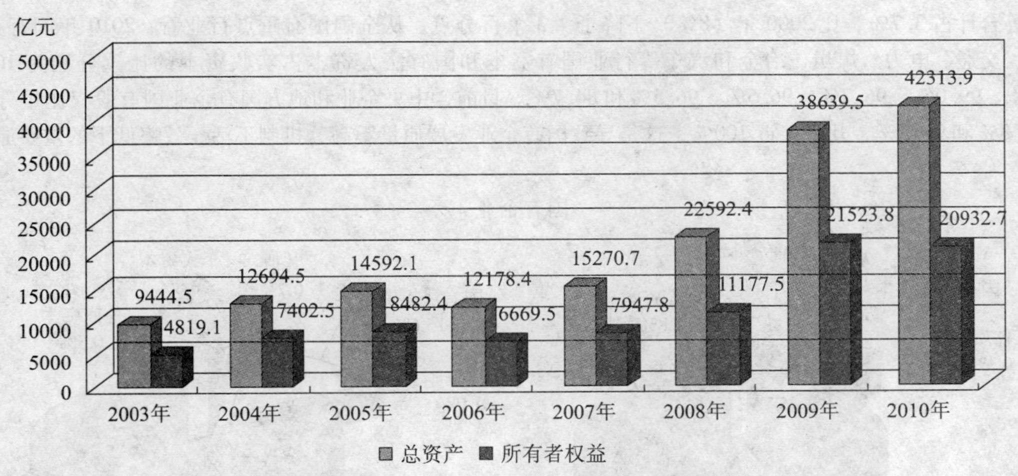

图4　2003—2010 年全国国有境外企业总资产和所有者权益变动图

2010 年，全国国有境外企业营业总收入 2.1 万亿元，比 2003 年增长 2.7 倍；实现利润总额 3389.5 亿元，增长 3.4 倍（见图5）。其中，中央企业境外营业总收入 1.9 万亿元，增长 2.7 倍；境外实现利润总额 3250.1 亿元，增长 3.6 倍。2010 年中央企业境外营业总收入和境外实现利润分别占全国国有境外企业的 88.7% 和 95.9%。

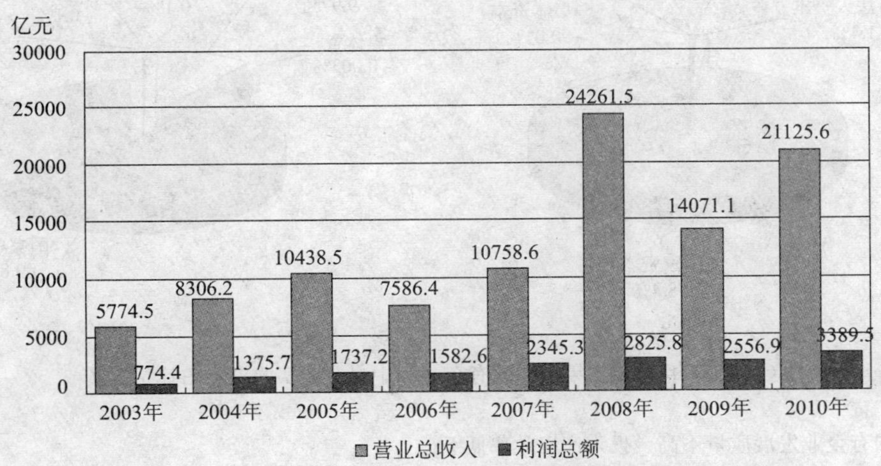

图5　2003—2010 年全国国有境外企业营业总收入和利润总额变动图

二、国有企业发展中存在的问题日益突出，不利于市场机制作用的有效发挥

（一）国有股权过大，机制不活，与现代企业制度目标要求不相协调

按照现代企业制度要求，国有企业在不改变国有控股的前提下，除国家禁止的领域外，应当吸收非公经济进入，但实际情况却相差甚远。2010 年，全国国有企业中，国家资本和国有法人资本占整个国有企业实收资本的比重达 97.9%，比 2000 年（95.6%）提高了 2.3 个百分点；集体、外商和个人资本等合计仅占 2.1%，比 2000 年（4.4%）下降了 2.3 个百分点。其中，2000 年中央企业国家资本和国有法人资本占中央企业实收资本的比重为 99.8%，2010 年仍为 99.8%（见图6）。2010 年地方国有企业国家资本和国有法人资本占地方国有企业实收资本的比重为 96.3%，比 2000 年（92%）提高了 4.3 个百分点；集体、外商和个人

资本等合计占3.7%，比2000年（8%）下降了4.3个百分点。从全国国有重点行业看，2010年国有石油、石化、交通、电力、煤炭、冶金和汽车等行业国有资本和国有法人资本占实收资本的比重分别为100%、94.2%、99.0%、96.7%、96.5%、96.5%和84.7%。目前，中央企业和地方国有企业国有股权比重分别高达99.8%和96.3%，几乎接近100%，这是导致国有企业发展质量不高、机制不活、效率低下的重要原因。

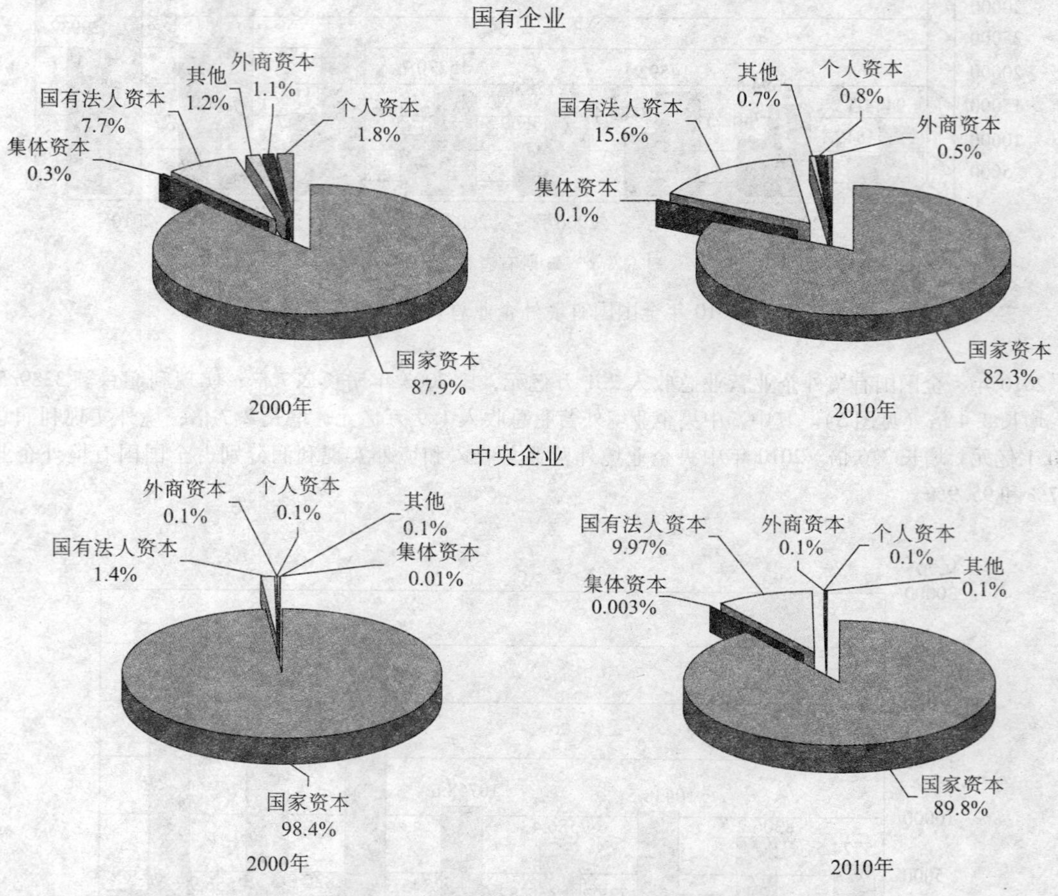

图6　2000年、2010年全国国有企业和中央企业实收资本占比情况图

（二）国有企业发展质量不高、投入产出效率低下

十年来，全国国有企业净资产收益率平均为5.4%，仅比五年期银行存款平均利率（3.3%）高2.1个百分点，比外商投资企业平均净资产收益率（10.5%）低5.1个百分点（见图7）。其中，十年来中央企业净资产收益率平均为7.2%，低于外商投资企业平均净资产收益率3.3个百分点，仅比五年期银行存款平均利率高3.9个百分点；十年来地方国有企业净资产收益率平均为3.3%，低于外商投资企业平均净资产收益率7.2个百分点，仅与五年期银行存款平均利率水平相当。十年来，全国国有重点行业平均净资产收益率为6.3%，低于外商投资企业平均净资产收益率4.2个百分点，仅比五年期银行存款平均利率高3个百分点。2010年，铁路运输、地质勘查等行业净资产收益率分别仅为0.47%、1.25%，远低于五年期银行存款平均利率。此外，还有4.6万户国有企业处于亏损状态，占全部国有企业的40%。2010年，全国国有亏损企业以地方国有企业和国有中小企业居多，其中，地方国有亏损企业户数占全国国有亏损企业户数的81%；国有中小型亏损企业户数竟然占到94.1%；国有森工企业甚至出现全行业亏损（-1.8亿元）。

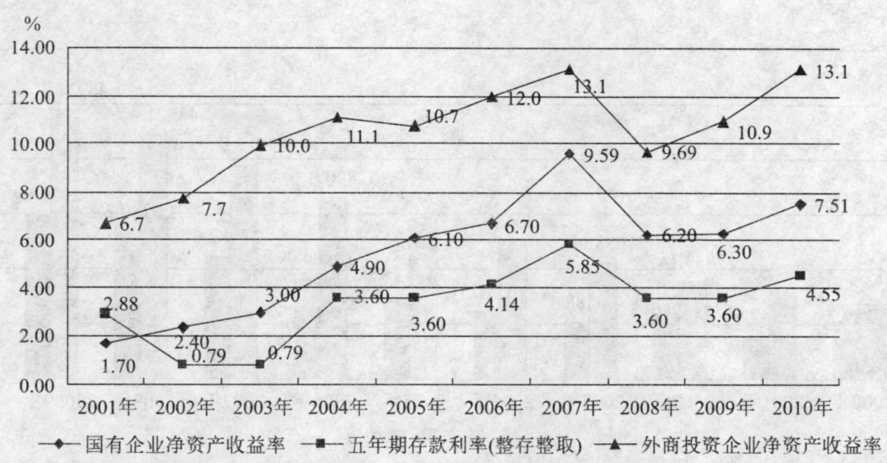

图7　2001—2010年全国国有企业净资产收益率与外商投资企业净资产收益率、五年期存款利率比较图

（三）国有企业工资总额不断增长，但中央企业与地方国有企业之间、企业内部以及主要行业之间人均工资差距较大

2010年，全国国有企业实际发放工资总额1.7万亿元，比2000年增长2.2倍（见图8）；全国国有企业职工人均工资为4.6万元，比2000年增长4倍。其中，中央企业2010年实际发放工资总额9567.6亿元，增长3.5倍；职工人均工资5.7万元，增长3.1倍。地方国有企业2010年实际发放工资总额7135.7亿元，增长1.4倍；职工人均工资3.6万元，增长3.9倍。但从比较分析来看，2010年中央企业人均职工工资是地方国有企业人均职工工资的1.6倍（见图9），2000年为1.9倍，虽然2010年差距比2000年有所缩小，但依然较大。从全国国有企业内部收入分配看，2010年国有企业各级负责人人均薪酬（2009年开始汇总全国国有企业各级负责人薪酬数据）为16.1万元，普通员工人均工资为4.6万元，前者是后者的3.5倍，与2009年基本持平。其中，2010年中央企业各级负责人人均薪酬为25.9万元，普通员工人均工资为5.7万元，前者是后者的4.5倍（2009年为4.7倍）；2010年地方国有企业各级负责人人均薪酬为12.7万元，普通员工人均工资为3.6万元，前者是后者的3.5倍（2009年为3.5倍）。从总体分析看，2010年中央企业和地方国有企业各级负责人人均薪酬与普通员工人均工资之间的差距，虽比2009年略有缩小，但差距依然较大。

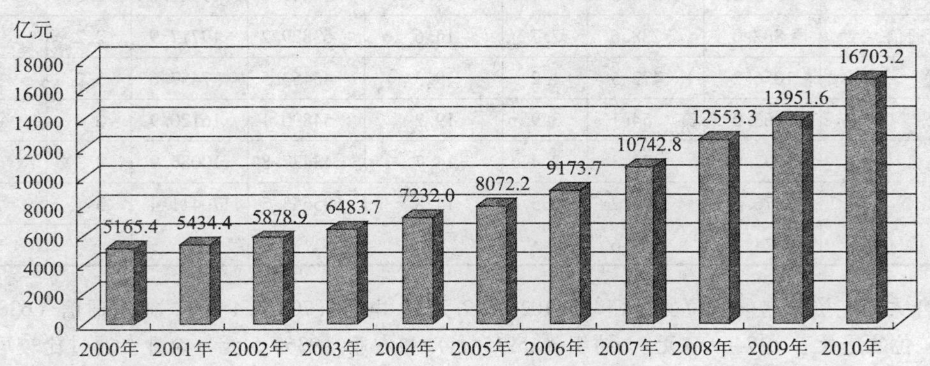

图8　2000—2010年全国国有企业实际发放工资总额增长变动图

从全国国有重点行业看，2010年职工工资总额为1.2万亿元，占全国国有企业的74.7%，比2000年提高了5.1个百分点；人均职工工资为7万元，比2000年增长3.1倍（见表4）。2000年人均工资排名前三位的行业是烟草（20461元）、邮电通信（19717.9元）和石油（16697.4元）企业；后三位的是食品（5226.2元）、农业（3574.5元）和森工（3416.3元）企业。

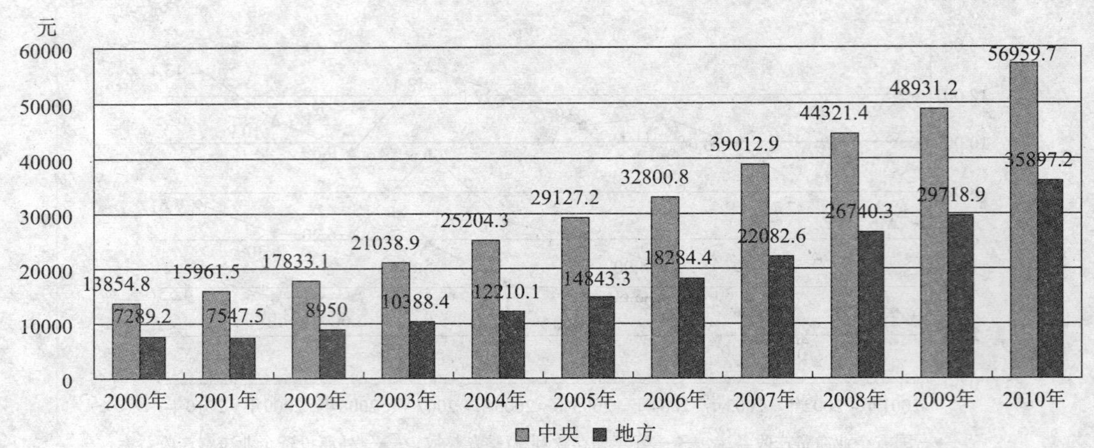

图9　2000—2010年中央企业和地方国有企业人均职工工资增长变化比较图

表4　　　　2000年和2010年全国国有重点行业实发工资和人均职工工资表

主要行业	实发工资（亿元）				人均职工工资（元）			
	2010年	2000年	增长（倍）	年均增长率（%）	2010年	2000年	增长（倍）	年均增长率（%）
一、煤炭	1643.3	269.8	5.1	22.2	49637.2	7287.9	5.8	23.8
二、电力	1599.7	334.9	3.8	19.0	70827.4	16284.1	3.3	17.7
三、石油石化	1365.3	333.6	3.1	17.0	59632.9	15504.0	2.8	16.1
其中：石油	803.6	219.8	2.7	15.5	63966.2	16697.4	2.8	16.1
石化	561.7	113.8	3.9	19.4	54420.1	13623.8	3.0	16.6
四、交通	2234.8	673.9	2.3	14.2	46421.2	10868.2	3.3	17.5
五、冶金	1009.3	379.6	1.7	11.5	42907.0	10864.4	2.9	16.5
六、机械	1124.9	458.9	1.5	10.5	44881.1	7957.3	4.6	21.2
其中：汽车	395.3	148.3	1.7	11.5	54349.8	17941.0	2.0	13.1
七、邮电通信	882.0	238.6	2.7	15.6	63829.2	19717.9	2.2	13.9
八、流通	1056.2	472.5	1.2	9.3	46453.5	7457.6	5.2	22.5
九、房地产	263.0	54.1	3.9	19.2	54890.1	16120.9	2.4	14.6
十、建筑	1297.9	378.3	2.4	14.7	43437.8	10086.9	3.3	17.6
合计	12476.4	3594.2	2.5	14.8	695653.5	170411.4	3.1	16.9
占全国比重（%）	74.7	69.6						

2010年人均工资排名前三位的是烟草（102035.7元）、电力（70827.4元）、邮电通信（63829.2元）企业；后三位的是森工（17469.7元）、纺织（15915元）和农业（9365.5元）企业。通过比较可以看出，2000年人均工资最高行业职工工资收入是最低行业的6倍，而2010年是10.9倍，可见，10年间，主要行业之间国有企业职工工资收入差距明显扩大。

（四）地方国有企业总量下降，国有经济比重、运行效率和人均工资等远低于中央企业

2010年，全国8.75万户地方国有企业中，省级企业3.6万户，占41%。2010年地方国有企业资产总额和所有者权益分别占全国国有企业的比重为48.4%和47.7%，分别比2000年下降15.1个和0.8个百分点；营业总收入和上交税金占全国国有企业的比重为40.2%和30.8%，分别比2000年下降15.1个和9.9个百分

点（见图 10）。地方国有企业效率远低于中央企业，10 年来平均净资产收益率为 3.3%，仅与五年期银行存款平均利率相当，比中央企业低 3.9 个百分点；与外商投资企业差距更大，低了 7.2 个百分点。

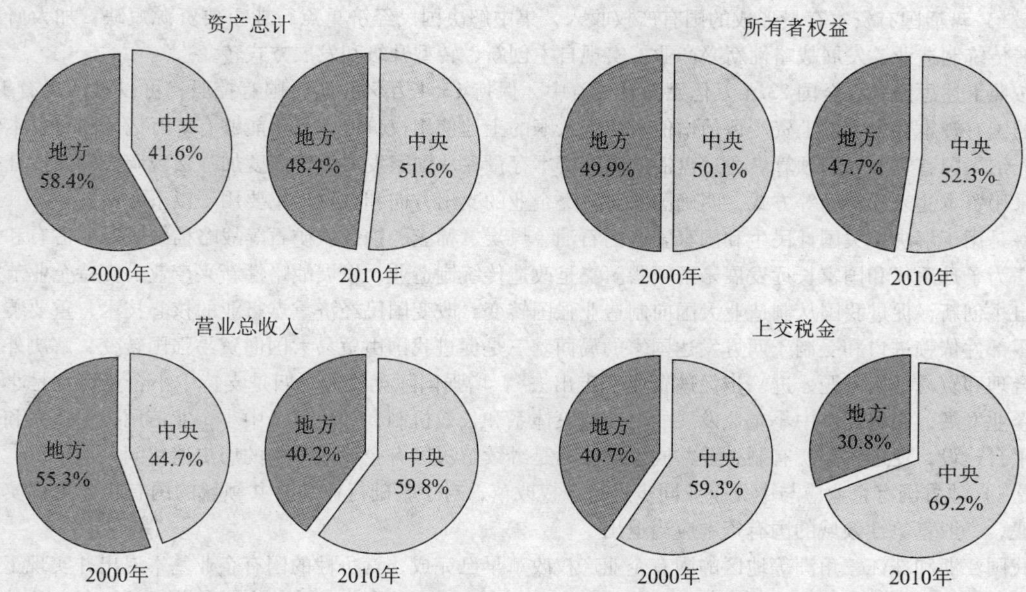

图 10　2000 年、2010 年中央和地方国有企业资产、所有者权益、营业总收入和上交税金比重图

（五）国有企业财务管理弱化，财务管理水平和风险防控能力亟待提升

国有企业机制不活、效率低下，必然导致管理上的弱化。近年来，一些国有企业治理结构不完善，股东大会、董事会、监事会的作用发挥不够。一些企业的总会计师、财务总监地位不高，职能作用很难得到有效发挥。一些企业投资活动偏离主业，自主创新乏力，难以实现国家宏观调控要求和体现产业政策方向。一些企业财经纪律淡薄，管理水平不高。国有企业的职工奖金、福利和职务消费等问题，经常在“两会”期间成为人大代表、政协委员和社会各界关注的焦点。

三、对国有企业未来发展的政策建议

针对国有企业发展中存在的问题，我们应当站在我国经济社会长远发展的战略和全局高度，制定工作方案，完善政策措施，加强工作指导，以完善现代企业制度为目标，以产权制度改革为突破口，以国有资本经营预算为抓手，以建立新型财务管理机制为支撑，增强国有经济的控制力、影响力和活力，进一步完善我国社会主义市场经济体制。为此，建议如下：

（一）以社会主义市场经济为指导，加快推进国有企业产权制度改革，在保证国有控股的前提下，盘活庞大的国有资本存量，促进国有企业投资主体多元化，推动我国国有企业建立和完善现代企业制度

早在 1999 年，《中共中央关于国有企业改革和发展若干重大问题的决定》就明确提出，要坚持有进有退，推进国有资产合理流动和重组，放大国有资本的功能。党的“十六大”报告又提出，要发展混合所有制经济，实行投资主体多元化，进一步放开搞活国有中小企业。党的“十七大”报告进一步明确了坚持和完善公有制为主体、多种所有制经济共同发展的基本经济制度，以现代产权制度为基础，发展混合所有制经济。但是，国有企业十年发展报告分析表明，国有资本存量没有盘活，国有资本退出通道不畅，非公经济难以进入，实现国有企业产权多元化的目标任重而道远。

实行产权制度改革是决定国有企业兴衰的关键。根据现代企业制度和市场经济运行规律，国有企业国有股权所占比重定在 51%，或者通过相对控股，完全可以实现控制目标。按照 51% 的控股目标定位，至少有 10 万亿元的国有资本存量，可通过国有股权转让和减持、吸引民间资本和外资等进入国有企业，以及完善产权交易市场等方式和手段来盘活。巨额国有资产不能盘活和有效利用，是一种巨大的浪费。新时期的工作

重点之一，应当是在确保国有控股的前提下，通过引入非公经济等战略投资者等方式，促进国有企业投资主体多元化，形成产权明晰、机制灵活、管理科学的国有企业内部约束机制，建立和完善现代企业制度。

（二）盘活国有资本存量形成的国有产权收入，集中解决国民经济重点行业重要资源短缺，加大研发投入改造传统制造业、发展战略性新兴产业，实现自主创新、转型升级和发展方式转变

按照上述思路，在全国23.4万亿元国有权益中，保持13.4万亿元实行国有控股，可以盘活现有10万亿元的国有资本存量，加上资产评估增值和尚未入账的土地使用权价值，每年能够有2万亿元国有资本转让收入，纳入国有资本经营预算。通过盘活的国有资本存量，从国家发展战略高度加强宏观调控并发挥杠杆作用，采用资本注入和补助等方式，明确国家对各类企业的支出方向和重点，主要用于以下方面：

一是用于解决事关国计民生和国家安全的石油、煤炭、稀土、铀、铁矿石等战略稀缺资源的占有和储备问题，为子孙后代和国家长远发展未雨绸缪。二是改造传统制造业，发展战略性新兴产业，支持企业节能减排和自主创新，促进我国从制造业大国向制造业强国转变，改变国民经济重点行业的核心技术、重要装备和关键零部件依赖进口和受制于西方发达国家的局面。三是促进我国由贸易大国向贸易强国转变，解决外贸结构不合理和贸易平衡问题，进一步促进企业“走出去”，增强国际竞争力。四是支持中小企业特别是小型和微型企业发展，完善促进中小企业发展的财政政策体系和长效机制，加快健全中小企业信用担保体系和各类服务平台建设，促进各类所有制企业共同发展。五是继续解决国有企业改革中的历史遗留问题。

（三）地方国有企业应与中央企业同步进行产权改革，对于基础行业和公共领域的国有企业可以实行国有控股，一般竞争性领域的国有资本应当退出

我国江浙和珠江三角洲等地区的国有企业产权改革早已完成，竞争性的国有企业基本退出并实现了民营化，实践证明是成功的。但部分省份和部分欠发达地区，相当多的国有企业仍在延续落后的机制，从某种意义上讲，这是一种变相的国有资产浪费和隐性流失。解决地方国有企业问题的出路，是着力构建国有资本经营预算管理体系，建立中央和地方两级国有资本经营预算相互衔接机制，支持地方国有企业加快产权改革步伐，除对基础行业和公共领域实行国有控股外，一般竞争性国有企业应当退出，实行民营化。

（四）在进行产权制度改革并完善现代企业制度的同时，构建新型的现代企业财务管理模式，建立首席财务官和财务总监制度，推动企业强化内部约束和财务管控，实现管理创新

加快实施产权制度改革，是全面提升国有企业管理水平和风险防控能力的根本途径。通过产权制度改革，实现投资主体多元化，才能真正完善公司治理结构，形成有效的内部约束机制，从而有效解决上述问题。在此基础上，还要做好以下工作：一是借鉴国际经验，研究建立企业首席财务官制度、企业财务总监委派制度，充分发挥其参与企业发展战略和重大经营决策的重要作用。二是研究建立适合各类企业的财务管理能力认证体系，引入中介机构专家工作机制，对企业财务管理能力进行评估。三是建立有效的财政政策体系，支持企业特别是中央企业管理信息化建设，有效防范财务和经营风险。四是建立合理的企业效益增长与职工工资增长机制，提高职工特别是一线职工的工资收入。

第二部分

最新发布实施的财政企业政策及解读

财政部关于开展2008—2011年中央国有资本经营预算支出项目绩效评价工作的通知

2012年11月9日 财企［2012］384号

有关中央管理企业：

为加强国有资本经营预算（以下简称国资预算）管理，研究改进国资预算制度，依据《财政部关于印发〈财政支出绩效评价管理暂行办法〉的通知》（财预［2011］285号）和《财政部关于印发〈加强企业财务信息管理暂行规定〉的通知》（财企［2012］23号）等有关规定，我部决定试行国资预算支出项目绩效评价制度。现将有关事项通知如下：

一、评价范围和内容

国资预算绩效评价自2012年起试行，评价范围和内容包括：2008—2011年安排的"国有经济和产业结构调整"、"兼并重组"、"技术创新"、"节能减排"等支出项目。

（一）资金管理情况，主要评价每类资金支出的项目目标和项目决策、资金管理制度建设、资金到位和财务处理、资金使用合规性等情况。

（二）资金使用效益，主要评价国资预算资金用于国有经济和产业结构调整、兼并重组、技术创新、节能减排等重大专项的使用效益。

评价内容细化为指标体系，每类支出分别评价资金管理情况和资金使用效益，具体评价指标表见附件。

二、评价程序和方法

（一）企业自评。中央企业集团公司应当按照上述评价范围和内容，尽快启动评价工作；采用有效方式和措施，抓好组织实施，提出具体要求，布置和指导所属项目单位比照所附评价指标表开展自评；审核汇总所属项目单位的评价结果，分析国资预算资金使用绩效及存在问题，提出支出方向和重点、完善绩效评价等改进国资预算制度的意见和建议，形成综合书面材料，于2012年12月20日前上报财政部。

（二）中介机构评价。我部将委托资产评估等中介机构，对部分企业集团国资预算支出项目开展第三方评价。评价方法包括现场调查、座谈、单独访谈、问卷调查、调阅资料等。被评单位应予积极配合。

三、评价结果应用

评价结果将作为研究改进国资预算制度、进一步明确支出方向和重点、加强国资预算管理和以后年度安排国资预算资金的重要参考。

四、有关要求

中央企业集团总会计师等公司领导应当重视此项工作，在做好组织实施的基础上，依据评价结果，从产业结构调整和转型升级、国有企业改革等宏观层面，结合公司发展战略，提出切实可行的意见和建议，确保绩效评价工作取得实效。

评价过程有何问题，请及时向我部反映。

附件：2008—2011年中央国有资本经营预算支出项目绩效评价指标表——资金管理情况

附件：

2008—2011年中央国有资本经营预算支出项目绩效评价指标表——资金管理情况

项目单位：　　　　　　　　　　　　　　　　　　　　项目名称：

一级指标	二级指标	评价标准	评价等级	分值	操作指引
资金申请（12）	项目目标	战略目标、经营目标、财务目标等指标要件完备、内容详实	A	6	评价人员应取得可研报告（或资金申请文件），其战略目标、经营目标、财务目标等指标完备、表述详实得6分，战略目标、经营目标、财务目标等要件和内容有所涉及，但存在缺失得3分
		战略目标、经营目标、财务目标等指标存在缺失	B	3	
	项目决策	有完善的决策流程，且严格执行	A	6	充分发挥法人治理结构在项目决策方面的作用，体现决策过程的科学性、谨慎性，财务高管参与决策，得6分；能够较充分发挥法人治理结构在项目决策方面的作用，财务高管发挥一定作用，得3分；不能充分发挥法人治理结构在项目决策方面的作用，缺少决策过程的资料，财务高管没有发挥作用，得0分
		有完善的决策流程，但执行情况一般	B	3	
		没有完善的决策流程，或有决策流程但基本未执行	C	0	
资金管理（18）	制度建设	有健全的资金使用管理规定	A	2	项目单位有健全的包括财政资金在内的资金使用管理制度，得2分；项目单位有资金使用管理制度但不健全，得1分；项目单位没有建立资金使用管理制度，得0分
		资金使用管理规定不健全	B	1	
		没有资金使用管理规定	C	0	
	资金到位情况	财政资金和其他资金及时到位	A	7	评价人员应取得项目资金申请文件、相关合同、相关记账凭证和原始凭证、项目实际进度表等资料，并将资金来源计划、项目计划和实际进度表进行比较判断，分析集团公司或上级企业拨付的项目财政资金是否及时到位，如未及时到位，进一步分析对项目进度的影响 其他资金指除国资预算资金外，项目立项时可行性研究报告、概（预）算文件中“资金来源”中所列示其他资金
		财政资金未到位，其他资金及时到位，没有影响项目进度	B	4	
		财政资金和其他资金未及时到位，影响项目进度	C	0	
	财务处理	按规定进行财务处理	A	2	项目单位按照财企［2012］23号文件等有关规定进行了财务处理，得2分；财务处理不符合上述规定，得0分
		未按规定进行财务处理	B	0	
	资金使用合规性	与相关规定及批复文件的要求一致	A	5	评价人员应取得项目概（预）算及批复文件、可研报告（或资金申请文件），查阅银行账户、资金使用计划、付款凭证等资料，分析判断资金使用是否符合有关规定，重点关注项目概（预）算重大调整是否履行相关程序等
		与相关规定及批复文件的要求基本一致	B	3	
		与相关规定及批复文件的要求不一致	C	0	
	资金使用情况报告	企业按规定向财政部门报送财政资金使用情况报告	A	2	评价人员应取得项目财政资金使用情况报告，判断项目单位或集团公司是否按规定向财政部门报送项目资金使用情况报告或国资预算决算报告
		企业未按规定向财政部门报送财政资金使用情况报告	B	0	
合计				30	—

注：请项目单位结合评价结果，提出支出方向和重点、完善绩效评价等改进国资预算制度的建议，形成单项书面材料（提供有价值建议的，加10分；建议一般的，加5分；没有建议的，不加分）。

2008—2011年中央国有资本经营预算支出项目绩效评价指标表——国有经济和产业结构调整

一级指标	二级指标	评价标准	评价等级	分值	操作指引
社会效益（50）	资本结构	对优化国有经济结构作用明显	A	20	评价人员根据现代企业制度产权多元化的要求，按照项目单位提供的相关书面说明或证明材料，参考资本结构进行分析评价
		对优化国有经济结构作用一般	B	15	
		对优化国有经济结构没有作用	C	0	
	产业优化升级	对加快转变发展方式，发展现代产业体系等作用明显	A	30	评价人员根据国家重点产业结构调整的要求，按照项目单位提供的相关书面说明或证明材料，进行分析评价
		对加快转变发展方式，发展现代产业体系等作用一般	B	20	
		对加快转变发展方式，发展现代产业体系等没有作用	C	0	
经济效益（20）	盈利能力	净资产收益率正向变动率≥30%	A	6	1. 根据项目实施前后同口径，计算项目实施前后的净资产收益率变化情况 2. 项目实施后至评价截止日不足一年的，按同期月份进行比较 公式为：项目实施后净资产收益率/项目实施前同期净资产收益率－1 如果该指标不适用于本项目，可以根据实际情况选择销售利润率等其他指标，但须加以说明
		15%≤净资产收益率正向变动率<30%	B	4	
		5%≤净资产收益率正向变动率<15%	C	2	
		净资产收益率正向变动率<5%	D	0	
	发展能力	营业收入增长率正向变动≥30%	A	6	1. 按照项目实施前后同口径，计算项目实施前后的营业收入增长率变化情况 2. 项目实施后至评价截止日不足一年的，按同期月份进行比较 公式为：项目实施后营业收入增长率/项目实施前同期营业收入增长率－1 如果该指标不适用于本项目，可以根据实际情况选择其他指标，但须加以说明
		15%≤营业收入增长率正向变动<30%	B	4	
		5%≤营业收入增长率正向变动<15%	C	2	
		营业收入增长率正向变动<5%	D	0	
	税收贡献	应缴税金增长率正向变动率≥30%	A	8	1. 根据项目实施前后同口径，计算项目实施前后的应交税金增长率变化情况 2. 项目实施后至评价截止日不足一年的，按同期月份进行比较 公式为：项目实施后应交税金增长率/项目实施前同期应交税金增长率－1 如果该指标不适用于本项目，可以根据实际情况选择其他指标，但须加以说明
		15%≤应缴税金增长率正向变动率<30%	B	5	
		5%≤应缴税金增长率正向变动率<15%	C	3	
		应缴税金增长率正向变动率<5%	D	0	
合计				70	—

2008—2011 年中央国有资本经营预算支出项目绩效评价指标表——兼并重组

一级指标	二级指标	评价标准	评价等级	分值	操作指引
社会效益（50）	产业集中度	重组对提高集团核心业务竞争能力效果非常明显	A	15	评价人员应取得相关财务资料，分析重组前后企业主业的营业收入占总营业收入的比重变化。主业的营业收入指兼并方、被兼并方产品存在相关性且相关度最高的分类产品所形成的销售收入 公式为：（重组后主业收入/重组后营业收入）-（重组前各方主业收入合计/重组前各方营业收入合计） 如果该指标不适用于本项目，可以根据实际情况选择其他指标，但须加以说明
		重组对提高集团核心业务竞争能力效果比较明显	B	10	
		重组对提高集团核心业务竞争能力效果一般	C	5	
		重组对提高集团核心业务竞争能力没有效果	D	0	
	产业优化升级	重组对产业结构优化升级、加快转变发展方式作用明显	A	15	评价人员应取得相关书面说明或证明材料，分析判断该兼并项目对产业结构优化升级、加快转变发展方式的作用情况
		重组对产业结构优化升级、加快转变发展方式作用较好	B	10	
		重组对产业结构优化升级、加快转变发展方式有一定作用	C	5	
		重组对产业结构优化升级、加快转变发展方式没有作用	D	0	
	资源整合度	能够实现研发资源、市场资源、生产资源合理整合	A	10	评价人员应取得关于“研发资源、市场资源、生产资源”整合的说明材料和相关支撑材料，关注兼并重组是否为同业整合或相关产业整合
		能够实现研发资源、市场资源、生产资源中两项合理整合	B	7	
		能够实现研发资源、市场资源、生产资源中一项合理整合	C	4	
		未能实现资源整合	D	0	
	社会就业贡献	重组对增加社会就业或安置职工作用明显	A	10	评价人员应取得就业相关资料，对项目单位重组前后就业人员人数及人员结构的变化，以及新就业岗位的增加，或者安置职工人数及安置情况等，分析判断该兼并重组对社会就业的贡献
		重组对增加社会就业或安置职工有一定作用	B	7	
		重组对增加社会就业或安置职工作用较小	C	4	
		重组对增加社会就业或安置职工没有作用	D	0	
经济效益（20）	盈利能力	净资产收益率正向变动率≥30%	A	6	1. 如果重组后双方均保留法人地位的，则可根据具体情况选择子公司或母公司进行考核（以下同） 2. 根据重组前后同口径，计算重组前后的净资产收益率变化情况 3. 重组后至评价截止日不足一年的，按同期月份进行比较 公式为：重组后净资产收益率/重组前各方按照净资产加权后的净资产收益率-1 如果该指标不适用于本项目，可以根据实际情况选择销售利润率等其他指标，但须加以说明
		15%≤净资产收益率正向变动率<30%	B	4	
		5%≤净资产收益率正向变动率<15%	C	2	
		净资产收益率正向变动率<5%	D	0	
	发展能力	营业收入增长率正向变动率≥30%	A	6	1. 按照重组前、后同口径，计算重组前后的营业收入增长率变化情况 2. 重组后至评价截止日不足一年的，按同期月份进行比较 公式为：重组后营业收入增长率/重组前同期营业收入增长率-1 如果该指标不适用于本项目，可以根据实际情况选择其他指标，但须加以说明
		15%≤营业收入增长率正向变动率<30%	B	4	
		5%≤营业收入增长率正向变动率<15%	C	2	
		营业收入增长率正向变动<5%	D	0	
	税收贡献	应缴税金增长率正向变动率≥30%	A	8	1. 根据重组前后同口径，计算重组前后的应交税金增长率变化情况 2. 重组后至评价截止日不足一年的，按同期月份进行比较 公式为：重组后应交税金增长率/重组前同期应交税金增长率-1 如果该指标不适用于本项目，可以根据实际情况选择其他指标，但须加以说明
		15%≤应缴税金增长率正向变动率<30%	B	5	
		5%≤应缴税金增长率正向变动率<15%	C	3	
		应缴税金增长率正向变动率<5%	D	0	
合　计				70	—

2008—2011年中央国有资本经营预算支出项目绩效评价指标表——技术创新

一级指标	二级指标	评价标准说明	评价等级	分值	操作指引
社会效益（50+5）	技术先进性	国际先进	A	20	评价人员应取得项目单位相关说明材料和支撑材料，据此分析评价技术先进性，必要时咨询外部技术专家
		国内领先	B	15	
		国内先进	C	10	
		技术水平得到提升	D	5	
		技术一般	E	0	
	技术指标	达到预计目标100%	A	20	用项目运行后、距评价时点最近的关键技术指标实际值与申请国资预算项目计划书的技术指标进行比较评价
		达到预计目标90%	B	15	
		达到预计目标70%	C	8	
		达到预计目标70%以下	D	0	
	产业化程度	已经实现产业化生产	A	10	技术研发已经完成、可以产业化生产或达到产业化生产的条件
		具备产业化的条件，但尚未实现	B	7	
		不具备产业化条件，但研发项目已完成	C	4	
		不具备产业化条件，且研发项目未完成	D	0	
	加分项：形成标准	国标文件	A	5	形成国家标准
		行标文件	B	3	形成行业标准
		无	C	0	未形成标准
经济效益（20）	相关产品毛利增加额与研发支出的比率	比率≥100%	A	10	该项指标主要考核研发的投入产出比，产出可能表现为成本降低、收入增加、生产效率的提高或市场占有率的提高等，计算时可采用近三年或两年平均数 如果该指标不适用于本项目，可以根据实际情况选择其他指标，但须加以说明
		50%≤比率<100%	B	7	
		20%≤比率<50%	C	4	
		比率<20%	D	0	
	相关产品税收贡献	应缴税金增长率正向变动率≥10%	A	10	1. 根据技术创新前后同口径，计算相关产品应交税金增长率变化情况。企业通过技术创新被认定为高新技术企业从而适用优惠企业所得税率的，按认定后税率调整计算认定前应缴所得税 2. 研发结束至评价截止日不足一年的，按同期月份进行比较 公式为：研发结束后应交税金增长率/研发前同期应交税金增长率－1 如果该指标不适用于本项目，可以根据实际情况选择其他指标，但须加以说明
		5%≤应缴税金增长率正向变动率<10%	B	7	
		2%≤应缴税金增长率正向变动率<5%	C	4	
		应缴税金增长率正向变动率<2%	D	0	
标准分				70	—
加分				5	—
合计				75	—

注：此类支出要求分别技术创新能力建设和技术研发活动两类分析评价资金使用效益。

2008—2011年中央国有资本经营预算支出项目绩效评价指标表——节能减排

一级指标	二级指标	评价标准	评价等级	分值	操作指引
社会效益（50＋5）	特性技术效益	项目运行后，关键技术指标达到或超过申报材料计划目标	A	30	1. 将评价截止日关键技术指标与可研报告（或资金申请书或工程经济技术分析报告）中的关键技术指标进行分析比较，或将项目验收报告（或项目验收交接书）中试运行期间的关键技术指标与可研报告（或资金申请书或工程经济分析报告）中的关键技术指标进行对比 2. 当涉及多项主要技术指标时，由项目单位选择一项或两项关键技术指标，进行比较分析
		项目运行后，关键技术指标基本达到申报材料计划目标（偏差≤10%）	B	20	
		项目运行后，关键技术指标接近申报材料计划目标（10%＜偏差≤30%）	C	10	
		项目运行后，关键技术指标未实现申报材料计划目标（偏差＞30%）或申报材料没有特性技术目标	D	0	
	环境改善或能源节约	项目运行对改善环境或节约能源作用明显	A	20	根据环保部门出具的相关证明文件或者项目验收报告等相关文件，分析项目运行前后对周围环境改善的程度或者能源节约状况
		项目运行对改善环境或节约能源作用较好	B	15	
		项目运行对改善环境或节约能源有一定作用	C	8	
		项目运行对改善环境或节约能源没有作用	D	0	
		节能减排项目获得国家级奖项	A	5	有相关国家级、省或部或集团级对企业节能减排做出突出成绩的证书或者表彰，如节能减排先进企业称号，或获得年度环保目标任务考核先进单位的通报
		节能减排项目获得省、部、集团级奖项	B	3	
经济效益（20）	项目回报率	节能减排循环综合利用投资项目年净收益额占投资项目总额的比例＞5%	A	20	根据项目节约的成本或者创造的效益（利润）计算节能减排循环综合利用投资项目年净收益额 以热电联产企业为例，财政资金用于启动供热机组项目年净收益额＝（供暖期月均煤耗－非供暖期月均煤耗）×供暖期月均供电量×煤均单价×供热期 如果该指标不适用于本项目，可以根据实际情况选择其他指标，但须加以说明
		2%＜节能减排循环综合利用投资项目年净收益额占投资项目总额的比例≤5%	B	15	
		0%＜节能减排循环综合利用投资项目年净收益额占投资项目总额的比例≤2%	C	8	
		节能减排循环综合利用投资项目年净收益额占投资项目总额的比例＝0%	D	0	
标准分				70	—
加　分				5	—
合　计				75	—

财政部企业司负责人就试行中央国有资本经营预算支出项目绩效评价答记者问

近日，财政部印发了《财政部关于开展2008—2011年中央国有资本经营预算支出项目绩效评价工作的通知》（财企［2012］384号，以下简称《通知》），决定从2012年开始试行国有资本经营预算（以下简称国资预算）支出项目绩效评价制度。自2007年实行国有资本经营预算以来，对国资预算支出项目开展绩效评价尚属首次，这是加强国资预算管理的重要制度安排，意义十分重大。日前，财政部企业司负责人就有关问题回答了记者提问。

记者：我国试行国有资本经营预算制度已有五年历史，今年开始试行对支出项目开展绩效评价，请您谈谈这一制度安排的重要意义。

负责人：根据《预算法》复式预算的要求，国务院于2007年印发了《关于试行国有资本经营预算的意见》（国发［2007］26号），决定我国试行国有资本经营预算制度。五年来，相关规章制度基本建立，实施范围不断扩大，收益比例逐步提高，在增强宏观调控能力，调节收入分配，完善国家与企业分配关系，推进国有经济结构调整，促进企业改革发展和改善民生等方面发挥了重要作用。同时，由于该项制度建立时间较短，缺乏经验，实际执行中存在支出方向和重点不够突出、支出项目比较分散等问题，迫切需要通过绩效评价等多种方式，系统总结国资预算实施经验，具体分析存在的问题，进一步明确支出方向和重点，完善国资预算制度。

记者：国资预算支出项目绩效评价尚属首次，财政部近年来一直在推进财政资金绩效评价工作，能否请您谈谈这方面的情况？

负责人：国资预算评价是财政资金绩效评价的重要组成部分，早在2009年，财政部就印发了《财政支出绩效评价管理暂行办法》（财预［2009］76号）。近年来，财政部建立并实施了财政科学化精细化管理的制度要求。2011年，财政部根据实践情况，修订印发了《财政支出绩效评价管理暂行办法》（财预［2011］285号），规定："加强财政支出管理，强化支出责任，建立科学、合理的财政支出绩效评价管理体系，提高财政资金使用效益。"

2012年7月，财政部在北京国家会计学院召开了全国财政厅（局）长座谈会，主题是大力推行财政资金绩效评价。随后，财政部发布了《预算绩效管理工作规划（2012—2015年）》（财预［2012］396号），明确规定：构建具有中国特色的预算绩效管理体制。各级财政部门按照重点评价全面开展、结果应用实质突破等目标，实施企业使用财政性资金绩效评价等重点评价工程，建立评价结果与预算安排相结合的激励约束机制，完善预算管理。

今年上半年，财政部印发了《加强企业财务信息管理暂行规定》（财企［2012］23号），规定"各级财政部门应当建立企业使用财政性资金绩效评价制度"，"通过政府购买服务方式引入资产评估等中介机构，开展绩效评价工作，形成绩效评价报告"，"评价结果、绩效评价报告应当作为制定有关财政政策、安排使用财政性资金的依据"。

记者：财政部近日印发的《通知》规定，从2012年起试行对国资预算支出项目进行绩效评价，试行期间包括哪类支出范围和内容？

负责人：《通知》规定从2012年起试行国资预算绩效评价制度，在试行期间，主要对2008—2011年安排的"国有经济和产业结构调整"、"兼并重组"、"技术创新"、"节能减排"四类支出项目开展绩效评价，支出项目分类按财政部下达的资金拨付文件确定。这四类支出实际上涵盖了国资预算支出总额的大部分。

评价内容主要包括两个层面：一是资金管理情况，二是资金使用效益。其中，资金管理情况30分，资金使用效益70分，具体参见《通知》所附评价指标表。为确保评价工作取得成效，具有可操作性，在设计评价指标表过程中，广泛征求了全国省级财政部门和100多家中央企业意见，同时深入部分企业进行现场测试。普遍认为，对国资预算支出项目进行绩效评价是完全必要和及时的，不仅有助于加强财政资金管理，有效解决“重分配、轻管理”问题，更重要的在于进一步明确支出方向和重点，结合深化国有企业改革，完善现行国资预算制度。

关于设计的评价指标体系，中央企业认为是可行的，也能够操作。“万事开头难”，试行期间先做起来，以后再总结经验加以完善。一些企业总会计师深有感触地说：“绩效评价无论国内和国外、国家和企业都是难点，试行工作的艰辛和复杂可想而知。但再难，这一步也必须走。只有这样，才能提升国资预算的功能，促进国有资产流动，深化国有企业改革，增强国有经济活力。”

记者：《通知》要求每类资金按资金管理情况和资金使用效益两个层面进行评价，您能否具体介绍一下这方面的有关情况？

负责人：根据《通知》规定，对国资预算支持的每类支出项目，均要求从资金管理情况和资金使用效益两个层面进行评价。在两个层面的评价指标体系中，资金管理情况主要体现对项目和资金的管理要求，重点评价每类支出的项目目标和项目决策、资金管理制度、资金到位和财务处理、资金使用合规性等情况。需要强调的是，国资预算资金支持的重大专项，主要起杠杆引导作用，大部分资金通过企业自筹等方式解决，因此，资金管理制度及资金到位等指标不能仅仅包括财政资金，应当涵盖包括企业自筹等其他资金的管理和到位情况。在项目目标设定和项目决策过程中，涉及可行性研究和经济效益论证，还必须评价企业总会计师或财务总监等财务高管人员发挥作用的情况。

资金使用效益根据四类支出的项目特点，分别制定了不同的具体指标，主要评价项目对产业优化升级、资源整合、技术进步、环境改善、社会就业以及提高企业盈利能力、发展能力和上缴税收等贡献。资金使用效益分为社会效益和经济效益两方面，社会效益50分，经济效益20分，充分体现了国资预算政府宏观调控的要求，更多地强调引导企业重点关注和发展涉及国家安全、国家核心竞争力、综合国力等具有社会效益的项目。

记者：《通知》附列了评价指标表，项目单位如何填列评价指标表？应当注意哪些事项？

负责人：为了确保评价工作取得实效，《通知》中附列了评价指标表，项目单位应当比照评价指标表，细化和扩展相关指标内容，核心是通过指标打分形式，对国资预算的实际效果作出客观真实的评价。在评价指标体系中，有些是定量指标，如盈利能力、发展能力、税收贡献等经济效益指标；有些是定性指标，如项目目标、制度建设等资金管理指标及资本结构、社会就业贡献等社会效益指标。评价人员应当根据实际情况，本着实质重于形式原则，作出深入分析和客观判断。

记者：在资金管理情况指标表中，为何在附注中采用加分方式，要求项目单位提出支出方向和重点、完善绩效评价等改进国资预算制度的建议？

负责人：项目单位不仅要认真填列评价指标表及整理相关资料，而且要通过填列评价表等基础工作，真正发现国资预算执行中存在的主要问题，目的在于提出完善国资预算制度的建议。因此，我们通过加分方式鼓励项目单位多提有价值的建议。除了项目单位提出建议，中央企业集团公司更要汇总项目单位的评价结果，从宏观和微观层面做好深度分析，提出进一步明确支出方向和重点、完善国资预算制度的综合性意见和建议。

记者：怎样才能确保国资预算绩效评价取得实效并实现评价目标？

负责人：根据《通知》规定，实现评价目标需要通过企业自评、中介机构第三方抽评等多种方式。

企业自评是基础，也是决定评价制度顺利试行的关键环节。为此，《通知》要求所有自2008—2011年以来，得到国资预算资金支持的中央企业，无论金额大小，都要将国资预算资金及其引导的自筹等资金一起，对项目支出效果进行整体评价。自评环节非常重要，项目单位的单项评价报告要作为中央企业集团综合性报告的附件一并报财政部。

在企业自评的基础上，财政部将通过政府购买服务方式，选聘委托胜任能力强、执业水平高的资产评估等中介机构，抽取部分企业集团国资预算支出项目进行第三方评价。评价方法包括现场调查、座谈、单独访谈、问卷调查、调阅资料等，被评单位要积极配合中介机构的评价工作。为实现绩效评价的规范化和专业化，中国资产评估协会正在组织专家团队研究制定“评估机构绩效评价工作指引”。引入第三方评价，发挥中介机构的独立验证作用，有利于增强评价结果的公信力和权威性。

记者：集团公司总会计师等领导重视并做好组织实施工作至关重要，能否请您谈谈在这方面有何要求？

负责人：如前所述，今年试行国资预算绩效评价意义十分重大，将为今后工作奠定基础，根据《通知》要求，需要央企集团公司总会计师等公司领导大力支持，从收到文件之日起尽快行动起来，通过多种方式和有效措施组织实施，加强过程督导，开展评价结果分析，形成综合性报告。

今年是国资预算绩效评价试行的第一年，无论是企业还是中介机构，都没有太多经验，再加上临近年底，时间紧任务重。因此，我们希望央企集团总会计师等公司领导高度重视此项工作，加强领导、精心组织，确保评价工作取得成效。

财政部　工业和信息化部关于印发《中小企业发展专项资金管理办法》的通知

2012 年 5 月 25 日　财企［2012］96 号

各省、自治区、直辖市、计划单列市财政厅（局）、中小企业主管部门，新疆生产建设兵团财务局、工业和信息化委员会：

为促进中小企业特别是小型微型企业健康发展，进一步规范和完善中小企业发展专项资金管理，财政部、工业和信息化部对《中小企业发展专项资金管理办法》进行了修改。现将修改后的《中小企业发展专项资金管理办法》印发给你们，请遵照执行。

附件：中小企业发展专项资金管理办法

附件：

中小企业发展专项资金管理办法

第一章　总　　则

第一条　为促进中小企业健康发展，规范中小企业发展专项资金的管理，提高资金使用效率，根据《中华人民共和国预算法》、《中华人民共和国中小企业促进法》和财政预算管理的有关规定，制定本办法。

第二条　中小企业发展专项资金（以下简称专项资金）由中央财政预算安排，主要用于支持中小企业特别是小型微型企业技术进步、结构调整、转变发展方式、扩大就业，以及改善服务环境等方面。

第三条　专项资金按照因素法分配，地方根据中央财政下达的预算指标，按照有关要求安排使用。

第四条　本办法所称中型、小型、微型企业的划分标准，按照国家规定执行。

第五条　专项资金的使用和管理应当符合国家宏观政策、产业政策和区域发展政策，并向中西部地区倾斜，遵循公开透明、定向使用、科学管理、加强监督的原则，加强对社会资金的引导，扩大政策受惠面，确保资金使用规范、安全和高效。

第六条　专项资金由财政部、工业和信息化部共同管理。

财政部负责专项资金的预算管理和资金拨付，会同工业和信息化部制定资金分配方案，并对资金的使用情况进行监督检查。

工业和信息化部会同财政部确定专项资金年度支持重点，印发年度工作通知，建立专项资金项目管理系统，审定实施方案，并对项目实施情况进行评价和监督。

第二章　支持内容及方式

第七条　专项资金主要用于以下方面：

（一）促进中小企业特别是小型微型企业结构调整和优化。重点支持中小企业技术进步和技术改造，创建和保护自主知识产权及加强品牌建设，提升“专精特新”发展能力，加强与大企业协作配套，稳定和扩大就业，开展节能减排和安全生产，挖掘和保护特色传统工艺和产品，发展国家重点培育的产业，提升经营管理水平等。

（二）改善中小企业特别是小型微型企业服务环境。重点支持高技术服务业、商务服务业、现代物流业等生产性服务业企业，以及中小企业服务机构等提升服务能力和服务质量，加强和改善中小企业创业、创新、质量、管理咨询、信息服务、人才培养、市场开拓等服务。

第八条　专项资金采取无偿资助、贷款贴息方式进行支持，每个企业或单位（以下简称项目单位）只能选择其中一种支持方式。

第九条　专项资金无偿资助的额度，每个项目一般不超过200万元。专项资金贷款贴息的额度，按照项目贷款额度及人民银行公布的同期贷款基准利率确定，每个项目一般不超过200万元。

对改善中小企业特别是小型微型企业服务环境项目的支持额度最多不超过400万元。

第十条　同一年度，每个项目单位只能申请一个项目，已通过其他渠道获取中央财政资金支持的项目，专项资金不再重复支持。

第三章　申请条件及申报材料

第十一条　项目单位根据各省、自治区、直辖市、计划单列市及新疆生产建设兵团中小企业主管部门和同级财政（财务）部门（以下简称省级中小企业主管部门和省级财政部门）有关项目申报工作要求，向本地区中小企业主管部门和财政部门提出项目申请。

第十二条　项目单位必须同时具备下列资格条件：

（一）具有独立的法人资格；

（二）成立1年以上（含1年）；

（三）财务管理制度健全、规范，及时向财政部门报送企业财务会计报告和有关信息；

（四）生产经营或业务开展情况良好；

（五）会计信用、纳税信用和银行信用良好；

（六）申报项目符合专项资金年度支持重点；

（七）近3年没有因财政、财务及其他违法、违规行为受到县级以上财政部门及相关监管部门的处理处罚。

（八）应当具备的其他条件。

第十三条　项目单位应同时提供下列资料：

（一）营业执照副本及章程（复印件）；

（二）经会计师事务所审计的年度会计报表和审计报告（复印件）；

（三）项目可行性研究报告或项目申请说明；

（四）项目单位对申报资料真实性负责的声明；

（五）其他需提供的资料。

第十四条　项目单位应按要求将项目信息及时录入专项资金项目管理系统。

第四章　组织申报、审核及资金拨付

第十五条　省级财政部门和中小企业主管部门按照本办法及年度工作通知，结合本地区国民经济发展总体规划、产业发展规划以及小型微型企业数量等，研究提出本地区年度实施方案，包括支持重点、支持计划、资金需求等，其中用于小型微型企业和改善服务环境的资金规模不得少于申请额的80%，在每年2月底前上报财政部、工业和信息化部。

第十六条 工业和信息化部会同财政部对各省上报的实施方案进行审核，综合考虑各地区实施方案、经济社会发展指标、区域特点、以前年度工作情况等因素，研究提出专项资金项目年度实施方案。

第十七条 财政部根据预算规模、项目年度实施方案，确定资金分配方案，并及时向省级财政部门下达预算指标。

第十八条 省级中小企业主管部门会同财政部门按照本办法和年度工作通知等要求，在本地区范围内公开组织项目申请工作，并纳入专项资金项目管理系统进行管理。

省级中小企业主管部门会同财政部门在项目组织申报文件中公布廉政信息反馈专线电话和电子邮箱，全面接受社会监督。

第十九条 省级中小企业主管部门会同财政部门聘请具有相关专家资源的资产评估、中小企业服务等专业机构对申请项目进行评审，并出具有法律效力的评审意见书。项目评审费用在专项资金中列支，按照不超过下达各地区专项资金额度的0.5%控制。

第二十条 省级中小企业主管部门根据评审意见书，提出项目和资金支持计划，具体包括计划支持单位和项目名称、支持内容、支持方式及金额、企业规模等，经省级财政部门审定后，向社会公示，接受监督，公示期不少于7个工作日。

第二十一条 公示期结束后，省级财政部门和中小企业主管部门将本地区专项资金工作情况、公示无异议的项目和资金支持计划，上报财政部、工业和信息化部备案。备案后，省级财政部门按照预算管理的有关规定，在1个月内将资金拨付至项目单位。

第二十二条 工业和信息化部、财政部发现备案资料存在问题的，应及时通知有关省级中小企业主管部门和财政部门予以调整，必要时收回已拨付资金，并列入下年度专项资金分配的扣减因素。

第二十三条 项目单位收到专项资金后，应在10日内将资金到位时间、额度以及账务处理等信息以书面形式向省级财政部门反馈。

第五章　监督检查

第二十四条 财政部、工业和信息化部对各地区专项资金组织申报、项目评审、资金使用和管理等工作进行不定期抽查。财政部驻各地财政监察专员办事处对专项资金的拨付使用情况及项目实施情况进行不定期的监督检查。

第二十五条 省级财政部门负责对专项资金的使用情况进行管理和监督；省级中小企业主管部门负责对项目实施情况进行管理和监督。

项目单位应在项目建成后两个月内向当地中小企业主管部门和财政部门报送项目建设及专项资金使用情况，不能按时完成或未达到预定建设目标的项目，需在原定项目建成期到期前书面说明原因和预计完成日期。

第二十六条 财政部建立专项资金使用情况绩效评价制度，工业和信息化部建立项目实施情况绩效评价制度，分别对专项资金使用情况、项目实施情况及效果进行考核评价，适时向社会公布评价结果。

第二十七条 省级财政部门和中小企业主管部门按照财政部、工业和信息化部要求，对本地区专项资金使用和项目实施情况进行绩效评价，并将专项资金实施效果、存在问题及政策建议等，于每年3月底前上报财政部、工业和信息化部。

第二十八条 专项资金必须用于规定的支持方向和重点，对违反本办法规定使用、骗取资金的行为，依照《财政违法行为处罚处分条例》（国务院令第427号）的规定进行处理。

第六章　附　则

第二十九条 省级财政部门会同中小企业主管部门根据本地实际情况，按照本办法制定具体的实施办法，及时上报财政部、工业和信息化部备案，并向社会公布。

第三十条 本办法由财政部会同工业和信息化部负责解释。

第三十一条 本办法自印发之日起施行。《财政部、工业和信息化部关于印发〈中小企业发展专项资金管理暂行办法〉的通知》（财企［2008］179 号）同时废止。

突出支持重点 改革管理方式

——财政部企业司关于修订中小企业发展专项资金政策解读

为促进中小企业特别是小型微型企业健康发展，进一步完善中小企业发展专项资金管理，2012 年 5 月，财政部、工业和信息化部修订印发了《中小企业发展专项资金管理办法》（财企［2012］96 号，以下简称《管理办法》）。根据广大中小企业的要求，现就政策修订背景、政策内容及支持方式、资金管理及分配、项目申报、审核和资金拨付程序、监督检查和绩效评价等重要内容作一解读。

修订背景

中小企业已发展成为推动国民经济和社会发展的重要力量，在经济发展、增加就业、科技创新等方面发挥着不可替代的作用。但中小企业长期存在着企业资产规模小、增长方式粗放、专业化分工水平低、产业结构不平衡、外部环境和公共服务不健全等问题，严重制约着中小企业健康发展。党中央、国务院高度重视支持中小企业发展，并在 2003 年颁布实施了《中小企业促进法》，以法律的形式确定了中小企业的重要地位和支持中小企业发展的政策体系。

2004 年，中央财政设立中小企业发展专项资金（以下简称专项资金），重点支持中小企业产业升级、专业化发展、与大企业协作配套、新产品开发、新技术推广和改善环境等方面。自设立以来，专项资金规模快速增长，由最初的 1 亿元增加至 2012 年的 19.2 亿元；同时支持内容和方式不断完善，由直接资助中小企业项目，扩大到中小企业担保业务补助、服务环境改善项目等。专项资金在推动中小企业结构调整、产业升级以及改善发展环境等方面发挥了积极作用。但在实施中显露出一些不足：一是支持内容“多、散、乱”，重点不突出，制约了专项资金政策功能的有效发挥；二是对中小企业服务环境建设的支持不足，政策受益面较窄；三是采取项目法管理，项目通过县、市、省逐级申报，最终由两部评审立项并分配资金，管理链条长，中间环节多且地方权责不匹配；四是专项资金从国家层面明确具体支持重点和申报条件等内容，难以兼顾各地中小企业发展实际和需求，资金分配不太均衡。

近年来，受国际金融危机影响，中小企业特别是小型微型企业面临着经营压力大、成本上升、融资困难和税费偏重等突出困难。今年 4 月，国务院发布了《国务院关于进一步支持小型微型企业健康发展的意见》（国发［2012］14 号），明确要求将中小企业各项政策向小型微型企业倾斜。为贯彻落实国务院文件精神，完善政策内容，改进资金管理方式，更好的支持中小企业特别是小型微型企业健康发展，财政部、工业和信息化部在深入调研、广泛听取意见的基础上，修订印发了《管理办法》。

支持内容及方式

根据当前中小企业发展状况和实际需要，修订后的专项资金政策支持的内容方式归纳为以下两大类：

（一）促进中小企业特别是小型微型企业结构调整和优化。针对中小企业普遍存在增长方式粗放、产业结构不平衡、专业化分工水平低问题，专项资金重点支持中小企业技术进步和技术改造，创建和保护自主知识产权及加强品牌建设，提升“专精特新”发展能力，加强与大企业协作配套，稳定和扩大就业，开展节能减排和安全生产，挖掘和保护特色传统工艺和产品，发展国家重点培育的产业，提升经营管理水平等。专项资金旨在充分发挥公共财政弥补市场失灵及政策的导向作用，引导中小企业转变增长方式、加快结构调整、着力自主创新、实现专业化发展。

（二）改善中小企业特别是小型微型企业服务环境。中小微型企业量大面广，财政资金政策难以全面惠及，必须借助中小企业服务平台等中介机构实现以点带面的政策效果。为此，专项资金重点支持高技术服务业、商务服务业、现代物流业等生产性服务业企业，以及中小企业服务机构等提升服务能力和服务质量，加强和改善中小企业创业、创新、质量、管理咨询、信息服务、人才培养、市场开拓等服务。专项资金旨在进一步完善政策内容，更多地运用间接支持方式，为中小企业提供社会化服务，扩大政策受益面，营造有利于中小企业发展的良好环境。

（三）专项资金采取无偿资助、贷款贴息方式支持中小企业，单个项目支持额度一般不超过200万元。体现加大对中小企业服务环境建设的支持力度，《管理办法》规定，对改善中小企业特别是小型微型企业服务环境项目的支持额度可放宽至400万元。

专项资金将重点支持小型微型企业和服务环境建设，《管理办法》明确提出，用于此类项目的资金规模占当年资金总规模的80%以上。

资金管理及分配

专项资金由财政部、工业和信息化部共同管理。财政部负责专项资金的预算管理和资金拨付，会同工业和信息化部制定资金分配方案，并对资金的使用情况进行监督检查。工业和信息化部会同财政部确定专项资金年度支持重点，印发年度工作通知，建立专项资金项目管理系统，审定实施方案，并对项目实施情况进行评价和监督。

每年初，工业和信息化部、财政部印发工作通知，确定当年专项资金的支持重点。省级财政部门和中小企业主管部门按照《管理办法》年度工作通知，结合本地区国民经济发展总体规划和产业发展规划以及中小企业数量等，研究提出本地区实施方案，包括支持重点、支持计划、资金需求等，在每年2月底前上报财政部、工业和信息化部。

财政部会同工业和信息化部根据各地区实施方案、经济社会发展指标及以前年度工作开展情况等因素分配资金，切块下达地方，由地方具体安排使用。为加大对欠发达地区倾斜力度，在按因素法分配资金时，对中西部和东北老工业基地省份给予加分。

采取因素法分配资金，简化了申报流程，提高了预算执行效率，有利于地方政府部门贴近服务、加强监管，同时能够引导和带动地方结合本地特点，发展具有比较优势的产业，促进形成分工合理、各展所长、协调发展的产业和区域经济格局，从而带动整体产业结构的调整和优化。

项目申报、审核及资金拨付

省级财政部门、中小企业主管部门根据中央财政下达的资金规模，负责本地区范围内专项资金项目组织申报、评审、立项和资金拨付等工作。具体程序包括：

（一）组织申报。中小企业主管部门会同财政部门在本地区范围内组织项目申请工作，公开发布申报通知，并将申报项目纳入专项资金项目管理系统进行管理。符合条件的企业可按照申报通知的有关规定，提出项目申请。为加强项目组织环节的监管，避免出现廉政风险，《管理办法》要求，省级中小企业主管部门和财政部门应在申报通知中公布廉政信息反馈专线电话和电子邮箱。

（二）评审和立项。为克服专家评审条件下，责任追究机制难以建立的缺陷，《管理办法》首次提出，省级中小企业主管部门会同财政部门聘请资产评估、中小企业服务等中介机构对项目进行评审，并出具具有法律效力的项目评审报告。省级中小企业主管部门根据评审报告，提出项目立项和资金支持计划，报送省级财政部门审定后。为进一步提高项目立项和资金分配的透明度，《管理办法》要求建立项目公示制度，省级财政部门审定后，应将项目立项和资金支持计划通过公开媒体向社会公示，接受社会监督，公示期不少于7个工作日。

（三）备案及资金拨付。公示结束后，省级财政部门和中小企业主管部门将有关工作情况、公示无异议的项目和资金支持计划，上报财政部、工业和信息化部备案。备案后，财政部门及时拨付资金。

监督检查和绩效评价

为加强专项资金管理，确保资金高效、安全使用，专项资金使用实行监督检查和绩效评价相结合的方式。在监督检查方面，财政部、工业和信息化部对各地区专项资金组织申报、项目评审、资金使用和管理等工作进行不定期抽查，财政部驻各地财政监察专员办事处对资金拨付使用情况和项目实施情况进行不定期监督检查。省级财政部门负责对专项资金的使用情况进行管理和监督；省级中小企业主管部门负责对项目实施情况进行管理和监督。在绩效评价方面，财政部、工业和信息化部建立专项资金使用情况和项目实施情况绩效评价制度，分别对专项资金使用情况、项目实施情况及效果进行考核评价，适时向社会公布评价结果。省级财政部门和中小企业管理部门按照要求，对本地区专项资金使用和项目实施情况进行绩效评价，并将专项资金实施效果、存在问题及政策建议等，于每年3月底前上报财政部、工业和信息化部。

财政部　工业和信息化部关于印发《中小企业信用担保资金管理办法》的通知

2012 年 5 月 25 日　财企［2012］97 号

各省、自治区、直辖市、计划单列市财政厅（局）、中小企业主管部门，新疆生产建设兵团财务局、工业和信息化委员会：

为进一步规范和完善中小企业信用担保资金管理，财政部、工业和信息化部对《中小企业信用担保资金管理暂行办法》进行了修改。现将修改后的《中小企业信用担保资金管理办法》印发给你们，请遵照执行。

附件：中小企业信用担保资金管理办法

附件：

中小企业信用担保资金管理办法

第一章　总　　则

第一条　为规范和加强中小企业信用担保资金管理，提高资金使用效率，根据《中华人民共和国预算法》、《中华人民共和国中小企业促进法》等法律、法规的有关规定，制定本办法。

第二条　中小企业信用担保资金（以下简称担保资金）是由中央财政预算安排，专门用于支持中小企业信用担保机构（以下简称担保机构）、中小企业信用再担保机构（以下简称再担保机构）增强业务能力，扩大中小企业担保业务，改善中小企业特别是小型微型企业融资环境的资金。

第三条　本办法所称中型、小型、微型企业的划分标准，按照国家规定执行。

第四条　担保资金的使用和管理应当遵循公开透明、定向使用、科学管理、加强监督的原则，确保资金使用规范、安全和高效，并向中西部地区倾斜。

第五条　财政部负责担保资金的预算管理及资金拨付，会同工业和信息化部确定项目资金分配方案，并对资金的使用情况进行监督检查。

工业和信息化部会同财政部确定担保资金的年度支持重点，建立担保资金项目管理系统，组织项目申报和审核，并对项目实施情况进行监督检查，在担保机构业务信息报送工作基础上开展担保（再担保）项目储备工作。

第二章　支持方式及额度

第六条　担保资金采取以下几种支持方式：

（一）业务补助。鼓励担保机构和再担保机构为中小企业特别是小型微型企业提供担保（再担保）服务。对符合本办法条件的担保机构开展的中型、小型、微型企业担保业务，分别按照不超过年平均在保余额的1%、2%、3%给予补助。对符合本办法条件的再担保机构开展的中型和小型微型企业再担保业务，分别按照不超过年平均在保余额的0.5%和1%给予补助。

（二）保费补助。鼓励担保机构为中小企业提供低费率担保服务。在不提高其他费用标准的前提下，对担保机构开展的担保费率低于银行同期贷款基准利率50%的中小企业担保业务给予补助，补助比例不超过银行同期贷款基准利率50%与实际担保费率之差，并重点补助小型微型企业低费率担保业务。

（三）资本金投入。鼓励担保机构扩大资本规模，提高信用水平，增强业务能力。特殊情况下，对符合本办法条件的担保机构、再担保机构，按照不超过新增出资额的30%给予注资支持。

（四）其他。用于鼓励和引导担保机构、再担保机构开展中小企业信用担保（再担保）业务的其他支持方式。

第七条　符合本办法条件的担保机构、再担保机构可以同时申请以上不限于一项支持方式的资助，但单个担保机构当年获得担保资金的资助额最多不超过2000万元，单个再担保机构当年获得担保资金的资助额最多不超过3000万元。（资本金投入方式除外）

第三章　申请条件及要件

第八条　申请担保资金的担保机构必须同时具备下列条件：

（一）依据国家有关法律、法规设立和经营，具有独立企业法人资格，取得融资性担保机构经营许可证。

（二）经营担保业务2年及以上，无不良信用记录。

（三）担保业务符合国家有关法律、法规、业务管理规定及产业政策，当年新增中小企业担保业务额占新增担保业务总额的70%以上或当年新增中小企业担保业务额10亿元以上。

（四）对单个企业提供的担保责任余额不超过担保机构净资产的10%，对单个企业债券发行提供的担保责任余额不超过担保机构净资产的30%。

（五）东部地区担保机构当年新增担保业务额达平均净资产［即：（年初净资产+年末净资产）/2，下同］的3.5倍以上，且代偿率低于2%；中部地区担保机构当年新增担保业务额达平均净资产的3倍以上，且代偿率低于2%；西部地区担保机构当年新增担保业务额达平均净资产的2.5倍以上，且代偿率低于2%。

（六）平均年担保费率不超过银行同期贷款基准利率的50%。

（七）内部管理制度健全，运作规范，按规定提取准备金，并及时向财政部门报送企业财务会计报告和有关信息。

（八）近3年没有因财政、财务或其他违法、违规行为受到县级以上财政部门及其他监管部门的处理处罚。

（九）应当具备的其他条件。

第九条　申请担保资金的再担保机构必须同时具备下列条件：

（一）依据国家有关法律、法规设立和经营，具有独立企业法人资格。

（二）以担保机构为主要服务对象，经营中小企业再担保业务1年及以上。

（三）再担保业务符合国家有关法律、法规、业务管理规定及产业政策，当年新增中小企业再担保业务额占新增再担保业务总额的70%以上。

（四）当年新增再担保业务额达平均净资产的5倍以上。

（五）平均年再担保费率不超过银行同期贷款基准利率的15%。

（六）内部制度健全，管理规范，及时向财政部门报送企业财务会计报告和有关信息。

（七）近3年没有因财政、财务或其他违法、违规行为受到县级以上财政部门及其他监管部门的处理处罚。

（八）应当具备的其他条件。

第十条 申请担保资金的担保机构、再担保机构应按要求及时报送业务信息。

第十一条 申请担保资金的担保机构、再担保机构应提交担保资金申请报告，同时提供下列资料：

（一）营业执照副本及章程（复印件）。

（二）经会计师事务所审计的会计报表和审计报告（复印件）。

（三）经会计师事务所专项审计的担保业务情况（包括担保业务明细、风险准备金提取及担保业务收费等）。

（四）对申请资料真实性负责的声明。

（五）其他需提供的资料。

第四章 资金申请、审核及拨付

第十二条 工业和信息化部、财政部每年按照本办法规定，联合下发申报通知，明确当年担保资金支持重点、资助比例、具体条件、申报组织等内容。

第十三条 各省、自治区、直辖市、计划单列市及新疆生产建设兵团财政（财务）部门和同级中小企业主管部门（以下简称省级财政部门和省级中小企业主管部门）依据本办法规定和当年申报通知的要求，负责本地区担保资金的申请审核工作。

第十四条 省级中小企业主管部门会同同级财政部门在本地区范围内公开组织担保资金的项目申报，建立专家评审制度，结合业务信息报送情况，对申请项目进行评审，并纳入担保资金项目管理系统进行管理。

第十五条 省级财政部门会同同级中小企业主管部门依据专家评审意见确定申报的项目，并在规定时间内，将担保资金申请报告及其他相关资料上报财政部、工业和信息化部。

第十六条 工业和信息化部会同财政部对各地上报的申请报告及项目情况进行审核，并提出项目计划。

第十七条 经工业和信息化部、财政部审核批准后，项目计划向社会公示，接受监督，公示期不少于7个工作日。

对项目公示期内提出异议的项目，工业和信息化部会同财政部及时组织调查核实。

第十八条 项目公示期结束后，工业和信息化部将公示期内没有异议和经调查核实没有问题的项目列为支持项目，向财政部提出资金使用计划。

第十九条 财政部对资金使用计划进行审定，将预算指标下达到省级财政部门，并根据预算管理规定及时拨付担保资金。

省级财政部门按照规定程序，及时、足额将资金拨付至担保机构、再担保机构。

第二十条 担保机构、再担保机构收到担保资金后，应在10日内将资金到位时间、额度以及账务处理等信息以书面形式向省级财政部门反馈。

第五章 监督检查

第二十一条 省级财政部门和中小企业主管部门对担保资金申报、审核及使用共同实施管理和监督。财政部驻各地财政监察专员办事处，对担保资金的拨付使用情况进行不定期监督检查。

第二十二条 获得担保资金支持的担保机构、再担保机构应按财务规定妥善保存有关原始票据及凭证备查，积极配合各级财政部门、财政部驻各地财政监察专员办事处和中小企业主管部门的专项检查。

第二十三条 获得担保资金支持的担保机构、再担保机构应于每年2月底前向省级中小企业主管部门和省级财政部门报送上一年度有关资产财务、担保资金使用、绩效等材料。

第二十四条 省级中小企业主管部门和财政部门应建立担保资金使用跟踪问效和绩效评估机制，综合评估资金的经济效益和社会效益，并于每年3月底前向工业和信息化部、财政部上报上年度资金使用汇总报告及本地区中小企业信用担保机构发展报告。汇总报告应包括担保机构、再担保机构反馈的资金到位时间、额度及账务处理等信息。

第二十五条 担保资金必须专款专用，对违反规定使用、骗取担保资金的行为，依照《财政违法行为处罚处分条例》（国务院令第427号）的规定进行处理。

第六章 附 则

第二十六条 省级财政部门和省级中小企业主管部门可根据本办法并结合实际，制定具体的实施办法。

第二十七条 本办法由财政部会同工业和信息化部负责解释。

第二十八条 本办法自印发之日起施行。《财政部 工业和信息化部关于印发〈中小企业信用担保资金管理暂行办法〉的通知》（财企［2010］72号）同时废止。

缓解小型微型企业融资难的一项重要财政政策

——财政部企业司关于修订中小企业信用担保资金政策解读

为进一步规范和完善中小企业信用担保资金的管理，鼓励中小企业信用担保机构、再担保机构扩大对中小企业特别是小型微型企业担保业务，切实改善中小微型企业融资环境，2012年5月，财政部、工业和信息化部修订发布了《中小企业信用担保资金管理办法》（财企［2012］97号，以下简称《管理办法》）。应广大担保机构要求，现就政策修订的背景，资金支持方式、申报条件、申报审批程序、监督检查和绩效评价等主要内容进行解读。

修订背景

当前，我国金融体系中，资本市场因政策、制度与机制不完善等原因仍处于发展阶段，股票和债券等直接融资渠道狭窄，以银行体系为主导的间接融资，发挥着主体与核心的作用。从实际情况看，传统银行业金融机构主要为国有大中型企业、中央和地方政府的基础设施建设及房地产开发项目提供资金融通，中小企业特别是小型微型企业由于自身的信用水平不高、有效的抵押物资产缺乏等原因，很难直接从银行获得贷款。“融资难”成为制约中小企业持续健康发展的主要瓶颈。

信用担保机构是中小企业与金融机构之间的信用桥梁。国际经验表明，通过财政资金引导信用担保机构为中小企业提供融资担保，发挥担保的杠杆作用使信贷资金更多流向符合产业政策的中小企业，对拓宽中小企业融资渠道、缓解中小企业融资难题具有十分重要的现实意义。

为鼓励中小企业信用担保机构增强业务能力、扩大中小企业信用担保业务，中央财政自2006年起设立了中小企业信用担保资金（以下简称担保资金），对担保机构开展的中小企业信用担保业务给予业务奖励和保费补助，自设立以来，担保资金规模快速增长，由最初0.5亿元增加至2012年的14亿元，同时政策覆盖范围实现了较快发展，由最初的78家增加至2012年565家。担保资金政策的实施，有效带动了中小企业信用担保机构数量、业务规模快速增长，并提升了担保机构的综合服务功能和水平。

近年来，受国内外宏观经济走势持续低迷的影响，中小企业特别是小型微型企业面临经营压力大、成本上升、融资困难等问题，其中融资难问题尤为突出。正因如此，今年4月，国务院印发的《关于进一步促进小型微型企业健康发展的意见》（国发［2012］14号），明确了努力缓解小型微型企业融资困难的五项政策要求，包括“大力推进中小企业信用担保体系建设，加大财政资金的引导支持力度，鼓励担保机构提高小型微型企业担保业务规模，降低对小型微型企业的担保收费，积极发展再担保机构、强化分散风险、增加信用功能”等。据此，财政部会同工业和信息化部在广泛调研、深入研究的基础上修订印发了《管理办法》。

支持内容及方式

担保资金重点支持四个方面，一是鼓励担保机构为符合国家产业政策的中小微企业提供更多的融资担保服务，切身缓解中小微企业融资难问题。二是鼓励担保机构提供低费率担保服务，有效减轻中小微企业财务负担。三是鼓励信用担保发展欠发达地区新设担保机构或扩大资本规模，增强担保业务能力。四是积极发展再担保机构，进一步发挥再担保增强信用、分散风险等功能，促进地方中小企业信用担保体系建设。

为实现上述政策目标，担保资金主要采取三种支持方式。一是业务补助。对符合条件的中小企业信用担保和再担保机构开展的中小微企业担保业务和再担保业务，按照不超过年担保额的一定比例给予补助。在补助比例方面，担保资金对中、小、微型企业做出了区别对待，对中型、小型、微型企业担保业务补助比例，分别不超过年平均在保余额的1%、2%、3%给予补助；对中型和小微型企业再担保业务补助比例，分别不超过年平均在保余额的0.5%和1%。充分体现了对小型微型企业的倾斜支持；二是保费补助。对担保机构开展的担保费率低于银行同期贷款基准利率50%的中小企业担保业务给予补助，并重点补助小型微型企业低费率担保业务；三是资本金注入。对符合条件的担保机构、再担保机构，按照不超过新增出资额的30%给予注资支持。

符合条件的担保机构、再担保机构可以同时申请不限于一项支持方式的资助，但单个担保机构当年获得担保资金的资助额最多不超过2000万元，单个再担保机构当年获得担保资金的资助额最多不超过3000万元（资本金投入方式除外）。

申请条件

申请担保资金的担保机构应具备以下条件：（1）具有独立企业法人资格，取得融资性担保机构经营许可证。（2）经营担保业务2年及以上，当年新增中小企业担保业务额占新增担保业务总额的70%以上或当年新增中小企业担保业务额10亿元以上。（3）东部地区担保机构当年新增担保业务额达平均净资产的3.5倍以上，且代偿率低于2%；中部地区担保机构当年新增担保业务额达平均净资产的3倍以上，且代偿率低于2%；西部地区担保机构当年新增担保业务额达平均净资产的2.5倍以上，且代偿率低于2%。（4）平均年担保费率不超过银行同期贷款基准利率的50%等。

申请担保资金的再担保机构应具备下列条件：（1）具有独立企业法人资格。以担保机构为主要服务对象，经营中小企业再担保业务1年及以上。（2）再担保业务当年新增中小企业再担保业务额占新增再担保业务总额的70%以上。（3）当年新增再担保业务额达平均净资产的5倍以上。（4）平均年再担保费率不超过银行同期贷款基准利率的15%等。

担保资金在担保机构申报条件方面，对东、中、西部地区做出的区别对待，体现了对担保机构发展相对滞后的中西部地区的倾斜支持。

管理方式

《管理办法》规定，担保资金由财政部和工业和信息化部共同管理。财政部负责担保资金的预算管理及资金拨付，会同工业和信息化部确定项目资金分配方案，并对资金的使用情况进行监督检查。工业和信息化部会同财政部确定担保资金的年度支持重点，建立担保资金项目管理系统，组织项目申报和审核，并对项目实施情况进行监督检查。

申报和审批

担保资金采取项目法进行管理。每年初，工业和信息化部、财政部每年按照《管理办法》要求，联合下发申报通知，组织实施年度项目申报工作。

省级财政部门和同级中小企业主管部门依据《管理办法》规定和当年申报通知的要求，负责本地区担保资金的申请审核工作。省级中小企业主管部门会同财政部门负责组织本地区担保资金的项目申报、评审工作。省级财政部门会同中小企业主管部门依据专家评审意见确定申报的项目，将担保资金申请报告及其他相关资料上报财政部、工业和信息化部。

工业和信息化部会同财政部对各地上报的申请报告和项目情况进行审核，并提出项目计划。经财政部、工业和信息化部审核批准后，项目计划向社会公示，接受社会监督，公示期不少于7个工作日。项目公示期结束后，工业和信息化部将公示期内无异议项目列为支持项目，向财政部提出资金使用计划。财政部门审定后将预算指标下达到省级财政部门，省级财政部门按照规定程序将资金拨付至担保机构、再担保机构。

监督检查和绩效评价

为加强担保资金管理，确保资金高效、安全使用，《管理办法》规定，对担保资金使用实行监督检查和绩效评价相结合的方式。省级财政部门和中小企业主管部门对担保资金的申报、审核及使用实施共同管理和监督。省级中小企业管理部门和财政部门应建立担保资金使用跟踪问效和绩效评估机制，综合评估资金的经济效益和社会效益，并于每年3月底前向工业和信息化部、财政部上报上年度资金使用汇总报告及本地区中小企业信用担保机构发展报告。担保资金进一步强调了资金的跟踪问效机制，努力提高财政政策绩效。

财政部 工业和信息化部关于印发《物联网发展专项资金管理暂行办法》的通知

2012 年 8 月 17 日　财企［2012］225 号

各省、自治区、直辖市、计划单列市财政厅（局）、工业和信息化主管部门，新疆生产建设兵团财务局，有关中央管理企业：

为加强物联网发展专项资金的使用管理，强化社会监督，促进物联网健康发展，经认真研究，我们对《物联网发展专项资金管理暂行办法》进行了修改。现印发给你们，请遵照执行。

附件：物联网发展专项资金管理暂行办法

附件：

物联网发展专项资金管理暂行办法

第一章　总　　则

第一条　为了规范物联网发展专项资金（以下简称专项资金）的使用管理，充分发挥财政资金的引导和扶持作用，促进我国物联网健康发展，根据财政预算管理规定，制定本办法。

第二条　专项资金是指由中央财政预算安排，用于支持物联网研发、应用和服务等方面的专项资金。

第三条　专项资金按照公开、公正、公平的原则重点支持企业自主创新，突出体现以企业为主体、市场为导向、产学研用相结合的技术创新战略，符合国家宏观经济政策、产业政策和区域发展政策。专项资金鼓励和支持企业以产业联盟形式开展物联网研发、应用活动。

第四条　专项资金由财政部、工业和信息化部各司其职，各负其责，共同管理，确保专项资金的规范、安全和高效使用。

财政部负责专项资金的预算管理，根据工业和信息化部提出的年度项目审核意见和预算建议，按规定程序核定项目预算，审核拨付资金，并对专项资金的使用情况进行监督检查。

工业和信息化部负责建立和完善物联网专项资金项目库，确定专项资金的年度支持方向和支持重点，组织项目评审，确定年度支持项目及提出预算建议，并对项目实施情况进行监督检查。

第二章　支持范围与方式

第五条　专项资金的支持范围包括物联网的技术研发与产业化、标准研究与制订、应用示范与推广、公共服务平台等方面的项目。

第六条　项目申报单位应当具备以下资格条件：

（一）在中华人民共和国境内登记的独立法人；

（二）财务管理制度健全，会计信用和纳税信用良好；

（三）财务状况良好，具备承担项目的财务投资能力；

（四）专业技术人员不少于15人，其中拥有高级职称者不少于5人；

（五）拥有相应的专利、软件著作权或省部级以上认定的科技成果等研发成果，以及具有相应的市场应用基础。

第七条　项目申报单位应当提交以下材料：

（一）法人执照副本及章程（复印件并加盖单位公章）；

（二）项目可行性研究报告；

（三）经会计师事务所审计的上一年度会计报表和审计报告（复印件并加盖单位公章）；

（四）相应的专利、软件著作权或省部级以上认定的科技成果等证明材料，以及已开展的市场应用方面的证明材料（复印件并加盖单位公章）；

（五）其他需要提供的资料。

第八条　专项资金的支持采用无偿资助或贷款贴息方式。申请专项资金的项目原则上只享受一种支持方式。

无偿资助方式主要支持以自有资金为主投入的项目，贷款贴息方式主要支持以银行贷款为主投入的项目。原则上，技术研发、标准研究与制订、公共服务平台类项目，以无偿资助方式为主；产业化、应用示范与推广类项目以贷款贴息方式为主。

第九条　无偿资助额度或贷款贴息比例，由财政部根据专项资金年度预算安排及年度项目指南确定。

第十条　已通过其他渠道获取财政资金支持的项目，专项资金不再予以支持。

第三章　专项资金的申请与审核拨付

第十一条　专项资金采取项目管理方式。工业和信息化部会同财政部根据国家宏观经济政策、产业政策以及行业发展规划，组织研究编制年度项目指南，明确专项资金年度支持方向和支持重点。

第十二条　省级工业和信息化主管部门应当会同同级财政部门根据年度项目指南，组织做好本地区项目的初审工作，提出项目初审意见。

第十三条　省级财政部门应当会同同级工业和信息化主管部门依据项目初审意见，将审核汇总后的项目推荐名单和申请材料上报财政部与工业和信息化部。

第十四条　中央管理企业直接向财政部与工业和信息化部申报，中央部门（单位）所属企业通过归口管理部门申报。

第十五条　建立专家评审机制。由工业和信息化部组织技术、财务、市场等方面的专家对申报项目进行评审或委托专业咨询机构进行评估。

第十六条　工业和信息化部根据专家评审意见或专业咨询机构评估意见，研究提出年度项目和资金支持初步意见，具体包括支持项目和承担单位名称、支持方式及金额等，经财政部审定后，向社会公示、接受监督，公示期不少于7个工作日。

第十七条　公示结束后，对公示无异议或者有异议但经核实符合本办法要求的项目，由财政部下达专项资金预算，并在批复文件中注明信息反馈电话和邮箱，同时将批复文件抄送工业和信息化部。

第十八条　项目承担单位收到专项资金后，按照国家统一的财务会计制度规定处理，并在10个工作日内将资金到位时间、额度及财务处理等信息以书面形式反馈财政部。

第十九条 为充分发挥国家级物联网创新示范区的引领作用，专项资金对国家级物联网创新示范区给予重点支持，年度支持资金额度由财政部商工业和信息化部确定后，定额分配示范区所在省（区、市），资金使用管理由地方财政、工业和信息化主管部门参照本办法执行。

第四章 监督检查

第二十条 各级财政部门与同级工业和信息化主管部门应加强对专项资金使用情况和项目实施情况的监督检查，对专项资金使用情况和项目实施进展情况采取定期或不定期检查。

第二十一条 建立绩效评价制度。财政部建立专项资金使用情况绩效评价制度，工业和信息化部建立项目实施情况绩效评价制度，分别对专项资金使用情况、项目实施情况及效果进行考核评价，并将评价结果适时以适当的方式向社会公布。

第二十二条 中央级项目承担单位应在项目完成后3个月内向财政部、工业和信息化部报送项目完成情况及专项资金的使用情况；地方级项目承担单位应在项目完成后3个月内向省级财政部门与工业和信息化主管部门报送项目完成情况及专项资金的使用情况；省级财政部门会同同级工业和信息化主管部门于项目完成后6个月内向财政部、工业和信息化部报送项目完成情况及专项资金使用情况的总结报告。

第二十三条 对弄虚作假骗取专项资金、不按规定用途使用专项资金的单位，财政部依据《财政违法行为处罚处分条例》（国务院令第427号）的有关规定进行处罚，并取消三年内的申报资格。项目因故中止（不可抗力因素除外），财政部将收回全部或部分专项资金。

第五章 附　　则

第二十四条 省级财政部门与工业和信息化主管部门可根据本办法制定具体的实施办法。

第二十五条 本办法由财政部会同工业和信息化部负责解释。

第二十六条 本办法自发布之日起施行。《财政部　工业和信息化部关于印发〈物联网发展专项资金管理暂行办法〉的通知》（财企［2011］64号）同时废止。

财政部修改管理办法　助推物联网产业发展

——关于修订后《物联网发展专项资金管理暂行办法》解读

物联网作为信息技术的深度拓展应用，是新一代信息技术发展的重要方向，涉及经济社会发展的各个领域，也是我国战略性新兴产业的重要组成部分。国家“十二五”规划纲要和《国务院关于加快培育和发展战略性新兴产业的决定》都将推进物联网发展列为重要内容。为贯彻落实党中央、国务院的要求，中央财政自2011年起设立物联网发展专项资金，并制订了《物联网发展专项资金管理暂行办法》（以下简称原办法）。专项资金政策执行一年来，有力地推动了我国物联网产业的发展，取得了积极成效。2012年，在总结原有政策助推物联网发展的基础上，实施了修订后的《物联网发展专项资金管理暂行办法》（以下简称《暂行办法》）。现就修订后的《暂行办法》进行解读。

一、专项资金的支持范围和方式

（一）进一步明确了支持方向和重点。

财政资金具有引导作用。该项专项资金政策将物联网的技术研发和产业化、标准研究与制订、应用示范与推广、公共服务平台等五大类的项目纳入支持范围，确定为支持重点。

1. 技术研发与产业化项目。即物联网关键核心技术、共性技术以及重点产品研发和产业化项目。

重点支持高端传感器、RFID、传感器网络和节点等感知技术和产品研发与产业化，传感器网络和节点技术研发与产业化，物联网通信技术研发与产业化，基础性架构和系统技术研发与产业化和关键支撑技术研发与产业化。

2. 应用示范项目。即以物联网应用的试点示范以及物联网应用示范区和产业基地建设等为主要内容的项目。

重点支持智能工业、智能农业、智能城市、智能电网等应用示范项目，以及生产性服务业智能化应用示范项目等。

3. 标准研究与制订项目。即物联网的标准研究和制订项目。

重点支持标准体系研究、关键技术标准制定、编码标准制定和若干应用标准制定，以及标准验证、测试和仿真等。

4. 平台建设项目。即以推动物联网科技投融资、知识产权、产学研合作、信息共享、综合配套等为目的的物联网公共平台建设项目。

重点支持公共技术和中介服务平台、物联网应用系统验证平台、统一标识管理与解析平台等。

（二）进一步完善了支持方式。

专项资金政策通过无偿资助和贷款贴息办法，以支持项目为主，同时注重发挥国家级物联网示范区的带动效应。对于纳入范围的几大类项目中，制定了年度项目指南并下发年度项目申报通知，确定年度支持重点，对申报项目通过专家评审进行择优支持。

除项目支持的方式外，为充分发挥国家级物联网示范区的引领和综合带动效应，按照政府引导与市场调节相结合，以重点领域的先导性应用为引领的物联网发展总体思路，《暂行办法》对原办法规定的支持方式进行了适当调整，由财政部商工业和信息化部确定年度专项资金支持额度，定额分配示范区所在省（区、市），由地方统筹用于示范区建设、应用示范工程、关键核心技术研发等，对国家级物联网创新示范区（即无锡国家传感网创新示范区）给予重点支持，以带动相关领域物联网核心技术的研发、标准研制和运营模式创新，为我国物联网实现在不同领域、不同行业的大规模应用奠定基础。

按照修订后的《暂行办法》，2012 年物联网发展专项资金支持的项目数量比 2011 年减少了 40%，对重点领域支持的资金集中度达到了 30%，充分体现了引领带动、突出重点、统筹兼顾的原则。

二、专项资金的管理体制

物联网是新一代信息技术的高度集成和综合运用，是一个跨学科、跨领域、跨行业的综合系统工程，因而专项资金政策内容涉及面广、政策性强，既有中央企业也有地方企业，既有国有企业也有民营企业，既有大型骨干企业也有中小型企业，既涉及东部发达地区又涉及中西部欠发达地区。为此，《暂行办法》建立了严格的管理体制，确保实现整体推进、重点突破的政策目标。专项资金由财政部、工业和信息化部共同管理，各司其职，各负其责，相互制约。财政部负责资金管理，包括专项资金的预算管理、项目资金分配和资金拨付，以及对资金使用情况的监督检查。工业和信息化部负责项目管理，包括确定专项资金的年度支持方向和支持重点，以及对项目实施情况的监督检查。

鉴于物联网涵盖计算机技术、现代通信技术、新材料技术、智能控制技术等前沿尖端技术，物联网项目审核的组织、管理具有较强的专业性，需要发挥工业和信息化部在物联网技术、产业等方面的优势和作用，《暂行办法》强化了其在项目组织、管理和审核环节的职责。工业和信息化部负责建立和完善专项资金项目库，组织专家对申报项目进行评审或委托专业咨询机构进行评估，提出年度项目和资金支持初步意见，由财政部审定，负责资金管理。这种管理体制的完善，充分发挥了两个部门各自的专业优势，一方面保证了专项资金支持的研发项目和产业化项目具备较高的技术含量、较强的技术创新性、先进实用的研究目标和技术指标、较好的社会经济效益，应用示范项目具备一定的应用基础和集成创新性、较好的运营模式和良好的复制和推广价值，标准研究、制订及平台建设项目具备较强的标准研究、共性技术支撑及综合信息服务等条件。另一方面加强了部门间的横向制衡，有效约束权力运行，更好地保障了专项资金的安全、规范和有效使用。

三、专项资金的监督检查

为确保专项资金使用的规范、安全、有效，专项资金政策从项目申报到资金使用，制定了严格的全过程监管制度。一是各级财政部门与同级工业和信息化主管部门采取定期或不定期方式，加强对专项资金使用情况和项目实施情况的监督检查。二是对项目承担单位提出要求，项目承担单位在项目完成后 3 个月内，要按隶属关系向财政部门、工业和信息化主管部门报送项目完成情况及专项资金的使用情况。省级财政部门会同同级工业和信息化主管部门于项目完成后 6 个月内向财政部、工业和信息化部报送项目完成情况及专项资金使用情况的总结报告。

《暂行办法》对专项资金的项目审核和资金分配环节均增加了社会监督机制，要求两部门按规定程序和要求确定拟支持项目后，向社会公示，接受全社会对财政政策的公正性和公平性的监督，公示期不少于 7 个工作日。公示结束后，对公示无异议或者有异议但经核实符合要求的项目，由财政部下达专项资金预算，并在批复文件中注明信息反馈电话和邮箱。这些规定和要求，不仅强化了政策执行前期的监督力度，促进监督与管理的有机结合，而且促进专项资金政策的实施更加公开和透明。

《暂行办法》针对政策执行中的财务管理增加了信息反馈措施，要求项目承担单位收到专项资金后，按照国家统一的财务会计制度规定处理，并在 10 个工作日内将资金到位时间、额度及财务处理等信息以书面形式反馈财政部。这项规定有助于加强对项目承担单位行为的监管和约束。

通过一系列监督检查措施，发现弄虚作假、骗取专项资金、不按规定用途使用专项资金的单位，财政部将依据《财政违法行为处罚处分条例》（国务院令［2005］第 427 号）的有关规定进行处罚。

四、物联网发展专项资金的绩效评价

财政部按照修订后的《暂行办法》，完成了 2012 年对国家级物联网创新示范区的专项资金定额分配工作。工业和信息化部组织的 2012 年物联网项目评审工作也已顺利完成，根据专家评审意见提出的年度项目和资金支持已向社会公示完毕。

按照《暂行办法》，物联网发展专项资金实行后续绩效评价制度，分别对专项资金使用、项目实施及其效果进行后续评价，并将评价结果适时以适当的方式向社会公布。建立绩效评价制度，旨在通过对物联网发展专项资金使用的经济性、效率性和效益性进行客观、公正的评价，重点关注是否实现既定政策目标，资金管理是否规范，是否存在违法违规和骗取专项资金的行为，从而不断总结经验，完善相关政策和措施，更好地促进我国物联网产业健康有序发展。

财政部　工业和信息化部关于印发《稀土产业调整升级专项资金管理办法》的通知

2012 年 11 月 9 日　财企［2012］375 号

各省、自治区、直辖市、计划单列市财政厅（局）、工业和信息化主管部门，有关中央管理企业：

为促进我国稀土产业健康有序发展，规范稀土产业调整升级专项资金管理，根据《中华人民共和国预算法》等法律法规，我们制定了《稀土产业调整升级专项资金管理办法》。现予印发，请遵照执行。执行中有何问题，请及时向我们反映。

附件：稀土产业调整升级专项资金管理办法

附件：

稀土产业调整升级专项资金管理办法

第一章　总　　则

第一条　为充分发挥稀土产业调整升级专项资金作用，促进稀土产业健康、有序发展，规范资金管理，提高使用效益，根据《中华人民共和国预算法》和财政预算管理的有关规定，制定本办法。

第二条　稀土产业调整升级专项资金（以下简称专项资金）是为贯彻落实《国务院关于促进稀土行业持续健康发展的若干意见》（国发［2011］12 号）文件精神，由中央财政预算安排主要用于支持稀土资源开采监管，稀土产业绿色采选、冶炼，共性关键技术与标准研发，高端应用技术研发和产业化，公共技术服务平台建设等方面的专项资金。

第三条　专项资金的管理和使用应当符合国家宏观经济政策和稀土产业政策要求，遵循突出重点、公开透明、科学安排、讲求实效的原则，充分体现财政资金的引导和带动作用。

第四条　专项资金由财政部、工业和信息化部各司其职，分工合作，共同管理。

财政部负责专项资金的预算管理、资金分配和资金拨付，并对专项资金的使用情况进行监督检查和绩效评价。

工业和信息化部负责提出专项资金年度支持方向和支持重点，建立专项资金项目库和项目专家评审制度，会同财政部对年度申报的项目进行审核，对项目实施情况进行监督检查。

第二章　支持内容

第五条　专项资金用于支持以下内容：

（一）稀土资源开采监管。支持有关地方政府为保护稀土资源，整治开采秩序实施的监管系统建设项目，包括监管基础设施建设项目及电子监控系统建设项目等。

（二）稀土采选、冶炼环保技术改造。支持现有企业对稀土采选、冶炼生产系统和环保系统进行清洁生产改造，达到国家环保法律法规要求。

（三）稀土共性关键技术与标准研发。支持开展绿色、高效稀土采选共性关键技术与标准研发，建立采选生产技术规范与标准。支持开展低能耗、低排放、高效清洁的冶炼关键技术研发。支持铽、镝等稀缺元素减量化应用技术和镧、铈、钇等高丰度元素应用技术研发。支持废旧稀土材料及应用器件中稀土二次资源高效清洁回收技术研发。

（四）稀土高端应用技术研发和产业化。支持拥有自主知识产权，相关技术指标达到国际先进水平的高性能稀土磁性材料、发光材料、储氢材料、催化材料、抛光材料、先进陶瓷材料、人工晶体材料、稀土助剂等稀土功能材料与器件技术研发和产业化。支持高稳定性、高一致性稀土材料制备技术及专用装备的研发。

（五）公共技术服务平台建设。支持具备条件的稀土企业建立高端稀土材料及器件研究开发中试基地；建立完善的稀土材料综合性能测试、应用技术评价及标准体系。

第三章　支持方式及标准

第六条　专项资金的支持方式采用以奖代补、无偿资助和资本金注入方式。

第七条　对已整体完成稀土开采监管系统建设的地方政府给予一次性奖励，奖励金额一般不超过项目实际投资额的20%。

本条所指项目实际投资额包括基础设施建设和监管设备购置的实际投入，但不包括车辆购置费用和系统日常运行维护费用。

第八条　对已通过国家环保核查的稀土采选、冶炼企业，根据工业和信息化部稀土企业准入公告核定的企业产能予以一次性奖励，奖励标准：矿山采选1000元/吨（按稀土氧化物REO计）、冶炼分离1500元/吨（按稀土氧化物REO计）、金属冶炼500元/吨。

第九条　对稀土共性关键技术与标准研发及高端应用技术研发项目，采取无偿资助方式。无偿资助额度，一般不超过项目研发费用的50%。研发项目费用支出范围按照《财政部关于企业加强研发费用财务管理的若干意见》（财企［2007］194号）的规定执行。单个项目年度支持金额不超过1000万元。

第十条　对稀土高端应用技术产业化项目，采取资本金投入方式。资本金投入额度，一般不超过企业上年度实际投资额的20%。单个项目年度支持金额不超过5000万元。

第十一条　对公共技术服务平台建设项目，采取资本金投入方式。资本金投入额度，一般不超过企业上年度实际投资额的50%。

第十二条　除监管系统建设和环保改造奖励资金外，其余项目资金可分年度申请。专项资金年度安排中优先考虑重大续建项目和待完工项目。

第十三条　已通过其他渠道获取中央财政资金支持的项目，专项资金不再重复支持。但对同时符合上述第五条第（二）至（五）款要求的企业，可以在同一年度分别提出资金申请。

第四章　申请条件

第十四条　专项资金申请单位应具备下列资格条件：

（一）在中华人民共和国境内依法登记注册，具有独立的法人资格；

（二）银行信用良好，生产经营和财务会计管理情况良好；

（三）具有合法从业资格及相应的资质证明；

（四）符合《稀土行业准入条件》要求；

（五）符合国家环保法律法规要求；

（六）近3年来未因违法违规行为受到国家有关部门的处罚；

（七）申请公共技术服务平台建设项目的企业应拥有经国家有关部门批准或认定的国家重点实验室、国家工程技术研究中心、国家工程实验室、国家工程研究中心、国家认定企业技术中心等研发机构。

第五章　项目申报、评审及资金拨付

第十五条　工业和信息化部会同财政部按照本办法的要求，商国土资源部和环境保护部，结合稀土行业发展情况和年度工作重点，下发年度申报通知，确定年度支持范围、支持重点和申报要求。

第十六条　各省、自治区、直辖市及计划单列市工业和信息化主管部门会同同级财政部门（以下简称省级工业和信息化主管部门，省级财政部门）按照本办法和年度申报通知等要求，负责本地区专项资金的申报管理工作。

第十七条　省级工业和信息化主管部门会同同级财政部门对专项资金申报项目及相关资料进行初审，并在规定的时间内上报工业和信息化部、财政部。

中央管理企业直接向工业和信息化部、财政部申报。

第十八条　工业和信息化部会同财政部制订专项资金申报项目专家评审制度，建立项目评审专家库，组织实施项目评审工作。

第十九条　工业和信息化部会同财政部从专家库随机抽取人员，对企业年度申报项目进行评审，并出具评审意见书。

第二十条　稀土开采监管系统建设奖励资金的年度安排由财政部、工业和信息化部商国土资源部确定；环保改造奖励资金的年度安排由财政部、工业和信息化部商环境保护部确定。上述两项资金安排不再履行评审程序。

第二十一条　工业和信息化部会同财政部根据专家评审论证意见和稀土行业发展的实际需要，商国土资源部和环境保护部研究提出年度支持项目，编制资金使用计划。

工业和信息化部负责建立专项资金补助的重点项目库，并实行项目滚动管理，项目库中的重大续建项目和待完工项目作为下一年度的优先支持项目。

第二十二条　财政部根据年度支持项目和资金使用计划，下达专项资金预算指标，并根据规定及时拨付资金。

第二十三条　项目单位收到专项资金后，按照《企业财务通则》（财政部令第41号）第二十条的相关规定进行财务处理。

第六章　监督检查和绩效评价

第二十四条　财政部、工业和信息化部负责对专项资金申报、项目评审、资金使用和项目实施等工作进行定期检查或不定期抽查，并对专项资金使用和项目实施情况进行年度绩效评价。

第二十五条　项目单位应严格按照本办法规定和项目申报书要求，组织项目实施工作，并遵守国家有关财务会计制度，积极配合有关部门开展监督检查。

第二十六条　项目承担单位应当按年度编报项目进展情况和资金使用情况报告，年度终了2个月内报送省级工业和信息化主管部门及同级财政部门；项目完成后3个月内上报项目成果报告。

中央管理企业的项目进展情况和资金使用情况报告在年度终了2个月内和项目完成后3个月内，直接报送工业和信息化部、财政部。

第二十七条　省级财政部门会同同级工业和信息化主管部门对本地区的专项资金使用情况和项目实施情况进行监督管理和绩效评价，相关报告于每年4月底前上报财政部、工业和信息化部。

财政部会同工业和信息化部对中央管理企业的专项资金使用情况和项目实施情况进行监督管理和绩效评价。

第二十八条　专项资金使用情况和项目实施情况的监督检查和绩效评价结果，作为下一年度专项资金安排的重要依据。对未按规定用途使用资金、项目实施情况与计划严重脱节的，财政部将收回部分或全部专项资金。同时，按照“一票否决”的原则，下一年度不再对项目单位继续安排专项资金。

第二十九条 对于违反本办法规定骗取、截留、挤占、挪用专项资金的单位或个人，按照《财政违法行为处罚处分条例》（国务院令第427号）的规定进行处理。

第三十条 对项目评审中有关专家和国家工作人员徇私舞弊、弄虚作假的，依照有关规定追究责任。

第七章 附 则

第三十一条 本办法由财政部会同工业和信息化部负责解释。

第三十二条 本办法自发布之日起施行。

关于促进我国稀土产业调整升级的一项重要财政政策解读

为促进我国稀土产业健康有序发展，规范稀土产业调整升级专项资金管理，2012年11月9日，财政部、工业和信息化部联合下发了《稀土产业调整升级专项资金管理办法》（财企［2012］375号，以下简称《管理办法》）。现就《管理办法》的出台背景、专项资金的支持内容、申报审批程序、监督检查和绩效评价等内容作一简单阐述。

一、《管理办法》出台背景

稀土是不可再生的重要战略资源，在新能源、新材料、节能环保、航空航天、电子信息等领域的应用广泛。20世纪50年代以来，中国稀土行业取得了很大进步，已发展成为世界上最大的稀土生产、应用和出口国。但我国在成为稀土大国的同时，尚未成为稀土强国。稀土资源过度开发，冶炼分离产能扩张过快，生态环境破坏和资源浪费严重，产业结构不合理，高端应用产业发展滞后等问题突出。

针对稀土行业发展中存在的突出问题，2011年5月，国务院正式颁布了《关于促进稀土行业持续健康发展的若干意见》（国发［2011］12号），将保护资源和环境、实现可持续发展摆在更加重要的位置，要求依法加强稀土行业监管，促进转变产业发展方式。为积极贯彻落实文件精神，推动稀土产业健康有序发展，2012年，财政部设立了稀土产业调整升级专项资金（以下简称专项资金）。2012年11月9日，财政部、工业和信息化部联合下发《管理办法》，旨在规范专项资金管理，提高使用效益。

二、专项资金的支持内容及方式

专项资金的支持方式包括以奖代补、无偿资助和资本金注入。具体支持内容包括：

（一）稀土资源开采监管。为鼓励有关地方政府加大对资源开采的监管力度，依法坚决打击稀土非法开采和超控制指标开采，《管理办法》规定，对地方人民政府已实施完成的稀土开采监管系统建设给予一次性奖励，奖励金额一般不超过项目实际投资额的20%。

（二）稀土采选、冶炼环保技术改造。为鼓励稀土开采、冶炼企业积极加大环保投入，达到国家环保法律法规要求，促进稀土利用与环境协调发展，《管理办法》规定，对已通过国家环保核查的稀土采选、冶炼企业，根据工业和信息化部稀土企业准入公告核定的企业产能给予一次性环保支出奖励，奖励标准分三档：矿山采选1000元/吨、冶炼分离1500元/吨（按稀土氧化物REO计），金属冶炼500元/吨。

（三）稀土共性关键技术与标准研发。共性关键技术是能够在行业内广泛应用，并对整个产业或多个产业产生影响和瓶颈制约的技术。稀土共性关键技术与标准的研发是稀土产业发展的基础，也是增强自主创新能力和核心竞争力的关键环节，为支持有实力的企业加强共性关键技术与标准研发，《管理办法》规定，对稀土共性关键技术与标准研发采取无偿资助方式，无偿资助额度一般不超过项目研发费用的50%。单个项目年度支持金额不超过1000万元。

（四）稀土高端应用技术研发和产业化。多年来，我国稀土产业主要集中在附加值较低的开采和冶炼分离环节，下游应用产业尤其是高端应用产业发展滞后，尚未依托资源优势形成技术优势和产业优势。为进一步提升企业自主创新能力，同时，推动先进技术和产品迅速形成生产力，促进稀土产业转变发展方式，实现可持续发展。《管理办法》规定，对于高端应用技术的研发和产业化采取无偿资助和资本金注入相结合的支持方式。其中，对于研发项目采取无偿资助方式，资助标准比照共性关键技术研发项目。对于产业化项目，采取资本金投入方式。资本金投入额度一般不超过企业上年度实际投资额的20%。单个项目年度支持金额不超过5000万元。

（五）公共技术服务平台建设。目前，我国稀土科技成果在产业转化方面仍存在较大问题，许多科技成果缺乏必要的产业转化中试平台。此外，我国稀土行业尚未建立全面、科学、规范、可操作性强的产品性能测试、应用技术评价及标准体系，行业发展存在掣肘。为此，《管理办法》将稀土公共技术服务平台建设作为一项重要支持内容。采取资本金注入方式，支持具备国家级研发机构的企业开展公共技术服务平台建设。资本金投入额度，一般不超过企业上年度实际投资额的50%。

三、专项资金的管理方式

《管理办法》规定，专项资金由财政部、工业和信息化部共同管理。财政部负责专项资金的预算管理、资金分配和拨付，对专项资金的使用情况进行监督检查和绩效评价。工业和信息化部负责提出年度支持方向和支持重点，建立专项资金项目库和项目专家评审制度，会同财政部对年度申报的项目进行审核，对项目实施情况进行监督检查。

四、专项资金的申报和审批程序

每年初，工信部会同财政部根据《管理办法》的要求，商国土资源部和环境保护部，并结合稀土行业发展情况和年度工作重点，下发年度申报通知，组织实施项目申报工作。

项目申报工作按照企业隶属关系进行，各省工业和信息化主管部门会同财政部门负责本地区专项资金申报项目的初审、申报工作，中央管理企业直接向工业和信息化部、财政部申报。

除稀土开采监管系统建设和环保改造外，其余项目均需履行评审程序。符合条件的项目进入重点项目库，实施滚动管理。项目库中的重大续建项目和待完工项目作为下一年度的优先支持项目。

五、监督检查和绩效评价

为加强专项资金管理，确保资金安全、高效使用，《管理办法》规定，对专项资金使用实行监督检查和绩效评价相结合的方式。省级财政部门会同同级工业和信息化主管部门对本地区专项资金使用情况和项目实施情况进行监督检查和绩效评价，相关报告于每年4月底前上报财政部、工业和信息化部。对中央管理企业的监督检查和绩效评价工作由财政部会同工业和信息化部进行。

专项资金使用情况和项目实施情况的监督检查和绩效评价结果，作为下一年度资金安排的重要依据。对未按要求申报、使用资金的，财政部将收回部分或全部专项资金，同时，下一年度不再对项目单位继续安排专项资金。

财政部关于印发《中国资产评估行业发展规划》的通知

2012 年 10 月 23 日　财企［2012］330 号

各省、自治区、直辖市、计划单列市财政厅（局）：

为适应新时期经济社会发展要求，促进我国资产评估行业加快发展，我部制定了《中国资产评估行业发展规划》，明确了财政部门管理的资产评估行业发展目标及相关要求。现印发给你们，请认真遵照执行。

附件：中国资产评估行业发展规划

附件：

中国资产评估行业发展规划

资产评估行业是指运用专业优势，对市场主体的各类资产价值及相关事项，提供测算、鉴证、评价、调查和管理咨询等各种服务的现代服务业。二十多年来，我国资产评估行业不断发展，执业范围和服务领域日益拓展，执业能力和监管水平稳步提高，社会影响力和国际话语权逐步增强，在建立社会主义市场经济体制、促进企业兼并重组、国有产权改革等领域，作出了重要贡献，已成为市场经济发展中不可或缺的力量。但由于起步较晚、基础薄弱等原因，资产评估行业整体水平与经济社会发展要求还有较大差距。为加快我国资产评估行业发展，制定本规划。

一、加快发展资产评估行业的重要意义

（一）加快发展资产评估行业，是完善社会主义市场经济体制的制度安排。在市场经济条件下，市场在资源配置中起基础性作用。坚持公有制为主体、多种所有制经济共同发展的基本经济制度，转变政府职能，强化社会管理和公共服务，需要加快发展现代服务业。资产评估行业作为现代服务业的组成部分，在完善市场经济体制、引导资源合理配置、优化公司治理结构、服务政府管理方式创新、规范市场经济秩序、维护公共利益中发挥着重要作用。

（二）加快发展资产评估行业，是促进经济结构调整、转变发展方式的客观需要。合理的经济结构，是国家竞争力的重要体现。国家“十二五”规划确定了以科学发展为主题、以加快转变经济发展方式为主线的方针，支持企业自主创新、兼并重组，优化产业布局，推进国有经济战略性调整，已成为新时期的重要任

务。加快发展资产评估行业，能为企业兼并重组、经济结构调整和转变发展方式提供专业服务。

（三）加快发展资产评估行业，是支持企业参与国际合作的重要举措。随着经济全球化的深入发展，坚持“引进来”和“走出去”相结合，利用外资和对外投资并重，充分利用两个市场、两种资源，要求我国企业在更高层次和更广领域开展国际合作，实现互利共赢。企业跨国经营、资本跨境流动，需要资产评估机构延伸国内外服务链条，为战略并购、项目论证、价值评估和境外资产管理等提供综合性高端服务。

二、指导思想和发展目标

（一）指导思想

以社会主义市场经济理论为指导，按照资产涉及的范围以及资产与评估、评价的关系，大力拓展资产评估的服务领域，指导和促进资产评估行业做优、做强、做大，为市场经济主体提供专业服务，加强行政监管和行业自律，全面提升行业执业质量和专业服务能力，切实改善执业环境和内部治理，实现资产评估行业跨越式发展。

（二）发展目标

力争用5年左右时间，实现以下主要发展目标：

——法律制度基本健全、有效实施。着力推动资产评估立法工作，加强资产评估相关配套制度建设。加强评估理论创新研究，完善资产评估准则体系，适应不断拓展执业范围和服务领域的要求。切实加强资产评估法律制度的贯彻实施，促进资产评估行业执业科学化、规范化、法制化。

——执业范围和服务领域不断拓展。适应完善社会主义市场经济体制和转变发展方式的要求，充分发挥资产评估的专业优势，开展测算、鉴证、评价、调查和管理咨询等全方位服务。在巩固和发展传统业务领域的基础上，大力开拓高附加值业务，延伸服务链条，促进资产评估专业服务的转型升级。力争实现资产评估行业传统业务收入年递增20%以上，全部收入300亿元的目标。

——资产评估机构规模优化、布局合理。加快形成特大型、大型和中小资产评估机构协调发展、有序竞争的合理布局。重点培育5家左右年收入超过10亿元、20家左右年收入超过5亿元的特大型资产评估机构。积极扶持50家左右年收入超过1亿元的大型资产评估机构。科学引导众多中小资产评估机构规范有序发展。

——资产评估机构管理科学、核心竞争力增强。资产评估机构根据其发展战略、业务特点和规模，选择相应的组织形式，完善内部治理结构和运行机制，健全业务、人事、财务、分配等各项制度，充分运用信息化手段，强化风险管理和质量控制，全面提升核心竞争力。

——从业人员队伍壮大、素质过硬。制定和实施资产评估行业人才规划，采取有效措施，有计划、有步骤、多渠道、分层次地培养从业人员队伍，努力打造300名左右能够提供高端服务的复合型人才，培养5000名左右业务骨干，执业人员数量超过10万人，从业人员数量超过30万人。

——执业环境切实改善、规范有序。切实打破行业壁垒和地方保护，有效治理指定业务、索取回扣等行为。规范资产评估收费和项目招投标管理，着力形成统一、开放、竞争、有序的市场。保护资产评估行业依法执业、独立出具评估报告和专业意见，不受任何单位和个人的非法干预。

三、适应新时期经济社会发展要求，提供全方位服务

国家“十二五”规划提出的经济社会发展目标和要求，为资产评估行业提供了广阔的市场需求。资产评估行业要适应新形势、新要求，熟悉和掌握股票、债券、基金、期货等现代金融业务，充分发挥专业技术优势，为深化国有企业改革，健全国有资本有进有退、合理流动机制，实现国有经济战略性调整，促进国民经济重点产业结构调整和转型升级，优化产业布局等，提供全方位服务。同时，重视知识产权等无形资产评估，服务于文化、林权、海岛、玉石等相关特殊产业，积极参与财政资金绩效评价、行政事业单位资产管理、涉税评估等业务领域。

贯彻“引进来”、“走出去”战略，要求充分利用国内外两种资源和两个市场，在更大范围、更广领域和更高层次上参与国际合作，全面提升企业经营管理水平和核心竞争力，对资产评估行业提出了国际化服务需求。资产评估机构要努力拓展国际业务，积极探索与境外评估机构合作等多种方式，为利用外资、境外投

资、国际合作区建设、海外工程承包等提供全过程支持。

企业内部控制与财务管理能力评估等制度安排，是促进企业全面提升管理水平和核心竞争力的重大举措。财政部等五部委联合发布的企业内部控制规范体系已在全国范围实施，企业财务管理能力评估制度建设有序推进。资产评估机构应当大力拓展管理咨询业务，或吸收管理咨询机构加入，积极参与企业内部控制以及企业财务管理能力评估等工作。资产评估协会要加强对管理咨询工作的专业指导和行业规范，更好地服务于市场主体。

四、构建大中小资产评估机构协调发展的合理布局

（一）重点扶持特大型、大型资产评估机构加快发展

特大型、大型资产评估机构是在业务收入、人员数量、执业水平、服务质量等方面居于行业领先地位，具有核心竞争力、能够提供国际化综合服务的资产评估机构。支持资产评估机构通过兼并、联合、重组等方式，实现规模化、品牌化发展。鼓励特大型、大型资产评估机构在平等互利的基础上加强与国际评估机构的合作。探索适合特大型、大型资产评估机构加快发展的组织形式，总结母子公司试点经验，促进母子公司在执业标准、质量控制体系、信息系统等方面的统一，引导具备条件的特大型、大型资产评估机构依法、有序向特殊普通合伙组织形式转换。

（二）积极促进中型资产评估机构健康发展

中型资产评估机构是在业务收入、人员数量、执业水平、服务质量等方面具有较高水准，能够为大中型企事业单位提供高质量服务的资产评估机构。要稳步扩大中型资产评估机构数量，不断提高中型资产评估机构专业服务能力和内部管理水平，增强机构的风险防范意识，提升机构的社会公信力，满足所在区域经济社会发展需求。鼓励信誉良好、成长快速或者具有区域代表性的中型资产评估机构重组联合，成为大型资产评估机构或其分支机构。

（三）科学引导小型资产评估机构规范发展

小型资产评估机构数量众多，主要面向众多小型微型企业等提供相关专项服务。小型资产评估机构应当突出服务特色，重在做精做专，满足市场经济多元化发展需求。小型资产评估机构要把握国家支持小型微型企业发展的战略契机，为众多的小型微型企业提供特色专业服务。

五、全面实施资产评估行业人才战略

（一）改进注册资产评估师考试制度

注册资产评估师考试是执业人员市场准入的重要环节，要根据市场需求，研究改进适合行业特点的注册资产评估师考试制度，调整报名条件，优化考试科目，完善考试大纲和考试教材，改进考试命题，着力促进资产评估从业人员知识结构更新和能力提升，适应执业范围和服务领域不断拓展的市场需求。加强考试组织管理，严格考风考纪，确保考试质量。

（二）重视资产评估专业硕士培养工程

加强全国资产评估专业学位研究生教育指导委员会工作，培养具有扎实理论功底、丰富实践经验的应用型高层次专门人才。鼓励应届毕业生取得资产评估硕士专业学位，加快建立在职人员攻读资产评估硕士专业学位制度。健全院校与资产评估机构合作机制，促进产、学、研结合。积极探索资产评估专业学位教育与资产评估考试制度的衔接。

（三）建立胜任能力评价机制

制定注册资产评估师胜任能力指南，鼓励资产评估机构建立胜任能力评价制度，开展专业胜任能力评价工作。制定注册资产评估师职业发展规划，促进资产评估机构建立注册资产评估师专业晋级和职务晋升等评价制度。研究建立行业其他相关人员胜任能力评价制度。

（四）完善继续教育培训体系

建立健全分类分级继续教育培训体系，对行业管理人员及机构负责人、项目负责人和一般从业人员实行岗位分级和专业分类培训，加大行业高端管理人才、国际化人才、新型业务人才和特殊需求专门人才的培训

力度。扩充继续教育师资库，开发适用的培训教材。充分发挥网络教育平台的作用，丰富继续教育方式和手段。完善继续教育评价和考核体系，提升培训质量和效果。引导和鼓励资产评估机构开展内部继续教育培训，与行业协会培训形成优势互补。

六、加强资产评估行业管理

财政部门要依法规范资产评估机构审批管理，严格市场准入。加强对资产评估行业的监督检查，及时清理和注销不符合设立条件的机构或其分支机构。充分发挥资产评估机构的专业支撑作用，支持其为国企改革、结构调整和转型升级，促进产融结合和企业管理创新，贯彻“引进来”、“走出去”战略等提供专业服务。加强与相关部门的沟通协调，为行业加快发展创造良好环境。

资产评估协会要进一步加强行业协会组织体系建设，不断健全和完善协会管理制度。加强注册资产评估师注册管理，组织开展资产评估机构综合评价。加强资产评估执业质量检查，实现对执业质量的动态管理。进一步完善收费管理措施，加强收费自律管理。完善会员管理模式，扩大会员队伍，不断加强会员诚信档案建设。完善和发展资产评估准则体系，及时制定或修改完善相关准则，推动资产评估准则国际趋同。加强资产评估行业理论研究和成果转化，促进可持续发展。深化资产评估行业国际交流与合作，积极参与国际评估事务，提升国际影响力。加强行业信息化建设，完善信息系统管理和服务，形成满足行业和政府管理需求的数据库服务共享平台。加强行业文化建设，建立行业诚信价值体系，提升行业软实力。

财政部门要关心和支持资产评估协会建设，资产评估协会要积极协助财政部门做好资产评估机构审批和监督管理等工作。

中国资产评估行业迎来了前所未有的发展机遇

——《中国资产评估行业发展规划》解读之一

在党的“十八大”召开之际，财政部发布了《中国资产评估行业发展规划》（以下简称《规划》），对我国资产评估行业未来5年的发展进行了全面规划，这是我国资产评估行业的一件大事，标志着资产评估行业迎来了全新的前所未有的发展机遇，业界立即引起了强烈反响，广大资产评估机构和从业人员深感振奋和极大鼓舞。普遍认为，《规划》以转变发展方式为主线，摆脱了传统观念的局限，站在服务于完善社会主义市场经济体制、经济社会发展要求和大力发展现代服务业的高度，重新定位和规划资产评估，极大地拓展了资产评估的市场空间，也是对资产评估行业发展的全新打造。业界坚信，随着《规划》的发布实施，必将实现我国资产评估行业的跨越式发展。

一、二十年磨一剑，中国资产评估行业奠定了扎实的发展基础，取得了骄人成就

我国的资产评估行业发端于20世纪80年代末的中外合资合作及国有企业改革，成长于90年代建立社会主义市场经济体制和国有企业改革。二十多年来，我国资产评估行业执业范围和服务领域日益拓展，执业能力和水平稳步提高，社会影响力和国际话语权逐步增强，为经济社会发展作出了重要贡献，已经成为市场经济不可或缺的重要力量。

（一）资产评估法规体系基本形成。1991年，国务院颁布了《国有资产评估管理办法》（国务院91号令），这是我国第一个资产评估管理的行政法规，明确规定了资产评估的范围、评估程序和方法及法律责任等。2001年，国务院办公厅转发了财政部《关于改革国有资产评估行政管理方式加强资产评估监督管理工作意见》（国办发［2001］102号），对国有资产评估管理方式进行重大改革，取消资产评估项目立项确认审批制度，实行核准制或备案制。此后，财政部相继制定印发了《国有资产评估管理若干问题的规定》（财

政部令第 14 号）、《国有资产评估违法行为处罚办法》（财政部令第 15 号）等配套改革文件，进一步明确划分了管理部门和评估机构、评估师的责任。2003 年，国务院办公厅转发《财政部关于加强和规范评估行业管理的意见》（国办发［2003］101 号），对加强和规范资产评估行业管理提出了新要求。2005 年，财政部发布了《资产评估机构审批管理办法》（财政部令第 22 号），对资产评估机构及其分支机构的设立、变更和终止等行为进行规范。2011 年，财政部修订发布了《资产评估机构审批和监督管理办法》（财政部令第 64 号），强化资产评估机构的后续管理，增加了法律责任规定，完善了资产评估机构的动态监管和退出机制。资产评估法规体系的基本形成，为行业发展提供了有力的法规保障。

（二）资产评估准则体系不断完善，为规范执业提供支撑。2004 年 2 月，财政部发布实施了《资产评估准则——基本准则》和《资产评估职业道德准则——基本准则》，从评估技术操作和职业道德方面对评估师执业行为进行了基本规范。2007 年 11 月，财政部成立了“财政部资产评估准则委员会”，中评协成立了资产评估准则技术委员会和资产评估准则咨询委员会，增强了资产评估准则的科学性和权威性。截至目前，财政部、中评协先后制定了 23 项资产评估基本准则、具体准则、指南和指导意见，涵盖了企业价值、不动产、无形资产、机器设备、珠宝首饰等评估业务主要领域，涉及业务承接、业务操作、报告出具等评估业务全过程，在基本概念、方法体系、价值类型等方面与国际评估准则趋同，初步构建了资产评估准则体系，执业有据可依、检查有规可循的格局基本形成。

（三）行政监管与行业自律管理体系有效运行。依据相关法规，财政部是资产评估行业的行政主管部门，企业司为具体履职的职能司局。2004 年，中国资产评估协会继续单独设立，负责行业自律管理。行政监管与自律管理紧密合作、各司其职、相互配合、优势互补。资产评估行业还建立了行业整顿检查、资产评估机构执业质量年检以及专项调查等完整的检查体系，行业风气明显改进，执业秩序明显好转。

（四）资产评估行业人才培养机制初步建立，机构和从业人员队伍不断发展壮大。资产评估专业人才建设是行业发展的根本。二十年多来，资产评估行业建立了多层次的人才培养机制。一是建立了 10 所“资产评估学科建设基地”，促进全国 21 所高校先后设立资产评估本科专业。二是成立了资产评估专业教育学术指导委员会，积极推动实施资产评估硕士专业学位制度，促进高校人才培养与行业需求的紧密结合。三是建立了“全国资产评估教学实践基地”，实现了资产评估领域理论与实践、学校与企业、学生就业与企业招聘之间的三个跨越。四是与清华大学等高端学府、美国评估师协会、国际企业价值分析师协会等加强合作，为市场化、国际化培养高端人才。通过行业人才培养机制，中国资产评估行业经历了从无到有、从小到大不断发展壮大的过程。截至目前，注册资产评估师超过 3 万人、从业人员超过 10 万人、机构总数超过 3000 家、具有证券业执业资格的机构 71 家、全行业年收入超 60 亿元。

（五）扩大对外交流，我国的资产评估行业国际地位不断提升。1999 年中评协当选为国际评估准则委员会常务理事，2008 年成为改组后的国际评估准则理事会管委会成员单位；2005 年中评协加入世界评估组织联合会并成为其常务理事，2012 年成为副主席单位。中评协积极参与国际评估组织事务，参与国际评估准则制定，与国际评估准则委员会共同举办国际评估论坛，与世界评估组织联合会、俄罗斯评估协会、澳大利亚资产学会等共同举办专业研讨会，与美国、英国等 50 多个国家和地区评估的行业组织及境外评估机构建立联系，并与其中的 9 个行业组织签署了合作备忘录，引进了国际评估资质和课程培训，提高了注册资产评估师的国际视角，国际话语权不断增强，推动了行业国际地位的提升。中国的资产评估机构和注册资产评估师的评估理念与方法正在被国际同行认可。

二、中国资产评估行业发展面临的主要矛盾和挑战

在肯定我国资产评估行业取得骄人成就的同时，应当看到，由于起步晚等原因，行业整体水平与经济社会发展要求还有很大差距。一是传统业务相对萎缩，行业发展受到局限。行业产生初期主要从事国企改制、产权变动等资产价值评估服务，此类传统业务不同于注册会计师审计，不具有经常性，企业改制等经济行为结束后，评估业务也就停止了。尽管近年来资产评估业务拓展到了并购重组、抵押担保、知识产权转化、森林资源市场化、拍卖、诉讼、以财务报告为目的的评估抵押担保等诸多领域，但总体上均未实现评估业务的经常化和稳定化。二是特大型、大型资产评估机构相对较少，中小评估机构较多，难以满足经济社会发展和

国际化执业的市场需要。三是市场环境亟需改善，职业道德有待提升。一些评估机构为了生存，采取非市场的方式争客户、抢市场，有的甚至违反执业准则出具不实评估报告，加之部分委托方存在违规指定资产评估机构，或者压低评估付费等，严重影响了资产评估行业健康发展。

三、经济社会发展迫切需要加快发展中国资产评估行业

（一）加快发展资产评估行业是完善社会主义市场经济体制的制度安排。《规划》从完善社会主义市场经济体制的制度安排高度，提出要加快发展资产评估行业。众所周知，资产评估行业属于现代服务业，完善社会主义市场经济体制，要转变政府职能，必须发展现代服务业。资产评估行业作为现代服务业的重要组成部分，市场空间应当是越来越广泛，作用越来越重要。完善社会主义市场经济体制，要求转变政府职能将，逐步向着“裁判员”方向转变，资产评估机构作为特定的市场主体，“运动员”的作用应当得到有效发挥。党的十八大进一步论述了我国要完善社会主义市场经济体制，很多原由政府履行的职责将转换由评估等中介服务机构完成。比如，财政设立国家引导基金支持企业，就是要通过私募股权投资机构择优选择投资项目，需要资产评估机构提供相应尽职调查服务，同时要求资产评估机构对股权投资机构进行基金估值，从而对投资人负责，更有助于推动阳光私募。再如，财政部推动企业全面提升财务管理水平和风险防范能力，需要资产评估机构对企业财务管理状况进行评估，评估结果作为财政支持企业的重要参考依据。在新的制度安排下，财政等政府部门主要负责顶层设计、制定管理办法和市场运行规则，同时加强对投资机构和评估机构的日常监管。这种制度安排，就是《规划》所指的完善社会主义市场经济体制的根本所在。

（二）加快发展资产评估行业，是促进经济结构调整、转变发展方式的客观需要。“十二五”规划确定以科学发展为主题、以加快转变经济发展方式为主线的发展方针，党的十八大进一步强调了两个毫不动摇，其中两个领域对我国经济社会发展至关重要：一是国家重点产业结构调整，二是国有经济战略调整。前者涉及企业并购重组和利用市场手段实现转型升级；后者涉及深化国有企业改革，健全国有资本有进有退、合理流动机制，促进国有资本向关系国家安全和国民经济命脉的重要行业和关键领域集中。所有这些，都需要资产评估提供高质量的专业服务。因此，《规划》提出，加快发展资产评估行业，是结构调整转型升级的客观需要。

（三）加快发展资产评估行业，是支持企业参与国际合作的重要举措。中国的经济总量已成为全球第二大经济体，多年来，贯彻中央“引进来”、“走出去”战略成效显著，世界五百强企业中我国企业占比已超过10%。在我国企业“走出去”过程中，境外合作区建设、直接投资到境外并购，以及海外工程等重要领域，正在不断发展，同样面临着结构调整和转型升级问题，并要求海外与国内发展战略相互衔接和协调。在这一重要领域，对我国资产评估机构提供高端服务的要求十分迫切。通过加强与境外资产评估机构的合作等多种形式，服务于中国企业走出去和跨国公司走进来，在战略并购、项目论证、价值评估和境外资产管理等方面提供综合性高端服务。鉴于此，《规划》提出，加快发展资产评估行业，是支持企业参与国际合作的重要举措。

贯彻党的十八大和“十二五”规划，资产评估行业应当紧急行动起来，加快实现知识更新，全面提升执业能力，抓住机遇，迎接挑战，努力实现我国资产评估行业的跨越式发展目标。

转观念　顺形势　绘制行业发展宏伟蓝图

——《中国资产评估行业发展规划》解读之二

“观念就是财富”、“思路决定出路”，这是实践经验的总结，也是事物发展的规律。《规划》从转变观念、拓展思路入手，明确了资产评估行业发展的指导思想，在深入剖析资产评估本质属性的基础上，适应新时期、新形势的要求，对资产评估行业进行了重新定位，提出了今后5年资产评估行业的发展目标。

一、指导思想

《规划》指出："以社会主义市场经济理论为指导，按照资产涉及的范围以及资产与评估、评价的关系，大力拓展资产评估的服务领域，……实现资产评估行业跨越式发展。"我国资产评估行业诞生于建立社会主义市场经济体制，主要为国有企业改制、兼并重组等产权变动提供服务。依据《国有资产评估管理办法》（国务院令第91号），涉及国有资产的拍卖、转让，国有企业兼并、出售或与外资合营，国有企业的清算等，应当进行资产评估。党的十八大更加明确指出，要加快完善社会主义市场经济体制和加快转变经济发展方式。经济体制改革的核心是处理好政府与市场的关系。两个"毫不动摇"和健全现代市场体系，以及推进经济结构战略性调整，如此等等，都使我国资产评估行业迎来了广阔的发展空间，必须对资产评估进行重新定位。在加快完善社会主义市场经济体制和加快转变发展方式的全新发展时期，在巩固和发展传统业务的同时，服务对象应当包括政府机关、事业单位、非营利组织、非法人单位等各类市场主体。尽管客户往往只关注到作为结果的评估报告，从操作层面看，评估过程包括了对项目的实地考察、市场调查、模型设计、分析计算、提交报告以及相关管理建议等多项服务内容，其中的每一项工作，都可以为客户发现价值和创造价值。从市场需求的角度，差不多上述每项工作都可以独立地为客户提供，也自然构成了资产评估行业的服务内容。

正是基于以上考虑，《规划》摆脱了传统的资产评估认识束缚，将资产评估重新定义为运用专业优势，对市场主体的各类资产价值及相关事项，提供测算、鉴证、评价、调查和管理咨询等各种服务的现代服务业。《规划》这一思想破解了将评估等同于国有资产评估的认识误区，适应了我国国民经济和社会发展对资产评估的需要。一旦实现了这种观念上的转变和突破，资产评估行业加快发展就有了坚实基础。在社会主义市场经济理论指导下，资产评估行业基于全新的发展定位，随着行业执业质量和专业服务能力的稳步提升、执业环境和内部治理的日益改善以及行政监管和行业自律的不断加强，行业跨越式发展的前景指日可待。

二、发展目标

《规划》在充分肯定行业发展历史和取得显著成就的基础上，针对行业发展的重点领域和薄弱环节，提出了全方位的发展目标。这些目标的确立，为行业发展指出了明确方向。资产评估行业发展必须站在历史和事业的高度，为国民经济和社会发展做出更大贡献。

（一）目标之一——法律制度基本健全、有效实施

资产评估行业是诚信为本的行业，解决诚信问题，制度建设是根本。应当说，过去20多年来，资产评估行业制度建设取得了长足的发展，形成了一整套较为完善的制度体系框架。但是资产评估行业制度建设仍有不足之处，一个突出的问题就是迄今还没有一部规范行业发展的法律。值得欣喜的是，由全国人大直接"操刀"的《资产评估法（草案）》，2012年2月已经全国人大第一次审议，草案在管理体制、资格考试、法律责任等诸多方面已经搭建了较为成熟的框架，未来《资产评估法》的出台，将为理顺评估行业管理体制、完善行业准入制度，规范行业管理和执业行为等提供基本的法律保障。与此相适应，资产评估相关法规和规章制度也需进一步健全和完善。

特别值得注意的是，随着执业范围和服务领域的日益拓展，必须要加强评估理论创新研究，不断发展和完善资产评估准则体系。虽然我们已经建立了23项资产评估基本准则、具体准则、指南和指导意见，涵盖了企业价值、不动产、无形资产、机器设备、珠宝首饰等评估业务主要领域。但在新时期随着新兴业务的大幅度拓展，即将或正在形成全新的一系列新业务指引，资产评估准则必须与时俱进，不断创新。自2012年起，中评协已开始尝试将"指引"纳入资产评估准则体系，以便为资产评估师提供更为详尽的工作指导和规范。资产评估要取得社会公信力，在程序执行到位的基础上更要注重分析、估算的统一性、准确性，这应当成为评估准则未来关注的方向。

（二）目标之二——执业范围和服务领域不断拓展

《规划》提出力争用5年左右时间，实现资产评估行业传统业务收入年递增20%以上，全部收入300亿元的目标，是社会各界最为关注的内容。这一目标的提出，主要基于以下考虑：

一是未来五年中国仍将是世界上经济发展最快的经济体之一。在经济社会快速发展和市场持续扩大的助推下，超越过去五年翻一番的发展速度，力争实现全部收入300亿元，是抓住评估行业发展的战略机遇期、实现跨越式发展的历史使命。《规划》明确了重点发展领域，每一领域都有巨大的发展空间，假以时日，新兴领域完全可以和传统领域相匹敌。新兴业务的拓展一方面需要行业主管部门及相关单位重视资产评估的应用，发挥中介机构的专业作用和优势，更需要资产评估机构和评估从业人员主动适应市场需求，为客户提供全方位服务。

二是行业20多年的发展已经积累了较扎实的基础。资产评估行业有3000多家资产评估机构，3万多名注册资产评估师，10万多名从业人员，一大批专业技术骨干。与此同时，资产评估行业已构建了较完善的行业管理体制，资产评估行业已经具备了实现跨越式发展的条件。2010年起实行的母子公司体制，更成为促进评估机构快速做大做强的有效途径。

三是其他行业的国际比较可以为我们提供借鉴。从“四大”之一的德勤会计师事务所看，其全球咨询业务收入占总收入40%，其中评估收入5%，财务咨询20%，管理咨询15%，事实上财务和管理咨询的大部分内容均是资产评估机构能够提供的。因此，从行业收入结构分析，国际发展情况树立了较高的标杆，《规划》目标是结合国情和行业情况的一种较为稳妥的设计。

（三）目标之三——资产评估机构规模优化、布局合理

资产评估机构是资产评估行业的主体，也是最具活力的特定市场主体。打造一支由旗舰型评估机构领航的、诚信为本、服务优质的资产评估机构队伍，是推动资产评估行业实现跨越式发展的关键。发展资产评估机构，首先要做大。规模上不去，资产评估机构服务的范围就受到限制，服务的广度和深度就难以提高。规模上不去，资产评估机构的技术创新和研发能力就很难提升，提供具有较高业务附加值的高端业务的能力就不可能强，很难体现出资产评估机构的专业作用和价值。规模上不去，不同类型资产评估机构服务对象多元化的目标就很难实现，业务类型、市场定位和服务特色就难以拉开差距，容易陷入同质低价恶性竞争的被动局面。因此，抓住了资产评估机构做大问题，就抓住了行业发展的关键。

针对这一问题，财政部早在2009年底就印发了《关于推动评估机构做大做强做优的指导意见》（财企［2009］453号），提出加快培养一批与我国经济发展水平相适应、具有较大规模、较强实力和较高水平的资产评估机构，推动资产评估行业科学发展。《规划》明确提出了重点培育5家左右年收入超过10亿元、20家左右年收入超过5亿元的特大型资产评估机构，积极扶持50家左右年收入超过1亿元的大型资产评估机构，并对不同规模资产评估机构的市场定位、业务类型、发展思路等进行了科学规划。值得欣喜的是，行业内大型资产评估机构之间已经自发形成了整合趋势，目前行业排名前列的中同华、天健兴业都是联合重组后新设的，中和与中证、中水和致远等也实现了联合，中联资产评估集团等6家试点的母公司已经并购了业内26家资产评估机构作为子公司，这些重组整合都取得了很好效果。

资产评估机构也应当充分注意到联合重组过程中的风险。需要妥善处理好股权变化、人员安排、业务衔接、档案管理、法律责任等方面的问题，要切实整合执业资源、执业标准和管理制度，实现优势互补。在这一过程中，“整合”是关键，包括文化的整合、利益的整合、资源的整合、机制的整合、技术的整合，实现“$1+1>2$”的效果。只有形成强大的行业领军机构，才能带动高端业务的发展，引导中小评估机构在市场分工中找准自身定位，才会形成执业领域各有侧重、市场定位各有特色、服务对象各有不同、地域分布较为合理的新格局。

（四）目标之四——资产评估机构管理科学、核心竞争力增强

《规划》提出，资产评估机构管理科学、核心竞争力增强。在企业管理领域有句话，叫“质量就是生命”，这句话同样适用于资产评估机构。作为中介服务机构，评估服务的客观性、公正性是资产评估机构赖以生存的根本，也构成了机构的核心竞争力，需要严格的质量控制来保障。资产评估机构必须加强内部制度建设，规范执业标准、执业流程、内部培训体系和业务承揽方式，以提供质量稳定、标准划一的评估服务。

按照《资产评估机构审批和监督管理办法》，资产评估机构应当建立首席评估师制度，首席评估师作为评估机构当然的权益合伙人或股东，统一负责评估报告审核及内部质量控制，从制度上保障质量控制在机构中的地位。同时，资产评估机构要加强内部财务管理，健全会计核算体系，按规定建立职业风险保障制度，

合理防范财务风险。从长远来看，要实现机构的可持续发展，就必须完善资产评估机构的治理机制，根据机构的发展战略、业务特点和规模，选择相应的组织形式，建立科学合理的股东或合伙人进退机制、激励约束机制、内部决策机制、利益分配机制等，不断改进机构内部治理，只有这样，才能提升核心竞争力，实现做强的目标。

从近年来财政部开展的资产评估行业执业质量检查工作结果来看，尽管执业质量呈现持续提升态势，但在评估报告及其工作底稿规范性等方面仍有待进一步提高。特别是在业务质量控制方面，尽管大多数资产评估机构都建立了三级报告质量复核等一系列内部管理制度，仍有一些机构存在管理松散、质量控制制度流于形式等状况。个别中小资产评估机构从业人员少、业务单一，由一个资产评估师兼任质量控制体系中的多个角色，评估复核形同虚设。正因如此，2010 年底，中评协印发了《评估机构业务质量控制指南》，自 2012 年起在证券评估机构正式施行，目前《中小评估机构业务质量控制指引》也在征求意见、积极研究当中。《规划》进一步提出要从增强机构核心竞争力的角度，强化风险管理和质量控制，广大资产评估机构应当予以充分重视。

（五）目标之五——从业人员队伍壮大、素质过硬

资产评估行业是以人为本的行业，资产评估机构是“人合”的组织，人才建设始终是行业发展的驱动力量。资产评估行业的发展，归根结底取决于能否培养造就一大批德才兼备的高素质的人才队伍。正因如此，《规划》提出了打造行业人才队伍的目标。评估市场是一个不断创新的市场，新时期经济社会的快速发展，对评估人才队伍建设提出了全新的更高要求：一方面要提高从业人员队伍的“质”。在整体提高行业从业人员素质的基础上，必须采取有效措施大幅度培养高端人才和行业骨干，《规划》提出打造 300 名左右能够提供高端服务的复合型人才，培养 5000 名左右业务骨干，就是为了与新形势下国际化、高附加值、高端业务需求相适应，保障资产评估机构具有相应胜任能力和服务水平。另一方面，要增大从业人员队伍的“量”。《规划》提出执业人员数量超过 10 万人，从业人员数量超过 30 万人，这一目标主要考虑到了资产评估行业重新定位后，在巩固和发展传统业务的同时，向全新领域全面进军的广阔市场需求。

（六）目标之六——执业环境切实改善、规范有序

良好的外部环境对于评估规范执业至关重要。目前评估市场上还存在着一定程度的行业壁垒和地方保护行为，在企业改制、抵押贷款、资产处置、司法拍卖等领域，委托不规范、指定机构评估、向评估机构索要回扣、压低评估收费、干预评估执业等行为时有发生，这种状况不利于资产评估机构的公平竞争，也容易导致商业贿赂等腐败行为。财政部门是我国资产评估行业的主管部门，应在优化行业执业环境中发挥重要作用。《规划》强调财政部门要转变管理观念，增强服务意识，要继续按照党中央、国务院关于加快发展现代服务业的一系列重要指示精神，加快推进资产评估管理体制、机制和制度建设，加强与国资、法院、工商、发展改革、监察等相关部门的沟通与配合，切实打破行业壁垒和地方保护，有效治理行政干预、商业贿赂、变相实行二次准入等行为，共同规范市场秩序，净化市场环境，为资产评估行业发展创造良好条件。

千里之行，始于足下。《规划》为资产评估行业发展绘制了能够达到的蓝图，需要行业行政主管部门、行业协会、评估机构和广大从业人员团结一致、共同努力。机遇难得，时不我待，资产评估行业全体同仁要顺应形势，转变观念，开阔思路，抢抓机遇，接受挑战，力争用 5 年左右时间努力实现《规划》提出的发展目标。

市场需求是资产评估行业加快发展的根本

——《中国资产评估行业发展规划》解读之三

《规划》提出了资产评估行业未来五年发展目标，社会各方面特别是资产评估行业备受鼓舞，感到十分振奋，在全国范围内形成了学习《规划》、热议《规划》、实施《规划》的良好氛围。广大资产评估机构和

从业人员纷纷开始准备，鼓足干劲为实现目标而努力。与此同时，也有些资产评估机构和从业人员有疑问，“《规划》确实很好但能够实现吗？怎样才能实现呢？”甚至有的资产评估机构和从业人员感到信心不足，无从下手或者处于等待，本文就此作出肯定回答。正如《规划》指出，经济社会发展目标和要求，为资产评估行业提供了广阔的市场需求。没有市场需求就没有评估行业；市场需求小，评估行业就做不大；有广阔的市场需求，评估行业就能够实现跨越式发展。市场需求是行业加快发展的根本。资产评估机构和从业人员应当紧急行动起来，加快培养专业团队，实现知识全面更新，密切关注并跟进新时期经济社会快速发展对资产评估行业需求的各个领域，等待观望必然被动，必然被历史所淘汰。

一、密切关注并跟进深化国有企业改革对资产评估行业的市场需求

我国的资产评估行业诞生于20世纪90年代初建立社会主义市场经济体制和实行现代企业制度的市场需求，以公司制为核心的国有企业改革，带动了资产评估行业的高速增长。时至今日，完善社会主义市场经济体制，进一步深化国有企业改革已成历史必然。从我国国有经济布局现状分析，2011年底，全国国有企业有135682户，其中，大型企业9776户，其余为中小企业，小型企业99247户，占73.15%，县级以下31020户。国有企业的行业集中度也不合理，建筑业、批发和零售业等竞争性领域占有较大比例。国有企业股权结构中的国有法人资本占实收资本比重过大，“一股独大”带来机制不活、管理弱化、效率不高，近年来国有及国有控股企业的净资产收益率、全要素生产率均低于外商投资企业和私营工业企业，如此等等，进一步深化国有企业改革已迫在眉睫。《规划》提出，资产评估行业要适应新形势、新要求，为深化国有企业改革，健全国有资本有进有退、合理流动机制，实现国有经济战略性调整，提供全方位服务。党的十八大更加明确地指出，“要毫不动摇巩固和发展公有制经济，推行公有制多种实现形式，推动国有经济更多地投向关系国家安全和国民经济命脉的重点行业和关键领域，不断增强国有经济活力、控制力、影响力”。值得关注的是，与以往的国有企业改革不同，新时期深化国有企业改革强调公有制的多种实现形式，需要充分发挥资本市场的作用。深刻理解《规划》和党的十八大精神，资产评估行业应当密切关注并跟进新时期国企改革的巨大市场需求。

二、密切关注并跟进新时期产业结构调整及其财政支持企业政策转型升级对资产评估行业的市场需求

产业结构特别是重点产业结构调整及其合理布局直接关系到国家的核心竞争力和综合国力，涉及重大技术创新、改造传统制造业、发展战略性新兴产业，如何实现结构调整和转型升级，提升国家核心竞争力，是我国当前和未来面临的重大课题。在社会主义市场经济条件下，要求处理好政府和市场的关系，必须更加尊重市场规律，更好发挥政府作用，政府的作用在于通过宏观调控解决市场失灵，财政政策至关重要。财政支持企业改革与发展、实现产业结构调整和转型升级，同样面临转型升级问题。

在市场经济条件下，财政支持企业的方式应当更多地通过市场化的手段和间接支持方式，充分利用资本市场，合理配置社会资源，支持企业兼并重组、重点产业结构调整和转型升级、重大技术创新、增强核心竞争力和综合国力。比如，国家设立产业发展基金，引导社会资本多倍放大，充分发挥股权投资机构的作用，支持重点产业升级和重大技术创新。从今年开始，国务院决定中央财政出资150亿元设立国家中小企业发展基金，分五年到位，此项工作正在积极推进。国家中小企业发展基金将采取“母基金”方式运作，采用间接方式支持符合条件的创业投资机构和地方引导基金，由创业投资机构投资或参股广大中小企业。这是财政支持企业方式的重大改革，为设立国家产业发展基金积累经验。再如，财政支持担保机构的发展，通过担保机构带动银行资金支持企业，有效解决产业结构调整和转型升级中的资金需求，等等。在这一过程中，为资产评估行业提供了巨大的市场需求，需要资产评估机构对股权投资基金进行估值，需要资产评估机构对选择合格的股权投资和担保机构进行评价，需要资产评估机构对股权投资机构投资的项目进行论证，需要资产评估机构对基金退出和股权转让进行评估。在市场经济条件下，财政支持企业方式的这种转型代表了全新的政策趋向，财政等政府部门将逐步发挥“裁判员”的作用，更多地从事顶层设计，主要把握国家重点产业结构调整、重大技术创新、国家核心竞争力等宏观调控方向，通过建立市场规则，加强日常监管，实现政策目标。股权投资机构、资产评估机构和企业等市场主体发挥“运动员”作用，传统的财政直接支持企业的方

式将成为历史。资产评估机构应当密切关注并跟进国家重点产业结构调整、重大技术创新及其财政支持企业政策转型升级对资产评估行业的市场需求。

三、密切关注并跟进企业内部控制制度设计与评价、财务管理评估和管理咨询对资产评估行业的市场需求

根据《规划》，要求资产评估机构积极参与企业内部控制以及企业财务管理评估工作。公司治理和内部控制是当今世界永恒的主题，在市场化和国际化的今天，对中国企业而言尤其重要。2008 年财政部等五部委联合发布实施了企业内部控制规范体系，已在境内外同时上市的公司、主板上市公司以及中央企业集团全面施行，在全国范围内形成了宣传内控、实施内控的良好氛围。内部控制规范提供了一个通用的标准，需要结合企业自身实际量身订制，实现管理流程的再造。企业内部控制的关键是风险评估，资产评估行业对此具有特别优势，特别是在企业内部控制设计和评估等环节，可以为企业提供管理咨询专业服务。目前"四大"会计师事务所收入当中，从事内部控制等管理咨询方面的收入占比很高，众多专业管理咨询公司不断涌现，抢占这块"蛋糕"。资产评估行业应当积极跟进这一重要领域。

近期，财政部正在研究构建企业财务管理评估制度，实现市场经济条件下企业财务管理模式的创新。建立并实施企业财务管理评估制度与企业内部控制制度并不矛盾，两者的目标是一致的，区别在于内部控制的范围比较广泛，特别是其中的控制环境涉及公司治理及其体制机制的转换，对中国企业而言实施到位需要一个过程。财务管理是企业管理的核心，在市场化国际化背景下，全面提升企业财务管理水平和风险防范能力是当务之急，总结国内外现代企业财务管理的经验，当前加强我国企业财务管理的主要内容应当包括：资产营运及理财水平、财政资金使用效益、资本结构管理情况、资本运作能力、全面预算管理、财务报告与财务分析、财务信息化、财务高管职责及理财能力等。

构建新时期企业财务管理评估制度的基本思路是，财政部制定发布《企业财务管理评估办法》，明确评估的具体指标体系，由企业择优委托资产评估等中介机构按照财政部规定和评估指引，对企业财务管理的现状进行评估并出具评估报告，评估结果划分为优秀、良好、一般、不合格四个等级。企业在申请国有资本经营预算等财政资金支持时，应当提交资产评估等中介机构出具的企业财务管理评估报告，评为优秀和良好的企业优先支持，评为一般的企业适当支持，评为不合格的企业不予支持。财政部可对优秀和良好企业给予资金奖励。评估结果可作为企业向有关部门申请上市、立项、境外投资、融资授信等政策支持的参考要件。资产评估等中介机构出具不实评估报告的，追究中介机构和执业人员责任。

四、密切关注并跟进国家实施"引进来"、"走出去"战略对资产评估行业的市场需求

《规划》指出，贯彻"引进来"、"走出去"战略，要求充分利用国内外两种资源和两个市场，在更大范围、更广领域和更高层次上参与国际合作，对资产评估行业提出了国际化的市场需求。我国已经成为世界第二大经济体，中国企业占世界 500 强的户数已超过 10%。中国企业走出去，主要集中在三大领域，一是对外合作区建设，二是直接投资到境外并购，三是海外承包工程。截至目前，三大领域均已取得显著成效。同时，由于国际市场竞争激烈，在"走出去"过程中对外投资并购的战略不清晰，对投资目的国的法律、文化不了解，项目决策分析不到位，加之我国企业的跨国经营水平总体不高，国际化经验不足，风险防范意识不强等，一些企业也交了不少"学费"，有些教训是十分深刻的。

在这一过程中，中国的资产评估机构可以为企业对外并购战略、尽职调查服务、投资项目评估、境外资产管理等提供专业报告或意见，延伸国内外服务链条，为我国企业海外并购和跨国经营等提供专业技术支撑。值得注意的是，资产评估行业"走出去"并不是指资产评估机构在境外设分支机构开展业务，因为国际市场已经趋于饱和，加上语言障碍、环境不熟、还有市场准入限制等等，在境外设评估机构有很大难度。可行的做法是，我国资产评估机构与国外评估机构建立合作联盟，我方负责"走出去"的国内业务，境外服务由外方联盟评估机构承担；外国企业在国内的业务，交由中方评估机构承办，各自为对方提供市场，实现双赢。

五、密切关注并跟进政府购买服务对资产评估行业的市场需求

随着政府职能的转变和市场化管理水平的提升，政府购买服务的内容必将不断拓展，范围不断扩大，为

评估行业提供了特定领域的市场空间。

近日，财政部印发了关于开展中央国有资本经营预算支出项目绩效评价的通知，明确对2008—2011年安排的“国有经济和产业结构调整”、“兼并重组”、“技术创新”、“节能减排”四类支出项目开展绩效评价，以后逐步展开。评价内容主要包括资金管理情况和资金使用效益。资金管理情况主要评价每类支出的项目目标和项目决策、资金管理制度、资金到位和财务处理、资金使用合规性等情况，资金使用效益主要评价项目对产业优化升级、资源整合、技术进步、环境改善、社会就业以及提高企业盈利能力、发展能力和上缴税收等贡献。通过对国资预算支出项目进行绩效评价，不仅可以加强财政资金管理，有效解决“重分配、轻管理”问题，更有助于进一步明确支出方向和重点，完善现行国资预算制度。在绩效评价过程中，财政部将通过政府购买服务方式，选聘胜任能力强、执业水平高的资产评估等中介机构，抽取部分企业集团国资预算支出项目进行第三方评价。为实现绩效评价的规范化和专业化，中评协目前正在组织专家团队研究制定“评估机构绩效评价工作指引”。试行工作结束后，包括公共财政在内的支持企业的财政资金绩效评价工作将逐步全面展开。

财政部从今年起建立了境外企业财务巡查制度，选择有代表性的境外重点投资项目或中资企业，通过政府购买服务方式，聘请资产评估等专业机构，开展境外财务巡查工作。从目前已开展的巡查结果看，企业“走出去”成效显著，境外合作区建设等成果令人震撼，有效提升了国际经贸合作的规模和层级，对我国经济社会发展具有重要战略意义。在境外企业财务巡查过程中，资产评估机构要对境外企业设立情况、财务控制系统、内部会计管理制度、境外投资绩效评价体系等进行全面的考核评价，并就企业未来发展和完善相关财政政策提出意见及建议。资产评估机构要熟悉我国和当地的法律制度体系，还要全方位、深入地了解境外企业运作，并具有丰富的企业管理和政策研究经验，这些都是资产评估行业在国际化背景下应当具有的重要能力。

此外，财政部今年修订实施的中小企业发展专项资金管理办法和物联网专项资金管理办法等新出台的财政政策，也都将资产评估机构嵌入其中，通过政府购买服务方式委托资产评估等中介机构在项目评审等环节提供专业服务。

六、密切关注并跟进新兴市场领域对资产评估行业的市场需求

近年来，一些新兴行业或产业逐步登上历史舞台，同时也催生了对评估服务的市场需求。如推动文化产业大繁荣大发展，由此派生出大量的对文化产品及对文化企业的估值，需要资产评估行业提供专门化的服务。同样，在集体林权制度改革、珠宝玉石产业发展、无居民海岛使用权出让中，需要资产评估机构等专业中介机构参与。随着资产评估准则体系的完善和细化，以及资产评估机构研发能力的加强，资产评估行业应当充分发挥发现价值和判断价值的专业功能，为这些特定行业或产业发展提供有效的中介服务，降低交易成本，保障各方权益，促进市场繁荣。从另一方面看，尽管资产评估可以提供跨行业的、综合类的服务，但专业化应当是其必然的发展方向，唯有专业才能体现价值，并不存在无所不能的资产评估机构和评估师，广大资产评估机构特别是中小资产评估机构需要在市场竞争中结合自身情况找准定位，这些新兴领域实际上提供了市场细分下的有利契机，资产评估行业要紧跟改革步伐，适应市场需求，加强技术研发，提供更加优质、高效的专业服务。

综上，新时期企业改革和经济社会发展对资产评估行业市场需求是巨大的，实际上还远不止这些，《规划》只是着重论述了其中的部分内容，更多的还需要广大资产评估机构和评估从业人员在实践中去探索、去挖掘，需要密切关注并积极跟进。打铁需要自身硬，有了广阔的市场需求，评估机构和从业人员如不能尽快实现知识更新、缺乏应有的执业能力，就会丧失机遇，只能在原地踏步或被市场所淘汰。广大评估机构和从业人员只要紧紧抓住新时期经济社会发展的良好契机和广阔的市场需求，在巩固和发展传统业务的基础上，摆脱资产评估传统观念的束缚，对资产评估行业进行重新定位，不断提升执业水准，形成整个行业的品牌，就一定能够实现《规划》提出的发展目标。

科学定位 协调发展 打造资产评估机构发展新格局

——《中国资产评估行业发展规划》解读之四

解读之三对“广阔的市场需求”涉及的深化国有企业改革、产业结构调整等六大领域进行了解读。这些领域并不是最终的，未来还会更多更加广泛。日本一家较大评估机构的主营业务就是为资产证券化服务。就当下市场需求而言，很多已经存在或正在启动，比如企业内部控制设计与评价、中央国有资本经营预算支出项目绩效评价、境外企业财务巡查和企业财务管理评估等。可以说，资产评估行业加快发展的时机已经到来，现在的主要矛盾是，资产评估机构该怎么办？因此，《规划》明确指出，要构建大中小资产评估机构协调发展的合理布局，重点扶持特大型、大型资产评估机构加快发展，积极促进中型资产评估机构健康发展，科学引导小型资产评估机构规范发展。

一、资产评估机构加快发展的现实基础及需要关注的主要问题

自1988年4月全国第一家资产评估机构大连市资产评估中心成立，20多年来我国的资产评估机构随着企业改革和经济社会发展而不断壮大。资产评估行业率先完成脱钩改制后，资产评估机构成为自负盈亏、自主经营、自我发展的独立经济实体，机构发展进入了快车道。2004年《行政许可法》颁布施行，财政部发布了《资产评估机构审批管理办法》（财政部令第22号），对资产评估机构及其分支机构的设立、变更和终止等行为进行规范，建立了评估机构的退出机制，限制了机构数量的非理性增长，资产评估机构进入了稳步、规范发展的新阶段。2008年6月底，按照22号令要求，全部资产评估机构实现了由兼营向专营的平稳过渡，机构数量有小幅度下降，但独立性和风险意识得到进一步增强。截至2012年10月底，全国共有资产评估机构3089家，执业注册资产评估师30696人，遍布全国除港、澳、台以外31个省、区、市。

《规划》指出，“由于起步较晚、基础薄弱等原因，资产评估行业整体水平与经济社会发展要求还有较大差距。”客观分析评估行业，加快发展需要关注的主要问题是：

（一）大型资产评估机构增长相对较快，但行业集中度仍然较低

我们整理了近五年来资产评估机构的发展变化情况。比较而言，注册资产评估师人数在50人以上的大型资产评估机构有较快增长，从2007年底的5家，到2012年10月底已增至21家，表明行业内自发的整合力度还是较大的，但占机构总数的比例约为0.6%。在21—50人这一层次，数量维持在110家左右，比重约占3.7%，说明行业内分梯次做大的趋势基本形成，每一梯次都后继有人。8—20人和7人以下的中小评估机构，执业人数呈现稳步增加趋势，分别占机构总数的65%和30%左右，变动幅度不大。

注册评估师人数是机构规模的重要指标，更为重要的是机构的收入状况。我们汇总分析了过去5年全行业证券评估机构业务收入情况。证券评估机构均为行业排名前列机构，基本可以代表大型资产评估机构的状况。总体分析，行业前十名左右收入水平远超出行业平均水平，且其内部差异较大，十名之后收入呈较缓下降趋势。行业前十名收入占行业总收入比重，从2007年至2011年由13.62%逐年上升至18.78%，行业集中度逐年以8.36%幅度提升，反映出近年来资产评估行业做大做强取得了成效。但与相关行业比较，如“四大”会计师事务所所占市场份额稳定在25%左右，行业前12名集中度超过40%。资产评估行业集中度还有很大提升空间。再进一步分析行业前五十名，2011年资产评估行业前五十名占全行业收入比为34.74%，这一比例相比注册会计师行业的58%差距更大。从绝对值分析，2011年收入排名前10位资产评估机构中，评估收入超过1亿元的只有4家，第十名为5862万元。

（二）中小资产评估机构数量众多，发展动力不足

按照《规划》界定，中小资产评估机构在业务收入和人员数量上相比大型资产评估机构要少，但在实

际中很难划出明确界限。一般来说，中小资产评估机构基本处在行业百名之外，它们覆盖面广、服务对象多、社会影响大，机构数量占行业总数的百分之九十五以上，收入约占行业总收入的百分之六十，在中小评估机构执业的注册资产评估师约占行业数的百分之八十五。近年来，资产评估行业机构数量增长的绝大部分为中小机构，或者说现有机构的重组整合力度没有新设机构的速度快。当然，并不是说中小资产评估机构的数量越少越好，但大量中小资产评估机构是在进行低水平的重复建设，并没有形成专业特色、差异服务和错位竞争，而是拥挤在低端评估服务市场中“自相残杀”，一些中小评估机构长期经营效益低下，趋向于低成本操作，人才流失严重，陷入恶性循环困局。近几年中小资产评估机构的收入增幅一直低于行业增幅，更远低于大型资产评估机构收入增幅，个别地区甚至差距很大。如2009年北京资产评估行业收入9.85亿元，同比2008年增长了0.57亿元，增长率为6.14%。其中大型评估机构实现业务收入7.53亿元，占北京地区收入的76%，同比增长了18.4%，增幅远高于行业收入增长幅度，而中小评估机构收入总额为2.32亿元，同比2008年减少了0.6亿元，反而下降了21%。

（三）行业竞争秩序有待改善

经初步统计，截至2012年10月底，全国3089家资产评估机构中，有1605家在非省会城市，约占全部机构数的52%，其中包括分所45家，子公司5家。应当说，资产评估机构的地区分布与经济社会的发展需求整体上还是契合的，经济较发达的地区，机构的数量和规模都相对大些，这也符合市场经济发展的基本规律。然而，在对各地的调研中，规范行业竞争秩序的呼声一直很高，主要原因是我国不同规模的资产评估机构的市场定位和服务内容存在一定的交叉重叠。这一情况在全国都很普遍，甚至有些情况非常极端。如有的大中型资产评估机构收入较高，本身属于证券评估机构，但其收入构成中证券业务收入比重很低，中低收入业务比重很大，甚至还有几百元一单的房地估价报告。有的小型资产评估机构只有几名注册资产评估师，长期休眠不执业，一旦遇到机会，什么业务都敢承接，做一单算一单，执业风险非常高。行业内不同规模的机构争夺同一市场，过度和无序竞争时有发生，这一状况如果不及时加以制止和改变，势必损害资产评估行业的社会形象。

上述三大类值得关注的问题，核心还是资产评估机构的发展定位问题。在完善的市场经济体系下，各类资产评估机构都应当有明确的市场定位、客户群体和服务内容，并且各有侧重、相互补充，才能实现各得其所、协调发展。近年来就资产评估行业发展开展的多次调研中，多家企业反映资产评估机构规模还不够大，人员素质还不够高，执业能力不强，没法提供与企业规模相适应的服务，也有基层的用户反映资产评估机构太少，像林权交易、小微企业发展等方面，得不到资产评估的专业支持。因此，资产评估机构应当按照《规划》要求，科学评估自身优势、明确自身定位，选准服务群体、拓展服务市场，在擅长的评估领域做优做大、做专做精，在公平有序的市场环境下努力形成大中小评估机构共同发展、接续发展的良好格局。

二、重点扶持特大型、大型资产评估机构加快发展

如前所述，加快发展资产评估行业，首先要做大评估机构。规模上不去，资产评估机构服务的范围就受到限制，技术创新和研发能力就很难提升，业务类型、市场定位和服务特色就难以拉开差距，资产评估机构的专业作用和价值就无法得到体现。抓住了资产评估机构做大问题，就抓住了行业发展的关键。而要做大资产评估机构，首先是定位问题。《规划》对特大型、大型资产评估机构作出了明确界定，是指在业务收入、人员数量、执业水平、服务质量等方面居于行业领先地位，具有核心竞争力、能够提供国际化综合服务的资产评估机构，并提出了较高的量化发展目标。从这一定位看，特大型、大型资产评估机构应当定位于行业的“领头羊”，主要服务于特大型企业和跨国公司等，服务内容应包括境内外产权变动评估、并购重组、合资合作以及企业发展战略设计、财务顾问、管理咨询等各类高端业务。

特大型、大型资产评估机构要体现其独特的专业服务能力和核心竞争力，为客户解决切实问题、提供准确依据、创造更多价值，必须坚持评估技术创新，积极拓宽评估业务领域。目前，很多大型评估机构高度重视技术创新，提升研发能力，有的还建立了专门的研发部门，这种做法应当成为特大型、大型机构的普遍做法。通过建立研发部门，积极参与行业课题，开展新评估方法和技术的研究，在评估准则体系建设中发挥应有的作用。在评估技术上，特大型、大型资产评估机构必须为行业的发展做出榜样，要走在行业发展前列，

成为具有国际影响力的机构，同时要把中国的评估实践上升到理论，与国际同行分享。

在资产评估机构实现做大的方式上，《规划》支持资产评估机构通过兼并、联合、重组等方式，实现规模化、品牌化发展。通常资产评估机构实现做大做强的途径有两种，一是内涵式发展，即通过资产评估机构自身实力的不断发展，不断吸纳专业人才，拓展评估业务范围，逐步扩大经营规模；二是外延扩张式发展，通过合并、联合、重组，实现规模化发展。从目前具有证券期货相关业务从业资格的70余家资产评估机构看，多数是通过内涵扩大的方式发展起来的，其优势在于成本较低、幅度易控，在质量标准、文化、理念等方面容易统一，不足之处是整合需要较长的时间。外延式发展的优势在于可以实现资产评估机构的快速壮大，但要特别注重控制风险。在目前情况下，应当在控制风险的同时，积极鼓励和推动外延式发展方式。

与资产评估机构做大模式密切相联系的是机构的组织形式问题，《规划》提出要探索适合特大型、大型资产评估机构加快发展的组织形式，引导具备条件的特大型、大型资产评估机构依法、有序向特殊普通合伙组织形式转换。根据《资产评估机构审批和监督管理办法》，资产评估机构主要以总分所的方式实现规模扩张，机构根据业务需要在异地设置分支机构，总所对分所直接管理，承担全部民事责任，分所在总所授权范围内经营，没有独立的法律地位。这种模式的优势在于法律责任清晰，容易控制风险，总所控制力强，“品牌”优势明显，适合强弱不同的机构之间的合并。劣势在于总所承担分所的全部责任，总所管理成本高，同时加大了执业风险。

为适应资产评估机构快速做大做强的需要，2010年12月，财政部印发了《关于评估机构母子公司试点有关问题的通知》，在资产评估行业开展母子公司试点工作。这种模式基于出资形成的产权关系，母公司和子公司均是独立法人。优势在于资本纽带清晰，容易控制风险；引入分层管理机制，子公司主动性强。为此，《规划》提出总结母子公司试点经验，促进母子公司在执业标准、质量控制体系、信息系统等方面的统一。母子公司试点是资产评估机构管理模式上的一种探索，也为做大资产评估机构提供了更多选择。从行业发展的长远趋势看，采用特殊普通合伙这一组织形式，更适合以专业知识和专门技能为客户提供有偿服务的中介行业。在该组织形式下，资产评估机构的一个或数个合伙人在执业活动中因故意或者重大过失造成合伙企业债务的，应当承担无限责任或者无限连带责任，其他合伙人则仅以其在机构中的财产份额为限承担责任。这种制度安排大大降低了机构合伙人的执业风险和投资风险，而且消除了有限公司制对股东数量的限制，未来特大型、大型资产评估机构应当适时向特殊普通合伙组织形式转换。

三、科学引导众多中小资产评估机构规范有序发展

“独木不成林”，做大做强资产评估行业，需要大型资产评估机构的带动，但同时也离不开广大中小资产评估机构的规范有序发展。市场经济发展为评估行业发展提供了广阔空间，也对评估行业提出了新的要求，在评估服务领域越来越广的同时，市场细分越来越明显，中小评估机构与大型评估机构的服务对象不同，中小评估机构是客户差异化需求的服务提供者，大型评估机构从事高端资产评估业务，经济活力最强的中小企业和个人业务，主要依靠广大中小评估机构来做。刘红薇部长助理在中评协四代会上明确提出：中小评估机构要找准定位，不断适应市场需求。要根据我国经济改革的实际，积极服务于企业发展的各项需要，不断提升整体执业能力和水平，做大不是所有机构都要成为大机构，而是要形成大中小机构合理的布局，实现整个行业均衡发展。《规划》提出中型资产评估机构要为大中型企事业单位提供高质量服务，小型资产评估机构主要面向众多小型微型企业等提供相关专项服务，就是对全行业发展布局周密考虑后所作的统筹安排。

在中型资产评估机构发展中，《规划》特别强调不断提高中型资产评估机构专业服务能力和内部管理水平，增强机构的风险防范意识，提升机构的社会公信力。这是当前中型资产评估机构发展中面临的主要问题，也最容易引起社会公众对行业的质疑。从现实情况看，迫于市场竞争压力，机构在委托方面前明显缺乏话语权，对委托方提出的种种不合理要求，容易失去应有的原则和独立性，同时中型资产评估机构有相当的人员、运营成本压力，由于利益驱动等因素，一些机构在评估工作中尽量减少工作环节、压缩业务成本，以致内部管理及评估程序不能实施到位，业务质量有所下降，也给机构自身带来了巨大的执业风险。正因如此，《评估机构业务质量控制指南》施行后，中评协目前正在就《中小评估机构业务质量控制指引》征求意

见，就是为了探索适合中小评估机构业务质量和执业风险的控制模式。

中小资产评估机构既是中小企业的组成部分，又是服务于中小企业发展的重要专业力量。近年来国家出台了众多促进中小企业发展和支持小型微型企业发展的政策措施，在促进中小及微型企业转型升级的同时，也为中小评估机构的发展提供了机遇。特别是小型资产评估机构，其主要的服务对象就是小型微型企业。《规划》指出，小型资产评估机构要把握国家支持小型微型企业发展的战略契机，为众多的小型微型企业提供特色专业服务。我国有超过上千万户小微企业，群体庞大，服务需求空间巨大。小型资产评估机构由于人员不多，结构较为简单，管理和维持经营的成本相对较低，可以集中机构的全部精力，为小微企业提供服务。

四、加强专业团队建设，提高机构核心竞争力

资产评估机构如何抓住机遇适应市场需求，尽快实现做大做强做优的目标？关键是应当加快培养专业团队，实现知识全面更新，密切关注并跟进新时期经济社会快速发展对资产评估行业需求的各个领域。资产评估机构的发展，专业团队建设应当是核心。资产评估行业是专业服务行业，服务价值体现在专业性上。随着业务范围和服务领域的不断扩大，特别是创业投资基金估值、企业内部控制设计与评价、企业财务管理评估等全新业务的开拓，资产评估机构迫切需要加快专业团队建设步伐，提升在各个业务领域的胜任能力。

特大型、大型资产评估机构应当尽快建立专门的研究团队，紧密跟进政府、协会等各方面相关工作进展，并主动开拓新业务。专业团队建设应当尽可能覆盖行业所有服务领域，以适应特大型企业和跨国公司等客户需求，提供全方位、一体化服务。专业团队建设可以依托机构内部部门设置，也可以由机构的管理团队统筹安排，要形成一个个相对独立但又紧密联系的团队，以便整合机构内部资源，并为专业人才提供广阔的发展空间。资产评估机构要不断引入专业人才充实专业队伍，特别要引入大量管理咨询方面人才，适当条件下也可以借助相关行业的专家力量，提升机构服务能力的社会认可度。大型资产评估机构应当加大对专业团队建设的投入力度，除了加大对专业人才的薪酬、福利待遇，要注重通过合理设置股权结构来吸引和留住专业人才，使得懂专业、有能力、有潜力的执业人员进入股东（合伙人）行列。此外，专业团队建设应当体现出企业文化特质，要以机构的核心竞争力为导向，建立“以人为本，团结协作”的和谐文化，注重培养人才，善于使用人才，确保留住人才，做到人尽其才，才尽其用，形成平等相待、和谐相处、团结互助的良好氛围。

中小型资产评估机构相对规模较小，在专业团队建设上要结合自身优势准确定位，突出特色。如一些林业大省地市的中小机构，可以在森林资源资产评估等专业方向上精耕细作。中小机构由于自身人员有限，其专业团队建设必须要注重借助外部专家，可以通过与相关机构开展长期合作等形式，稳定外部工作力量，同时机构内部的专业人才虽然不多，但必须做到业务精专，集中一点深入研究，形成稳定、成型的工作套路。中小机构的专业团队也要符合中小机构的服务特点，发挥主观能动性，及时捕捉政策和市场信息，在专业研究上要充分挖掘客户需求，为客户提供量身订制的解决方案。

理想的资产评估行业，应当是由大大小小各种类型的资产评估机构构成的有机整体，不同机构之间，只有大小之分，并无优劣之别，各自有其存在的价值，每个机构都不可或缺，并和谐共生形成一条健康的产业链和服务链。我国的资产评估行业起步虽晚，但我们欣喜地看到，行业正向着这一目标坚实迈进。

全面实施我国资产评估行业人才战略

——《中国资产评估行业发展规划》解读之五

“治国经邦，人才为急。”人才资源是经济社会发展的核心资源。资产评估作为现代经济社会发展的智力密集型高端服务行业，人才的作用和地位更显突出，是行业发展的第一生产力，人才培养是资产评估行业的立业之基，兴业之要。《规划》明确提出“采取有效措施，有计划、有步骤、多渠道、分层次地培养从业人员队伍，使从业人员队伍壮大、素质过硬”，把资产评估行业人才培养上升到了行业发展战略的高度。在《规划》的指引下，资产评估行业人才培养工作面临的机遇前所未有，挑战也前所未有。总结行业人才培养工作的经验，推进行业人才战略的全面实施，用科学的理念、创新的方式，进一步发现发掘人才、吸引留住人才、培养提高人才，是行业发展的当务之急。

一、资产评估行业人才队伍建设的现实基础

20 多年来，资产评估行业人才培养工作紧跟行业发展需要，围绕中心，服务大局，以科学的人才观为指导，以选拔、培养高素质行业人才队伍为目标，与各级协会上下联动，与各方密切配合，扎实高效地开展各项工作，逐步建立并形成了“学历教育、准入教育、继续教育”三个阶段，“高端人才、管理人员、执业人员”三支队伍，以及“中评协、地方协会和评估机构”三个层次的教育培训体系，特别是在高端人才、国际化人才、管理人才、后备人才培养方面取得显著成效。截至目前，评估从业人员有 10 万多人，注册资产评估师有 3 万多人，已建立起一支基本适应市场经济和行业发展阶段性要求，忠于评估事业、恪守职业道德、胜任评估专业的注册资产评估师队伍。

更进一步，我们对资产评估行业人才队伍的现状和结构进行了剖析，呈现以下主要特点：

（一）中青年评估师是执业主体，仍需吸引更多青年骨干加入

为便于分析，我们将评估师的年龄分为 5 段，统计结果（见图 1）表明：截至 2012 年 11 月底，30—40 岁和 40—50 岁的评估师合计占比 86%，中青年评估师是行业的主力军，这一年龄段正是评估师精力和经验都较为丰富的阶段，表明当前资产评估行业执业队伍能力较强。但从其他几组的对比情况看，30 岁以下组占比 2%，远低于 50 岁以上组的 12%，这对于行业未来的高速发展构成了一定阻碍。这一现象在全国不同地区均有所体现，部分地区评估师队伍甚至呈现出一定程度的老化、后继乏人的趋势。

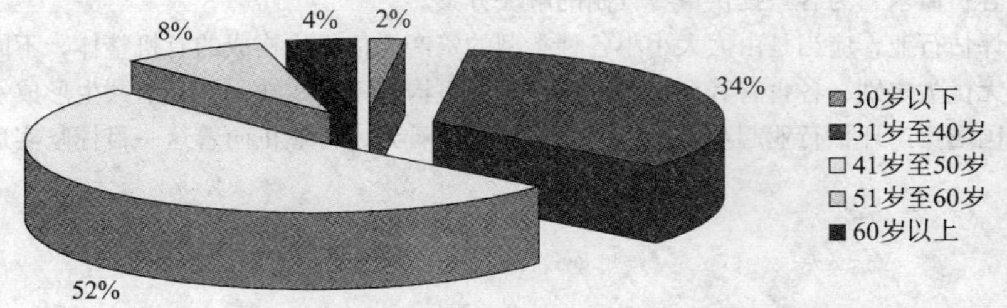

图 1　2012 年各年龄段评估师人数占比情况

（二）评估师学历结构保持稳定，高层次人才仍有欠缺

近年来，各层次学历的注册资产评估师人数均有所增加，但比重基本保持不变（见图 2）。截至 2012 年 11 月底，具有大专以上学历的注册资产评估师占总数的 98. 3%，说明资产评估行业执业队伍的核心是具有一定学历的人员。硕士和博士学历的评估师近年来稳中有增，但所占比重较低，仅占 4. 7%，这类高层次应

用型人才储备不足。为打造和培育行业的高端领军人才，近年来行业建立了资深会员和金牌会员制度，至今已审定资深会员 43 人，金牌会员为 30 人，提升了行业的专业形象和社会地位，但由于数量偏少，难以发挥更大的影响力和辐射作用。

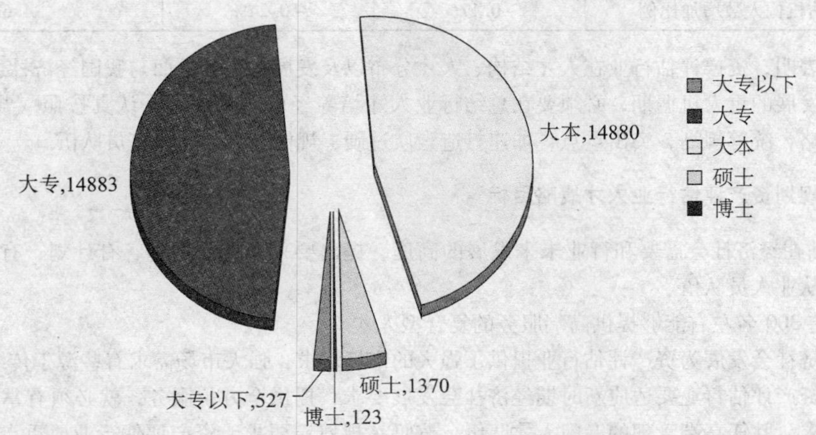

图 2　2012 年注册资产评估师学历情况

（三）行业新增评估师逐年递减，后备人才储备不足

2008 年以来，与行业收入逐年递增的态势相反，每年新增注册资产评估师呈逐年下降趋势（见图 3），难以满足评估市场加快发展的需要。同时，资产评估行业后备人才储备明显不足。

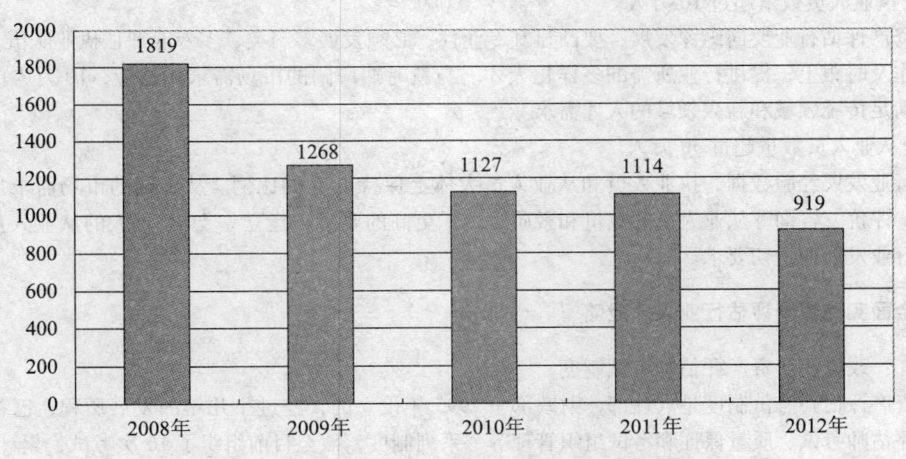

图 3　2008 年至 2012 年注册资产评估师新增情况

（四）行业人才向大型评估机构集聚，中小评估机构吸引力降低

随着近年来资产评估行业做优做强做大工作的推进，行业人才呈现出向大型评估机构集聚的趋势（见表 1），由表 1 可以看出，以证券评估机构为代表的大型评估机构的评估师增幅远高于中小评估机构。一方面，大型评估机构通过兼并重组整合了业内诸多中小机构，实现了人数规模的快速膨胀；另一方面，大型评估机构在收入待遇、发展前途等方面要优于中小评估机构，近年来证券评估机构的人均创收水平基本在中小评估机构的三倍以上，中小机构较难留住优秀人才。地方中小评估机构执业评估师特别是业务骨干流失现象值得重点关注。

表1　　2009—2012年不同机构注册资产评估师变化情况

	2010年/2009年	2011年/2010年	2012年/2011年
证券评估机构人数增加比例	10.50%	9.90%	9.52%
非证券评估机构人数增加比例	-0.17%	-0.24%	4.63%

上述情况表明，资产评估行业在人才结构、人才分布以及发展势头等方面与我国经济社会发展需求不相适应。在行业发展的重大机遇期，必须要在总结行业人才培养经验的基础上，认真按照《规划》要求，实施行业人才战略，统筹规划，突出重点，加速打造素质过硬、规模壮大的从业人员队伍。

二、统筹规划资产评估行业人才战略目标

《规划》站在经济社会需要和行业未来发展的高度，提出要采取有效措施，有计划、有步骤、多渠道、分层次地培养从业人员队伍。

（一）打造300名左右能够提供高端服务的复合型人才

新时期经济社会发展为资产评估行业提供了强大的市场需求，强大市场需求有些源于传统业务，更多涉及全新领域。资产评估行业要适应新时期经济社会发展要求，提供全方位服务，就必须有掌握新业务技术、适应国际化要求、胜任高端管理的专门人才队伍。按照《规划》要求，资产评估行业要重点培育25家左右特大型资产评估机构，50家左右大型资产评估机构，这些机构具有较强的核心竞争力，能够提供国际化综合服务，要满足这一要求，每家机构应当拥有数名可提供高端服务的复合型人才。

（二）培养5000名左右业务骨干

除特大型、大型资产评估机构需要足够的业务骨干外，行业2000多家中小评估机构更需要业务骨干支撑。评估机构必须有稳定的业务骨干队伍，才能保障服务特色和质量，才能在严酷的市场竞争下生存发展。

（三）执业人员数量超过10万人

未来资产评估行业要向纵深发展，要凸显其专业性，必须发展多门类、多专业评估执业队伍。这需要人才培养工作及时跟上，提供行业所需的多样化人才。与新时期广阔的市场需求相适应，10万人的执业人员队伍可以满足传统领域和新兴领域的人才需求。

（四）从业人员数量超过30万人

根据行业发展经验数据，执业人员和从业人员大体上保持1∶3的比例。从广阔的市场需求出发，对调查、测算、评价、咨询等从业人员的数量和素质提出了更高的要求。建立一支30万人的从业人员队伍，是加快评估行业发展的迫切要求。

三、全面实施资产评估行业人才战略

措施一：改进注册资产评估师考试制度

注册资产评估师考试制度是人社部、财政部于1995年设立的，经过十几年的发展历程，已初步建立起注册资产评估师考试、质量保证和考试组织管理等一系列制度，截至目前组织了16次考试，累计55万余人次报考，4万余人考试通过，奠定了行业发展的人才基础。

根据《规划》提出的资产评估范围，要逐步研究创新评估行业执业资格准入制度。根据市场对各类评估评价、各类专业人才的需求，注册资产评估师考试应当着重考察从业人员知识结构，注重考核从业人员的执业经历和执业能力，着力促进资产评估从业人员知识结构更新，并以此为指导，优化考试科目、考试大纲和教材，改进考试命题，拓展参加考试人员范围。开展有计划、有组织的各类专门、专项强化培训，培训考试通过后授予相应资质。例如，针对管理咨询的巨大市场空间，有必要组织选择有关业务骨干开展严格的内部控制规范体系培训，考试合格者，发放行业和社会认可的管理咨询师证书，从而促进较大型评估机构建立管理咨询团队，提供规范的管理咨询服务。财政资金绩效评价、企业财务管理评估等专业资质也可采用类似办法。通过创新行业准入制度，使大批具有全新知识结构的业务骨干脱颖而出。

措施二：重视资产评估专业硕士培养工程

经过多年的努力，资产评估学科建设取得了很大的成绩，特别是近两年，资产评估学历教育取得了突破性进展。2010 年，国务院学位办和教育部设立了资产评估硕士专业学位，批准 68 所高等院校招收资产评估专业硕士。今年 9 月，教育部发布《普通高等学校本科专业目录（2012 年）》，把资产评估专业正式列入管理学门类的工商管理类。资产评估本科专业在少数院校的试点“转正”了。今后，各高校可以根据市场需要和师资力量自行设立评估专业，这标志着资产评估专业在国民教育中有了稳固的地位，是资产评估行业在人才储备中的又一进步。

目前，68 所资产评估专业硕士院校经批准已于 2011 年开始招生，但所有考生，包括在职考生在内，均需通过全国硕士研究生统一入学考试，在学习方式上也以全日制为主。这一模式较不利于在职人员特别是在岗注册资产评估师攻读硕士，也不利于资产评估专业硕士培养方式和水平的统一。资产评估专业硕士是从业人员提升水平的重要平台，而评估从业人员也应当是资产评估专业硕士培养所定位的“高层次应用型专门人才”的主要来源。正因如此，《规划》提出要“重视资产评估专业硕士培养工程”，并特别提出要“加快建立在职人员攻读资产评估硕士专业学位制度”，这是解决评估高端人才培养难题的重要举措，对于加快培养适应经济社会发展需要的高层次应用型后备人才，有效提升评估行业整体人才队伍素质具有十分重要意义。

评估行业协会应加强对专业硕士院校人才培养的指导，促使高校培养的资产评估专业人才与评估专业需求相结合，扩大优秀高层次人才储备；推动评估硕士专业培养方向和各院校学科优势相结合，形成资产评估专业硕士院校的特色化；促进行业协会优势和培养院校优势相结合，保证培养方向明确和人才质量保障。在师资建设上，评估行业协会应通过研究课题和准则建设项目、学术会议和高端论坛为高校教师理论水平的提升提供机会，结合行业需要举办师资培训班进一步提升师资理论与实践的有机结合，同时继续向专业硕士院校提供高水平实践导师。在教材建设方面，着力抓好统一的评估专业核心课程配套教材的编写，应当统一思想，齐心协力，争取早日编写出高质量的、经得起考验的精品核心教材，促进专业硕士院校课程设置的科学化，其中的关键就是做好五本资产评估专业硕士核心课程配套教材和一本应用型本科教材（企业价值评估）的编写工作，这些教材已列入财政部 2012—2015 年学历教材建设规划目录。基于资产评估作为应用型专业的特质，中评协于 2008 年推动建立了“全国资产评估教学实践基地”，作为实现资产评估领域理论与实践、学校与企业、学生就业与企业招聘等三个跨越的有效方式。随着本科院校和专业硕士院校生源的扩大，应继续加强教学实践基地的建设，健全院校与资产评估机构合作机制，促进产、学、研的进一步融合。

措施三：建立胜任能力评价机制

胜任能力评价机制的建立是一项基础性、系统性工程，其目的在于通过建立评价指标体系实现对人才能力的评价，为行业培养、选拔人才，以及保持、提高行业整体专业素质和实务水平提供指导，从而鼓励德才兼备的人才辈出，实现人尽其才，才尽其用。制定胜任能力指南，要坚持以人为本，结合评估行业发展的新需求、新形势，科学制定评价标准，创新评价方法，系统研究各个级次评估从业人员应具备的专业素质和实务经历，综合考虑专业知识、专业技能、职业品质、职业价值观等对评估师执业能力的影响，明确评估师在不同岗位和从事不同专业所必须具备的基础能力和专业能力。要制定注册资产评估师职业发展规划，评估师的个人才能及发展同行业、机构的发展和谐统一。评估机构建立胜任能力评价制度有利于机构发现人才、培养人才，也能促进机构加强内部管理。评估机构要建立健全激励机制，制定完善的吸引留住优秀骨干人才的政策措施，建立评估师专业晋级和职务晋升等评价制度，拓展评估人员职业发展空间，调动好、激发好从业人员为评估机构发展贡献才智的积极性、主动性和创造性。

措施四：完善继续教育培训体系

《规划》主要从制度体系建设、高端人才培养、创新培养机制和方式三个维度阐述了后续教育培训阶段的具体措施。多年来，评估行业人才培养工作取得了积极成效，形成了“中评协、地方协会和评估机构”多层次的教育培训体系，建立了注册资产评估师继续教育制度、监督考核制度、信息档案管理制度、评价分析制度等一系列培训制度，为评估师继续教育培训提供了制度保障。《规划》提出“建立健全分类分级继续教育培训体系”，就是要有效整合行业培训资源，形成人才建设的梯次化培养体系。从组织领导、培训管理、培训保障、师资力量建设、培训教材开发等方面加强制度建设，使人才培养工作科学化、规范化、流程化、细节化，以制度化和规范化推动人才培养工作全面发展。

《规划》关于高端人才培养的目标契合了行业发展战略，“加大行业高端管理人才、国际化人才、新型业务人才和特殊需求专门人才的培训力度”，就是要坚持高端引领，发挥辐射带动作用，扩大高端人才的影响力，从而促进人才队伍素质的整体提升。要积极探索和创新行业高端人才培养模式，建立健全选拔、培养、使用机制，为人才成长创造条件、提供机会，优化培养和使用环境，建立分类别、专门化的高端人才队伍，培养一批管理型、专业型、战略型、国际化等高端人才。

“以用为本”为基点，创新人才培养机制。要健全相应考核、激励与约束机制，研究推进吸引人才、留住人才、培养人才、发展人才的机制建设，以点带面，逐步推进，完善继续教育体系。要将职业道德教育和专业知识教育结合起来，重视人才培养与人才使用相结合，增强培训的针对性和实效性，解决“培养与使用”脱节、“选拔与需求”错位等问题，将现有人才用好，存量人才盘活，结构模式优化，确保人才价值的不断提升和作用的持续发挥。重点推进网络培训，同时积极借助市场化培训供给力量，开通和培育市场化高端培训渠道。强化继续教育培训力量，加强师资建设，优化师资结构，完善继续教育教材建设，满足评估师不断更新知识、拓宽视野、提升专业能力的需要。

“致天下之治者在人才，成天下之才者在教化”。人才向来是事业发展的根本。时代在召唤，行业在发展，社会在进步，评估行业面临着前所未有的发展机遇，需要大批优秀人才，也为各类人才施展才华提供了广阔的天地。栽得梧桐树，引得凤凰来。我们要进一步解放思想，开拓进取，集各方之力、汇行业之智，乘着“十八大”的春风，进一步创新人才培养理念，完善制度体系建设，加快人才培养步伐，实现评估行业《规划》目标。

财政部　国家安全生产监督管理总局关于印发《中央国有资本经营预算安全生产保障能力建设专项资金管理暂行办法》的通知

（2011 年 8 月 26 日　财企［2011］239 号）

有关中央管理企业：

为深入贯彻落实《国务院关于进一步加强企业安全生产工作的通知》（国发［2010］23 号）精神，切实加强中央企业安全生产保障能力建设，全面提升中央企业安全生产水平和应急救援能力，中央国有资本经营预算设立安全生产保障能力建设专项资金，支持中央企业积极落实国家安全生产监督管理总局制定的《中央企业安全生产保障能力建设发展规划（2011 - 2015 年）》中的重点建设项目。为此，财政部、国家安全生产监督管理总局共同研究制定了《中央国有资本经营预算安全生产保障能力建设专项资金管理暂行办法》，现印发你们，请遵照执行。执行中如有何问题，请及时向我们反映。

附件：中央国有资本经营预算安全生产保障能力建设专项资金管理暂行办法

附件：

中央国有资本经营预算安全生产保障能力建设专项资金管理暂行办法

第一条　为规范中央国有资本经营预算安全生产保障能力建设专项资金支出管理，支持中央企业安全生产保障能力建设，根据国家有关法律、法规，制定本办法。

第二条　中央企业是安全生产保障能力建设的实施主体。中央国有资本经营预算设立安全生产保障能力建设专项资金（以下简称专项资金），引导和支持中央企业强化安全生产建设，促进《中央企业安全生产保障能力建设发展规划（2011—2015 年）》重点项目的顺利实施，全面提升中央企业安全生产水平和应急救援能力。

第三条　本办法适用于列入《中央企业安全生产保障能力建设发展规划（2011 - 2015 年）》的安全生产应急救援队伍、培训实训基地等重点项目建设。

第四条　财政部是专项资金的主管部门，负责项目受理、参与项目审查、资金核定和下达、资金监督等工作。

国家安全生产监督管理总局是专项业务管理部门，负责规划布局、标准制定、项目审查、项目监管等相关工作。

有关中央企业负责建设项目的申报、实施、项目管理、竣工验收等工作。

第五条 项目建设实施遵循"依托现有、整合资源，突出重点、先进适用，事权划分、职责明确，依据标准、分步实施"的原则。

第六条 专项资金支持的项目类别：

（一）中央企业应急救援队伍所需的运输吊装、侦检搜寻、救援救生、应急通信、个体防护、后勤保障、实训演练等装备。

（二）中央企业应急救援培训演练基地特种设施。

各类设备、设施项目的具体内容，详见《中央企业应急救援队伍（基地）装备、设施配置指导目录》（附件）。有关中央企业应结合现有队伍（基地）基础设施、装备配置状况和职责范围等情况，精心筛选并进行科学论证，确保申报项目符合安全生产保障能力建设的实际需要。

第七条 专项资金各年度的支持范围、重点及项目申请事宜，由财政部会同国家安全生产监督管理总局研究确定后另行通知有关中央企业。

第八条 专项资金采取财政投资补助方式。

第九条 对应急救援队伍装备配置项目，按核定项目投资概算额给予补助；应急救援队伍的基础设施建设和人员、设备维护等日常费用由中央企业承担。应急救援培训演练基地装备配置项目，按核定项目投资概算额的60%给予补助。

第十条 有关中央企业按要求统一组织申报工作。对符合条件的项目，经审核后汇总上报财政部、国家安全生产监督管理总局。已经享受其他政策支持的项目，不得重复申报。

第十一条 国家安全生产监督管理总局会同财政部对中央企业申报项目材料进行综合评审，符合条件的项目列入年度项目库。

第十二条 财政部根据项目评审结果、年度中央国有资本经营预算额度及支持重点，核定并下达专项补助资金。

第十三条 企业应按照《中华人民共和国政府采购法》、《中华人民共和国招标投标法》以及相关法律、行政法规、强制性标准及技术规程的要求组织实施。

第十四条 中央企业要采取切实可行的措施，确定专门的机构和人员监督项目按进度实施，保证按期竣工验收。

第十五条 中央企业和依托项目企业应按照规定管好用好专项资金，按财政部相关规定进行处理，并接受财政、审计部门的监督检查。

第十六条 项目竣工后，由中央企业组织验收并报财政部、国家安全生产监督管理总局备案。财政部、国家安全生产监督管理总局不定期组织对实施项目情况进行检查。

第十七条 对违反规定，有虚报、截留、挪用财政资金或其他违规行为的，财政部将全额追回资金，并取消相关单位以后年度申报资格。同时，按照《财政违法行为处罚处分条例》（国务院令第427号）进行处理。

第十八条 本办法由财政部会同国家安全生产监督管理总局负责解释。

第十九条 本办法自印发之日起执行。

附：中央企业应急救援队伍（基地）装备、设施配置指导目录附：

中央企业应急救援队伍（基地）装备、设施配置指导目录

序号	类 别	装备名称
一	矿山救援类	
1	救援车辆	多功能集成式救援装备工具车、集成式照明侦检车、移动式排水供电车、应急指挥车、救援宿营车、气体化验车、装备车、野外生活保障车、大型载重汽车、越野吊装车、全路面汽车起重机、移动营房。
2	应急通信设备	应急平台终端、管理信息系统、井下无线宽带救灾通信系统、卫星通信车、程控电话、对讲机。
3	个人防护装备	4h 正压氧气呼吸器、2h 正压氧气呼吸器、呼吸器校验仪、便携式自动苏生器、隔热服。
4	灭火与气体排放设备	强力局部通风机、大型气体灭火装置、惰气（惰泡）灭火装备、高倍数泡沫灭火机、高压脉冲灭火装置、灾区有毒有害气体智能排放系统、快速密闭。
5	救生设备	井下轻型救灾钻机、大口径救生钻机、井下快速成套支护装备、破拆工具、液压起重器、液压剪。
6	排水设备	离心式斜井救援排水救灾装备（流量 $360m^3/h$、扬程 300m）、离心式斜井救援排水救灾装备（流量 $450m^3/h$、扬程 420m）、矿用排沙潜水泵（流量 $400m^3/h$、扬程 100m）、矿用潜水泵（流量 $200m^3/h$、扬程 200m）、矿用潜水泵（流量 $500m^3/h$、扬程 300m）、矿用潜水泵（流量 $700m^3/h$、扬程 450m）、矿用潜水泵（流量 $1000m^3/h$、扬程 650m）、矿用潜水泵（流量 $1000m^3/h$、扬程 800m）、小型潜水泵和污水泵、排水泵配套附属设备。
7	侦检探测设备	便携式气相色谱仪、红外 CH_4 分析仪、红外 CO_2 分析仪、红外 CO 分析仪、O_2 分析仪、氢氧化钙分析设备、防爆探地雷达、热成像仪、蛇眼探测仪、探测机器人、便携式爆炸三角形测定仪、红外线测温仪、红外线测距仪、多种气体检测仪。
8	培训演练设备设施	灾区仿真模拟与演练评价系统、演习巷道设施与系统、多功能体育训练器械。
二	危化救援类	
1	抢险救援车辆	大功率大吨位泡沫抢险救援车、干粉泡沫联用抢险救援车、干粉抢险救援车、二氧化碳救援车、中型泡沫消防车、轻型泡沫消防车。
2	举高抢险救援车	登高平台抢险救援车、云梯抢险救援车、举高喷射抢险救援车。
3	专勤抢险救援车	多功能抢险救援车、排烟抢险救援车或照明抢险救援车、危化抢险救援车或防化洗消抢险救援车、涡喷消防车、自吸容器车、槽罐车、高压冲洗车、有毒有害气体应急救援车。
4	后勤抢险救援车	供气抢险救援车、泡沫原液补给车、自装卸式抢险救援车、气体分析化验车、野外生活保障车、应急发电车、救援宿营车、泄漏抢险后援车、器材抢险救援车或供水抢险救援车。
5	应急通信设备	卫星通信车、应急指挥车、应急平台终端、远程数据、视频监控传输系统。
6	事故救援器材	机动手抬泵（含浮艇泵）、脉冲水枪、移动炮、消防机器人、高倍数泡沫发生器、移动式水带卷盘或水带槽、便携式移动式消防炮、水控摆动移动炮、车载水幕发生器、多功能自保水枪、小型快速攻击消防炮、无线遥控消防炮、水幕屏障枪、便携式泡沫移动装置、大流量无线移动遥控炮、大流量拖车消防炮。

续表

序号	类 别	装备名称
7	侦检器材	旋翼飞行机器人、便携式气相色谱仪、便携式固液分析仪、有毒气体探测仪、军事毒剂侦检仪、可燃气体检测仪、水质分析仪、电子气象仪、音频生命探测仪、视频生命探测仪、雷达生命探测仪、热像仪、漏电探测仪、核放射探测仪、电子酸碱测试仪、测温仪、移动式生物快速侦检仪。
8	救生器材	救生气垫、气动起重气垫、救援三脚架、救生抛投器、逃生面罩、缓降器、机动橡皮舟。
9	破拆器材	电动剪切钳、液压剪切钳、液压万向剪切钳、液压多功能钳、双轮异向切割锯、机动链锯、无齿锯、等离子切割器、气动切割刀、液压扩张器、液压救援顶杆、重型支撑套具、液压机动泵、手动液压泵、开门器、冲击钻、凿岩机、玻璃破碎器、手持式钢筋速断器。
10	堵漏器材	内封式堵漏袋（4 种）、外封式堵漏袋（2 种）、捆绑式堵漏袋、下水道阻流袋、金属堵漏套管、堵漏枪（4 种）、阀门堵漏套具、注入式堵漏工具、粘贴式堵漏工具、电磁式堵漏工具、木制堵漏楔、气动吸盘式堵漏器、管道粘结剂、无火花工具。
11	输转器材	手动隔膜抽吸泵、防爆输转泵、粘稠液体抽吸泵、排污泵、有毒物质密封桶、围油栏、吸附垫、集污袋。
12	洗消器材	强酸碱洗消器、强酸碱清洗剂、公众洗消站、单人洗消帐篷、生化洗消装置、洗消粉。
13	照明、排烟器材	移动式排烟机、坑道小型空气输送机、移动照明灯组、移动发电机。
14	其他器材	战斗服清洗烘干器、空气充填泵、水幕水带、移动水囊。
15	个人防护装备	头盔、救援防护服、正压空气呼吸器、隔热服、避火服、防化服、重型防化服、防静电服、防核防化服、防爆服、正压氧气呼吸器。
16	培训演练设备设施	灾区仿真模拟与演练评价系统、训练塔、危化生产装置事故演练设施、多功能体育训练器械。
三	危化技术指导类	
1	接处警系统	语音接警系统、数据存储系统、地理信息系统、操作台、工作终端。
2	通讯系统	核心网络系统、视频会议系统、电话会议系统。
3	图像指挥系统	无缝拼接大屏、图像接入系统、电子白板、触摸屏。
4	移动应急平台	卫星通信车、应急指挥车、数字无线微波图像传输系统、3G 音视频数据传输系统。
5	现场检测系统	便携式气体应急快速检测子系统、便携式色质联用仪、红外热成像仪、便携式化学品检测仪。
6	数据库系统	化学品安全信息数据库（英国 ChemData 数据库、澳大利亚 ChemWatch 数据库、美国 RTECS、Chemaid 数据库）、应急资源数据库、事故案例数据库、全国危化品企业数据库、危化事故模型数据库。
7	基础设施配套系统	综合布线、不间断电源系统。
四	油气田救援类	
1	切割设备及工具	近距离超高压水力喷砂切割装置、远距离双喷头切割装置、远距离水力喷砂带火单管切割头、远距离控制火焰切割机、环型机械切割坡口机、等离子切割工具、气动马刀锯（配 HD8001 刀片 10 片、配气源）、绳锯、切割圆锯、金刚石链锯、
2	清障设备及工具	动力桅杆吊、挖掘机、手提液动破碎器、螺母破碎器、法兰分离器。
3	掩护、冷却设备	水泵机组（流量 $600m^3/h$、扬程 120～160m）、自动化掩体、掩体、水炮、移动水炮、遥控水炮、手抬消防泵、消防水炮、超大风量机动排烟机、浮艇泵。

续表

序号	类　别	装备名称
4	安装新井口设备	推土机、远距离带火抢险井口装置。
5	其他抢险工具	液控带压钻孔机、液动扳手、手台式发电机、远距离遥控火焰点火器、井口防爆工具、大功率冲击扳手、磁力钻、试压泵、360°充气应急照明灯、热水高压洗消泵。
6	保障及辅助装备	救援宿营车、野外生活保障车、工具集装箱、叉车、空气压缩机。
7	侦检设备	远距离无线复合气体监测仪、复合气体监测仪、Cl_2 检测仪、H_2S 监测仪、SO_2 检测仪、VOC 检测仪、红外线遥感测温仪。
8	个人防护装备	正压空气呼吸器、空气呼吸器充气机（100L/min）、空气呼吸器充气机（320L/min）、防热幅射安全头盔、个人防护可视网络系统、抗高温防火服、隔热服、冷冻背心。
9	通信指挥设备	应急平台终端、仪器操作指挥车、应急指挥车、卫星通信指挥车、防爆对讲机（带耳毂传输）。
10	培训演练设备设施	灾区仿真模拟与演练评价系统、训练塔、室外抢险训练器具、模拟井喷失控着火供气管汇、模拟井喷失控着火储气系统、模拟井喷失控着火增压系统。
五	隧道救援类	
1	救援车辆	多功能集成救援装备工具车、多功能集成式发电照明车、救援宿营车、野外生活保障车、大型自卸车、全路面汽车起重机、越野汽车起重机、叉车、移动式发电车、35t 越野起重机。
2	应急通信装备	应急平台终端、卫星通信车、应急指挥车、地下巷道宽带救援通信系统、音频视频传输系统、对讲机系统、海事卫星电话。
3	侦检装备	防爆探地雷达、探测机器人、远距离灾区环境侦测系统、蛇眼探测仪、遇险人员定位仪、视频生命探测仪、雷达生命探测仪、搜寻侦测系统。
4	灭火装备	大型气体灭火装置
5	救生钻机及配套设备	水平钻机、水平定向快速钻机、大口径水平救生钻机、大口径潜孔钻机、垂直快速钻机、高风压空压机。
6	破拆与支护设备	组合液压破拆工具、电动剪切钳、便携式万向切割器、气动破拆组套、液压破拆组套、重型支撑套具、液压支撑套具、机械支撑套具。
7	救援装备	瓦斯智能快速引排系统、大型挖掘机、小型挖掘机、快速成套支护装备、装载机。
8	测量设备	三维激光量测仪、天宝全站仪、激光垂准仪、森林罗盘、激光测距仪、红外激光指向仪、手持激光测距仪、多参数气体测定器。
9	动力与照明	防爆移动式应急动力源、发电机组、强光照明设备。
10	排水装备	斜井救援排水泵（$450m^3/h$，扬程 420m）、斜井救援排水泵（$360m^3/h$，扬程 300m）、排沙泵（$400m^3/h$，扬程 100m）、排水泵（$500m^3/h$，扬程 300m）、排水泵配套附属设备。
11	个体防护装备	重型防护服、防化服、防火服、消防战斗服、正压氧气呼吸器。
12	培训演练设备设施	灾区仿真模拟与演练评价系统、隧道施工事故演练设施、多功能体育训练器械。
六	水上搜救类	
1	搜救船舶	消拖两用船、应急救援快艇。
2	应急打捞装备	打捞浮吊、浮吊自卸船、施救气囊、绞盘设备、锚及系缆装备。
3	潜水装备	潜水工程车载系统、潜水生命保障系统、饱和潜水装置、常规潜水装置。

续表

序号	类　别	装备名称
4	抢险堵漏器材	大功率潜水泵、堵漏工具与物质。
5	消防物资器材	泡沫药剂及灭火器材、消防服。
6	清污设备	油类回收船、汲油机、围油栏、消油毡、消油剂等器材。
7	应急通信装备	应急平台终端、卫星通信车、应急指挥车、红外线望远镜、现场通讯高频电话对讲机。
8	救生设备设施	救生器材及保暖器材、急救医疗设备、测氧和测爆设备。
9	培训演练设备设施	灾区仿真模拟与演练评价系统、训练塔、水上搜救演练设施、多功能体育训练器械。
七	旅游救援类	
1	救生装备	救援直升机、山岳救助装备、医疗救援装备、交通清障装备。
2	灭火救援装备	风力灭火机、油锯、防火工具车、救援宿营车、堵漏工具与物资、泡沫药剂及灭火器材、消防服。
3	应急通信装备	应急平台终端、防火管网、卫星通信车、应急指挥车、高频电话对讲机。
4	培训演练设备设施	事故仿真模拟与演练评价系统、训练塔、山岳搜救演练设施（索道、山岩、假山、山道等）、多功能体育训练器械。
八	应急救援培训演练类	
1	培训演练装备	仿真模拟培训和实训演练设施及相关配套设备（演习巷道、危化典型装置、油气田井口设施及模拟应急预案演练设备等）。

财政部　国家安全生产监督管理总局关于印发《企业安全生产费用提取和使用管理办法》的通知

（2012 年 2 月 14 日　财企［2012］16 号）

各省、自治区、直辖市、计划单列市财政厅（局）、安全生产监督管理局，新疆生产建设兵团财务局、安全生产监督管理局，有关中央管理企业：

为了建立企业安全生产投入长效机制，加强安全生产费用管理，保障企业安全生产资金投入，维护企业、职工以及社会公共利益，根据《中华人民共和国安全生产法》等有关法律法规和国务院有关决定，财政部、国家安全生产监督管理总局联合制定了《企业安全生产费用提取和使用管理办法》。现印发给你们，请遵照执行。

附件：企业安全生产费用提取和使用管理办法

企业安全生产费用提取和使用管理办法

第一章　总　　则

第一条　为了建立企业安全生产投入长效机制，加强安全生产费用管理，保障企业安全生产资金投入，维护企业、职工以及社会公共利益，依据《中华人民共和国安全生产法》等有关法律法规和《国务院关于加强安全生产工作的决定》（国发［2004］2 号）和《国务院关于进一步加强企业安全生产工作的通知》（国发［2010］23 号），制定本办法。

第二条　在中华人民共和国境内直接从事煤炭生产、非煤矿山开采、建设工程施工、危险品生产与储存、交通运输、烟花爆竹生产、冶金、机械制造、武器装备研制生产与试验（含民用航空及核燃料）的企业以及其他经济组织（以下简称企业）适用本办法。

第三条　本办法所称安全生产费用（以下简称安全费用）是指企业按照规定标准提取在成本中列支，专门用于完善和改进企业或者项目安全生产条件的资金。

安全费用按照“企业提取、政府监管、确保需要、规范使用”的原则进行管理。

第四条　本办法下列用语的含义是：

煤炭生产是指煤炭资源开采作业有关活动。

非煤矿山开采是指石油和天然气、煤层气（地面开采）、金属矿、非金属矿及其他矿产资源的勘探作业和生产、选矿、闭坑及尾矿库运行、闭库等有关活动。

建设工程是指土木工程、建筑工程、井巷工程、线路管道和设备安装及装修工程的新建、扩建、改建以及矿山建设。

危险品是指列入国家标准《危险货物品名表》（GB12268）和《危险化学品目录》的物品。

烟花爆竹是指烟花爆竹制品和用于生产烟花爆竹的民用黑火药、烟火药、引火线等物品。

交通运输包括道路运输、水路运输、铁路运输、管道运输。道路运输是指以机动车为交通工具的旅客和货物运输；水路运输是指以运输船舶为工具的旅客和货物运输及港口装卸、堆存；铁路运输是指以火车为工具的旅客和货物运输（包括高铁和城际铁路）；管道运输是指以管道为工具的液体和气体物资运输。

冶金是指金属矿物的冶炼以及压延加工有关活动，包括：黑色金属、有色金属、黄金等的冶炼生产和加工处理活动，以及炭素、耐火材料等与主工艺流程配套的辅助工艺环节的生产。

机械制造是指各种动力机械、冶金矿山机械、运输机械、农业机械、工具、仪器、仪表、特种设备、大中型船舶、石油炼化装备及其他机械设备的制造活动。

武器装备研制生产与试验，包括武器装备和弹药的科研、生产、试验、储运、销毁、维修保障等。

第二章　安全费用的提取标准

第五条　煤炭生产企业依据开采的原煤产量按月提取。各类煤矿原煤单位产量安全费用提取标准如下：

（一）煤（岩）与瓦斯（二氧化碳）突出矿井、高瓦斯矿井吨煤30元；

（二）其他井工矿吨煤15元；

（三）露天矿吨煤5元。

矿井瓦斯等级划分按现行《煤矿安全规程》和《矿井瓦斯等级鉴定规范》的规定执行。

第六条　非煤矿山开采企业依据开采的原矿产量按月提取。各类矿山原矿单位产量安全费用提取标准如下：

（一）石油，每吨原油17元；

（二）天然气、煤层气（地面开采），每千立方米原气5元；

（三）金属矿山，其中露天矿山每吨5元，地下矿山每吨10元；

（四）核工业矿山，每吨25元；

（五）非金属矿山，其中露天矿山每吨2元，地下矿山每吨4元；

（六）小型露天采石场，即年采剥总量50万吨以下，且最大开采高度不超过50米，产品用于建筑、铺路的山坡型露天采石场，每吨1元；

（七）尾矿库按入库尾矿量计算，三等及三等以上尾矿库每吨1元，四等及五等尾矿库每吨1.5元。

本办法下发之日以前已经实施闭库的尾矿库，按照已堆存尾砂的有效库容大小提取，库容100万立方米以下的，每年提取5万元；超过100万立方米的，每增加100万立方米增加3万元，但每年提取额最高不超过30万元。

原矿产量不含金属、非金属矿山尾矿库和废石场中用于综合利用的尾砂和低品位矿石。

地质勘探单位安全费用按地质勘查项目或者工程总费用的2%提取。

第七条　建设工程施工企业以建筑安装工程造价为计提依据。各建设工程类别安全费用提取标准如下：

（一）矿山工程为2.5%；

（二）房屋建筑工程、水利水电工程、电力工程、铁路工程、城市轨道交通工程为2.0%；

（三）市政公用工程、冶炼工程、机电安装工程、化工石油工程、港口与航道工程、公路工程、通信工程为1.5%。

建设工程施工企业提取的安全费用列入工程造价，在竞标时，不得删减，列入标外管理。国家对基本建设投资概算另有规定的，从其规定。

总包单位应当将安全费用按比例直接支付分包单位并监督使用，分包单位不再重复提取。

第八条　危险品生产与储存企业以上年度实际营业收入为计提依据，采取超额累退方式按照以下标准平均逐月提取：

（一）营业收入不超过1000万元的，按照4%提取；

（二）营业收入超过1000万元至1亿元的部分，按照2%提取；

（三）营业收入超过1亿元至10亿元的部分，按照0.5%提取；

（四）营业收入超过10亿元的部分，按照0.2%提取。

第九条 交通运输企业以上年度实际营业收入为计提依据，按照以下标准平均逐月提取：

（一）普通货运业务按照1%提取；

（二）客运业务、管道运输、危险品等特殊货运业务按照1.5%提取。

第十条 冶金企业以上年度实际营业收入为计提依据，采取超额累退方式按照以下标准平均逐月提取：

（一）营业收入不超过1000万元的，按照3%提取；

（二）营业收入超过1000万元至1亿元的部分，按照1.5%提取；

（三）营业收入超过1亿元至10亿元的部分，按照0.5%提取；

（四）营业收入超过10亿元至50亿元的部分，按照0.2%提取；

（五）营业收入超过50亿元至100亿元的部分，按照0.1%提取；

（六）营业收入超过100亿元的部分，按照0.05%提取。

第十一条 机械制造企业以上年度实际营业收入为计提依据，采取超额累退方式按照以下标准平均逐月提取：

（一）营业收入不超过1000万元的，按照2%提取；

（二）营业收入超过1000万元至1亿元的部分，按照1%提取；

（三）营业收入超过1亿元至10亿元的部分，按照0.2%提取；

（四）营业收入超过10亿元至50亿元的部分，按照0.1%提取；

（五）营业收入超过50亿元的部分，按照0.05%提取。

第十二条 烟花爆竹生产企业以上年度实际营业收入为计提依据，采取超额累退方式按照以下标准平均逐月提取：

（一）营业收入不超过200万元的，按照3.5%提取；

（二）营业收入超过200万元至500万元的部分，按照3%提取；

（三）营业收入超过500万元至1000万元的部分，按照2.5%提取；

（四）营业收入超过1000万元的部分，按照2%提取。

第十三条 武器装备研制生产与试验企业以上年度军品实际营业收入为计提依据，采取超额累退方式按照以下标准平均逐月提取：

（一）火炸药及其制品研制、生产与试验企业（包括：含能材料，炸药、火药、推进剂，发动机，弹箭，引信、火工品等）：

1. 营业收入不超过1000万元的，按照5%提取；

2. 营业收入超过1000万元至1亿元的部分，按照3%提取；

3. 营业收入超过1亿元至10亿元的部分，按照1%提取；

4. 营业收入超过10亿元的部分，按照0.5%提取。

（二）核装备及核燃料研制、生产与试验企业：

1. 营业收入不超过1000万元的，按照3%提取；

2. 营业收入超过1000万元至1亿元的部分，按照2%提取；

3. 营业收入超过1亿元至10亿元的部分，按照0.5%提取；

4. 营业收入超过10亿元的部分，按照0.2%提取。

5. 核工程按照3%提取（以工程造价为计提依据，在竞标时，列为标外管理）。

（三）军用舰船（含修理）研制、生产与试验企业：

1. 营业收入不超过1000万元的，按照2.5%提取；

2. 营业收入超过1000万元至1亿元的部分，按照1.75%提取；

3. 营业收入超过1亿元至10亿元的部分，按照0.8%提取；

4. 营业收入超过10亿元的部分，按照0.4%提取。

（四）飞船、卫星、军用飞机、坦克车辆、火炮、轻武器、大型天线等产品的总体、部分和元器件研制、生产与试验企业：

1. 营业收入不超过1000万元的，按照2%提取；

2. 营业收入超过1000万元至1亿元的部分，按照1.5%提取；

3. 营业收入超过1亿元至10亿元的部分，按照0.5%提取；

4. 营业收入超过10亿元至100亿元的部分，按照0.2%提取；

5. 营业收入超过100亿元的部分，按照0.1%提取。

（五）其他军用危险品研制、生产与试验企业：

1. 营业收入不超过1000万元的，按照4%提取；

2. 营业收入超过1000万元至1亿元的部分，按照2%提取；

3. 营业收入超过1亿元至10亿元的部分，按照0.5%提取；

4. 营业收入超过10亿元的部分，按照0.2%提取。

第十四条 中小微型企业和大型企业上年末安全费用结余分别达到本企业上年度营业收入的5%和1.5%时，经当地县级以上安全生产监督管理部门、煤矿安全监察机构商财政部门同意，企业本年度可以缓提或者少提安全费用。

企业规模划分标准按照工业和信息化部、国家统计局、国家发展和改革委员会、财政部《关于印发中小企业划型标准规定的通知》（工信部联企业［2011］300号）规定执行。

第十五条 企业在上述标准的基础上，根据安全生产实际需要，可适当提高安全费用提取标准。

本办法公布前，各省级政府已制定下发企业安全费用提取使用办法的，其提取标准如果低于本办法规定的标准，应当按照本办法进行调整；如果高于本办法规定的标准，按照原标准执行。

第十六条 新建企业和投产不足一年的企业以当年实际营业收入为提取依据，按月计提安全费用。

混业经营企业，如能按业务类别分别核算的，则以各业务营业收入为计提依据，按上述标准分别提取安全费用；如不能分别核算的，则以全部业务收入为计提依据，按主营业务计提标准提取安全费用。

第三章　安全费用的使用

第十七条 煤炭生产企业安全费用应当按照以下范围使用：

（一）煤与瓦斯突出及高瓦斯矿井落实“两个四位一体”综合防突措施支出，包括瓦斯区域预抽、保护层开采区域防突措施、开展突出区域和局部预测、实施局部补充防突措施、更新改造防突设备和设施、建立突出防治实验室等支出；

（二）煤矿安全生产改造和重大隐患治理支出，包括“一通三防”（通风，防瓦斯、防煤尘、防灭火）、防治水、供电、运输等系统设备改造和灾害治理工程，实施煤矿机械化改造，实施矿压（冲击地压）、热害、露天矿边坡治理、采空区治理等支出；

（三）完善煤矿井下监测监控、人员定位、紧急避险、压风自救、供水施救和通信联络安全避险“六大系统”支出，应急救援技术装备、设施配置和维护保养支出，事故逃生和紧急避难设施设备的配置和应急演练支出；

（四）开展重大危险源和事故隐患评估、监控和整改支出；

（五）安全生产检查、评价（不包括新建、改建、扩建项目安全评价）、咨询、标准化建设支出；

（六）配备和更新现场作业人员安全防护用品支出；

（七）安全生产宣传、教育、培训支出；

（八）安全生产适用新技术、新标准、新工艺、新装备的推广应用支出；

（九）安全设施及特种设备检测检验支出；

（十）其他与安全生产直接相关的支出。

第十八条 非煤矿山开采企业安全费用应当按照以下范围使用：

（一）完善、改造和维护安全防护设施设备（不含“三同时”要求初期投入的安全设施）和重大安全隐患治理支出，包括矿山综合防尘、防灭火、防治水、危险气体监测、通风系统、支护及防治边帮滑坡设备、机电设备、供配电系统、运输（提升）系统和尾矿库等完善、改造和维护支出以及实施地压监测监控、露天矿边坡治理、采空区治理等支出；

（二）完善非煤矿山监测监控、人员定位、紧急避险、压风自救、供水施救和通信联络等安全避险“六大系统”支出，完善尾矿库全过程在线监控系统和海上石油开采出海人员动态跟踪系统支出，应急救援技术装备、设施配置及维护保养支出，事故逃生和紧急避难设施设备的配置和应急演练支出；

（三）开展重大危险源和事故隐患评估、监控和整改支出；

（四）安全生产检查、评价（不包括新建、改建、扩建项目安全评价）、咨询、标准化建设支出；

（五）配备和更新现场作业人员安全防护用品支出；

（六）安全生产宣传、教育、培训支出；

（七）安全生产适用的新技术、新标准、新工艺、新装备的推广应用支出；

（八）安全设施及特种设备检测检验支出；

（九）尾矿库闭库及闭库后维护费用支出；

（十）地质勘探单位野外应急食品、应急器械、应急药品支出；

（十一）其他与安全生产直接相关的支出。

第十九条 建设工程施工企业安全费用应当按照以下范围使用：

（一）完善、改造和维护安全防护设施设备支出（不含“三同时”要求初期投入的安全设施），包括施工现场临时用电系统、洞口、临边、机械设备、高处作业防护、交叉作业防护、防火、防爆、防尘、防毒、防雷、防台风、防地质灾害、地下工程有害气体监测、通风、临时安全防护等设施设备支出；

（二）配备、维护、保养应急救援器材、设备支出和应急演练支出；

（三）开展重大危险源和事故隐患评估、监控和整改支出；

（四）安全生产检查、评价（不包括新建、改建、扩建项目安全评价）、咨询和标准化建设支出；

（五）配备和更新现场作业人员安全防护用品支出；

（六）安全生产宣传、教育、培训支出；

（七）安全生产适用的新技术、新标准、新工艺、新装备的推广应用支出；

（八）安全设施及特种设备检测检验支出；

（九）其他与安全生产直接相关的支出。

第二十条 危险品生产与储存企业安全费用应当按照以下范围使用：

（一）完善、改造和维护安全防护设施设备支出（不含“三同时”要求初期投入的安全设施），包括车间、库房、罐区等作业场所的监控、监测、通风、防晒、调温、防火、灭火、防爆、泄压、防毒、消毒、中和、防潮、防雷、防静电、防腐、防渗漏、防护围堤或者隔离操作等设施设备支出；

（二）配备、维护、保养应急救援器材、设备支出和应急演练支出；

（三）开展重大危险源和事故隐患评估、监控和整改支出；

（四）安全生产检查、评价（不包括新建、改建、扩建项目安全评价）、咨询和标准化建设支出；

（五）配备和更新现场作业人员安全防护用品支出；

（六）安全生产宣传、教育、培训支出；

（七）安全生产适用的新技术、新标准、新工艺、新装备的推广应用支出；

（八）安全设施及特种设备检测检验支出；

（九）其他与安全生产直接相关的支出。

第二十一条 交通运输企业安全费用应当按照以下范围使用：

（一）完善、改造和维护安全防护设施设备支出（不含“三同时”要求初期投入的安全设施），包括道路、水路、铁路、管道运输设施设备和装卸工具安全状况检测及维护系统、运输设施设备和装卸工具附属安全设备等支出；

（二）购置、安装和使用具有行驶记录功能的车辆卫星定位装置、船舶通信导航定位和自动识别系统、电子海图等支出；

（三）配备、维护、保养应急救援器材、设备支出和应急演练支出；

（四）开展重大危险源和事故隐患评估、监控和整改支出；

（五）安全生产检查、评价（不包括新建、改建、扩建项目安全评价）、咨询和标准化建设支出；

（六）配备和更新现场作业人员安全防护用品支出；

（七）安全生产宣传、教育、培训支出；

（八）安全生产适用的新技术、新标准、新工艺、新装备的推广应用支出；

（九）安全设施及特种设备检测检验支出；

（十）其他与安全生产直接相关的支出。

第二十二条 冶金企业安全费用应当按照以下范围使用：

（一）完善、改造和维护安全防护设施设备支出（不含"三同时"要求初期投入的安全设施），包括车间、站、库房等作业场所的监控、监测、防火、防爆、防坠落、防尘、防毒、防噪声与振动、防辐射和隔离操作等设施设备支出；

（二）配备、维护、保养应急救援器材、设备支出和应急演练支出；

（三）开展重大危险源和事故隐患评估、监控和整改支出；

（四）安全生产检查、评价（不包括新建、改建、扩建项目安全评价）和咨询及标准化建设支出；

（五）安全生产宣传、教育、培训支出；

（六）配备和更新现场作业人员安全防护用品支出；

（七）安全生产适用的新技术、新标准、新工艺、新装备的推广应用支出；

（八）安全设施及特种设备检测检验支出；

（九）其他与安全生产直接相关的支出。

第二十三条 机械制造企业安全费用应当按照以下范围使用：

（一）完善、改造和维护安全防护设施设备支出（不含"三同时"要求初期投入的安全设施），包括生产作业场所的防火、防爆、防坠落、防毒、防静电、防腐、防尘、防噪声与振动、防辐射或者隔离操作等设施设备支出，大型起重机械安装安全监控管理系统支出；

（二）配备、维护、保养应急救援器材、设备支出和应急演练支出；

（三）开展重大危险源和事故隐患评估、监控和整改支出；

（四）安全生产检查、评价（不包括新建、改建、扩建项目安全评价）、咨询和标准化建设支出；

（五）安全生产宣传、教育、培训支出；

（六）配备和更新现场作业人员安全防护用品支出；

（七）安全生产适用的新技术、新标准、新工艺、新装备的推广应用；

（八）安全设施及特种设备检测检验支出；

（九）其他与安全生产直接相关的支出。

第二十四条 烟花爆竹生产企业安全费用应当按照以下范围使用：

（一）完善、改造和维护安全设备设施支出（不含"三同时"要求初期投入的安全设施）；

（二）配备、维护、保养防爆机械电器设备支出；

（三）配备、维护、保养应急救援器材、设备支出和应急演练支出；

（四）开展重大危险源和事故隐患评估、监控和整改支出；

（五）安全生产检查、评价（不包括新建、改建、扩建项目安全评价）、咨询和标准化建设支出；

（六）安全生产宣传、教育、培训支出；

（七）配备和更新现场作业人员安全防护用品支出；

（八）安全生产适用新技术、新标准、新工艺、新装备的推广应用支出；

（九）安全设施及特种设备检测检验支出；

（十）其他与安全生产直接相关的支出。

第二十五条 武器装备研制生产与试验企业安全费用应当按照以下范围使用：

（一）完善、改造和维护安全防护设施设备支出（不含“三同时”要求初期投入的安全设施），包括研究室、车间、库房、储罐区、外场试验区等作业场所的监控、监测、防触电、防坠落、防爆、泄压、防火、灭火、通风、防晒、调温、防毒、防雷、防静电、防腐、防尘、防噪声与振动、防辐射、防护围堤或者隔离操作等设施设备支出；

（二）配备、维护、保养应急救援、应急处置、特种个人防护器材、设备、设施支出和应急演练支出；

（三）开展重大危险源和事故隐患评估、监控和整改支出；

（四）高新技术和特种专用设备安全鉴定评估、安全性能检验检测及操作人员上岗培训支出；

（五）安全生产检查、评价（不包括新建、改建、扩建项目安全评价）、咨询和标准化建设支出；

（六）安全生产宣传、教育、培训支出；

（七）军工核设施（含核废物）防泄漏、防辐射的设施设备支出；

（八）军工危险化学品、放射性物品及武器装备科研、试验、生产、储运、销毁、维修保障过程中的安全技术措施改造费和安全防护（不包括工作服）费用支出；

（九）大型复杂武器装备制造、安装、调试的特殊工种和特种作业人员培训支出；

（十）武器装备大型试验安全专项论证与安全防护费用支出；

（十一）特殊军工电子元器件制造过程中有毒有害物质监测及特种防护支出；

（十二）安全生产适用新技术、新标准、新工艺、新装备的推广应用支出；

（十三）其他与武器装备安全生产事项直接相关的支出。

第二十六条 在本办法规定的使用范围内，企业应当将安全费用优先用于满足安全生产监督管理部门、煤矿安全监察机构以及行业主管部门对企业安全生产提出的整改措施或者达到安全生产标准所需的支出。

第二十七条 企业提取的安全费用应当专户核算，按规定范围安排使用，不得挤占、挪用。年度结余资金结转下年度使用，当年计提安全费用不足的，超出部分按正常成本费用渠道列支。

主要承担安全管理责任的集团公司经过履行内部决策程序，可以对所属企业提取的安全费用按照一定比例集中管理，统筹使用。

第二十八条 煤炭生产企业和非煤矿山企业已提取维持简单再生产费用的，应当继续提取维持简单再生产费用，但其使用范围不再包含安全生产方面的用途。

第二十九条 矿山企业转产、停产、停业或者解散的，应当将安全费用结余转入矿山闭坑安全保障基金，用于矿山闭坑、尾矿库闭库后可能的危害治理和损失赔偿。

危险品生产与储存企业转产、停产、停业或者解散的，应当将安全费用结余用于处理转产、停产、停业或者解散前的危险品生产或者储存设备、库存产品及生产原料支出。

企业由于产权转让、公司制改建等变更股权结构或者组织形式的，其结余的安全费用应当继续按照本办法管理使用。

企业调整业务、终止经营或者依法清算，其结余的安全费用应当结转本期收益或者清算收益。

第三十条 本办法第二条规定范围以外的企业为达到应当具备的安全生产条件所需的资金投入，按原渠道列支。

第四章 监督管理

第三十一条 企业应当建立健全内部安全费用管理制度，明确安全费用提取和使用的程序、职责及权限，按规定提取和使用安全费用。

第三十二条 企业应当加强安全费用管理，编制年度安全费用提取和使用计划，纳入企业财务预算。企业年度安全费用使用计划和上一年安全费用的提取、使用情况按照管理权限报同级财政部门、安全生产监督管理部门、煤矿安全监察机构和行业主管部门备案。

第三十三条 企业安全费用的会计处理，应当符合国家统一的会计制度的规定。

第三十四条 企业提取的安全费用属于企业自提自用资金，其他单位和部门不得采取收取、代管等形式对其进行集中管理和使用，国家法律、法规另有规定的除外。

第三十五条 各级财政部门、安全生产监督管理部门、煤矿安全监察机构和有关行业主管部门依法对企业安全费用提取、使用和管理进行监督检查。

第三十六条 企业未按本办法提取和使用安全费用的，安全生产监督管理部门、煤矿安全监察机构和行业主管部门会同财政部门责令其限期改正，并依照相关法律法规进行处理、处罚。

建设工程施工总承包单位未向分包单位支付必要的安全费用以及承包单位挪用安全费用的，由建设、交通运输、铁路、水利、安全生产监督管理、煤矿安全监察等主管部门依照相关法规、规章进行处理、处罚。

第三十七条 各省级财政部门、安全生产监督管理部门、煤矿安全监察机构可以结合本地区实际情况，制定具体实施办法，并报财政部、国家安全生产监督管理总局备案。

第五章 附 则

第三十八条 本办法由财政部、国家安全生产监督管理总局负责解释。

第三十九条 实行企业化管理的事业单位参照本办法执行。

第四十条 本办法自公布之日起施行。《关于调整煤炭生产安全费用提取标准加强煤炭生产安全费用使用管理与监督的通知》（财建［2005］168 号）、《关于印发〈烟花爆竹生产企业安全费用提取与使用管理办法〉的通知》（财建［2006］180 号）和《关于印发〈高危行业企业安全生产费用财务管理暂行办法〉的通知》（财企［2006］478 号）同时废止。《关于印发〈煤炭生产安全费用提取和使用管理办法〉和〈关于规范煤矿维简费管理问题的若干规定〉的通知》（财建［2004］119 号）等其他有关规定与本办法不一致的，以本办法为准。

财政部着力构建企业安全生产财务制度及财政政策体系

——财政部企业司解读企业安全生产费用财务制度和安全生产专项资金政策

为加强企业安全生产基础建设和完善公共安全体系，2012 年 2 月，财政部会同国家安全监督管理总局对原来有关企业安全生产的财务制度进行了修订，形成了修订后的《企业安全生产费用提取和使用管理办法》（财企［2012］16 号，以下简称《管理办法》）。2011 年 9 月，财政部会同国家安全监督管理总局联合发布了《中央国有资本经营预算安全生产保障能力建设专项资金管理暂行办法》（财企［2011］239 号，以下简称《资金办法》）。《管理办法》着力构建企业安全生产投入长效机制，重在规范和保障企业安全生产基本投入，夯实企业安全保障基础；《资金办法》着力发挥财政资金杠杆作用，鼓励和引导企业加大安全投入力度，重在满足应急救援和安全培训演练需要，提升企业安全保障能力。现就《资金办法》和《管理办法》的出台背景、政策内容和管理要求等进行解读。

一、企业安全生产费用提取和使用管理办法

（一）《管理办法》修订的背景

安全生产对企业特别是高危企业而言具有十分重要的意义。一个时期以来，企业安全事故频发，不仅影响正常经营，更重要的是关系职工和人民群众的生命安全，甚至影响经济社会安全。解决企业安全问题需要综合治理，其中，企业提取和使用安全生产费用是从制度上构建的一种长效机制和政策保障。

从 2004 年起，财政部开始研究建立安全生产费用制度，会同有关部门先后制定并实施了《煤炭生产安全费用提取和使用管理办法》（财建［2004］119 号）、《关于调整煤炭生产安全费用提取标准、加强煤炭生产安全费用使用管理与监督的通知》（财建［2005］168 号）、《烟花爆竹生产企业安全费用提取与使用管理办法》（财建［2006］180 号）和《高危行业企业安全生产费用财务管理暂行办法》（财企［2006］478 号）。相关制度实施取得了显著成效，据不完全统计，仅 2007 年至 2011 年全国国有及国有控股企业累计提取安全生产费用 4481 亿元，累计支出 4090 亿元，对相关行业企业提升安全生产能力发挥了重要作用。

2010 年，国务院发布了《国务院关于进一步加强企业安全生产工作的通知》（国发［2010］23 号）。据此，财政部、安全监督管理总局在总结经验、广泛调研、征求意见基础上，对原办法进行了全面梳理、整合，针对原办法过于分散、涵盖范围不够广泛、提取标准偏低等，于 2012 年 2 月修订发布了《管理办法》。修订的重点是扩大了安全生产费用政策的适用行业，提高了提取比例，拓展了使用范围，明确了财务管理要求。修订后的《管理办法》自发布之日起实施，原办法及相关文件涉及安全生产费的规定同时废止。

（二）扩大了安全生产费用的适用行业和使用范围

调研发现，除传统高危行业外，冶金生产活动中易发生中毒、爆炸等事故，机械制造活动具有典型的高空作业、大型吊装、易燃易爆、劳动密集、交叉作业等特点和危险性，武器装备研制过程存在大量有毒有害、放射性等高危险物质以及超高速机械撞击、强微波辐射等安全隐患，亟需重点加强安全生产工作。《管理办法》将此三类行业企业纳入了适用范围。同时根据安全工作需要，拓展了原非煤矿山、危险品生产、

交通运输行业的适用领域，如非煤矿山行业中增加了煤层气开采，在危险品方面增加了危险品储存，在交通运输方面增加了水路运输、铁路运输和管道运输。

安全生产费用制度执行几年之后，其作用应当由起初的弥补企业安全欠账，逐步过渡到保障企业全方面的安全系统建设需要。为适应不同企业对安全生产费用使用方向的不同要求，《管理办法》进一步将应急救援器材、设备维护保养、安全生产适用的新技术和新装备等的推广应用、安全设施及特种设备检测检验支出、安全评价、咨询及标准化建设支出等纳入安全生产费用的使用范围；同时将原有的“安全技能培训支出”调整为“安全生产宣传教育培训支出”，使企业培训的目标从单一的技能培训转向全方位的素质培训。

为推动企业安全生产标准尽快达到国家法律法规的要求，《管理办法》明确，在规定的使用范围内，企业应当将安全生产费用优先用于满足安全生产监督管理部门、煤矿安全监察机构以及行业主管部门对企业安全生产提出的整改措施或者达到安全生产标准所需的支出。

（三）提高了安全生产费用的提取标准

鉴于原办法有关的安全生产费用提取标准已不能适应企业在安全生产投入的需求。在对各行业重点企业典型调查的基础上，经过认真测算、分析、论证，《管理办法》提高了企业安全生产费用提取标准，比如，将瓦斯等高危煤矿由吨煤不低于10元提高到吨煤30元、地下开采金属矿山由8元/吨原矿提高到10元/吨、井下非金属矿山由2元/吨原矿提高到4元/吨、水利电力和铁道建筑工程由工程造价的1.5%提高到2%，等等。

在实际执行中，企业同时经营上述业务的，如能按业务类别分别核算，以各类业务营业收入为计提依据，按各自标准分别提取安全生产费用；如不能分别核算的，以全部业务收入为计提依据，按主营业务计提标准提取安全生产费用。例如，一家主营冶金业务的企业同时开展机械制造业务，如果冶金业务和机械制造业务在该企业内分别独立核算，这家企业就按照两类业务的营业收入和各自标准计算提取安全生产费用；如果两类业务没有独立核算，这家企业就应以总业务收入按照冶金业务的标准计算提取安全生产费用。

考虑到企业安全基础和投入需要的差异性，《管理办法》在统一规定分行业提取标准基础上，规定了安全生产费用提取标准调节机制。一是企业在规定标准的基础上，适当提高安全生产费用提取标准，以满足企业安全生产的实际需要。二是中小微型企业和大型企业上年末安全生产费用结余分别达到本企业上年度营业收入的5%和1.5%时，经当地县级以上安全生产监督管理部门、煤矿安全监察机构商财政部门同意，企业本年度可以缓提或者少提安全生产费用。

（四）明确安全生产费用的财务管理

《管理办法》规定，安全生产费用按照“企业提取、政府监管、确保需要、规范使用”的原则进行管理。企业提取的安全生产费用应当专户核算，按规定范围安排使用，不得挤占、挪用。企业应当加强安全生产费用管理，编制年度安全生产费用提取和使用计划，纳入企业财务预算。年度结余资金结转下年度使用，当年计提安全生产费用不足的，超出部分按正常成本费用渠道列支。

企业提取的安全生产费用，应当计入相关产品的成本或当期损益，同时计入资产负债表所有者权益项下的专项储备。企业使用提取的安全生产费时，属于费用性支出的，直接冲减专项储备。企业使用提取的安全生产费形成固定资产的，应当通过“在建工程”科目归集所发生的支出，待安全项目完工达到预定可使用状态时确认为固定资产；同时，按照形成固定资产的成本冲减专项储备，并确认相同金额的累计折旧。关于列支渠道，由于企业发生安全事故具有必然性，提取的安全生产费用应当属于负债或预计负债。但是，作为负债需要特定的债权人，而安全生产费用不具备这样的条件，因此不符合负债的性质。企业由于提取安全生产费用减少了企业的当期利润，为以后安全生产支出预留了财务资源，从这一角度考虑，提取的安全生产费用更接近所有者权益的性质，作为专项储备管理更为恰当。

需要说明的是，财务处理上安全生产费用遵循“权责发生”原则，而国家税收制度遵循的是“收付实现”原则，因此规定安全生产费在提取时不予税前扣除，使用时才能扣除。

（五）安全生产费用的监督检查

为督促企业规范执行《管理办法》中的各项要求，文中明确各级财政部门、安全生产监督管理部门、煤矿安全监察机构和有关行业主管部门依法对企业安全生产费用提取、使用和管理进行监督检查。企业未按

《管理办法》提取和使用安全生产费用的，安全生产监督管理部门、煤矿安全监察机构和行业主管部门会同财政部门责令其限期改正，并依照相关法律法规进行处理、处罚。

此外，在原办法执行时，部分地方政府部门以加强监督为由，要求企业以“保证金”的形式上缴安全生产费用，并对其使用进行审批管理，损害了企业自主使用自有资金的权力，影响了企业运营效率。针对这种情况，为了维护企业合法权益，《管理办法》进一步强调企业提取的安全生产费用属于企业自提自用资金，其他单位和部门不得采取收取、代管等形式对其进行集中管理和使用。

二、中央国有资本经营预算安全生产保障能力建设专项资金

（一）设立安全生产保障能力建设资金的政策背景

《资金办法》与《管理办法》有联系也有区别，《管理办法》通过提取和使用安全生产费用建立了企业安全投入的长效机制，而《资金办法》主要是国家在特定时期加大支持力度，对企业安全生产中的一些关键环节予以引导和鼓励，有针对性地解决其中的突出问题，促使企业安全进入良性循环。2010 年以来，财政部会同国家安全监管总局在对中央企业安全生产工作进行了全面调研，认识到中央企业安全生产形势严峻，应急救援队伍重大救援装备比较匮乏，企业安全生产培训基地建设相对落后，安全能力建设水平仍亟待提高。与此同时，中央企业在社会应急救援体系中发挥巨大作用，协助政府承担了大量的公共服务和社会应急责任。中央企业应急救援队伍在满足企业救援工作需要的同时，积极承担周边区域安全救援任务，协助对其他企业开展安全生产预防性检查和培训，在多次重特大安全事故以及雨雪冰冻灾害、汶川特大地震救援中发挥了积极作用。但由于一些老少边穷地区财政困难等原因，中央企业也承担了大部分这类社会救援的经费。

根据以上情况，2011 年 9 月财政部会同国家安全监管总局联合印发了《资金办法》，设立中央国有资本经营预算安全生产保障能力建设专项资金，引导中央企业不断加大安全投入，促进国家安全生产监管总局制定的《中央企业安全生产保障能力建设发展规划（2011—2015 年）》（以下简称《规划》）重点项目的顺利实施，全面提升企业安全生产水平和应急救援能力，完善社会应急救援体系。

（二）安全生产保障能力建设专项资金政策主要内容和管理方式

中央国有资本经营预算安全生产保障能力建设专项资金支持的范围是，列入《规划》的中央企业的安全生产应急救援队伍、培训实训基地中的重点项目所需的运输吊装、侦检搜寻、救援救生、应急通信、个体防护、后勤保障、实训演练等装备，以及应急救援培训演练基地特种设施的购置。

中央国有资本经营预算安全生产保障能力建设专项资金采取国家资本金注入的方式，对应急救援培训演练基地装备配置项目，按核定项目投资概算额的 60% 给予补助；对应急救援队伍装备配置项目，按核定项目投资概算额给予补助。对列入规划的应急救援队伍和应急救援培训演练基地原则上不重复享受补助。应急救援队伍的基础设施建设和人员、设备维护等日常费用由中央企业承担。

中央国有资本经营预算安全生产保障能力建设专项资金实行项目管理。有关中央企业按要求统一组织申报工作，对符合条件的项目，经审核后汇总上报财政部、国家安全生产监督管理总局。国家安全生产监督管理总局会同财政部对中央企业申报材料进行综合评审，评审的原则：一是优先支持地区高危行业分布密集、重特大事故高发的地区；二是优先支持地域广阔、其他救援队伍难以覆盖的地区；三是优先支持交通不便、地形地质条件复杂，其他地区队伍难以快速到达的地区；四是优先支持不可替代的特殊行业；五是优先支持有特殊救援需要的应急救援队伍。符合条件的项目列入年度项目库。财政部根据项目评审结果、年度中央国有资本经营预算额度及支持重点，核定并下达专项补助资金。

（三）安全生产保障能力建设专项资金政策基本实现了政策目标

2011 年和 2012 年，中央国有资本经营预算合计拨付安全生产保障能力建设专项资金 19.75 亿元，其中：2011 年支出 9.55 亿元，支持中央企业 15 支应急救援队伍装备配置和 11 个培训演练基地装备；2012 年支出 10.2 亿元，支持 16 支应急救援队伍装备配置和 8 个培训演练基地装备配置。

两年来，安全生产保障能力建设专项资金有效发挥了财政杠杆和引导作用，支持中央企业加强矿山、油气开采、危险化学品、隧道等方面的应急救援，完善应急救援、安全管理、特种作业等方面的培训演练，带

动了中央企业加大安全保障投入、提高预防和处置事故灾难能力，对减少安全生产事故起了重要作用；支持了中央企业积极履行社会责任，参与当地和跨区域重特大、复杂事故及相关灾害的应急救援，共享培训演练基地、满足社会应急培训需求。对于整合社会应急救援资源、健全公共安全体系具有重要意义，取得了良好的社会效益，基本实现了预期的政策目标。

2011年以来财政部领导关于市场经济条件下财政企业工作转型升级相关问题讲话

刘红薇部长助理在2011年度中央企业财务会计报告布置会上的讲话

（2011年11月　北京）

同志们：

非常高兴参加2011年度中央企业财务会计报告布置会，今天就如何在市场经济条件下做好企业财务管理工作谈几点意见。

我国国有企业改革与发展取得了巨大成就，稳固了中国特色社会主义强大的经济基础。但是仍面临着不少困难和挑战，在发展中存在着一些值得关注的问题。如发展方式粗放，资源环境压力加大，直接影响到国民经济重点行业企业的可持续发展；自主创新能力不强，关键技术受制于人，对我国企业和经济发展的核心竞争力形成制约，一些国有企业特别是中央企业大而不强；企业改革相对滞后，国有企业特别是中央企业"一股过大"、机制不活、效率不高，与建立现代企业制度的目标要求不相适应；企业内部管理弱化，总会计师或财务总监以及财务管理机构地位不高，财务管理水平亟待提升。传统的企业财务管理模式已经远远不能适应现代企业发展的要求，迫切需要对新时期企业财务工作进行调整完善。

市场经济条件下加强企业财务工作的基本思路是：一是坚持贯彻以公有制经济为主体、多种所有制经济共同发展的基本经济制度，促进市场经济的公平竞争和各类企业的共同发展。二是遵循公共财政的基本原则，充分发挥财政的宏观调控作用和财政资金的杠杆效应，着力引导市场机制发挥作用，带动社会资源向企业集聚，实现资源优化配置。三是调整完善财政与企业的财务关系，创新企业财务管理机制，建立符合市场经济要求的财务管理制度体系，实现管理创新。

为了贯彻好这一基本思路，要从以下四个方面加强新时期企业财务管理工作。

一是加强统筹协调和配合，明确国有资本经营预算的支持方向和重点。国有资本经营预算收入规模需要不断扩大，国有资本存量需要逐步盘活，国有资本经营预算的支出方向和重点需要进一步明确。我们要按照"十二五"规划，积极加强与有关部门的协调配合，统筹规划国有资本经营预算的支持方向，明确支持重点，避免"撒胡椒面"现象，努力使国有资本经营预算要集中解决国民经济重点行业重要资源短缺，加大研发投入和自主创新的支持力度，改造传统产业和发展战略性新兴产业，促进企业实现转型升级和发展方式转变。

二是进一步深化国有企业改革，在保证国有控股的前提下，盘活庞大的国有资本存量，促进国有企业投资主体多元化，促进我国国有企业建立和完善现代企业制度。目前，国有企业改革已经进入深化和攻坚阶段。积极推动国有企业产权制度改革、盘活国有资本存量，是深化国有企业改革的核心，能够较好地解决国有企业"一股过大"、机制不活、效率低下、质量不高等突出问题，关系国有企业的兴衰。我们要在确保国有控股的前提下，进一步完善产权交易市场，通过整体改制上市、引入非公经济等战略投资者等多种方式，促进国有企业投资主体多元化，形成产权明晰、机制灵活、管理科学的国有企业内部约束机制，建立和完善现代企业制度。

三是借鉴国际经验，实现我国企业财务管理与国际对接，建立首席财务官制度，完善企业治理结构。首席财务官制度是现代企业制度的产物，也是完善公司治理结构的重要举措，在市场经济国家十分普遍。首席财务官已成为国外企业治理结构中不可或缺的重要一员。我们要积极借鉴国际首席财务官制度的成功做法和经验，推动建立我国的企业首席财务官制度。要明确首席财务官的资格条件、市场准入、职责权限和工作要求等，充分发挥首席财务官在企业重大经营决策中的职能作用，避免虚设成为“橡皮图章”。要总结深圳、上海和吉林等地和企业集团对所属子公司委派财务总监的成功做法，研究建立企业财务总监委派制度，明确财务总监的地位作用、职责权限和工作要求等，促进财务总监代表出资人参与企业重大经营决策。

四是构建企业财务管理能力认证体系，提升企业财务管理能力，推动企业强化内部约束和财务管控，实现管理创新。历史实践证明，管理创新与技术创新同等重要，两者共同体现企业核心竞争力。我国企业财务管理能力不强，与发达国家跨国公司存在较大差距。通过对企业实施财务管理能力认证，有利于推动我国企业运用现代财务管理方法，实现财务管理标准化，增强企业财务管理能力；同时，也有利于企业加强风险控制，提高风险管理能力，保障国有资产的安全。我们要积极研究构建企业财务管理能力认证体系，明确统一规范的企业财务管理标准、认证程序、认证方法和工作要求；要引入资产评估等中介机构，加强财政资金使用的绩效评价，按照企业财务管理能力认证制度，对企业财务管理能力进行评估，并出具评估报告；要建立企业财务管理能力认证结果定期公布制度，促进企业全面提升财务管理水平。

此外，企业财务信息是新时期企业财务管理的重要基础，也是监测国有企业经济运行的“晴雨表”，更是国家制定财政政策和宏观经济政策的重要依据。财政部近期将印发有关管理办法，促进企业财务信息工作再上新台阶，确保上报数据更加及时、准确和完整，为推动我国企业改革与发展做出贡献。

关于新时期财政企业工作若干问题的思考

——刘玉廷司长在2010年度企业财务决算汇审工作会议上的讲话

（2011年5月　江苏无锡）

同志们：

非常高兴通过召开全国2010年度企业财务决算汇审工作会议与同志们做一次沟通和交流。今年是“十二五”开局之年，按照部党组决定，我从会计司到企业司工作有半年时间，从来到企业司那天起，将与企业司及全国财政企业系统的同志们一道，开拓创新，努力拼搏，共同谋划新时期的财政企业工作，为我国各类企业改革与发展做出应有的贡献。半年来，利用各种方式向部领导和同志们学习，陆续召开了一些小型座谈会，深入到不同类型的企业进行实地调研，对新时期财政企业工作有了一些初步的思考。今天，借此机会，先抛砖引玉，请大家结合本地区的工作实际，展开广泛深入的研讨。

一、我国财政企业工作的简要回顾

众所周知，企业是从事生产、流通、服务等经济活动的盈利性经济组织。无论是计划经济时期还是市场经济时期，无论中国还是外国，企业作为重要的市场主体和社会主体，是财政收入、社会财富和国民经济总量的创造者，是各项事业发展的基础。一个国家、一个民族、一个地区，只要企业发展了，经济就发展，搞好了企业就抓住了关键，通常所说的“无工不富”、“无工不强”就是这个道理。新中国成立以来，我国企业始终是在党和国家的各项政策指导下发展壮大的，在此过程中，财政企业工作发挥了不可或缺的作用。在新的历史时期，有必要对我国财政企业工作进行简要回顾，目的是探索规律性，以便在新时期找准我们的工作定位，明确工作方向、工作重点和工作方式，全面开创新时期财政企业工作的新局面。

（一）改革开放以前的统收统支。改革开放之前，我国借鉴前苏联模式建立了高度集中的计划经济体制，通过公私合营和新设方式，逐步建立了单一所有制国营企业的国民经济工业体系。这个时期，国营企业是国家的附属物，集体企业按国营企业模式进行经营，没有任何自主权。企业生产经营所需的原材料、物资、资金等都由国家按计划统一配置，完全按照财政部的企业财务、会计制度进行管理。企业生产经营中的固定资金、流动资金和专项资金全部由国家财政供给，实现利润甚至包括固定资产折旧基金都要全部上缴国家财政，亏损由财政弥补。为了尽快建立起我国的国民经济工业体系，国家财政收入的大头，主要用于拨付企业固定资金和流动资金，专项资金用于企业固定资产更新改造等。

（二）20世纪80年代扩大企业自主权。1978年底，党的十一届三中全会召开，确立了我国实行改革开放的方针，为打破高度集中、统收统支的计划经济体制，对国营企业开始放权让利，先后实行了一系列的改革措施，增强了企业活力。首先，国家对企业实行了企业基金，即按照利润的3%—5%作为企业留利，用于企业职工奖励。其次，就是实行利润留成，包括基数利润留成和增长利润留成，接下来实行第一步、第二步利改税，由过去上缴利润改为上缴税金，进一步规范了国家与企业之间的分配关系，开始确立企业的主体地位，将国有企业改革作为整个经济体制改革的中心环节。最后实行承包经营责任制，更大力度地放活企业，调动企业生产经营的积极性。在上述改革措施的推动下，企业生产经营自主权逐步得到扩大，逐渐成为独立的生产经营主体。80年代中后期，国家允许国有企业之间、国有企业与集体企业、事业单位之间可以相互参股联营，企业改革开始触及产权问题，需要逐步打破单一的国有体制。这一时期，企业的财务行为完全按照财政部有关财务、会计制度执行。

（三）20世纪90年代的“两则两制”。90年代，以联营为特征的企业改革导致新旧体制的撞击，引发了理论界关于社会主义和资本主义等问题的大讨论，直接关系到企业改革和经济走向。这一关键时期，邓小平同志南巡讲话指出：计划经济和市场经济不是划分社会主义和资本主义的唯一标准，资本主义也有计划，社会主义也有市场，市场经济不是资本主义独有的，社会主义也可以搞。党的十四届三中全会作出了建立社会主义市场经济体制和实行现代企业制度等各项重大决定，从此标志着我国的经济体制进入了所有制改革的历史阶段。《企业财务通则》、《企业会计准则》和十几个行业财务会计制度（简称“两则两制”），就是在这个背景下出台的。“两则两制”的重大历史功绩，是为企业实现所有者和经营者的分离奠定了制度基础，结束了新中国成立后四十多年来以计划经济体制为基础形成的企业财务管理与会计核算模式，建立了与社会主义市场经济和现代企业制度相适应的财务会计体系。“两则两制”对企业资产、负债价值进行了重新计量，计划经济时期企业存在的“大而全”、“小而全”和办社会等沉重的历史包袱和社会负担，导致企业生产经营十分困难。正是在这一时期，从1994年开始，为了“放水养鱼”，国家财政不再收取企业的税后利润。

（四）新世纪以来贯彻中央“走出去”战略。经过15年的谈判，2001年11月15日我国正式加入WTO，我国的经济开始融入世界经济体系，企业面临来自全球跨国公司的强大竞争压力，对我国企业和经济提供了新的发展机遇，同时也提出了严峻挑战。这一时期，财政部成立企业司，其工作重点是根据当时国有企业的困境，通过实施一系列财政政策，投入巨额财政资金，大力推动国有企业政策性关闭破产、分离企业办社会、主辅分离辅业改制等三项重大改革，为解决国有企业历史包袱和社会负担，消除制约国有企业的体制机制障碍，培育和发展具有国际竞争力的大型企业或企业集团，发挥了十分重要的作用，取得了显著成效。客观地分析，进入新世纪后，相当多的观点认为，企业市场化了，财务管理是企业自己的事，财政不应当再对企业财务进行规范和管理，从而严重弱化了企业的财务管理。2006年出台的《企业财务通则》实际上缺乏约束力。从1994年到2006年，长达13年时间，国家没有收取企业利润，同时公共预算为企业改革投入巨资，有力地促进了各类企业的快速发展。到2010年，在全球500强企业中，我国企业达40多家，占比近10%，令全世界刮目相看。我国经济总量首次超过日本居全球第二，资本市场规模居全球第二，贸易出口居世界第一，进口居世界第二，外汇储备2.85万亿美元，正在从资本输入国向资本输出国转变。

二、新时期财政企业工作面临的机遇和挑战

（一）从国际看。当今世界正处在大变革、大调整时期，国际金融危机后，世界主要发达国家更加注重发展实体经济，实施扩大出口战略，武装到牙齿的欧美虚拟经济和跨国公司对我国企业形成巨大的竞争压力。发展中国家也利用生产要素成本更低等优势，积极承接国际制造业转移，与我国争夺国际市场。国际资本流动加速，石油等国际大宗商品价格高位震荡，主要国家实施货币量化宽松政策，人民币升值预期、资产价格泡沫和通胀风险增大。贸易保护主义愈演愈烈，贸易摩擦不断升级，已经由发达国家扩展到发展中国家。西方跨国公司凭借资本实力和科技优势垄断我国农产品、食品、医药、种子等多个行业，对我国相关产业安全形成强大威胁。

（二）从国内看。我国虽已成为全球第二大经济体，但国内经济结构调整任务繁重，企业发展面临的土地、原材料、劳动力等生产要素成本持续上升，能源资源环境瓶颈制约加剧。产业布局不合理，部分行业产能过剩，淘汰落后产能并实现企业转型升级困难重重。企业自主创新能力不强，传统制造业技术落后，战略性新兴产业还处于发展初期，对国内经济增长的支撑作用尚未形成。虚拟经济的价值发现功能尚未充分发挥，还不能有效促进实体经济发展。地区之间企业发展不平衡，中西部地区承接发达地区产业转移难度加大。地方保护主义和行业壁垒依然存在，部分行业内部无序竞争、自相残杀，体制、制度和政策机制亟待完善，等等。

简要分析国民经济重点行业。国民经济重点行业事关国计民生、经济发展和国家安全，这些重点行业和关键领域历来是财政企业工作的重点。煤炭行业深加工技术与国外差距悬殊，小煤窑关而不死，掠夺性开采严重，安全事故屡发不止。石油对外依存度已经超过55%，并呈不断增长态势。电力结构不合理，火电占到70%以上，节能减排压力大，火电企业因长期煤电价格矛盾面临资金链断裂等财务风险。铁路运力紧张，航空等企业资产负债率高。铁矿石50%以上依赖进口，价格为国外巨头所垄断，对我国钢铁企业形成巨大压力，等等。需要强调的是，国民经济重点行业的核心技术、重要装备和关键零部件主要依赖进口，受制于人的局面没有得到根本改变。

再来分析中小企业。中小企业是最大的民生。我国中小企业有1000多万家（不含个体工商户），绝大多数属于非公经济，提供了50%的GDP，60%的税收收入和80%的就业岗位。但由于中小企业不精不专，实力薄弱，经营管理水平低，加之市场竞争不公平、配套服务不完善等，导致抗风险能力弱，经不起经济周期波动和宏观经济政策调整的冲击。国家管理通胀预期，实行银根收紧政策，将存款准备金率上调到21%的历史最高点。去年以来，尚未得到缓解的中小企业融资难问题更趋严重，珠三角、长三角等地区部分中小企业已经陷入停产歇业和破产倒闭的困境。

关于外经贸发展。我国出口总额虽居世界第一，但出口产品缺乏自主品牌、技术含量不高、附加值低，依靠廉价劳动力出口的局面没有得到彻底改变，与我国作为世界贸易大国的地位极不相称。加工贸易几乎占到出口总额的50%，贸易顺差过大，外汇占款过多，增大了管理通胀预期的难度。我国进口总额虽居世界第二，但西方发达国家实行技术封锁，很难从国外进口先进技术装备、关键零部件和国内紧缺物资。企业“走出去”面临来自东道国政治、经济、文化、社会等境外投资风险的压力。货物贸易占比较高，服务贸易占比较低，贸易结构亟待调整，贸易大国向贸易强国转变任重道远。

（三）从企业内部看。部分企业治理结构不完善，股东大会、董事会、监事会形同虚设，违反“三重一大”决策制度的行为时有发生，因决策不当造成国有资产损失严重。有专家称一些央企已成为我国的“独立经济王国”，但发展质量不高，总会计师、财务总监地位低，职能作用很难得到有效发挥。相当多的企业不能有效运用资本市场和金融工具进行资本运作，缺乏规避利率、汇率等风险的能力。一些企业凭借资金充裕，投资行为随意性大，难以体现国家宏观调控要求和产业政策方向。重大违法违纪问题多发频发，严重侵害国有权益。企业高管人员薪酬过高，收入分配差距扩大的矛盾依然突出。企业收入分配差距过大问题一直是多年来“两会”代表和社会各界关注的焦点，等等。上述问题的蔓延和发展，有可能引发新一轮主辅分离和关闭破产，对财政形成潜在风险和隐患。

三、新时期财政企业工作的基本思路

改革开放三十年的实践证明，在任何一个历史阶段，做好财政企业工作都必须要有明确的理论研究和宏观指导。如果只埋头拉车，不抬头看路，最终将会走上绝路。因此，新时期财政企业工作必须重视理论研究和宏观指导，从高度、广度和深度上进行把握和定位。新时期财政企业工作的基本思路是：

——坚持以中国特色社会主义理论为指导，贯彻以公有制经济为主体、多种所有制经济共同发展的基本经济制度，促进各类企业科学发展。中国特色社会主义理论是指导我国经济社会发展的指导思想，新时期财政企业工作必须要以这一重要理论为指导，坚持以公有制经济为主体、多种所有制经济共同发展的基本经济制度。为什么温总理在今年全国人代会上强调两个不动摇？国有经济是我党的执政之基，中小企业、非公经济属于最大的民生，同样涉及我党的执政基础，这是完全符合中国特色社会主义理论和我国基本经济制度要求的。为什么国有企业要实行现代企业制度？核心是国有控股的前提下实现产权多元化，只有引入非公经济等战略投资者，才能有效解决国有企业的固有弊端，对国有企业不一定要百分之百控股，只要控股就能实现公有制为主体的目标，超过控股部分的大量国有资本存量不能盘活是一种巨大的资源浪费。同时，国有经济也可参股非公经济，要通过相互参股、相互合作等多种方式，积极推进国有经济和非公经济的相互融合，从而实现市场经济的公平竞争和各类企业的科学发展。

——贯彻“十二五”规划，加强顶层设计和总体规划，综合运用国有资本经营预算等政策手段，重点支持涉及国计民生、国家安全的国民经济重点行业和关键领域。“十二五”规划的核心是以科学发展为主题、以转变经济发展方式为主线，这是指导我们做好新时期财政企业工作的依据。有关部门根据“十二五”规划要求，正在研究制定工业转型升级规划、企业改革与发展规划、科技发展规划、外经贸发展规划等。财政作为宏观调控部门，应当加强顶层设计和总体规划，既要高度重视财政“十二五”规划的研究制定，又要积极参与有关产业发展规划的研究制定，注重财政政策与产业政策、科技政策、外经贸政策等的协调配合，准确把握支持企业发展的重点和方向。要综合运用国有资本经营预算等政策手段，按照国家宏观调控的要求，通过支持企业科技创新、技术进步和转型升级，确保国民经济重点行业健康稳定运行，提升经济发展的质量和效益。

——遵循公共财政的基本原则，充分发挥财政资金的杠杆效应，着力引导市场机制发挥作用，通过政府信用带动社会资源向企业集聚，实现资源优化配置。市场经济条件下的公共财政具有公共性、公益性、公平性和法治性，其本质特征是满足社会公共需要，发挥市场机制配置资源的基础性作用，弥补市场失灵或失效。随着我国虚拟经济和资本市场的高速发展，为各类企业的结构调整和转型升级提供了雄厚的社会资源。在市场经济条件下，财政不能包揽一切，要充分发挥财政资金“药引子”的杠杆作用，通过政府信用吸引和带动社会资源向企业集聚，用较少的钱办更多的事、办更大的事，实现资源的优化配置和宏观调控目标。

——按照财政科学化精细化管理的要求，通过建立政府购买服务制度，强化财政资金绩效考核，确保财政资金作用的有效发挥。开展财政支出绩效评价，提高财政资金使用效益，是财政预算管理工作的重要内容，也是提高财政透明度、完善公共财政体制的迫切需要。财政支持企业的各类资金主要分为资本性和费用性两大类，亟待建立健全适合企业特点的绩效评价制度，切实改变重分配轻管理、重使用轻绩效的现象。要科学合理地设计企业取得和使用财政资金的绩效评价目标、内容、指标体系和评价机制，为科学评价财政资金的政策效果提供制度依据。要在绩效评价工作中，引入资产评估机构的价值发现和绩效评估专业优势，建立政府购买服务制度，充分发挥专业服务机构等的监管作用，有助于提高财政资金使用效益，确保国家宏观调控目标的实现

——构建财政与企业的新型财务关系，创新企业财务管理机制，建立符合市场经济要求的财务管理制度体系，推动企业强化内部约束和管控，实现管理创新。创新企业财务管理机制，是构建市场经济条件下财政与企业之间新型财务关系的重要内容，也是解决现阶段企业财务管理严重弱化问题的制度安排。财务管理是企业管理的核心。要通过建立新型财务管理机制，强化财政对企业的财务管控。管理创新与技术创新同等重要，同样体现企业的核心竞争力，一些企业难以为继或破产倒闭，往往源于管理混乱。要通过建立新型财务管理机制，促进企业加强财务管理，带动企业管理创新，全面提升企业信息化、现代化和国际化管理水平，促进企业和经济的可持续发展。

四、新时期财政企业工作的重点

（一）调整和完善国有资本经营预算政策。国有资本经营预算是调节国家与企业分配关系的重要政策工具，对于改善和加强财政宏观调控、保持国民经济重点行业健康稳定运行意义重大。要逐步实现全覆盖并适当提高收益收取比例，同时重视和加强各类企业国有产权转让收入管理，逐步扩大国有资本经营预算规模。要加快构建国有资本经营预算支出政策体系，通过国有资本经营预算支出安排，实现国家宏观调控目标。要建立国有资本经营预算监管机制和绩效评价制度，通过政府购买服务，发挥中介机构的专家作用，参与国有资本经营预算管理，确保国有资本经营预算政策落实到位。要研究打通中央与地方两级国有资本经营预算的通道，建立符合国有资本经营预算特点的转移支付制度，推进国有资本经营预算工作在全国范围内深入开展，完善我国政府预算管理体系。

（二）全力促进中小企业发展。中小企业是扩大就业、增加税收和社会稳定的广阔天地，促进中小企业或非公经济的发展是我国的基本国策。融资难是当前和今后一段时期制约中小企业发展的瓶颈。近些年来，财政已经建立了支持中小企业科技创新、结构调整、开拓市场、信用担保等政策体系，但与中央关于大力发展中小企业的要求相比还有相当差距，突出表现在支持政策单一、资金规模不大、各项政策间相互融通不够、宏观调控能力不强等。鉴于中小企业在经济社会发展中的重要地位和作用，要适当增加中小企业专项资金规模，加大对中小企业的支持力度。要在梳理、整合现有政策的基础上，形成既各自独立又融会贯通的多元化财政政策体系，共同支持中小企业发展。要创新财政支持方式，发挥财政资金杠杆作用和市场机制作用，扩大中小企业财政政策的惠及面，为中小企业创造良好的发展环境。

（三）着力推进外经贸发展方式转变。扩大进口规模，优化出口结构，促进外贸平衡发展，是当前和今后相当长一段时期应当把握的政策方向和重点。根据中央关于促进外经贸平衡发展的要求，应适当增加现有外经贸发展专项资金规模，调整支持重点和方向。要按照国家确定的进口目录和实施细则，重点支持引进先进技术装备、关键零部件和国内紧缺物资，满足国内经济建设的需要。要巩固传统市场，开拓新兴市场，鼓励高附加值产品出口，适当限制加工贸易。要推动贸易结构调整，加强贸易促进体系建设，支持服务外包产业发展。要继续贯彻“走出去”战略，引导和支持国内企业开展境外投资和勘探开发国内所需要的能源资源，促进境外经济贸易合作区建设，转移国内剩余产能，实现原产地多元化，减少因贸易顺差过大带来的贸易摩擦。

（四）全面推进厂办大集体改革。推动厂办大集体改革是党中央、国务院从深化国有企业改革、促进社会和谐稳定的高度提出的一项重大决策。厂办大集体改革是国有企业改革的最后一块“硬骨头”，这项改革完成后，国有企业的历史遗留问题基本得到解决。厂办大集体改革将是“十二五”时期财政企业工作的重点之一。为贯彻落实《国务院办公厅关于在全国范围内开展厂办大集体改革工作的指导意见》（国办发［2011］18号），目前我司正在研究拟定相关配套政策，采取奖补结合等方式，支持地方政府和中央企业全面推进厂办大集体改革。

（五）强化企业经济运行动态监控。经济运行分析工作至关重要，数据里面有“黄金”，我们要大力挖掘。多年来，企业司已经建立了全国国有企业快报、季报和年报制度，是目前唯一全面反映国有企业经济运行状况的财务报告系统。要进一步提高国有企业经济运行分析的时效性、针对性和有用性，使其成为监测企业经济运行的“晴雨表”。要改进快报、季报和年报制度，建立和完善反映企业发展质量的指标体系，定期分析监测各类企业自主创新、技术进步、转型升级和管理能力的发展动态。要针对全国广大中小企业信息盲区，加快建立中小企业运行分析监测体系，形成横向到边、纵向到底的中小企业信息管理系统。要扎实推进网络报表系统建设，在企业管理信息化的基础上，形成各类企业经济运行的数据库和信息中心，为加强和改善财政宏观调控提供数据支撑和决策依据。要完善企业财政财务管理及信息工作的考核奖励制度，在表彰先进单位的同时，建立先进个人表彰机制。

（六）重视和加强新型财务管理机制建设。要通过建立企业财务管理能力认证体系，明确统一规范的企业财务管理标准、认证程序、认证方法和工作要求；要引入中介机构专家工作机制，按照企业财务管理能力认证制度，对企业财务管理能力进行评估，并出具评估报告；要建立企业财务管理能力认证结果定期公布制度，促进企业全面提升财务管理水平。要借鉴国际经验，实现我国企业财务管理与国际对接，建立首席财务官制度，明确首席财务官的资格条件、市场准入、职责权限和工作要求等，充分发挥首席财务官在企业重大经营决策中的职能作用。条件成熟时，建立全国首席财务官协会，实行行业自律。要总结深圳、上海和吉林等地和企业集团对所属子公司委派财务总监的成功做法，研究建立企业财务总监委派制度，明确财务总监的地位作用、职责权限和工作要求等，促进财务总监代表出资人参与企业重大经营决策。此外，要积极配合有关部门研究建立国有企业高管人员薪酬管理制度和国有企业领导人职务消费管理办法，遏制和解决目前存在的分配不公问题。

（七）认真做好水库移民后期扶持工作。认真落实三峡后续工作规划，建立三峡后续工作规划投入保障机制。研究制定库区生态建设与环境保护、库区地质灾害防治、长江中下游重点影响区处理、三峡工程管理能力建设、三峡工程综合效益拓展研究、三峡工程公益性资产运行维护费用管理等相关政策，确保三峡后续工作规划的实施。继续做好大中型水库移民后期扶持资金的筹集和拨付工作，保证资金及时足额到位，改善水库移民生产生活条件。加强对后期扶持政策实施情况的监测评估和监督检查。研究建立解决水库移民生产生活困难的长效机制。

（八）推动资产评估机构做大做强做优。资产评估等专业服务机构是现代服务业的重要组成部分，同时也是促进企业改革与发展的重要力量。财政部门或其授权的相关部门聘请专业服务机构，应当确保其规模、执业能力与财政资金规模或企业规模相匹配。资产评估行业的行政监管同时也是我们工作职能之一，推动资产评估立法工作，做好《资产评估机构审批管理办法》的贯彻实施，严格市场准入，强化后续监管。要认真研究资产评估行业做大做强的基本思路和政策框架，积极推动评估机构母子公司试点。要针对评估行业的特点，积极支持评估机构开拓市场，推动财政资金绩效评价、企业财务管理能力和内部控制风险评估，关注知识产权、林权、无人岛和珠宝玉石等新业务，培育评估行业可持续发展的增长点。要重视和加强行政监管与评估协会的协调配合，充分发挥行业自律组织的作用。

此外，新时期财政企业工作事关全局，做好宣传工作至关重要。要采用多种方式、利用多种媒体，宣传新时期财政企业工作的指导思想和基本思路，为财政企业工作提供有力的舆论支撑。要大力宣传新时期财政支持企业改革与发展的各项政策措施和制度办法，使各类企业了解和明确财政企业政策的方向和目标。要宣传各类企业加强财务管理和实现管理创新的典型案例、先进经验和政策实施效果。要宣传各地在财政企业工作中创造的新思路、新举措、新做法，以及新时期财政企业干部队伍转变作风、求真务实、扎实工作、埋头苦干的良好形象，等等。

五、加强新时期财政企业干部队伍建设

（一）重视理论学习，增强把握全局的能力。财政企业工作做得好坏，很大程度取决于财政企业干部队伍的素质高低。新时期财政企业干部要加强政策理论和专业学习，重视和熟悉现代企业财务管理、现代金融、虚拟经济等新知识、新业务。要树立全局意识，增强把握全局的能力，不断创新工作思路，养成从高度、广度和深度上思考和解决问题的良好习惯。如前所述，高度就是要求我们要有社会主义市场经济政策理论水平，能够站在中央、国务院和本地区经济发展战略和产业政策的宏观视野观察、思考和处理问题；广度就是要求我们要把握国际国内经济环境和发展动态；深度就是我们要熟悉现代企业生产经营、资本运作、财务管理和产融结合等。

（二）发扬刻苦精神，转变工作作风，培养德才兼备的财政企业干部队伍。要不断创新工作方式，改进工作方法，加强工作协调，提高服务意识，寓管理于服务之中。要深入基层调查研究，加强与企业的沟通联系，切忌“走马观花”，切实帮助企业排忧解难。要大力培养学习型、研究型、创新型、管理型和服务型财政企业干部队伍，切忌浮躁，彻底扭转重分配轻管理、重使用轻绩效的现象。毛主席曾经说过，人是要有一点精神的。辽沈战役的时候，锦州那个地方出苹果，战士们一个都不去摘，这就是我们的人民军队。这是什么？这是一种精神，正是凭着这种精神取得了解放战争的伟大胜利。有个财政厅长和我说过，人与做事的关系有几种类型：一是人找事做，有做不完的事；二是事找人做，有多少事就做多少事；三是人不做事，无事可做。事在人为，有为才能有位。我不主张加班，应当劳逸结合，但如果只靠8小时只能应付日常工作，要想成为专家型干部是绝对不可能的。做人要真诚，做事要投入，做事先做人。人的修养需要长期的磨炼和领悟，但也并不复杂，只要与人为善，坦诚相待，就如人照镜子，你给别人以笑脸，别人必然也回报笑脸。如果整天怨天尤人、横眉冷对，发生问题总是埋怨客观，不从主观上找原因，就办不成任何事情。要学会换位思考，胸怀宽广，切忌唯我独尊，谁都不愿和极端自私的人打交道。希望我们财政企业干部加强自我修养，振奋精神，团结实干，谦虚谨慎，戒骄戒躁，踏踏实实做人，认认真真做事，这样才能有所作为，不辜负时代重托。

（三）严格要求自己，重视廉政建设。廉政建设与业务工作同等重要，重点应当把握两个方面：一是从制度上强化约束机制。要做到用制度管人，用制度约束人，对事不对人。财政资金安排属于高风险领域，内部控制程序要科学，内控的核心是使不相容岗位职责相互分离，形成互相制约和相互监督机制。二是把握好道德底线，切忌侥幸心理。要明白廉政方面出了问题，不但个人前程毁于一旦，而且家破人散，犯罪成本非常巨大，底线是不能触碰的。每个干部都要时刻牢记，个人的不端行为不仅是对本人的影响，而且是对整个家庭的影响，对整个财政系统的影响，要切实做到防微杜渐，警钟长鸣。

我坚信，通过同志们齐心协力，奋力拼搏，就一定能够再创新时期财政企业工作新的辉煌！

刘玉廷司长在2011年度全国地方企业财务会计报告布置会上的发言

（2011年10月　湖北武汉）

同志们：

这次会议的主题是布置2011年度全国国有企业财务决算，借此机会，首先传达国务院领导对《财政部关于我国国有企业十年发展的报告》批示精神，同时就如何发挥企业财务信息在宏观经济管理中的重要作用，讲些意见供各地参考。

一、积极贯彻国务院领导关于《财政部关于我国国有企业十年发展的报告》的批示精神

今年上半年以来，企业司对全国国有企业十年的财务决算报告进行了系统分析，形成了《财政部关于我国国有企业十年发展的报告》上报国务院。国务院领导非常重视，指示有关部门要认真研究该报告所提建议，继续坚定不移地深入国企改革。

十年报告以大量数据，论证了我国国有企业改革与发展取得了巨大成就，巩固了中国特色社会主义强大的经济基础，反映出国有企业充分利用国内国际两个市场、两种资源和实施“走出去”战略成效显著，资本输出格局已基本形成。同时也分析了我国国有企业发展中存在的一股独大、机制不活、财务管理弱化、效率低下、发展质量不高等突出问题，日趋背离现代企业制度目标，已成为我国未来经济发展和财政的潜在风险和严重隐患。

针对存在的突出问题，该报告从经济社会长远发展的战略高度，提出了新时期应当推进的几项重大改革建议：一是加快推进国有企业产权制度改革，在保证国有控股的前提下，盘活庞大的国有资本存量，实现国有企业投资主体多元化；二是通过盘活存量加大国有资本经营预算规模，集中解决国民经济重点行业、重要资源短缺，加大研发投入改造传统制造业、发展战略性新兴产业，实现自主创新、转型升级和发展方式转变；三是地方国有企业应当同步或加快产权改革，基础行业和公共领域可以实行国有控股，一般竞争性领域的国有资本应当退出并实行民营化；四是研究建立首席财务官和企业财务管理能力认证制度，实现管理创新。

二、充分发挥企业财务信息在宏观经济管理中的重要作用

企业财务信息的收集汇总和分析利用，对宏观经济发展和推动经济社会健康发展具有十分重要的作用，十年发展报告就是例证。多年来，财政部每年都要分别召开中央和地方企业财务决算汇审会和布置会，还有若干小型座谈会、分析会议等。中央财政还专门为此项工作安排了资金支持。各地财政部门负责企业财务信息工作的同志默默无闻，整天和数据打交道，工作枯燥，加班加点，但你们的工作很有意义也很伟大。报表工作是企业财务管理的基础，是财政系统从事企业财务管理人员的基本功，不懂报表就不懂企业，就搞不好企业财务管理，十年发展报告就是基于十年国有企业财务决算数据进行深度分析而成的，“数据里面有黄金”就是这个道理。

当前企业财务信息工作存在的主要问题：一是企业财务信息工作与企业财政财务管理工作脱节或“两

张皮”，认为信息工作主要是为上级服务的，与本级工作无关，重资金、轻管理，重分钱、轻分析，只顾埋头拉车（分钱）不抬头看路，往往就事论事，工作缺乏高度和思路。不善于从宏观经济出发定位财政工作，不会利用财务信息数据，制定的政策不可能切合实际，用计算机语言叫“盲打”。这些现象必须尽快加以改进，否则是很危险的，既不利于财政干部工作能力和水平的提升，更会导致政策制定失误，各级领导同志务必引起充分的注意。二是企业财务信息收集不全。我部掌握的国有及国有控股企业财务数据是目前最全也是比较权威的，包括中央企业和36个省级国有及国有控股三级以上独立核算法人汇总户数，2010年国有企业为11.4万户，国有企业既有年报又有月报。外商投资和集体企业只有决算没有月报，而且年报也不全，分别为18万户和2.9万户。中小企业财务信息非常重要但很难取得和汇总。三是各类企业财务信息即时分析监测工作亟待提升。财政部每月只能汇总形成全国国有企业快报，其他类型企业还做不到。我早就期盼看到这样一种情况，各级财政部门都能在快报基础上，每月形成能够综合反映各类企业主要经济运行和财务状况的指标体系及简要分析专报，作为财政部门日常监测各类企业的“晴雨表”，这样的专报对财政部门管理企业有用，对各级领导分析宏观经济运行有用，要使其成为各级领导须臾不可离开的重要工具，这项工作做好了，财政工作的地位和作用必将大幅度提升。

多年来，企业财务信息工作形成了一套较为完善的工作体系，各地财政部门和中央企业普遍反映，应当制定一个规范性文件，明确企业财务信息的内容、收集和利用方式等，使这项工作有法可依。这一问题的解决，需要财政部门上下联动，共同努力。企业司从年初开始起草，历时一年时间，在征求有关部门和各地意见的基础上，形成了《加强企业财务信息工作暂行规定》，目前基本成熟。这是财政部首次发布此类规范性文件，这一规定的发布实施，将成为我国加强企业财务信息工作的新起点，有助于全面提升全国企业财务管理工作水平。

三、各地要努力做好本地区的企业财务信息管理工作

今年的财务决算布置会，也是贯彻国务院领导批示和要求的动员会。各地要抓住机遇，将本次会议精神和《财政部关于我国国有企业十年发展的报告》向厅局领导汇报，必要时报告政府领导。要在目前快报基础上，设计本地区监测各类企业经济运行和财务状况综合性的指标体系和简要分析专报，作为财政部门及时了解和掌握企业运行情况的重要手段和工具，做到心中有数，有的放矢；要借鉴我部国有企业十年发展报告的做法，结合本地区历年国有企业和其他企业的财务决算数据，对本地区国有企业的发展状况及存在的问题，进行一次全面深入的剖析，形成本地区国有企业发展报告，针对存在的问题提出可行的改革建议供本地区领导决策；要以此为契机，提高认识，转变观念，要狠抓企业财务信息工作，切实做到财务信息工作与企业财政财务管理工作的有机结合，充分发挥财务信息工作在宏观经济中的重要作用；要关心、支持和重视企业财务信息工作人员的工作，从明年开始，财政部将根据即将出台的加强企业财务信息工作相关规定，增加对企业财务信息工作先进个人的表彰，不断提高财政干部的综合素质和工作能力，全面开创新时期企业财务管理工作新局面。

刘玉廷司长在全国地方财政与企业财务工作暨2011年度企业财务会计决算汇审会议上的讲话

（2012年5月　四川成都）

大家上午好！首先感谢四川省财政厅对这次会议的大力支持。本次会议除汇审2011年度企业财务会计决算外，我们将对2012年及今后一个时期的工作进行梳理和讨论交流。我先作个发言，主题是市场经济条件下财政企业工作大有作为。

一、用数据说话是做好新时期各项工作的基础

我在多次会议上强调，“数据里面有黄金”。企业财务数据管理以及以此为基础的经济运行分析，是新时期企业财务工作的重要组成部分，贯穿各项工作的始终。通过分析企业财务数据，掌握、监控经济运行情况，并据此制定财政政策，是做好工作的前提和基础。全国的企业快报、季报和年报，汇总起来加以分析利用是一项非常了不起的事情，外国很难做到。全国都知道财政部企业司有一套最全的国有及国有控股企业数据库。这套数据库不仅囊括了一百多家国资委监管的中央企业集团、近万家中央部门所属企业，还包括近十万户地方国有及国有控股企业。这一庞大的数据库已成为做好新时期财政企业工作的重要参考，也为社会公众广泛关注。去年，财政部企业司利用这一数据库，起草并上报了《财政部关于我国国有企业十年发展的报告》，引起了国务院领导的高度重视。前不久，我们又向国务院上报了《财政部关于2011年全国国有企业经济运行情况的报告》，刘助理和谢部长十分重视，谢部长亲自修改了三次。我们今年正在进行的一系列重大课题研究，也将依托这套数据库。各地也要充分利用本地区的企业运行数据，搞好新时期财政企业工作。

今年2月，财政部发布了《加强企业财务信息管理暂行规定》，这个规定是在大量研究基础上形成的，出台前多次根据刘助理要求修改完善，希望大家要认真贯彻这个文件，其中不仅要求做好财政企业信息工作的搜集、汇总、分析、运用等，还明确规定了企业取得财政性资金如何处理，各级财政部门应当建立企业使用财政资金绩效评价制度。

当前，一些地区的企业财务信息工作与企业财政财务管理工作仍存在“脱节”或“两张皮”现象，重资金、轻管理，重分钱、轻分析，只顾埋头拉车不抬头看路，忙于应付事务，工作缺乏高度和思路，不善于从宏观出发定位财政工作，不会利用财务数据、不重视调查研究，制定的政策很难切合实际。这种现状必须加以改进，各级财政干部务必引起充分注意。

二、做好新时期财政企业工作必须转变思想观念、调整工作思路、改进工作方法

企业是经济的细胞，是创造社会财富和财政收入的源泉，是国民经济发展的主导和各项事业的保证。关注、支持和促进各类企业改革发展是我们的历史责任。在市场经济条件下，财政与企业的关系已经发生了根本性变革，这对财政干部提出了前所未有的挑战。我们必须认清形势，加快转变思想观念，找准工作定位，调整工作思路，改进工作方法，只有这样，才能适应新时期的工作要求，否则，将被历史淘汰或死路一条，这就是转型时期财政支持企业工作的必然规律。

（一）重点产业调整和转型升级

财政部门是国家重要的宏观调控部门，煤、电、油、运等国民经济重点行业和关键领域的健康稳定运行，历来是财政工作关注的重点。煤炭是不可再生的重要资源，其生产、运输、供应等很多问题值得研究；石油是国民经济的重要物资基础，对外依存度过高，涉及国家战略安全；电力是国民经济的先行产业，电力生产涉及上下游产业链，需要从根本上解决火电企业的突出矛盾和困难；航运需要贯彻落实“国货国运”战略，关注三大航空集团的历史债务，增强自身发展能力。

重点产业涉及国家核心竞争力，结构调整和转型升级为“十二五”规划确定的主攻方向。装备制造业是国民经济的“母机”工业，战略性新兴产业代表当今世界经济转型升级的方向。产业结构调整和转型升级属于国家战略。在市场经济下，财政如何支持产业结构调整和转型升级，这是摆在我们面前的核心问题。为此，按刘助理要求，我们启动了重点产业优化结构调整和优化布局的重大课题研究，全面梳理我国传统制造业和战略性新兴产业中的薄弱环节，重视核心技术的研究与开发，关注市场失灵领域，研究全新的支持政策，着力引导市场机制发挥配置资源的基础性作用，支持国民经济重点产业结构调整和转型升级，增强国家经济发展的核心竞争力。

三峡工程举世瞩目，经过17年的建设全面竣工。为贯彻国务院决策部署，我们参与编制完成了《三峡后续工作规划》，会同有关部门建立了三峡后续工作管理机制，明确了资金管理体制和监管办法。这项重大政策的建立和实施，同样涉及产业发展，对确保三峡工程长期安全运行，促进三峡库区经济建设，保持三峡库区社会和谐稳定，具有十分重要的作用。

（二）深化国有企业改革应当提上议程

20世纪90年代后期到2000年左右，全国性的国有企业改革对建立现代企业制度和社会主义市场经济体制发挥了至关重要的作用，可以说，没有那次全国性大范围的国企改革，我国的市场经济、现代企业制度等都无从谈起，也正是那次国企改革带动了相关领域的改革，实现了社会财富和财政收入的大幅增长。

近些年来，国有企业一股过大、机制不活、投入产出效率低下、发展质量不高等问题，应当引起足够的重视。2011年，国务院领导在我部上报的《财政部关于我国国有企业十年发展的报告》明确批示，要求“深化国有企业改革”。为此，我们启动了国有企业产权改革重大课题研究。在我国，公有制经济为主体、多种所有制经济共同发展的基本经济制度是不能动摇的。但是，国有企业不能一股过大，更不能搞成全资企业，全资企业或“一股过大”，不符合现代企业制度要求，实行董事会制度也没有实际意义。这也是导致中小企业不活、非公经济发展受阻的重要原因之一。我们认为，央企可以国有控股但要多元化，地市县级的竞争性国有企业完全可以放开。江浙、上海、广东等发达地区之所以发展较快，关键就在于他们观念转得快，把握了市场经济发展的规律。

深化国有企业改革不仅有助于建立和完善现代企业制度，而且能够盘活国有资本存量，增加国有资本收益，扩大国有资本经营预算的规模，有效解决财政支持企业改革发展资金不足问题，这属于财政宏观层面的资本运作，也是新时期正确处理财政与企业分配关系的创新。国有企业从2007年开始收取税后红利，最高为15%，超过85%留在企业自行投资，企业很难从国家宏观层面考虑结构调整和转型升级、解决核心技术的研发，因此，我们需要统筹考虑国有企业税后利润、发挥财政的二次分配功能。我国的国有企业包括央企、地方国企，央企除了国资委监管的一百多家以外，其他部门管理的企业有近万多家，地方国有控股企业近十万家。我们最近下发了《关于开展全国地方国有及国有控股企业基本情况统计调查工作的通知》，希望各地重视这项工作，将这些企业的基本情况、股权结构、财务状况等形成报告按时上报，在此基础上，共同研究国企改革的思路和方案。

（三）中小企业特别是小微企业健康发展

支持和促进中小企业健康发展，已经成为搞活市场经济、促进国民经济平稳运行和改善民生的重大战略任务。从去年上半年开始，针对国际金融危机蔓延对我国中小企业特别是小微企业的影响，在刘助理亲自带领下，我们深入多个省区和基层企业，开展了大量的调查研究，向国务院上报了《关于支持和促进我国中小企业特别是小微型企业发展的政策建议》，得到了国务院领导的高度肯定。国务院多次召开会议，研究确定了支持中小企业发展的一揽子政策措施，明确2012年要依法设立国家中小企业发展基金，基金来源包括中央财政预算安排、基金收益、捐赠等，其中中央财政共安排资金150亿元，分5年到位。基金将充分引导社会资金投向，形成全方位、多层次、大力度支持中小企业特别是小型微型企业健康发展的长效机制。

我们正在抓紧研究国家中小型企业基金设立方案。这是一项较为复杂的系统工程，要总结相关基金实际做法，借鉴国际通行惯例，形成国家层面的引导基金。在基金的管理体制、运行机制、市场化运作方式以及构建严格的全过程监控体系等诸多方面将实现重大创新，以确保实现政策目标。

这次会议期间，我们对几个省市的相关部门、部分创业投资和担保机构，就设立国家中小企业发展基金的基本思路和运作方式等问题进行调研，效果很好。请各地财政部门对这一政策及相关问题予以关注，共同为设立和有效运作国家中小企业基金做出努力和贡献。

上述基金的设立属于增量安排，同时还要完善现有中小企业专项资金政策，不断扩大资金规模，更多运用间接手段支持中小企业技术创新和产业升级，改善公共服务，培育地方特色产业集群，鼓励信用担保机构、创业投资机构等加大融资服务。现有政策要体现国家政策导向性，增强针对性、连续性和可操作性，向小微型企业和中西部地区适当倾斜。继续落实国有股转持豁免政策，鼓励创业投资机构加大对早中期中小企业的支持。

（四）进出口贸易平衡和“走出去”战略

进出口贸易直接关系国民经济发展，充分利用“两个市场、两种资源”，实施“走出去”战略，是中央确定的方针政策。我国出口规模世界第一，进口位居世界第二，要在符合WTO规则的前提下，调整外贸结构，促进贸易平衡。在出口方面，要鼓励高附加值产品出口；在进口方面，要支持先进设备、关键零部件以及能源、资源、原材料进口。要支持国有重要骨干企业在境外进行能源资源开发，加强国际经济技术合作、对外承包工程、劳务合作以及境外经济合作区建设等，促进我国企业集群式“走出去”。我部从2012年起建立并实施境外企业财务巡查机制，拟通过政府购买服务方式，聘请资产评估等中介机构开展境外企业财务实地巡查工作，加强境外企业财务管理，保障国家利益不受损失。

（五）构建新型企业财务管理模式

财务管理是现代企业管理的核心，也是国家财政工作的重要组成部分。传统的企业财务管理模式已不适应现代企业发展要求，迫切需要构建新模式，为此，我们开展了“企业首席财务官制度”等重大课题研究。发达国家的企业和跨国公司大都设立企业首席财务官，称之为CFO。CFO参与企业重大决策，在企业决策层具有十分重要的地位，仅次于首席执行官CEO，其职责权限非常广泛。我国企业的总会计师或财务总监，与发达国家的CFO还相差甚远，总会计师很多进不了决策层，在管理层也排在副总之后，这与我国企业强化内部管理、防范财务风险、实施“走出去”的战略不相适应，迫切需要研究解决。

我们开展了“企业财务管理认证”重大课题研究，基本思路是要全面提升现代企业财务管理能力。初步考虑，体现企业财务管理能力的关键要素应当包括：产权结构的合理性、财务高管人员的地位和作用、财务管理信息化水平、全面预算、财务风险管控、产融结合、财务指标、财务报告质量等。这些关键要素确定后，对认证标准、程序、方法及认证结果应用等做出制度安排，以此为纽带，确立市场经济条件下新型企业财务管理模式，实现管理创新。开展企业财务管理认证工作是一项系统工程，对企业财务管理的认证结果将作为财政和有关部门支持企业相关政策的必备要件之一。企业财务管理认证也是一种评估评价制度，可以委托资产评估等专业机构开展企业管理能力的认证工作，充分发挥中国资产评估协会的作用，确保认证工作的客观性、独立性和公正性。管理与技术同等重要，同样体现核心竞争力，搞好企业财务管理就抓住了“牛鼻子”，对我国企业尤其如此，通过这一制度安排，能够全面提升我国企业管理水平。

（六）充分发挥资产评估等专业机构作用

我国的资产评估立法工作有了新的进展，全国人大审议资产评估法草案进入了“一读”，这是重大利好。财政部今年3月印发的《中国资产评估行业发展规划（2011—2015年）》（征求意见稿），明确指出：加快发展资产评估行业，是完善社会主义市场经济体制的制度安排，是促进经济结构调整、转变发展方式的客观需要，是支持企业参与国际竞争的重要举措。社会主义市场经济条件下，要转变政府职能，强化社会管理和公共服务。资产评估涉及的范围非常广泛，贯穿新时期企业改革与发展的各个领域，包括国民经济重点行业产业结构调整和产业升级、深化国有企业改革、支持中小微企业健康发展、促进外贸平衡和实施“走出去”战略、构建新型企业管理模式等，都需要充分发挥资产评估等专业机构的作用。

各级财政部门在会同有关部门制定相关法规制度的过程中，应当建立工作机制，扩大将资产评估等专业服务规定为法定业务和必备要件的范围，同时推动资产评估行业实现跨越式发展。各省级财政部门应当重视评估行业协会建设，部分尚未分设评估协会的地区，要尽快研究解决，以适应新时期加快评估行业发展的客观需要。

（七）积极探索改进财政资金支持方式

现行支持各类企业改革与发展的财政资金，涉及公共财政预算、国有资本经营预算和政府性基金预算。企业司管理的资金涉及三个预算，其中国有资本经营预算是重中之重。我们开展了国有资金经营预算重大课题研究，旨在全面总结国资预算制度实施四年来的运行情况，系统分析存在的主要问题，提出完善国资预算制度的一揽子政策建议。在市场经济下，财政支持企业要根据市场规则和公共财政原则，发挥财政资金的杠杆功能，更多地采用市场化和间接支持方式，撬动社会资源，支持市场失灵领域，包括增强国民经济核心竞争力和综合国力，促进产业结构调整和转型升级中关键技术的研发、初创期中小企业的培育、贯彻“走出去”战略到境外获取重要资源等。

要尽快改变财政资金传统支持方式，避免“撒胡椒面”，减少点对点直接支持。设立国家中小企业发展基金，通过参股创业投资机构，支持中小企业健康发展，是典型的通过市场配置资源、间接支持企业的方式，也是国际通行惯例。解决众多中小企业特别小微企业“融资难”和“融资贵”的问题，财政资金支持担保机构，通过担保机构促进商业银行向中小企业发放贷款，这也属于间接支持方式。支持国民经济重点产业结构调整和转型升级，同样应当抓紧研究设立国家重点产业发展基金。

在市场经济条件下，应当尽可能地减少财政直接对企业或项目的支持方式，这种方式会影响市场经济的公平竞争，会引起国外的反倾销，还会引发寻租和腐败行为。当然，改革需要一个过程，在现阶段，对于战略性、国家性、全局性的重大项目支出，直接支持方式还是必要的，但要在阳光下运行，加强资金的跟踪问效。从今年开始，财政部会同有关部门将大大压缩对地方企业或具体项目的直接支持，比如中小企业专项资金、对外经济技术合作专项资金政策，将切块下达地方，但也不是“一切了之”，要加强监管。

三、着力打造过硬的财政干部队伍

近年来，在部党组和刘助理的领导下，全司同志以饱满的工作热情和高度负责的态度，解决了企业改革发展中的许多重大难题，研究制定了一系列支持企业改革发展的重大政策建议，得到了国务院领导的充分肯定，各项工作取得了明显成效，干部队伍的综合素质有了显著提升，地方工作也出现了全新的气象。财政干部是管钱的，我们服务的对象是各类企业，特别是在转型时期，对财政干部队伍的要求会越来越高。

财政干部务必要苦练内功，加强政策理论研究，全面提升政策理论研究水平，要有宏观视野，注重顶层设计和总体规划，要从高度、广度和深度上下工夫，注重市场规律和宏观经济发展等前瞻性研究，只有了解宏观，才能做好微观；只有了解世界，才能做好中国；只有了解未来，才能做好现在。财政干部也要学会自我“转型升级”，要全面更新知识结构，增强创新能力，实现干部队伍由“传统型、经验型”向“研究型、专家型、创新型、管理型、服务型”转变。创新是自我革命，是动力和灵魂，做好新时期各项工作，必须与时俱进，开拓创新，包括思路创新、工作创新、方法创新等。要先立后破，在做好现有工作的基础上，深入基层和企业开展实地调研，以新的视角、理念和方法，解决企业改革与发展中存在的突出矛盾和问题，为促进经济社会健康发展做出应有的贡献。

最后，我要再次强调廉政建设问题，现实中的腐败案件就在我们身边，教训深刻，廉政底线把握不住，个人前途、家庭、事业都将毁于一旦。财政干部如何防范转型时期的腐败现象，至少应当把握以下几点：一是要做好廉政风险防控工作，重点针对权力运行、监督制约、日常管理中的盲区和薄弱环节，以及资金安排中的自由裁量权等廉政风险点，制定有效的防控措施。二是高度重视干部廉政的思想教育。廉政思想教育有时比制度防控更重要，只有每个干部真正从思想和灵魂深处建立一道廉政防火墙，才能有效地预防腐败的发生。要教育干部坚定理想信念，树立正确的人生观、价值观。要教育干部堂堂正正做人，清清白白做事，弘扬“秉公用权、敬畏法纪、简朴生活、勤奋敬业”的风气。要密切关注干部的言行和社交活动，发现有廉政风险苗头的，及时采取提醒谈话等有效措施，形成制度化、常态化的廉政思想教育机制。三是下大力气研究建立针对利用信息谋取私利的防控机制，重点加强财政有关信息的全流程管理，研究建立事前信息保密制度，严格防止资金预算安排、资金分配、项目审核等相关信息的提前外泄。研究建立事中信息监控机制和事后信息反馈机制，要在财政部和地方财政网站和公开的资金管理文件中公布廉政信息反馈直线电话和电子邮箱，为信息反馈提供畅通渠道，全面接受社会监督。四是完善专项资金管理制度，进一步扩大按因素法安排专项资金的范围。同时，积极推进财政支持企业资金的绩效评价工作，切实改变“重分配、轻管理”状况。五是完善工作交流制度，加强干部轮岗。我的发言到此结束，供大家讨论参考。

刘玉廷司长在2012年度企业财务会计报告布置培训会上的讲话

（2012年10月　江苏镇江）

同志们：

按照惯例，财政部企业财务决算布置培训会现在开始，主要是布置2012年度财务决算汇编工作，培训财务分析方法，同时就新时期企业财务管理创新问题进行研讨。今年2月17日，财政部印发了《加强企业财务信息管理暂行规定》（财企［2012］23号），首次就中央企业、中央部门和各地财政部门如何汇编国有及国有控股企业、外商投资企业及集体企业年度决算相关问题作了规定，以便更加及时监测各类企业财务状况及经济预警，全面准确地分析经济运行动态，为国家制定相关政策提供依据。《暂行规定》还明确了企业收到财政性资金的财务处理，解决了长期以来困扰企业的历史难点。同时规定：各级财政部门应当建立企业使用财政性资金绩效评价制度，通过政府购买服务的方式，引入资产评估等中介机构，开展绩效评价工作，形成绩效评价报告。财政部在北京国家会计学院召开财政厅局长参加的座谈会，专题研究财政资金的绩效评价问题。据此，财政部办公厅安排了专项资金，相关工作正在有序推进。今年拟从部分国资预算支出绩效评价开头，明年总结经验扩大范围，以形成长效机制。本次会议，我重点就新时期企业财务管理创新问题作个发言，抛砖引玉，请大家讨论并提出意见。

我到企业司工作将近两年，来企业司时，刘助理要求按照“三有一能”（有情况、有问题、有分析、能操作）的方法加大相关工作研究力度，其中之一是新时期企业财务管理创新问题。财务管理是现代企业管理的核心，也是国家财政的重要组成部分。在市场经济条件下，加快研究和推进现代企业财务管理创新，对中国企业而言十分必要，因为传统的企业财务管理已经不适应现代企业发展要求。正如一些总会计师所说，在激烈的市场竞争和国际化背景下，企业要生存和发展，创新财务管理模式已成为当务之急。国外跨国公司500强企业很多成为“百年老店”，除技术创新外，主要就靠产融结合、资本运作等不断创新的现代企业财务管理。

一、我国企业财务管理的简要回顾

计划经济时期，国营企业一统天下，辅之为集体企业。当时称国营企业而不是国有企业，国营指国家经营，企业不是经营主体，相当于一个生产单位，没有法人概念，产供销统一，盈利全部上交，亏损财政弥补，每年财政预算安排大部分用于企业固定资产投资和更新改造。这一时期，企业的财务管理主要表现为落实国家计划，加强资金、成本、费用和盈亏管理，要求固定资金、流动资金、专项资金专款专用；成本费用要求年年降低，费用开支要求完全按照国家统一的财务制度执行；企业盈利甚至包括固定资产折旧费用要求上交财政，亏损由财政弥补。

90年代初，邓小平同志“南巡”讲话和十四届三中全会召开，确定了社会主义市场经济体制，开始建立股票市场，实行现代企业制度。财政部制定发布了《企业财务通则》、《企业会计准则》和分行业的财务、会计制度。这一时期，企业的财务管理从内部向外部拓展，表现为筹资、投资、运营和资金退出的管理。筹资不限于银行借款，还包括改制上市从股票市场筹资，需要计算筹资成本；投资不限内部固定资产投资，拓展为对外投资，要求进行可行性研究及投资效益论证；资本运营要求管理现金流，防止资金链断裂及财务风险；资金退出不仅限于归还借款，还要设计投资分红方案等。学界开始引入西方企业财务管理学科，计算资金的现值和终值等，企业财务管理学科同时纳入我国注册会计师和会计职称考试体系。

二、新时期国际化背景下的财务管理

进入新世纪，以加入 WTO 为标志，我国成为世贸组织成员，随着五年过渡期结束，企业、金融等经济领域的大门全方位打开，中央实施“引进来”、“走出去”战略，企业进入国际化时代。截至目前，已有超过 10% 的企业（包括央企、地方国企和大型民营企业）进入世界 500 强，企业财务管理已经或正在向着更高层次转型。新时期的企业财务管理，至少涵盖以下内容：

（一）产权结构的合理性

产权多元化是现代企业或跨国公司治理结构的核心，只有这样，才能形成有效的企业内部约束机制。国有及国有控股企业是我国基本经济制度的重要体现，这是毫不动摇的，但要引入非公投资者，非公虽然不控股但会关注其投资回报，从出资人利益出发，关注和支持企业发展，约束企业分配不公、盲目投资和职务消费等。民营企业成为“百年老店”，同样需要产权多元化，全资的“家族式”不可能持久，山西乔家大院等早已证明这一事实。国有或民营控股不是越大越好，国外跨国公司控股很多低于 50%，其他股东分散占股，完全能够实现控制。我国企业的大股东控股比重过高，不仅“一股独大”而且“一股过大”，“一股过大”事实上成为国有独资企业。股票发行条例为什么规定至少要求五个股东？核心是股权多元化，加强内部约束，如果国有企业改制上市，大股东占比过高，仅拿出很小部分股权在其他股东之间分配，这与建立股票市场的初衷是相悖的。因此，现代企业财务管理应当将产权结构的合理性作为重要内容加以推进。产权多元化还有助于盘活企业股权资产，深化国有企业改革，目前国有股权不能盘活，净资产收益率（投资回报率）全国平均已降低到 3%，这种情况应当引起关注和重视。

（二）财务高管人员的地位和作用

改革开放初期，我国借鉴前苏联经验，颁布《会计法》和《总会计师条例》，建立了总会计师制度（上市公司称为财务总监），目前，我国总会计师或财务总监属于企业管理层高管，但多数未进入董事会决策层，难以参与公司发展战略以及融资、投资、并购重组等重大决策。国外跨国公司的首席执行官（CEO）和首席财务官（CFO）必须是进入决策层的，地位和作用高于首席运营官（COO）和其他副总。很多央企总会计师或财务总监反映，中国的会计准则实现了国际趋同，但财务高管人员没有实现国际接轨，难以和国外跨国公司 CFO 对话，因为我国企业总会计师或财务总监的职责范围比国外 CFO 相差甚远，我国总会计师或财务总监的职责侧重于会计。构建我国现代企业财务管理模式，一定要将财务高管人员的地位和作用纳入其中，首席财务官制度可以先试点，在尚未推开之前，应当推动财务高管人员进入公司决策层；同时要加快推进财务高管人员的知识更新，全面提升其财务管理能力。国外的首席财务官是参与制定并实施公司发展战略、有效开展产融结合和资本运作的高手。

（三）产融结合能力

产融结合不是指企业转型去搞金融、炒股票，因为金融本质上不会直接创造财富而是社会财富的重新分配，企业炒股赚钱必然是建立在众多股民或其他投资者赔钱的基础上。发展虚拟经济归根到底是为实体经济服务的，真正意义上的产融结合，是指从企业立场出发，研究现代企业如何有效利用股票、债券、私募基金、期货等资本市场，为企业技术创新和转型升级服务。产融结合属于复杂的系统工程，构成新时期国际化背景下企业财务管理的重要组成部分，也是财务高管人员或 CFO 的必备能力。我国目前的总会计师或财务总监很多对产融结合缺乏系统的理解和应用。比如，如何有效利用股票市场推动改制上市或整体上市，实现股权多元化，建立现代企业制度；如何有效利用多种债券市场筹资，解决发展所需的资金来源并降低财务费用，而且债券（可转换债券）和股票在一定条件下可以相互转换；如何利用私募股权基金特别是国家引导的私募股权基金进行重大项目投资，包括国内战略性投资和海外并购等，到期退出不影响企业的股权多元化结构；如何有效利用期货市场锁定不断上涨的原材料成本，这种方式降低成本的幅度远远超过传统方式；开展资产证券化业务能将长期拖欠的债权资产盘活，这在欧美日等国家非常流行，但我国目前尚未开展，相关方面对此还比较生疏。可见，加快推进企业产融结合，提升产融结合能力，已成为当前和未来加强现代企业财务管理的关键要素。

（四）全面预算管理水平

全面预算管理是现代企业财务管理的基础性工作。全面预算的范围和内容广泛，涉及企业财务、经营、对外投融资以及并购等全部过程。目前虽然很多企业已经或正在推行，但真正规范运作落到实处的不多，迫切需要加大企业财务管理力度。邓小平同志当年在“南巡”讲话时曾经说过：“资本主义有计划，社会主义有市场。”国外发达市场经济国家不仅宏观产业结构布局具有合理性，跨国公司的全面预算管理也是非常严格和科学的。我国企业的全面预算管理主观随意性较大，亟待通过构建现代企业财务管理模式，推动实现真正意义上的全面预算管理。

（五）财务信息化程度

财务信息化的范围比会计信息化大得多而且重要。我国大型企业的会计信息化，主要体现在合并报表等领域。经过多年努力，一个若干层级的企业集团如中石油等，通过软件系统将最基层的数据层层汇总合并，形成以会计准则为基础的集团合并报表，大大提高了报告的准确性和工作效率。财务信息化不同于会计信息化，应当涵盖现代企业财务管理的全部内容。财务信息化是手段，目的是推动现代企业财务管理能力评估制度建设。

三、加快构建新时期企业财务管理模式

通过我国不同时期企业财务管理总结分析，梳理了国际化背景下现代企业财务管理的内涵和关键要素。为加快推动新时期我国企业财务管理水平和国际竞争力，需要采用市场化方式，引入资产评估机构等第三方专业机构，构建现代企业财务管理模式。这是一个不断发展的过程，不可能一蹴而就，当前需要建立起一套基本标准，形成一种机制，明确企业加强财务管理的方向和目标并开始启动，随着经济社会发展，以后年度不断加以完善。财政部领导十分重视相关机制建设，2011 年我部建立了境外企业财务巡查制度，今年正式启动了境外企业财务巡查工作，财政部办公厅安排政府购买服务专项资金，通过招标方式，委托资产评估机构，赴东南亚有关国家进行了实地巡查。通过境外巡查，了解了中央“走出去”战略取得的成就，“走出去”战略未来转型的客观必要性，以及财政政策的调整趋向。构建新时期企业财务管理模式同样是一种重要的制度建设，更具有现实和长远意义。西藏财政厅在这方面已经有了成功实践，走在了全国的前列，积累了一定的经验，西藏能做到的，相信其他地区和企业也一定能做到。

为加快推动此项工作，今年国有资本经营预算已经安排了专项，我们草拟了《企业财务管理能力认证（评估）暂行办法（讨论稿）》，听取大家意见。基本思路是，将新时期国际背景下的企业财务管理内涵和关键要素细化为指标体系，尽可能通俗易懂，便于操作。中评协正在组织专家起草企业财务管理能力认证（评估）指引，待管理办法和评估指引修改完善并报请部领导。管理办法和指引下发后，由企业委托资产评估机构开展评估并出具评估报告，将其作为财政支持企业的重要参考，对于财务管理水平和能力比较好的企业，财政通过专项资金给予奖励。

第三部分

相关财务会计制度及政策文件

一、相关财务制度及政策文件

财政部关于实施修订后的《企业财务通则》有关问题的通知

2007 年 3 月 20 日　财企［2007］48 号

党中央有关部门，国务院各部委、各直属机构，解放军总后勤部、武警总部，有关人民团体，各省、自治区、直辖市、计划单列市财政厅（局），新疆生产建设兵团财务局，各中央管理企业：

为了贯彻实施修订后的《企业财务通则》（财政部令第 41 号），做好企业新旧财务制度的转换工作，推进企业财务制度的改革，现就有关问题通知如下：

一、关于职工福利费财务制度改革的衔接问题

修订后的《企业财务通则》实施后，企业不再按照工资总额 14% 计提职工福利费，2007 年已经计提的职工福利费应当予以冲回。截至 2006 年 12 月 31 日，应付福利费账面余额（不含外商投资企业从税后利润中提取的职工福利及奖励基金余额）区别以下情况处理，上市公司另有规定的，从其规定：

（一）余额为赤字的，转入 2007 年年初未分配利润，由此造成年初未分配利润出现负数的，依次以任意公积金和法定公积金弥补，仍不足弥补的，以 2007 年及以后年度实现的净利润弥补。

（二）余额为结余的，继续按照原有规定使用，待结余使用完毕后，再按照修订后的《企业财务通则》执行。如果企业实行公司制改建或者产权转让，则应当按照《财政部关于〈公司制改建有关国有资本管理与财务处理的暂行规定〉有关问题的补充通知》（财企［2005］12 号）转增资本公积。

二、关于修订后的《企业财务通则》的组织实施问题

各地区、各部门、各企业集团公司应当认真组织实施修订后的《企业财务通则》（财政部令第 41 号），结合本地区、本部门、本集团的具体情况开展业务培训，做好企业财务制度改革的政策宣传工作，按照修订后的《企业财务通则》（财政部令第 41 号）的规定调整、修订和完善企业财务管理制度，确保企业新旧财务制度实现顺利转换。

国资委　财政部　科技部关于印发《中央科研设计企业实施中长期激励试行办法》的通知

2007年5月18日　国资发分配［2007］86号

各中央管理企业：

为贯彻实施《国家中长期科学和技术发展规划纲要（2006－2020年）》，促进中央科研设计企业自主创新和可持续发展，我们制定了《中央科研设计企业实施中长期激励试行办法》，现印发给你们，请结合实际，认真遵照执行。试点过程中遇到的问题，请及时向国务院国资委、财政部和科技部反映。

附件：中央科研设计企业实施中长期激励试行办法

附件：

中央科研设计企业实施中长期激励试行办法

第一章　总　则

第一条　为贯彻实施《国家中长期科学和技术发展规划纲要（2006－2020年）》，支持中央科研设计企业自主创新和可持续发展，充分调动科技工作者的积极性、创造性和主动性，建立完善的激励约束机制，根据国家有关政策规定，制定本办法。

第二条　本办法适用于国务院国有资产监督管理委员会（以下简称国务院国资委）履行出资人职责的转制科研院所、设计企业，以及中央管理企业所出资控股的已实现企业化转制的科研院所和设计企业（以下统称科研设计企业）。

已上市的科研设计企业实施中长期激励，按照国资委、财政部《国有控股上市公司（境内）实施股权激励试行办法》（国资发分配［2006］175号）或《国有控股上市公司（境外）实施股权激励试行办法》（国资发分配［2006］8号）的规定执行。

第三条　本办法所称中长期激励，主要是指科研设计企业对为企业中长期发展作出突出贡献的企业科技人员和从事研发的管理人员，以及在企业未来发展中具有关键或核心作用的科技人员和从事研发的管理人员实施的激励。

第四条　科研设计企业实施中长期激励应遵循以下原则：

（一）坚持各方利益平衡一致，有利于促进国有资本保值增值，有利于科研设计企业创新能力的不断提高和可持续发展，有利于吸引人才，稳定人才队伍；

（二）坚持激励与约束相结合、收益与风险相对称，激励方式和水平与企业生产经营特点相适应；

（三）坚持公开、公平、公正，考核与分配过程规范透明；

（四）坚持以新创造价值作为中长期激励的主要来源，不得无偿量化存量资产。

第五条 科研设计企业实施中长期激励应具备以下条件：

（一）产权清晰，主业突出，发展战略及实施计划明确，技术在资产增值中作用明显；

（二）内部控制制度和绩效考核体系健全，岗位职责清晰，基础管理制度完善，劳动用工、绩效考核和收入分配制度符合市场竞争要求，人工成本（职工薪酬）管理规范，不再单独计提技术奖酬金和业余设计奖；

（三）企业近3年财务会计报告经过中介机构依法审计，被出具无保留意见的审计报告；

（四）连续3年经营业绩增长显著（国资委监管企业年度经营业绩考核结果达C级及以上），没有违法违规行为；

（五）实施奖励股权（股份）、股票期权、限制性股票为股权激励的科研设计企业应是法人治理结构规范、外部董事（含独立董事）占董事会成员半数以上的公司制企业。

（六）以企业近3年净资产增值额实施中长期激励的科研设计企业，近3年税后利润形成的净资产增值额应占企业净资产总额的30%以上，且实施中长期激励时上年经济增加值（EVA）为正值、当年年初未分配利润没有赤字。

第二章 中长期激励计划拟订

第六条 激励方式包括绩效奖励、技术奖励（分成）等非股权激励方式，以及知识产权折价入股、折价出售股权（股份）、奖励股权（股份）、股票期权、限制性股票等法律、行政法规允许的股权激励方式。同一激励对象只能享有一种激励方式，不得重复激励。

第七条 科研设计企业中长期激励对象，应是对企业发展作出突出贡献或对企业中长期发展有直接作用的科技人员和从事研发的管理人员。

已参与上市公司股权激励计划的人员，不再参与本中长期激励计划。

第八条 绩效奖励是指科研设计企业，以近三年税后利润形成的净资产增值额的规定比例作为激励总额，自批准之日起分5个年度匀速兑现，相关支出纳入工资总额管理，在当期费用中列支。兑现期间应以完成经营业绩考核目标为前提，并不得出现亏损。

第九条 符合条件的科研设计企业，可按照《财政部国家发展改革委科技部劳动保障部关于企业实行自主创新激励分配制度的若干意见》（财企［2006］383号）的规定，采取知识产权折价入股、折价出售股权、技术奖励或分成等方式对有关人员实施激励。

第十条 科研设计企业根据激励对象的贡献对其实施中长期激励，包括绩效奖励、技术奖励（分成）、折价出售股权和奖励股权（股份）的总额度，不应超过企业近三年税后利润形成的净资产增值额的35%（设计企业不超过25%）；激励对象个人中长期激励的收益水平最高不应超过其薪酬总水平（含中长期激励收益）的40%。

第十一条 科研设计企业以股票期权、限制性股票等为股权激励方式的，激励对象个人中长期激励的预期收益水平最高不应超过其薪酬总水平（含中长期激励预期收益）的40%。兑现时应满足本办法第五条（六）规定的企业业绩条件。

第十二条 科研设计企业按照中长期激励计划计算的激励总额，与本办法规定的所有激励对象允许达到的最高激励水平相比，按照两者的低值确定。

第十三条 激励对象享有的尚未兑现的中长期激励不得转让，不得用于偿还债务或提供担保。

第十四条 企业不得为个人认购股权（股份）垫付款项，不得为个人融资提供担保。

第三章 中长期激励计划的申报和管理

第十五条 科研设计企业实施中长期激励计划，应依次履行以下决策和申报程序：

（一）中长期激励计划应经公司董事会审议或院长（经理）办公会议通过。

（二）中长期激励计划应提交职工代表大会或职工大会审议，听取职工意见。

（三）中长期激励计划需经国务院国资委审核同意后，抄送财政部、科技部。其中科研设计企业根据中长期激励计划实施的年度激励方案，应事前与国务院国资委沟通，事后报国务院国资委、财政部和科技部备案。

第十六条 科研设计企业中长期激励计划申报应主要包括以下内容：

（一）本企业是否具备实施中长期激励条件情况的说明及企业近期审计、资产评估报告；

（二）中长期激励计划办法及说明，具体内容包括实施范围、激励对象、激励方式、数量、兑现条件以及激励对象离岗等特殊情况的处理等；

（三）中长期激励的配套措施，包括岗位职责核定、企业内部考核制度、主要负责人年度及任期业绩考核目标等；

（四）中长期激励工作的组织领导和实施步骤等。

第十七条 企业应对中长期激励计划实施动态管理，并设立激励对象的薪酬管理台账，台账须反映包括中长期激励在内的各项薪酬的即时变动情况。

第十八条 科研设计企业实施中长期激励计划的财务、会计处理及税收等问题，按国家有关法律、行政法规、财务制度、会计准则、税务制度等规定执行。

第十九条 本办法实施期间，企业弄虚作假，财务会计报告不真实的，要依法追究企业负责人责任，并收回激励对象相应年度所获得的中长期激励报酬。

第二十条 激励对象在任职期间违反国家有关法律法规，或由于受贿索贿、贪污盗窃、泄露企业经营和技术秘密、实施关联交易损害企业利益、声誉和对企业形象有重大负面影响等行为，给企业造成损失的，企业应终止其中长期激励资格并收回全部或部分中长期激励报酬。

第二十一条 实施中长期激励的科研设计企业，应当在年度财务会计报告中，对企业实行中长期激励的相关财务信息予以充分披露。披露信息包括激励对象的人数、激励水平，各种激励方式所涉及的人数及激励额度等具体情况。

第二十二条 依法审计的中介机构应按财企［2006］383号文件等有关规定实施审计，并发表专项意见。

第四章 附 则

第二十三条 本办法印发前已实施中长期激励的科研设计企业，应按照本办法修订完善激励办法。

第二十四条 政企尚未分开的部门以及国家授权投资的其他国有资产经营管理机构或单位，按照本办法的规定审核批准所管理的科研设计企业中长期激励计划后，报财政部和科技部备案。

第二十五条 本办法由国务院国资委、财政部和科技部负责解释。

第二十六条 本办法自印发之日起施行。

财政部关于企业加强研发费用财务管理的若干意见

2007年9月4日 财企［2007］194号

党中央有关部门，国务院各部委、各直属机构，总后勤部、武警总部，全国人大常委会办公厅，全国政协办公厅，各省、自治区、直辖市、计划单列市财政厅（局），新疆生产建设兵团财务局，各中央管理企业：

为了贯彻实施《国家中长期科学和技术发展规划纲要（2006—2020年）》（国发［2005］44号），加强企业研发费用管理，促进企业自主创新，现提出如下意见：

一、企业研发费用（即原“技术开发费”），指企业在产品、技术、材料、工艺、标准的研究、开发过程中发生的各项费用，包括：

（一）研发活动直接消耗的材料、燃料和动力费用。

（二）企业在职研发人员的工资、奖金、津贴、补贴、社会保险费、住房公积金等人工费用以及外聘研发人员的劳务费用。

（三）用于研发活动的仪器、设备、房屋等固定资产的折旧费或租赁费以及相关固定资产的运行维护、维修等费用。

（四）用于研发活动的软件、专利权、非专利技术等无形资产的摊销费用。

（五）用于中间试验和产品试制的模具、工艺装备开发及制造费，设备调整及检验费，样品、样机及一般测试手段购置费，试制产品的检验费等。

（六）研发成果的论证、评审、验收、评估以及知识产权的申请费、注册费、代理费等费用。

（七）通过外包、合作研发等方式，委托其他单位、个人或者与之合作进行研发而支付的费用。

（八）与研发活动直接相关的其他费用，包括技术图书资料费、资料翻译费、会议费、差旅费、办公费、外事费、研发人员培训费、培养费、专家咨询费、高新科技研发保险费用等。

二、企业应当明确研发费用的开支范围和标准，严格审批程序，并按照研发项目或者承担研发任务的单位，设立台账归集核算研发费用。

企业依法取得知识产权后，在境内外发生的知识产权维护费、诉讼费、代理费、“打假”及其他相关费用支出，从管理费用据实列支，不应纳入研发费用。企业研发机构发生的各项开支纳入研发费用管理，但同时承担生产任务的，要合理划分研发与生产费用。

三、对技术要求高、投资数额大、单个企业难以独立承担的研发项目，或者研发力量集中在集团公司、由其统筹管理集团研发活动的，集团公司可以在所属全资及控股企业范围内集中使用研发费用。

集团公司集中使用的研发费用总额，原则上不超过集团合并会计报表年营业收入的2%。使用后的年末余额连续3年超过当年集中总额20%或者出现赤字的，集团公司应当调整集中的标准。

集团公司集中使用研发费用的，应当按照权责利一致等原则，确定研发费用集中收付方式以及研发成果的分享办法，维护所属全资及控股企业的合法权益。

四、企业可以建立研发准备金制度，根据研发计划及资金需求，提前安排资金，确保研发资金的需要，研发费用按实际发生额列入成本（费用）。

五、企业应当在年度财务会计报告中，按规定披露研发费用相关财务信息，包括研发费用支出规模及其占销售收入的比例，集中收付研发费用情况等。会计师事务所在审计企业年度会计报表时，应当对企业研发费用的使用和管理情况予以关注。

六、本意见所称企业研发人员，指从事研究开发活动的企业在职和外聘的专业技术人员以及为其提供直接服务的管理人员。

本意见所称企业研发机构，指按照《国家认定企业技术中心管理办法》（国家发展改革委令第53号）认定的企业技术中心及分中心，企业按照国家有关规定组建的国家（重点、工程）实验室、国家工程（技术）研究中心及其他形式的研发机构，以及企业内部设置的、经当地市级以上有关主管部门认定的研发中心、研究院所，与高等院校及科研机构联合设立的博士后站、中试基地、实验室等。

七、本意见自印发之日起施行，实行企业化管理的科研事业单位参照执行。企业研发费的纳税扣除，按照财政部、国家税务总局有关规定执行。以前有关规定与本文不符的，以本文为准。

国务院关于试行国有资本经营预算的意见

2007年9月8日　国发［2007］26号

各省、自治区、直辖市人民政府，国务院各部委、各直属机构：

国有资本经营预算，是国家以所有者身份依法取得国有资本收益，并对所得收益进行分配而发生的各项收支预算，是政府预算的重要组成部分。建立国有资本经营预算制度，对增强政府的宏观调控能力，完善国有企业收入分配制度，推进国有经济布局和结构的战略性调整，集中解决国有企业发展中的体制性、机制性问题，具有重要意义。国务院决定试行国有资本经营预算，现提出以下意见：

一、试行国有资本经营预算的指导思想和原则

（一）试行国有资本经营预算，要以邓小平理论和“三个代表”重要思想为指导，坚持科学发展观，通过对国有资本收益的合理分配及使用，增强政府的宏观调控能力，完善国有企业收入分配制度，促进国有资本的合理配置，推动国有企业的改革和发展。

（二）试行国有资本经营预算，应坚持以下原则：

统筹兼顾，适度集中。统筹兼顾企业自身积累、自身发展和国有经济结构调整及国民经济宏观调控的需要，适度集中国有资本收益，合理确定预算收支规模。

相对独立，相互衔接。既保持国有资本经营预算的完整性和相对独立性，又保持与政府公共预算（指一般预算）的相互衔接。分级编制，逐步实施。国有资本经营预算实行分级管理、分级编制，根据条件逐步实施。

二、国有资本经营预算的收支范围

（三）国有资本经营预算的收入是指各级人民政府及其部门、机构履行出资人职责的企业（即一级企业，下同）上交的国有资本收益，主要包括：

1. 国有独资企业按规定上交国家的利润。

2. 国有控股、参股企业国有股权（股份）获得的股利、股息。

3. 企业国有产权（含国有股份）转让收入。

4. 国有独资企业清算收入（扣除清算费用），以及国有控股、参股企业国有股权（股份）分享的公司清算收入（扣除清算费用）。

5. 其他收入。

（四）国有资本经营预算的支出主要包括：

1. 资本性支出。根据产业发展规划、国有经济布局和结构调整、国有企业发展要求，以及国家战略、安全等需要，安排的资本性支出。

2. 费用性支出。用于弥补国有企业改革成本等方面的费用性支出。

3. 其他支出。

具体支出范围依据国家宏观经济政策以及不同时期国有企业改革和发展的任务，统筹安排确定。必要

时，可部分用于社会保障等项支出。

（五）国家依法收取企业国有资本收益，具体办法由财政部门会同国有资产监管机构等有关部门制订，报本级人民政府批准后施行。

三、国有资本经营预算的编制和审批

（六）国有资本经营预算单独编制，预算支出按照当年预算收入规模安排，不列赤字。

（七）各级财政部门为国有资本经营预算的主管部门。各级国有资产监管机构以及其他有国有企业监管职能的部门和单位，为国有资本经营预算单位（以下统称预算单位）。

（八）试行期间，各级财政部门商国资监管、发展改革等部门编制国有资本经营预算草案，报经本级人民政府批准后下达各预算单位。各预算单位具体下达所监管（或所属）企业的预算，抄送同级财政部门备案。

四、国有资本经营预算的执行

（九）国有资本经营预算收入由财政部门、国有资产监管机构收取、组织上交。企业按规定应上交的国有资本收益，应及时、足额直接上交财政。

（十）国有资本经营预算资金支出，由企业在经批准的预算范围内提出申请，报经财政部门审核后，按照财政国库管理制度的有关规定，直接拨付使用单位。使用单位应当按照规定用途使用、管理预算资金，并依法接受监督。

（十一）国有资本经营预算执行中如需调整，须按规定程序报批。年度预算确定后，企业改变财务隶属关系引起预算级次和关系变化的，应当同时办理预算划转。

（十二）年度终了后，财政部门应当编制国有资本经营决算草案报本级人民政府批准。

五、国有资本经营预算的职责分工

（十三）财政部门的主要职责是：负责制（修）订国有资本经营预算的各项管理制度、预算编制办法和预算收支科目；编制国有资本经营预算草案；编制国有资本经营预算收支月报，报告国有资本经营预算执行情况；汇总编报国有资本经营决算；会同有关部门制定企业国有资本收益收取办法；收取企业国有资本收益。财政部负责审核和汇总编制全国国有资本经营预、决算草案。

（十四）各预算单位的主要职责是：负责研究制订本单位国有经济布局和结构调整的政策措施，参与制订国有资本经营预算有关管理制度；提出本单位年度国有资本经营预算建议草案；组织和监督本单位国有资本经营预算的执行；编报本单位年度国有资本经营决算草案；负责组织所监管（或所属）企业上交国有资本收益。

六、试行国有资本经营预算的组织实施

（十五）中央本级国有资本经营预算从2008年开始实施，2008年收取实施范围内企业2007年实现的国有资本收益。2007年进行国有资本经营预算试点，收取部分企业2006年实现的国有资本收益。各地区国有资本经营预算的试行时间、范围、步骤，由各省、自治区、直辖市和计划单列市人民政府决定。

（十六）建立国有资本经营预算制度，是完善社会主义市场经济体制的一项重大制度建设，涉及面广，政策性强。各地区、各部门要充分认识建立国有资本经营预算制度的重要意义，高度重视，加强领导，精心组织，积极稳妥地做好此项工作。财政部要会同国资委等有关部门抓紧制订有关配套制度和办法。各预算单位和有关企业要认真执行国有资本经营预算的各项制度和办法。有关部门、单位和企业要加强沟通，积极配合，确保试行工作的顺利进行。

财政部关于淘汰高能耗　高污染行业落后生产设备设施有关财务问题的通知

2007年9月14日　财企［2007］198号

各省、自治区、直辖市、计划单列市财政厅（局），新疆生产建设兵团财务局，各中央管理企业：

为贯彻落实《国务院关于加快推进产能过剩行业结构调整的通知》（国发［2006］11号）和《国务院关于加强节能工作的决定》（国发［2006］28号）的要求，创建资源节约型和环境友好型社会，地方各级政府和企业应当按规定淘汰高能耗、高污染行业落后生产设备和设施（以下简称落后设备）。根据《企业财务通则》（财政部令第41号），现就企业淘汰落后设备有关财务问题通知如下：

一、关于企业处置淘汰的落后设备及收到财政资金的财务处理

企业是淘汰落后设备的直接实施主体，应当按照国家有关主管部门的规定，采取拆除、爆破、先封存后改造等方式对落后设备进行处置，不得将其整体出售或者无偿转让给其他企业继续进行生产。

企业如收到各级财政部门拨付的支持和鼓励淘汰落后设备的有关款项，应按《企业财务通则》第二十条的规定，作为企业收益处理。

二、关于关闭高能耗、高污染企业的财务处理

（一）淘汰落后设备导致企业关闭的，关闭企业的投资者或者有关主管部门应当按照国家有关法律法规和《企业财务通则》的规定，成立清算组对关闭企业依法组织实施清算。

（二）清算组应当核实各项资产，组织实施淘汰落后设备的处置方案，组织其他资产的变现，追偿各项债权，处理企业未了结业务等，确保清算财产的安全。

（三）清算组应当妥善安置职工。对在册职工，如果转由集团内部其他企业就业安置，应当按规定变更其劳动合同，做好社会保险关系的接续工作；如果予以遣散，应当依法解除其劳动合同，并按照原劳动部印发的《违反和解除劳动关系的经济补偿办法》（劳部发［1994］481号）等国家有关规定计算和支付经济补偿金；如果移交社会保险机构管理，应当按照当地省级人民政府确定的缴费比例，一次性缴付所需的社会保险费。

（四）关闭企业的资产处置损失，作为清算损益处理。拖欠职工的工资和医疗、伤残补助、抚恤费用，应支付的经济补偿金，以及欠缴的基本社会保险费、住房公积金，应当在无担保的清算财产中优先支付。清算财产在清偿所有债务后如有剩余，按出资比例或者企业章程约定的比例，向投资者分配。

（五）关闭企业清算终了，清算组应当编制清算报告，并提交给投资者，作为投资者核销股权投资的依据。持有关闭企业股权的国有企业核销股权投资的损失，按照内部授权审批制度审批后，可以依次冲减未分配利润、盈余公积和资本公积，不足冲减的，用以后年度实现的净利润弥补。

（六）属于各级人民政府及其部门、机构出资的企业，关闭及清算所属企业的情况，应当报主管财政机关备案。

三、关于企业报废落后设备的财务处理

（一）企业淘汰落后设备后仍继续经营的，应当按照企业内部制度的规定，办理淘汰落后设备的固定资产报废手续。落后设备的处置净损益，作为当期损益处理。落后设备属于提前报废的，不再补提折旧。

（二）企业以落后设备向债权人设定了担保的，应当与债权人协商解除原担保合同，或者以其他资产提供等额担保。对确实不具备其他可用于担保资产的企业，其股东单位按照内部规定的权限和程序进行审议后，可以依法为企业提供担保。

（三）企业报废落后设备导致生产经营规模缩减，需要裁减职工的，应当按照本通知第二条第（三）款的规定妥善安置职工，应付的经济补偿金和社会保险费，列作当期费用处理。

四、关于企业封存落后设备的财务处理

（一）企业被责令停产后，通过研发或者运用新工艺、新技术，可以将落后设备的能源消耗及污染排放降低至国家标准内的，经本级人民政府有关主管部门批准后，企业可以封存相应的落后设备。

（二）企业封存的落后设备，不得用于生产或者转让。在封存期间，落后设备发生的维护等费用据实列支，不得挂账。

（三）企业应用新工艺、新技术对落后设备进行更新改造，经有关主管部门验收合格后，可以重新投入生产使用。更新改造相关支出，符合资本化条件的，应当予以资本化处理。

五、其他

（一）企业淘汰落后设备，是实施国家统一政策的要求，也是贯彻科学发展观的体现。相关过程中发生的资产损失，属于非正常损失，有关部门或者监管机构在对企业进行业绩考核、财务评价时，应当予以剔除计算。

（二）本通知自印发之日起执行。企业淘汰落后设备形成资产损失的纳税扣除，按照财政部、国家税务总局有关规定执行。执行中有何问题，请及时向我部反映。

抄送：发展改革委，环保总局，国资委，审计署，税务总局，财政部驻各省、自治区、直辖市、计划单列市财政监察专员办事处。

财政部　国资委关于印发《中央企业国有资本收益收取管理暂行办法》的通知

2007 年 12 月 11 日　财企［2007］309 号

有关中央管理企业：

经国务院批准，现将《中央企业国有资本收益收取管理暂行办法》印发给你们，请遵照执行。执行中如有问题，请及时与我们联系。

2007 年作为试点，对国资委所监管企业 2006 年实现的国有资本收益进行收取，其中，企业税后利润按标准减半收取。请各有关企业于 12 月 20 日前按规定申报交纳。

附件：中央企业国有资本收益收取管理暂行办法

附件：

中央企业国有资本收益收取管理暂行办法

第一章 总 则

第一条 为建立国有资本经营预算制度，规范国家与企业的分配关系，加强中央企业国有资本收益管理，依据《中华人民共和国公司法》、《中华人民共和国预算法》、《国务院关于试行国有资本经营预算的意见》（国发［2007］26号），制定本办法。

第二条 本办法试行范围包括国资委所监管企业和中国烟草总公司，简称中央企业。

第三条 本办法所称国有资本收益，是指国家以所有者身份依法取得的国有资本投资收益，具体包括：

（一）应交利润，即国有独资企业按规定应当上交国家的利润；

（二）国有股股利、股息，即国有控股、参股企业国有股权（股份）获得的股利、股息收入；

（三）国有产权转让收入，即转让国有产权、股权（股份）获得的收入；

（四）企业清算收入，即国有独资企业清算收入（扣除清算费用），国有控股、参股企业国有股权（股份）分享的公司清算收入（扣除清算费用）；

（五）其他国有资本收益。

第四条 中央企业国有资本收益应当按规定直接上交中央财政，纳入中央本级国有资本经营预算收入管理。

国家对中央企业国有资本收益另有规定的，从其规定。

第五条 中央企业国有资本收益由财政部负责收取，国资委负责组织所监管企业上交国有资本收益。

第二章 中央企业国有资本收益的申报与核定

第六条 中央企业上交国有资本收益应当按规定申报，并如实填写中央企业国有资本收益申报表（详见附表1-4）。具体申报时间及要求如下：

（一）应交利润，在年度终了后5个月内，由中央企业一次申报；

（二）国有股股利、股息，在股东会或者股东大会（没有设立股东会或者股东大会的为董事会，下同）表决日后30个工作日内，由国有控股、参股企业据实申报，并附送股东会、股东大会的决议文件；

（三）国有产权转让收入，在签订产权转让合同后30个工作日内，由中央企业或者国资委授权的机构据实申报，并附送产权转让合同和资产评估报告；

（四）企业清算收入，在清算组或者管理人编制剩余财产分配方案后30个工作日内，由清算组或者管理人据实申报，并附送企业清算报告和中国注册会计师出具的审计报告；

（五）其他国有资本收益，在收益确定后30个工作日内，由有关单位申报，并附送有关经济事项发生和金额确认的资料。

第七条 国资委所监管企业在向国资委申报上交国有资本收益时，将申报表及相关材料报送财政部；中国烟草总公司申报上交国有资本收益，将申报表及相关材料直接报送财政部。

第八条 国有独资企业拥有全资公司或者控股子公司、子企业的，应当由集团公司（母公司、总公司）以年度合并财务报表反映的归属于母公司所有者的净利润为基础申报。

企业计算应交利润的年度净利润，可以抵扣以前年度未弥补亏损。

第九条 国有独资企业上交年度净利润的比例，区别不同行业，分以下三类执行（企业分类名单详见附表5）：

（一）第一类10%；

（二）第二类5%；

（三）第三类暂缓3年上交或者免交。

第十条 国有控股、参股企业应付国有投资者的股利、股息，按照股东会或者股东大会决议通过的利润分配方案执行。

国有控股、参股企业应当依法分配年度净利润。当年不予分配的，应当说明暂不分配的理由和依据，并出具股东会或者股东大会的决议。

第十一条 中央企业上交国有资本收益区别以下情况核定：

（一）应交利润，根据经中国注册会计师审计的企业年度合并财务报表反映的归属于母公司所有者的净利润和规定的上交比例计算核定；

（二）国有股股利、股息，根据国有控股、参股企业关于利润分配的决议核定；

（三）国有产权转让收入，根据企业产权转让协议和资产评估报告等资料核定；

（四）企业清算收入，根据清算组或者管理人提交的企业清算报告核定；

（五）其他国有资本收益，根据有关经济行为的财务会计资料核定。

第十二条 中央企业根据国家政策进行重大调整，或者由于遭受重大自然灾害等不可抗力因素造成巨大损失，需要减免应交利润的，应当向财政部、国资委提出申请，由财政部商国资委报国务院批准后，将减免的应交利润直接转增国家资本或者国有资本公积。

第三章 中央企业国有资本收益的上交

第十三条 中央企业国有资本收益上交，使用政府收支分类科目中“国有资本经营收入”款级科目。

第十四条 中央企业国有资本收益上交，按照以下程序执行：

（一）国资委在收到所监管企业上报的国有资本收益申报表及相关材料后15个工作日内提出审核意见，报送财政部复核，财政部在收到国资委审核意见后15个工作日内提出复核意见；

（二）国资委根据财政部同意的审核结果向所监管企业下达国有资本收益上交通知，财政部向财政部驻企业所在省（自治区、直辖市、计划单列市）财政监察专员办事处下达国有资本收益收取通知；财政部驻企业所在省（自治区、直辖市、计划单列市）财政监察专员办事处依据财政部下达的国有资本收益收取通知向企业开具“非税收入一般缴款书”；

（三）国资委所监管企业依据国资委下达的国有资本收益上交通知和财政部驻企业所在省（自治区、直辖市、计划单列市）财政监察专员办事处开具的“非税收入一般缴款书”办理国有资本收益交库手续；

（四）财政部在收到中国烟草总公司的国有资本收益申报表及相关材料后15个工作日内，完成审核工作并向财政部驻北京市财政监察专员办事处下达国有资本收益收取通知；中国烟草总公司凭财政部驻北京市财政监察专员办事处开具的“非税收入一般缴款书”办理国有资本收益交库手续。

第十五条 中央企业当年应交利润应当在申报日后5个月内交清，其中：应交利润在10亿元以下（含10亿元）的，须一次交清；应交利润在10亿元以上、50亿元以下（含50亿元）的，可分两次交清；应交利润在50亿元以上的，可分三次交清。

第十六条 对中央企业欠交国有资本收益的情况，财政部、国资委应当查明原因，采取措施予以催交。

第四章 附 则

第十七条 本办法自发布之日起执行。

附表：1. 中央企业国有资本收益（应交利润）申报表（略）

2. 中央企业国有资本收益（国有股息、股利）申报表（略）

3. 中央企业国有资本收益（国有产权转让收入）申报表（略）

4. 中央企业国有资本收益（企业清算收入）申报表（略）

5. 试行国有资本经营预算中央企业税后利润上交比例表（略）

财政部关于企业新旧财务制度衔接有关问题的通知

2008 年 2 月 26 日　财企［2008］34 号

党中央有关部门，国务院各部委、各直属机构，总后勤部、武警总部，有关人民团体，各省、自治区、直辖市、计划单列市财政厅（局），新疆生产建设兵团财务局，各中央管理企业：

修订后的《企业财务通则》（财政部令第 41 号）施行以来，各类企业结合自身特点，按照《企业财务通则》的规定逐步调整、修订和完善了内部财务制度。在新旧财务制度衔接过程中，部分企业反映了一些问题，包括企业年金（即补充养老保险）缴费的列支、应付工资结余的处理等。为规范企业相关财务行为，现就有关问题通知如下：

一、关于企业补充养老保险费用的列支

（一）按照《企业财务通则》第四十三条的规定，已参加基本养老保险的企业，具有持续盈利能力和支付能力的，可以为职工建立补充养老保险。补充养老保险属于企业职工福利范畴，由企业缴费和个人缴费共同组成。

（二）补充养老保险的企业缴费总额在工资总额 4% 以内的部分，从成本（费用）中列支。企业缴费总额超出规定比例的部分，不得由企业负担，企业应当从职工个人工资中扣缴。个人缴费全部由个人负担，企业不得提供任何形式的资助。

《企业财务通则》施行以前提取的应付福利费有结余的，符合规定的企业缴费应当先从应付福利费中列支。

（三）企业缴费与职工缴费共同形成的补充养老保险基金，属于参加补充养老保险计划的职工所有，应当单独设账，与本企业及其他当事人的资产、业务严格分开。企业应当依法委托具有相应资质的基金管理机构对补充养老保险基金实施管理，并定期向职工公开补充养老保险基金的相关财务状况和会计信息。

（四）对于建立补充养老保险之前已经离退休或者按照国家规定办理内退而未纳入补充养老保险计划的职工，企业按照国家有关规定向其支付的养老费用，从管理费用中列支。

二、关于企业应付工资结余的处理

（一）《企业财务通则》施行后，处于正常生产经营情况的企业，在继续实施工效挂钩政策的条件下，截至 2007 年 12 月 31 日因实施工效挂钩政策形成的应付工资结余，应当继续作为负债管理，主要用于以后年度工资分配的“以丰补歉”，不能转增未分配利润、盈余公积、资本公积，以维护国家工效挂钩政策的一致性。今后国家对企业工资管理政策进行重大调整或者制定出台新的有关政策时，原有应付工资结余的处理再行规定。

企业截至 2006 年 12 月 31 日拖欠的以下支出，经职工（代表）大会审议通过后，也可从上述工效挂钩政策形成的应付工资结余中列支：

1. 离退休人员符合国家规定的统筹项目外养老费用；
2. 符合国家规定的内退人员基本生活费和社会保险费；
3. 解除劳动合同的职工经济补偿金。

（二）企业进行公司制改建、接受新股东出资或者实施产权转让时，按照财政部印发的《企业公司制改建有关国有资本管理与财务处理的暂行规定》（财企［2003］313号）以及《关于〈企业公司制改建有关国有资本管理与财务处理的暂行规定〉有关问题的补充通知》（财企［2005］12号），工效挂钩形成的应付工资结余应当在资产评估基准日转增资本公积，不再作为负债管理，也不得量化为个人投资。

三、其他

（一）各级主管财政机关、各部门应当加强对所管理企业新旧财务制度衔接的指导和监督。对于企业违反《企业财务通则》及本通知规定的行为，主管财政机关应当依法追究企业及其负有直接责任的主管人员和其他人员的责任。

（二）本通知自印发之日起执行。涉及的税收管理问题，按照财政部、国家税务总局有关规定执行。各地区、各部门、各企业以前有关财务规定及财务行为与本通知不符的，一律以本通知为准。各企业2007年度财务会计报告涉及的相关问题，应当按本通知办理。

财政部关于中外合作经营企业外方合作者先行回收投资有关问题的通知

2008年8月6日　财企［2008］159号

各省、自治区、直辖市、计划单列市财政厅（局），国务院有关部委、有关直属机构，新疆生产建设兵团财务局，各中央管理企业：

《中外合作经营企业外国合作者先行回收投资审批办法》（财政部令第28号）印发后，对规范中外合作经营企业（以下简称合作企业）外国合作者先行回收投资的审批工作，起到了积极作用，但在实际执行中有些问题需要进一步予以明确。现就有关问题通知如下：

一、依据《中外合作经营企业法》第二十一条以及《中外合作经营企业法实施细则》第四十四条的规定，在按照投资或者提供合作条件进行分配的基础上，扩大外国合作者的收益分配比例，或者外国合作者在合作企业缴纳所得税前回收投资以及其他方式先行回收投资，其财务实质都是外国合作者以股东（所有者）身份参与对企业收益的分配，从而实现投资回报。从企业财务管理来讲，外国合作者先行回收投资的资金，主要来源于企业通过提取固定资产折旧或无形资产摊销积累的资金以及企业实现的利润。因此，《中外合作经营企业外国合作者先行回收投资审批办法》（财政部令第28号）第三条规定先行回收投资的“其他方式”，包括利润分配方式。

二、主管财政机关在审批合作企业外国合作者先行回收投资时，应当遵循中外各方“平等互利、利益共享、风险共担”的原则，重点审查以下事项：

（一）外国合作者先行回收投资方式的合理性。外国合作者先行回收投资，应当与按照投资或者提供合作条件进行利润分配回收的投资合并计算。

（二）企业的经营和财务状况。企业亏损未弥补前，外国合作者不得先行回收投资。

（三）外国合作者对相关债务的承诺。外国合作者应当出具承诺函，承诺企业债务的偿付优先于其先行回收投资，并且在先行回收投资的范围内对企业的债务承担连带责任。对于提取合作企业固定资产折旧费而使合作企业资产减少的，外国合作者还应当提供由境内的银行或金融机构出具的相应金额的担保函。

财政部关于外商投资企业场地使用费征收问题的意见

2008 年 8 月 21 日　财企［2008］166 号

广东省财政厅：

你厅《关于外商投资企业场地使用费征收有关问题的请示》（粤财外［2008］62 号）收悉。经研究，我们意见如下：

一、根据我国现行土地管理法律法规和政策，外商投资企业是否缴纳场地使用费，应当区别以下情况而定：

（一）以划拨方式取得土地使用权的，外商投资企业由于没有支付土地出让金，应当按规定缴纳场地使用费。

（二）以出让方式取得土地使用权的，外商投资企业由于已支付了土地出让金，不再缴纳场地使用费。

（三）以租赁方式取得土地使用权的，如租金计算时已考虑场地开发和土地使用费因素，则不需缴纳场地使用费；如租金中未予考虑场地开发和土地使用费因素，则由承租人即外商投资企业缴纳场地使用费。

（四）在中外合资合作经营中，外商投资企业的中方以土地使用权作价出资或提供合作条件的，应当由中方投资者区别以上情况缴纳场地使用费。

二、外商投资企业缴纳的场地使用费或支付的土地出让金，都作为土地资源的取得成本进行财务处理，同时应当依法缴纳城镇土地使用税。

国资委　财政部关于规范国有控股上市公司实施股权激励制度有关问题的通知

2008 年 10 月 21 日　国资发分配［2008］171 号

各省、自治区、直辖市及计划单列市和新疆生产建设兵团国资委、财政厅（局），各中央企业：

国资委、财政部《关于印发〈国有控股上市公司（境外）实施股权激励试行办法〉的通知》（国资发分配［2006］8 号）和《关于印发〈国有控股上市公司（境内）实施股权激励试行办法〉的通知》（国资发分配［2006］175 号）印发后，境内、外国有控股上市公司（以下简称上市公司）积极探索试行股权激励制度。由于上市公司外部市场环境和内部运行机制尚不健全，公司治理结构有待完善，股权激励制度尚处于试点阶段，为进一步规范实施股权激励，现就有关问题通知如下：

一、严格股权激励的实施条件，加快完善公司法人治理结构

上市公司国有控股股东必须切实履行出资人职责，并按照国资发分配［2006］8号、国资发分配［2006］175号文件的要求，建立规范的法人治理结构。上市公司在达到外部董事（包括独立董事）占董事会成员一半以上、薪酬委员会全部由外部董事组成的要求之后，要进一步优化董事会的结构，健全通过股东大会选举和更换董事的制度，按专业化、职业化、市场化的原则确定董事会成员人选，逐步减少国有控股股东的负责人、高级管理人员及其他人员担任上市公司董事的数量，增加董事会中由国有资产出资人代表提名的、由公司控股股东以外人员任职的外部董事或独立董事数量，督促董事提高履职能力，恪守职业操守，使董事会真正成为各类股东利益的代表和重大决策的主体，董事会选聘、考核、激励高级管理人员的职能必须到位。

二、完善股权激励业绩考核体系，科学设置业绩指标和水平

（一）上市公司实施股权激励，应建立完善的业绩考核体系和考核办法。业绩考核指标应包含反映股东回报和公司价值创造等综合性指标，如净资产收益率（ROE）、经济增加值（EVA）、每股收益等；反映公司赢利能力及市场价值等成长性指标，如净利润增长率、主营业务收入增长率、公司总市值增长率等；反映企业收益质量的指标，如主营业务利润占利润总额比重、现金营运指数等。上述三类业绩考核指标原则上至少各选一个。相关业绩考核指标的计算应符合现行会计准则等相关要求。

（二）上市公司实施股权激励，其授予和行使（指股票期权和股票增值权的行权或限制性股票的解锁，下同）环节均应设置应达到的业绩目标，业绩目标的设定应具有前瞻性和挑战性，并切实以业绩考核指标完成情况作为股权激励实施的条件。

1. 上市公司授予激励对象股权时的业绩目标水平，应不低于公司近3年平均业绩水平及同行业（或选取的同行业境内、外对标企业，行业参照证券监管部门的行业分类标准确定，下同）平均业绩（或对标企业50分位值）水平。

2. 上市公司激励对象行使权利时的业绩目标水平，应结合上市公司所处行业特点和自身战略发展定位，在授予时业绩水平的基础上有所提高，并不得低于公司同行业平均业绩（或对标企业75分位值）水平。凡低于同行业平均业绩（或对标企业75分位值）水平以下的不得行使。

（三）完善上市公司股权激励对象业绩考核体系，切实将股权的授予、行使与激励对象业绩考核结果紧密挂钩，并根据业绩考核结果分档确定不同的股权行使比例。

（四）对科技类上市公司实施股权激励的业绩指标，可以根据企业所处行业的特点及成长规律等实际情况，确定授予和行使的业绩指标及其目标水平。

（五）对国有经济占控制地位的、关系国民经济命脉和国家安全的行业以及依法实行专营专卖的行业，相关企业的业绩指标，应通过设定经营难度系数等方式，剔除价格调整、宏观调控等政策因素对业绩的影响。

三、合理控制股权激励收益水平，实行股权激励收益与业绩指标增长挂钩浮动

按照上市公司股价与其经营业绩相关联、激励对象股权激励收益增长与公司经营业绩增长相匹配的原则，实行股权激励收益兑现与业绩考核指标完成情况挂钩的办法。即在达到实施股权激励业绩考核目标要求的基础上，以期初计划核定的股权激励预期收益为基础，按照股权行使时间限制表，综合上市公司业绩和股票价格增长情况，对股权激励收益增幅进行合理调控。具体方法如下：

（一）对股权激励收益在计划期初核定收益水平以内且达到考核标准的，可按计划予以行权。

（二）对行权有效期内股票价格偏高，致使股票期权（或股票增值权）的实际行权收益超出计划核定的预期收益水平的上市公司，根据业绩考核指标完成情况和股票价格增长情况合理控制股权激励实际收益水平。即在行权有效期内，激励对象股权激励收益占本期股票期权（或股票增值权）授予时薪酬总水平（含股权激励收益，下同）的最高比重，境内上市公司及境外H股公司原则上不得超过40%，境外红筹股公司原则上不得超过50%。股权激励实际收益超出上述比重的，尚未行权的股票期权（或股票增值权）不再行使或将行权收益上交公司。

（三）上述条款应在上市公司股权激励管理办法或股权授予协议上予以载明。随着资本市场的逐步完善以及上市公司市场化程度和竞争性的不断提高，将逐步取消股权激励收益水平限制。

四、进一步强化股权激励计划的管理，科学规范实施股权激励

（一）完善限制性股票授予方式，以业绩考核结果确定限制性股票的授予水平。

1. 上市公司应以严格的业绩考核作为实施限制性股票激励计划的前提条件。上市公司授予限制性股票时的业绩目标应不低于下列业绩水平的高者：公司前3年平均业绩水平；公司上一年度实际业绩水平；公司同行业平均业绩（或对标企业50分位值）水平。

2. 强化对限制性股票激励对象的约束。限制性股票激励的重点应限于对公司未来发展有直接影响的高级管理人员。限制性股票的来源及价格的确定应符合证券监管部门的相关规定，且股权激励对象个人出资水平不得低于按证券监管规定确定的限制性股票价格的50%。

3. 限制性股票收益（不含个人出资部分的收益）的增长幅度不得高于业绩指标的增长幅度（以业绩目标为基础）。

（二）严格股权激励对象范围，规范股权激励对象离职、退休等行为的处理方法。

上市公司股权激励的重点应是对公司经营业绩和未来发展有直接影响的高级管理人员和核心技术骨干，不得随意扩大范围。未在上市公司任职、不属于上市公司的人员（包括控股股东公司的员工）不得参与上市公司股权激励计划。境内、境外上市公司监事不得成为股权激励的对象。

股权激励对象正常调动、退休、死亡、丧失民事行为能力时，授予的股权当年已达到可行使时间限制和业绩考核条件的，可行使的部分可在离职之日起的半年内行使，尚未达到可行使时间限制和业绩考核条件的不再行使。股权激励对象辞职、被解雇时，尚未行使的股权不再行使。

（三）规范股权激励公允价值计算参数，合理确定股权激励预期收益。

对实行股票期权（或股票增值权）激励方式的，上市公司应根据企业会计准则等有关规定，结合国际通行做法，选取适当的期权定价模型进行合理估值。其相关参数的选择或计算应科学合理。

对实行限制性股票激励方式的，在核定股权激励预期收益时，除考虑限制性股票赠与部分价值外，还应参考期权估值办法考虑赠与部分未来增值收益。

（四）规范上市公司配股、送股、分红后股权激励授予数量的处理。

上市公司因发行新股、转增股本、合并、分立、回购等原因导致总股本发生变动或其他原因需要调整股权授予数量或行权价格的，应重新报国有资产监管机构备案后由股东大会或授权董事会决定。对于其他原因调整股票期权（或股票增值权）授予数量、行权价格或其他条款的，应由董事会审议后经股东大会批准；同时，上市公司应聘请律师就上述调整是否符合国家相关法律法规、公司章程以及股权激励计划规定出具专业意见。

（五）规范履行相应程序，建立社会监督和专家评审工作机制。

建立上市公司国有控股股东与国有资产监管机构沟通协调机制。上市公司国有控股股东在上市公司董事会审议其股权激励计划之前，应与国有资产监管机构进行沟通协调，并应在上市公司股东大会审议公司股权激励计划之前，将上市公司董事会审议通过的股权激励计划及相应的管理考核办法等材料报国有资产监管机构审核，经股东大会审议通过后实施。

建立社会监督和专家评审工作机制。上市公司董事会审议通过的股权激励计划草案除按证券监管部门的要求予以公告外，同时还应在国有资产监管机构网站上予以公告，接受社会公众的监督和评议。同时国有资产监管机构将组织有关专家对上市公司股权激励方案进行评审。社会公众的监督、评议意见与专家的评审意见，将作为国有资产监管机构审核股权激励计划的重要依据。

建立中介服务机构专业监督机制。为上市公司拟订股权激励计划的中介咨询机构，应对股权激励计划的规范性、合规性、是否有利于上市公司的持续发展，以及对股东利益的影响发表专业意见。

（六）规范国有控股股东行为，完善股权激励报告、监督制度。

国有控股股东应增强法制观念和诚信意识，带头遵守法律法规，规范执行国家政策，维护出资人利益。

国有控股股东应按照国资发分配［2006］8号、国资发分配［2006］175号文件及本通知的要求，完善股权激励报告制度。国有控股股东向国有资产监管机构报送上市公司股东大会审议通过的股权激励计划时，应同时抄送财政部门。国有控股股东应当及时将股权激励计划的实施进展情况以及激励对象年度行使情况等报国有资产监管机构备案；国有控股股东有监事会的，应同时报送公司控股企业监事会。

国有控股股东应监督上市公司按照《企业财务通则》和企业会计准则的规定，为股权激励的实施提供良好的财务管理和会计核算基础。

国有资产监管机构将对上市公司股权激励的实施进展情况，包括公司的改革发展、业绩指标完成情况以及激励对象薪酬水平、股权行使及其股权激励收益、绩效考核等信息实行动态管理和对外披露。

在境外和境内同时上市的公司，原则上应当执行国资发分配［2006］175号文件。公司高级管理人员和管理技术骨干应在同一个资本市场（境外或境内）实施股权激励。

对本通知印发之前已经实施股权激励的国有控股上市公司，其国有控股股东应按照本通知要求，督促和要求上市公司对股权激励计划进行修订完善并报国资委备案，经股东大会（或董事会）审议通过后实施。

财政部关于企业重组有关职工安置费用财务管理问题的通知

2009年6月25日　财企［2009］117号

党中央有关部门，国务院各部委、各直属机构，总后勤部、武警总部，全国人大常委会办公厅，全国政协办公厅，各中央管理企业，各省、自治区、直辖市、计划单列市财政厅（局），新疆生产建设兵团财务局：

国家出资企业在改制、产权转让、合并、分立、托管等方式实施重组过程中，职工安置问题事关有关人员的切身利益、企业的健康持续发展以及构建和谐社会大局。当前，在有关职工安置费用的财务管理中，存在制度不健全、政策不统一、执行不规范等问题，导致国有资产流失和社会分配不公。为进一步规范企业重组行为，正确评估企业净资产价值，维护职工和国有权益，现就涉及产权关系变动、股权结构调整的企业重组中，有关职工安置费用财务管理问题通知如下：

一、企业重组过程中，按照国家有关规定支付给解除、终止劳动合同的职工的经济补偿，以及为移交社会保障机构管理的职工一次性缴付的社会保险费，按照《企业财务通则》（财政部令第41号）第六十条规定执行，其中产权转让的按本通知第七条规定执行。

二、企业重组过程中涉及的离退休人员和内退人员有关费用，应按照“人随资产、业务走”的原则，由承继重组前企业相关资产及业务的企业承担。

企业对上述费用实行预提的，在重组过程中评估企业净资产价值时，根据权责一致原则，对企业资产未来可能实现的收益，也应当予以评估确认。

企业对预提的上述费用不符合本通知规定的，在重组过程中评估企业净资产价值时，应当按照本通知规定予以调整确认。

三、企业重组过程中，对符合重组企业所在设区的市以上人民政府规定的离退休人员统筹外费用，经批准可以从重组前企业净资产中预提，预提年限应当按照中国保监会发布的《中国人寿保险业务经验生命表》计算。

国家对离休人员安置另有规定的，从其规定。

四、企业重组过程中，对符合法律、行政法规以及国务院劳动保障部门规定条件的内退人员，其内退期间的生活费和社会保险费，经批准可以从重组前企业净资产中预提。

内退人员的生活费标准不得低于本地区最低工资标准的70%，同时不得高于本企业平均工资的70%，并应与企业原有内退人员待遇条件相衔接，经职工代表大会审议后，在内退协议中予以明确约定。

五、重组企业按照本通知第三、四条预提的有关费用，应当分别计算离退休人员和内退人员的预提年限，并以重组基准日相关费用为基数，以同期限历史平均通胀率计算未来各期企业应支付的费用后，再按照同期限银行贷款利率进行贴现计算。预提费用计算公式如下：

$$一次性预提费用 = \sum_{t=1}^{T} \frac{f_t \times (1 + r_1)^t}{(1 + r_2)^t}$$

其中，T为预提年限；f_t 为预提年限内第t期费用；r_1 为预提年限同期限内历史平均通胀率；r_2 为预提年限同期限银行贷款利率。

六、企业实行分立式重组，将离退休人员和内退人员移交存续企业或者由上级集团公司集中管理的，上述预提费用由重组后企业以货币资金形式支付给管理单位。重组后企业如货币资金不足，可以自重组完成日起5年内分期支付，但应当按照重组基准日5年期银行贷款利率向管理单位支付分期付款的利息。有关利息支出作为重组后企业财务费用处理。

七、企业重组涉及产权转让的，按照本通知第一条、第二条规定应当支付、缴付或者预提的各项职工安置费用，在资产评估之前不得从拟转让的净资产中扣除，也不得从转让价款中直接抵扣，应当从产权转让收入中优先支付。对已经按照《企业会计准则》预提的职工安置费用余额，在资产评估之前应当调增拟转让的净资产。

八、重组企业离退休人员及内退人员的管理单位应当对预提费用实行专户管理，并按约定从专户中向相关人员支付费用。预提资金不足支付相关费用的或者有结余的，按《企业会计准则》的相关规定计入管理单位当期损益。

九、本通知自发布之日起施行。以前各地区、各部门有关财务规定与本通知不一致的，以本通知为准。本通知施行前已经按规定报经批准的企业重组行为与本通知不一致的，不予追溯调整。

财政部　国家安全监管总局关于印发《中央下放地方政策性关闭破产有色金属矿山企业尾矿库闭库治理安全工程项目和补助资金管理暂行办法》的通知

2009年7月8日　财企［2009］120号

有关省、自治区、直辖市财政厅（局）、安全生产监督管理局：

中央下放地方资源枯竭型矿山企业实施政策性关闭破产后，遗留的部分尾矿库因年久失修、缺乏必要的治理和维护，存在严重的安全隐患，亟待治理。根据《中共中央办公厅　国务院办公厅关于进一步做好资源枯竭矿山关闭破产工作的通知》（中办发［2000］11 号）、《国务院办公厅关于进一步加强矿山安全生产工作的紧急通知》（国办发明电［2008］35 号）等文件精神，经研究，中央财政将对中央下放地方政策性关闭破产矿山企业存在安全隐患的尾矿库进行闭库治理给予适当的资金补助。经征求意见，我们制定了《中央下放地方政策性关闭破产有色金属矿山企业尾矿库闭库治理安全工程项目和补助资金管理暂行办法》（见附件），现印发给你们。请你们严格按照办法的规定，落实好补助政策，力争用三年左右时间完成中央下放地方政策性关闭破产有色金属矿山企业尾矿库闭库治理工作。

附件：中央下放地方政策性关闭破产有色金属矿山企业尾矿库闭库治理安全工程项目和补助资金管理暂行办法

附件：

中央下放地方政策性关闭破产有色金属矿山企业尾矿库闭库治理安全工程项目和补助资金管理暂行办法

第一章　总　　则

第一条　为保证中央下放地方政策性关闭破产有色金属矿山企业尾矿库闭库治理安全工程项目的有效实施，及时消除尾矿库安全隐患，保障人民群众生命财产安全，提高资金使用效率，制定本办法。

第二条　本办法适用于经全国企业兼并破产和职工再就业工作领导小组批准实施了政策性关闭破产的中央下放地方的有色金属矿山企业遗留的未实施闭库治理、经鉴定属于危库险库病库、且未由重组企业或其他企业使用的尾矿库（以下统称尾矿库）。

第三条　尾矿库闭库治理工作由尾矿库责任企业或地方政府指定的单位（以下统称治理责任单位）承担，并实行项目管理。地方县级以上（含县级）政府及其安全监管部门具体负责尾矿库闭库治理安全工程项目的监督管理，中央财政对尾矿库闭库治理的安全工程项目资金给予适当补助。

第四条　尾矿库闭库的治理责任单位按下述情形确定：

（一）现由原关闭破产企业上级集团公司（单位）管理的尾矿库，该集团公司（单位）为治理责任单位；

（二）已经移交所在地政府或其他企业管理且未使用的尾矿库，其接收单位为治理责任单位；

（三）企业整体关闭破产、目前无主管单位的尾矿库，由辖区县级以上（含县级）人民政府负责确定治理责任单位。

第二章　项目实施

第五条　尾矿库治理责任单位负责委托有相应资质的安全评价机构和环境影响评价机构，编制尾矿库闭库安全评价报告和环境影响评价报告，并按规定报送并取得安全监管、环境保护部门的审核批复。

第六条　尾矿库治理责任单位负责委托有相应资质的设计单位编制尾矿库闭库设计，并报省级安全监管部门审批。

第七条 尾矿库治理责任单位根据审核通过的尾矿库闭库设计方案，编制资金申请报告，并报省级财政部门初审。

第八条 省级财政部门会同省级安全监管部门对尾矿库治理责任单位提交的尾矿库闭库治理安全工程项目申请报告进行初审。初审通过的项目由省级财政部门和安全监管部门联合上报财政部、安全监管总局。申请报告应附闭库设计及治理方案、安全评价报告、环境影响评价报告、资金申请报告等材料（含电子文档）。

第九条 财政部会同安全监管总局对省级财政部门、安全监管部门上报的通过初审的尾矿库闭库治理安全工程项目申请报告进行合规性审核，对通过审查的项目下达核准和资金补助通知。

第十条 尾矿库治理责任单位要按照国家建设工程项目管理的规定，建立健全项目管理的各项规章制度，不得擅自改变主要治理内容和治理标准。

第十一条 尾矿库治理责任单位必须委托有相应资质的施工单位进行工程施工，与工程施工单位签订专门的安全管理协议，明确各自的安全管理职责，严格执行建设项目安全环保设施的相关规定，确保施工安全和工程质量。

第十二条 尾矿库闭库治理安全工程项目实行工程招投标制和监理制，尾矿库治理责任单位负责组织项目施工、监理招标等工作。

第十三条 尾矿库治理责任单位应在项目开工前向所在省安全监管部门上报项目开工情况；尾矿库闭库治理安全工程项目不能按计划实施的，尾矿库治理责任单位应当及时向省级安全监管部门报告情况，说明原因，并提出改进措施。

第十四条 尾矿库闭库治理安全工程项目竣工后，由省级安全监管部门组织竣工验收，尾矿库治理责任单位要按照国家有关规定妥善保管项目有关档案和验收材料。

第三章 补助资金管理

第十五条 本办法所称尾矿库闭库治理安全工程项目资金是指闭库治理中因整治尾矿坝、库区和排洪系统或采用取砂回填方式闭库所发生的各项直接费用。

第十六条 中央财政对尾矿库闭库治理安全工程项目资金，按下述比例给予补助：

（一）现由原关闭破产企业上级集团公司（单位）或接收单位管理的尾矿库，中央财政补助70%；

（二）对企业整体关闭破产或无主管单位的尾矿库，中央财政补助90%；

（三）特别困难地区（国家级贫困县或少数民族自治县（旗）），由中央财政全额负担。

第十七条 财政部按照核准的尾矿库闭库治理安全工程项目资金和规定的补助比例，核定并下达中央财政专项补助资金。

第四章 监督检查

第十八条 财政部、安全监管总局对尾矿库闭库治理安全工程项目实施情况进行检查，并对重点尾矿库闭库治理安全工程项目竣工验收情况进行抽查。

第十九条 省级财政部门要严格审查尾矿库闭库治理安全工程项目的工程投资概算，做好初审工作，确保中央财政专项补助资金的合理使用，并监督落实好治理工程项目的地方配套资金。

第二十条 省级安全监管部门要认真做好尾矿库闭库治理安全工程项目安全评价报告备案和闭库设计及治理方案的初审工作，确保闭库治理工作科学、合理。

第二十一条 对于违反规定，虚报冒领、截留、挪用尾矿库闭库治理资金的，中央财政将追回补助资金。同时，按照《财政违法行为处罚条例》（国务院令第427号）规定进行处理。

第二十二条 对指令或授意项目单位提供虚假情况、骗取中央财政资金的，以及对项目单位的资金申请报告审查不严、造成资金损失的，要依据《行政机关公务员处分条例》等有关规定严肃追究有关单位和人员的责任，构成犯罪的，由司法机关依法追究刑事责任。

第二十三条 中介机构在评价、设计、监理等过程中弄虚作假或提出的意见严重失真的，安全监管、环境保护等有关部门将依照有关规定，给予通报批评、取消资格、降低资质等级等相应处罚，并向社会公布。

第五章 附 则

第二十四条 本办法由财政部会同安全监管总局负责解释。

第二十五条 本办法自公布之日起施行。

财政部 安全监管总局 煤矿安监局 关于印发《中央财政整顿关闭小煤矿专项资金管理办法》的通知

2009 年 8 月 20 日 财企［2009］175 号

有关省、自治区、直辖市财政厅（局）、煤炭行业管理和煤矿安全监管部门，各省级煤矿安全监察机构：

为推动各地煤矿整顿关闭工作深入开展，按时完成国家下达的“十一五”后三年（2008—2010 年）整顿关闭小煤矿的工作任务，我们研究制定了《中央财政整顿关闭小煤矿专项资金管理办法》，现印发给你们，请遵照执行。

附件：中央财政整顿关闭小煤矿专项资金管理办法

附件：

中央财政整顿关闭小煤矿专项资金管理办法

第一条 为推动各地煤矿整顿关闭工作深入开展，按期完成国家“十一五”后三年整顿关闭小煤矿工作计划，提高中央财政关闭小煤矿专项资金使用效益，制定本办法。

第二条 本办法所称的小煤矿是指列入国家制定下达的“十一五”后三年煤矿整顿关闭工作计划确定的生产能力在 30 万吨/年以下的煤矿。

第三条 关闭小煤矿专项资金以实际关闭小煤矿数量为考核主体，兼顾生产能力、职工人数、地区差异状况等因素，遵循“突出重点、公开透明、严格管理、确保实效”的原则进行分配。

第四条 关闭小煤矿专项资金申请应符合以下条件：

（一）按照国家关闭小煤矿计划的目标和要求，按期完成小煤矿整顿关闭任务；

（二）已关闭小煤矿相关证照（采矿许可证、安全生产许可证、煤炭生产许可证、营业执照）已被注销，并按标准关闭到位；

（三）已在新闻媒体公告关闭矿井名单。

第五条 专项资金补助金额原则上按以下公式测算：

某省（区、市）获得补助金额＝该省（区、市）关闭煤矿总数×单位补助基数×（1＋矿井平均生产能力系数＋在职职工平均人数系数＋地区差异系数）。

其中：

1. 单位补助基数根据预算安排的年度专项资金总额、当年关闭矿井实际数量、淘汰落后能力等因素确定。

2. 矿井平均生产能力系数：3万吨/年以下（含3万吨/年）取值0；3万～6万吨/年（含6万吨/年）取值0.1；6万吨/年以上取值0.2。

3. 职工平均人员系数：30人/万吨以下（含30人/万吨）取值0，30～45人/万吨（含45人/万吨）取值0.1，45人/万吨以上取值0.2。

4. 地区差异系数：华北、华东地区和其他地区的产煤大省取值0；东北、中南和西南地区取值0.1；西北地区及新疆生产建设兵团取值0.2。

第六条 被关闭矿井的生产能力按照煤炭生产许可证登记的生产能力为准。被关闭的矿井职工人数以签订的劳动合同数量为准。

第七条 各省级财政部门会同同级煤矿整顿关闭工作牵头部门、煤矿安全监察机构在认真审查核实相关资料的基础上，按照要求每年于3月底前向财政部、安全监管总局、煤矿安监局上报煤矿整顿关闭工作报告。

工作报告应重点说明关闭小煤矿基本情况，实施效果，以及关闭小煤矿对当地能源供应、财政收支影响等情况。

第八条 财政部会同安全监管总局、煤矿安监局对各地上报的资料进行审核后，确定专项资金分配计划，下达专项资金。

第九条 关闭小煤矿专项资金采取“以奖代补”方式，通过中央财政专款形式拨付给省级财政部门，由各省级财政部门会同同级煤矿整顿关闭工作牵头部门、煤矿安全监察机构组织实施，资金主要用于关闭小煤矿的职工安置、消除安全隐患、补助地方关闭小煤矿财政支出等。

第十条 各省级财政部门要加强对资金的监督管理，根据本地区实际情况制定具体实施办法，确保资金使用安全有效。

第十一条 财政部驻各地财政监察专员办事处对各地关闭小煤矿情况和专项资金使用情况进行不定期监督检查，发现违规违法问题严肃处理。

第十二条 本办法由财政部负责解释。

财政部关于企业公益性捐赠股权有关财务问题的通知

2009年10月20日　财企［2009］213号

党中央有关部门，国务院各部委、各直属机构，全国人大常委会办公厅，全国政协办公厅，解放军总后勤部、武警总部，各省、自治区、直辖市、计划单列市财政厅（局），新疆生产建设兵团财务局，各中央管理企业：

《财政部关于加强企业对外捐赠财务管理的通知》（财企［2003］95号）印发后，为规范境内企业的对外捐赠行为，维护所有者权益，促进社会公益事业的发展，发挥了积极作用。随着我国资本市场的不断完善和社会公益意识的增强，企业对外捐赠出现了新的情况。为了进一步推进社会公益事业的发展，引导企业规范开展公益性捐赠，现就企业以持有的股权（含企业产权、公司股份，下同）进行公益性捐赠有关财务问题通知如下：

一、由自然人、非国有的法人及其他经济组织投资控股的企业，依法履行内部决策程序，由投资者审议决定后，其持有的股权可以用于公益性捐赠。

二、企业以持有的股权进行公益性捐赠，应当以不影响企业债务清偿能力为前提，且受赠对象应当是依法设立的公益性社会团体和公益性非营利的事业单位。企业捐赠后，必须办理股权变更手续，不再对已捐赠股权行使股东权利，并不得要求受赠单位予以经济回报。

三、公益性捐赠涉及上市公司股权的，捐赠方和受赠方应当遵照《证券法》及有关证券监管的其他规定，履行相关承诺和信息披露义务。

四、本通知自印发之日起执行。财政部原有关财务规定与本通知不符的，以本通知规定为准。

财政部关于企业加强职工福利费财务管理的通知

2009年11月12日　财企［2009］242号

党中央有关部门，国务院各部委、各直属机构，全国人大常委会办公厅，全国政协办公厅，解放军总后勤部，武警总部，各省、自治区、直辖市、计划单列市财政厅（局），新疆生产建设兵团财务局，各中央管理企业：

为加强企业职工福利费财务管理，维护正常的收入分配秩序，保护国家、股东、企业和职工的合法权益，根据《公司法》、《企业财务通则》（财政部令第41号）等有关精神，现通知如下：

一、企业职工福利费是指企业为职工提供的除职工工资、奖金、津贴、纳入工资总额管理的补贴、职工教育经费、社会保险费和补充养老保险费（年金）、补充医疗保险费及住房公积金以外的福利待遇支出，包括发放给职工或为职工支付的以下各项现金补贴和非货币性集体福利：

（一）为职工卫生保健、生活等发放或支付的各项现金补贴和非货币性福利，包括职工因公外地就医费用、暂未实行医疗统筹企业职工医疗费用、职工供养直系亲属医疗补贴、职工疗养费用、自办职工食堂经费补贴或未办职工食堂统一供应午餐支出、符合国家有关财务规定的供暖费补贴、防暑降温费等。

（二）企业尚未分离的内设集体福利部门所发生的设备、设施和人员费用，包括职工食堂、职工浴室、理发室、医务所、托儿所、疗养院、集体宿舍等集体福利部门设备、设施的折旧、维修保养费用以及集体福利部门工作人员的工资薪金、社会保险费、住房公积金、劳务费等人工费用。

（三）职工困难补助，或者企业统筹建立和管理的专门用于帮助、救济困难职工的基金支出。

（四）离退休人员统筹外费用，包括离休人员的医疗费及离退休人员其他统筹外费用。企业重组涉及的离退休人员统筹外费用，按照《财政部关于企业重组有关职工安置费用财务管理问题的通知》（财企［2009］117号）执行。国家另有规定的，从其规定。

（五）按规定发生的其他职工福利费，包括丧葬补助费、抚恤费、职工异地安家费、独生子女费、探亲假路费，以及符合企业职工福利费定义但没有包括在本通知各条款项目中的其他支出。

二、企业为职工提供的交通、住房、通讯待遇，已经实行货币化改革的，按月按标准发放或支付的住房补贴、交通补贴或者车改补贴、通讯补贴，应当纳入职工工资总额，不再纳入职工福利费管理；尚未实行货币化改革的，企业发生的相关支出作为职工福利费管理，但根据国家有关企业住房制度改革政策的统一规定，不得再为职工购建住房。

企业给职工发放的节日补助、未统一供餐而按月发放的午餐费补贴，应当纳入工资总额管理。

三、职工福利是企业对职工劳动补偿的辅助形式，企业应当参照历史一般水平合理控制职工福利费在职工总收入中的比重。按照《企业财务通则》第四十六条规定，应当由个人承担的有关支出，企业不得作为职工福利费开支。

四、企业应当逐步推进内设集体福利部门的分离改革，通过市场化方式解决职工福利待遇问题。同时，结合企业薪酬制度改革，逐步建立完整的人工成本管理制度，将职工福利纳入职工工资总额管理。

对实行年薪制等薪酬制度改革的企业负责人，企业应当将符合国家规定的各项福利性货币补贴纳入薪酬体系统筹管理，发放或支付的福利性货币补贴从其个人应发薪酬中列支。

五、企业职工福利一般应以货币形式为主。对以本企业产品和服务作为职工福利的，企业要严格控制。国家出资的电信、电力、交通、热力、供水、燃气等企业，将本企业产品和服务作为职工福利的，应当按商业化原则实行公平交易，不得直接供职工及其亲属免费或者低价使用。

六、企业职工福利费财务管理应当遵循以下原则和要求：

（一）制度健全。企业应当依法制订职工福利费的管理制度，并经股东会或董事会批准，明确职工福利费开支的项目、标准、审批程序、审计监督。

（二）标准合理。国家对企业职工福利费支出有明确规定的，企业应当严格执行。国家没有明确规定的，企业应当参照当地物价水平、职工收入情况、企业财务状况等要求，按照职工福利项目制订合理标准。

（三）管理科学。企业应当统筹规划职工福利费开支，实行预算控制和管理。职工福利费预算应当经过职工代表大会审议后，纳入企业财务预算，按规定批准执行，并在企业内部向职工公开相关信息。

（四）核算规范。企业发生的职工福利费，应当按规定进行明细核算，准确反映开支项目和金额。

七、企业按照企业内部管理制度，履行内部审批程序后，发生的职工福利费，按照《企业会计准则》等有关规定进行核算，并在年度财务会计报告中按规定予以披露。

在计算应纳税所得额时，企业职工福利费财务管理同税收法律、行政法规的规定不一致的，应当依照税收法律、行政法规的规定计算纳税。

八、本通知自印发之日起施行。以前有关企业职工福利费的财务规定与本通知不符的，以本通知为准。金融企业另有规定的，从其规定。

财政部关于提高化学矿山维持简单再生产费用标准的通知

2009 年 11 月 13 日　财企［2009］240 号

各省、自治区、直辖市、计划单列市财政厅（局），有关企业：

为支持资源型产业的发展，解决化学矿山维持简单再生产资金严重不足的问题，决定调整化学矿山维持简单再生产费用（以下简称维简费）提取标准。现就有关事项通知如下：

一、从2009年1月1日起，将化学矿山维简费标准提高到每吨原矿提取14～18元。其中，大中型化学矿山企业维简费标准为18元/吨，其他化学矿山企业可根据自身条件在14～18元/吨的范围内自行确定提取标准。企业提取的维简费全部计入生产成本。

二、维简费提取标准一经确定，不得随意改动。

三、财政部、原化学工业部《关于调整重点化学矿山维简费提取标准的通知》［（91）财工字第888号］同时废止。

财政部关于中央下放政策性关闭破产有色金属矿山企业尾矿库闭库治理安全工程项目概算审核有关问题的通知

2010年1月12日　财企［2010］2号

有关省、自治区、直辖市、计划单列市财政厅（局）：

根据《财政部　国家安全监管总局关于印发〈中央下放地方政策性关闭破产有色金属矿山企业尾矿库闭库治理安全工程项目和补助资金管理暂行办法〉的通知》（财企［2009］120号）精神，为规范编制关闭破产有色金属矿山企业尾矿库闭库治理安全工程项目的投资概算，明确省级财政部门的审核职责，提高审核工作效率，确保尾矿库闭库治理工程项目顺利实施，现将有关事项通知如下：

一、关于申报尾矿库闭库治理中央财政专项资金的资格

申请中央财政补助资金的尾矿库闭库治理项目须同时满足以下条件：

（一）尾矿库原隶属于中央下放地方政策性关闭破产有色金属矿山企业；

（二）尾矿库现已废弃或停止使用；

（三）尾矿库未移交给重组企业或其他生产企业使用；

（四）经鉴定属危库、险库或病库；

（五）尾矿库实施闭库治理。

二、关于尾矿库闭库治理安全工程投资概算的编制要求

（一）编制依据。

委托具有相应资质的单位根据安全生产监管部门审批同意的尾矿库闭库治理工程设计方案，编制尾矿库闭库治理工程投资概算。投资概算中工程各项费用测算应依据中国有色金属工业协会发布的《有色金属工业建设工程预算定额》（中色协综字［2008］010号）有关规定，并参考近期当地市场主要材料、设备价格等因素计算。

（二）尾矿库闭库治理安全工程项目的要求。

闭库治理工程概算中的安全工程是指涉及尾矿库坝体、滩面治理的直接施工项目，主要包括尾矿坝体整治、排洪（排水）系统整治、取砂回填、库区滩面整治（含尾矿库监测设施）等四大类。中央财政对闭库治理安全工程项目所需费用给予补助。闭库治理项目概算中涉及的安全工程项目，须列出具体明细项目以及概算额测算的主要依据（参数、数据等）。

三、财政部门审核尾矿库闭库治理工程项目方案的主要内容

省级财政部门须对企业或县级政府申报的尾矿库闭库治理工程项目进行合规性审核。对符合条件的闭库治理工程项目，省级财政部门负责审核闭库治理工程项目设计方案和资金概算，同时编制尾矿库闭库治理安全工程项目资金概算审核报告上报。

（一）合规性审核的主要内容。

1. 符合闭库治理条件的证明文件。其中包括，该尾矿库原隶属的中央下放政策性关闭有色金属破产企业名称、现接收的单位或企业名称、目前是否在用或无主、危险等级等内容。

2. 所在地县级人民政府出具的尾矿库闭库治理责任单位授权文件。

3. 企业上级集团公司或县级地方财政部门出具的尾矿库闭库治理资金兜底函，其中需说明企业或地方承担治理资金的比例和落实情况。

4. 地处特别困难地区或国家贫困县的尾矿库，需出具地方政府证明文件。

5. 尾矿库治理项目安全现状评价报告及省级安全监管部门出具的安全现状评价报告备案文件。

6. 闭库设计及省级安全监管部门出具的闭库设计（安全专篇）批准文件。

7. 环境评价报告及省级环境保护部门出具的审核环境影响评价报告审批文件。

8. 省级安全生产监管部门对尾矿库闭库治理设计方案的批复。

9. 工程施工总体规划和工期进度安排计划。

（二）编制尾矿库闭库治理安全工程项目概算审核报告。

省级财政部门对尾矿库治理工程项目概算审核后，需编制《尾矿库闭库治理安全工程项目概算审核报告》，其主要内容应包括：

1. 尾矿库闭库治理工程情况概述；

2.《尾矿库闭库治理安全工程项目概算申报表》及各项资金的计算说明；

3. 财政部门审核意见；

4. 合规性审核中涉及的有关文件、材料。

（三）申请中央财政补助资金需报送的有关材料。

对完成上述工作的项目，省级财政部门可向财政部报送申请尾矿库闭库治理安全工程项目补助经费的请示，并附以下材料：

1.《尾矿库闭库治理工程设计方案》；

2.《尾矿库闭库治理安全工程项目概算审核报告》。

四、下达中央财政补助资金的程序和有关要求

各有关省、自治区、直辖市、计划单列市安全监管部门、财政部门按照财企［2009］120号文件报送的尾矿库闭库治理工程项目，须经国家安全监管总局组织的技术专家评审。对经国家安全监管总局批复同意的项目，财政部将依据有关政策规定核定尾矿库闭库治理安全工程项目补助资金，并及时下达批复文件。省级财政部门对中央财政专项补助资金，应制定严格管理办法，专款专用，并监督落实闭库治理工程项目的其他配套资金，保证工程建设经费足额到位，严格按计划完成尾矿库闭库治理工程项目。

附件：1. 尾矿库闭库治理安全工程项目概算审核报告（封面）（略）

2. 尾矿库闭库治理安全工程项目概算申报表

附件2：

尾矿库闭库治理安全工程项目概算申报表

现隶属企业（单位）名称：　　　　　　　　　　　　　　　　　　　　　原属关闭破产企业名称：

序号	项目名称	单价	申报数量	审核数量	申报金额（万元）		审核金额（万元）		备注
					单位	合价	单价	合价	
一	尾矿坝体整治								
1.1	例如：坝体浆砌块石	m^3							
1.2	例如：坝体加固	m^3							
	…								
	小计								
二	排洪、排水系统整治								
2.1	例如：排水沟	m^3							
2.2	例如：截洪沟	m^3							
	…								
	小计								
三	取砂回填								
3.1									
3.2	…								
	小计								
四	库区整治（含尾矿库监测设施）								
3.1	例如：植草	m^2							
3.2	例如：复土	m^3							
	…								
	小计								
	治理安全工程费用合计								

说明：注明工程各子项结构形式，所取材质及特征。

财政部　科技部关于印发《中关村国家自主创新示范区企业股权和分红激励实施办法》的通知

2010年2月1日　财企［2010］8号

党中央有关部门，国务院有关部委、直属机构，各省、自治区、直辖市、计划单列市财政厅（局）、科技厅（委、局），新疆生产建设兵团财务局、科技局，各中央管理企业：

在中关村国家自主创新示范区实施企业股权和分红激励政策，对于探索企业分配制度改革，建立有利于自主创新和科技成果转化的中长期激励分配机制，充分发挥技术、管理等要素的作用，推动高新技术产业化，具有重要意义。根据《国务院关于同意支持中关村科技园区建设国家自主创新示范区的批复》（国函［2009］28号），我们制定了《中关村国家自主创新示范区企业股权和分红激励实施办法》，现印发给你们，请遵照执行。执行中有何问题，请及时向财政部、科技部反映。

在中关村国家自主创新示范区实施企业股权和分红激励政策，有关部门应当根据“统筹兼顾、因企制宜、稳步推进、规范实施”的原则，按照国家统一办法执行，既要营造科技创新的政策环境，激发技术人员和经营管理人员开展自主创新和实施科技成果转化的积极性，又要依法维护国有资产权益，保障企业职工的合法权益，促进企业可持续健康发展。在实施步骤、方式、范围上，不搞“一刀切”，不能急于求成，不能形成新的“大锅饭”分配体制。各级财政、科技部门要加强对企业股权和分红激励政策实施的监督，注意总结经验。

各省、自治区、直辖市及计划单列市建设的国家级自主创新示范区，报经国务院批准实行企业股权和分红激励政策的，按照《中关村国家自主创新示范区企业股权和分红激励实施办法》执行。

附件：中关村国家自主创新示范区企业股权和分红激励实施办法

附件：

中关村国家自主创新示范区企业股权和分红激励实施办法

第一章　总　　则

第一条　为建立有利于企业自主创新和科技成果转化的激励分配机制，调动技术和管理人员的积极性和创造性，推动高新技术产业化和科技成果转化，依据《促进科技成果转化法》、《公司法》、《企业国有资产法》及国务院有关规定，制定本办法。

第二条　本办法适用于中关村国家自主创新示范区内的以下企业：

（一）国有及国有控股的院所转制企业、高新技术企业。

（二）示范区内的高等院校和科研院所以科技成果作价入股的企业。

（三）其他科技创新企业。

第三条　股权激励，是指企业以本企业股权为标的，采取以下方式对激励对象实施激励的行为：

（一）股权奖励，即企业无偿授予激励对象一定份额的股权或一定数量的股份。

（二）股权出售，即企业按不低于股权评估价值的价格，以协议方式将企业股权（包括股份，下同）有偿出售给激励对象。

（三）股票期权，即企业授予激励对象在未来一定期限内以预先确定的行权价格购买本企业一定数量股份的权利。

分红激励，是指企业以科技成果实施产业化、对外转让、合作转化、作价入股形成的净收益为标的，采取项目收益分成方式对激励对象实施激励的行为。

第四条　激励对象应当是重要的技术人员和企业经营管理人员，包括以下人员：

（一）对企业科技成果研发和产业化做出突出贡献的技术人员，包括企业内关键职务科技成果的主要完成人、重大开发项目的负责人、对主导产品或者核心技术、工艺流程做出重大创新或者改进的主要技术人员，高等院校和科研院所研究开发和向企业转移转化科技成果的主要技术人员。

（二）对企业发展做出突出贡献的经营管理人员，包括主持企业全面生产经营工作的高级管理人员，负责企业主要产品（服务）生产经营合计占主营业务收入（或者主营业务利润）50%以上的中、高级经营管理人员。

企业不得面向全体员工实施股权或者分红激励。

企业监事、独立董事、企业控股股东单位的经营管理人员不得参与企业股权或者分红激励。

第五条 实施股权和分红激励的企业，应当符合以下要求：

（一）企业发展战略明确，专业特色明显，市场定位清晰。

（二）产权明晰，内部治理结构健全并有效运转。

（三）具有企业发展所需的关键技术、自主知识产权和持续创新能力。

（四）近3年研发费用占企业销售收入2%以上，且研发人员占职工总数10%以上。

（五）建立了规范的内部财务管理制度和员工绩效考核评价制度。

（六）企业财务会计报告经过中介机构依法审计，且近3年没有因财务、税收违法违规行为受到行政、刑事处罚。

第六条 企业实施股权和分红激励，应当符合法律、行政法规和本办法的规定，有利于企业的持续发展，不得损害国家和企业股东的利益，并接受本级财政、科技部门的监督。

激励对象应当诚实守信，勤勉尽责，维护企业和全体股东的利益。

激励对象违反有关法律法规及本办法规定，损害企业合法权益的，应当对企业损失予以一定的赔偿，并追究相应法律责任。

第七条 企业实施股权或者分红激励，应当按照《企业财务通则》和国家统一会计制度的规定，规范财务管理和会计核算。

第二章 股权奖励和股权出售

第八条 企业以股权奖励和股权出售方式实施激励的，除满足本办法第五条规定外，企业近3年税后利润形成的净资产增值额应当占企业近3年年初净资产总额的20%以上，且实施激励当年年初未分配利润没有赤字。

近3年税后利润形成的净资产增值额，是指激励方案获批日上年末账面净资产相对于近3年年初账面净资产的增加值，不包括财政补助直接形成的净资产和已经向股东分配的利润。

第九条 股权奖励和股权出售的激励对象，除满足本办法第四条规定条件外，应当在本企业连续工作3年以上。

股权奖励的激励对象，仅限于技术人员。

企业引进的“千人计划”、“中科院百人计划”、“北京海外高层次人才聚集工程”、“中关村高端领军人才聚集工程”人才，教育部授聘的长江学者，以及高等院校和科研院所研究开发和向企业转移转化科技成果的主要技术人员，其参与企业股权激励不受本条第一款规定的工作年限限制。

第十条 企业用于股权奖励和股权出售的激励总额，不得超过近3年税后利润形成的净资产增值额的35%。其中，激励总额用于股权奖励的部分不得超过50%。

企业用于股权奖励和股权出售的激励总额，应当依据资产评估结果折合股权，并确定向每个激励对象奖励或者出售的股权。其中涉及国有资产的，评估结果应当经代表本级人民政府履行出资人职责的机构、部门（以下统称“履行出资人职责的机构”）核准或者备案。

第十一条 企业用于股权奖励和股权出售的激励总额一般在3～5年内统筹安排使用，并应当在激励方案中与激励对象约定分期实施的业绩考核目标等条件。

第三章 股票期权

第十二条 企业以股票期权方式实施激励的，应当在激励方案中明确规定激励对象的行权价格。

确定行权价格时，应当综合考虑科技成果成熟程度及其转化情况、企业未来至少5年的盈利能力、企业拟授予全部股权数量等因素，且不得低于经履行出资人职责的机构核准或者备案的每股评估价。

第十三条 企业应当与激励对象约定股票期权授予和行权的业绩考核目标等条件。

业绩考核指标可以选取净资产收益率、主营业务收入增长率、现金营运指数等财务指标，但应当不低于企业近3年平均业绩水平及同行业平均业绩水平。

第十四条 企业应当在激励方案中明确股票期权的授权日、可行权日和行权的有效期。

股票期权授权日与获授股票期权首次可行权日之间的间隔不得少于1年。

股票期权行权的有效期不得超过5年。

第十五条 企业应当规定激励对象在股票期权行权的有效期内分期行权。

股票期权行权的有效期过后，激励对象已获授但尚未行权的股票期权自动失效。

第四章 股权管理

第十六条 企业可以通过以下方式解决标的股权来源：

（一）向激励对象增发股份。

（二）向现有股东回购股份。

（三）现有股东依法向激励对象转让其持有的股权。

第十七条 企业不得为激励对象购买股权提供贷款以及其他形式的财务资助，包括为激励对象向其他单位或者个人贷款提供担保。

第十八条 激励对象自取得股权之日起5年内不得转让、捐赠其股权。

激励对象获得股权激励后5年内本人提出离职，或者因个人原因被解聘、解除劳动合同，取得的股权全部退回企业，其个人出资部分由企业按审计后净资产计算退还本人；以股票期权方式实施股权激励的，未行权部分自动失效。

第十九条 企业实施股权激励的标的股权，一般应当由激励对象直接持股。

激励对象通过其他方式间接持股的，直接持股单位不得与企业存在同业竞争关系或者发生关联交易。

第二十条 企业以股权出售或者股票期权方式授予的股权，激励对象在按期足额缴纳相应出资额（股款）前，不得参与企业利润分配。

第二十一条 大型企业用于股权激励的股权总额，不得超过企业实收资本（股本）的10%。

大型企业的划分标准，按照国家统计局印发的《统计上大中小型企业划分办法（暂行）》（国统字［2003］17号）等有关规定执行。

第五章 分红激励

第二十二条 企业可以根据以下不同情形，选择不同方式实施分红激励：

（一）由本企业自行投资实施科技成果产业化的，自产业化项目开始盈利的年度起，在3至5年内，每年从当年投资项目净收益中，提取不低于5%但不高于30%用于激励。

投资项目净收益为该项目营业收入扣除相应的营业成本和项目应合理分摊的管理费用、销售费用、财务费用及税费后的金额。

（二）向本企业以外的单位或者个人转让科技成果所有权、使用权（含许可使用）的，从转让净收益中，提取不低于20%但不高于50%用于一次性激励。

转让净收益为企业取得的科技成果转让收入扣除相关税费和企业为该项科技成果投入的全部研发费用及维护、维权费用后的金额。企业将同一项科技成果使用权向多个单位或者个人转让的，转让收入应当合并计算。

（三）以科技成果作为合作条件与其他单位或者个人共同实施转化的，自合作项目开始盈利的年度起，在3~5年内，每年从当年合作净收益中，提取不低于5%但不高于30%用于激励。

合作净收益为企业取得的合作收入扣除相关税费和无形资产摊销费用后的金额。

（四）以科技成果作价入股其他企业的，自入股企业开始分配利润的年度起，在3~5年内，每年从当年投资收益中，提取不低于5%但不高于30%用于激励。

投资收益为企业以科技成果作价入股后，从被投资企业分配的利润扣除相关税费后的金额。

第二十三条 企业实施分红激励，应当按照科技成果投资、对外转让、合作、作价入股的具体项目实施财务管理，进行专户核算。

第二十四条 大中型企业实施重大科技成果产业化，可以探索实施岗位分红激励制度，按照岗位在科技成果产业化中的重要性和贡献，分别确定不同岗位的分红标准。

企业实施岗位分红激励的，除满足本办法第五条规定外，企业近3年税后利润形成的净资产增值额应当占企业近3年年初净资产总额的10%以上，实施当年年初未分配利润没有赤字，且激励对象应当在该岗位上连续工作1年以上。

企业年度岗位分红激励总额不得高于当年税后利润的15%，激励对象个人岗位分红所得不得高于其薪酬总水平（含岗位分红）的40%。

第二十五条 企业实施分红激励所需支出计入工资总额，但不纳入工资总额基数，不作为企业职工教育经费、工会经费、社会保险费、补充养老及补充医疗保险费、住房公积金等的计提依据。

第二十六条 企业对分红激励设定实施条件的，应当在激励方案中与激励对象约定相应条件以及业绩考核办法，并约定分红收益的扣减或者暂缓、停止分红激励的情形及具体办法。

实施岗位分红激励制度的大中型企业，对离开激励岗位的激励对象，即予停止分红激励。

第六章 激励方案的拟订和审批

第二十七条 企业实施股权和分红激励，应当拟订激励方案。激励方案由企业总经理办公会或者董事会（以下统称企业内部管理机构）负责拟订。

第二十八条 激励方案包括但不限于以下内容：

（一）企业发展战略、近3年业务发展和财务状况、股权结构等基本情况。

（二）激励方案拟订和实施的管理机构及其成员。

（三）企业符合本办法规定实施激励条件的情况说明。

（四）激励对象的确定依据、具体名单及其职位和主要贡献。

（五）激励方式的选择及考虑因素。

（六）实施股权激励的，说明所需股权来源、数量及其占企业实收资本（股本）总额的比例，与激励对象约定的业绩条件，拟分次实施的，说明每次拟授予股权的来源、数量及其占比。

（七）实施股权激励的，说明股权出售价格或者股票期权行权价格的确定依据。

（八）实施分红激励的，说明具体激励水平及考虑因素。

（九）每个激励对象预计可获得的股权数量、激励金额。

（十）企业与激励对象各自的权利、义务。

（十一）企业未来三年技术创新规划，包括企业技术创新目标，以及为实现技术创新目标在体制机制、创新人才、创新投入、创新能力、创新管理等方面将采取的措施。

（十二）激励对象通过其他方式间接持股的，说明必要性、直接持股单位的基本情况，必要时应当出具直接持股单位与企业不存在同业竞争关系或者不发生关联交易的书面承诺。

（十三）发生企业控制权变更、合并、分立，激励对象职务变更、离职、被解聘、被解除劳动合同、死亡等特殊情形时的调整性规定。

（十四）激励方案的审批、变更、终止程序。

（十五）其他重要事项。

第二十九条 激励方案涉及的财务数据和资产评估价值，应当分别经国有产权主要持有单位同意的具有资质的会计师事务所审计和资产评估机构评估，并按有关规定办理备案手续。

第三十条 企业内部管理机构拟订激励方案时，应当以职工代表大会或者其他形式充分听取职工的意见和建议。

第三十一条 企业内部管理机构应当将激励方案及听取职工意见情况先行报经履行出资人职责的机构批准。

由国有资产监督管理委员会代表本级人民政府履行出资人职责的企业，相关材料报本级国有资产监督管理委员会批准。

由其他部门、机构代表本级人民政府履行出资人职责的企业，相关材料暂报其主管的部门、机构批准。

第三十二条 履行出资人职责的机构应当严格审核企业申报的激励方案。对于损害国有股东权益或者不利于企业可持续发展的激励方案，应当要求企业进行修改。

第三十三条 履行出资人职责的机构可以要求企业法律事务机构或者外聘律师对激励方案出具法律意见书，对以下事项发表专业意见。

（一）激励方案是否符合有关法律、行政法规和本办法的规定。

（二）激励方案是否存在明显损害企业及现有股东利益。

（三）激励方案对影响激励结果的重大信息，是否充分披露。

（四）激励可能引发的法律纠纷等风险，以及应对风险的法律建议。

（五）其他重要事项。

第三十四条 履行出资人职责的机构批准企业实施股权激励后，企业内部管理机构应当将批准的激励方案提请股东（大）会审议。

在股东（大）会审议激励方案时，国有股东代表应当按照批准文件发表意见。

第三十五条 企业可以在本办法规定范围内选择一种或者多种激励方式，但是对同一激励对象不得就同一职务科技成果或者产业化项目进行重复激励。

对已按照本办法实施股权激励的激励对象，企业在5年内不得再对其实施股权激励。

第七章 激励方案管理

第三十六条 除国家另有规定外，企业应当在激励方案股东（大）会审议通过后5个工作日内，将以下材料报送本级财政、科技部门：

（一）经股东（大）会审议通过的激励方案。

（二）相关批准文件、股东（大）会决议。

（三）审计报告、资产评估报告、法律意见书。

第三十七条 企业股东应当依法行使股东权利，督促企业内部管理机构严格按照激励方案实施激励。

第三十八条 企业应当在经审计的年度财务会计报告中披露以下情况：

（一）实施激励涉及的业绩条件、净收益等财务信息。

（二）激励对象在报告期内各自获得的激励情况。

（三）报告期内的股权激励数量及金额，引起的股本变动情况，以及截至报告期末的累计额。

（四）报告期内的分红激励金额，以及截至报告期末的累计额。

（五）激励支出的列支渠道和会计核算方法。

（六）股东要求披露的其他情况。

第三十九条 企业实施激励导致注册资本规模、股权结构或者组织形式变动的，应当按照有关规定，根据相关批准文件、股东（大）会决议等，及时办理国有资产产权登记和工商变更登记手续。

第四十条 因出现特殊情形需要调整激励方案的，企业内部管理机构应当重新履行内部审议和外部审批的程序。

因出现特殊情形需要终止实施激励的，企业内部管理机构应当向股东（大）会说明情况。

第八章 附 则

第四十一条 对职工个人合法拥有、企业发展需要的知识产权，企业可以按照财政部、国家发展改革委、科技部、原劳动保障部《关于企业实行自主创新激励分配制度的若干意见》（财企［2006］383号）第三条的规定实施技术折股。

第四十二条 高等院校和科研院所经批准以科技成果向企业作价入股，可以按科技成果评估作价金额的20%以上但不高于30%的比例折算为股权奖励给有关技术人员，企业应当从高等院校和科研院所作价入股的股权中划出相应份额予以兑现。

第四十三条 企业以科技成果作价入股，没有按照本办法第二十二条规定实施分红激励的，作价入股经过3个会计年度以后，被投资企业符合本办法规定条件的，可以按照本办法的规定，以被投资企业股权为标的，对重要的技术人员实施股权激励。但是企业应当与被投资企业保持人、财、物方面的独立性，不得以关联交易等手段向被投资企业转移利益。

第四十四条 企业不符合本办法规定激励条件而向管理者转让国有产权的，应当通过产权交易市场公开进行，并按照《企业国有产权转让管理暂行办法》（国资委、财政部令第3号）和国资委、财政部印发的《企业国有产权向管理层转让暂行规定》（国资发产权［2005］78号）执行。

第四十五条 财政、科技部门对企业股权或者分红激励方案及其实施情况进行监督，发现违反法律、行政法规和本办法规定的，应当责令改正。

第四十六条 本办法中“以上”均含本数。

第四十七条 上市公司股权激励另有规定的，从其规定。

第四十八条 本办法自印发之日起施行。

财政部关于中央企业重组中退休人员统筹外费用财务管理问题的通知

2010年5月21日 财企［2010］84号

党中央有关部门，国务院各部委、各直属机构，全国人大常委会办公厅、全国政协办公厅，解放军总后勤部、武警总部，各省、自治区、直辖市、计划单列市财政厅（局），新疆生产建设兵团财务局，各中央管理企业：

《财政部关于企业重组有关职工安置费用财务管理问题的通知》（财企［2009］117号）发布后，对规范企业重组有关职工安置费用财务处理行为，维护重组企业、职工和股东的合法权益发挥了积极作用。但在执行中，部分中央企业反映，退休人员统筹外费用预提依据不明确，不便执行。现就中央企业重组中退休人员有关统筹外费用的财务管理问题，进一步通知如下：

一、企业向重组基准日之前退休的人员支付的统筹外费用，符合以下情形之一的，经履行国有资产出资人职责的机构、部门批准后，可以从重组前企业净资产中预提：

（一）根据企业所在设区的市以上人民政府及其人力资源社会保障部门的文件规定支付的。

（二）根据2003年底以前企业的行业管理部门或者集团公司的制度规定支付的，或者已纳入企业2003年度财务会计报告并按规定经审计的。

（三）自2004年初至财企［2009］117号通知印发前，为缓解物价上涨对退休人员生活待遇的影响，根据集团公司的制度规定支付给2003年底以前退休人员的。

集团公司指直接由履行国有资产出资人职责的机构、部门监管的企业集团本部（母公司）。集团公司的制度，应当是明确规定支付退休人员统筹外费用的对象、范围、条件、项目、标准等的正式文件。

二、不符合本通知第一条规定情形的退休人员统筹外费用，以及重组基准日之后退休的人员统筹外费用，均不得从重组前企业净资产中预提。仍需支付的，由重组后管理退休人员的企业自行承担。

企业重组不涉及财企［2009］117号通知规定的产权关系变动、股权结构调整的，或者未发生重组的企业，其退休人员统筹外费用，应当作为职工福利费从当期费用中列支，不得从净资产中扣除或者预提。

三、履行国有资产出资人职责的机构、部门应当依法审核重组企业的退休人员统筹外费用预提方案。审核时，应当统筹考虑所监管范围内不同行业企业之间和企业集团内部的分配差距等因素。重复和雷同的统筹外费用项目，应当要求企业予以整合或者调整。

企业集团三级（孙公司）及以下企业，重组涉及退休人员统筹外费用预提的，履行国有资产出资人职责的机构、部门可以规定由集团公司按照本通知规定进行审核。

四、企业退休人员统筹外费用是国家为保障企业老职工退休后的养老、医疗等生活待遇，允许有条件的企业在基本养老保险、基本医疗保险之外发放的阶段性、过渡性、有限性福利补贴。企业应当按照以下原则和要求管理退休人员统筹外费用，并向退休人员做好政策解释工作：

（一）量力而行。连年亏损、资不抵债或者无法按时足额发放在职职工工资的企业，不具备发放统筹外费用的政策条件，不要与其他企业盲目攀比。

（二）公平合理。统筹外费用包括养老、医疗、丧葬费用项目，企业不得重复设置，不得随意提高标准，不得以工资形式发放。不同时期退休的人员间，统筹外费用项目及标准不搞“一刀切”。纳入企业补充养老保险（企业年金）的人员，企业不得在此之外再为其预提用于养老的统筹外费用。领取统筹外费用的退休人员，企业不得再将其纳入企业补充养老保险（企业年金）。

（三）制度规范。企业应当按国家有关规定建立健全统筹外费用管理制度，明确支付对象、范围、条件、项目、标准等，经职工代表大会审议，并报履行国有资产出资人职责的机构、部门或其授权的企业管理机构批准后执行。

五、企业应当在年度财务会计报告中，披露统筹外费用支付情况。会计师事务所在审计企业年度会计报表时，应当对企业统筹外费用的合法合规性及支付情况予以关注。

财政部关于印发《地方特色产业中小企业发展资金管理暂行办法》的通知

2010 年 6 月 10 日　财企［2010］103 号

各省、自治区、直辖市、计划单列市财政厅（局），新疆生产建设兵团财务局：

为规范和加强地方特色产业中小企业发展资金管理，提高资金使用效率，财政部研究制定了《地方特色产业中小企业发展资金管理暂行办法》。现印发给你们，请遵照执行。

附件：地方特色产业中小企业发展资金管理暂行办法

附件：

地方特色产业中小企业发展资金管理暂行办法

第一章 总 则

第一条 为规范和加强地方特色产业中小企业发展资金管理，提高资金使用效率，根据《中华人民共和国预算法》等法律、法规的有关规定，制定本办法。

第二条 地方特色产业中小企业发展资金（以下简称特色产业资金）是根据《国务院关于进一步促进中小企业发展的若干意见》（国发［2009］36号），由中央财政预算安排，专门用于支持地方特色产业集群和特色产业聚集区内中小企业技术进步、节能减排、协作配套，促进产业结构调整和优化的资金。

第三条 本办法所称地方特色产业是指以地域和资源优势条件为基础，围绕特色产品的生产、销售、服务等而形成的市场化、规模化、集约化和链条化的生产经营群体。

第四条 中小企业的划分标准，按照国家现行有关规定执行。

第五条 特色产业资金的管理应当遵循公开透明、定向使用、科学管理、加强监督的原则，确保资金使用规范、安全和高效。

第二章 支持内容及方式

第六条 特色产业资金主要用于以下几个方面：

（一）促进中小企业技术创新和成果转化。重点支持地方特色产业集群和特色产业聚集区内中小企业开展的符合国家产业技术政策、创新水平较高、市场竞争力较强、预期经济和社会效益较好、知识产权清晰的技术创新和科技成果转化项目。

（二）鼓励中小企业节能减排。重点支持地方特色产业集群和特色产业聚集区内中小企业生产或应用节能减排产品的技术改造项目，集群和聚集区内废水、废气、废渣等废弃物综合治理利用项目的建设、改扩建和技术改造等。

（三）加强中小企业与骨干企业专业化协作。重点支持地方特色产业集群和特色产业聚集区内有较强协作配套关系的中小龙头骨干企业重点产品技术改造和改扩建项目，中小企业为建立和加强与龙头骨干企业协作配套关系、提高专业化生产水平而进行的技术改造和改扩建项目。

（四）支持中小企业产业升级和延伸。重点支持地方特色产业集群和特色产业聚集区内中小企业产业升级改造，新能源、新材料、节能环保、生物医药、信息网络及高端制造等战略性新兴产业中小企业项目建设和技术改造，集群和聚集区内主导性产业中小企业向附加值高的产业前端和后端延伸而进行的技术改造项目。

（五）改善中小企业服务环境。重点支持为地方特色产业集群和特色产业聚集区内中小企业提供研究开发、设计、知识产权保护、工程技术管理、商务信息交流等公共服务项目。

同一年度，每个项目单位只能选择以上一项内容申请支持。

第七条 特色产业资金的支持方式采用无偿资助、贷款贴息方式。同一年度，每个项目只能申请一种支持方式。

第八条 特色产业资金无偿资助的额度，每个项目一般不超过300万元。

特色产业资金贷款贴息的额度，根据项目贷款额及人民银行公布的同期贷款基准利率确定。每个项目的贴息期限一般不超过2年，年贴息率不超过同期贷款基准利率，贴息额度一般不超过300万元。

第三章　项目资金的申请

第九条　申请特色产业资金的企业或单位须同时具备下列条件：

（一）位于地方特色产业集群或特色产业聚集区内；

（二）具有独立的法人资格；

（三）财务管理制度健全；

（四）会计信息准确完整，纳税信用和银行信用良好；

（五）申报项目符合本办法规定的支持内容。

第十条　特色产业资金的申报材料一般应包括：

（一）资金申请文件；

（二）项目可行性报告；

（三）生产经营情况或业务开展情况；

（四）经注册会计师审计的会计报表；

（五）承担项目单位法人执照副本及章程（复印件）；

（六）其他需提供的资料。

第四章　项目审核及资金拨付

第十一条　各省、自治区、直辖市、计划单列市及新疆生产建设兵团财政部门（以下简称省级财政部门）负责组织本地区特色产业资金的项目申报、评审工作，并建立项目库。

项目评审费用在特色产业资金中列支，按照不超过下达各地特色产业资金额度的0.5%从严控制。

第十二条　省级财政部门根据本地区国民经济发展总体规划和特色产业发展规划等，研究提出下年度特色产业资金需求、扶持重点、扶持计划和组织实施方案，连同本年度特色产业资金预算执行情况，在每年12月底前上报财政部。

第十三条　财政部按照因素法，根据当年预算和各地有关经济发展指标等分配特色产业资金。

第十四条　省级财政部门根据财政部下达的预算指标和项目申报评审情况，公示结束后，提出本地区特色产业资金年度使用计划，并于当年4月底前上报财政部备案。具体包括：计划支持单位和项目名称、支持内容、归属产业、地区、产业集群（或聚集区）名称、计划支持方式及金额等。

第十五条　省级财政部门将本地区特色产业资金年度使用计划报财政部备案后，按照预算管理的有关规定，及时将特色产业资金拨付给项目单位。

第五章　监督管理

第十六条　财政部根据省级财政部门上报备案的本地区特色产业资金年度使用计划，对支持内容、支持方式及金额等进行审查。如发现问题，及时通知有关省级财政部门予以调整。

第十七条　财政部对特色产业资金管理和使用情况进行不定期抽查。地方财政部门应当加强对本地特色产业资金管理和使用情况的监督检查。

第十八条　省级财政部门应建立特色产业资金使用跟踪问效和绩效评估机制，并将特色产业资金实施效果、存在问题及政策建议等，于每年3月底前上报财政部。

第十九条　特色产业资金必须专款专用，对违反规定使用、骗取资金的行为，一经查实，财政部将收回已安排的特色产业资金，并按照《财政违法行为处罚处分条例》（国务院令第427号）的相关规定进行处理。

第六章　附　　则

第二十条　省级财政部门根据本办法的有关要求，研究制定符合本地区实际的具体操作办法，并在本办法下发后2个月内报财政部备案。

第二十一条 本办法自印发之日起施行。

第二十二条 本办法由财政部负责解释。

财政部 工业和信息化部关于印发《中央财政政策关闭小企业补助资金管理办法》的通知

2010 年 9 月 17 日 财企［2010］231 号

各省、自治区、直辖市、计划单列市财政厅（局）、工业和信息化主管部门，新疆生产建设兵团财政局、工业和信息化主管部门：

为进一步加强关闭小企业专项补助资金的管理，认真做好关闭落后小企业工作，加快推进节能减排、淘汰落后产能，促进产业结构调整和优化升级，财政部、工业和信息化部修改制定了《中央财政关闭小企业补助资金管理办法》（以下简称《管理办法》），现印发给你们，请结合实际认真遵照执行。

同时将申请 2010 年度关闭小企业补助资金及编制 2011 年关闭小企业计划工作等有关事项明确如下：

一、根据今年的实际工作情况，2010 年度全国关闭小企业计划不另行编制和下达。各省级财政、工业和信息化主管部门应按照《管理办法》有关规定，于 2010 年 10 月 15 日前联合报送 2010 年度中央财政关闭小企业补助资金的申请。

二、各省级财政、工业和信息化主管部门应于今年 10 月 31 日前，补报 2011 年度关闭小企业计划。

三、今明两年补助资金支持的重点是：围绕促进节能减排、淘汰落后生产能力和安全隐患治理，重点关闭小冶炼、小化工、小建材以及小造纸、小制革、小印染、小酿造等能耗高、污染严重、安全隐患突出的小企业。

附件：中央财政关闭小企业补助资金管理办法

附件：

中央财政关闭小企业补助资金管理办法

第一章 总 则

第一条 为了充分发挥中央财政关闭小企业补助资金作用，促进产业结构调整和优化升级，节约资源和能源，提高财政资金使用效益，根据国家有关法律法规和产业政策，特制定本办法。

第二条 本办法所称关闭小企业是指地方政府根据国家有关法律法规和产业政策，对存在产能过剩、资源能源浪费、环境污染、安全隐患突出、布局不合理等问题的各类小企业实施的行政性关闭。

第三条 关闭小企业补助资金的补助范围和重点每年由工业和信息化部会同财政部根据国家宏观经济调控目标及产业政策确定并适时予以调整。

第四条 省级（含计划单列市）工业和信息化主管部门会同同级财政部门每年向工业和信息化部、财政部上报本地区关闭小企业年度计划。中央财政对计划内当年实施关闭的小企业，采取以奖代补的形式给予适当的补助（奖励）资金。

第二章 资金使用和分配

第五条 关闭小企业补助资金主要用于关闭企业职工安置等支出。根据关闭小企业工作的实际进度，补助资金结余可以转结下年使用。

第六条 关闭小企业补助资金按照“突出重点、公开透明、确保实效”的原则，综合考虑实际关闭的小企业安置职工人数、地域差异等因素进行分配。

补助标准：符合条件的关闭小企业补助金额 = 本企业在岗职工人数（人）×所在地级市上一年度企业在岗职工平均工资总额（元/年）×补助系数。补助系数根据中央财政年度预算安排、关闭小企业涉及的职工人数等因素综合确定。对于国家级贫困县（市），补助系数适当提高。

第七条 关闭小企业补助资金由中央财政拨付给省级财政部门。省级财政部门会同工业和信息化主管部门制订具体的资金使用方案并组织实施，及时下达资金到有关企业。

第三章 关闭计划及审核

第八条 工业和信息化部根据国家推进节能减排，淘汰落后，抑制部分行业产能过剩，促进产业结构调整和优化升级的要求，每年年初确定下一年度的关闭小企业工作任务。

第九条 各省工业和信息化主管部门按照工业和信息化部确定的年度工作任务和重点，会同同级财政部门，结合当地实际，确定本地区关闭小企业工作目标，并落实到具体企业，编制本地关闭小企业年度计划。

第十条 各省工业和信息化主管部门会同财政部门于每年4月30日前，联合向工业和信息化部、财政部报送下一个年度关闭小企业计划报告，并附以下材料：

（一）地方小企业关闭计划申报表（附表1）；

（二）小企业项目合法的审批（核准、备案）、注册手续；

（三）企业的工商营业执照、税务登记复印件；

（四）其他证明材料。

第十一条 工业和信息化部、财政部对各地上报的年度关闭小企业计划组织审核。经审核符合中央财政补助条件的关闭小企业名单，由两部委于6月底前联合批复下达省级工业和信息化主管部门、财政部门。

第十二条 各省工业和信息化主管部门会同财政部门认真组织实施审核通过的年度关闭小企业计划。

第四章 资金申请和审核

第十三条 各省级财政部门会同工业和信息化主管部门应于每年9月30日前分批向财政部、工业和信息化部报送本年度关闭小企业补助资金申请文件。资金申请文件应详细说明关闭工作实施过程、成效、存在的问题、工作建议等。财政部、工业和信息化部对各地上报的资金申请文件分批进行审核，工业和信息化部负责审核关闭小企业的实施情况及提出资金补助建议，财政部对符合条件的小企业按补助标准下达关闭小企业补助资金。

第十四条 各省申请年度关闭小企业补助资金的申请报告，需附报以下材料：

（一）关闭小企业基本情况表和汇总表（附表2、3）；

（二）关闭小企业已签订劳动合同职工的花名册（附表4）；

（三）地方工业和信息化部门等出具的小企业实施关闭文件及其他证明材料；

（四）企业原生产经营有关证照（工商营业执照、税务登记证、生产许可证等）已被注销的证明材料。

（五）企业关闭上一年度财务会计报告；

（六）企业所在地级市上一年度企业在岗职工平均工资证明材料；

（七）国家级贫困县（市）文件；

（八）其他需要说明的材料。

第五章　监督管理

第十五条　各地工业和信息化主管部门对上报的关闭小企业年度计划和实施效果的真实性负责；各地财政部门要加强资金的管理，确保财政资金使用的规范、安全和有效。

第十六条　工业和信息化部、财政部及财政部驻各地财政监察专员办事处应根据确定的关闭小企业工作目标对各地关闭小企业计划完成情况及补助资金使用情况进行检查。发现弄虚作假、未按要求完成关闭任务、虚报冒领、截留挪用财政资金或其他违规行为的，要追回资金，并依法依规处理。

第六章　附　　则

第十七条　本办法自发布之日起执行，原《财政部关于印发〈中央财政关闭小企业专项补助资金管理办法〉的通知》（财企［2006］339号）同时废止。

第十八条　本办法由财政部、工业和信息化部负责解释。

附表：

1. 二〇一〇年地方小企业关闭计划申报表
2. 二〇一〇年地方小企业关闭基本情况汇总表
3. 关闭小企业基本情况表
4. 关闭小企业签订劳动合同职工的花名册

附表1：

二O一　年地方小企业关闭计划申报表

填报省（自治区、直辖市）：　　　　单位：万元

序号	企业名称	所属行业	所在市县	经济类型	签订劳动合同职工（人）	年生产能力		资产总额	负债总额		销售收入	利润总额	已缴税费（万元）	企业成立年月	计划关闭年月	关闭的原因
						单位	产量		合计	其中：金融机构贷款本息余额						
	合计	×	×	×		×										

说明：1. 所属行业：炼铁、炼钢、水泥、电解铝、火电、玻璃、造纸、煤矿、焦碳、铁合金、铜冶炼、锌冶炼、铅冶炼、电石、皮革、印染、化纤、其他等。

2. 经济类型：国有、私营、个体、集体、外资、其他等。

3. 有关财务数据以企业申报计划时的上一年度财务会计报表为准。

附表 2：

二O一　年地方小企业关闭基本情况汇总表

填报省（自治区、直辖市）：

序号	企业名称	所属行业	所在市县	经济类型	签订劳动合同职工（人）	淘汰生产能力		实施关闭年月	关闭费用支出		备注
						单位	产量		总计	其中：支付职工经济补偿金	
	合计	×	×	×		×					

说明：1. 所属行业：炼铁、炼钢、水泥、电解铝、火电、玻璃、造纸、煤矿、焦碳、铁合金、铜冶炼、锌冶炼、铅冶炼、电石、皮革、印染、化纤、其他等。

2. 经济类型：国有、私营、个体、集体、外资、其他等。

3. 有关财务数据以企业申报计划时的上一年度财务会计报表为准。

附表 3：

关闭小企业基本情况表

填报时间：　　　　　　　　　　　　审核部门或单位名称（加盖公章）：

序号	项目	计量单位	内容	序号	项目	计量单位	内容
	一、企业基本情况				二、关闭实施情况		
1	企业名称			19	企业关闭年月		
2	企业组织机构代码			20	有关生产经营证照是否注销		
3	企业通信地址			21	资产处置和清算是否完成		
4	企业建立年月			22	职工是否解除劳动合同		
5	企业经济类型			23	新闻媒体公告时间和名称		
6	所属行业			24	关闭支出费用		
7	主要产品			25	其中：解除劳动合同经济补偿金		
8	年生产能力			26	关闭上一年所在地级市企业职工平均工资	元/年	
9	企业签订劳动合同职工人数	人		27	职工在本企业工作的平均年限	年	
10	企业资产总额	万元					
11	企业负债总额	万元					
12	其中：金融机构贷款本息余额	万元					
13	所有者权益	万元					
14	年销售收入	万元					
15	利润总额	万元					
16	已缴各种税费	万元					
17	其中：税金	万元					
18	关闭原因						

说明：1. 所属行业：炼铁、炼钢、水泥、电解铝、火电、玻璃、造纸、煤矿、焦碳、铁合金、铜冶炼、锌冶炼、铅冶炼、电石、皮革、印染、化纤、其他等。

2. 经济类型：国有、私营、个体、集体、外资、其他等。

3. 有关财务数据以企业关闭上一年度财务会计报表为准。

附表4：

关闭小企业签订劳动合同职工的花名册

关闭企业名称：　　　　　　　　　　　　　　填报日期：

序号	姓名	身份证号	性别	年龄	参加工作时间	在本企业工作年限（年）	签订本期劳动合同时间	合同期限（年）	备注

财政部　公安部　国家税务总局关于石油天然气和“三电”基础设施安全保护费用管理问题的通知

2010年10月11日　财企［2010］291号

各省、自治区、直辖市、计划单列市财政厅（局）、公安厅（局）、国家税务局、地方税务局，新疆生产建设兵团财务局、公安局，有关中央管理企业：

为加强石油、天然气和电力、电信、广播电视基础设施（以下统称“油气和‘三电’基础设施”）的安全保护工作，落实各方工作责任，健全安全保护经费长效保障机制，根据现行有关法律法规，现就有关问题通知如下：

一、落实油气和“三电”基础设施安全保护工作责任

（一）油气和“三电”基础设施既是企业生产经营的重要资产，也是国家重要的基础设施和社会资源，其安全保障直接影响企业生产经营，也事关国家经济运行、公共安全和人民群众的生活。企业、公安机关、基层组织共同负有保障油气和“三电”基础设施安全的责任，要在各级政府领导下，积极参与和推进分工负责、协调配合的安全防范工作机制，加强油气和“三电”基础设施安全保护工作。

（二）油气和“三电”基础设施营运企业对基础设施安全运行负有主体责任，应当在公安机关指导下加强基础设施的安全保护，健全企业内部安全保护工作机制，完善安全防范的技术措施和物理措施，并结合维护抢修需要，组织内部安全防范力量，组建专职、兼职的群防队伍，加强防范处置演练，严密防范盗抢、破坏油气和“三电”基础设施的违法犯罪活动。

（三）公安机关要加强对油气和“三电”企业基础设施安全保护工作的指导和监督、有效打击危害基础设施安全的违法犯罪活动，为企业生产经营提供良好的社会治安环境。

（四）各基层组织在当地政府领导下，加强基础设施安全保护宣传教育，组织和发动群众，健全群众参与群防群治的工作机制。

二、健全油气和“三电”基础设施安全保护经费保障机制

（一）地方政府组织开展油气和“三电”基础设施群防群治工作的，根据《中共中央　国务院关于进一步加强社会治安综合治理的意见》（中发［2001］14 号）的规定，有关群防群治经费，按照“谁受益谁出资”的原则，主要由受益企业自行安排解决，政府财政适当补贴。

（二）公安机关油气和“三电”基础设施安全保护工作经费，按照“明确责任、分类负担、收支脱钩、全额保障”的政法经费保障体制和“分项目、分区域、分部门”的政法经费分类保障办法，纳入公安机关部门预算，由同级政府财政部门统筹安排解决。公安机关内部要合理安排预算，保证油气和“三电”基础设施安全保护工作的经费支出。鉴于油气和“三电”基础设施的重要性，同时考虑各地实际情况，中央财政适当增加资金规模，在现行中央政法转移支付资金项目中统筹安排，对中西部地区给予适当补助。

（三）企业对自身油气和“三电”基础设施进行安全保护发生的各项费用，包括参加联防工作、组建兼专职群防队伍等发生的支出，由企业自行负担，按规定列入成本（费用），并按照国家税收法律、法规等规定准予税前扣除。

三、加强油气和“三电”基础设施安全保护费用的管理和监督

（一）各级财政部门要加强监督检查，督促企业建立健全油气和“三电”基础设施安全保护费用的内部制度，规范财务管理。

组成联防机制各成员单位应当严格执行《中共中央　国务院关于治理向企业乱收费和各种摊派等问题的决定》（中发［1997］14 号），杜绝在正常经费保障之外，对油气和“三电”基础设施营运企业的各种乱摊派、乱收费、乱集资行为。

（二）各级公安机关要建立健全内部财务管理制度，按照国家有关规定，加强油气和“三电”基础设施安全保护经费的管理，提高经费使用效益。

（三）油气和“三电”基础设施营运企业列支的安全保护费用应当按规定使用，对没有法律法规依据或者超过法律法规规定范围和标准的各种摊派、收费、集资，有权拒绝，并向财政部反映。

财政部　科技部关于《中关村国家自主创新示范区企业股权和分红激励实施办法》的补充通知

2011 年 1 月 10 日　财企［2011］1 号

党中央有关部门，国务院有关部委、直属机构，各省、自治区、直辖市、计划单列市财政厅（局）、科技厅（委、局），新疆生产建设兵团财务局、科技局，各中央管理企业：

为进一步明确中央级事业单位全资与控股企业（以下简称企业）股权和分红激励方案的审批主体及程序，积极稳妥推进审批工作，现就《中关村国家自主创新示范区企业股权和分红激励实施办法》（财企［2010］8 号，以下简称《实施办法》）有关事项补充通知如下：

一、根据《实施办法》第三十一条第三款，教育部（财务司、科技发展中心）、工业和信息化部（财务司）、中科院（计划财务局）等主管部门、机构（以下简称主管部门），按照资产管理权属，负责对企业股权和分红激励方案进行审批。

二、企业股权和分红激励方案申报前，应当由中央级事业单位审核通过。

三、主管部门自受理企业股权和分红激励方案之日起 20 个工作日内，提出书面审定意见，符合条件的形成审批文件，正式行文批复。

四、主管部门应当结合本部门实际，研究制定具体管理程序和工作流程，并对外公布。

五、本通知自印发之日起执行。

国务院办公厅关于在全国范围内开展厂办大集体改革工作的指导意见

2011 年 4 月 18 日　国办发［2011］18 号

各省、自治区、直辖市人民政府，国务院各部委、各直属机构：

20 世纪七八十年代，一些国有企业资助兴办的向主办企业提供配套产品或劳务服务的厂办大集体，对发展经济和安置回城知识青年、职工子女就业发挥了重要作用。但随着国有企业改革的不断深化和社会主义市场经济的发展，这些企业产权不清、机制不活、人员富余、市场竞争力弱等问题日益突出，大量企业停产、职工失业。为积极稳妥解决厂办大集体问题，促进社会和谐稳定，国务院 2005 年批准在东北地区选择部分城市和中央企业进行厂办大集体改革试点，目前试点工作已取得初步成效，试点政策逐步完善，具备了在全国范围内推广的条件。经国务院同意，现就在全国范围内实施厂办大集体改革提出如下指导意见：

一、总体目标和基本原则

（一）总体目标。从 2011 年开始用 3—5 年的时间，通过制度创新、体制创新和机制创新，使厂办大集体与主办国有企业彻底分离，成为产权清晰、面向市场、自负盈亏的独立法人实体和市场主体；职工得到妥善安置，职工合法权益得到切实维护。

（二）基本原则。坚持从实际出发，着力化解主要矛盾，解决重点问题；坚持分类指导，通过多种途径安置职工，处理好劳动关系和社会保险关系；坚持统筹兼顾各方面的承受能力，由厂办大集体、主办国有企业、地方财政和中央财政共同分担改革成本。

二、改革方式

（三）对能够重组改制的厂办大集体，可按照公司法和原国家经贸委等八部委《关于国有大中型企业主辅分离辅业改制分流安置富余人员的实施办法》（国经贸企改［2002］859 号）等有关法律法规和政策规定，通过合资、合作、出售等多种方式，改制为产权清晰、面向市场、自负盈亏的独立法人实体。

（四）对不具备重组改制条件或亏损严重、资不抵债、不能清偿到期债务的厂办大集体，可实施关闭或依法破产。

三、有关资产和债权债务处理

（五）厂办大集体长期使用的主办国有企业的固定资产，可无偿划拨给厂办大集体，可以用于安置职工。对厂办大集体改制过程中发生的资产置换以及土地、房产、车辆过户等各项税费，可按现行有关规定给予减免。

（六）厂办大集体使用的主办国有企业的行政划拨土地，经所在地县级以上人民政府批准，可将土地使用权与主办国有企业分割后确定给厂办大集体以划拨方式使用。不符合划拨用地目录条件的，应依法办理土地有偿使用手续。土地出让收益可用于安置职工。

（七）厂办大集体与主办国有企业之间在规定的时间内发生的债权、债务可进行轧差处理。轧差后主办国有企业欠厂办大集体的债务，由主办国有企业予以偿还；轧差后厂办大集体欠主办国有企业的债务，在厂办大集体净资产不足以安置职工时，由主办国有企业予以豁免，并按规定程序报批后冲减国有权益。

（八）厂办大集体拖欠职工的工资等债务，要按照实事求是的原则依法认定，制订债务清偿计划，通过资产变现等方式积极筹集资金偿还。拖欠的金融债务，要明确债权债务关系，落实清偿责任，不得以改制为名逃废债务。

四、职工安置和劳动关系处理

（九）厂办大集体改制、关闭或破产的，应依法妥善处理与在职集体职工的劳动关系。与在职集体职工解除劳动关系的，应依法支付经济补偿。

（十）对在主办国有企业工作 10 年以上、已经与主办国有企业形成事实劳动关系的厂办大集体在职集体职工，主办国有企业要与其进行协商，依法与其签订劳动合同，或按照厂办大集体在职集体职工的安置政策予以安置。

（十一）对在厂办大集体工作或服务的主办国有企业职工，已与厂办大集体签订劳动合同的，可按照厂办大集体在职集体职工安置政策予以安置；未与厂办大集体签订劳动合同的，由主办国有企业妥善安置。

（十二）对距法定退休年龄不足 5 年（含 5 年）或工龄已满 30 年、再就业有困难的厂办大集体在职集体职工，可实行企业内部退养，发放基本生活费，并按规定继续为其缴纳社会保险费，达到退休年龄时正式办理退休手续。具体办法由地方人民政府、主办国有企业和厂办大集体协商确定。

（十三）对再就业有困难且接近内部退养年龄的厂办大集体在职集体职工，在解除劳动关系时，经企业与职工协商一致，可以签订社会保险缴费协议，由企业为职工缴纳基本养老保险费和职工基本医疗保险费，代替支付经济补偿金或生活补助费。缴费方式、缴费期限及具体人员范围等由当地人民政府确定。

（十四）厂办大集体可用净资产支付解除在职集体职工劳动关系的经济补偿金。净资产如有剩余，剩余部分作为主办国有企业持有改制企业的股权，也可向改制企业的员工或外部投资者转让，转让收益归主办国有企业所有。

（十五）厂办大集体净资产不足以支付解除在职集体职工劳动关系经济补偿金的，差额部分所需资金由主办国有企业、地方财政和中央财政共同承担。其中，对地方国有企业兴办的厂办大集体，中央财政补助50%；对中央下放地方的煤炭、有色、军工等企业兴办的厂办大集体，中央财政补助100%；对中央企业兴办的厂办大集体，中央财政将根据企业效益等具体情况确定补助比例，原则上不超过50%。中央财政补助资金可统筹用于安置厂办大集体职工。

（十六）对厂办大集体改革进度快、实施效果好的城市，中央财政将按照“奖补结合”的原则，提高对地方国有企业兴办的厂办大集体的补助比例。在2011年底前完成改革的，中央财政补助80%；2012年底前完成改革的，中央财政补助70%；2013年底前完成改革的，中央财政补助60%；2014年及以后完成改革的不予奖励。

五、社会保障政策

（十七）厂办大集体职工与企业解除劳动关系后，就业扶持政策按国家有关规定执行，并按规定接续各项社会保险关系，符合条件的，享受相应的社会保险待遇。

（十八）厂办大集体与职工解除劳动关系前，欠缴的各项社会保险费用，应足额补缴。个人欠缴部分由个人补齐；企业欠缴部分，经有关部门认定后，可制定补缴计划，分期补缴，但企业缴费划入职工个人账户部分和职工个人缴费部分应一次性补齐。关闭、破产的厂办大集体确实无法通过资产变现补缴的基本养老保险欠费，除企业缴费中应划入职工养老保险个人账户部分外，可按有关规定报经批准后核销。

（十九）对未参加基本养老保险的厂办大集体在职集体职工和退休人员，各地要根据实际情况，采取切实措施，按照自愿原则，纳入基本养老保险范围，并根据未参保人员的负担能力和年龄情况合理确定缴费标准。

（二十）厂办大集体的困难职工，凡符合城市居民最低生活保障条件的，应按规定纳入最低生活保障范围，切实做到应保尽保。

六、工作要求

（二十一）实施厂办大集体改革的城市和中央企业要制订切实可行的改革方案和维护社会稳定的措施。中央企业厂办大集体改革方案的制订，应与所在地人民政府充分协商，妥善衔接，慎重决策。地方国有企业厂办大集体改革方案由相关省（区、市）人民政府审批，报财政部、国资委、人力资源社会保障部备案；中央企业厂办大集体改革方案由国资委、人力资源社会保障部联合审批，报财政部备案。

（二十二）厂办大集体改革必须严格执行国家有关规定，认真履行企业改革的各项工作程序，做细做实企业性质界定、职工身份确认、资产清查、审计评估等各项工作。要通畅各种职工诉求表达渠道，充分听取职工和工会意见，不断完善企业改革方案。企业资产、负债等主要财务指标的财务审计、资产评估结果，要向广大职工公开，接受职工民主监督。要严格审批制度，凡未按程序批准或决定的，一律不得实施改革。

（二十三）厂办大集体改革工作涉及面广，情况复杂，工作难度大，各有关地区、部门和中央企业要高度重视，加强组织领导，成立由有关负责同志牵头的改革工作领导小组，明确职责分工，周密安排，积极配合，在确保稳定的前提下，积极稳妥地完成改革工作。

财政部关于印发《中央国有资本经营预算节能减排资金管理暂行办法》的通知

2011 年 4 月 18 日　财企［2011］92 号

为了规范中央国有资本经营预算支出管理，继续支持中央企业做好节能减排工作，促进落实“十二五”节能减排目标和任务，我们研究修订了《中央国有资本经营预算节能减排资金管理暂行办法》。现印发给你们，请遵照执行。

附件：中央国有资本经营预算节能减排资金管理暂行办法

附件：

中央国有资本经营预算节能减排资金管理暂行办法

第一条　为了规范中央国有资本经营预算节能减排支出管理，支持中央企业节能减排工作，根据《国民经济和社会发展十二五规划纲要》、《中华人民共和国循环经济促进法》、国务院《关于加强节能工作的决定》（国发［2006］28 号）等文件精神，特制定本办法。

第二条　中央企业是节能减排的重要实施主体。中央财政通过国有资本经营预算节能减排资金，鼓励中央企业节能减排，促进企业逐步建立起符合社会主义市场经济要求的节能减排机制。

第三条　节能减排资金的管理遵循公开透明、突出重点、注重实效、利于监督的原则，充分发挥财政资金的引导作用。

第四条　节能减排资金安排采取资本金注入和补助方式。

第五条　节能减排资金实行项目管理，申报项目范围为：

（一）符合国家规定的关停小火电机组项目。

（二）工业重点节能工程项目，包括燃煤工业锅炉（窑炉）改造、余热余压利用、区域热电联产（供热部分）、节约和替代石油，以及中央企业所属专业节能服务公司按照合同能源管理方式投资的综合节能改造等项目。

（三）建筑、交通节能项目，包括建筑施工领域综合节能应用项目、建材领域新型节能建筑材料应用项目、交通领域民用飞机、大型船舶及其附属设施节能改造项目。

（四）循环经济项目，包括共伴生矿及尾矿综合利用，煤矸石、粉煤灰、脱硫石膏、冶炼和化工废渣、建筑废弃物、道路废弃物及农林废物资源化利用，再生金属、橡胶、塑料等再生资源产业化利用，以及城镇污水再生利用、海水淡化综合利用等项目。

（五）重点行业减排项目，指符合国家规定的燃煤电厂烟气脱硫、脱硝改造项目，钢铁企业烧结烟气脱硫改造项目。

（六）重点行业节能技术、低碳技术及循环经济领域关键技术示范应用项目，包括燃煤工业锅（窑）炉先进燃烧技术、清洁煤发电技术、海上风电、太阳能发电核心技术，二氧化碳捕集、封存与利用技术，以及资源循环利用关键技术等的示范应用项目。

（七）中央企业实施的与节能减排有关的其他项目。

第六条 节能减排资金的核定标准：原则上根据项目性质、投资总额等测算后确定。具体为：

（一）对关停小火电机组项目，按经确认的关停容量给予适当补助，统筹用于解决关停费用问题；

（二）对工业重点节能工程项目、建筑交通节能项目、循环经济项目、重点企业减排项目，按不超过项目实际投资额的20%注入资本金。

（三）对重点行业节能技术、低碳技术及循环经济领域关键技术示范应用项目，按不超过项目实际投资额的20%注入资本金。

第七条 符合条件的项目，由中央企业集团按要求组织开展申报工作，经审核后汇总上报财政部。已按其他相关政策文件申请专项资金或已经享受政策支持的项目，不得重复申报。

第八条 各年度节能减排资金具体安排、支持重点及项目申请事宜，由财政部另行通知。

第九条 财政部根据年度中央国有资本经营预算额度及支持重点，审核并下达节能减排资金。

第十条 中央企业集团和项目单位按规定管好用好节能减排资金，按财政部相关规定进行处理，并接受财政、审计部门的监督检查。

第十一条 中央企业集团要采取切实可行的措施，督促节能减排项目按进度实施，保证项目按期完工，并实现节能减排目标。

第十二条 年度终了，中央企业集团要向财政部报送上年度节能减排资金使用情况报告，内容包括资金的拨付、使用、成效及汇总分析和评价。

第十三条 对于违反规定，有虚报、截留、挪用或其他违规行为的，财政部将全额追回资金，并取消相关单位以后年度申报资格。同时，按照《财政违法行为处罚处分条例》（国务院令第427号）进行处理。

第十四条 本办法自印发之日起施行，原《财政部关于印发〈中央国有资本经营预算节能减排资金管理暂行办法〉的通知》（财企［2008］438号）同时废止。

第十五条 本办法由财政部负责解释。

工业和信息化部　国家统计局　国家发展和改革委员会　财政部关于印发《中小企业划型标准规定》的通知

2011年6月18日　工信部联企业［2011］300号

各省、自治区、直辖市人民政府，国务院各部委、各直属机构及有关单位：

为贯彻落实《中华人民共和国中小企业促进法》和《国务院关于进一步促进中小企业发展的若干意见》（国发［2009］36号），工业和信息化部、国家统计局、发展改革委、财政部研究制定了《中小企业划型标准规定》。经国务院同意，现印发给你们，请遵照执行。

附件：中小企业划型标准规定

附件：

中小企业划型标准规定

一、根据《中华人民共和国中小企业促进法》和《国务院关于进一步促进中小企业发展的若干意见》（国发［2009］36号），制定本规定。

二、中小企业划分为中型、小型、微型三种类型，具体标准根据企业从业人员、营业收入、资产总额等指标，结合行业特点制定。

三、本规定适用的行业包括：农、林、牧、渔业，工业（包括采矿业，制造业，电力、热力、燃气及水生产和供应业），建筑业，批发业，零售业，交通运输业（不含铁路运输业），仓储业，邮政业，住宿业，餐饮业，信息传输业（包括电信、互联网和相关服务），软件和信息技术服务业，房地产开发经营，物业管理，租赁和商务服务业，其他未列明行业（包括科学研究和技术服务业，水利、环境和公共设施管理业，居民服务、修理和其他服务业，社会工作，文化、体育和娱乐业等）。

四、各行业划型标准为：

（一）农、林、牧、渔业。营业收入20000万元以下的为中小微型企业。其中，营业收入500万元及以上的为中型企业，营业收入50万元及以上的为小型企业，营业收入50万元以下的为微型企业。

（二）工业。从业人员1000人以下或营业收入40000万元以下的为中小微型企业。其中，从业人员300人及以上，且营业收入2000万元及以上的为中型企业；从业人员20人及以上，且营业收入300万元及以上的为小型企业；从业人员20人以下或营业收入300万元以下的为微型企业。

（三）建筑业。营业收入80000万元以下或资产总额80000万元以下的为中小微型企业。其中，营业收入6000万元及以上，且资产总额5000万元及以上的为中型企业；营业收入300万元及以上，且资产总额300万元及以上的为小型企业；营业收入300万元以下或资产总额300万元以下的为微型企业。

（四）批发业。从业人员200人以下或营业收入40000万元以下的为中小微型企业。其中，从业人员20人及以上，且营业收入5000万元及以上的为中型企业；从业人员5人及以上，且营业收入1000万元及以上的为小型企业；从业人员5人以下或营业收入1000万元以下的为微型企业。

（五）零售业。从业人员300人以下或营业收入20000万元以下的为中小微型企业。其中，从业人员50人及以上，且营业收入500万元及以上的为中型企业；从业人员10人及以上，且营业收入100万元及以上的为小型企业；从业人员10人以下或营业收入100万元以下的为微型企业。

（六）交通运输业。从业人员1000人以下或营业收入30000万元以下的为中小微型企业。其中，从业人员300人及以上，且营业收入3000万元及以上的为中型企业；从业人员20人及以上，且营业收入200万元及以上的为小型企业；从业人员20人以下或营业收入200万元以下的为微型企业。

（七）仓储业。从业人员200人以下或营业收入30000万元以下的为中小微型企业。其中，从业人员100人及以上，且营业收入1000万元及以上的为中型企业；从业人员20人及以上，且营业收入100万元及以上的为小型企业；从业人员20人以下或营业收入100万元以下的为微型企业。

（八）邮政业。从业人员1000人以下或营业收入30000万元以下的为中小微型企业。其中，从业人员300人及以上，且营业收入2000万元及以上的为中型企业；从业人员20人及以上，且营业收入100万元及以上的为小型企业；从业人员20人以下或营业收入100万元以下的为微型企业。

（九）住宿业。从业人员300人以下或营业收入10000万元以下的为中小微型企业。其中，从业人员100人及以上，且营业收入2000万元及以上的为中型企业；从业人员10人及以上，且营业收入100万元及以上的为小型企业；从业人员10人以下或营业收入100万元以下的为微型企业。

（十）餐饮业。从业人员300人以下或营业收入10000万元以下的为中小微型企业。其中，从业人员100人及以上，且营业收入2000万元及以上的为中型企业；从业人员10人及以上，且营业收入100万元及以上的为小型企业；从业人员10人以下或营业收入100万元以下的为微型企业。

（十一）信息传输业。从业人员2000人以下或营业收入100000万元以下的为中小微型企业。其中，从业人员100人及以上，且营业收入1000万元及以上的为中型企业；从业人员10人及以上，且营业收入100万元及以上的为小型企业；从业人员10人以下或营业收入100万元以下的为微型企业。

（十二）软件和信息技术服务业。从业人员300人以下或营业收入10000万元以下的为中小微型企业。其中，从业人员100人及以上，且营业收入1000万元及以上的为中型企业；从业人员10人及以上，且营业收入50万元及以上的为小型企业；从业人员10人以下或营业收入50万元以下的为微型企业。

（十三）房地产开发经营。营业收入200000万元以下或资产总额10000万元以下的为中小微型企业。其中，营业收入1000万元及以上，且资产总额5000万元及以上的为中型企业；营业收入100万元及以上，且资产总额2000万元及以上的为小型企业；营业收入100万元以下或资产总额2000万元以下的为微型企业。

（十四）物业管理。从业人员1000人以下或营业收入5000万元以下的为中小微型企业。其中，从业人员300人及以上，且营业收入1000万元及以上的为中型企业；从业人员100人及以上，且营业收入500万元及以上的为小型企业；从业人员100人以下或营业收入500万元以下的为微型企业。

（十五）租赁和商务服务业。从业人员300人以下或资产总额120000万元以下的为中小微型企业。其中，从业人员100人及以上，且资产总额8000万元及以上的为中型企业；从业人员10人及以上，且资产总额100万元及以上的为小型企业；从业人员10人以下或资产总额100万元以下的为微型企业。

（十六）其他未列明行业。从业人员300人以下的为中小微型企业。其中，从业人员100人及以上的为中型企业；从业人员10人及以上的为小型企业；从业人员10人以下的为微型企业。

五、企业类型的划分以统计部门的统计数据为依据。

六、本规定适用于在中华人民共和国境内依法设立的各类所有制和各种组织形式的企业。个体工商户和本规定以外的行业，参照本规定进行划型。

七、本规定的中型企业标准上限即为大型企业标准的下限，国家统计部门据此制定大中小微型企业的统计分类。国务院有关部门据此进行相关数据分析，不得制定与本规定不一致的企业划型标准。

八、本规定由工业和信息化部、国家统计局会同有关部门根据《国民经济行业分类》修订情况和企业发展变化情况适时修订。

九、本规定由工业和信息化部、国家统计局会同有关部门负责解释。

十、本规定自发布之日起执行，原国家经贸委、原国家计委、财政部和国家统计局2003年颁布的《中小企业标准暂行规定》同时废止。

财政部关于印发《中央国有资本经营预算企业离休干部医药费补助资金管理办法》的通知

2011年7月26日　财企［2011］206号

国务院有关部委、有关直属机构，各中央管理企业：

为加强中央国有资本经营预算企业离休干部医药费补助资金的管理，我们研究制定了《中央国有资本经营预算企业离休干部医药费补助资金管理办法》。现印发给你们，请遵照执行。

附件：中央国有资本经营预算企业离休干部医药费补助资金管理办法

附件：

中央国有资本经营预算企业离休干部医药费补助资金管理办法

第一条 为加强中央国有资本经营预算企业离休干部医药费补助资金的管理，根据《国务院关于试行国有资本经营预算的意见》（国发［2007］26号）及预算管理的有关规定制定本办法。

第二条 本办法所称中央国有资本经营预算企业离休干部医药费补助资金（以下简称离休干部医药费补助资金）是根据《关于进一步落实中央企业离休干部医药费保障机制的意见》（组通字［2008］46号）的规定，由中央国有资本经营预算安排的专项用于困难中央企业离休干部医药费的补助资金。

第三条 申请离休干部医药费补助资金的企业须同时具备以下条件：

（一）纳入国有资本经营预算实施范围的中央企业及所属全资、控股企业；

（二）具备独立企业法人资格，并按有关规定参加所在地离休干部医药费单独统筹或实行离休干部医药费实报实销的企业；

（三）上两年连续亏损企业。

第四条 对符合条件的中央企业，中央财政按离休干部每年人均医药费1.77万元标准给予补助。今后将根据离休干部医药费开支情况，适时调整人均补助标准。

第五条 企业申报离休干部医药费补助资金，应向其主管部门或中央企业集团（母公司）报送以下材料：

（一）中央企业离休干部医药费补助资金申请报告；

（二）中央企业离休干部医药费补助资金申请表（见附表1）；

（三）申请中央财政补助的离休干部基本情况表（见附表2，以截至申报当年10月31日情况为准，包括所在企业名称、姓名、性别、出生年月、参加工作年月、离休前职务等）；

（四）申报前两个年度企业审计报告及所附利润表复印件。

第六条 主管部门或中央企业集团（母公司）对申报材料进行审核汇总，编制中央企业离休干部医药费补助资金申请汇总表（附表3）和中央企业离休干部基本情况审核汇总表（附表4），于每年11月30日之前向财政部提交书面申请，同时附以上两表及电子数据光盘，并附申报资金企业前两个年度企业审计报告及所附利润表复印件。

第七条 财政部根据额定的补助标准及主管部门或中央企业集团（母公司）核定的离休干部人数核算并拨付离休干部医药费补助资金。

第八条 中央企业应当对离休干部医药费补助资金实行专账管理，专款专用，不得挤占和挪用，确保资金用于离休干部参加所在地单独统筹及医药费报销。补助资金当年有结余的可结转下一年度继续使用。

第九条 违反本办法规定虚报冒领或截留挪用离休干部医药费补助资金的，将依据《财政违法行为处罚处分条例》（国务院令第427号）予以处理、处罚。

第十条 本办法自公布之日起实施。

附表：

1. 20××年中央企业离休干部医药费补助资金申请表
2. 中央企业离休干部基本情况表
3. 20××年中央企业离休干部医药费补助资金申请汇总表
4. 中央企业离休干部基本情况审核汇总表

附表 1：

20××年中央企业离休干部医药费补助资金申请表

编制人员：　　　　联系电话：　　　　金额单位：万元

企业基本情况					20××年参加所在地医药费单独统筹情况		20××年企业医药费报销情况		20××年申请财政补助金额
企业名称	所在省（自治区、直辖市）	企业亏损总额		离休干部人数	参加统筹人数	缴纳统筹资金	未参加统筹人数	企业报销金额	
		20××年	20××年						
(1)	(3)	(4)	(5)	(6)=(7)+(9)	(7)	(8)	(9)	(10)	(11)

说明：1. 此表由符合中央企业离休干部医药费补助资金申请条件的企业编制。

2. 依据本企业单户财务会计报表填写企业有关数据（不含下属企业数据），如“亏损总额”仅填写本企业亏损额（不含下属企业利润或亏损）。

3. “企业名称”填写企业全称。

4. “离休干部人数”：(6) 为依据本企业单户财务会计报表，按申报当年10月31日离休干部人数填写。

5. (11) = (6) ×当年人均额定补助标准。

6. 第 (4) (5) 列年份分别为申报年度上两年，第 (7) (8) (9) (10) 列年份为申报年度上一年，第 (11) 列及标题栏年份指申报年度下一年。

附表 2：

中央企业离休干部基本情况表

企业名称：　　　　　　　　　　　　　　　　　　　　　填表日期：　　年　　月　　日

序号	姓名	性别	出生年月	参加工作年月	离休前职务	备注
1						
2						
3						
4						
5						
6						
7						
8						
9						
10						
11						
12						
13						
14						
15						
16						
17						
18						
19						
20						

说明：该表根据截至申报当年 10 月 31 日离休干部基本情况填列。

附表3：

20××年中央企业离休干部医药费补助资金申请汇总表

主管部门或中央企业集团（母公司）：　　编制人员：　　联系电话：　　金额单位：万元

企业基本情况						20××年参加所在地医药费单独统筹情况		20××年企业医药费报销情况		20××年申请财政补助金额
企业名称	企业级次	所在省（自治区、直辖市）	企业亏损总额		离休干部人数	参加统筹人数	缴纳统筹资金	未参加统筹人数	企业报销金额	
			20××年	20××年						
(1)	(2)	(3)	(4)	(5)	(6)=(7)+(9)	(7)	(8)	(9)	(10)	(11)
合计	****	****	****	****						

说明：1. 此表由主管部门或中央企业集团（母公司）根据所属企业申报情况审核后汇总编制。

2. 依据各企业单户财务会计报表填写企业有关数据（不含下属企业数据），如“亏损总额”仅填写本企业亏损额（不含下属企业利润或亏损）。

3. “企业名称”填写企业全称。

4. “企业级次”：按照企业本部一级、二级、三级……分别填写。

5. “离休干部人数”：(6) 为依据本企业单户财务会计报表，按申报当年10月31日离休干部人数填写。

6. (11) = (6) ×当年人均额定补助标准。

7. 第(4)(5)列年份分别为申报年度上两年，第(7)(8)(9)(10)列年份为申报年度上一年，第(11)列及标题栏年份指申报年度下一年。

附表 4：

中央企业离休干部基本情况审核汇总表

主管部门或中央企业集团（母公司）：　　　　　　　　　　　　　　填表日期：　　年　　月　　日

序号	所在企业名称	姓名	性别	出生年月	参加工作年月	离休前职务	备注
1							
2							
3							
4							
5							
6							
7							
8							
9							
10							
11							
12							
13							
14							
15							
16							
17							
18							
19							
20							

说明：该表根据截至申报当年 10 月 31 日离休干部基本情况填列。

财政部　科技部关于印发《中欧中小企业节能减排科研合作资金管理暂行办法》的通知

2011 年 8 月 8 日　财企［2011］226 号

各省、自治区、直辖市、计划单列市财政厅（局）、科技厅（委、局），新疆生产建设兵团财务局、科技局：

为规范和加强中欧中小企业节能减排科研合作资金管理，提高资金使用效率，财政部、科技部研究制定了《中欧中小企业节能减排科研合作资金管理暂行办法》。现印发给你们，请遵照执行。

附件：中欧中小企业节能减排科研合作资金管理暂行办法

附件：

中欧中小企业节能减排科研合作资金管理暂行办法

第一章　总　　则

第一条　为规范和加强中欧中小企业节能减排科研合作资金管理，提高资金使用效率，根据《中华人民共和国预算法》等法律、法规的有关规定，制定本办法。

第二条　中欧中小企业节能减排科研合作资金（以下简称中欧节能资金）是指由中央财政预算安排的，专门用于支持国内中小企业与欧盟企业、研究单位等（以下简称欧方合作机构）在节能减排相关领域开展联合研发、技术引进消化吸收再创新、成果转化等科研合作，推动我国节能减排技术加快发展的资金。

第三条　中小企业的划分标准，按照国家现行有关规定执行。

第四条　中欧节能资金的管理应当遵循公开透明、定向使用、科学管理、加强监督的原则，确保资金使用规范、安全和高效。

第五条　财政部负责中欧节能资金的预算管理、项目资金分配和资金拨付，并对资金的使用情况进行监督检查。

科技部负责编制中欧节能减排技术合作发展规划，与欧盟委员会所属相关机构的合作谈判，确定中欧节能资金的年度支持方向和支持重点，会同财政部拟定工作指南，下发申报通知，对申报的项目进行评审，并对项目实施情况进行监督检查。

第二章　支持内容和方式

第六条　中欧节能资金支持内容主要包括：

（一）支持国内中小企业与欧方合作机构联合研究开发国际尖端节能减排技术。重点支持有利于国内中小企业追踪国际技术发展方向，掌握关键核心技术，填补国内技术空白的研发项目。

（二）引导国内中小企业转化中欧节能减排先进技术合作成果。重点支持国内中小企业应用中欧联合研发成果，开展技术延伸研究及小试、中试等活动，推动技术成果产业化的研发项目。

（三）鼓励国内中小企业从欧方合作机构引进消化吸收国际先进节能减排技术。重点支持国内中小企业引进适合我国国情的先进技术，进行消化吸收再创新或本土化改造，提升我国技术研发水平与推广应用能力的研发项目。

（四）促进国内中小企业与欧方合作机构加强节能减排技术交流与合作。重点支持国内中小企业参加欧方合作机构组织的与节能减排技术相关的国际会议、考察、访问等交流项目。

第七条　中欧节能资金采取无偿资助方式。同一年度，每个项目单位只能选择本办法第六条规定的一项内容申请支持。

研发项目按不超过项目投资额40%的比例给予资助，每个项目最高资助额不超过300万元。

交流项目按照不超过实际发生的国际差旅费（仅包括国际交通费、会议费）50%的比例给予资助，每个中小企业最高资助额不超过30万元。

第三章　项目资金的申请

第八条　申请中欧节能资金的中小企业应当具备下列条件：

（一）在境内依法登记注册，具有企业法人资格；

（二）财务管理制度健全，会计信息准确完整，纳税信用和银行信用良好；

（三）经省级以上人民政府科技主管部门认定的高新技术企业，或具有大专以上学历的科研人员占企业职工总数的比例不低于30%的企业；

（四）主要从事节能减排相关高新技术产品的研制、开发、生产和服务，其业务收入占企业年营业收入的比例不低于50%；

（五）已与欧方合作机构在节能减排技术方面建立正式合作关系，申报项目符合本办法的支持内容及年度支持方向和重点，且同期未获得其他财政资金支持；

（六）经营业绩良好，管理团队具有较强的创新意识、较高的市场开拓能力和经营管理水平。

第九条　中小企业申请中欧节能资金应当提供如下材料：

（一）资金申请文件；

（二）项目可行性报告；

（三）研发项目资金筹措方案及投资完成情况或交流项目国际差旅费支出情况；

（四）生产经营情况或业务开展情况；

（五）经注册会计师审计的上一年度会计报表和审计报告（复印件并加盖单位公章）；

（六）承担项目的企业法人执照副本及章程（复印件并加盖单位公章）；

（七）与欧方合作机构签署的合作协议书（复印件并加盖单位公章）；

（八）其他需提供的资料。

第四章　项目的审批与执行

第十条　科技部聘请有关领域专家组成专家咨询委员会，研究提出中欧节能减排技术合作发展规划建议。

第十一条　科技部会同财政部根据专家咨询委员会的建议，结合中欧合作谈判结果，确定中欧节能资金年度支持方向和支持重点，下发年度申报工作文件。

第十二条　省级科技主管部门会同省级财政部门在本地区范围内公开组织项目资金的申请工作，并根据本办法的规定及年度申报工作文件的要求，对申请企业的资格条件及相关资料进行初审。

第十三条　省级财政部门会同科技主管部门在规定时间内，将初审合格的项目及相关资料上报财政部和科技部。

第十四条　科技部会同财政部建立专家评审制度，组织专家对申请项目进行评审，并根据专家评审意见和当年预算安排情况提出项目计划和资金支持建议，经两部批准后在科技部和财政部网站向社会公示两周。

第十五条　对项目公示期内提出异议的项目，科技部应会同财政部及时组织调查核实。

项目公示期结束后，科技部将公示期内没有异议的项目和经调查核实没有问题的项目列为立项项目，向财政部提出资金使用计划。

第十六条　财政部对资金使用计划进行审定，将项目支出预算指标下达到省级财政部门，并根据预算管理规定及时拨付中欧节能资金。

第十七条　企业收到中欧节能资金后，按照《企业财务通则》（财政部令第41号）第二十条等相关规定进行财务处理。

第十八条　中欧节能资金研发项目承担单位在项目执行期内每年1月底前，及项目完成后1个月内向省级科技主管部门和财政部门报送项目进展情况及专项资金的使用情况，不能按期完成的项目，需及时书面说明不能按期完成的理由和预计完成日期。

第五章　监督检查

第十九条　各级财政部门定期或不定期对中欧节能资金的使用情况进行监督检查，必要时可委托社会中介机构进行审计或评估。各级科技主管部门定期或不定期对项目实施情况进行管理和监督。

第二十条　省级科技主管部门应会同财政部门每年对本地区项目进展情况和中小企业使用中欧节能资金的总体情况进行总结，并于年度终了2个月内上报科技部、财政部。

第二十一条　中欧节能资金必须专款专用，对于违反规定使用、骗取资金的行为，财政部将按照《财政违法行为处罚处分条例》进行处理。

第六章　附　　则

第二十二条　本办法由财政部会同科技部负责解释。

第二十三条　本办法自公布之日起施行。

财政部关于印发《中央国有资本经营预算编报办法》的通知

2011年10月13日　财企［2011］318号

国务院有关部委、有关直属机构，各中央管理企业：

为适应中央国有资本经营预算实施范围不断扩大的要求，进一步规范中央国有资本经营预算编报工作，我们对《中央国有资本经营预算编报试行办法》进行了修订。现将修订后的《中央国有资本经营预算编报办法》印发给你们，请遵照执行。

附件：中央国有资本经营预算编报办法

附件：

中央国有资本经营预算编报办法

第一条 为规范中央国有资本经营预算编报工作，根据《国务院关于试行国有资本经营预算的意见》（国发［2007］26号）等规定，制定本办法。

第二条 财政部为国有资本经营预算的主管部门，负责编制中央国有资本经营预算草案；各中央国有资本经营预算单位，包括国资委以及其他纳入中央国有资本经营预算实施范围的中央部门和单位（以下简称“中央预算单位”），负责编制本单位所监管中央企业（以下简称“中央企业”）国有资本经营预算建议草案。

第三条 中央国有资本经营预算由预算收入和预算支出组成。预算收入根据中央财政当年取得的企业国有资本收益以及上年结转收入编制；预算支出根据预算收入规模编制，不列赤字。

第四条 中央国有资本经营预算收入反映当年企业国有资本收益预计入库数额及上年结转收入，包括以下项目内容：

（一）利润收入，即国有独资企业按规定上交国家的税后利润；

（二）股利、股息收入，即国有控股、参股企业国有股权（股份）享有的股利和股息；

（三）产权转让收入，即国有独资企业产权转让收入和国有控股、参股企业国有股权（股份）转让收入以及国有股减持收入；

（四）清算收入，即扣除清算费用后国有独资企业清算收入和国有控股、参股企业国有股权（股份）享有的清算收入；

（五）其他国有资本经营收入；

（六）上年结转收入。

第五条 中央国有资本经营预算收入由财政部组织中央预算单位根据中央企业年度盈利情况和国有资本收益收取办法进行测算。

第六条 中央国有资本经营预算支出主要用于：根据产业发展规划、国有经济布局和结构调整、国有企业发展要求以及国家战略、安全需要的支出，弥补国有企业改革成本方面的支出和其他支出。中央国有资本经营预算支出要加强与公共预算的有机衔接。

第七条 中央国有资本经营预算支出分为资本性支出、费用性支出和其他支出。

（一）资本性支出，即向新设企业注入国有资本金，向现有企业增加资本性投入，向公司制企业认购股权、股份等方面的资本性支出；

（二）费用性支出，即弥补企业改革成本等方面的费用性支出；

（三）其他支出。

第八条 中央预算单位根据所监管中央企业提出的中央国有资本经营预算支出项目计划编制本单位国有资本经营预算建议草案。

第九条 中央企业编制国有资本经营预算支出项目计划包括以下内容：

（一）编制报告

1. 项目名称及主要内容；

2. 项目承担企业基本情况；

3. 项目实施的主要目的和目标；

4. 资本性支出项目包括项目立项的依据，项目可行性分析，项目投资方案与资金筹措方案，项目实施进度与年度计划安排，项目经济效益和社会效益的分析等；

5. 费用性支出项目包括立项的必要性，项目具体的支出范围，项目资金测算依据和标准等；

6. 项目绩效考核及其有关责任的落实；

7. 项目承担企业提供的其他相关材料。

（二）中央企业国有资本经营预算表

1. 中央企业国有资本经营预算支出表（财资企预 01 表），反映企业国有资本经营预算支出安排的相关内容；

2. 中央企业国有资本经营预算支出明细表（财资企预 02 表），反映企业国有资本经营预算支出明细情况；

3. 中央企业国有资本经营预算支出项目表（财资企预 03 表），反映企业国有资本经营预算支出项目安排的明细内容。

第十条 中央企业将国有资本经营预算支出项目计划报相关中央预算单位，同时抄报财政部。中央预算单位审核汇总后编制本单位所监管企业国有资本经营预算建议草案。

第十一条 中央预算单位编制的国有资本经营预算建议草案包括以下内容：

（一）编制报告

1. 企业的基本情况（包括企业户数、经营状况、行业分布和企业国有资本经营状况等）；

2. 预算编制的组织及企业编报情况；

3. 年度预算支出规模及分类；

4. 预算年度国有资本经营预算支出所要达到的政策目标；

5. 预算支出项目的说明及依据。

（二）中央预算单位国有资本经营预算表

1. 中央预算单位国有资本经营预算支出表（财资预 01 表），反映企业国有资本经营预算支出汇总情况；

2. 中央预算单位国有资本经营预算支出明细表（财资预 02 表），反映企业国有资本经营预算支出明细情况；

3. 中央预算单位国有资本经营预算支出项目表（财资预 03 表），反映企业国有资本经营预算支出项目安排的相关内容。

（三）中央企业编报的国有资本经营预算支出项目计划。

第十二条 中央预算单位将本单位国有资本经营预算建议草案报财政部。财政部根据预算收入和中央预算单位上报的国有资本经营预算建议草案，统筹安排、综合平衡后，编制中央国有资本经营预算草案。

第十三条 财政部编制的中央国有资本经营预算草案包括以下内容：

（一）编制说明。

1. 预算编制的指导思想和重点；

2. 预算编制范围；

3. 预算编制情况说明（包括收支预算总体情况，收入、支出预算具体编制说明）；

4. 其他说明事项。

（二）中央国有资本经营预算表

1. 中央国有资本经营预算收支总表（财资预总 01 表），反映中央国有资本经营预算收支汇总情况；

2. 中央国有资本经营预算收入表（财资预总 02 表），反映中央国有资本经营预算收入情况；

3. 中央国有资本经营预算支出表（财资预总 03 表），反映中央国有资本经营预算支出汇总情况；

4. 中央国有资本经营预算支出明细表（财资预总 04 表），反映中央预算单位所监管企业国有资本经营预算支出情况；

5. 中央国有资本经营预算支出项目表（财资预总05表），反映中央国有资本经营预算支出项目安排的相关内容。

第十四条 财政部对中央预算单位报送的国有资本经营预算建议草案中的支出项目，纳入财政部国有资本经营预算项目库，按轻重缓急排序，实行滚动管理。

第十五条 财政部于每年6月起，开始编制下一年度中央国有资本经营预算草案，同时向中央预算单位下发编报年度中央国有资本经营预算建议草案和中央企业支出项目计划的通知。

第十六条 中央企业于每年8月底以前，将编报的国有资本经营预算支出项目计划报中央预算单位，并抄报财政部。

第十七条 中央预算单位于每年9月底以前，将所编制的国有资本经营预算建议草案报财政部。

第十八条 财政部于每年12月底以前，将中央国有资本经营预算草案报国务院审批。经国务院批准后，中央国有资本经营预算草案随同中央政府公共预算（草案）报全国人大常委会预算工作委员会和全国人大财政经济委员会审核，提交全国人民代表大会审议。

第十九条 中央国有资本经营预算草案经全国人民代表大会批准后，财政部在30个工作日内批复各中央预算单位；中央预算单位自财政部批复本单位预算之日起15个工作日内，批复所监管企业，同时抄报财政部备案。

第二十条 各中央预算单位的国有资本经营预算支出，必须按照财政部批复的预算支出科目、项目和数额执行，因国家政策发生变化或重大自然灾害等不可预见因素，在预算执行中确需作出调整的，必须报经财政部批准。

第二十一条 中央国有资本经营预算按财政年度编制，自公历1月1日至12月31日。

第二十二条 本办法由财政部负责解释。原《财政部关于印发〈中央国有资本经营预算编报试行办法〉的通知》（财企［2007］304号）相应废止。

第二十三条 本办法自发布之日起施行。

附表：

1. ××××年中央国有资本经营预算表
2. ××××年中央预算单位国有资本经营预算表
3. ××××年中央企业国有资本经营预算表

附表 1：

××××年中央国有资本经营预算表

编制单位：　　财政部

编制日期：　　年　　月　　日

中央国有资本经营预算收支总表

财资预总01表

填报单位： 金额单位：万元

收入		支出	
项　目	预算数	项　目	预算数
一、利润收入		一、教育	
二、股利、股息收入		二、科学技术	
三、产权转让收入		三、文化体育与传媒	
四、清算收入		四、社会保障和就业	
五、其他国有资本经营收入		五、节能环保	
……		六、城乡社区事务	
		七、农林水事务	
		八、交通运输	
		九、资源勘探电力信息等事务	
		十、商业服务业等事务	
		……	
本年收入合计		本年支出合计	
上年结转		结转下年	
收入总计		支出总计	

中央国有资本经营预算收入表

财资预总 02 表

填报单位： 金额单位：万元

科目编码	科目名称/企业	××××年执行数	××××年预算数	××年为××年的%
	一、利润收入			
	烟草企业利润收入			
	石油石化企业利润收入			
	电力企业利润收入			
	电信企业利润收入			
	煤炭企业利润收入			
	有色冶金采掘企业利润收入			
	钢铁企业利润收入			
	化工企业利润收入			
	运输企业利润收入			
	电子企业利润收入			
	机械企业利润收入			
	投资服务企业利润收入			
	纺织轻工企业利润收入			
	贸易企业利润收入			
	建筑施工企业利润收入			
	房地产企业利润收入			
	建材企业利润收入			
	……			
	其他国有资本经营预算企业利润收入			
	二、股利、股息收入			
	国有控股公司股利、股息收入			
	国有参股公司股利、股息收入			
	其他国有资本经营预算企业股利、股息收入			
	三、产权转让收入			
	其他国有股减持收入			
	国有股权、股份转让收入			
	国有独资企业产权转让收入			
	金融类企业国有股减持收入			
	其他国有资本经营预算企业产权转让收入			
	四、清算收入			
	国有股权、股份清算收入			
	国有独资企业清算收入			
	其他国有资本经营预算企业清算收入			
	五、其他国有资本经营预算收入			
	……			
	合　计			

中央国有资本经营预算支出表

财资预总03表

填报单位：　　　　　　金额单位：万元

科目编码	科目名称（功能）	××××年执行数				××××年预算数				××年为××年的%
		小计	资本性支出	费用性支出	其他支出	小计	资本性支出	费用性支出	其他支出	
	一、教育									
	……									
	二、科学技术									
	……									
	三、文化体育与传媒									
	……									
	四、社会保障和就业									
	……									
	五、节能环保									
	……									
	六、城乡社区事务									
	……									
	七、农林水事务									
	……									
	八、交通运输									
	……									
	九、资源勘探电力信息等事务									
	……									
	十、商业服务业等事务									
	……									
	合　计									

中央国有资本经营预算支出明细表

财资预总 04 表

填报单位：　　　　　　　　　　　　　　　　　　　　金额单位：万元

中央预算单位/企业名称	合　计	资本性支出	费用性支出	其他支出
合　　计				

中央国有资本经营预算支出项目表

财资预总 52 表

填报单位：

金额单位：万元

项目名称	项目编码	项目排序号	起始年	终止年	承担项目企业	总支出		截至上年底累计安排支出		本年安排支出	
						金额	其中：财政安排支出	金额	其中：财政安排支出	金额	其中：财政安排支出
一、资本性支出											
（一）新设企业注入国有资本											
1. ××××											
2. ××××											
……											
（二）补充企业国有资本											
1. ××××											
2. ××××											
……											
（三）认购股权、股份											
1. ××××											
2. ××××											
……											
（四）其他资本性支出											
1. ××××											
2. ××××											
……											
二、费用性支出											
（一）××××											
（二）××××											
（三）××××											
……											
三、其他支出											
（一）××××											
（二）××××											
（三）××××											
……											
合　计											

附表 2：

××××年中央预算单位国有资本经营预算表

编制单位：　　　（中央预算单位）

单位编码：

编制日期：　　　年　　月　　日

单位负责人签章：　　国有资本经营预算主管司（局）负责人签章：　　制表人签章：

中央预算单位国有资本经营预算支出表

财资预 01 表

填报单位：

金额单位：万元

科目编码	科目名称（功能）	合　计	资本性支出	费用性支出	其他支出
	一、教育				
	……				
	二、科学技术				
	……				
	三、文化体育与传媒				
	……				
	四、社会保障和就业				
	……				
	五、节能环保				
	……				
	六、城乡社区事务				
	……				
	七、农林水事务				
	……				
	八、交通运输				
	……				
	九、资源勘探电力信息等事务				
	……				
	十、商业服务业等事务				
	……				
	合　计				

中央预算单位国有资本经营预算支出明细表

财资预 02 表

填报单位：　　　　　　　　　　　　　　　　　　　　　　　　金额单位：万元

企业名称（一级企业）	合　计	资本性支出	费用性支出	其他支出
合　计				

中央预算单位国有资本经营预算支出项目表

财资预03表

填报单位：　　　　金额单位：万元

项目名称	项目编码	项目排序号	起始年	终止年	承担项目企业	总支出		截至上年底累计安排支出		本年安排支出	
						金额	其中：财政安排支出	金额	其中：财政安排支出	金额	其中：财政安排支出
一、资本性支出											
（一）新设企业注入国有资本											
1. ××××											
2. ××××											
……											
（二）补充企业国有资本											
1. ××××											
2. ××××											
……											
（三）认购股权、股份											
1. ××××											
2. ××××											
……											
（四）其他资本性支出											
1. ××××											
2. ××××											
……											
二、费用性支出											
（一）××××											
（二）××××											
（三）××××											
……											
三、其他支出											
（一）××××											
（二）××××											
（三）××××											
……											
合　计											

附表3：

××××年中央企业国有资本经营预算表

编　　制　　单　　位：（中央企业）

单　　位　　编　　码：

支出功能分类科目编码：

编　　制　　日　　期：　　年　　月　　日

单位负责人签章：　　　　财务负责人签章：　　　　制表人签章：

中央企业国有资本经营预算支出表

财资企预01表

填报单位：　　　　金额单位：万元

项目名称	总支出		本年安排支出	
	金　额	其中：财政安排支出	金　额	其中：财政安排支出
一、资本性支出				
（一）新设企业注入国有资本				
（二）补充企业国有资本				
（三）认购股权、股份				
（四）其他资本性支出				
二、费用性支出				
三、其他支出				
合　　计				

中央企业国有资本经营预算支出明细表

财资企预02表

填报单位：　　　　　　　　　　　　　　　　　　　　　　　　　　　　金额单位：万元

企业名称（承担项目企业）	合　计	资本性支出	费用性支出	其他支出
一、××××公司				
……				
合　计				

中央企业国有资本经营预算支出项目表

财资企预03表

填报单位：　　　　　　　　　　　　　　　　　　　　　　金额单位：万元

项目名称	项目编码	项目排序号	起始年	终止年	承担项目企业	总支出		截至上年底累计安排支出		本年安排支出	
						金额	其中：财政安排支出	金额	其中：财政安排支出	金额	其中：财政安排支出
一、资本性支出											
（一）新设企业注入国有资本											
1. ××××											
2. ××××											
……											
（二）补充企业国有资本											
1. ××××											
2. ××××											
……											
（三）认购股权、股份											
1. ××××											
2. ××××											
……											
（四）其他资本性支出											
1. ××××											
2. ××××											
……											
二、费用性支出											
（一）××××											
（二）××××											
（三）××××											
……											
三、其他支出											
（一）××××											
（二）××××											
（三）××××											
……											
合　计											

财政部　国家发展改革委关于公布取消253项涉及企业行政事业性收费的通知

2011年12月30日　财综［2011］127号

国务院各部委、各直属机构，各省、自治区、直辖市、计划单列市财政厅（局）、发展改革委、物价局，新疆生产建设兵团财务局、发展改革委，有关中央管理企业：

为切实减轻企业和社会负担，优化企业生产经营环境，促进经济平稳较快发展，按照国务院有关要求，我们对各省、自治区、直辖市涉及企业的行政事业性收费项目进行了全面清理，决定取消部分涉及企业的行政事业性收费。现将有关事项通知如下：

一、自2012年2月1日起，取消253项各省、自治区、直辖市设立的涉及企业的行政事业性收费（具体项目见附件）。

此前，按照《财政部　国家发展改革委关于取消部分涉企行政事业性收费的通知》（财综［2011］9号）规定取消的运营车辆二级维护检测收费、运营车辆综合性能技术等级评定（检测）收费，有关地方仍作为经营服务性收费收取的，应一律取消。

二、取消上述行政事业性收费后，有关部门和单位依法履行管理职能所需相关经费，由同级财政预算予以保障。其中，财政补助事业单位的经费支出，通过部门预算予以安排；自收自支事业单位的经费支出，通过安排其上级主管部门项目支出予以解决。各级财政部门要按照上述要求，妥善安排有关部门和单位预算，确保其工作正常开展。

三、有关执收部门和单位应按规定到原核发《收费许可证》的价格主管部门办理《收费许可证》注销手续，并到原核发财政票据的财政部门办理票据缴销手续。有关行政事业性收费的清欠收入，应按照财政部门规定渠道全额上缴国库。

四、各地区和有关部门及单位要严格执行本通知规定，对公布取消的行政事业性收费项目，不得以任何理由拖延或拒绝执行，不得以其他名目或转为经营服务性收费方式变相继续收费。各级财政、价格主管部门要按照职责分工加强对落实本通知情况的监督检查，对不按规定取消收费项目的，按有关规定给予处罚，并追究责任人员的行政责任。

五、切实加强涉及企业行政事业性收费的审批管理。各省、自治区、直辖市新设立企业直接负担的行政事业性收费项目和标准，要严格按照《中共中央　国务院关于治理向企业乱收费、乱罚款和各种摊派等问题的决定》（中发［1997］14号）的规定，分别报财政部和国家发展改革委审核同意，并在发布实施的文件中予以注明。各省、自治区、直辖市新设立企业直接负担的行政事业性收费项目和标准，凡未经财政部和国家发展改革委审核同意的，企业可以拒绝缴纳。

附件：取消的涉企行政事业性收费项目

附件：

取消的涉企行政事业性收费项目

（共253项）

地区	序号	收费项目	出台的文件
河北	1	海蜇资源费	冀牧渔字［1991］262号、冀牧渔（管）字［1991］390号
	2	临床检验质控成本费	冀财综字［1998］78号、冀价行费字［1998］210号、冀政办函［2008］57号
	3	著名商标评审费	冀财综［2000］7号、冀财综［2007］51号
山西	4	《木材经营加工许可证》工本费	晋财综［2003］59号、晋价费［2003］238号、晋财预［2007］47号
	5	文物修筑维修、考古钻探工程监督收费	晋财综［1999］175号、晋财预［2009］141号
	6	城市消防设施配套费	晋财综［1995］123号、晋财预［2002］8号
	7	地价评估费	晋价涉字［1992］390号、晋财预［2003］4号
	8	土地使用管理费	［91］晋土管（计）字第001号、晋财预［2003］96号
	9	国有资产产权登记费	晋国资综字［1993］23号、晋财预［2003］4号
	10	矿区管理费	晋政办发［1989］41号、晋煤财字［1989］167号
	11	企业管理费	晋政办发［1989］41号、晋煤财字［1989］167号
	12	考古发掘费	晋价涉字［1992］61号、晋财预［2009］141号
内蒙古	13	水上安全监督检查费	内交港发［1993］243号
	14	新型建筑材料登记证书工本费	内财非税［2005］462号、内发改费字［2006］851号
	15	新型建筑材料抽检费	内财非税［2005］462号、内发改费字［2006］851号
	16	新型建筑材料报刊公告费	内财非税［2005］462号、内发改费字［2006］851号
	17	超限运输车辆行驶公路桥涵补偿费	内交路发［1998］383号
	18	征占用林地管理费	内林政字［1993］127号
	19	林木种苗检验费	内价费字［1997］24号
	20	林木种苗仲裁检验费	内价费字［1997］24号
吉林	21	公路超限运输赔（补）偿费	吉省价收字［2001］8号、［2004］5号、吉财非税［2008］186号、吉省价收联字［2009］80号
	22	草原使用管理费	吉畜牧（草）联字［1987］第152号、吉农（畜）联字［1994］269号、吉财非税［2008］186号

续表

地区	序号	收费项目	出台的文件
	23	嫩江堤坝维护费	吉发改收管联函字［2007］110 号，吉财非税［2008］186 号
	24	地面卫星设施管理费	吉省价收函字［1992］第 73 号
黑龙江	25	超限运输车辆行驶公路赔（补）偿费	黑政发［2002］52 号
	26	土地证书年度确认登记费	黑土［1996］92 号
	27	城镇治安看护费	省政府 2002 年第 3 号令
	28	消防安全培训费	黑公（通）字［2002］45 号
	29	标准门牌工本费	黑财综字［2002］118 号
	30	机动车驾驶员教练标志牌	黑财综［2006］45 号
	31	交通建设费	黑财综［2008］110 号
	32	电工与电力承装施工单位培训费	黑财综［2002］32 号
	33	《贷款抵押登记证》工本费	黑政发［2001］86 号、黑财综［2004］43 号
	34	特种设备运行牌照（使用注册登记证费和发行费）	黑价联字［2008］78 号
	35	出版物经营许可证工本费	黑财综［2003］198 号
	36	房产档案出证费（产权咨询服务费、户籍证明费）	黑价联字［1998］14 号
	37	各级医院评审费	黑卫财字［1992］50 号
上 海	38	卫生资料查询及复印费	沪价行［1996］221 号
	39	户籍管理证件工本费（计算机为单位提供人口资料查询服务）	沪价费［1994］78 号
江 苏	40	建筑工程、市政工程抗震设计审查费	苏价服［2004］26 号、苏财综［2004］11 号、苏价费［2009］278 号、苏财综［2009］45 号
	41	门（楼）牌收费	苏价费［1996］402 号、苏财综［1996］146 号、苏价费［2002］224 号、苏财综［2002］90 号、苏价费函［2003］39 号、苏财综［2003］38 号、苏价费［2004］5 号、苏财综［2004］2 号、苏价费［2005］159 号、苏财综［2005］36 号、苏价费［2005］320 号、苏财综［2005］82 号
	42	设备中标服务费	苏价费［2000］342 号、苏财综［2000］188 号、苏价费［2009］278 号、苏财综［2009］45 号
	43	非农用地土地有偿使用费	苏价涉［1994］306 号、苏财综［1994］183 号、苏土计［1994］128 号
	44	建筑安全监督管理费	苏政发［1997］113 号、苏价服［2002］328 号、苏财综［2002］128 号、苏价服函［2003］10 号、苏财综［2003］5 号、苏价服［2009］91 号、苏财综［2009］10 号
	45	人防经费（向企事业单位和个体工商户收取的）	苏政办发［2001］140 号、南京战区［2002］联字第 1 号、苏防办字［2002］52 号、苏财综［2002］107 号、苏价服［2002］294 号、苏地税发［2002］107 号

续表

地区	序号	收费项目	出台的文件
	46	标准现行性确认费（采用国际标准确认费）	苏标发［1992］188 号、苏价费字［1992］143 号、苏财综［1992］122 号
	47	卫星地面接收设施检验收费	苏财综［1996］155 号、苏价费［1996］376 号
	48	矿山安全技术检测收费	苏价涉字［1991］151 号、苏财综［1993］198 号、苏价费字［1993］216 号
	49	生猪定点屠宰收费	苏政办发［1996］93 号、苏政办发［1997］9 号、苏政办发［2002］11 号、苏财综［2004］125 号、苏价农［2004］485 号、苏财综［2004］170 号
	50	云台山人防隧道工程有偿使用费	苏价涉［1994］177 号、苏财综［1994］112 号、苏防办字［1994］64 号
浙 江	51	船名牌工本费	浙价费［2007］270 号
	52	医疗仪器质量检测费	浙价费［1997］219 号、浙价费［1998］62 号
	53	政府采购招标文件制作工本费	浙价费［1999］482 号
	54	棉花品级实物标准收费	浙财综字［2002］82 号、浙价费［2002］195 号
安 徽	55	汽车驾驶员培训行业管理费	皖价行费字［1996］359 号
福 建	56	交通监理收费	闽（政）［1988］13 号、闽财预［2002］30 号
	57	门牌、幢牌工本费	闽价费［2005］522 号、闽价房［2008］343 号
	58	新项目新产品可行性论证费	闽价费［1996］197 号
	59	进口废物风险评价费	闽财综［1997］10 号、闽财预［2002］30 号、闽价费［2008］493 号
	60	超限运输车辆行驶公路赔（补）偿费	闽价费［2001］149 号、闽交路政［2002］10 号
	61	民兵预备役训练费	闽委发［1999］3 号、闽价费［2000］248 号、闽财综［2000］46 号
江西	62	客运线路牌工本费	赣计收费字［2002］567 号
	63	船舶登记簿工本费	赣计收费字［2002］567 号
	64	船牌名及《航行签证簿》工本费	赣计收费字［2002］567 号
	65	车辆维修竣工出厂合格证工本费	赣计收费字［2002］567 号
	66	瓶装液化气计量标识费	赣价费字［2001］151 号、赣财综［2004］49 号
	67	农药质量监督检验收费	赣财综字［1994］75 号、赣价费字［1994］31 号
	68	生猪肉品检验（疫）收费	赣价费字［1993］066 号、赣发改收费字［2004］1181 号
	69	野生植物资源保护费	赣财综字［2008］88 号
	70	考古勘查、发掘收费	赣价费字［1999］37 号
	71	司法鉴定专家委员会司法鉴定收费	赣发改收费字［2006］163 号

续表

地区	序号	收费项目	出台的文件
	72	契证工本费	赣财综字［2000］118 号
	73	政府采购招标文件工本费	赣发改收费字［2004］1052 号
	74	定点医疗机构和零售药店资格证书、标牌工本费	赣价费字［2001］137 号
	75	楼、门牌安装工本费	赣发改收费字［2004］32 号
	76	计算机安全监察收费	赣价费字［2001］104 号、赣财综字［2001］37 号、赣计收费字［2003］819 号
	77	消防安全培训收费	赣发改收费字［2006］1569 号
	78	建筑行业上级管理费	赣财综字［1996］139 号、赣价行字［1996］78 号
	79	卫生服务费	赣计收费字［2002］72 号
	80	过渡费（含夜渡费）	赣财综字［2000］52 号
	81	超限运输赔（补）费	赣计收费字［2002］555 号
	82	节能监测收费	赣财综字［1992］52 号、赣价费字［1992］56 号
	83	省外引进水产种苗检验检疫收费	赣农渔字［2000］04 号
	84	娱乐场所审核合格证工本费	赣价费字［2001］123 号
	85	网络文化准营证工本费	赣价费字［2001］100 号
	86	食品药品监管系统培训收费	赣发改收费字［2007］18 号
	87	安全生产培训考核收费	赣发改收费字［2006］13 号、赣发改收费字［2006］1170 号
	88	盐业产品质量监督检验费	赣价费字［1990］110 号、赣财综字［1990］118 号
	89	《体育经营许可证》、《体育经营登记证》工本费	赣财综字［1999］63 号、赣计收费字［2003］818 号
	90	政府大院单位垃圾清运费	赣价费字［2000］25 号
	91	计算机质量监督检验收费	赣价费字［1999］83 号
山 东	92	浅海滩涂资源费	1992 年省政府第 39 号令
	93	门楼牌工本费	鲁财综字［2000］42 号、鲁价费发［2000］178 号、鲁价费发［2006］223 号
	94	退役士兵安置任务有偿转移费	鲁财综［2002］65 号、鲁价费函［2002］135 号
	95	委托拆迁费	山东省城市房屋拆迁管理条例
	96	落地原油管理费	鲁政办发［1996］44 号
	97	净化费	鲁政办发［1996］44 号
	98	净化统筹基金	鲁政办发［1996］44 号
	99	回收劳务费	鲁政办发［1996］44 号
	100	装车费	鲁政办发［1996］44 号
	101	清罐污油管理费	鲁政办发［1996］44 号
	102	油区内准运证工本费	鲁政办发［1996］44 号、鲁政办发［2002］77 号
	103	工农工作协调费	鲁政办发［1996］44 号、鲁政办发［2002］77 号

续表

地区	序号	收费项目	出台的文件
	104	城市房地产综合开发管理费	鲁建发［1998］44号、鲁价费发［2001］301号
	105	堤坝桥闸养护费	鲁财综［2001］72号、［2002］48号、［2004］66号、鲁价费发［2002］6号、228号、［2004］206号
	106	水工程占用补偿费	鲁财综［2006］6号、鲁价费发［2006］192号、鲁财综［2006］87号
	107	人防工程建设费	鲁价费发［2006］220号、鲁价费发［2009］14号
	108	石油勘探开发排污费	鲁政办发［1995］84号、鲁价涉发［1995］288号
	109	油田物资运输检查费	鲁政办发［1996］44号、鲁政办发［2002］77号
	110	政府采购文件工本费	鲁财综［2006］92号、鲁价费发［2007］126号、鲁财综［2008］42号
河南	111	纤维检验费	豫价市［1990］148号
	112	煤炭检验费	豫价市［1986］49号
	113	地方煤矿救护费	豫政办［1994］40号、豫发改收费［2007］2807号
湖北	114	印刷经营许可证工本费	鄂财函［2004］305号
	115	药品经营验收费	鄂价轻字（88）第165号、鄂价费字［1995］136号
	116	退役军人有偿转移安置费	省政府第129号令、鄂财综发［2007］2号、鄂价费［2007］89号、鄂政发［2009］58号
	117	室内装饰行业管理费	鄂价费字［1992］206号、鄂价房地字［1995］83号、鄂价费字［2001］329号、鄂财综发［2006］6号、鄂财综发［2008］32号
	118	饮食服务业经营资格证工本费	鄂财综发［1999］610号
	119	文物鉴定费	鄂价费字［1992］220号
	120	医院分级管理评审费	鄂价费字［1993］64号
	121	医疗机构登记费	鄂财综发［2001］45号、鄂价费［2002］150号
	122	医疗机构校验费	鄂财综发［2001］45号、鄂价费［2002］150号
	123	采用国际标准认可证书工本费	鄂价费字［1993］20号
	124	棉花品级实物标准收费	鄂价费字［2006］269号
	125	版权管理费	鄂价费字［2001］329号
		（1）版权纠纷案件受理费	
		（2）作品鉴定费	
	126	图书、报刊市场管理费	鄂价费字［1994］210号
		（1）批发图书、报刊单位	
		（2）零售、出租图书报刊的书店和摊点	
	127	药政管理收费	鄂价轻字（88）第165号、鄂价费字［1995］136号
		（1）药厂生产验收费	
		（2）医院制剂室审查验收费	

续表

地区	序号	收费项目	出台的文件
	128	专利纠纷调处费	鄂价费字［1994］260 号
	129	档案登记证工本费	鄂财规发［2000］1113 号
	130	政府采购招标文件工本费	鄂财综发［2006］17 号、鄂价费［2006］158 号
湖 南	131	船舶安全航行证书费	湘价费［2005］44 号
	132	航标设置维护费	湘财综［2005］17 号、湘价费［2006］167 号
	133	航道清障费	湘财综［2005］17 号、湘价费［2006］167 号
	134	水上交通安全维护费	湘价费［2008］198 号
	135	禁区通行证书费	湘价费［2008］63 号
	136	特种车辆使用证书费	湘价费［2008］63 号
	137	渔港管理收费	湘价费［2002］323 号
	138	林木、林地权属争议调处费	湘价费［2001］262 号
	139	一般工业与民用建筑抗震设防要求确认费	湘价费［2010］117 号
	140	水上安全监督收费中的船名号牌收费与船舶进、出港签证文书收费	湘价费［2002］44 号
	141	铁路专用线运输管理费	湘价费［2005］83 号
	142	标准化收费	湘价费［2003］121 号、湘价费［2006］170 号
	143	医疗机构注册、发证工本费	湘价费［2003］44 号
	144	医疗机构管理费	湘价费［2003］44 号
	145	农业环境与产品质量检验收费	湘价费［2002］323 号、湘价费［2006］44 号
	146	网络文化经营许可证	湘财综［2003］23 号、湘价费［2003］117 号
广东	147	疾病控制、卫生检验与技术服务收费	粤价函［2001］264 号
	148	劳动年审证照费	粤府［1996］4 号、粤劳监［1996］99 号、粤价函［1999］159 号
	149	职工养老保险手册工本费	粤价函［1999］310 号
	150	安防系统工程检验费	粤价函［2004］34 号、粤价函［2007］28 号
	151	拱北口岸一站通远程卡费	计价格［2001］1928 号、粤价函［2007］106 号
广 西	152	卫生检测检验费	桂价费字［1993］169 号、桂价费［2006］56 号
	153	机动车安全检验费	桂价费字［1992］64 号、桂价费［1993］168 号、桂财综［2007］54 号
	154	交通安全设施维护费	桂价费字［1992］64 号、桂价费［1993］168 号、桂财综［2007］54 号
	155	机动车入户过户费	桂价费字［1992］64 号、桂价费［1993］168 号、桂财综［2007］54 号

续表

地区	序号	收费项目	出台的文件
	156	特殊检验费	桂价费字［1992］64 号、桂价费［1993］168 号、桂财综［2007］54 号
海 南	157	提供利用房地产档案收费	琼费字［1993］334 号、琼发改收费［2009］199 号
	158	出具房地产等项证明费	琼费字［1993］334 号、琼发改收费［2009］199 号
	159	房产档案保管费	琼费字［1993］334 号、琼发改收费［2009］199 号
	160	房屋他项权利登记收费	琼发改价管［2003］243 号
		（1）住房他项权利登记费	
		（2）非住房他项权利登记费	
	161	海峡管理费（海口至海安、海口至北海航线）	琼价费字［1997］76 号
	162	汽车、摩托车驾驶员培训行业管理服务费	省政府第 65 号令
	163	境外引种疫情监测费	琼价费字［1993］96 号
	164	资源保护管理费	琼价费字［1993］234 号
	165	会计账簿工本费（除总账、现金日记账、银行存款日记账外）	琼计价管［2001］1418 号
四 川	166	市政管理费	川价字非［1992］107 号
	167	水生动物检疫费	川财综［2003］47 号、川价发［2005］88 号
	168	测绘标志使用维护费	川价字非［1995］132 号、川价费［2002］30 号
重 庆	169	无线电管理费	渝财综［2000］8 号、渝价［2000］41 号
	170	港务监督管理费	渝价［2000］386 号
	171	出租汽车经营权转让、质押登记费	渝财综［2005］2 号
	172	种畜禽生产经营许可及合格证工本费	渝财综［2001］38 号
	173	农药监督检验费	渝财综［2001］38 号
	174	水产种苗审核评定费	渝财综［2001］38 号
	175	林业保护建设费	渝财综［2001］37 号
	176	司法鉴定证照工本费	渝财综［2003］191 号
	177	灭火器产品生产许可证费	渝财综［2001］45 号、渝价［2001］224 号
	178	门（楼）牌工本费	渝财预外字［1999］46 号
	179	火灾原因技术鉴定费	渝财综［2001］45 号
	180	卫星地面接收设施、检验费	渝价［2001］338 号
	181	城市规划放线收费	黔价房调［2002］195 号
	182	殡葬事业发展费	渝财预外字［1997］46 号
	183	建设工程规划综合费	渝办发［2005］48 号
	184	勘察测绘质量监督审查费	综合处字［2001］47 号

续表

地区	序号	收费项目	出台的文件
贵 州	185	新增耕地指标流转专项资金	黔财综［2005］34 号、黔府办［2007］101 号
	186	大型医用设备医疗单位审评检测费	黔价行事字［2000］141 号
	187	卫生审查费	黔价费［2001］377 号
	188	卫生学评价费	黔价费［2001］377 号
	189	木材经营加工许可证工本费	黔林资通［1994］392 号、黔价费［2004］100 号
云 南	190	超限运输车辆行驶公路赔（补）偿费	云计价格［2000］967 号
	191	大件运输公路损失补偿费	云价函字［1991］18 号
	192	教育培养补偿费	云财综字［1994］28 号、云价费发［1999］201 号
	193	火灾原因技术鉴定费	云价费发［1993］188 号
	194	入境木船查验卡费	云价非发［1992］73 号
	195	网络与信息系统安全专业人员培训费	云财综［2007］153 号、云发改收费函［2007］336 号
	196	网络与信息系统安全专业人员年度考试费	云财综［2007］153 号、云发改收费函［2007］336 号
	197	广告审查员培训费	云价函字［2000］15 号
	198	广告专业技术人员岗位资格培训费	云计收费函［2001］161 号
	199	经营性公墓管理费	云南省公墓管理规定（省政府令第 44 号）
	200	国有资产占用费	云政发［1996］227 号
	201	政府采购招投标收费	云计收费函［2002］29 号
		（1）政府采购招投标中标服务费	
		（2）政府采购招投标标书文件费	
	202	卫生法律法规及相关知识培训费	云财综［2008］131 号、云发改收费［2008］1566 号
	203	矿产资源有偿使用费	云南省人民政府关于印发云南省探矿权采矿权管理办法等 3 个文件的通知
西 藏	204	矿业权交易服务费	藏发改价格［2009］321 号
	205	道路运输从业人员教务费、资格证	藏发改价格［2008］320 号
	206	省际线路标志牌制作费、车辆技术档案工本费、车辆照相费	藏价费［1996］24 号
陕 西	207	煤炭运销管理费	陕财办综［2007］65 号、陕价行发［2007］170 号
	208	超限运输补偿费	陕政发［2003］182 号

续表

地区	序号	收费项目	出台的文件
	209	防泄密设备安装维修成本费	陕公固安发［1991］5 号
	210	药品及医用耗材集中网上采购服务费	陕财办综［2007］56 号
甘 肃	211	酒类商品批发许可证登记费	甘财综发［2001］19 号、甘价费［2001］112 号
	212	消防设施产品质量监督检验费	甘财综发［1998］64 号、甘价费［1998］284 号、甘政办发［2002］26 号
	213	省野生动物资源保护管理费	甘林资字［1990］95 号
	214	猪、牛、羊防疫（耳标）成本费	甘政办发［2002］5 号、甘价费［2002］60 号
	215	税务发票准购证工本费	甘价费［1997］77 号、甘价费［1999］53 号
	216	野生动物资源补偿费	甘林资字［1990］95 号
	217	退役士兵安置任务有偿转移金	甘政发［2001］78 号、甘民优［2002］35 号
	218	文物鉴定、监管收费	甘财综发［1997］第 47 号、甘价费［1997］233 号
	219	出版物市场管理费	甘价费［1996］36 号
	220	电子出版审查鉴定费	甘财综发［2001］第 16 号、甘价费［2001］111 号
	221	图书报刊审读费	甘财综发［2000］第 30 号、甘价费［2000］246 号
	222	非正式出版物登记管理费	甘价费［2000］58 号
宁 夏	223	超限运输车辆货物卸、装载、保管和行驶公路赔（补）偿	宁交通［2004］87 号、宁价费发［2005］130 号
	224	预防性体检费	宁价费发［2005］169 号
	225	环境检测服务费	宁价费发［2004］54 号
	226	建筑市场管理费	宁价费发［1999］95 号、宁价费发［2002］134 号
	227	消防安全培训费	宁价费发［2007］60 号
	228	《商品房买卖合同》工本费	宁价费发［2001］235 号、宁财综发［2001］256 号
	229	利用城建档案收费	宁价费发［1999］155 号
	230	建筑材料检验费	宁价费发［1998］193 号
	231	迎闫公路治沙费	宁价费发［2002］90 号
	232	公路工程考试费（含检测工程师和检测员）	宁财综函［2007］71 号、质检综字［2007］4 号
	233	公路工程试验检测费	宁价费发［2009］3 号
新 疆	234	酒类经营许可证（零售备案登记证）工本费	新价非字［1995］63 号、自治区人民政府 80 号令、新财非税［2007］40 号、新发改收费［2008］845 号
	235	乌鲁木齐河道管理费	新计价非［2001］1070 号
	236	城市消防设施建设费	新财综［2002］14 号、新计价费［2002］243 号、新发改收费［2009］1818 号
	237	企业国有资产产权登记费	新价非字［1992］135 号、国资事发［1995］64 号

续表

地区	序号	收费项目	出台的文件
	238	内部资料准印证、出版物出疆准印证（出版物品终审费）	《内部资料及出版物管理办法》
	239	社会文化经营管理费	新价非字［1996］48号、94号
	240	特种设备检测检验准运证	新价非字［1992］101号
	241	古籍文献修复费	新价费字［1992］79号
	242	科学技术计划相同项目申报集中评审费	新价非字［1992］152号
	243	科研成果公告费	新价非字［1992］152号
	244	科技证书工本费	新价非字［1992］152号
	245	临时使用土地补偿费	新财综字［2000］95号、新计价房［2001］500号
	246	农机试验鉴定收费	新价非字［1992］108号
	247	草原管理费	新政函［1992］247号
	248	草原药用（经济）植物资源补偿费	新财综字［1998］94号、新价非字［1999］3号
	249	林木病虫害防治费	新价非字［1996］7号、新价非字［1996］111号
	250	护林防火费	新政函［1989］58号、新价非字［1992］132号
	251	地名标志牌标志费	新政办［2001］155号、新财综［2003］25号、新计价费［2003］1040号
	252	门牌证工本费	新财综字［1999］93号、新价非字［1999］64号
	253	口岸建设费	新财综［2003］27号、新计价费［2004］1541号

财政部关于扩大中央国有资本经营预算实施范围有关事项的通知

2012年1月13日　财企［2012］3号

工业和信息化部、卫生部、国资委、体育总局、民航局，中央文化企业国有资产监督管理领导小组办公室：

经国务院批准，从2012年起，继续扩大中央国有资本经营预算实施范围。现将有关事项通知如下：

一、从2012年起，将工信部、体育总局所属企业，中央文化企业国有资产监督管理领导小组办公室履行出资人职责的中央文化企业，卫生部、国资委所属部分企业，民航局直属首都机场集团公司，纳入中央国有资本经营预算实施范围（企业名单详见附件）。新纳入实施范围的国有独资企业按照中央国有资本收益收取政策第三类企业归类，上交利润比例为税后净利润的5%。

二、纳入预算实施范围的符合小型微型企业规定标准的国有独资企业，应交利润不足10万元的，比照第四类政策性企业，免交当年应交利润。

三、中央企业国有资本收益收取和中央国有资本经营预算编报等工作，依照《国务院关于试行国有资本经营预算的意见》（国发［2007］26号）、《中央企业国有资本收益收取管理暂行办法》（财企［2007］309号）和《中央国有资本经营预算编报办法》（财企［2011］318号）有关规定执行。

财政部 监察部 审计署 国资委关于印发《国有企业负责人职务消费行为监督管理暂行办法》的通知

2012年2月13日 财企［2012］15号

各省、自治区、直辖市、计划单列市财政厅（局）、监察厅（局）、审计厅（局）、国有资产监督管理机构，新疆生产建设兵团财务局，有关中央管理企业：

为了贯彻落实国务院第四次廉政工作会议精神，严格规范国有企业负责人职务消费行为，坚决制止与企业经营管理无关的职务消费行为和奢侈消费风气，根据国家有关法律法规的规定，我们制定了《国有企业负责人职务消费行为监督管理暂行办法》，现印发给你们，请认真贯彻执行，执行中有什么问题，请及时向我们反映。

附件：国有企业负责人职务消费行为监督管理暂行办法

附件：

国有企业负责人职务消费行为监督管理暂行办法

第一条 为严格规范国有企业负责人职务消费行为，根据国家有关法律法规的规定，制定本办法。

第二条 本办法适用于中华人民共和国境内依法设立的具备法人资格的国有及国有控股企业。

金融企业另行规定。

第三条 本办法所指国有企业负责人是指国有企业法定代表人及企业领导班子成员。

第四条 各级政府有关部门和行使出资人职责的国有资产监督管理机构按其管理职责分别对国有企业负责人职务消费行为实施监督管理。监察部门会同行使出资人职责的国有资产监督管理机构负责对国有企业负责人职务消费行为实施监督检查，依法查处国有企业负责人职务消费违纪违规行为。

第五条 国有企业负责人职务消费是指国有企业负责人履行工作职责时，发生的由企业承担的消费性支出。国有企业负责人应当严格执行《国有企业领导人员廉洁从业若干规定》（中办发［2009］26号），规范职务消费，不得有以下行为：

（一）超标准购买公务车辆、豪华装饰办公场所，或者在企业发生亏损期间，购买、更换公务车辆、装修办公室、添置高档办公用品。

（二）超标准报销差旅费、车辆交通费、通信费、出国考察费和业务招待费。

（三）用公款支付应当由个人承担的购置住宅、住宅装修、物业管理等生活费用，或者挪用企业的材料物资，修建和装修个人住宅。

（四）违反规定用公款进行高消费娱乐活动，或者用公款支付非因公的消费娱乐活动费及礼品费。

（五）违反规定用公款支付应当由个人负担的各种名义的培训费、书刊费等。

（六）违反规定用公款为个人购买商业保险或者支付相关费用。

（七）违反规定用公款为个人变相支付各种理疗保健、运动健身和会所、俱乐部等费用。

（八）违反规定用公款为亲属、子女支付各项费用，或者用公款支付应当由个人承担的其他费用。

（九）利用职务上的便利，在企业内部或到下属企业以及往来单位转移职务消费支出。

（十）通过虚开会议费发票及虚购物资材料、固定资产、办公用品等名义套取现金，用于职务消费支出。

（十一）以各种名义对已配备公务用车的国有企业负责人发放用车相关的补贴。

（十二）其他违反法律、法规规定的职务消费。

第六条 国有企业应当加强对负责人年金、住房补助等支出的管理，严格按照国家有关规定的标准执行。

第七条 国有企业要依据本规定制定和完善具体的实施办法，建立健全监督制约机制，并在本办法印发后3个月之内将实施办法上报同级监察部门和行使出资人职责的国有资产监督管理机构备案。

国有企业上报备案的具体实施办法应当包括企业负责人的范围、具体职位、各职位的职务消费项目、具体标准、发放方式等详细事项。

第八条 国有企业负责人职务消费制度，应当以适当方式向职工公开。

第九条 各级监察部门会同行使出资人职责的国有资产监督管理机构定期对国有企业负责人职务消费情况进行监督检查。要将监督检查结果作为国有企业负责人年度考核、组织考察评议的重要内容和任免奖惩的重要依据。

第十条 国有企业纪检、监察、审计等内部监督机构应当切实履行职责，对负责人职务消费实施监督，在企业内部建立负责人个人诚信档案。

国有企业的监事会应当依照有关规定加强对国有企业负责人职务消费行为的监督。国有企业上报备案的具体实施办法及相关材料应当同时抄送本企业监事会。

第十一条 对违反本办法规定的按下列规定执行：

（一）未按规定上报国有企业负责人职务消费实施办法的，由监察部门提请财政部门会同监察部门、审计部门和行使出资人职责的国有资产监督管理机构予以通报批评。

（二）违反本办法第五条规定的，由纪律监察部门严肃追究国有企业负责人的责任，直至纪律责任。涉嫌犯罪的，移送司法机关依法处理。

第十二条 本规定由财政部会同监察部、审计署、国资委负责解释。

第十三条 本规定自公布之日起施行。

财政部关于印发《国家级经济技术开发区　国家级边境经济合作区基础设施项目贷款中央财政贴息资金管理办法》的通知

2012 年 3 月 19 日　财建［2012］94 号

有关省、自治区、直辖市、计划单列市财政厅（局）：

为更好地发挥财政贴息政策的扶持引导作用，我们制定了《国家级经济技术开发区、国家级边境经济合作区基础设施项目贷款中央财政贴息资金管理办法》。现印发给你们，请遵照执行，并请转发到当地国家级经济技术开发区和国家级边境经济合作区。

附件：国家级经济技术开发区、国家级边境经济合作区基础设施项目贷款中央财政贴息资金管理办法

附件：

国家级经济技术开发区、国家级边境经济合作区基础设施项目贷款中央财政贴息资金管理办法

第一章　总　　则

第一条　为加强国家级经济技术开发区、国家级边境经济合作区（以下简称“开发区”）基础设施项目贷款中央财政贴息资金管理，提高财政资金使用效益，更好的发挥财政贴息政策的扶持、引导作用，根据《中华人民共和国预算法》及有关规定，制定本办法。

第二条　本办法所称中央财政贴息资金（以下简称贴息资金）是指中央财政预算安排的，专项用于开发区内公共基础设施项目贷款贴息的资金。

第三条　本办法所称开发区包括经国务院批准设立的中西部地区和东北老工业基地的国家级边境经济合作区、国家级经济技术开发区，苏州工业园区，以及国务院要求予以支持的其他开发区。

基础设施项目贷款是指上述开发区内公共基础设施项目建设使用的各类银行提供的基本建设项目贷款以及中长期债券资金（包括地方政府债券、企业债、公司债、中期票据等）用于基础设施建设的部分。

第四条　本办法所称基础设施项目包括：

（一）开发区内道路、桥涵、隧道等项目。

（二）开发区内污水、生活垃圾处理等生态环境保护项目。

（三）开发区内供电、供热、供气、供水及通信网络等基础设施项目。

（四）开发区内为中小企业创业、自主创新提供场所服务和技术服务的孵化器、公共技术支撑平台建设，以及为服务外包、物联网企业提供场所服务和技术服务的公共基础设施项目。包括物理场所建设、为实现设施功能所必需的软硬件设备系统购置以及专用软件开发等，不包括中小企业拥有和开发的部分。

（五）开发区内为集约利用土地，节约资源，服务中小企业，统一修建的标准厂房项目。

（六）开发区内为节约能源，集中实施的能量系统优化工程、余热余压利用工程、绿色照明工程等重点节能工程项目。

（七）开发区内教育、文化、卫生等社会事业发展项目。

第二章　贴息政策

第五条　贴息资金实行先付后贴，即项目单位必须凭贷款银行或其他金融机构开具的利息支付凭证向财政部门申请贴息。

对未按合同规定归还的逾期贷款利息、加息和罚息，不予贴息。

第六条　中央财政对西部地区开发区、战略性新兴产业集聚和自主创新能力强的开发区，给予重点贴息支持。

第七条　开发区管辖区域范围内已落实贷款并已按期支付利息的基础设施在建项目，均可按规定申报贴息资金。

第八条　财政部根据年度贴息资金预算控制指标和当年贴息资金申报情况等因素确定贴息率，最高不超过当年中国人民银行同期贷款基准利率。

第九条　项目建设期少于3年（含3年）的，按项目建设期进行贴息；项目建设期大于3年的，按不超过5年进行贴息；属于购置的，按2年进行贴息。

第十条　2012年贴息周期为2011年6月21日至2012年3月20日，2013年贴息周期为2012年3月21日至2012年12月20日。2014年起，贴息周期均为前年12月21日至上年12月20日。各省（自治区、直辖市、计划单列市）财政厅（局）应当于当年贴息周期结束后1个月内向财政部提出贴息申请。

第三章　贴息资金的申报、审核和下达

第十一条　符合本办法规定的基础设施项目，由项目单位申报贴息资金。凡已申请中央其他贴息资金的项目，不得重复申报。

第十二条　项目单位申报贴息资金，应按要求填制基本建设贷款项目贴息申请表（附表1），并附项目批准文件、贷款合同或相关材料、资金到位凭证、利息支付凭证等材料，经贷款经办机构签署意见或出具证明后，报送到开发区财政部门。

上述申报材料应按本办法第四条所列分类别填报具体项目和提交相关材料，不得打捆上报。项目贷款为打包贷款的，应分类详细列清具体项目所使用的贷款金额。

第十三条　开发区财政部门根据本办法的规定，对本区项目单位提交的贴息材料进行审核后，填写基本建设贷款财政贴息汇总表（附表2），并附项目单位报送的有关材料，上报所在地省（自治区、直辖市、计划单列市）财政厅（局）。

第十四条　各有关省（自治区、直辖市、计划单列市）财政厅（局）对各开发区申报的贴息材料进行汇总审核后，转送财政部驻当地财政监察专员办事处（以下简称专员办）进行终审，并由各有关省（自治区、直辖市、计划单列市）财政厅（局）依据终审结果填写基本建设贷款财政贴息汇总表（附表2）后，上报财政部（电子版同时通过内网传输），同时抄送当地专员办。各地贴息申报材料不再上报至财政部，专员办的审核结果作为最终核定贴息的依据。

第十五条　专员办根据本办法规定的贴息范围、贴息期限等条件审核贴息材料，原则上应当在15个工作日内完成项目审核工作。

第十六条 财政部根据年度预算安排的贴息资金规模，按具体项目逐个核定贴息资金数，并按规定下达预算。贴息资金拨付按照财政国库管理制度的有关规定执行。

第四章 贴息资金财务处理及监督管理

第十七条 各项目单位要严格按照本办法规定的贴息范围、贴息期限、贴息比率等事项填报贴息申请表。项目单位收到贴息资金后，在建项目冲减工程成本，竣工项目冲减财务费用。

第十八条 有关省（自治区、直辖市、计划单列市）财政厅（局）及开发区财政部门对开发区的基础设施项目建设及资金落实情况要定期进行检查，会同有关单位督促项目按合理工期进行建设，已建成的项目，要及时办理竣工决算。

财政部将组织专员办或委托评审机构对贴息资金申报和使用情况进行抽查。

第十九条 贴息资金是专项资金，必须保证贴息资金的专款专用。任何单位不得以任何理由、任何形式截留、挪用财政贴息资金。违反规定，骗取、截留、挪用贴息资金的，依照《财政违法行为处罚处分条例》（国务院令第427号）的规定进行处理。对于弄虚作假、骗取贴息资金的，暂停该开发区申报贴息资格三年。

第五章 附 则

第二十条 本办法由财政部负责解释。

第二十一条 本办法自发布之日起施行。《财政部关于印发〈中西部等地区国家级经济技术开发区基础设施项目贷款财政贴息资金管理办法〉的通知》（财建［2010］48号）和《财政部关于印发〈国家级边境经济合作区基础设施项目贷款财政贴息资金管理办法〉的通知》（财建［2009］36号）同时废止。

附表：

1. ________年基本建设贷款财政贴息申请表

________年基本建设贷款财政贴息申请表

项目名称：

项目建设期：　　年　月至　　年　月

贷款情况				享受贴息的贷款余额（万元）	占用天数	贷款积数（万元·天）	申请贴息率（%）	申请贴息额（万元）
贷款年限（自　年　月至　年　月）	贷款金额（万元）	贷款种类	贷款用途					

借款单位：　　签章　　　　贷款经办机构（签署并加注意见）　　　　专员办（签署并加注意见）

年　　月　　日　　　　年　　月　　日　　　　年　　月　　日

单位负责人联系电话和地址：　　单位负责人电话：　　单位负责人电话：

填表说明：1. 本表由申请贴息的借款单位填写，按规定填报具体项目，打捆项目不得上报。

2. 本表只填在建项目（以项目批准文件确定的建设起止年限为准）。

2. ________年基本建设贷款财政贴息汇总表

________年基本建设贷款财政贴息汇总表

编制单位：

序号	项目名称（按项目分别填列）	项目建设期（ 年 月至 年 月）	贷款年限	贷款种类	总投资（万元）		享受中央财政贴息情况（起止年份及具体金额）	享受贴息的贷款余额（万元）	占用天数	贷款积数（万元·天）	申请贴息率（%）	申请贴息额（万元）
					合计	其中：贷款金额						
1												
2												
3												
4												
5												
6												
7												
…												
	合计											

制表日期：

注：1. 项目建设期以项目批准文件确定的建设起止年限为准填列。

2. 地方上报财政部时应以 EXCEL 通过内网报送电子版数据。

财政部关于印发《基本建设贷款中央财政贴息资金管理办法》的通知

2012 年 3 月 19 日　财建［2012］95 号

国务院有关部委、有关直属机构，有关省、自治区、直辖市、计划单列市财政厅（局），新疆生产建设兵团财务局，有关中央管理企业：

为更好地发挥财政贴息政策的扶持引导作用，经征求有关部门意见，我们对《基本建设贷款中央财政贴息资金管理办法》（财建［2011］356 号）进行了修订。现印发给你们，请遵照执行。

附件：基本建设贷款中央财政贴息资金管理办法

附件：

基本建设贷款中央财政贴息资金管理办法

第一章　总　　则

第一条　为加强基本建设贷款中央财政贴息资金管理，提高财政资金使用效益，更好的发挥其政策扶持、引导作用，根据《中华人民共和国预算法》有关规定，制定本办法。

第二条　本办法所称基本建设贷款中央财政贴息资金（以下简称贴息资金）是指中央财政预算安排的，专项用于基本建设贷款贴息的资金。

第三条　本办法所称基本建设项目原则上为基本建设贷款安排的中央级大中型在建项目，以及经国务院批准设立的国家级高新技术产业开发区内的基础设施项目。

大中型项目的划分标准仍按照原国家计委确定的项目审批标准执行，即经营性项目总投资在5000万元以上（含5000万元）、非经营性项目总投资在3000万元以上（含3000万元）为大中型项目。

第四条　本办法所称基本建设贷款是指各类银行提供的符合本办法规定的贴息范围的基本建设项目贷款，其中国家级高新技术产业开发区内的基础设施项目贷款还包括中长期债券资金（包括地方政府债券、企业债、公司债、中期票据等）用于基础设施建设的部分。

第二章　贴息政策

第五条　贴息资金实行先付后贴。项目单位必须凭贷款银行或其他金融机构开具的利息支付凭证向财政部门申请贴息。

第六条　以下情形均不予贴息：

（一）未经有关部门批准，延长项目建设期发生的借款利息；

（二）已办理竣工决算或已交付使用但未按规定办理竣工决算的项目发生的借款利息；

（三）在贴息范围内，项目未按合同规定归还的逾期贷款利息、加息、罚息。

第七条　根据国家的产业政策，确定以下行业和项目为贴息对象：

（一）农业：

1. 国家商品粮基地建设项目；
2. 天然橡胶林基地建设项目；
3. 大洋性专业渔船购建项目；
4. 供销总社所属为农服务以及再生资源回收利用等项目。

（二）林业：

1. 天保工程转产建设项目；
2. 速生丰产林基地等建设项目。

（三）水利：跨地区、跨流域的水利枢纽工程（不含发电部分），包括：

1. 水利部直属水利枢纽工程；
2. 南水北调水利枢纽工程；
3. 除前两项外的西部地区重大水利枢纽工程。

（四）司法部、新疆生产建设兵团所属的监狱、劳教等项目。

（五）国家级高新技术产业开发区管辖区域范围内的基础设施项目。主要包括：

1. 开发区内道路、桥涵、隧道等项目；

2. 开发区内污水、生活垃圾处理等生态环境保护工程项目；

3. 开发区内供电、供热、供气、供水及通信网络等基础设施项目；

4. 开发区内为中小企业创业、自主创新提供场所服务和技术服务的孵化器、公共技术支撑平台建设，以及为服务外包、物联网企业提供场所服务和技术服务的公共基础设施项目。其内容包括物理场所建设、为实现设施功能所必需的软硬件设备系统购置以及专用软件开发等，不包括中小企业拥有和开发的部分；

5. 开发区内为集约利用土地，节约资源，服务中小企业，统一修建的标准厂房项目；

6. 开发区内教育、文化、卫生等社会事业发展项目。

对于西部地区国家级高新技术开发区、战略性新兴产业集聚和自主创新能力强的国家级高新技术开发区，给予重点贴息支持。

（六）军工集团“三线”搬迁、核电项目（优先考虑国内设计和制造的堆型）。

（七）西部铁路项目。

（八）根据国务院要求，经财政部认定的其他项目。

上述排序作为优先安排贴息资金的依据，但国务院有明确规定的项目除外。已享受其他中央财政贴息的项目，不再享受贴息资金。

第八条 财政部根据年度贴息资金预算控制指标和当年贴息资金申报情况等因素确定贴息率（国务院有明确规定的项目除外），原则上不高于3%。

第九条 对项目建设期少于3年的（含3年），按项目建设期进行贴息；对项目建设期大于3年的，除特大型项目外，均按不超过5年进行贴息；属于购置的，按2年进行贴息。

第十条 2012年贴息周期为2011年6月21日至2012年3月20日，2013年贴息周期为2012年3月21日至2012年12月20日。2014年起，贴息周期均为前年12月21日至上年12月20日。各省（自治区、直辖市、计划单列市）财政厅（局）应当于当年贴息周期结束后1个月内向财政部提出贴息申请。

第三章 贴息资金的申报、审核和下达

第十一条 符合本办法规定的基础设施项目，由项目单位申报贴息资金。凡已申请其他中央财政贴息资金的项目，不得重复申报。

第十二条 项目单位申报贴息资金，应按要求填制基本建设贷款项目贴息申请表（附表1），并附项目批准文件、贷款合同或相关材料、资金到位凭证、利息支付凭证等材料，经贷款经办机构签署意见或出具证明后，按规定程序上报。

上述申报材料应按本办法第七条所列分类别填报具体项目和提交相关材料，不得打捆上报。项目贷款为打包贷款的，应分类详细列清具体项目所使用的贷款金额。

第十三条 国家级高新技术产业开发区项目，由项目单位向开发区财政部门申报，经开发区财政部门审核后上报省级财政部门，并抄报科技部。

各有关省（自治区、直辖市、计划单列市）财政厅（局）对各开发区申报的贴息材料进行汇总审核后，转送财政部驻当地财政监察专员办事处（以下简称专员办）进行终审，并由各有关省（自治区、直辖市、计划单列市）财政厅（局）依据终审结果填写基本建设贷款财政贴息汇总表（附表2）后，上报财政部（电子版同时通过内网传输），同时抄送当地专员办。

第十四条 专员办根据本办法规定的贴息范围、贴息期限等条件审核贴息材料，原则上应当在15个工作日内完成项目审核工作。各国家级高新技术产业开发区项目的申报材料不再上报至财政部，专员办的审核结果作为最终核定贴息的依据。

第十五条 其他项目，由项目单位向当地行业（项目）主管部门申报，并逐级上报中央主管部门。中央主管部门根据本办法的规定，对本系统项目单位提交的贴息材料进行审核后，出具审核意见，填写基本建

设贷款财政贴息汇总表（附表2），并附项目单位报送的相关材料报财政部。

第十六条 财政部根据年度预算安排的贴息资金规模，按具体项目逐个核定贴息资金数，并按规定下达预算。

第十七条 贴息资金拨付到主管部门的，各有关主管部门应及时将资金拨付到项目单位；通过两级财政结算的，由地方财政部门拨付到项目单位。

第四章 贴息资金财务处理及监督管理

第十八条 项目单位收到贴息资金后，在建项目冲减工程成本，竣工项目冲减财务费用。

第十九条 各有关部门及项目单位要严格按国家规定管理和使用贴息资金，并自觉接受财政、审计部门的检查监督。

中央主管部门和省级财政主管部门要定期对贴息资金的落实情况进行监督、检查，确保贴息资金发挥效益。并于每年年底向财政部报告贴息项目的执行情况和贴息资金的落实情况，同时抄送当地专员办。

财政部将组织专员办或委托评审机构对贴息资金申报和使用情况进行抽查，对发现的问题及时处理。

第二十条 贴息资金是专项资金，必须保证贴息资金的专款专用。违反规定，骗取、截留、挪用贴息资金的，依照《财政违法行为处罚处分条例》（国务院令第427号）的规定进行处理。对于弄虚作假、骗取贴息资金的，暂停该开发区申报贴息资格三年。

第五章 附 则

第二十一条 本办法由财政部负责解释。

第二十二条 本办法自发布之日起施行。《财政部关于印发〈基本建设贷款中央财政贴息资金管理办法〉的通知》（财建［2011］356号）同时废止。

附表：

1. ______年基本建设贷款财政贴息申请表
2. ______年基本建设贷款财政贴息汇总表

______年基本建设贷款财政贴息申请表

项目名称：

项目建设期： 年 月至 年 月

贷款情况				享受贴息的贷款余额（万元）	占用天数	贷款积数（万元·天）	申请贴息率（%）	申请贴息额（万元）
贷款年限（自 年 月至 年 月）	贷款金额（万元）	贷款种类	贷款用途					

借款单位： 签章　　　贷款经办机构（签署并加注意见）　　　专员办（签署并加注意见）

年 月 日　　　年 月 日　　　年 月 日

单位负责人联系电话和地址：　　　单位负责人电话：　　　单位负责人电话：

填表说明：1. 本表由申请贴息的借款单位填写，按规定填报具体项目，打捆项目不得上报。

2. 本表只填在建项目（以项目批准文件确定的建设起止年限为准）。

________年基本建设贷款财政贴息汇总表

编制单位：

序号	项目名称（按项目分别填列）	项目建设期（ 年 月至 年 月）	贷款年限	贷款种类	总投资（万元）		享受中央财政贴息情况（起止年份及具体金额）	享受贴息的贷款余额（万元）	占用天数	贷款积数（万元·天）	申请贴息率（%）	申请贴息额（万元）
					合计	其中：贷款金额						
1												
2												
3												
4												
5												
6												
7												
…												
	合计											

制表日期：

注：1. 项目建设期以项目批准文件确定的建设起止年限为准填列。

2. 地方上报财政部时应以 EXCEL 通过内网报送电子版数据。

财政部关于调整石油特别收益金征收方式的通知

2012 年 4 月 5 日 财企［2012］42 号

国务院有关部委、有关直属机构，各省、自治区、直辖市、计划单列市（局），中国石油天然气集团公司、中国石油化工集团公司、中国海洋石油总公司：

为进一步完善石油特别收益金征收管理办法，财政部决定适当调整石油特别收益金征收方式。现通知如下：

一、从申报缴纳 2012 年石油特别收益金开始，将征收方式由原“按月计算、按季缴纳”调整为“按月计算、按季申报，按月缴纳”。

二、缴纳石油特别收益金的石油开采企业，应当如实填写石油特别收益金申报表，各集团公司汇总后，在每季度结束后的 10 个工作日内，向财政机关申报缴纳上季度各月石油特别收益金。

三、财政机关对石油开采企业集团公司上报的石油特别收益金申报表进行认真审核，并以书面形式确认石油开采企业本季度分月应缴上季度各月石油特别收益金时间和金额。石油开采企业应按书面通知确认的时限和金额将石油特别收益金分月缴入中央金库。

四、石油特别收益金其他征收管理的有关问题，仍按照《财政部关于印发〈石油特别收益金征收管理办法〉的通知》（财企［2006］72号）和《财政部关于提高石油特别收益金起征点的通知》（财企［2011］480号）的有关规定执行。

财政部　商务部关于做好2012年度进口贴息资金申报工作的通知

2012年4月18日　财企［2012］55号

各省、自治区、直辖市、计划单列市财政厅（局）、商务主管部门，新疆生产建设兵团财务局、商务局，有关中央管理企业：

根据《财政部　商务部关于印发〈进口贴息资金管理暂行办法〉的通知》（财企［2007］205号，以下简称《办法》）和发展改革委、财政部、商务部发布的《鼓励进口技术和产品目录（2011版）》（以下简称《目录》），为做好2012年度进口贴息资金申报工作，现将有关事项通知如下：

一、企业申请贴息要求

（一）企业应根据《办法》和《目录》规定申报进口贴息。

（二）享受进口贴息的技术或产品，应在2011年1月1日至2011年12月31日期间，完成进口报关（进口产品），或已取得银行出具的付汇凭证（进口技术）。进口产品的报关完成日期以进口货物报关单海关签发日期为准。

（三）企业不得重复申请进口贴息资金。对有重复申请的，本年度一律不予贴息。

二、企业填报材料要求

（一）地方企业按照《办法》规定准备申报材料一式三份，加盖企业公章后，报送到所在省、自治区、直辖市、计划单列市及新疆生产建设兵团财政主管部门一式一份和商务主管部门一式两份（以下简称“各地财政和商务主管部门”）。

（二）中央管理企业集团所属企业（与集团合并财务报表的企业），将申报材料一式二份提交到集团，由集团统一报送。其他单位按属地原则申报。

（三）企业贴息资金申请报告中除包括企业基本情况、进口用途、预计可产生的效益外，还应说明本企业近三年有无违法违规行为、是否拖欠政府性基金、申请贴息的进口产品、技术是否享受其他财政资助等情况。

（四）企业填报《进口贴息资金申请表》时，应按各报关单列明的项目逐项填报，不得将相同商品合计填报。进口技术的，在“海关报关单号/技术合同号”栏中填写技术合同号；进口产品的，准确填写18位海关报关单号。“备注”栏中须注明产品或技术在《目录》中对应的具体序号及产品原产国（地区）。

（五）《目录》中对进口产品有技术参数要求的，在“商品技术规格”栏内，填写该产品对应的实际参数，并注明参数在所附材料中的页码。如果企业提交的进口合同中未列明商品技术参数的，需提供产品说明书等相应证明材料。

（六）进口铜精矿、锌精矿、铅精矿和钴精矿等矿产品的，应在“商品技术规格”栏内注明铜、锌、铅或钴等的含量，并提供证明材料。

（七）申请技术进口贴息的企业，已从2009年起改由《办法》中规定的付汇单位变更为技术进口合同登记证书上技术使用单位。申报时除提交《办法》中规定的材料外，需提交《技术进口合同登记证书》和《技术进口合同数据表》。技术使用单位与付汇单位不一致的，还应提供双方的代理合同。

（八）属于《目录》“鼓励发展的重点行业”第44项的，如因关税为零等而无法获得免税证明，可不提交免税证明；申报时不需提交《国家鼓励发展的内外资项目确认书》，但需提交科技部、国家发展改革委等部门的认定文件。

（九）《进口货物报关单》或《付汇凭证》以非美元作为计价币种的，在填报《进口贴息资金申请表》时，应将进口额折算成美元。折算率参照国家外汇管理局公布的2011年第12期《各种货币对美元折算率表》（国家外汇管理局网址：http：//www. safe. gov. cn）。

三、申报材料的上报

（一）各地财政和商务主管部门、中央管理企业向财政部（企业司）、商务部（财务司、产业司）报送本地区、企业贴息资金申请报告、《进口贴息资金申请汇总表》及其电子数据（电子数据使用EXCEL格式，不合并单元格）。

（二）《办法》第七条规定的详细材料（一式一份）由各地财政和商务主管部门、中央管理企业报送至商务部（产业司）。

（三）各地财政和商务主管部门、中央管理企业应于2012年5月10日前完成联合审核、汇总和上报工作，逾期不予受理。

四、审核要求

（一）各地财政和商务主管部门、中央管理企业应按要求认真审核企业申报的书面材料和电子数据，审核汇总后的书面材料应与《进口贴息资金申请汇总表》中的内容一致，并按顺序排列装订。

（二）各地财政和商务主管部门、中央管理企业在审核企业提交的复印件材料时，需核对材料的原件，经核对无误后，原件退还企业。

（三）各地财政和商务主管部门、中央管理企业在审核时，对“鼓励进口的重要装备”，按照《目录》列明的商品编码、商品名称和技术参数确定；未列明商品编码的，按商品名称和商品功能核定；成套设备分散报关的，核定申报产品是否为成套设备的组成部分；对“鼓励发展的重点行业”项下进口的设备和零部件，应核对申请贴息的产品是否列入《国家鼓励发展的内外资项目确认书》所附的进口设备清单，且是否属于《进出口货物征免税证明》认定免税进口的产品；因关税为零等而无法获得免税证明的，核实产品是否不在《国内投资项目不予免税的进口商品目录》中；对“资源性产品、原材料”按照海关税则号进行核定，有含量要求的，按含量审核。

五、其他事项

为进一步发挥财政资金的引导作用，2012年继续设定单户企业的贴息最高限额为3000万元人民币，超过部分不予贴息。

请各单位严格按照本通知要求，高度重视、精心组织、周密安排，确保工作顺利实施。对于在实施过程中遇到的情况和问题，请及时上报财政部和商务部。

财政部关于重新修订印发《文化产业发展专项资金管理暂行办法》的通知

2012 年 4 月 28 日　财文资［2012］4 号

党中央有关部门，国务院各部委、各直属机构，各省、自治区、直辖市、计划单列市财政厅（局），新疆生产建设兵团财务局：

为进一步规范和加强文化产业发展专项资金管理，提高资金使用效益，结合近几年文化产业发展的实际情况，我部对原专项资金管理暂行办法进行了修订。现将修订后的《文化产业发展专项资金管理暂行办法》印发给你们，请遵照执行。执行中如遇问题，请及时反馈。

附件：《文化产业发展专项资金管理暂行办法》

附件：

文化产业发展专项资金管理暂行办法

第一章　总　　则

第一条　为进一步规范和加强文化产业发展专项资金（以下简称“专项资金”）管理，提高资金使用效益，根据《中华人民共和国预算法》和有关法律法规，制定本办法。

第二条　专项资金由中央财政安排，专项用于提高文化产业整体实力，促进经济发展方式转变和结构战略性调整，推动文化产业跨越式发展。

第三条　专项资金的管理和使用应当体现国家文化发展战略和规划，符合国家宏观经济政策、文化产业政策、区域发展政策及公共财政基本要求，坚持公开、公正、公平的原则，确保专项资金的规范、安全和高效使用。

第四条　财政部负责专项资金预算管理、资金分配和拨付，对资金使用情况进行监督检查。

第二章　支持方向与方式

第五条　专项资金的支持方向：

（一）推进文化体制改革。对中央级经营性文化事业单位改革过程中有关费用予以补助，并对其重点文化产业项目予以支持。

（二）培育骨干文化企业。对中央确定组建的大型文化企业集团公司重点发展项目予以支持，对文化企业跨地区、跨行业、跨所有制联合兼并重组和股改等经济活动予以支持。

（三）构建现代文化产业体系。对国家文化改革发展规划所确定的重点工程和项目、国家级文化产业园区和示范基地建设、文化内容创意生产、人才培养等予以支持，并向中西部地区、特色文化产业和新兴文化业态倾斜。

（四）促进金融资本和文化资源对接。对文化企业利用银行、非银行金融机构等渠道融资发展予以支持；对文化企业上市融资、发行企业债等活动予以支持。

（五）推进文化科技创新和文化传播体系建设。对文化企业开展高新技术研发与应用、技术装备升级改造、数字化建设、传播渠道建设、公共技术服务平台建设等予以支持。

（六）推动文化企业“走出去”。对文化企业扩大出口、开拓国际市场、境外投资等予以支持。

（七）财政部确定的其他文化产业发展领域。

第六条 专项资金支持项目分为重大项目和一般项目，支持方式包括：

（一）项目补助。对符合支持条件的重点发展项目所需资金给予补助。

（二）贷款贴息。对符合支持条件的申报单位通过银行贷款实施重点发展项目所实际发生的利息给予补贴。

（三）保费补贴。对符合支持条件的申报单位通过保险公司实施重点发展项目所实际发生的保费给予补贴。

（四）绩效奖励。对符合支持条件的申报单位按照规定标准给予奖励。

（五）财政部确定的其他方式。

第三章 重大项目

第七条 本办法所称重大项目，是指财政部按照国家文化改革发展规划要求，组织实施的文化产业重点工程和项目。

第八条 财政部根据专项资金支持方向和文化产业发展需要印发年度专项资金重大项目申报通知，符合条件的申请人可按要求进行申报。

第九条 重大项目申请人应当是符合申报通知要求的部门或企事业单位。

第十条 重大项目申请人应按要求提交项目申请书及其他相关材料。申请书包括以下内容：申请人基本情况、项目背景材料、项目目标及主要内容、项目执行进度安排、申请资金额及预算安排、地方财政资金支持情况和其他相关内容。

第十一条 重大项目申请人应按以下程序进行申报：

（一）中央各部门、资产财务关系在财政部单列的中央企业，直接向财政部申报；

（二）中央各部门归口管理的申报单位，由主管部门报财政部；

（三）地方申报单位，由各省、自治区、直辖市、计划单列市财政部门报财政部。

第十二条 财政部负责对重大项目的组织、立项、评审等工作，并根据评审结果研究确定具体支持项目和金额。

第十三条 财政部负责对重大项目的实施情况进行监督检查和追踪问效。

第四章 一般项目

第十四条 本办法所称一般项目，是指申请人按照本办法所确定的支持方向自行申报的文化产业项目。

第十五条 财政部根据专项资金支持方向和文化产业发展需要印发年度专项资金一般项目申报通知，符合条件的申请人可按要求进行申报。

第十六条 一般项目申请人为在中国境内设立的企业，以及从事文化产业相关工作的部门或事业单位。

第十七条 一般项目申请人除需按要求提交资质证明和专项资金申请文件外，还应提供下列材料：

（一）申请项目补助的，需提供项目可行性研究报告以及相关合同等复印件。

（二）申请贷款贴息的，需提供银行贷款合同、贷款承诺书、付息凭证等复印件。

（三）申请保费补贴的，需提供保险合同、保险费发票等复印件。

（四）申请绩效奖励的，需提供相关证明、合同、原始凭证等复印件。

（五）财政部要求提供的其他资料。

第十八条 一般项目申请人应按以下程序进行申报：

（一）中央各部门、资产财务关系在财政部单列的中央企业，直接向财政部申报；

（二）中央各部门归口管理的申报单位，由主管部门报财政部；

（三）地方申报单位向地方财政部门申报，由各省、自治区、直辖市、计划单列市财政部门汇总后报财政部。

（四）企业集团下属单位，通过企业集团统一进行申报。

第十九条 中央各部门负责组织本部门及归口管理单位的一般项目申报工作。各省、自治区、直辖市、计划单列市财政部门负责组织本地区一般项目申报工作。

第二十条 中央各部门和各省、自治区、直辖市、计划单列市财政部门要建立规范的项目审核机制，重点是审核申请人是否具备申请资格；申报程序是否符合要求；申请项目数量是否超出有关限制条件；有关申报文件材料是否真实有效等。

第二十一条 中央各部门和各省、自治区、直辖市、计划单列市财政部门在对申报项目初步审核、遴选的基础上，按规定向财政部汇总报送本部门或本地区申报项目。

第二十二条 财政部组织成立专项资金专家评审委员会，负责审核有关申请材料，重点是项目是否符合国家文化产业政策；项目可行性、实施计划及准备情况；项目投资概算、自筹资金情况、地方财政投入情况等，在此基础上提出扶持项目预算安排建议。

第二十三条 财政部根据专项资金专家评审委员会建议，结合预算管理要求及专项资金规模研究确定具体支持项目和金额。

第五章 资金使用

第二十四条 财政部确定资金分配方案后，按照预算和国库管理规定，及时下达并拨付资金。

第二十五条 专项资金预算一经批复，应严格执行。资金使用单位应按规定报告资金使用情况。

第二十六条 资金使用单位应当按照“专款专用、单独核算、注重绩效”的原则，及时制定内部管理办法，建立健全内部控制制度，加强对专项资金的管理。

第二十七条 财政部建立重点文化产业项目库，对获得补助资金的项目实施跟踪管理。

第二十八条 专项资金结转和结余按照财政部门有关规定执行。

第六章 监督管理

第二十九条 中央各部门和各省、自治区、直辖市、计划单列市财政部门应当建立专项资金监督检查制度，督促资金使用单位及时报告资金使用情况，并于每年3月31日前将有关材料汇总后报财政部备案。资产财务关系在财政部单列的中央企业，按上述要求直接报财政部备案。

第三十条 资金使用单位应遵守国家财政、财务规章制度和财经纪律，自觉接受财政、审计等部门的监督检查。

第三十一条 财政部驻各地财政监察专员办事处，对专项资金的拨付使用情况及项目实施情况进行监督检查。

第三十二条 财政部对专项资金使用情况进行跟踪检查，根据需要组织或委托有关机构对项目开展绩效评价，检查和评价结果作为以后年度安排资金的重要依据。

第三十三条 项目申请人存在下列情况之一的，不予支持：

（一）申报项目存在重大法律纠纷的；

（二）未按规定报告以往年度专项资金使用情况的；

（三）受补助项目经绩效评价不合格未按要求整改的；

（四）因违法行为被执法部门处罚未满 2 年的；

（五）违反本办法规定，正在接受有关部门调查的。

第三十四条 任何单位和个人不得滞留、截留、挤占、挪用专项资金。对以虚报、冒领等手段骗取专项资金的，一经查实，财政部将收回专项资金，并按《财政违法行为处罚处分条例》（国务院令第 427 号）的相关规定进行处理。

第七章 附 则

第三十五条 本办法由财政部负责解释。

第三十六条 本办法自发布之日起施行，《财政部关于印发〈文化产业发展专项资金管理暂行办法〉的通知》（财教［2010］81 号）同时废止。

财政部 商务部关于印发《进口贴息资金管理暂行办法》的通知

2012 年 6 月 11 日 财企［2012］142 号

各省、自治区、直辖市、计划单列市财政厅（局）、商务主管部门，新疆生产建设兵团财务局、商务局，有关中央管理企业：

为进一步规范进口贴息资金管理，我们针对几年来进口贴息资金在申报、审核及管理中存在的问题，对《进口贴息资金管理暂行办法》（财企［2007］205 号）进行了修改完善，现将修改后的《进口贴息资金管理办法》（详见附件）印发给你们，请遵照执行。执行中如遇问题，请及时向商务部（财务司、产业司）及财政部（企业司）反映。

特此通知。

附件：进口贴息资金管理办法

附件：

进口贴息资金管理办法

第一章 总 则

第一条 为了加强和规范进口贴息资金的管理，发挥财政资金在扩大进口，促进贸易平衡发展，推动产业结构调整和经济增长方式转变等方面的宏观导向作用，制定本办法。

第二条 本办法所称进口贴息，是中央财政对企业以一般贸易方式进口列入《鼓励进口技术和产品目录》中的产品（不含旧品）、技术，以贴息的方式给予支持的专项资金。

第三条 进口贴息资金的管理应遵循公开透明、科学管理、突出重点、利于监督的原则，充分体现财政资金的引导和带动作用。

第四条 商务部负责贴息资金的规划、组织、实施、审核和管理工作。财政部负责贴息资金的审核、拨付、监督检查工作。

第二章 申请条件、贴息标准与需要提供的材料

第五条 企业申请进口贴息资金应当符合以下条件：

（一）申请企业近三年内没有违法违规的行为，无恶意拖欠国家政府性资金行为。

（二）进口产品的，申请进口贴息的企业应当是《进口货物报关单》上的收货单位；进口技术的，应当是《技术进口合同登记证书》上的技术使用单位。

（三）申请进口贴息资金的进口产品应当是上年度1月1日至12月31日期间已完成进口报关；申请进口贴息资金的进口技术应当是上年度1月1日至12月31日期间执行合同，并取得银行出具的付汇凭证。

（四）进口产品、技术未列入其他贴息计划。

（五）技术进口合同中不含违反《中华人民共和国技术进出口管理条例》（国务院令第331号）规定的条款。

（六）进口《鼓励进口技术和产品目录》中“鼓励发展的重点行业”项下的设备，未列入《国内投资项目不予免税的进口商品目录（2008年调整）》（财政部、国家发展改革委、海关总署、国家税务总局公告2008年第39号）。

第六条 进口贴息资金的标准：

（一）以进口额作为计算贴息的本金。进口产品的，以中华人民共和国海关进口货物报关单列明的进口金额乘以人民币汇率（每年按一定原则取固定值）计算；进口技术的，以技术进口付汇凭证上的付汇金额乘以固定人民币汇率计算。

（二）贴息率不高于贴息清算时中国人民银行公布的最近一期人民币一年期贷款基准利率。

（三）财政部和商务部在年度进口贴息资金总额内确定贴息系数，核定进口贴息资金金额。

（四）为进一步发挥财政资金的引导作用，设定单户企业的进口贴息资金最高限额为3000万元人民币，超过此限额对应的本金部分不予贴息。

第七条 企业申请贴息应当提供以下材料：

（一）企业法定代表人签字的贴息资金申请文件，内容包括：企业基本情况、进口用途、预计可产生的效益等，及申报说明（见附1）；

（二）企业营业执照（复印件）；

（三）《进口贴息资金申请表》（见附2）及电子数据；

（四）进口产品订货合同或技术进口合同（复印件）；

（五）进口产品的，需提供《中华人民共和国海关进口货物报关单》（复印件）；

（六）进口技术的，需提供《技术进口合同登记证书》、《技术进口合同数据表》及银行出具的注明技术进口合同号的付汇凭证（复印件）。技术使用单位与付汇单位不一致的，需提供双方的代理合同。

（七）进口“鼓励发展的重点行业”项下的设备，需提供《国家鼓励发展的内外资项目确认书》（含进口设备清单，复印件）、《进出口货物征免税证明》（复印件）及《进口货物报关单》（复印件）。

以上材料均需加盖企业公章。

第八条 为鼓励创新，对利用进口贴息资金支持引进的技术和设备进行消化吸收再创新并取得成果的，加大进口贴息资金的支持力度。具体办法另行发布。

第三章　申请程序

第九条　地方管理企业每年在规定的时间内，向所在省、自治区、直辖市及计划单列市商务和财政主管部门提交第七条规定的申请进口贴息资金材料和相应的电子数据。逾期各商务、财政主管部门不予受理。具体申报时间由财政部、商务部每年发布通知确定。

第十条　各省、自治区、直辖市及计划单列市商务和财政主管部门对地方管理企业申请进口贴息资金的材料进行联合审核和汇总，并在规定时间内上报商务部和财政部。

中央管理企业由集团总部汇总后，在规定时间内直接向商务部和财政部提交申请进口贴息资金材料。

第十一条　地方商务和财政主管部门、中央管理企业向商务部和财政部报送申请进口贴息资金材料包括：1. 本地区、企业进口贴息资金申请文件；2.《进口贴息资金申请汇总表》（见附 3）及其电子数据；3. 本办法第七条规定的有关材料。

第四章　审核与下达

第十二条　财政部和商务部共同委托专门机构对地方商务和财政主管机构及中央管理企业报送的材料进行审核。对审核后符合要求的企业下达进口贴息资金。

第十三条　财政部门按照财政国库管理制度规定拨付相应资金。

第十四条　企业收到进口贴息资金后，按照现行规定进行财务处理。

第五章　管理与监督

第十五条　获得进口贴息资金的企业不得有以下行为：

（一）采取各种不正当手段骗取进口贴息资金；

（二）挪用或截留侵占进口贴息资金；

（三）拒绝有关部门依法监督、检查，或对有关部门依法监督、检查不予配合。

第十六条　财政部和商务部共同负责进口贴息资金的追踪问效工作。

第十七条　各省、自治区、直辖市及计划单列市商务和财政主管部门应定期对进口贴息资金的执行情况进行监督、检查，确保贴息资金及时到位，并负责于每年 5 月 1 日前向商务部和财政部联合报送上年度贴息资金使用报告。报告应包括进口贴息资金的拨付、使用、使用效益等情况的汇总分析和评价。

第六章　法律责任

第十八条　对违反本办法的有关行为，视情节轻重，依法进行以下处理：

（一）责令限期改正；

（二）全额收回已取得的进口贴息资金；

（三）三年内不受理违反本办法规定的企业提出的申请；

（四）依据《财政违法行为处罚处分条例》（中华人民共和国国务院令第 427 号）对相关人员或单位予以处理，情节严重涉嫌犯罪的，移送司法机关。

第七章　附　　则

第十九条　本办法自印发之日起施行。《财政部　商务部关于印发〈进口贴息资金管理暂行办法〉的通知》（财企［2007］205 号）同时废止。

附：1. 企业贴息资金申报说明（略）

附：2. ________年进口贴息资金申请表（略）

附：3. ________年进口贴息资金申请汇总表（略）

财政部　商务部关于做好2012年度茧丝绸发展专项资金管理工作的通知

2012年6月27日　财企［2012］174号

有关省、自治区、直辖市财政厅（局）、商务主管部门：

为加快推进茧丝绸产业发展方式转变和结构调整，有效提升我国茧丝绸行业发展质量和水平，2012年度中央财政安排专项资金，支持茧丝绸产业发展。现将茧丝绸发展专项资金（以下简称专项资金）使用管理事项通知如下：

一、总体原则

（一）按照国家产业政策和转变发展方式的要求，促进茧丝绸产业国际化发展，支持茧丝绸结构优化和产业升级。

（二）按照公共财政、集中使用的要求，支持茧丝绸行业的共性、关键技术研发，促进产业全面提升和集群式发展。

（三）按照定向使用，科学管理，加强监督的原则，确保专项资金使用规范、安全和实效。

二、支持方向

2012年度重点支持茧丝绸科技研发机构、企业和社会团体开展以下领域的研发、推广和产业化建设（具体内容参考附件）：

（一）茧丝绸基础性软课题研究。

（二）蚕桑主要病虫害防治。

（三）蚕桑资源综合利用开发。

（四）丝绸清洁生产和节能减排。

（五）丝绸印染后整理加工升级。

（六）创新丝绸营销模式。

三、支持对象

（一）茧丝绸科技研发机构应符合下列条件

1. 茧丝绸国家工程实验室、国家工程中心，或国家有关部门批准的省级以上技术及服务机构；

2. 在茧丝绸行业信誉良好、具有较强认可度；

3. 未拖欠应缴还的财政性资金，且过去5年内无违反法律法规、政策规定等不良记录。

（二）茧丝绸企业应符合下列条件

1. 连续稳定经营3年以上（含3年），银行贷款信誉等级在AA级以上；

2. 东部企业2011年茧丝绸业务销售额在8000万元以上，中西部企业2011年茧丝绸业务销售额在4000万元以上；

3. 未拖欠应缴还的财政性资金，且过去5年内无违反法律法规、政策规定等不良记录。

（三）茧丝绸社会团体应符合下列条件

1. 在中华人民共和国境内依法注册的法人单位；

2. 具有组织茧丝绸行业企业参加或举办大型展会资质；

3. 在丝绸行业信誉良好、具有较强认可度；

4. 未拖欠应缴还的财政性资金，且过去5年内无违反法律法规、政策规定等不良记录。

四、支持内容、方式和标准

（一）支持内容

2012年1月1日至2012年12月31日，为实施符合支持方向的研发、推广和产业化项目，开展研究、服务及购置技术、设备、软件、资料和信息等。

（二）支持方式

财政部会同商务部将专项资金切块分配到各省（自治区、直辖市，下同），并拨付至省级财政部门。各省财政、商务（茧丝绸，下同）主管部门结合本地区实际情况，研究确定具体支持项目和支持金额。

（三）支持标准

1. 开展调查比较、规范分析、系统研究等活动的软课题项目，项目资助金额最高不超过20万元；

2. 开展实验研究、新品繁制、技术发明、设备创新研发等活动的研发性项目，开展宣传、营销、培训等活动的推广性项目，可按照不超过支持内容所需资金的70%支持，项目资助金额最高不超过100万元；

3. 开展设备升级、技术改造且项目支出不低于1000万元的产业化项目，可按照不超过项目支持内容所需资金的20%支持，项目资助金额最高不超过300万元。

五、项目申报与组织管理

（一）项目申报条件

1. 项目符合结构优化和产业提升要求，具有前瞻性、科学性、创新性，对茧丝绸行业发展具有示范引导意义；

2. 项目申请单位具备开展项目所需的资金、场所、设备和人员，且在相关领域有较强的研究、实验或技术生产或组织基础；

3. 项目具有一定成熟度、可在或已在行业中推广、由多家单位联合开展的优先考虑。

（二）项目完成应达到的要求

1. 软课题研究项目完成后，通过相关专家的书面认证；

2. 研发性、推广性项目完成后，取得相关专家关于项目完成预期目标的书面认证；

3. 产业化项目完成后，取得相关行政主管部门出具的专业认证，或相关专家关于主要指标达到项目可行性报告要求的书面认证。

（三）项目组织管理

1. 各省商务主管部门会同财政部门依照本通知要求制定具体实施方案，负责项目的组织、审核。具体实施方案和确定执行的项目名单于2012年8月31日前报财政部、商务部备案。

2. 财政部、商务部将视情况对项目实施及验收情况进行抽查，对有问题的单位将予以通报批评并公示；对检查出有问题的单位所在省核减下年度专项资金，所在地区5年内不再安排专项资金。

六、工作要求

（一）各地财政、商务部门要加强协作、明确分工、落实责任，加强专项资金使用和项目执行的监督检查、追踪问效，共同做好专项资金的管理和使用工作。

（二）各省商务主管部门应于每季度结束后10日内向商务部报送项目阶段性进展情况；各省财政、商务主管部门应于2013年2月底前，向财政部、商务部报送项目验收报告、审计报告等验收文件和专项资金使用情况报告。各地相关材料报送情况作为以后年度专项资金安排的参考。

（三）根据管理工作需要，可在专项资金中列支相关项目招标、评审、论证、咨询、公示、验收、审计等费用，支出比例不超过专项资金总额的1%，并予严格控制，厉行节约。

（四）任何单位不得以任何形式骗取和截留专项资金，对违反规定的，按照《财政违法行为处罚处分条例》（国务院令第427号）等法律法规予以处理。

附件：2012年茧丝绸发展专项资金重点支持内容及申请材料参考

附件：

2012年茧丝绸发展专项资金重点支持内容及申请材料参考

一、茧丝绸发展专项资金重点支持内容参考

（一）茧丝绸基础性软课题研究

茧丝绸自然资源、环境、生态等状况分析研究；茧丝绸人才教育现状、趋势、政策研究；丝绸生产用水状况分析研究；丝绸产品有害物质含量及安全丝织品分析研究；蚕桑生产技术指导、丝绸职业技术、各工种岗位技术指导体系研究；茧丝绸产业发展方向、战略及政策研究；丝绸消费现状、趋势、政策研究；茧丝绸产品（分类）标准化体系研究；国内外丝绸技术发展对比研究；高档丝绸标志标准体系建设研究等。

（二）蚕桑主要病虫害防治

全国蚕桑主要病虫害监测防治体系建设；桑树培苗消毒；微粒子病防治技术；花叶病防治技术；美国白蛾等外来物种入侵监测防治技术等。

（三）蚕桑资源综合利用开发

桑枝条产业化开发；桑树食药用价值研究及产业化开发；果桑品种选育及桑果产业化开发；家蚕营养研究及产业化开发；柞蚕营养研究及产业化开发；蚕蛹食用、饲料用研究开发；蚕沙高值化利用开发等。

（四）丝绸清洁生产和节能减排

制丝废水处理和丝胶资源回收技术开发应用；高效节能烘茧设备开发应用；丝绸印染废水回用技术开发应用；丝绸印染废水组分智能调控技术开发应用；丝绸生产废气余热回收技术开发应用；丝绸印染硫排放控制技术开发应用等。

（五）丝绸印染后整理加工升级

丝绸生产技术交流指导平台建设；新型脱胶技术开发应用；新型高效染色技术开发应用；新型丝绸印花技术开发应用；新型丝绸防缩抗皱技术开发应用；功能性（如：消防、军工、保健等）丝绸产品后整理技术开发应用；丝绸染整智能化集成技术开发应用等。

（六）创新丝绸营销模式

创新营销宣传模式，打造中国丝绸知名品牌，扩大中国丝绸品牌出口；组织丝绸企业参加国内外知名展会，以统一形象拓展国内外市场；创新公共营销模式，组建规模化电子商务等丝绸公共营销平台；建立高档丝绸标志产品特许经营体系等。

二、项目申报材料参考

（一）项目申请文件；

（二）项目实施方案；

（三）项目可行性报告；

（四）项目承担单位资质证明；

（五）项目承诺书；

（六）证明符合规定要求的相关材料。

财政部　商务部关于做好2012年度承接国际服务外企业务发展资金管理工作的通知

2012年6月29日　财企［2012］165号

各省、自治区、直辖市、计划单列市财政厅（局）、商务主管部门，新疆生产建设兵团财务局、商务局，有关中央管理企业：

为落实国务院关于促进服务外包产业发展的精神，加快我国服务外包产业发展，支持服务外包企业做大做强，积极承接国际服务外包业务，促进外贸增长方式转变，财政部、商务部决定继续安排承接国际服务外包业务发展专项资金，对2012年度承接国际服务外包的相关业务予以资金支持。现就有关事项通知如下：

一、2012年资金支持的领域和重点

根据《承接国际服务外包业务发展资金管理指南（试行）》（详见附件，以下简称《管理指南》）的适用范围，2012年资金支持的领域和重点如下：

（一）2012年重点支持"中国服务外包示范城市"（以下简称示范城市）的服务外包企业，以及列入商务部重点服务外包企业名录的企业。

（二）鼓励培训各类承接国际服务外包人才的培训机构（含大专院校，以下统称培训机构）。

（三）支持示范城市相关公共服务平台设备购置、运营及维护。

（四）支持服务外包企业取得国际通行的资质认证。

（五）支持和鼓励服务外包企业参与国际竞争，积极开拓国际市场。

二、申请资金支持的企业和培训机构需具备的条件

（一）服务外包企业应当具备下列条件：

1. 在中国境内注册、具有企业法人资格、依法备案登记的对外贸易经营者，且如实填报《服务外包统计报表制度》中规定的报表；

2. 近两年未因在进出口业务管理、财务管理、税收管理、外汇管理、海关管理等方面受到处理处罚；

3. 已与服务外包发包商签订中长期提供服务外包业务合同，企业2011年提供服务外包业务额不低于50万美元，其中向境外最终客户提供服务外包业务额占50%以上；

4. 具有服务外包承接能力及服务外包市场开拓和项目管理人员，大学（含大专，下同）毕业及以上学历员工占员工总数70%以上。

（二）培训机构应当具备下列条件：

1. 具有服务外包人才培训的从业资格；

2. 具有符合条件的场地、设施、专业教材和师资力量；

3. 具有为服务外包企业提供定制培训的经验；

4. 具有健全的财务制度和合格的财务管理人员；

5. 所申报的培训项目原则上为非盈利培训；

6. 上年度培训机构无虚报、瞒报等违规行为。

省级（含示范城市）商务主管部门应当根据上述条件制定培训机构管理办法并报商务部备案，对培训机构进行规范化管理和指导，对符合规定的培训机构进行备案。

三、支持的标准和支持方式

对2011年7月1日至2012年6月30日期间的服务外包业务予以支持：

（一）服务外包企业每新录用1名大学以上学历员工从事服务外包工作并签订1年以上（含1年，下同）劳动合同的，给予企业每人不超过4500元的定额培训支持（定向用于上述人员的培训）。对被录用人员提前解除合同，并在原合同规定的1年期内，与其他服务外包企业或原企业签订新的劳动合同的不再予以资金支持。

（二）服务外包培训机构培训的从事服务外包业务人才（大学以上学历），通过服务外包业务专业知识和技能培训考核，并与服务外包企业签订1年以上劳动合同的，给予培训机构每人不超过500元的定额培训支持。

（三）给予示范城市500万元的定额支持，专项用于公共技术服务平台、公共信息服务平台和公共培训服务平台所需设备购置、运营及维护费用。资金的使用须经当地人民政府批准方可实施，并报商务部、财政部备案。

（四）对服务外包企业取得的开发能力成熟度模型集成（CMMI）、开发能力成熟度模型（CMM）、人力资源成熟度模型（PCMM）、信息安全管理（ISO27001/BS7799）、IT服务管理（ISO20000）、服务提供商环境安全性（SAS70）、国际实验动物评估和认可委员会认证（AAALAC）、优良实验室规范（GLP）、信息技术基础架构库认证（ITIL）、客户服务中心认证（COPC）、环球同业银行金融电讯协会认证（SWIFT）、质量管理体系要求（ISO9001）、业务持续性管理标准（BS25999）等相关认证及认证的系列维护、升级给予支持，每个企业每年最多可申报3个认证项目，每个项目不超过50万元的资金支持。

四、资金的申请和拨付

发展资金的申请、拨付和跟踪问效，严格执行《管理指南》的有关规定。

请省级商务和财政部门按照规定填写相关申请材料，报请省级人民政府批准后，于2012年8月10日前将申请材料报到商务部、财政部，超过申请期限不予受理。

各地在执行本通知规定和《管理指南》过程中，应认真总结经验。发现问题及时向财政部（企业司）、商务部（财务司、服务贸易和商贸服务业司）反映。

财政部企业司举报电话68552809；电子邮箱czbqys@126.com

特此通知。

附件：承接国际服务外包业务发展资金管理指南（试行）

附件：

承接国际服务外包业务发展资金管理指南（试行）

第一章 总 则

第一条 依据《国务院办公厅关于促进服务外包产业发展问题的复函》（国办函［2009］9号）和《国务院办公厅关于鼓励服务外包产业加快发展的复函》（国办函［2010］69号），国家财政安排承接国际服务外包业务发展资金（以下简称发展资金）。为保证发展资金使用的科学、安全、有效，制定本指南。

第二条 服务外包是指机构将原本由内部完成的非核心业务剥离出来，通过签订合同的方式，外包给外部专业服务提供商提供的有偿服务。服务外包业务范围详见附件1。

本指南所指承接国际服务外包业务是指境内企业与境外客户签订服务外包合同，向境外客户提供的国际（离岸）外包服务并从境外取得收入的服务外包业务。

第二章　支持范围

第三条　发展资金主要用于鼓励重点城市的公共服务平台建设；提高服务外包企业的国际竞争力；优化从业人员结构。

第四条　根据服务外包产业发展需要，商务部会同财政部每年商定年度发展资金的支持领域和重点、支持额度、标准和方式。

第三章　资金申请

第五条　申请服务外包平台资金支持的重点城市应当提交以下材料：

（一）《服务外包重点城市公共平台支持资金申请报告》，包括本城市和重点园区的外包产业发展概况，以及重点外包行业、企业基本情况和发展概况等；

（二）经当地人民政府批准的本地区服务外包公共平台资金管理办法；

（三）服务外包平台建设的可行性研究报告、建设报告、验收报告和审计报告；

（四）其他有关材料。

第六条　服务外包平台资金的使用须经当地人民政府批准方可实施，并报商务部、财政部备案。

第七条　符合条件的企业和培训机构，可向所在城市商务主管部门提出申请。

第八条　申请国际资质认证补助的企业应提交以下材料：

（一）《国际资质认证补助申请报告》，包括企业基本情况，开展服务外包情况，以及获得资质认证情况等；

（二）国际资质认证证书复印件；

（三）与相关国际认证评估顾问公司签订的合同协议复印件；

（四）缴纳认证费用凭证的复印件，包括认证费用发票和相对应的银行出具的支付凭证；

（五）包括认证内容的审计报告，或专门针对认证内容的审计报告；

（六）其他有关材料。

第九条　申请人才培训补助的企业和培训机构应提交以下材料：

（一）《服务外包人才培训资金补助申请报告》，包括企业服务外包业务开展情况，以及《服务外包人才培训资金补助申请表》（详见附件2）；

（二）营业执照复印件，地税、国税登记证复印件；

（三）相关资质证书复印件；

（四）被录用（培训）人员身份证明，大学以上学历证明，以及签订1年以上的《劳动合同》的复印件；

（五）服务外包业务额的凭证复印件；

（六）企业向境外最终客户提供服务外包业务额的业务凭证复印件；

（七）包括培训内容的审计报告，或专门针对培训内容的审计报告；

（八）服务外包合同或协议的复印件；

（九）“结汇转账贷方凭证”和“涉外收入申报单”的复印件；以人民币进行跨境结算的，须提交相关业务凭证复印件；

（十）培训机构颁发被培训人员专业知识和技能培训考核合格证书，以及被培训人员缴费凭证的复印件；

（十一）每期项目的培训方案及课程安排；

（十二）出具为企业提供定制培训的材料，包括培训机构与企业签订的培训协议；

（十三）每期培训项目成本、收费标准等明细情况；

（十四）经省级（含示范城市）商务主管部门备案的培训机构的证明。

（十五）其他有关材料。

第十条 发展资金采取网上和书面相结合的申请方式，并建立分级负责制，以保障资金安全。

第十一条 企业和培训机构应在“服务外包及软件出口信息管理系统”（www. fwwb. gov. cn）网站上向商务部和所在城市商务主管部门同时填报申请材料。企业和培训机构应指派专人申请，并指派企业相关负责人核定签字后，方可网络传输上报。同时，将电子材料汇总后编制申报情况汇总表及明细表，编制索引（即将申请的材料与明细表对应编制索引），并将填报的纸质材料与电子材料核对一致，企业相关负责人签字和加盖公章后报商务、财政主管部门。

第十二条 省级以下商务、财政主管部门审核。省级以下商务主管部门会同同级财政部门指派专人受理申请单位的电子和纸质材料，进行对照审核，形成审核记录，经当地人民政府批准后，以电子和纸质两种方式上报省级商务和财政主管部门。

第十三条 省级商务、财政主管部门审定。省级商务主管部门（含计划单列市）会同同级财政部门对上传的电子材料与上报的纸质材料进行对照审定，形成审定记录，对最终通过的申请材料进行汇总，编制索引，编写审定情况总结，填写审定意见表，并由省级人民政府批准后报商务部、财政部。

第十四条 经省级人民政府批准后，省级商务和财政主管部门上报商务部和财政部的材料包括《年度服务外包企业录用人员汇总表》（详见附件3）、《年度服务外包人才培训资助汇总表》（详见附件4）、《年度服务外包企业国际认证资助汇总表》（详见附件5）、《服务外包业务发展资金材料审定意见表》（详见附件6）等材料。

第十五条 符合条件的企业的分支机构，由其具有独立法人资格的总公司向总公司所在地的商务和财政部门统一申请财政资金支持。

第十六条 财政部、商务部聘请中介机构对企业和培训机构上报的申请材料进行核查。

第十七条 根据核查结果，商务部会同财政部确定资金分配方案，并由财政部于年度内按照预算级次一次将支持资金拨付至各省级财政部门，由省级财政部门按照国库管理规定拨付至企业和培训机构。

第四章 跟踪问效

第十八条 所有收到资金的企业和培训机构，均要在收到资金后的十个工作日内，将资金入账时间、资金数额以及账务处理等信息以书面形式向省级财政、商务主管部门反馈。各地财政、商务主管部门要切实加强财政资金的审核监督管理，确保资金准确及时到位。对申请企业报送的资金拨付申请与反馈信息要按《档案法》的规定将有关纸质材料妥善保管，以备核查。

第十九条 省级（含计划单列市）商务、财政主管部门须建立重点城市、企业和培训机构的申报档案，并向商务部和财政部备案。

第二十条 发展资金拨付后的六个月内，由地方商务主管部门会同财政部门聘请独立会计师事务所，对资金拨付和使用情况进行财务审计和绩效评估。

第二十一条 审计和绩效评估报告除地方商务部门留存外，须报商务部和财政部备案。

第二十二条 重点城市的资金申请、审核情况将纳入服务外包综合评价指标体系进行考核。

第二十三条 对虚报、欺骗、截留、挪用发展资金的单位和个人，除收回资金外，将追究有关单位和个人的责任。构成犯罪的，移交司法部门依法追究刑事责任。

第五章 附 则

第二十四条 本指南自印发之日起施行，并由财政部、商务部负责解释。

附件：1. 服务外包业务范围

2. 《服务外包人才培训资金补助申请表》

3. 《______年度服务外包企业录用人员汇总表》

4. 《______年度服务外包人才培训资助汇总表》

5. 《______年度服务外包企业国际认证资助汇总表》

6. 《服务外包业务发展资金材料审定意见表》

附件 1

服务外包业务范围

一、信息技术外包服务（ITO）

（一）软件研发及外包

类别	适用范围
软件研发及开发服务	用于金融、政府、教育、制造业、零售、服务、能源、物流和交通、媒体、电信、公共事业和医疗卫生等行业，为用户的运营/生产/供应链/客户关系/人力资源和财务管理、计算机辅助设计/工程等业务进行软件开发，定制软件开发，嵌入式软件、套装软件开发，系统软件开发软件测试等
软件技术服务	软件咨询、维护、培训、测试等技术性服务

（二）信息技术研发服务外包

类别	适用范围
集成电路设计	集成电路产品设计以及相关技术支持服务等
提供电子商务平台	为电子贸易服务提供信息平台等
测试平台	为软件和集成电路的开发运用提供测试平台

（三）信息系统运营维护外包

类别	适用范围
信息系统运营和维护服务	客户内部信息系统集成、网络管理、桌面管理与维护服务；信息工程、地理信息系统、远程维护等信息系统应用服务
基础信息技术服务	基础信息技术管理平台整合等基础信息技术服务（IT 基础设施管理、数据中心、托管中心、安全服务、通讯服务等）

二、技术性业务流程外包服务（BPO）

类别	适用范围
企业业务流程设计服务	为客户企业提供内部管理、业务运作等流程设计服务
企业内部管理数据库服务	为客户企业提供后台管理、人力资源管理、财务、审计与税务管理、金融支付服务、医疗数据及其他内部管理业务的数据分析、数据挖掘、数据管理、数据使用的服务；承接客户专业数据处理、分析和整合服务
企业运营数据库服务	为客户企业提供技术研发服务、为企业经营、销售、产品售后服务提供的应用客户分析、数据库管理等服务。主要包括金融服务业务、政务与教育业务、制造业务和生命科学、零售和批发与运输业务、卫生保健业务、通讯与公共事业业务、呼叫中心等
企业供应链管理数据库服务	为客户提供采购、物流的整体方案设计及数据库服务

三、技术性知识流程外包（KPO）

适用范围
知识产权研究、医药和生物技术研发和测试、产品技术研发、工业设计、分析学和数据挖掘、动漫及网游设计研发、教育课件研发、工程设计等领域

附件2

服务外包人才培训资金补助申请表

申请单位：（服务外包企业/培训机构）　　　　本单位申请表编号：NO.

<table>
<tr><td rowspan="2">人员基本情况</td><td>姓名</td><td>性别</td><td>出生年月</td><td>身份证号</td><td>毕业院校</td><td>所学专业</td><td>学历</td></tr>
<tr><td></td><td></td><td></td><td></td><td></td><td></td><td></td></tr>
<tr><td rowspan="2">培训情况</td><td colspan="2">培训机构</td><td colspan="2">参加培训项目</td><td colspan="2">培训时间</td><td>培训费用（元）</td></tr>
<tr><td colspan="2"></td><td colspan="2"></td><td colspan="2"></td><td></td></tr>
<tr><td colspan="2">就业单位及性质</td><td colspan="6"></td></tr>
<tr><td>录用人员申明</td><td colspan="7">本人郑重申明：1. 提供的所有材料、单据是准确、真实，完整和有效的；2. 提供的所有复印件均与原件核对，完全一致；3. 承诺接受有关主管部门为审核本申请而进行的必要核查和相关法律责任。
被录用人员（签字）：</td></tr>
<tr><td>外包企业或培训机构的意见</td><td colspan="7">经核对，申请填写的培训情况属实，提供的申请材料符合要求。承诺接受有关主管部门为审核本申请而进行的必要核查和有关法律责任。
企业法人或培训机构法人（签字并盖公章）</td></tr>
</table>

说明：1. 申请单位填写单位全称，并打√选择服务外包企业或培训机构。

2. 就业单位性质包括信息技术外包、业务流程外包、知识流程外包等。

附件3

______年度服务外包企业录用人员汇总表

编报单位（商务、财政部门盖章）：

序号	申请单位全称	录用人员姓　名	授训机构或录用企业	身份证号	性别	学历	合同时间（年月日—年月日）
1	服务外包企业名称		授训机构名称				
2	……		……				
3	……						
…	……		……				
服务外包企业小计							
1	培训机构名称		录用企业名称				
2	……		……				
3	……						
…	……		……				
培训机构小计							
合　计							

商务部门联系人及电话：　　　　财政部门联系人及电话：

附件 4

______年度服务外包人才培训资助汇总表

编报单位（商务、财政部门盖章）： 金额单位：万元人民币

序号	申请单位全称	服务外包企业实际录用人数	培训费用
服务外包企业小计			
培训机构小计			
合计			

商务部门联系人及电话： 财政部门联系人及电话：

附件 5

______年度服务外包企业国际认证资助汇总表

编报单位（商务、财政部门盖章）：　　　　　　　　　　　　　　　　　　　　　金额单位：万元人民币

序号	申请单位全称	通过认证类别	通过认证时间	认证费用
	合计			

商务部门联系人及电话：　　　　　　　　　　　　　　　　　　财政部门联系人及电话：

附件 6

服务外包业务发展资金材料审定意见表

经审核，______家企业______人；______家培训机构______人；______家企业______项国际认证的申请材料符合《财政部商务部关于做好______年度承接国际服务外包业务发展资金管理工作的通知》的要求和条件。

本单位已核对相关上报材料，上述企业和机构上报材料完整、真实、准确。以上保证内容如有不符，将承担相关责任。

省级财政主管部门　　　　　　　　　　　　　　　　　　省级商务主管部门
盖章、负责人签字　　　　　　　　　　　　　　　　　　盖章、负责人签字

省级人民政府盖章、负责人签字

国务院国有资产监督管理委员会　国家发展和改革委员会　财政部关于进一步做好中央级财政资金转为部分中央企业国家资本金有关工作的通知

2012 年 7 月 18 日　国资发法规［2012］103 号

各省、自治区、直辖市人民政府，各中央企业：

为进一步做好中央级财政资金转为部分中央企业国家资本金有关工作，切实解决在国家资本金核转过程中存在的确权难、行权难等问题，经国务院同意，现就有关事项通知如下：

一、本通知所称中央级财政资金，是指经国务院批准，依据原国家计委、财政部等有关部门文件规定，转为部分中央企业国家资本金的以下三类资金：1979 年至 1988 年由财政拨款改为贷款的中央预算内基本建设投资，即中央级“拨改贷”资金；1989 年至 1996 年，由中央财政安排的国家预算内基本建设投资中有偿使用的资金，即中央级基本建设经营性基金；1987 年用国家重点建设债券资金安排的“特种拨改贷”贷款，即中央级“特种拨改贷”资金。

二、中央级财政资金本息余额转为有关中央企业国家资本金的，由该中央企业对用资企业履行出资人职责。有关中央企业应当按照产权管理相关规定，及时办理产权登记手续，将其作为国家资本金入账管理。占有使用中央级财政资金的用资企业，应当按照国有法人资本入账管理。

三、自原国家计委、财政部等有关部门批复同意将中央级财政资金转为有关中央企业国家资本金之日起，该中央企业即取得对该类资金履行出资人职责的资格。有关中央企业应当积极与用资企业协商，尽快明确与用资企业的出资关系，依法履行出资人职责。用资企业应当积极配合确权工作，依法确认中央企业的出资人地位。

四、本通知印发前，有关部门已经批复将中央级财政资金转为有关中央企业国家资本金的，用资企业应当自本通知印发之日起 6 个月内办理工商变更登记等确权手续；本通知印发后，有关部门批复的中央级财政资金，用资企业应当在批复文件印发之日起 6 个月内办理工商变更登记等确权手续。

五、用资企业不承认有关中央企业出资人地位、不配合办理工商变更登记等手续的，应当在第四条规定的确权期限届满之日起 6 个月内将资金本息上缴中央国库。有关中央企业可以持相关证明材料向国资委申请在企业资本金中予以核销。

六、由地方各级政府及其部门统贷统还或者提供担保的中央级财政资金，地方各级政府及其部门应当积极协助有关中央企业落实相关权益，提供用资企业名单、资金数额和有关证明文件等，督促用资企业切实履行该类资金的确权义务。

七、用资企业已经关闭、破产的，有关中央企业可以按照相关规定，向国资委申请将涉及的中央级财政资金从企业资本金中予以核销。中央企业申请核销该部分资本金的，应当提交地方工商行政管理部门出具的有关文件等证明材料。

八、对既不按照规定期限落实有关中央企业出资人地位，又不按照规定期限将资金本息上缴中央国库的用资企业，或者虽然规定期限未满，但用资企业明确拒绝履行上述义务的，有关中央企业应当通过司法途径，依法请求确认股东资格或者返还相关款项，维护出资人合法权益，保障国有资产安全。

九、自本通知公布之日起，有关中央企业和用资企业应当按照上述规定，切实做好中央级财政资金转为国家资本金相关工作。执行本通知过程中遇到问题，应当及时向国资委、发展改革委、财政部反映。

财政部关于做好中央文化企业国有资本经营预算支出管理工作的通知

2012 年 7 月 23 日　财文资［2012］9 号

财政部代表国务院履行出资人职责的中央文化企业：

为规范中央文化企业国有资本经营预算（以下简称资本预算）管理，明确支持重点，依据现行资本预算管理制度和文化产业发展相关政策，特发布本通知。

一、指导思想

中央文化企业资本预算支出管理以邓小平理论和“三个代表”重要思想为指导，坚持科学发展观，贯彻十七届六中全会精神和国家文化改革发展规划纲要，发挥国有资本杠杆作用，支持中央文化企业做大做强，促进文化产业全面振兴，推动社会主义文化大发展、大繁荣。

二、适用范围和管理原则

本通知适用于财政部代表国务院履行出资人职责的已纳入中央资本预算实施范围的中央文化企业。资本预算支出管理工作遵循以下原则：

（一）扶优扶强。资本预算支出要集中资源，培育一批有竞争力、控制力和影响力的骨干文化企业及企业集团。

（二）突出重点。资本预算项目按轻重缓急排序，结合当年财力，优先支持中央和国务院确定的重大项目，以及符合本通知重点支持方向的项目。

（三）注重效益。资本预算项目坚持社会效益放在首位，实现社会效益与经济效益相统一。

三、资本预算支出重点

（一）支持中央文化企业兼并重组。主要支持中央文化企业作为兼并主体，通过出资购买、控股等方式取得被兼并企业所有权、控股权，或通过合并成立新企业。鼓励拥有多家出版社的部门（单位），结合行政管理体制改革，整合出版资源组建出版集团公司。鼓励业务相近、资源相通的出版社，按照优势互补、自愿组合的原则，组建出版集团公司。对于企业为取得被兼并企业的直接支出采取资本性支出方式支持。

（二）推进文化科技和内容创新。主要支持中央文化企业进行具有典型示范效应的数字出版、网络传播平台、移动多媒体等项目建设，进行具有经济效益和社会效益前景的文化原创产品生产，以及进行拥有自主知识产权，有利于推动本企业产业结构调整或升级的关键技术研发。对于项目建设、产品生产采取资本性支出方式支持；对于技术研发，采取费用性支出方式支持。

（三）推动文化“走出去”。支持具有竞争优势、品牌优势和经营管理能力的中央文化企业与国外有实力的文化机构进行项目合作，建设文化产品国际营销网络，对外投资兴办文化企业。对于企业对外投资、项目建设采取资本性支出方式支持。

四、资本预算编制与审批

按照现行资本预算管理制度要求，财政部（文资办）指导中央文化企业做好以下相关工作：

（一）编报布置。每年6月下旬，财政部（文资办）根据编报年度中央资本预算建议草案相关通知要求，向中央文化企业下达资本预算支出项目计划编制通知，组织编报下一年度资本预算支出项目计划。

（二）项目申报。每年7月下旬，中央文化企业根据通知要求，按企业级次逐级编报资本预算支出项目计划，确保各项数据准确、真实和完整，经汇总后报送财政部（文资办），并抄送财政部（企业司）。

（三）项目审核。每年9月下旬，财政部（文资办）根据财政部（企业司）确定的年度中央文化企业资本预算编制数，按统筹兼顾与重点保障相结合的原则审核中央文化企业资本预算支出项目，对于重大项目，可以组织专家或者委托中介机构进行评审。审核完成后，编制资本预算建议草案，报送财政部（企业司）。

（四）预算批复。财政部（文资办）根据财政部（企业司）批复的中央文化企业资本预算，批复中央文化企业。

五、资本预算执行与决算

（一）中央文化企业收到资本预算资金后，纳入本企业预算管理，按相关财务管理规定处理。每季度向财政部（文资办）报送资本预算执行情况，及时推进项目实施，确保资本预算支出进度。

（二）对于确需做出调整的资本预算，中央文化企业于预算执行年度7月底前向财政部（文资办）提交预算调整申请，财政部（文资办）审核后，报财政部（企业司）。审核通过的调整事项，财政部（文资办）批复中央文化企业。

（三）财政部（文资办）根据各项资本预算管理制度，对企业申报的预算项目，建立项目库实行滚动管理。中央文化企业在资本预算项目完成后，及时向财政部（文资办）提交项目结项报告，财政部（文资办）审核后，报财政部（企业司）。

（四）每年3月底前，中央文化企业编制上一年度国有资本经营决算报告，全面说明本企业资本预算项目实施情况、资金使用情况以及项目管理相关措施，报财政部（文资办）。财政部（文资办）编制中央文化企业资本决算草案，报财政部（企业司）。

六、资本预算项目绩效考评与资金监督检查

（一）财政部（文资办）负责指导中央文化企业开展绩效考评工作。绩效考评结果作为下一年度安排资本预算的重要参考。

（二）中央文化企业应严格按照国家相关规定使用资本预算资金，对资金实行专款专用，不得截留、滞留、挤占和挪用。财政部对企业资金使用情况进行监督、检查。

（三）中央文化企业违规使用资本预算资金的，按照《财政违法行为处罚处分条例》（国务院令第427号）等相关规定处理。

财政部　工业和信息化部关于印发《工业转型升级资金管理暂行办法》的通知

2012年8月3日　财建［2012］567号

各省、自治区、直辖市、计划单列市财政厅（局）、工业和信息化主管部门，新疆生产建设兵团财务局、工业和信息化主管部门：

为支持工业转型升级，我们在整合电子信息产业发展基金、集成电路产业研究与开发专项资金等专项的基础上，设立了工业转型升级资金。为规范工业转型升级资金的管理和使用，提高资金使用效益，财政部、工业和信息化部制定了《工业转型升级资金管理暂行办法》，现予印发，请遵照执行。

附件：工业转型升级资金管理暂行办法

附件：

工业转型升级资金管理暂行办法

第一章　总　　则

第一条　为规范工业转型升级资金的管理和使用，提高资金使用效益，根据《中华人民共和国预算法》和国家有关法律法规的规定，制定本办法。

第二条　本办法所称工业转型升级资金是指中央财政安排的，用于支持转变工业发展方式、促进工业结构优化升级的资金。

第三条　工业转型升级资金由工业和信息化部、财政部按职责分工共同管理。

第二章　使用安排原则

第四条　工业转型升级资金的使用和安排应当坚持以下原则：

（一）统筹协调，集中财力，重点突破。通过协商机制，加强对工业转型升级资金的统筹管理，集中资金支持薄弱环节，并将工业转型升级资金的使用与其他相关资金相衔接，形成合力。

（二）市场基础性作用与政府引导相结合。尊重市场经济规律，通过体制机制创新，调动全社会的积极性，共同推进工业转型升级。

（三）创新财政资金支持方式。针对工业转型升级目前存在的薄弱环节和突出问题，并根据每个环节的特点，创新财政资金的支持方式，充分发挥财政资金使用效益。

（四）“科学、公开、公正”，并接受社会监督。

第三章　支持范围

第五条　工业转型升级资金支持范围包括：

（一）公共服务平台建设。支持符合国家宏观经济政策、产业政策和区域发展政策，为工业行业、领域或区域提供研发设计、检验检测、试验验证和质量认证服务、信息服务，以及提高资源综合利用水平等的公共服务平台建设。

（二）信息化和工业化深度融合。支持企业信息化综合集成创新、产品信息化和服务型制造、面向产业服务和行业管理的信息化服务等项目。

（三）提升工业产品质量及加强自主品牌培育。支持质量保障和安全管理体系建设、关键共性质量问题攻关、工业产品质量控制和技术评价能力建设、工业企业自主品牌培育等。

（四）工业领域自主创新。支持软件、集成电路产业，以及计算机、通信、网络、数字视听、测试仪器和专用设备、电子基础产品等电子信息产业核心领域技术与产品研究开发、产业化和加大电子信息技术推广应用。

（五）工业企业知识产权能力培养。支持工业企业知识产权创造与运用能力培育、产业知识产权风险评估与预警、工业行业知识产权综合数据服务平台建设等。

（六）中药材扶持。支持规范化、规模化、产业化中药材生产基地建设，中药材生产技术服务平台、生产信息服务平台、供应保障平台建设等。

（七）行业标准体系建设。支持工业和通信业行业标准制修订和复审、国际标准研制、行业标准管理。

（八）中小企业服务体系建设。支持各类社会服务机构为中小企业发展构建具有平台式公共服务功能的服务体系。

（九）工业和信息化部商财政部确定的工业转型升级的其他领域。

第四章　资金管理及项目申报审核程序

第六条　由工业和信息化部直接承担的工业转型升级任务，所需资金编入工业和信息化部部门预算，按照部门预算及相关规定执行。

第七条　由地方承担的工业转型升级项目，所需资金在中央对地方转移支付预算中安排。按本办法第九条至第十三条的规定办理。

第八条　工业和信息化部商财政部每年下半年发布工业转型升级资金下一年度项目申报指南。

第九条　省级（含计划单列市）工业和信息化主管部门负责按照本办法规定和项目申报指南要求将本地区符合条件的项目报工业和信息化部。

第十条　工业和信息化部组织专家对申报材料进行评审论证。

第十一条　工业和信息化部根据专家评审意见提出工业转型升级资金安排建议，报财政部批复。

第十二条　财政部根据工业和信息化部申报情况，结合年度预算安排，在与其他相关专项资金“对表”后，批复年度工业转型升级资金分配方案。

第十三条　项目单位收到工业转型升级资金后，按国家有关规定进行财务会计处理，规范资金使用。

第五章　监督和检查

第十四条　工业和信息化部会同财政部对工业转型升级资金的使用情况和项目的执行情况实施监督和检查。

第十五条　工业转型升级资金必须专款专用，严禁截留、挤占和挪用。对违反本办法规定的，除将工业转型升级资金全额收回外，按照《财政违法行为处罚处分条例》（国务院令第427号）等有关法律法规追究有关单位和人员的责任。

第十六条 对弄虚作假、骗取、套取工业转型升级资金的项目单位，财政部将扣回工业转型升级资金，并由工业和信息化部责令地方有关部门进行整改，同时该项目单位三年内不得申报工业转型升级资金。

第六章 附 则

第十七条 本办法由财政部、工业和信息化部负责解释。

第十八条 本办法自2012年8月10日起实施。

财政部 民航局关于印发《民航节能减排专项资金管理暂行办法》的通知

2012年8月5日 财建［2012］547号

各省、自治区、直辖市、计划单列市财政厅（局），民航局局属各单位，各航空公司，各机场，各航空运输保障企业：

为加强民航节能减排专项资金管理，提高资金使用效益，根据《民航发展基金征收使用管理暂行办法》（财综［2012］17号），财政部、民航局联合制定了《民航节能减排专项资金管理暂行办法》。现印发给你们，请遵照执行。

附件：民航节能减排专项资金管理暂行办法

附件：

民航节能减排专项资金管理暂行办法

第一章 总 则

第一条 为加强民航节能减排专项资金管理，提高资金使用效益，根据《民航发展基金征收使用管理暂行办法》（财综［2012］17号）和部门预算管理有关规定，制定本办法。

第二条 本办法所称民航节能减排专项资金（以下简称专项资金），是指中央财政从公共财政资金和民航发展基金中安排用于支持民航业开展节能减排工作的专项资金。

第三条 专项资金按其来源分别按照公共财政预算和政府性基金预算管理。专项资金安排遵循突出重点、注重实效和公开、公正、透明的原则。

第二章　专项资金支持方式、范围和标准

第四条　中国民用航空局（以下简称民航局）各地区管理局、民航局直属事业单位、航空公司、机场公司及航空运输保障企业开展节能减排工作，且未享受中央财政其他相关补助资金支持的，可按本办法规定申请专项资金补助。

第五条　专项资金支持范围包括：民航节能技术改造，民航管理节能，节能产品及新能源应用，新能源及节能地面保障车辆购置及改造，航路优化项目建设，机场废弃物、污水处理及中水回用设施改造，民航节能减排标准、统计、监测考核体系建设，民航局节能减排项目评审、验收、监督检查和基础性、战略性课题研究等。

第六条　项目承担主体与节能减排效果受益主体为同一单位的，原则上按照不超过项目实际投资额的30%予以补助；项目承担主体与节能减排效果受益主体为不同单位，且行业节能效果明显的，原则上按照不超过项目实际投资额的60%予以补助。单个项目补助金额原则上不超过1000万元。具体补贴比例由民航局依据行业发展重点和项目节能减排效果等因素确定。研究类项目资金总额不超过当年专项资金总规模的5%，单个项目补助金额不超过50万元。

第三章　专项资金申报、下达与支付

第七条　符合条件的单位可于每年9月底前，将节能减排项目报民航局汇总审核。其中：地方机场项目由所在地民航地区管理局和省（自治区、直辖市、计划单列市）财政部门联合初审后上报民航局、财政部。

第八条　民航局汇总审核后，将项目计划在其政府网站公示10个工作日。公示结束后，民航局将公示期内没有异议的项目列为支持项目。

第九条　中央单位节能减排项目补助资金纳入下一年度民航局部门预算（包括公共财政预算和民航发展基金预算），按部门预算的有关规定执行；地方机场项目补助资金，由财政部下达给有关省（自治区、直辖市、计划单列市）财政部门。

第十条　资金支付按照财政国库管理制度有关规定执行。专项资金使用中属于政府采购范围的，按照政府采购有关规定执行。

第十一条　节能减排项目申报审批程序由民航局负责制定，属固定资产投资项目的，应符合相关规定。

第四章　监督管理

第十二条　民航局负责跟踪分析民航节能减排工作进展和项目实施效果，完善项目绩效评价。各省（自治区、直辖市、计划单列市）财政部门、民航各地区管理局要切实履行职责，加强对专项资金申报材料审核和资金使用监督管理。

第十三条　对弄虚作假，截留、挤占、挪用专项资金的单位，将严格按照《财政违法行为处罚处分条例》追究相应责任。

第五章　附　　则

第十四条　本办法由财政部会同民航局负责解释。

第十五条　本办法自发布之日起执行。

财政部关于做好 2012 年对外劳务合作服务平台支持资金管理工作的通知

2012 年 8 月 10 日　财企［2012］217 号

各省、自治区、直辖市、计划单列市财政厅（局）、商务主管部门，新疆生产建设兵团财务局、商务局：

为落实国务院关于促进对外劳务合作规范发展的精神，强化政府公共服务，引导劳务人员通过正规渠道出境务工，保护劳务人员合法权益，2012 年财政部、商务部继续安排专项资金，对对外劳务合作服务平台（以下简称劳务服务平台）工作予以资金支持。现就有关事项通知如下：

一、支持内容

劳务服务平台在建设和运营过程中实际发生的下列费用进行资助。

（一）场所和办公设备购置费用：劳务服务平台场所建设、购置、租赁、维修和办公设备购置等发生的费用。

（二）系统开发及运营维护费用。包括劳务服务平台管理系统开发、数据库建设、购置自助查询终端等发生的费用。

（三）宣传推介费用：劳务服务平台举办推荐会、对接会；制作宣传册、拍摄宣传片、发布广告等发生的费用。

（四）培训费用：服务平台用于编写、购买培训教材、聘请培训教师等发生的费用。

已享受过本专项资金支持的劳务服务平台申请的费用须实际发生在 2011 年度。

二、必备条件

申请资金支持的劳务服务平台应具备以下条件：

（一）符合《商务部、外交部、公安部、工商总局关于印送对外劳务合作服务平台建设试行办法的函》（商合函［2010］484 号）的规定。

（二）经县级以上人民政府或省级商务主管部门于 2010 年 7 月 1 日至 2011 年 12 月 31 日之间认定，并于本通知下发前已在商务部网站公布。

（三）属政府公共服务机构，非企业性质。

（四）劳务服务平台总办公面积不小于 500 平方米（含 500 平方米）。

（五）2011 年通过劳务服务平台派出的对外劳务人员不少于 500 人（含 500 人）。

（六）自劳务服务平台认定至 2011 年 12 月底，每年通过劳务服务平台派出劳务人员在境外发生劳务纠纷数量占平台派出劳务人员总数的 5% 以下，并且所有劳务纠纷均得到妥善处理。

三、支持标准

（一）2011 年派出对外劳务人员不少于 2000 人（含 2000 人）且总办公面积超过 1000 平方米以上（含

1000平方米）的劳务服务平台，给予不超过150万元资助。

（二）2011年派出对外劳务人员在1000至1999人且总办公面积超过500平方米（含500平方米）的劳务服务平台，给予不超过120万元资助。

（三）2011年派出对外劳务人员在500至999人且总办公面积超过500平方米（含500平方米）的劳务服务平台，给予不超过100万元资助。

四、审核内容

各省级财政、商务主管部门负责本地区劳务服务平台资金的审核工作。具体审核以下材料：

（一）县级以上人民政府或省级商务主管部门关于设立、认定劳务服务平台的批复文件（复印件，2011年已享受本专项资金支持的劳务服务平台不需提供）。

（二）县级以上人民政府机构编制部门关于劳务服务平台的编制批复文件（复印件，2011年已享受本专项资金支持的劳务服务平台不需提供）。

（三）劳务服务平台服务场所产权证或租赁合同复印件。

（四）省级商务主管部门出具的2011年1月1日至12月31日间通过劳务服务平台派出劳务人数证明。

（五）省级商务主管部门出具的2011年1月1日至12月31日期间，通过劳务服务平台派出的劳务人员在境外发生劳务纠纷数量占平台派出劳务人员总数的5%以下，并且所有劳务纠纷均得到妥善处理的证明。

（六）相关费用支出凭证。

五、申报及资金拨付程序

（一）各省级财政、商务主管部门组织本地区劳务服务平台资金报送工作。

（二）各省级财政、商务主管部门将本地区劳务服务平台资金审核及申请，《对外劳务合作服务平台资金审核结果汇总表》（详见附件），于2012年8月31日前一并报送至财政部（企业司）、商务部（财务司、合作司），逾期不予受理。

（三）财政部、商务部根据省级财政、商务主管部门的审核结果，按照预算级次将支持资金拨付至各省财政部门。省级财政部门按照国库管理规定将资金拨付至各市县劳务服务平台。

六、管理要求

（一）各省级财政、商务主管部门根据本通知制定具体实施细则。

（二）各省级财政、商务主管部门要加强协作、明确分工、落实责任，共同做好专项资金的管理和使用，加强专项资金使用情况的监督和检查，切实做好追踪问效。对申报平台的资金拨付申请及材料应按《中华人民共和国档案管理法》的规定妥善保存，以备核查。

（三）财政部、商务部将对各省（区、市）和新疆生产建设兵团的工作进行监督检查，或委托中介机构对各地资金审核工作进行审计。

（四）省级财政、商务主管部门应在2013年1月31日前，将2012年专项资金使用情况、劳务服务平台工作运营等情况报财政部、商务部。

七、罚则

任何单位不得以任何形式骗取和截留专项资金；不得虚报、瞒报，不得伪造、篡改劳务服务平台统计信息。对违反本通知规定的单位，财政部、商务部将全额收回资金，取消以后年度申请资格，按照《财政违法行为处罚处分条例》（国务院令第427号）和《中华人民共和国统计法》予以处理。

附件：2012年对外劳务合作服务支持资金审核结果汇总表

附件：

2012 年对外劳务合作服务支持资金审核结果汇总表

______省、自治区、直辖市、计划单列市

序号	服务平台名称	设立平台批复文件文号	认定单位及时间（年、月）	政府机构编制部门批复文件文号	场所面积（平方米）	2011 年外派人数（人）	发生劳务纠纷占比（%）	实际支出金额（万元）	申请金额（万元）
1	××服务平台								
2	××服务平台								
3	××服务平台								
	……								
	……								
	合　计								

财政部关于编报 2013 年中央国有资本经营预算建议草案的通知

2012 年 8 月 30 日　财企［2012］243 号

各中央国有资本经营预算单位：

为健全完善中央国有资本经营预算制度，加强预算管理，根据《中华人民共和国预算法》、《国务院关于试行国有资本经营预算的意见》（国发［2007］26 号）及《财政部关于印发〈中央国有资本经营预算编报办法〉的通知》（财企［2011］318 号）等文件规定，现就 2013 年中央国有资本经营预算编制有关工作通知如下：

一、2013 年中央国有资本经营预算编制的指导思想

2013 年中央国有资本经营预算以邓小平理论和“三个代表”重要思想为指导，深入贯彻落实科学发展观，贯彻党和国家的方针政策，以加快转变经济发展方式为主线，着力加强和改善宏观调控，调整和优化经济结构，推进改革开放和自主创新，完善国有企业收入分配制度，促进国有资本合理配置，推动国有企业改

革与发展，建立完善国有资本收益分享制度。

二、2013 年中央国有资本经营预算编制重点

2013 年中央国有资本经营预算支出，按照“统筹兼顾，留有余地”的原则，重点支持中央企业具有国家战略意义以及关系国计民生的重大项目建设，推动中央企业兼并重组，推动国有经济布局的战略性调整和国有经济产业结构的进一步优化，促进中央企业提高企业自主创新能力，加快转变经济增长方式，开展实施国际化经营，进一步加大对社保等民生的支出力度，实现国民经济可持续发展目标。编制重点包括：

（一）国有经济结构调整支出。用于支持中央企业之间的战略性兼并重组，理顺多元投资主体公司股权关系，保持和增强中央企业对关系国家安全和国民经济命脉重要子企业的控制力，以及解决中央企业历史遗留问题等。

（二）重点项目支出。用于支持中央企业涉及国家安全、国家核心竞争力和综合国力等具有国家战略意义的重大项目支出。

（三）产业升级与发展支出。围绕《国民经济和社会发展十二五规划纲要》、《国家中长期科学和技术发展规划纲要（2006—2020 年）》（国发［2005］44 号）和《国务院关于加强节能工作的决定》（国发［2006］28 号）的精神，用于增强中央企业自主创新能力，推动重大技术创新和科技成果产业化，落实“十二五”节能减排目标任务，支持中央企业节能减排工作，支持中央企业内部产业整合。促进教育、农业、文化等相关产业发展的支出，重点支持关系国家粮食安全的种子产业链发展，关系国防安全的农垦戍边支出等。

（四）境外投资及对外经济技术合作支出。主要支持中央企业收购兼并能够实质控制、具有较好经济效益、国家急需的境外战略性资源，以及拥有关键核心技术且对促进本企业技术创新具有推动作用的境外企业。支持中央企业以直接投资实施的境外研发中心项目、装备制造业项目、进入境外经济贸易合作区实施的项目、境外农、林、渔、矿业合作项目。中央企业实施的特许经营类对外承包工程项目、使用中国工程技术标准和以人民币计价的对外承包工程项目等。

（五）困难企业职工补助支出。主要用于支持中央企业进一步完善离退休人员社会保障机制，对困难中央企业离休干部医药费和职工生活费予以补助等。

三、2013 年中央国有资本经营预算编报时间

2013 年中央国有资本经营预算的编报时间安排如下：

（一）2012 年 8 月 31 日前，中央企业将编报的中央国有资本经营预算支出项目计划报中央预算单位，并抄报财政部。

（二）2012 年 9 月 30 日前，中央预算单位将所编制的中央国有资本经营预算建议草案报财政部。

（三）2012 年 12 月 31 日前，财政部将编制的中央国有资本经营预算草案报国务院审批。

（四）2013 年 1 月 15 日前，财政部将国务院批准的中央国有资本经营预算草案报全国人大常委会预算工作委员会审查。

（五）2013 年 2 月 15 日前，财政部将经全国人大预工委审查后的中央国有资本经营预算草案提交全国人大财政经济委员会审议。

（六）财政部根据全国人民代表大会审议通过的中央国有资本经营预算，在 30 日内批复中央预算单位。中央预算单位在财政部批复本单位预算之日起 15 个工作日内，批复所监管企业，同时抄报财政部备案。

四、2013 年中央国有资本经营预算编报要求

（一）中央预算单位和中央企业要加强领导，高度重视，精心组织，严格按照规定时间做好本单位预算建议草案和预算支出项目计划的编制工作，确保 2013 年中央国有资本经营预算编制工作顺利完成。

（二）中央企业应按照财政部统一的预算编制格式和规范的编制方法，详细编制本单位预算支出项目计划。支出项目计划要由基层单位编制，逐级汇总，各项数据要进行充分论证，做到准确、可靠，确保真实和

完整。

（三）中央预算单位要认真撰写预算编制说明，详细说明每项预算数据的测算过程，对于一些需要特别说明的事项，应作重点说明。

（四）2013 年度中央国有资本经营预算编报系统软件另行下发。中央预算单位和中央企业应按照财政部统一下发的编报系统软件、参数完成预算数据的录入、审核和汇总工作。

财政部关于印发《国有冶金矿山企业发展专项资金管理办法》的通知

2012 年 11 月 7 日　财企［2012］362 号

各省、自治区、直辖市、计划单列市财政厅（局）：

为规范国有冶金矿山企业发展专项资金管理，提高财政资金使用效益，根据国家钢铁产业发展政策和财政预算管理的有关规定，我们对原来的《冶金独立矿山专项扶持资金管理办法》进行了修改完善，制定了《国有冶金矿山企业发展专项资金管理办法》，现印发你们，请遵照执行。2001 年财政部印发的《冶金独立矿山专项扶持资金管理办法》（财企［2001］345 号）同时废止。

附件：国有冶金矿山企业发展专项资金管理办法

附件：

国有冶金矿山企业发展专项资金管理办法

第一条　为规范国有冶金矿山企业发展专项资金管理，提高财政资金使用效益，推动国内铁矿石资源的开发利用，根据国家钢铁产业政策和财政预算管理的有关规定，制定本办法。

第二条　国有冶金矿山企业发展专项资金（以下简称专项资金）是指中央财政预算安排的，主要用于支持国有中型冶金矿山企业（以下简称矿山企业）提高或稳定国内铁矿石产量，提高铁矿石品位和选矿回收率，开展矿山环境改造等方面的专项资金。

第三条　本办法所称矿山企业是指具有独立法人资格，主要从事铁矿石采选业务的地方国有中型企业，包括国有独资公司和国有绝对控股公司。暂不包括国有相对控股和参股公司，以及中央企业投资兴办的冶金矿山企业。

第四条　矿山企业的划型参照《关于调整部分矿种矿山生产建设规模标准的通知》（国土资发［2004］208 号）确定的相关标准。

第五条　专项资金的使用和安排应当坚持以下原则：

（一）符合国家宏观经济政策和钢铁产业政策的要求；

（二）科学安排、讲求实效，充分发挥财政资金的引导作用；

（三）公开、公平、公正，主动接受社会监督，确保财政资金安全。

第六条 专项资金的支持内容包括：

（一）矿山建设项目。支持矿山企业为提高或稳定铁矿石产量，新建矿山或对原有矿山实施改扩建工程。

（二）采选新技术、新工艺的开发和应用项目。支持矿山企业为提高铁矿石品位，提高选矿回收率和节约资源能源，实施的采选新技术、新工艺开发和应用项目。

（三）环境改造项目。支持矿山企业开展尾矿库治理、环境治理和资源综合利用项目。

以上支持项目包括当年新建项目以及以前年度投入但尚未竣工的续建项目。

第七条 专项资金原则上采取资本金投入方式。

第八条 对矿山建设项目，资本金投入额度一般不超过项目当年计划投资额的20%；对采选新技术、新工艺的开发应用项目和环境改造项目，资本金投入额度一般不超过项目当年计划投资额的30%。

第九条 已通过其他渠道获取中央财政资金支持的项目，专项资金不再重复支持。

第十条 矿山企业应于每年3月31日前，按隶属关系向同级财政部门提出专项资金申请。申请专项资金必须提供以下材料：

（一）专项资金申请报告。包括企业基本情况和生产经营状况，项目背景及实施的必要性，项目主要内容和预期目标，项目投资预算和资金筹措方案，项目进度安排和年度考核指标等项内容。

（二）《国有冶金矿山企业发展专项资金申请表》（表样附后）。

（三）企业法人营业执照副本、采矿许可证、安全生产许可证的复印件（营业执照副本复印件需加盖工商管理部门公章）。

（四）项目建设资料。包括可行性研究报告、项目核准文件、环评批复文件、项目概预算资料、项目实施进度及投资完成情况等。

（五）经会计师事务所审计的矿山企业上一年度财务报表和审计报告（含财务报表附注）。

（六）矿山企业对申请报告内容和附属文件真实性负责的声明（须加盖申请单位公章）。

（七）其他需提供的资料。

第十一条 各省、自治区、直辖市、计划单列市财政部门（以下统称省级财政部门）负责做好本地区企业的项目申报工作，对申请材料的真实性、完整性、可行性等进行初审。并于每年4月30日前，将本地区的专项资金申请文件和初审意见报送财政部。

第十二条 财政部根据地方财政部门的初审意见和专项资金年度预算安排，拟定项目支持计划。

第十三条 每年6月30日前，财政部将项目支持计划通过财政部网站向社会公示。公示时间不少于7个工作日。公示期满，财政部履行专项资金拨付程序。

第十四条 矿山企业收到专项资金后，按照《企业财务通则》（财政部令第41号）第二十条的相关规定进行财务处理。

第十五条 各级财政部门应加强专项资金的监督管理，并对专项资金使用进行年度绩效评价。评价内容主要包括：

（一）专项资金是否按申请项目和规定用途使用；

（二）企业对专项资金的财务处理是否规范；

（三）项目实际进度和计划进度是否一致，实际投资额和计划投资额是否有重大差异；

（四）项目是否实现预期目标，专项资金的使用是否确实发挥引导和带动作用等。

第十六条 省级财政部门应在每年4月30日之前，将上年度的专项资金绩效评价报告报送财政部。

第十七条 绩效评价报告是财政部安排本年度专项资金的重要依据。对于上一年度未按规定用途使用资金，项目实施情况与申报计划严重脱节的，财政部将收回全部或部分专项资金，同时，本年度不再对项目单位继续安排专项资金。

第十八条 对于违反本办法规定骗取、截留、挤占、挪用专项资金的单位或个人，按照《财政违法行为处罚处分条例》（国务院令第427号）的规定进行处理。

第十九条 本办法由财政部负责解释。

第二十条 本办法自印发之日起施行。2001年财政部印发的《冶金独立矿山专项扶持资金管理办法》（财企［2001］345号）同时废止。

附件：××××年度国有冶金矿山企业发展专项资金申请表（略）

二、相关会计制度

财政部关于印发《企业会计准则解释第 1 号》的通知

2007 年 11 月 16 日　财会［2007］14 号

国务院有关部委、有关直属机构，各省、自治区、直辖市、计划单列市财政厅（局），新疆生产建设兵团财务局，有关中央管理企业：

为了进一步贯彻实施企业会计准则，根据企业会计准则执行情况和有关问题，我部制定了《企业会计准则解释第 1 号》，现予印发，请遵照执行。

附件：企业会计准则解释第 1 号

附件：

企业会计准则解释第 1 号

一、企业在编制年报时，首次执行日有关资产、负债及所有者权益项目的金额是否要进一步复核？原同时按照国内及国际财务报告准则对外提供财务报告的 B 股、H 股等上市公司，首次执行日如何调整？

答：企业在编制首份年报时，应当对首次执行日有关资产、负债及所有者权益项目的账面余额进行复核，经注册会计师审计后，在附注中以列表形式披露年初所有者权益的调节过程以及作出修正的项目、影响金额及其原因。

原同时按照国内及国际财务报告准则对外提供财务报告的 B 股、H 股等上市公司，首次执行日根据取得的相关信息，能够对因会计政策变更所涉及的交易或事项的处理结果进行追溯调整的，以追溯调整后的结果作为首次执行日的余额。

二、中国境内企业设在境外的子公司在境外发生的有关交易或事项，境内不存在且受相关法律法规等限制或交易不常见，企业会计准则未作规范的，如何进行处理？

答：中国境内企业设在境外的子公司在境外发生的交易或事项，境内不存在且受法律法规等限制或交易不常见，企业会计准则未作出规范的，可以将境外子公司已经进行的会计处理结果，在符合《企业会计准则——基本准则》的原则下，按照国际财务报告准则进行调整后，并入境内母公司合并财务报表的相关项目。

三、经营租赁中出租人发生的初始直接费用以及融资租赁中承租人发生的融资费用应当如何处理？出租人对经营租赁提供激励措施的，如提供免租期或承担承租人的某些费用等，承租人和出租人应当如何处理？企业（建造承包商）为订立建造合同发生的相关费用如何处理？

答：（一）经营租赁中出租人发生的初始直接费用，是指在租赁谈判和签订租赁合同过程中发生的可归属于租赁项目的手续费、律师费、差旅费、印花税等，应当计入当期损益；金额较大的应当资本化，在整个经营租赁期间内按照与确认租金收入相同的基础分期计入当期损益。

承租人在融资租赁中发生的融资费用应予资本化或是费用化，应按《企业会计准则第 17 号——借款费用》处理，并按《企业会计准则第 21 号——租赁》进行计量。

（二）出租人对经营租赁提供激励措施的，出租人与承租人应当分别下列情况进行处理：

1. 出租人提供免租期的，承租人应将租金总额在不扣除免租期的整个租赁期内，按直线法或其他合理的方法进行分摊，免租期内应当确认租金费用；出租人应将租金总额在不扣除免租期的整个租赁期内，按直线法或其他合理的方法进行分配，免租期内出租人应当确认租金收入。

2. 出租人承担了承租人某些费用的，出租人应将该费用自租金收入总额中扣除，按扣除后的租金收入余额在租赁期内进行分配；承租人应将该费用从租金费用总额中扣除，按扣除后的租金费用余额在租赁期内进行分摊。

（三）企业（建造承包商）为订立合同发生的差旅费、投标费等，能够单独区分和可靠计量且合同很可能订立的，应当予以归集，待取得合同时计入合同成本；未满足上述条件的，应当计入当期损益。

四、企业发行的金融工具应当在满足何种条件时确认为权益工具？

答：企业将发行的金融工具确认为权益性工具，应当同时满足下列条件：

（一）该金融工具应当不包括交付现金或其他金融资产给其他单位，或在潜在不利条件下与其他单位交换金融资产或金融负债的合同义务。

（二）该金融工具须用或可用发行方自身权益工具进行结算的，如为非衍生工具，该金融工具应当不包括交付非固定数量的发行方自身权益工具进行结算的合同义务；如为衍生工具，该金融工具只能通过交付固定数量的发行方自身权益工具换取固定数额的现金或其他金融资产进行结算。其中，所指的发行方自身权益工具不包括本身通过收取或交付企业自身权益工具进行结算的合同。

五、嵌入保险合同或嵌入租赁合同中的衍生工具应当如何处理？

答：根据《企业会计准则第 22 号——金融工具确认和计量》的规定，嵌入衍生工具相关的混合工具没有指定为以公允价值计量且其变动计入当期损益的金融资产或金融负债，同时满足有关条件的，该嵌入衍生工具应当从混合工具中分拆，作为单独的衍生工具处理。该规定同样适用于嵌入在保险合同中的衍生工具，除非该嵌入衍生工具本身属于保险合同。

按照保险合同约定，如果投保人在持有保险合同期间，拥有以固定金额或是以固定金额和相应利率确定的金额退还保险合同选择权的，即使其行权价格与主保险合同负债的账面价值不同，保险人也不应将该选择权从保险合同中分拆，仍按保险合同进行处理。但是，如果退保价值随同某金融变量或者某一与合同一方不特定相关的非金融变量的变动而变化，嵌入保险合同中的卖出选择权或现金退保选择权，应适用《企业会计准则第 22 号——金融工具确认和计量》；如果持有人实施卖出选择权或现金退保选择权的能力取决于上述变量变动的，嵌入保险合同中的卖出选择权或现金退保选择权，也适用《企业会计准则第 22 号——金融工具确认和计量》。

嵌入租赁合同中的衍生工具，应当按照《企业会计准则第 22 号——金融工具确认和计量》进行处理。

六、企业如有持有待售的固定资产和其他非流动资产，如何进行确认和计量？

答：《企业会计准则第 4 号——固定资产》第二十二条规定，企业对于持有待售的固定资产，应当调整该项固定资产的预计净残值，使该固定资产的预计净残值反映其公允价值减去处置费用后的金额，但不得超过符合持有待售条件时该项固定资产的原账面价值，原账面价值高于调整后预计净残值的差额，应作为资产减值损失计入当期损益。

同时满足下列条件的非流动资产应当划分为持有待售：一是企业已经就处置该非流动资产作出决议；二是企业已经与受让方签订了不可撤销的转让协议；三是该项转让将在一年内完成。

符合持有待售条件的无形资产等其他非流动资产，比照上述原则处理，但不包括递延所得税资产、《企业会计准则第22号——金融工具确认和计量》规范的金融资产、以公允价值计量的投资性房地产和生物资产、保险合同中产生的合同权利。

持有待售的非流动资产包括单项资产和处置组，处置组是指作为整体出售或其他方式一并处置的一组资产。

七、企业在确认由联营企业及合营企业投资产生的投资收益时，对于与联营企业及合营企业发生的内部交易损益应当如何处理？首次执行日对联营企业及合营企业投资存在股权投资借方差额的，计算投资损益时如何进行调整？企业在首次执行日前持有对子公司的长期股权投资，取得子公司分派现金股利或利润如何处理？

答：（一）企业持有的对联营企业及合营企业的投资，按照《企业会计准则第2号——长期股权投资》的规定，应当采用权益法核算，在按持股比例等计算确认应享有或应分担被投资单位的净损益时，应当考虑以下因素：

投资企业与联营企业及合营企业之间发生的内部交易损益按照持股比例计算归属于投资企业的部分，应当予以抵销，在此基础上确认投资损益。投资企业与被投资单位发生的内部交易损失，按照《企业会计准则第8号——资产减值》等规定属于资产减值损失的，应当全额确认。投资企业对于纳入其合并范围的子公司与其联营企业及合营企业之间发生的内部交易损益，也应当按照上述原则进行抵销，在此基础上确认投资损益。

投资企业对于首次执行日之前已经持有的对联营企业及合营企业的长期股权投资，如存在与该投资相关的股权投资借方差额，还应扣除按原剩余期限直线摊销的股权投资借方差额，确认投资损益。

投资企业在被投资单位宣告发放现金股利或利润时，按照规定计算应分得的部分确认应收股利，同时冲减长期股权投资的账面价值。

（二）企业在首次执行日以前已经持有的对子公司长期股权投资，应在首次执行日进行追溯调整，视同该子公司自最初即采用成本法核算。执行新会计准则后，应当按照子公司宣告分派现金股利或利润中应分得的部分，确认投资收益。

八、企业在股权分置改革过程中持有的限售股权如何进行处理？

答：企业在股权分置改革过程中持有对被投资单位在重大影响以上的股权，应当作为长期股权投资，视对被投资单位的影响程度分别采用成本法或权益法核算；企业在股权分置改革过程中持有对被投资单位不具有控制、共同控制或重大影响的股权，应当划分为可供出售金融资产，其公允价值与账面价值的差额，在首次执行日应当追溯调整，计入资本公积。

九、企业在编制合并财务报表时，因抵销未实现内部销售损益在合并财务报表中产生的暂时性差异是否应当确认递延所得税？母公司对于纳入合并范围子公司的未确认投资损失，执行新会计准则后在合并财务报表中如何列报？

答：（一）企业在编制合并财务报表时，因抵销未实现内部销售损益导致合并资产负债表中资产、负债的账面价值与其在所属纳税主体的计税基础之间产生暂时性差异的，在合并资产负债表中应当确认递延所得税资产或递延所得税负债，同时调整合并利润表中的所得税费用，但与直接计入所有者权益的交易或事项及企业合并相关的递延所得税除外。

（二）执行新会计准则后，母公司对于纳入合并范围子公司的未确认投资损失，在合并资产负债表中应当冲减未分配利润，不再单独作为“未确认的投资损失”项目列报。

十、企业改制过程中的资产、负债，应当如何进行确认和计量？

答：企业引入新股东改制为股份有限公司，相关资产、负债应当按照公允价值计量，并以改制时确定的公允价值为基础持续核算的结果并入控股股东的合并财务报表。改制企业的控股股东在确认对股份有限公司的长期股权投资时，初始投资成本为投出资产的公允价值及相关费用之和。

财政部关于印发《非上市银行业金融机构执行〈企业会计准则〉有关衔接规定》的通知

2007 年 12 月 29 日　财会［2007］16 号

国务院有关部委、有关直属机构，各省、自治区、直辖市、计划单列市财政厅（局），新疆生产建设兵团财务局，有关金融机构：

为了非上市银行业金融机构执行企业会计准则，确保新旧会计准则平稳过渡，根据《中华人民共和国会计法》和《企业会计准则——基本准则》等国家有关法律法规，我部制定了《非上市银行业金融机构执行〈企业会计准则〉有关衔接规定》，现予印发。执行企业会计准则的非上市银行业金融机构不再执行原来的相关准则、制度、办法。

执行中有何问题，请及时反馈我部。

附件：非上市银行业金融机构执行《企业会计准则》有关衔接规定

附件：

非上市银行业金融机构执行《企业会计准则》有关衔接规定

非上市银行业金融机构执行《企业会计准则——基本准则》、38 项具体准则、会计准则应用指南及解释（以下简称新会计准则）的，有关衔接问题规定如下：

一、执行新会计准则有关会计政策变更的处理

非上市银行业金融机构在新会计准则首次执行日，因会计政策变更的下列事项应当进行追溯调整：

（一）根据《企业会计准则第 8 号——资产减值》和《企业会计准则第 22 号——金融工具确认和计量》的规定，应当计提固定资产、投资性房地产、无形资产、在建工程、长期股权投资、抵债资产、金融资产等减值准备的，或者由于会计政策的原因导致减值准备计提不足的，按照新会计准则的要求应当计提或补提相应的减值准备，并调整期初留存收益。

对于未使用、不需用固定资产未计提折旧的，应当按照《企业会计准则第 4 号——固定资产》的规定补提相应的折旧额，并调整期初留存收益。

（二）对于所持有的金融资产（不含《企业会计准则第 2 号 ——长期股权投资》规范的投资），应当按照《企业会计准则第 22 号——金融工具确认和计量》的规定，划分为以公允价值计量且其变动计入当期损益的金融资产、持有至到期投资、贷款和应收款项、可供出售金融资产；对于所持有的金融负债，应当划分为以公允价值计量且其变动计入当期损益的金融负债、其他金融负债。

划分为持有至到期投资、贷款和应收款项的，应当按照实际利率法采用摊余成本计量，并将账面价值与按实际利率法计算的摊余成本的差额调整期初留存收益。如果在首次执行日之前采用名义利率法计量相关金融资产的账面价值，且有客观证据表明与按照实际利率法计量的摊余成本相差较小的，可以不作调整。

划分为可供出售金融资产的，应当在首次执行日按照公允价值计量，并将账面价值与公允价值的差额调整期初资本公积。

对于应当采用摊余成本进行后续计量的金融负债，应当按照实际利率法采用摊余成本计量，并将账面价值与按实际利率法计算的摊余成本的差额调整期初留存收益。如果在首次执行日之前采用名义利率法计量相关金融负债的账面价值，且有客观证据表明与按照实际利率法计量的摊余成本相差较小的，可以不作调整。

（三）原采用成本法核算的对联营企业、合营企业的长期股权投资，按照《企业会计准则第 2 号——长期股权投资》应当改为权益法核算，并相应调整期初留存收益或资本公积。

除上述（一）至（三）之外的其他项目，应当按照《企业会计准则第 38 号——首次执行企业会计准则》及其应用指南、解释的规定执行。

二、执行新会计准则有关财务报表列报的要求

在首次执行日后按照企业会计准则编制的首份中期财务报告或首份年度财务报表，应当遵循《企业会计准则第 38 号——首次执行企业会计准则》及其应用指南、解释的规定。

财政部　证监会　审计署　银监会　保监会
关于印发《企业内部控制基本规范》的通知

2008 年 5 月 22 日　财会［2008］7 号

中直管理局，铁道部、国管局，总后勤部、武警总部，各省、自治区、直辖市、计划单列市财政厅（局）、审计厅（局），新疆生产建设兵团财务局、审计局，中国证监会各省、自治区、直辖市、计划单列市监管局，中国证监会上海、深圳专员办，各保监局、保险公司，各银监局、政策性银行、国有商业银行、股份制商业银行、邮政储蓄银行、资产管理公司，各省级农村信用联社，银监会直接管理的信托公司、财务公司、租赁公司，有关中央管理企业：

为了加强和规范企业内部控制，提高企业经营管理水平和风险防范能力，促进企业可持续发展，维护社会主义市场经济秩序和社会公众利益，根据国家有关法律法规，财政部会同证监会、审计署、银监会、保监会制定了《企业内部控制基本规范》，现予印发，自 2009 年 7 月 1 日起在上市公司范围内施行，鼓励非上市的大中型企业执行。执行本规范的上市公司，应当对本公司内部控制的有效性进行自我评价，披露年度自我评价报告，并可聘请具有证券、期货业务资格的会计师事务所对内部控制的有效性进行审计。

执行中有何问题，请及时反馈我们。

附件：企业内部控制基本规范

附件：

企业内部控制基本规范

第一章　总　　则

第一条　为了加强和规范企业内部控制，提高企业经营管理水平和风险防范能力，促进企业可持续发展，维护社会主义市场经济秩序和社会公众利益，根据《中华人民共和国公司法》、《中华人民共和国证券法》、《中华人民共和国会计法》和其他有关法律法规，制定本规范。

第二条　本规范适用于中华人民共和国境内设立的大中型企业。

小企业和其他单位可以参照本规范建立与实施内部控制。

大中型企业和小企业的划分标准根据国家有关规定执行。

第三条　本规范所称内部控制，是由企业董事会、监事会、经理层和全体员工实施的、旨在实现控制目标的过程。

内部控制的目标是合理保证企业经营管理合法合规、资产安全、财务报告及相关信息真实完整，提高经营效率和效果，促进企业实现发展战略。

第四条　企业建立与实施内部控制，应当遵循下列原则：

（一）全面性原则。内部控制应当贯穿决策、执行和监督全过程，覆盖企业及其所属单位的各种业务和事项。

（二）重要性原则。内部控制应当在全面控制的基础上，关注重要业务事项和高风险领域。

（三）制衡性原则。内部控制应当在治理结构、机构设置及权责分配、业务流程等方面形成相互制约、相互监督，同时兼顾运营效率。

（四）适应性原则。内部控制应当与企业经营规模、业务范围、竞争状况和风险水平等相适应，并随着情况的变化及时加以调整。

（五）成本效益原则。内部控制应当权衡实施成本与预期效益，以适当的成本实现有效控制。

第五条　企业建立与实施有效的内部控制，应当包括下列要素：

（一）内部环境。内部环境是企业实施内部控制的基础，一般包括治理结构、机构设置及权责分配、内部审计、人力资源政策、企业文化等。

（二）风险评估。风险评估是企业及时识别、系统分析经营活动中与实现内部控制目标相关的风险，合理确定风险应对策略。

（三）控制活动。控制活动是企业根据风险评估结果，采用相应的控制措施，将风险控制在可承受度之内。

（四）信息与沟通。信息与沟通是企业及时、准确地收集、传递与内部控制相关的信息，确保信息在企业内部、企业与外部之间进行有效沟通。

（五）内部监督。内部监督是企业对内部控制建立与实施情况进行监督检查，评价内部控制的有效性，发现内部控制缺陷，应当及时加以改进。

第六条　企业应当根据有关法律法规、本规范及其配套办法，制定本企业的内部控制制度并组织实施。

第七条　企业应当运用信息技术加强内部控制，建立与经营管理相适应的信息系统，促进内部控制流程与信息系统的有机结合，实现对业务和事项的自动控制，减少或消除人为操纵因素。

第八条 企业应当建立内部控制实施的激励约束机制，将各责任单位和全体员工实施内部控制的情况纳入绩效考评体系，促进内部控制的有效实施。

第九条 国务院有关部门可以根据法律法规、本规范及其配套办法，明确贯彻实施本规范的具体要求，对企业建立与实施内部控制的情况进行监督检查。

第十条 接受企业委托从事内部控制审计的会计师事务所，应当根据本规范及其配套办法和相关执业准则，对企业内部控制的有效性进行审计，出具审计报告。会计师事务所及其签字的从业人员应当对发表的内部控制审计意见负责。

为企业内部控制提供咨询的会计师事务所，不得同时为同一企业提供内部控制审计服务。

第二章 内部环境

第十一条 企业应当根据国家有关法律法规和企业章程，建立规范的公司治理结构和议事规则，明确决策、执行、监督等方面的职责权限，形成科学有效的职责分工和制衡机制。

股东（大）会享有法律法规和企业章程规定的合法权利，依法行使企业经营方针、筹资、投资、利润分配等重大事项的表决权。

董事会对股东（大）会负责，依法行使企业的经营决策权。

监事会对股东（大）会负责，监督企业董事、经理和其他高级管理人员依法履行职责。

经理层负责组织实施股东（大）会、董事会决议事项，主持企业的生产经营管理工作。

第十二条 董事会负责内部控制的建立健全和有效实施。监事会对董事会建立与实施内部控制进行监督。经理层负责组织领导企业内部控制的日常运行。

企业应当成立专门机构或者指定适当的机构具体负责组织协调内部控制的建立实施及日常工作。

第十三条 企业应当在董事会下设立审计委员会。审计委员会负责审查企业内部控制，监督内部控制的有效实施和内部控制自我评价情况，协调内部控制审计及其他相关事宜等。

审计委员会负责人应当具备相应的独立性、良好的职业操守和专业胜任能力。

第十四条 企业应当结合业务特点和内部控制要求设置内部机构，明确职责权限，将权利与责任落实到各责任单位。

企业应当通过编制内部管理手册，使全体员工掌握内部机构设置、岗位职责、业务流程等情况，明确权责分配，正确行使职权。

第十五条 企业应当加强内部审计工作，保证内部审计机构设置、人员配备和工作的独立性。

内部审计机构应当结合内部审计监督，对内部控制的有效性进行监督检查。内部审计机构对监督检查中发现的内部控制缺陷，应当按照企业内部审计工作程序进行报告；对监督检查中发现的内部控制重大缺陷，有权直接向董事会及其审计委员会、监事会报告。

第十六条 企业应当制定和实施有利于企业可持续发展的人力资源政策。人力资源政策应当包括下列内容：

（一）员工的聘用、培训、辞退与辞职。

（二）员工的薪酬、考核、晋升与奖惩。

（三）关键岗位员工的强制休假制度和定期岗位轮换制度。

（四）掌握国家秘密或重要商业秘密的员工离岗的限制性规定。

（五）有关人力资源管理的其他政策。

第十七条 企业应当将职业道德修养和专业胜任能力作为选拔和聘用员工的重要标准，切实加强员工培训和继续教育，不断提升员工素质。

第十八条 企业应当加强文化建设，培育积极向上的价值观和社会责任感，倡导诚实守信、爱岗敬业、开拓创新和团队协作精神，树立现代管理理念，强化风险意识。

董事、监事、经理及其他高级管理人员应当在企业文化建设中发挥主导作用。

企业员工应当遵守员工行为守则，认真履行岗位职责。

第十九条 企业应当加强法制教育，增强董事、监事、经理及其他高级管理人员和员工的法制观念，严格依法决策、依法办事、依法监督，建立健全法律顾问制度和重大法律纠纷案件备案制度。

第三章 风险评估

第二十条 企业应当根据设定的控制目标，全面系统持续地收集相关信息，结合实际情况，及时进行风险评估。

第二十一条 企业开展风险评估，应当准确识别与实现控制目标相关的内部风险和外部风险，确定相应的风险承受度。

风险承受度是企业能够承担的风险限度，包括整体风险承受能力和业务层面的可接受风险水平。

第二十二条 企业识别内部风险，应当关注下列因素：

（一）董事、监事、经理及其他高级管理人员的职业操守、员工专业胜任能力等人力资源因素。

（二）组织机构、经营方式、资产管理、业务流程等管理因素。

（三）研究开发、技术投入、信息技术运用等自主创新因素。

（四）财务状况、经营成果、现金流量等财务因素。

（五）营运安全、员工健康、环境保护等安全环保因素。

（六）其他有关内部风险因素。

第二十三条 企业识别外部风险，应当关注下列因素：

（一）经济形势、产业政策、融资环境、市场竞争、资源供给等经济因素。

（二）法律法规、监管要求等法律因素。

（三）安全稳定、文化传统、社会信用、教育水平、消费者行为等社会因素。

（四）技术进步、工艺改进等科学技术因素。

（五）自然灾害、环境状况等自然环境因素。

（六）其他有关外部风险因素。

第二十四条 企业应当采用定性与定量相结合的方法，按照风险发生的可能性及其影响程度等，对识别的风险进行分析和排序，确定关注重点和优先控制的风险。

企业进行风险分析，应当充分吸收专业人员，组成风险分析团队，按照严格规范的程序开展工作，确保风险分析结果的准确性。

第二十五条 企业应当根据风险分析的结果，结合风险承受度，权衡风险与收益，确定风险应对策略。

企业应当合理分析、准确掌握董事、经理及其他高级管理人员、关键岗位员工的风险偏好，采取适当的控制措施，避免因个人风险偏好给企业经营带来重大损失。

第二十六条 企业应当综合运用风险规避、风险降低、风险分担和风险承受等风险应对策略，实现对风险的有效控制。

风险规避是企业对超出风险承受度的风险，通过放弃或者停止与该风险相关的业务活动以避免和减轻损失的策略。

风险降低是企业在权衡成本效益之后，准备采取适当的控制措施降低风险或者减轻损失，将风险控制在风险承受度之内的策略。

风险分担是企业准备借助他人力量，采取业务分包、购买保险等方式和适当的控制措施，将风险控制在风险承受度之内的策略。

风险承受是企业对风险承受度之内的风险，在权衡成本效益之后，不准备采取控制措施降低风险或者减轻损失的策略。

第二十七条 企业应当结合不同发展阶段和业务拓展情况，持续收集与风险变化相关的信息，进行风险识别和风险分析，及时调整风险应对策略。

第四章 控制活动

第二十八条 企业应当结合风险评估结果，通过手工控制与自动控制、预防性控制与发现性控制相结合的方法，运用相应的控制措施，将风险控制在可承受度之内。

控制措施一般包括：不相容职务分离控制、授权审批控制、会计系统控制、财产保护控制、预算控制、运营分析控制和绩效考评控制等。

第二十九条 不相容职务分离控制要求企业全面系统地分析、梳理业务流程中所涉及的不相容职务，实施相应的分离措施，形成各司其职、各负其责、相互制约的工作机制。

第三十条 授权审批控制要求企业根据常规授权和特别授权的规定，明确各岗位办理业务和事项的权限范围、审批程序和相应责任。

企业应当编制常规授权的权限指引，规范特别授权的范围、权限、程序和责任，严格控制特别授权。常规授权是指企业在日常经营管理活动中按照既定的职责和程序进行的授权。特别授权是指企业在特殊情况、特定条件下进行的授权。

企业各级管理人员应当在授权范围内行使职权和承担责任。

企业对于重大的业务和事项，应当实行集体决策审批或者联签制度，任何个人不得单独进行决策或者擅自改变集体决策。

第三十一条 会计系统控制要求企业严格执行国家统一的会计准则制度，加强会计基础工作，明确会计凭证、会计账簿和财务会计报告的处理程序，保证会计资料真实完整。

企业应当依法设置会计机构，配备会计从业人员。从事会计工作的人员，必须取得会计从业资格证书。会计机构负责人应当具备会计师以上专业技术职务资格。

大中型企业应当设置总会计师。设置总会计师的企业，不得设置与其职权重叠的副职。

第三十二条 财产保护控制要求企业建立财产日常管理制度和定期清查制度，采取财产记录、实物保管、定期盘点、账实核对等措施，确保财产安全。

企业应当严格限制未经授权的人员接触和处置财产。

第三十三条 预算控制要求企业实施全面预算管理制度，明确各责任单位在预算管理中的职责权限，规范预算的编制、审定、下达和执行程序，强化预算约束。

第三十四条 运营分析控制要求企业建立运营情况分析制度，经理层应当综合运用生产、购销、投资、筹资、财务等方面的信息，通过因素分析、对比分析、趋势分析等方法，定期开展运营情况分析，发现存在的问题，及时查明原因并加以改进。

第三十五条 绩效考评控制要求企业建立和实施绩效考评制度，科学设置考核指标体系，对企业内部各责任单位和全体员工的业绩进行定期考核和客观评价，将考评结果作为确定员工薪酬以及职务晋升、评优、降级、调岗、辞退等的依据。

第三十六条 企业应当根据内部控制目标，结合风险应对策略，综合运用控制措施，对各种业务和事项实施有效控制。

第三十七条 企业应当建立重大风险预警机制和突发事件应急处理机制，明确风险预警标准，对可能发生的重大风险或突发事件，制定应急预案、明确责任人员、规范处置程序，确保突发事件得到及时妥善处理。

第五章　信息与沟通

第三十八条 企业应当建立信息与沟通制度，明确内部控制相关信息的收集、处理和传递程序，确保信息及时沟通，促进内部控制有效运行。

第三十九条 企业应当对收集的各种内部信息和外部信息进行合理筛选、核对、整合，提高信息的有用性。

企业可以通过财务会计资料、经营管理资料、调研报告、专项信息、内部刊物、办公网络等渠道，获取内部信息。

企业可以通过行业协会组织、社会中介机构、业务往来单位、市场调查、来信来访、网络媒体以及有关监管部门等渠道，获取外部信息。

第四十条 企业应当将内部控制相关信息在企业内部各管理级次、责任单位、业务环节之间，以及企业与外部投资者、债权人、客户、供应商、中介机构和监管部门等有关方面之间进行沟通和反馈。信息沟通过程中发现的问题，应当及时报告并加以解决。

重要信息应当及时传递给董事会、监事会和经理层。

第四十一条 企业应当利用信息技术促进信息的集成与共享，充分发挥信息技术在信息与沟通中的作用。

企业应当加强对信息系统开发与维护、访问与变更、数据输入与输出、文件储存与保管、网络安全等方面的控制，保证信息系统安全稳定运行。

第四十二条 企业应当建立反舞弊机制，坚持惩防并举、重在预防的原则，明确反舞弊工作的重点领域、关键环节和有关机构在反舞弊工作中的职责权限，规范舞弊案件的举报、调查、处理、报告和补救程序。

企业至少应当将下列情形作为反舞弊工作的重点：

（一）未经授权或者采取其他不法方式侵占、挪用企业资产，牟取不当利益。

（二）在财务会计报告和信息披露等方面存在的虚假记载、误导性陈述或者重大遗漏等。

（三）董事、监事、经理及其他高级管理人员滥用职权。

（四）相关机构或人员串通舞弊。

第四十三条 企业应当建立举报投诉制度和举报人保护制度，设置举报专线，明确举报投诉处理程序、办理时限和办结要求，确保举报、投诉成为企业有效掌握信息的重要途径。

举报投诉制度和举报人保护制度应当及时传达至全体员工。

第六章 内部监督

第四十四条 企业应当根据本规范及其配套办法，制定内部控制监督制度，明确内部审计机构（或经授权的其他监督机构）和其他内部机构在内部监督中的职责权限，规范内部监督的程序、方法和要求。

内部监督分为日常监督和专项监督。日常监督是指企业对建立与实施内部控制的情况进行常规、持续的监督检查；专项监督是指在企业发展战略、组织结构、经营活动、业务流程、关键岗位员工等发生较大调整或变化的情况下，对内部控制的某一或者某些方面进行有针对性的监督检查。

专项监督的范围和频率应当根据风险评估结果以及日常监督的有效性等予以确定。

第四十五条 企业应当制定内部控制缺陷认定标准，对监督过程中发现的内部控制缺陷，应当分析缺陷的性质和产生的原因，提出整改方案，采取适当的形式及时向董事会、监事会或者经理层报告。

内部控制缺陷包括设计缺陷和运行缺陷。企业应当跟踪内部控制缺陷整改情况，并就内部监督中发现的重大缺陷，追究相关责任单位或者责任人的责任。

第四十六条 企业应当结合内部监督情况，定期对内部控制的有效性进行自我评价，出具内部控制自我评价报告。

内部控制自我评价的方式、范围、程序和频率，由企业根据经营业务调整、经营环境变化、业务发展状况、实际风险水平等自行确定。

国家有关法律法规另有规定的，从其规定。

第四十七条 企业应当以书面或者其他适当的形式，妥善保存内部控制建立与实施过程中的相关记录或者资料，确保内部控制建立与实施过程的可验证性。

第七章 附 则

第四十八条 本规范由财政部会同国务院其他有关部门解释。

第四十九条 本规范的配套办法由财政部会同国务院其他有关部门另行制定。

第五十条 本规范自2009年7月1日起实施。

财政部关于印发《企业会计准则解释第 2 号》的通知

2008 年 8 月 7 日　财会［2008］11 号

国务院有关部委、有关直属机构，新疆生产建设兵团财务局，有关中央管理企业，各省、自治区、直辖市、计划单列市财政厅（局）：

为了全面贯彻实施企业会计准则，落实会计准则趋同与等效，根据企业会计准则执行情况和有关问题，我部制定了《企业会计准则解释第 2 号》，现予印发，请遵照执行。

附件：企业会计准则解释第 2 号

附件：

企业会计准则解释第 2 号

一、同时发行 A 股和 H 股的上市公司，应当如何运用会计政策及会计估计？

答：内地企业会计准则和香港财务报告准则实现等效后，同时发行 A 股和 H 股的上市公司，除部分长期资产减值损失的转回以及关联方披露两项差异外，对于同一交易事项，应当在 A 股和 H 股财务报告中采用相同的会计政策、运用相同的会计估计进行确认、计量和报告，不得在 A 股和 H 股财务报告中采用不同的会计处理。

二、企业购买子公司少数股东拥有对子公司的股权应当如何处理？企业或其子公司进行公司制改制的，相关资产、负债的账面价值应当如何调整？

答：（一）母公司购买子公司少数股权所形成的长期股权投资，应当按照《企业会计准则第 2 号——长期股权投资》第四条的规定确定其投资成本。

母公司在编制合并财务报表时，因购买少数股权新取得的长期股权投资与按照新增持股比例计算应享有子公司自购买日（或合并日）开始持续计算的净资产份额之间的差额，应当调整所有者权益（资本公积），资本公积不足冲减的，调整留存收益。

上述规定仅适用于本规定发布之后发生的购买子公司少数股权交易，之前已经发生的购买子公司少数股权交易未按照上述原则处理的，不予追溯调整。

（二）企业进行公司制改制的，应以经评估确认的资产、负债价值作为认定成本，该成本与其账面价值的差额，应当调整所有者权益；企业的子公司进行公司制改制的，母公司通常应当按照《企业会计准则解释第1号》的相关规定确定对子公司长期股权投资的成本，该成本与长期股权投资账面价值的差额，应当调整所有者权益。

三、企业对于合营企业是否应纳入合并财务报表的合并范围？

答：按照《企业会计准则第33号——合并财务报表》的规定，投资企业对于与其他投资方一起实施共同控制的被投资单位，应当采用权益法核算，不应采用比例合并法。但是，如果根据有关章程、协议等，表明投资企业能够对被投资单位实施控制的，应当将被投资单位纳入合并财务报表的合并范围。

四、企业发行认股权和债券分离交易的可转换公司债券，其认股权应当如何进行会计处理？

答：企业发行认股权和债券分离交易的可转换公司债券（以下简称分离交易可转换公司债券），其认股权符合《企业会计准则第22号——金融工具确认和计量》和《企业会计准则第37号——金融工具列报》有关权益工具定义的，应当按照分离交易可转换公司债券发行价格，减去不附认股权且其他条件相同的公司债券公允价值后的差额，确认一项权益工具（资本公积）。

企业对于本规定发布之前已经发行的分离交易可转换公司债券，应当进行追溯调整。

五、企业采用建设经营移交方式（BOT）参与公共基础设施建设业务应当如何处理？

答：企业采用建设经营移交方式（BOT）参与公共基础设施建设业务，应当按照以下规定进行处理：

（一）本规定涉及的BOT业务应当同时满足以下条件：

1. 合同授予方为政府及其有关部门或政府授权进行招标的企业。

2. 合同投资方为按照有关程序取得该特许经营权合同的企业（以下简称合同投资方）。合同投资方按照规定设立项目公司（以下简称项目公司）进行项目建设和运营。项目公司除取得建造有关基础设施的权利以外，在基础设施建造完成以后的一定期间内负责提供后续经营服务。

3. 特许经营权合同中对所建造基础设施的质量标准、工期、开始经营后提供服务的对象、收费标准及后续调整作出约定，同时在合同期满，合同投资方负有将有关基础设施移交给合同授予方的义务，并对基础设施在移交时的性能、状态等作出明确规定。

（二）与BOT业务相关收入的确认。

1. 建造期间，项目公司对于所提供的建造服务应当按照《企业会计准则第15号——建造合同》确认相关的收入和费用。基础设施建成后，项目公司应当按照《企业会计准则第14号——收入》确认与后续经营服务相关的收入。

建造合同收入应当按照收取或应收对价的公允价值计量，并分别以下情况在确认收入的同时，确认金融资产或无形资产：

（1）合同规定基础设施建成后的一定期间内，项目公司可以无条件地自合同授予方收取确定金额的货币资金或其他金融资产的；或在项目公司提供经营服务的收费低于某一限定金额的情况下，合同授予方按照合同规定负责将有关差价补偿给项目公司的，应当在确认收入的同时确认金融资产，并按照《企业会计准则第22号——金融工具确认和计量》的规定处理。

（2）合同规定项目公司在有关基础设施建成后，从事经营的一定期间内有权利向获取服务的对象收取费用，但收费金额不确定的，该权利不构成一项无条件收取现金的权利，项目公司应当在确认收入的同时确认无形资产。

建造过程如发生借款利息，应当按照《企业会计准则第17号——借款费用》的规定处理。

2. 项目公司未提供实际建造服务，将基础设施建造发包给其他方的，不应确认建造服务收入，应当按照建造过程中支付的工程价款等考虑合同规定，分别确认为金融资产或无形资产。

（三）按照合同规定，企业为使有关基础设施保持一定的服务能力或在移交给合同授予方之前保持一定的使用状态，预计将发生的支出，应当按照《企业会计准则第13号——或有事项》的规定处理。

（四）按照特许经营权合同规定，项目公司应提供不止一项服务（如既提供基础设施建造服务又提供建成后经营服务）的，各项服务能够单独区分时，其收取或应收的对价应当按照各项服务的相对公允价值比例分配给所提供的各项服务。

（五）BOT业务所建造基础设施不应作为项目公司的固定资产。

（六）在BOT业务中，授予方可能向项目公司提供除基础设施以外其他的资产，如果该资产构成授予方应付合同价款的一部分，不应作为政府补助处理。项目公司自授予方取得资产时，应以其公允价值确认，未提供与获取该资产相关的服务前应确认为一项负债。

本规定发布前，企业已经进行的BOT项目，应当进行追溯调整；进行追溯调整不切实可行的，应以与BOT业务相关的资产、负债在所列报最早期间期初的账面价值为基础重新分类，作为无形资产或是金融资产，同时进行减值测试；在列报的最早期间期初进行减值测试不切实可行的，应在当期期初进行减值测试。

六、售后租回交易认定为经营租赁的，应当如何进行会计处理？

答：企业的售后租回交易认定为经营租赁的，应当分别以下情况处理：

（一）有确凿证据表明售后租回交易是按照公允价值达成的，售价与资产账面价值的差额应当计入当期损益。

（二）售后租回交易如果不是按照公允价值达成的，售价低于公允价值的差额，应计入当期损益；但若该损失将由低于市价的未来租赁付款额补偿时，有关损失应予以递延（递延收益），并按与确认租金费用相一致的方法在租赁期内进行分摊；如果售价大于公允价值，其大于公允价值的部分应计入递延收益，并在租赁期内分摊。

财政部关于印发《企业会计准则解释第3号》的通知

2009年6月11日　财会［2009］8号

国务院有关部委、有关直属机构，各省、自治区、直辖市、计划单列市财政厅（局），新疆生产建设兵团财务局，有关中央管理企业：

为了深入贯彻企业会计准则，解决执行中出现的问题，同时考虑会计准则持续趋同和等效情况，我部制定了《企业会计准则解释第3号》，现予印发。本解释中除特别注明应予追溯调整的以外，其他问题自2009年1月1日起施行。

附件：企业会计准则解释第3号

附件：

企业会计准则解释第3号

一、采用成本法核算的长期股权投资，投资企业取得被投资单位宣告发放的现金股利或利润，应当如何进行会计处理?

答：采用成本法核算的长期股权投资，除取得投资时实际支付的价款或对价中包含的已宣告但尚未发放的现金股利或利润外，投资企业应当按照享有被投资单位宣告发放的现金股利或利润确认投资收益，不再划分是否属于投资前和投资后被投资单位实现的净利润。

企业按照上述规定确认自被投资单位应分得的现金股利或利润后，应当考虑长期股权投资是否发生减值。在判断该类长期股权投资是否存在减值迹象时，应当关注长期股权投资的账面价值是否大于享有被投资单位净资产（包括相关商誉）账面价值的份额等类似情况。出现类似情况时，企业应当按照《企业会计准则第8号——资产减值》对长期股权投资进行减值测试，可收回金额低于长期股权投资账面价值的，应当计提减值准备。

二、企业持有上市公司限售股权，对上市公司不具有控制、共同控制或重大影响的，应当如何进行会计处理?

答：企业持有上市公司限售股权（不包括股权分置改革中持有的限售股权），对上市公司不具有控制、共同控制或重大影响的，应当按照《企业会计准则第22号——金融工具确认和计量》的规定，将该限售股权划分为可供出售金融资产或以公允价值计量且其变动计入当期损益的金融资产。

企业在确定上市公司限售股权公允价值时，应当按照《企业会计准则第22号——金融工具确认和计量》有关公允价值确定的规定执行，不得改变企业会计准则规定的公允价值确定原则和方法。

本解释发布前未按上述规定确定所持有限售股权公允价值的，应当按照《企业会计准则第28号——会计政策、会计估计变更和差错更正》进行处理。

三、高危行业企业提取的安全生产费，应当如何进行会计处理?

答：高危行业企业按照国家规定提取的安全生产费，应当计入相关产品的成本或当期损益，同时记入“4301专项储备”科目。

企业使用提取的安全生产费时，属于费用性支出的，直接冲减专项储备。企业使用提取的安全生产费形成固定资产的，应当通过“在建工程”科目归集所发生的支出，待安全项目完工达到预定可使用状态时确认为固定资产；同时，按照形成固定资产的成本冲减专项储备，并确认相同金额的累计折旧。该固定资产在以后期间不再计提折旧。

“专项储备”科目期末余额在资产负债表所有者权益项下“减：库存股”和“盈余公积”之间增设“专项储备”项目反映。

企业提取的维简费和其他具有类似性质的费用，比照上述规定处理。

本解释发布前未按上述规定处理的，应当进行追溯调整。

四、企业收到政府给予的搬迁补偿款应当如何进行会计处理?

答：企业因城镇整体规划、库区建设、棚户区改造、沉陷区治理等公共利益进行搬迁，收到政府从财政预算直接拨付的搬迁补偿款，应作为专项应付款处理。其中，属于对企业在搬迁和重建过程中发生的固定资产和无形资产损失、有关费用性支出、停工损失及搬迁后拟新建资产进行补偿的，应自专项应付款转入递延收益，并按照《企业会计准则第16号——政府补助》进行会计处理。企业取得的搬迁补偿款扣除转入递延收益的金额后如有结余的，应当作为资本公积处理。

企业收到除上述之外的搬迁补偿款，应当按照《企业会计准则第4号——固定资产》、《企业会计准则第16号——政府补助》等会计准则进行处理。

五、在股份支付的确认和计量中，应当如何正确运用可行权条件和非可行权条件?

答：企业根据国家有关规定实行股权激励的，股份支付协议中确定的相关条件，不得随意变更。其中，可行权条件是指能够确定企业是否得到职工或其他方提供的服务、且该服务使职工或其他方具有获取股份支付协议规定的权益工具或现金等权利的条件；反之，为非可行权条件。可行权条件包括服务期限条件或业绩条件。服务期限条件是指职工或其他方完成规定服务期限才可行权的条件。业绩条件是指职工或其他方完成规定服务期限且企业已经达到特定业绩目标才可行权的条件，具体包括市场条件和非市场条件。

企业在确定权益工具授予日的公允价值时，应当考虑股份支付协议规定的可行权条件中的市场条件和非可行权条件的影响。股份支付存在非可行权条件的，只要职工或其他方满足了所有可行权条件中的非市场条件（如服务期限等），企业应当确认已得到服务相对应的成本费用。

在等待期内如果取消了授予的权益工具，企业应当对取消所授予的权益性工具作为加速行权处理，将剩余等待期内应确认的金额立即计入当期损益，同时确认资本公积。职工或其他方能够选择满足非可行权条件但在等待期内未满足的，企业应当将其作为授予权益工具的取消处理。

六、企业自行建造或通过分包商建造房地产，应当遵循哪项会计准则确认与房地产建造协议相关的收入？

答：企业自行建造或通过分包商建造房地产，应当根据房地产建造协议条款和实际情况，判断确认收入应适用的会计准则。

房地产购买方在建造工程开始前能够规定房地产设计的主要结构要素，或者能够在建造过程中决定主要结构变动的，房地产建造协议符合建造合同定义，企业应当遵循《企业会计准则第15号——建造合同》确认收入。

房地产购买方影响房地产设计的能力有限（如仅能对基本设计方案做微小变动）的，企业应当遵循《企业会计准则第14号——收入》中有关商品销售收入的原则确认收入。

七、利润表应当作哪些调整？

答：（一）企业应当在利润表"每股收益"项下增列"其他综合收益"项目和"综合收益总额"项目。"其他综合收益"项目，反映企业根据企业会计准则规定未在损益中确认的各项利得和损失扣除所得税影响后的净额。"综合收益总额"项目，反映企业净利润与其他综合收益的合计金额。"其他综合收益"和"综合收益总额"项目的序号在原有基础上顺延。

（二）企业应当在附注中详细披露其他综合收益各项目及其所得税影响，以及原计入其他综合收益、当期转入损益的金额等信息。

（三）企业合并利润表也应按照上述规定进行调整。在"综合收益总额"项目下单独列示"归属于母公司所有者的综合收益总额"项目和"归属于少数股东的综合收益总额"项目。

（四）企业提供前期比较信息时，比较利润表应当按照《企业会计准则第30号——财务报表列报》第八条的规定处理。

八、企业应当如何改进报告分部信息？

答：企业应当以内部组织结构、管理要求、内部报告制度为依据确定经营分部，以经营分部为基础确定报告分部，并按下列规定披露分部信息。原有关确定地区分部和业务分部以及按照主要报告形式、次要报告形式披露分部信息的规定不再执行。

（一）经营分部，是指企业内同时满足下列条件的组成部分：

1. 该组成部分能够在日常活动中产生收入、发生费用；

2. 企业管理层能够定期评价该组成部分的经营成果，以决定向其配置资源、评价其业绩；

3. 企业能够取得该组成部分的财务状况、经营成果和现金流量等有关会计信息。

企业存在相似经济特征的两个或多个经营分部，同时满足《企业会计准则第35号——分部报告》第五条相关规定的，可以合并为一个经营分部。

（二）企业以经营分部为基础确定报告分部时，应当满足《企业会计准则第35号——分部报告》第八条规定的三个条件之一。未满足规定条件，但企业认为披露该经营分部信息对财务报告使用者有用的，也可将其确定为报告分部。

报告分部的数量通常不应超过10个。报告分部的数量超过10个需要合并的，应当以经营分部的合并条件为基础，对相关的报告分部予以合并。

（三）企业报告分部确定后，应当披露下列信息：

1. 确定报告分部考虑的因素、报告分部的产品和劳务的类型；

2. 每一报告分部的利润（亏损）总额相关信息，包括利润（亏损）总额组成项目及计量的相关会计政策信息；

3. 每一报告分部的资产总额、负债总额相关信息，包括资产总额组成项目的信息，以及有关资产、负债计量的相关会计政策。

（四）除上述已经作为报告分部信息组成部分披露的外，企业还应当披露下列信息：

1. 每一产品和劳务或每一类似产品和劳务组合的对外交易收入；

2. 企业取得的来自于本国的对外交易收入总额以及位于本国的非流动资产（不包括金融资产、独立账户资产、递延所得税资产，下同）总额，企业从其他国家取得的对外交易收入总额以及位于其他国家的非流动资产总额；

3. 企业对主要客户的依赖程度。

财政部　证监会　审计署　银监会　保监会关于印发企业内部控制配套指引的通知

2010 年 4 月 15 日　财会［2010］11 号

中直管理局，铁道部、国管局，总后勤部、武警总部，各省、自治区、直辖市、计划单列市财政厅（局）、审计厅（局），新疆生产建设兵团财务局、审计局，中国证监会各省、自治区、直辖市、计划单列市监管局，中国证监会上海、深圳专员办，各保监局、保险公司，各银监局、政策性银行、国有商业银行、股份制商业银行、邮政储蓄银行、资产管理公司，各省级农村信用联社，银监会直接管理的信托公司、财务公司、租赁公司，有关中央管理企业：

为了促进企业建立、实施和评价内部控制，规范会计师事务所内部控制审计行为，根据国家有关法律法规和《企业内部控制基本规范》（财会［2008］7 号），财政部会同证监会、审计署、银监会、保监会制定了《企业内部控制应用指引第 1 号——组织架构》等 18 项应用指引、《企业内部控制评价指引》和《企业内部控制审计指引》（以下简称企业内部控制配套指引），现予印发，自 2011 年 1 月 1 日起在境内外同时上市的公司施行，自 2012 年 1 月 1 日起在上海证券交易所、深圳证券交易所主板上市公司施行；在此基础上，择机在中小板和创业板上市公司施行。鼓励非上市大中型企业提前执行。请各上市公司及相关非上市大中型企业切实做好执行前的各项准备工作。

执行《企业内部控制基本规范》及企业内部控制配套指引的上市公司和非上市大中型企业，应当对内部控制的有效性进行自我评价，披露年度自我评价报告，同时应当聘请会计师事务所对财务报告内部控制的有效性进行审计并出具审计报告。上市公司聘请的会计师事务所应当具有证券、期货业务资格；非上市大中型企业聘请的会计师事务所也可以是不具有证券、期货业务资格的大中型会计师事务所。

执行中有何问题，请及时反馈我们。

附件一：企业内部控制应用指引（略）

附件二：企业内部控制评价指引（略）

附件三：企业内部控制审计指引（略）

财政部关于印发《企业会计准则解释第4号》的通知

2010年7月14日　财会［2010］15号

国务院有关部委、有关直属机构，各省、自治区、直辖市、计划单列市财政厅（局），新疆生产建设兵团财务局，有关中央管理企业：

为了深入贯彻实施企业会计准则，解决执行中出现的问题，同时，实现会计准则持续趋同和等效，我部制定了《企业会计准则解释第4号》，现予印发，请遵照执行。

附件：企业会计准则解释第4号

附件：

企业会计准则解释第4号

一、同一控制下的企业合并中，合并方发生的审计、法律服务、评估咨询等中介费用以及其他相关管理费用，应当于发生时计入当期损益。非同一控制下的企业合并中，购买方发生的上述费用，应当如何进行会计处理？

答：非同一控制下的企业合并中，购买方为企业合并发生的审计、法律服务、评估咨询等中介费用以及其他相关管理费用，应当于发生时计入当期损益；购买方作为合并对价发行的权益性证券或债务性证券的交易费用，应当计入权益性证券或债务性证券的初始确认金额。

二、非同一控制下的企业合并中，购买方在购买日取得被购买方可辨认资产和负债，应当如何进行分类或指定？

答：非同一控制下的企业合并中，购买方在购买日取得被购买方可辨认资产和负债，应当根据企业会计准则的规定，结合购买日存在的合同条款、经营政策、并购政策等相关因素进行分类或指定，主要包括被购买方的金融资产和金融负债的分类、套期关系的指定、嵌入衍生工具的分拆等。但是，合并中如涉及租赁合同和保险合同且在购买日对合同条款作出修订的，购买方应当根据企业会计准则的规定，结合修订的条款和其他因素对合同进行分类。

三、企业通过多次交易分步实现非同一控制下企业合并的，对于购买日之前持有的被购买方的股权，应当如何进行会计处理？

答：企业通过多次交易分步实现非同一控制下企业合并的，应当区分个别财务报表和合并财务报表进行相关会计处理：

（一）在个别财务报表中，应当以购买日之前所持被购买方的股权投资的账面价值与购买日新增投资成本之和，作为该项投资的初始投资成本；购买日之前持有的被购买方的股权涉及其他综合收益的，应当在处置该项投资时将与其相关的其他综合收益（例如，可供出售金融资产公允价值变动计入资本公积的部分，下同）转入当期投资收益。

（二）在合并财务报表中，对于购买日之前持有的被购买方的股权，应当按照该股权在购买日的公允价值进行重新计量，公允价值与其账面价值的差额计入当期投资收益；购买日之前持有的被购买方的股权涉及其他综合收益的，与其相关的其他综合收益应当转为购买日所属当期投资收益。购买方应当在附注中披露其在购买日之前持有的被购买方的股权在购买日的公允价值、按照公允价值重新计量产生的相关利得或损失的金额。

四、企业因处置部分股权投资或其他原因丧失了对原有子公司控制权的，对于处置后的剩余股权应当如何进行会计处理？

答：企业因处置部分股权投资或其他原因丧失了对原有子公司控制权的，应当区分个别财务报表和合并财务报表进行相关会计处理：

（一）在个别财务报表中，对于处置的股权，应当按照《企业会计准则第 2 号——长期股权投资》的规定进行会计处理；同时，对于剩余股权，应当按其账面价值确认为长期股权投资或其他相关金融资产。处置后的剩余股权能够对原有子公司实施共同控制或重大影响的，按有关成本法转为权益法的相关规定进行会计处理。

（二）在合并财务报表中，对于剩余股权，应当按照其在丧失控制权日的公允价值进行重新计量。处置股权取得的对价与剩余股权公允价值之和，减去按原持股比例计算应享有原有子公司自购买日开始持续计算的净资产的份额之间的差额，计入丧失控制权当期的投资收益。与原有子公司股权投资相关的其他综合收益，应当在丧失控制权时转为当期投资收益。企业应当在附注中披露处置后的剩余股权在丧失控制权日的公允价值、按照公允价值重新计量产生的相关利得或损失的金额。

五、在企业合并中，购买方对于因企业合并而产生的递延所得税资产，应当如何进行会计处理？

答：在企业合并中，购买方取得被购买方的可抵扣暂时性差异，在购买日不符合递延所得税资产确认条件的，不应予以确认。购买日后 12 个月内，如取得新的或进一步的信息表明购买日的相关情况已经存在，预期被购买方在购买日可抵扣暂时性差异带来的经济利益能够实现的，应当确认相关的递延所得税资产，同时减少商誉，商誉不足冲减的，差额部分确认为当期损益；除上述情况以外，确认与企业合并相关的递延所得税资产，应当计入当期损益。

本解释发布前递延所得税资产未按照上述规定处理的，应当进行追溯调整，追溯调整不切实可行的除外。

六、在合并财务报表中，子公司少数股东分担的当期亏损超过了少数股东在该子公司期初所有者权益中所享有的份额的，其余额应当如何进行会计处理？

答：在合并财务报表中，子公司少数股东分担的当期亏损超过了少数股东在该子公司期初所有者权益中所享有的份额的，其余额仍应当冲减少数股东权益。

本解释发布前子公司少数股东权益未按照上述规定处理的，应当进行追溯调整，追溯调整不切实可行的除外。

七、企业集团内涉及不同企业的股份支付交易应当如何进行会计处理？

答：企业集团（由母公司和其全部子公司构成）内发生的股份支付交易，应当按照以下规定进行会计处理：

（一）结算企业以其本身权益工具结算的，应当将该股份支付交易作为权益结算的股份支付处理；除此之外，应当作为现金结算的股份支付处理。

结算企业是接受服务企业的投资者的，应当按照授予日权益工具的公允价值或应承担负债的公允价值确认为对接受服务企业的长期股权投资，同时确认资本公积（其他资本公积）或负债。

（二）接受服务企业没有结算义务或授予本企业职工的是其本身权益工具的，应当将该股份支付交易作为权益结算的股份支付处理；接受服务企业具有结算义务且授予本企业职工的是企业集团内其他企业权益工具的，应当将该股份支付交易作为现金结算的股份支付处理。

本解释发布前股份支付交易未按上述规定处理的，应当进行追溯调整，追溯调整不切实可行的除外。

八、融资性担保公司应当执行何种会计标准？

答：融资性担保公司应当执行企业会计准则，并按照《企业会计准则——应用指南》有关保险公司财务报表格式规定，结合公司实际情况，编制财务报表并对外披露相关信息，不再执行《担保企业会计核算办法》（财会［2005］17 号）。

融资性担保公司发生的担保业务，应当按照《企业会计准则第 25 号——原保险合同》、《企业会计准则第 26 号——再保险合同》、《保险合同相关会计处理规定》（财会［2009］15 号）等有关保险合同的相关规定进行会计处理。

本解释发布前融资性担保公司发生的担保业务未按照上述规定处理的，应当进行追溯调整，追溯调整不切实可行的除外。

九、企业发生的融资融券业务，应当执行何种会计标准？

答：融资融券业务，是指证券公司向客户出借资金供其买入证券或者出借证券供其卖出，并由客户交存相应担保物的经营活动。企业发生的融资融券业务，分为融资业务和融券业务两类。

关于融资业务，证券公司及其客户均应当按照《企业会计准则第 22 号——金融工具确认和计量》有关规定进行会计处理。证券公司融出的资金，应当确认应收债权，并确认相应利息收入；客户融入的资金，应当确认应付债务，并确认相应利息费用。

关于融券业务，证券公司融出的证券，按照《企业会计准则第 23 号——金融资产转移》有关规定，不应终止确认该证券，但应确认相应利息收入；客户融入的证券，应当按照《企业会计准则第 22 号——金融工具确认和计量》有关规定进行会计处理，并确认相应利息费用。

证券公司对客户融资融券并代客户买卖证券时，应当作为证券经纪业务进行会计处理。

证券公司及其客户发生的融资融券业务，应当按照《企业会计准则第 37 号——金融工具列报》有关规定披露相关会计信息。

本解释发布前融资融券业务未按照上述规定进行处理的，应当进行追溯调整，追溯调整不切实可行的除外。

十、企业根据《企业会计准则解释第 2 号》（财会［2008］11 号）的规定，对认股权和债券分离交易的可转换公司债券中的认股权，单独确认了一项权益工具（资本公积——其他资本公积）。认股权持有人没有行权的，原计入资本公积（其他资本公积）的部分，应当如何进行会计处理？

答：企业发行的认股权和债券分离交易的可转换公司债券，认股权持有人到期没有行权的，应当在到期时将原计入资本公积（其他资本公积）的部分转入资本公积（股本溢价）。

本解释发布前认股权和债券分离交易的可转换公司债券未按照上述规定进行处理的，应当进行追溯调整，追溯调整不切实可行的除外。

十一、本解释中除特别注明应予追溯调整的以外，其他问题自 2010 年 1 月 1 日起施行。

财政部关于印发《营业税改征增值税试点有关企业会计处理规定》的通知

2012 年 7 月 5 日　财会［2012］13 号

财政部国务院有关部委、有关直属机构，各省、自治区、直辖市、计划单列市财政厅（局），新疆生产建设兵团财务局，财政部驻各省、自治区、直辖市、计划单列市财政监察专员办事处：

为配合营业税改征增值税试点工作，根据《财政部　国家税务总局关于印发〈营业税改征增值税试点方案〉的通知》（财税［2011］110 号）等相关规定，我们制定了《营业税改征增值税试点有关企业会计处理规定》，请布置本地区相关企业执行。执行中有何问题，请及时反馈我部。

附件：营业税改征增值税试点有关企业会计处理规定

附件：

营业税改征增值税试点有关企业会计处理规定

根据“财政部、国家税务总局关于印发《营业税改征增值税试点方案》的通知”（财税［2011］110 号）等相关规定，现就营业税改征增值税试点有关企业会计处理规定如下：

一、试点纳税人差额征税的会计处理

（一）一般纳税人的会计处理

一般纳税人提供应税服务，试点期间按照营业税改征增值税有关规定允许从销售额中扣除其支付给非试点纳税人价款的，应在“应交税费——应交增值税”科目下增设“营改增抵减的销项税额”专栏，用于记录该企业因按规定扣减销售额而减少的销项税额；同时，“主营业务收入”、“主营业务成本”等相关科目应按经营业务的种类进行明细核算。

企业接受应税服务时，按规定允许扣减销售额而减少的销项税额，借记“应交税费——应交增值税（营改增抵减的销项税额）”科目，按实际支付或应付的金额与上述增值税额的差额，借记“主营业务成本”等科目，按实际支付或应付的金额，贷记“银行存款”、“应付账款”等科目。

对于期末一次性进行账务处理的企业，期末，按规定当期允许扣减销售额而减少的销项税额，借记“应交税费——应交增值税（营改增抵减的销项税额）”科目，贷记“主营业务成本”等科目。

（二）小规模纳税人的会计处理

小规模纳税人提供应税服务，试点期间按照营业税改征增值税有关规定允许从销售额中扣除其支付给非试点纳税人价款的，按规定扣减销售额而减少的应交增值税应直接冲减“应交税费——应交增值税”科目。

企业接受应税服务时，按规定允许扣减销售额而减少的应交增值税，借记“应交税费——应交增值税”科目，按实际支付或应付的金额与上述增值税额的差额，借记“主营业务成本”等科目，按实际支付或应付的金额，贷记“银行存款”、“应付账款”等科目。

对于期末一次性进行账务处理的企业，期末，按规定当期允许扣减销售额而减少的应交增值税，借记“应交税费——应交增值税”科目，贷记“主营业务成本”等科目。

二、增值税期末留抵税额的会计处理

试点地区兼有应税服务的原增值税一般纳税人，截止到开始试点当月月初的增值税留抵税额按照营业税改征增值税有关规定不得从应税服务的销项税额中抵扣的，应在“应交税费”科目下增设“增值税留抵税额”明细科目。

开始试点当月月初，企业应按不得从应税服务的销项税额中抵扣的增值税留抵税额，借记“应交税费——增值税留抵税额”科目，贷记“应交税费——应交增值税（进项税额转出）”科目。待以后期间允许抵扣时，按允许抵扣的金额，借记“应交税费——应交增值税（进项税额）”科目，贷记“应交税费——增值税留抵税额”科目。

“应交税费——增值税留抵税额”科目期末余额应根据其流动性在资产负债表中的“其他流动资产”项目或“其他非流动资产”项目列示。

三、取得过渡性财政扶持资金的会计处理

试点纳税人在新老税制转换期间因实际税负增加而向财税部门申请取得财政扶持资金的，期末有确凿证据表明企业能够符合财政扶持政策规定的相关条件且预计能够收到财政扶持资金时，按应收的金额，借记“其他应收款”等科目，贷记“营业外收入”科目。待实际收到财政扶持资金时，按实际收到的金额，借记“银行存款”等科目，贷记“其他应收款”等科目。

四、增值税税控系统专用设备和技术维护费用抵减增值税额的会计处理

（一）增值税一般纳税人的会计处理

按税法有关规定，增值税一般纳税人初次购买增值税税控系统专用设备支付的费用以及缴纳的技术维护费允许在增值税应纳税额中全额抵减的，应在“应交税费——应交增值税”科目下增设“减免税款”专栏，用于记录该企业按规定抵减的增值税应纳税额。

企业购入增值税税控系统专用设备，按实际支付或应付的金额，借记“固定资产”科目，贷记“银行存款”、“应付账款”等科目。按规定抵减的增值税应纳税额，借记“应交税费——应交增值税（减免税款）”科目，贷记“递延收益”科目。按期计提折旧，借记“管理费用”等科目，贷记“累计折旧”科目；同时，借记“递延收益”科目，贷记“管理费用”等科目。

企业发生技术维护费，按实际支付或应付的金额，借记“管理费用”等科目，贷记“银行存款”等科目。按规定抵减的增值税应纳税额，借记“应交税费——应交增值税（减免税款）”科目，贷记“管理费用”等科目。

（二）小规模纳税人的会计处理

按税法有关规定，小规模纳税人初次购买增值税税控系统专用设备支付的费用以及缴纳的技术维护费允许在增值税应纳税额中全额抵减的，按规定抵减的增值税应纳税额应直接冲减“应交税费——应交增值税”科目。

企业购入增值税税控系统专用设备，按实际支付或应付的金额，借记“固定资产”科目，贷记“银行存款”、“应付账款”等科目。按规定抵减的增值税应纳税额，借记“应交税费——应交增值税”科目，贷

记“递延收益”科目。按期计提折旧，借记“管理费用”等科目，贷记“累计折旧”科目；同时，借记“递延收益”科目，贷记“管理费用”等科目。

企业发生技术维护费，按实际支付或应付的金额，借记“管理费用”等科目，贷记“银行存款”等科目。按规定抵减的增值税应纳税额，借记“应交税费——应交增值税”科目，贷记“管理费用”等科目。

“应交税费——应交增值税”科目期末如为借方余额，应根据其流动性在资产负债表中的“其他流动资产”项目或“其他非流动资产”项目列示；如为贷方余额，应在资产负债表中的“应交税费”项目列示。

财政部关于印发《企业会计准则解释第5号》的通知

2012年11月5日　财会［2012］19号

国务院有关部委、有关直属机构，各省、自治区、直辖市、计划单列市财政厅（局），新疆生产建设兵团财务局，有关中央管理企业：

为了深入贯彻实施企业会计准则，解决执行中出现的问题，同时，实现会计准则持续趋同和等效，我部制定了《企业会计准则解释第5号》，现予印发，请遵照执行。

附件：企业会计准则解释第5号

附件：

企业会计准则解释第5号

一、非同一控制下的企业合并中，购买方应如何确认取得的被购买方拥有的但在其财务报表中未确认的无形资产？

答：非同一控制下的企业合并中，购买方在对企业合并中取得的被购买方资产进行初始确认时，应当对被购买方拥有的但在其财务报表中未确认的无形资产进行充分辨认和合理判断，满足以下条件之一的，应确认为无形资产：

（一）源于合同性权利或其他法定权利；

（二）能够从被购买方中分离或者划分出来，并能单独或与相关合同、资产和负债一起，用于出售、转移、授予许可、租赁或交换。

企业应当在附注中披露在非同一控制下的企业合并中取得的被购买方无形资产的公允价值及其公允价值的确定方法。

二、企业开展信用风险缓释工具相关业务，应当如何进行会计处理？

答：信用风险缓释工具，是指信用风险缓释合约、信用风险缓释凭证及其他用于管理信用风险的信用衍生产品。信用风险缓释合约，是指交易双方达成的、约定在未来一定期限内，信用保护买方按照约定的标准和方式向信用保护卖方支付信用保护费用，由信用保护卖方就约定的标的债务向信用保护买方提供信用风险保护的金融合约。信用风险缓释凭证，是指由标的实体以外的机构创设，为凭证持有人就标的债务提供信用风险保护的、可交易流通的有价凭证。

信用保护买方和卖方应当根据信用风险缓释工具的合同条款，按照实质重于形式的原则，判断信用风险缓释工具是否属于财务担保合同，并分别下列情况进行处理：

（一）属于财务担保合同的信用风险缓释工具，除融资性担保公司根据《企业会计准则解释第 4 号》第八条的规定处理外，信用保护买方和卖方应当按照《企业会计准则第 22 号——金融工具确认和计量》中有关财务担保合同的规定进行会计处理。其中，信用保护买方支付的信用保护费用和信用保护卖方取得的信用保护收入，应当在财务担保合同期间内按照合理的基础进行摊销，计入各期损益。

（二）不属于财务担保合同的其他信用风险缓释工具，信用保护买方和卖方应当按照《企业会计准则第 22 号——金融工具确认和计量》的规定，将其归类为衍生工具进行会计处理。

财务担保合同，是指当特定债务人到期不能按照最初或修改后的债务工具条款偿付时，要求签发人向蒙受损失的合同持有人赔付特定金额的合同。

开展信用风险缓释工具相关业务的信用保护买方和卖方，应当根据信用风险缓释工具的分类，分别按照《企业会计准则第 37 号——金融工具列报》、《企业会计准则第 25 号——原保险合同》或《企业会计准则第 26 号——再保险合同》以及《企业会计准则第 30 号——财务报表列报》进行列报。

三、企业采用附追索权方式出售金融资产，或将持有的金融资产背书转让，是否应当终止确认该金融资产？

答：企业对采用附追索权方式出售的金融资产，或将持有的金融资产背书转让，应当根据《企业会计准则第 23 号——金融资产转移》的规定，确定该金融资产所有权上几乎所有的风险和报酬是否已经转移。企业已将该金融资产所有权上几乎所有的风险和报酬转移给转入方的，应当终止确认该金融资产；保留了金融资产所有权上几乎所有的风险和报酬的，不应当终止确认该金融资产；既没有转移也没有保留金融资产所有权上几乎所有的风险和报酬的，应当继续判断企业是否对该资产保留了控制，并根据《企业会计准则第 23 号——金融资产转移》的规定进行会计处理。

四、银行业金融机构开展同业代付业务，应当如何进行会计处理？

答：银行业金融机构应当根据委托行（发起行、开证行）与受托行（代付行）签订的代付业务协议条款判断同业代付交易的实质，按照融资资金的提供方不同以及代付本金和利息的偿还责任不同，分别下列情况进行处理：

（一）如果委托行承担合同义务在约定还款日无条件向受托行偿还代付本金和利息，委托行应当按照《企业会计准则第 22 号——金融工具确认和计量》，将相关交易作为对申请人发放贷款处理，受托行应当将相关交易作为向委托行拆出资金处理。

（二）如果申请人承担合同义务向受托行在约定还款日偿还代付本金和利息（无论还款是否通过委托行），委托行仅在申请人到期未能偿还代付本金和利息的情况下，才向受托行无条件偿还代付本金和利息的，对于相关交易中的担保部分，委托行应当按照《企业会计准则第 22 号——金融工具确认和计量》对财务担保合同的规定处理；对于相关交易中的代理责任部分，委托行应当按照《企业会计准则第 14 号——收入》处理。受托行应当按照《企业会计准则第 22 号——金融工具确认和计量》，将相关交易作为对申请人发放贷款处理。

银行业金融机构应当严格遵循《企业会计准则第37号——金融工具列报》和其他相关准则的规定，对同业代付业务涉及的金融资产、金融负债、贷款承诺、担保、代理责任等相关信息进行列报。同业代付业务产生的金融资产和金融负债不得随意抵销。

本条解释既适用于信用证项下的同业代付业务，也适用于保理项下的同业代付业务。

五、企业通过多次交易分步处置对子公司股权投资直至丧失控制权，应当如何进行会计处理？

答：企业通过多次交易分步处置对子公司股权投资直至丧失控制权的，应当按照《关于执行会计准则的上市公司和非上市企业做好2009年年报工作的通知》（财会［2009］16号）和《企业会计准则解释第4号》（财会［2010］15号）的规定对每一项交易进行会计处理。处置对子公司股权投资直至丧失控制权的各项交易属于一揽子交易的，应当将各项交易作为一项处置子公司并丧失控制权的交易进行会计处理；但是，在丧失控制权之前每一次处置价款与处置投资对应的享有该子公司净资产份额的差额，在合并财务报表中应当确认为其他综合收益，在丧失控制权时一并转入丧失控制权当期的损益。

处置对子公司股权投资的各项交易的条款、条件以及经济影响符合以下一种或多种情况，通常表明应将多次交易事项作为一揽子交易进行会计处理：

（1）这些交易是同时或者在考虑了彼此影响的情况下订立的；

（2）这些交易整体才能达成一项完整的商业结果；

（3）一项交易的发生取决于其他至少一项交易的发生；

（4）一项交易单独看是不经济的，但是和其他交易一并考虑时是经济的。

六、企业接受非控股股东（或非控股股东的子公司）直接或间接代为偿债、债务豁免或捐赠的，应如何进行会计处理？

答：企业接受代为偿债、债务豁免或捐赠，按照企业会计准则规定符合确认条件的，通常应当确认为当期收益；但是，企业接受非控股股东（或非控股股东的子公司）直接或间接代为偿债、债务豁免或捐赠，经济实质表明属于非控股股东对企业的资本性投入，应当将相关利得计入所有者权益（资本公积）。

企业发生破产重整，其非控股股东因执行人民法院批准的破产重整计划，通过让渡所持有的该企业部分股份向企业债权人偿债的，企业应将非控股股东所让渡股份按照其在让渡之日的公允价值计入所有者权益（资本公积），减少所豁免债务的账面价值，并将让渡股份公允价值与被豁免的债务账面价值之间的差额计入当期损益。控股股东按照破产重整计划让渡了所持有的部分该企业股权向企业债权人偿债的，该企业也按此原则处理。

七、本解释自2013年1月1日施行，不要求追溯调整。

三、相关税收政策文件

财政部　国家税务总局关于补充养老保险费补充医疗保险费有关企业所得税政策问题的通知

2009年6月2日　财税［2009］27号

各省、自治区、直辖市、计划单列市财政厅（局）、国家税务局、地方税务局，新疆生产建设兵团财务局：

根据《中华人民共和国企业所得税法》及其实施条例的有关规定，现就补充养老保险费、补充医疗保险费有关企业所得税政策问题通知如下：

自2008年1月1日起，企业根据国家有关政策规定，为在本企业任职或者受雇的全体员工支付的补充养老保险费、补充医疗保险费，分别在不超过职工工资总额5%标准内的部分，在计算应纳税所得额时准予扣除；超过的部分，不予扣除。

财政部　国家税务总局关于专项用途财政性资金有关企业所得税处理问题的通知

2009年6月16日　财税［2009］87号

各省、自治区、直辖市、计划单列市财政厅（局）、国家税务局、地方税务局，新疆生产建设兵团财务局：

根据《中华人民共和国企业所得税法》及《中华人民共和国企业所得税法实施条例》（国务院令第512号，以下简称实施条例）的有关规定，经国务院批准，现就企业取得的专项用途财政性资金有关企业所得税处理问题通知如下：

一、对企业在2008年1月1日至2010年12月31日期间从县级以上各级人民政府财政部门及其他部门取得的应计入收入总额的财政性资金，凡同时符合以下条件的，可以作为不征税收入，在计算应纳税所得额时从收入总额中减除：

（一）企业能够提供资金拨付文件，且文件中规定该资金的专项用途；

（二）财政部门或其他拨付资金的政府部门对该资金有专门的资金管理办法或具体管理要求；

（三）企业对该资金以及以该资金发生的支出单独进行核算。

二、根据实施条例第二十八条的规定，上述不征税收入用于支出所形成的费用，不得在计算应纳税所得额时扣除；用于支出所形成的资产，其计算的折旧、摊销不得在计算应纳税所得额时扣除。

三、企业将符合本通知第一条规定条件的财政性资金作不征税收入处理后，在5年（60个月）内未发生支出且未缴回财政或其他拨付资金的政府部门的部分，应重新计入取得该资金第六年的收入总额；重新计入收入总额的财政性资金发生的支出，允许在计算应纳税所得额时扣除。

请遵照执行。

财政部　国家税务总局关于对跨年度老合同实行营业税过渡政策的通知

2009年8月25日　财税［2009］112号

各省、自治区、直辖市、计划单列市财政厅（局）、地方税务局，北京、西藏、宁夏、青海省（自治区、直辖市）国家税务局，新疆生产建设兵团财务局：

为保证《中华人民共和国营业税暂行条例》（国务院令第540号，以下简称新条例）和《中华人民共和国营业税暂行条例实施细则》（财政部、税务总局令第52号，以下简称新细则）的顺利实施，经国务院批准，现对2008年12月31日（含12月31日）之前签订的在上述日期前尚未执行完毕的劳务合同、销售不动产合同、转让无形资产合同（以下简称跨年度老合同）的有关营业税政策问题明确如下：

跨年度老合同涉及的境内应税行为的确定和跨年度老合同涉及的建筑、旅游、外汇转贷及其他营业税应税行为营业额的确定，按照合同到期日和2009年12月31日（含12月31日）孰先的原则，实行按照《中华人民共和国营业税暂行条例》（国务院令第136号）、《中华人民共和国营业税暂行条例实施细则》［（93）财法字第40号］及相关规定执行的过渡政策。上述跨年度老合同涉及的税率、纳税义务发生时间、纳税地点、扣缴义务人、人民币折合率、减免税优惠政策等其他涉税问题，自2009年1月1日起，应按照新条例和新细则的规定执行。

文到之前纳税人已缴、多缴、已扣缴、多扣缴的营业税税款，允许从其以后的应纳税额中抵减或予以退税。

财政部 国家税务总局关于固定资产进项税额抵扣问题的通知

2009 年 9 月 9 日 财税［2009］113 号

各省、自治区、直辖市、计划单列市财政厅（局）、国家税务总局、地方税务局、新疆生产建设兵团财务局：

增值税转型改革实施后，一些地区反映固定资产增值税进项税额抵扣范围不够明确。为解决执行中存在的问题，经研究，现将有关问题通知如下：

《中华人民共和国增值税暂行条例实施细则》第二十三条第二款所称建筑物，是指供人们在其内生产、生活和从事其他活动的房屋或者场所，具体为《固定资产分类与代码》（GB/T 14885 - 1994）中代码前两位为“02”的房屋；所称构筑物，是指人们不在其内生产、生活的人工建造物，具体为《固定资产分类与代码》（GB/T 14885 - 1994）中代码前两位为“03”的构筑物；所称其他土地附着物，是指矿产资源及土地上生长的植物。

《固定资产分类与代码》（GB/T 14885 - 1994）电子版可在财政部或国家税务总局网站查询。

以建筑物或者构筑物为载体的附属设备和配套设施，无论在会计处理上是否单独记账与核算，均应作为建筑物或者构筑物的组成部分，其进项税额不得在销项税额中抵扣。附属设备和配套设施是指：给排水、采暖、卫生、通风、照明、通讯、煤气、消防、中央空调、电梯、电气、智能化楼宇设备和配套设施。

国务院关于统一内外资企业和个人城市维护建设税和教育费附加制度的通知

2010 年 10 月 18 日 国发［2010］35 号

各省、自治区、直辖市人民政府，国务院各部委、各直属机构：

为了进一步统一税制、公平税负，创造平等竞争的外部环境，根据第八届全国人民代表大会常务委员会第五次会议通过的《全国人民代表大会常务委员会关于外商投资企业和外国企业适用增值税、消费税、营业税等税收暂行条例的决定》，国务院决定统一内外资企业和个人城市维护建设税和教育费附加制度，现将有关问题通知如下：

自 2010 年 12 月 1 日起，外商投资企业、外国企业及外籍个人适用国务院 1985 年发布的《中华人民共和国城市维护建设税暂行条例》和1986年发布的《征收教育费附加的暂行规定》。1985年及1986年以来国务院及国务院财税主管部门发布的有关城市维护建设税和教育费附加的法规、规章、政策同时适用于外商投资企业、外国企业及外籍个人。

凡与本通知相抵触的各项规定同时废止。

财政部　国家税务总局关于促进节能服务产业发展增值税、营业税和企业所得税政策问题的通知

2010年12月30日　财税［2010］110号

各省、自治区、直辖市、计划单列市财政厅（局）、国家税务局、地方税务局，新疆生产建设兵团财务局：

为鼓励企业运用合同能源管理机制，加大节能减排技术改造工作力度，根据税收法律法规有关规定和《国务院办公厅转发发展改革委等部门关于加快推进合同能源管理促进节能服务产业发展意见的通知》（国办发［2010］25号）精神，现将节能服务公司实施合同能源管理项目涉及的增值税、营业税和企业所得税政策问题通知如下：

一、关于增值税、营业税政策问题

（一）对符合条件的节能服务公司实施合同能源管理项目，取得的营业税应税收入，暂免征收营业税。

（二）节能服务公司实施符合条件的合同能源管理项目，将项目中的增值税应税货物转让给用能企业，暂免征收增值税。

（三）本条所称“符合条件”是指同时满足以下条件：

1. 节能服务公司实施合同能源管理项目相关技术应符合国家质量监督检验检疫总局和国家标准化管理委员会发布的《合同能源管理技术通则》（GB/T 24915－2010）规定的技术要求；

2. 节能服务公司与用能企业签订《节能效益分享型》合同，其合同格式和内容，符合《合同法》和国家质量监督检验检疫总局和国家标准化管理委员会发布的《合同能源管理技术通则》（GB/T 24915－2010）等规定。

二、关于企业所得税政策问题

（一）对符合条件的节能服务公司实施合同能源管理项目，符合企业所得税税法有关规定的，自项目取得第一笔生产经营收入所属纳税年度起，第一年至第三年免征企业所得税，第四年至第六年按照25%的法定税率减半征收企业所得税。

（二）对符合条件的节能服务公司，以及与其签订节能效益分享型合同的用能企业，实施合同能源管理项目有关资产的企业所得税税务处理按以下规定执行：

1. 用能企业按照能源管理合同实际支付给节能服务公司的合理支出，均可以在计算当期应纳税所得额时扣除，不再区分服务费用和资产价款进行税务处理；

2. 能源管理合同期满后，节能服务公司转让给用能企业的因实施合同能源管理项目形成的资产，按折旧或摊销期满的资产进行税务处理，用能企业从节能服务公司接受有关资产的计税基础也应按折旧或摊销期满的资产进行税务处理；

3. 能源管理合同期满后，节能服务公司与用能企业办理有关资产的权属转移时，用能企业已支付的资产价款，不再另行计入节能服务公司的收入。

（三）本条所称“符合条件”是指同时满足以下条件：

1. 具有独立法人资格，注册资金不低于100万元，且能够单独提供用能状况诊断、节能项目设计、融资、改造（包括施工、设备安装、调试、验收等）、运行管理、人员培训等服务的专业化节能服务公司；

2. 节能服务公司实施合同能源管理项目相关技术应符合国家质量监督检验检疫总局和国家标准化管理委员会发布的《合同能源管理技术通则》（GB/T 24915－2010）规定的技术要求；

3. 节能服务公司与用能企业签订《节能效益分享型》合同，其合同格式和内容，符合《合同法》和国家质量监督检验检疫总局和国家标准化管理委员会发布的《合同能源管理技术通则》（GB/T 24915－2010）等规定；

4. 节能服务公司实施合同能源管理的项目符合《财政部　国家税务总局　国家发展改革委关于公布环境保护节能节水项目企业所得税优惠目录（试行）的通知》（财税［2009］166号）“4. 节能减排技术改造”类中第一项至第八项规定的项目和条件；

5. 节能服务公司投资额不低于实施合同能源管理项目投资总额的70%；

6. 节能服务公司拥有匹配的专职技术人员和合同能源管理人才，具有保障项目顺利实施和稳定运行的能力。

（四）节能服务公司与用能企业之间的业务往来，应当按照独立企业之间的业务往来收取或者支付价款、费用。不按照独立企业之间的业务往来收取或者支付价款、费用，而减少其应纳税所得额的，税务机关有权进行合理调整。

（五）用能企业对从节能服务公司取得的与实施合同能源管理项目有关的资产，应与企业其他资产分开核算，并建立辅助账或明细账。

（六）节能服务公司同时从事适用不同税收政策待遇项目的，其享受税收优惠项目应当单独计算收入、扣除，并合理分摊企业的期间费用；没有单独计算的，不得享受税收优惠政策。

三、本通知自2011年1月1日起执行。

财政部　国家税务总局关于继续执行宣传文化增值税和营业税优惠政策的通知

2011年12月7日　财税［2011］92号

各省、自治区、直辖市、计划单列市财政厅（局）、国家税务局、地方税务局，新疆生产建设兵团财务局，财政部驻各省、自治区、直辖市、计划单列市财政监察专员办事处：

为支持我国宣传文化事业的发展，经国务院批准，在2012年底以前，对宣传文化事业继续执行增值税和营业税税收优惠政策。现将有关事项通知如下：

一、自2011年1月1日起至2012年12月31日，执行下列增值税先征后退政策

（一）对下列出版物在出版环节执行增值税100%先征后退的政策：

1. 中国共产党和各民主党派的各级组织的机关报纸和机关期刊，各级人大、政协、政府、工会、共青

团、妇联、科协的机关报纸和机关期刊，新华社的机关报纸和机关期刊，军事部门的机关报纸和机关期刊。

上述各级组织的机关报纸和机关期刊，增值税先征后退范围掌握在一个单位一份报纸和一份期刊以内。

2. 专为少年儿童出版发行的报纸和期刊，中小学的学生课本。

3. 专为老年人出版发行的报纸和期刊。

4. 少数民族文字出版物。

5. 盲文图书和盲文期刊。

6. 经批准在内蒙古、广西、西藏、宁夏、新疆五个自治区内注册的出版单位出版的出版物。

7. 列入本通知附件 1 的图书、报纸和期刊。

（二）对下列出版物在出版环节执行增值税先征后退 50% 的政策：

1. 除本通知第一条第（一）项规定执行增值税 100% 先征后退的图书和期刊以外的其他图书和期刊、音像制品。

2. 列入本通知附件 2 的报纸。

（三）对下列印刷、制作业务执行增值税 100% 先征后退的政策：

1. 对少数民族文字出版物的印刷或制作业务。

2. 列入本通知附件 3 的新疆维吾尔自治区印刷企业的印刷业务。

二、自 2011 年 1 月 1 日起至 2012 年 12 月 31 日，对下列新华书店执行增值税免税或先征后退政策

（一）对全国县（含县级市、区、旗，下同）及县以下新华书店和农村供销社在本地销售的出版物免征增值税。对新华书店组建的发行集团或原新华书店改制而成的连锁经营企业，其县及县以下网点在本地销售的出版物，免征增值税。

县（含县级市、区、旗）及县以下新华书店包括地、县（含县级市、区、旗）两级合二为一的新华书店，不包括位于市（含直辖市、地级市）所辖的区中的新华书店。

（二）对新疆维吾尔自治区新华书店、乌鲁木齐市新华书店和克拉玛依市新华书店销售的出版物执行增值税 100% 先征后退的政策。

三、自 2011 年 1 月 1 日起至 2012 年 12 月 31 日，对科普单位的门票收入，以及县（含县级市、区、旗）及县以上党政部门和科协开展的科普活动的门票收入免征营业税。对境外单位向境内科普单位转让科普影视作品播映权取得的收入免征营业税。

四、自 2011 年 1 月 1 日起至 2012 年 12 月 31 日，对依本通知第一条规定退还的增值税税款应专项用于技术研发、设备更新、新兴媒体的建设和重点出版物的引进开发。对依本通知第二条规定免征或退还的增值税税款应专项用于发行网点建设和信息系统建设。

五、享受本通知第一条第（一）项、第（二）项规定的增值税先征后退政策的纳税人必须是具有国家新闻出版总署颁发的具有相关出版物的出版许可证的出版单位（含以“租型”方式取得专有出版权进行出版物的印刷发行的出版单位）。承担省级以上新闻出版行政部门指定出版、发行任务的单位，因进行重组改制等原因尚未办理出版、发行许可的出版单位，经省级财政监察专员办事处商同级新闻出版主管部门核准，可以享受相应的增值税先征后退政策。

纳税人应将享受上述税收优惠政策的出版物在财务上实行单独核算，不进行单独核算的不得享受本通知规定的优惠政策。违规出版物和多次出现违规的出版单位不得享受本通知规定的优惠政策，上述违规出版物和出版单位的具体名单由省级及以上新闻出版行政部门及时通知相应省级财政监察专员办事处。

六、本通知的有关定义

（一）本通知所述“科普单位”，是指科技馆，自然博物馆，对公众开放的天文馆（站、台）、气象台（站）、地震台（站），以及高等院校、科研机构对公众开放的科普基地。

（二）本通知所述“出版物”，是指根据国家新闻出版总署的有关规定出版的图书、报纸、期刊、音像制品和电子出版物。所述图书、报纸和期刊，包括随同图书、报纸、期刊销售并难以分离的光盘、软盘和磁带等信息载体。

（三）图书、报纸、期刊（即杂志）的范围，仍然按照《国家税务总局关于印发〈增值税部分货物征税

范围注释〉的通知》（国税发［1993］151号）的规定执行。

（四）本通知所述“专为少年儿童出版发行的报纸和期刊”，是指以初中及初中以下少年儿童为主要对象的报纸和期刊。

（五）本通知所述“中小学的学生课本”，是指普通中小学学生课本和中等职业教育课本。普通中小学学生课本是指根据教育部中、小学教学大纲的要求，由经国家新闻出版行政管理部门审定而具有“中小学教材”出版资质的出版单位出版发行的中、小学学生上课使用的正式课本，具体操作时按国家和省级教育行政部门每年春、秋两季下达的“中小学教学用书目录”中所列的“课本”的范围掌握；中等职业教育课本是指经国家和省级教育、人力资源社会保障行政部门审定，供中等专业学校、职业高中和成人专业学校学生使用的课本，具体操作时按国家和省级教育、人力资源社会保障行政部门每年下达的教学用书目录认定。中小学的学生课本不包括各种形式的教学参考书、图册、自读课本、课外读物、练习册以及其他各类辅助性教材和辅导读物。

（六）本通知所述“专为老年人出版发行的报纸和期刊”，是指以老年人为主要对象的报纸和期刊，具体范围详见附件4。

（七）本通知第一条第（一）项和第（二）项规定的图书包括租型出版的图书。

七、办理和认定

本通知规定的各项增值税先征后退政策由财政部驻各地财政监察专员办事处根据财政部、国家税务总局、中国人民银行《关于税制改革后对某些企业实行“先征后退”有关预算管理问题的暂行规定的通知》［（94）财预字第55号］的规定办理。各地财政监察专员办事处和负责增值税先征后退初审工作的财政机关要采取措施，按照本通知第四条规定的用途监督纳税人用好退税或免税资金。

八、本通知自2011年1月1日起执行。《财政部　国家税务总局关于继续实行宣传文化增值税和营业税优惠政策的通知》（财税［2009］147号）同时废止。

按照本通知第二条和第三条规定应予免征的增值税或营业税，凡在接到本通知以前已经征收入库的，可抵减纳税人以后月份应缴纳的增值税、营业税税款或者办理税款退库。纳税人如果已向购买方开具了增值税专用发票，应将专用发票追回后方可申请办理免税。凡专用发票无法追回的，一律照章征收增值税。

附件：1. 适用增值税100%先征后退政策的特定图书、报纸和期刊名单

2. 适用增值税50%先征后退政策的报纸名单

3. 适用增值税100%先征后退政策的新疆维吾尔自治区印刷企业名单

4. 专为老年人出版发行的报纸和期刊名单

附件1：

适用增值税100%先征后退政策的特定图书、报纸和期刊名单

1.《半月谈》（CN11－1271/D）和《半月谈内部版》（CN11－1599/D）

2. 新华通讯社的刊号为CN11－1363/D、CN11－4165/D、CN11－4166/D、CN11－4164/D、CN11－4139/D和CN11－4140/D的期刊

3.《法制日报》（CN11－0080）

4.《检察日报》（CN11－0187）

5.《人民法院报》（CN11－0194）

6.《中国日报》(CN11－0091)

7.《中国纪检监察报》(CN11－0176)

8.《光明日报》(CN11－0026)

9.《经济日报》(CN11－0014)

10.《农民日报》(CN11－0055)

11.《人民公安报》(CN11－0090)

12.《中国妇女》[CN11－1245/C (英文), CN11－1704/C]

13.《长安》(CN11－3295/D)

14.《中国火炬》(CN11－3316/C)

15.《中国监察》(CN11－2474/D)

16.《环球时报》[CN11－0215, CN11－0272 (英文版)]

17. 国务院侨办组织编写的背面印有“本书国务院侨办推展海外华文教育免费赠送”字样的华文教材(含多媒体教材)。

附件2:

适用增值税50%先征后退政策的报纸名单

类别	享受政策的报纸	代码
一、综合类报纸	1. 国际时政类报纸	133
	2. 外宣类报纸	134
	3. 其他类报纸	135
二、行业专业类报纸	1. 经济类报纸	201
	2. 工业产业类报纸	202
	3. 农业类报纸	203
	4. 文化艺术类报纸	206
	5. 法制公安类报纸	207
	6. 科技类报纸	208
	7. 教育类报纸	209
	8. 新闻出版类报纸	214
	9. 信息技术类报纸	215
	10. 综合信息类报纸	216

说明:

1. 根据《新闻出版署关于印发〈报纸期刊年度核验办法〉的通知》(新出报刊[2006]181号),报纸类别由各省新闻出版局根据报纸审批、变更时所认定的类别或根据报纸办报宗旨确定。具体类别或代码以新闻出版行政部门出具的《报纸出版许可证》中“类别”栏标明的内容为准。

2. 对2008年底以前颁发的《报纸出版许可证》,如果没有标明相应报纸类别或代码的,应在报经新闻出版总署确认并出具证明后,再根据相应类别确定是否适用退税政策。

附件 3：

适用增值税100%先征后退政策的新疆维吾尔自治区印刷企业名单

序号	企业名称	序号	企业名称
1	新疆新华印刷厂	21	阿克苏飞达印务有限责任公司
2	新疆新华印刷二厂	22	喀什日报社印刷厂
3	新疆八艺印刷厂	23	呼图壁县阳光彩印有限公司
4	新疆日报社印务中心	24	喀什维吾尔文出版社印刷厂
5	新疆生产建设兵团印刷厂	25	新疆晨新印务有限公司
6	新疆蓝天铁路印务有限公司	26	石河子报社印刷厂
7	新疆地矿彩印厂	27	博尔塔拉报社印刷厂
8	乌鲁木齐隆益达印务有限公司	28	阿勒泰报社印刷厂
9	乌鲁木齐新金盾彩印厂	29	吐鲁番报社印刷中心
10	乌鲁木齐市海洋彩印有限公司	30	新疆阿克苏新华印务有限责任公司
11	乌鲁木齐市大陆桥教育印刷厂	31	柯孜勒苏报社印刷厂
12	乌鲁木齐八家户彩印有限公司	32	和田日报社印刷厂
13	乌鲁木齐晚报社印务中心	33	塔城地区印刷厂
14	新疆金版印务有限公司	34	新疆漠尔通印刷有限责任公司
15	哈密日报社印务中心（有限公司）	35	新疆新华华龙印务有限责任公司
16	伊犁日报社印刷厂	36	新疆一龙印刷有限公司
17	新疆石油报社印刷厂	37	新疆今日新疆印务有限公司
18	克拉玛依市独山子天利人印务有限公司	38	新疆恒远中汇彩印包装有限公司
19	巴音郭楞报社印刷厂	39	新疆兴华夏彩印有限公司
20	塔里木油田建设工程有限责任公司印刷厂		

附件4：

专为老年人出版发行的报纸和期刊名单

类别	序号	名称	刊号	类别	序号	名称	刊号
一、报纸	1	中国老年报	CN11－0031	二、期刊	23	中国老年	11－1146/C
	2	天津老年时报	CN12－0024		24	老人世界	13－1123/C
	3	燕赵老年报	CN13－0027		25	山西老年	14－1009/C
	4	老友报	CN14－0010		26	老年世界	15－1013/C
	5	辽宁老年报	CN21－0023		27	老同志之友	21－1006/C
	6	晚晴报	CN21－0025		28	夕阳红	22－1325/C
	7	老年日报	CN23－0018		29	退休生活	23－1003/C
	8	上海老年报	CN31－0026		30	老年学习生活	23－1090/C
	9	老年周报	CN32－0004		31	银潮	32－1385/C
	10	浙江老年报	CN33－0097		32	老友	36－1240/C
	11	安徽老年报	CN34－0051		33	老年教育	37－1007/G4
	12	福建老年报	CN35－0008		34	老人春秋	41－1217/C
	13	老年生活报	CN37－0099		35	当代老年	42－1297/C
	14	老年文汇报	CN42－0074		36	老年人	43－1261/C
	15	广州市老人报	CN44－0099		37	秋光	44－1493/C
	16	广西老年报	CN45－0058		38	老年知音	45－1252/G0
	17	晚霞报	CN51－0056		39	晚霞	51－1449/C
	18	贵州老年报	CN52－0033		40	晚晴	52－1006/C
	19	云南老年报	CN53－0035		41	金秋	61－1385/C
	20	陕西老年报	CN61－0041		42	老年博览	62－1174/C
	21	老年康乐报	CN65－0064		43	金色年代	CN31－1994/C
	22	老年康乐报（维文版）	CN65－0064/－W				

财政部　国家税务总局关于应税服务适用增值税零税率和免税政策的通知

2011年12月29日　财税［2011］131号

各省、自治区、直辖市、计划单列市财政厅（局）、国家税务局、地方税务局，新疆生产建设兵团财务局：

根据《财政部　国家税务总局关于印发〈营业税改征增值税试点方案〉的通知》（财税［2011］110号）和《财政部　国家税务总局关于在上海市开展交通运输业和部分现代服务业营业税改征增值税试点的通知》（财税［2011］111号），现将应税服务适用增值税零税率和免税政策的有关事项通知如下：

一、试点地区的单位和个人提供的国际运输服务、向境外单位提供的研发服务和设计服务适用增值税零税率。

（一）国际运输服务，是指：

1. 在境内载运旅客或者货物出境；

2. 在境外载运旅客或者货物入境；

3. 在境外载运旅客或者货物。

（二）试点地区的单位和个人适用增值税零税率，以水路运输方式提供国际运输服务的，应当取得《国际船舶运输经营许可证》；以陆路运输方式提供国际运输服务的，应当取得《道路运输经营许可证》和《国际汽车运输行车许可证》，且《道路运输经营许可证》的经营范围应当包括"国际运输"；以航空运输方式提供国际运输服务的，应当取得《公共航空运输企业经营许可证》且其经营范围应当包括"国际航空客货邮运输业务"。

（三）向境外单位提供的设计服务，不包括对境内不动产提供的设计服务。

二、试点地区的单位和个人提供适用零税率的应税服务，如果属于适用增值税一般计税方法的，实行免抵退税办法，退税率为其按照《交通运输业和部分现代服务业营业税改征增值税试点实施办法》（财税［2011］111号）第十二条第（一）至（三）项规定适用的增值税税率；如果属于适用简易计税方法的，实行免征增值税办法。

三、试点地区的单位和个人提供适用零税率的应税服务，按月向主管退税的税务机关申报办理增值税免抵退税或免税手续。具体管理办法由国家税务总局商财政部另行制定。

四、试点地区的单位和个人提供的下列应税服务免征增值税，但财政部和国家税务总局规定适用零税率的除外：

（一）工程、矿产资源在境外的工程勘察勘探服务。

（二）会议展览地点在境外的会议展览服务。

（三）存储地点在境外的仓储服务。

（四）标的物在境外使用的有形动产租赁服务。

（五）符合本通知第一条第（一）项规定但不符合第一条第（二）项规定条件的国际运输服务。

（六）向境外单位提供的下列应税服务：

1. 技术转让服务、技术咨询服务、合同能源管理服务、软件服务、电路设计及测试服务、信息系统服务、业务流程管理服务、商标著作权转让服务、知识产权服务、物流辅助服务（仓储服务除外）、认证服务、鉴证服务、咨询服务。但不包括：合同标的物在境内的合同能源管理服务，对境内货物或不动产的认证服务、鉴证服务和咨询服务。

2. 广告投放地在境外的广告服务。

五、本通知自2012年1月1日起执行。

财政部　国家税务总局关于交通运输业和部分现代服务业营业税改征增值税试点若干税收政策的通知

2011年12月29日　财税［2011］133号

各省、自治区、直辖市、计划单列市财政厅（局）、国家税务局、地方税务局，新疆生产建设兵团财务局：

现将上海市（以下称试点地区）开展交通运输业和部分现代服务业营业税改征增值税试点若干税收政策通知如下：

一、销售使用过的固定资产

按照《交通运输业和部分现代服务业营业税改征增值税试点实施办法》（财税［2011］111号，以下简称《试点实施办法》）和《交通运输业和部分现代服务业营业税改征增值税试点有关事项的规定》（财税［2011］111号，以下简称《试点有关事项的规定》）认定的一般纳税人，销售自己使用过的2012年1月1日（含）以后购进或自制的固定资产，按照适用税率征收增值税；销售自己使用过的2011年12月31日（含）以前购进或者自制的固定资产，按照4%征收率减半征收增值税。

使用过的固定资产，是指纳税人根据财务会计制度已经计提折旧的固定资产。

二、计税方法

试点地区的增值税一般纳税人兼有销售货物、提供加工修理修配劳务或者提供应税服务的，凡未规定可以选择按照简易计税方法计算缴纳增值税的，其全部销售额应一并按照一般计税方法计算缴纳增值税。

三、跨年度业务

（一）试点纳税人（指按照《试点实施办法》缴纳增值税的纳税人，下同）提供应税服务，按照国家有关营业税政策规定差额征收营业税的，因取得的全部价款和价外费用不足以抵减允许扣除项目金额，截至2011年12月31日尚未扣除的部分，不得在计算试点纳税人2012年1月1日后的销售额时予以抵减，应当向主管税务机关申请退还营业税。

试点纳税人按照《试点有关事项的规定》第一条第（六）项，继续缴纳营业税的有形动产租赁服务，不适用上述规定。

（二）试点纳税人提供应税服务在2011年底前已缴纳营业税，2012年1月1日后因发生退款减除营业额的，应当向主管税务机关申请退还已缴纳的营业税。

（三）试点纳税人2011年底前提供的应税服务，因税收检查等原因需要补缴税款的，应按照现行营业税政策规定补缴营业税。

四、船舶代理服务

船舶代理服务按照港口码头服务缴纳增值税。

船舶代理服务，是指接受船舶所有人或者船舶承租人、船舶经营人的委托，经营办理船舶进出港口手续，联系安排引航、靠泊和装卸；代签提单、运输合同，代办接受订舱业务；办理船舶、集装箱以及货物的报关手续；承揽货物、组织货载，办理货物、集装箱的托运和中转；代收运费，代办结算；组织客源，办理有关海上旅客运输业务；其他为船舶提供的相关服务。

提供船舶代理服务的单位和个人，受船舶所有人、船舶经营人或者船舶承租人委托向运输服务接受方或者运输服务接受方代理人收取的运输服务收入，应当按照水路运输服务缴纳增值税。

五、销售额

试点纳税人中的一般纳税人按《试点有关事项的规定》第一条第（三）项确定销售额时，其支付给非试点纳税人价款中，不包括已抵扣进项税额的货物、加工修理修配劳务的价款。

六、扣缴增值税适用税率

中华人民共和国境内的代理人和接受方为境外单位和个人扣缴增值税的，按照适用税率扣缴增值税。

七、航空运输企业

（一）除中国东方航空股份有限公司、上海航空有限公司、中国货运航空有限公司、春秋航空股份有限公司、上海吉祥航空股份有限公司、扬子江快运航空有限公司外，其他注册在试点地区的单位从事《试点实施办法》中《应税服务范围注释》规定的航空运输业务，不缴纳增值税，仍按照现行营业税政策规定缴纳营业税。

（二）提供的旅客利用里程积分兑换的航空运输服务，不征收增值税。

（三）根据国家指令无偿提供的航空运输服务，属于《试点实施办法》第十一条规定的以公益活动为目的的服务，不征收增值税。

（四）试点航空企业的应征增值税销售额不包括代收的机场建设费和代售其他航空运输企业客票而代收转付的价款。

（五）试点航空企业已售票但未提供航空运输服务取得的逾期票证收入，不属于增值税应税收入，不征收增值税。

财政部　国家税务总局关于公共基础设施项目和环境保护、节能节水项目企业所得税优惠政策问题的通知

2012 年 1 月 5 日　财税［2012］10 号

各省、自治区、直辖市、计划单列市财政厅（局）、国家税务局、地方税务局，新疆生产建设兵团财务局：

根据《中华人民共和国企业所得税法》（以下简称新税法）和《中华人民共和国企业所得税法实施条例》（国务院令第512号）的有关规定，现就企业享受公共基础设施项目和环境保护、节能节水项目企业所得税优惠政策问题通知如下：

一、企业从事符合《公共基础设施项目企业所得税优惠目录》规定、于2007年12月31日前已经批准的公共基础设施项目投资经营的所得，以及从事符合《环境保护、节能节水项目企业所得税优惠目录》规定、于2007年12月31日前已经批准的环境保护、节能节水项目的所得，可在该项目取得第一笔生产经营收入所属纳税年度起，按新税法规定计算的企业所得税“三免三减半”优惠期间内，自2008年1月1日起享受其剩余年限的减免企业所得税优惠。

二、如企业既符合享受上述税收优惠政策的条件，又符合享受《国务院关于实施企业所得税过渡优惠政策的通知》（国发［2007］39号）第一条规定的企业所得税过渡优惠政策的条件，由企业选择最优惠的政策执行，不得叠加享受。

财政部　国家税务总局关于企业事业单位改制重组契税政策的通知

2012年1月12日　财税［2012］4号

各省、自治区、直辖市、计划单列市财政厅（局）、地方税务局，西藏、宁夏、青海省（自治区）国家税务局，新疆生产建设兵团财务局：

为了支持企业、事业单位改革，促进国民经济持续、健康发展，现就企业、事业单位改制重组等涉及的契税政策通知如下：

一、企业公司制改造

非公司制企业，按照《中华人民共和国公司法》的规定，整体改建为有限责任公司（含国有独资公司）或股份有限公司，有限责任公司整体改建为股份有限公司，股份有限公司整体改建为有限责任公司的，对改建后的公司承受原企业土地、房屋权属，免征契税。上述所称整体改建是指不改变原企业的投资主体，并承继原企业权利、义务的行为。

非公司制国有独资企业或国有独资有限责任公司，以其部分资产与他人组建新公司，且该国有独资企业（公司）在新设公司中所占股份超过50%的，对新设公司承受该国有独资企业（公司）的土地、房屋权属，免征契税。

国有控股公司以部分资产投资组建新公司，且该国有控股公司占新公司股份超过85%的，对新公司承受该国有控股公司土地、房屋权属，免征契税。上述所称国有控股公司，是指国家出资额占有限责任公司资本总额超过50%，或国有股份占股份有限公司股本总额超过50%的公司。

二、公司股权（股份）转让

在股权（股份）转让中，单位、个人承受公司股权（股份），公司土地、房屋权属不发生转移，不征收契税。

三、公司合并

两个或两个以上的公司，依据法律规定、合同约定，合并为一个公司，且原投资主体存续的，对其合并后的公司承受原合并各方的土地、房屋权属，免征契税。

四、公司分立

公司依照法律规定、合同约定分设为两个或两个以上与原公司投资主体相同的公司，对派生方、新设方承受原企业土地、房屋权属，免征契税。

五、企业出售

国有、集体企业整体出售，被出售企业法人予以注销，并且买受人按照《中华人民共和国劳动法》等国家有关法律法规政策妥善安置原企业全部职工，与原企业全部职工签订服务年限不少于三年的劳动用工合同的，对其承受所购企业的土地、房屋权属，免征契税；与原企业超过30%的职工签订服务年限不少于三年的劳动用工合同的，减半征收契税。

六、企业破产

企业依照有关法律、法规规定实施破产，债权人（包括破产企业职工）承受破产企业抵偿债务的土地、房屋权属，免征契税；对非债权人承受破产企业土地、房屋权属，凡按照《中华人民共和国劳动法》等国家有关法律法规政策妥善安置原企业全部职工，与原企业全部职工签订服务年限不少于三年的劳动用工合同的，对其承受所购企业的土地、房屋权属，免征契税；与原企业超过30%的职工签订服务年限不少于三年的劳动用工合同的，减半征收契税。

七、债权转股权

经国务院批准实施债权转股权的企业，对债权转股权后新设立的公司承受原企业的土地、房屋权属，免征契税。

八、资产划转

对承受县级以上人民政府或国有资产管理部门按规定进行行政性调整、划转国有土地、房屋权属的单位，免征契税。

同一投资主体内部所属企业之间土地、房屋权属的划转，包括母公司与其全资子公司之间，同一公司所属全资子公司之间，同一自然人与其设立的个人独资企业、一人有限公司之间土地、房屋权属的划转，免征契税。

九、事业单位改制

事业单位按照国家有关规定改制为企业的过程中，投资主体没有发生变化的，对改制后的企业承受原事业单位土地、房屋权属，免征契税。投资主体发生变化的，改制后的企业按照《中华人民共和国劳动法》等有关法律法规妥善安置原事业单位全部职工，与原事业单位全部职工签订服务年限不少于三年劳动用工合同的，对其承受原事业单位的土地、房屋权属，免征契税；与原事业单位超过30%的职工签订服务年限不少于三年劳动用工合同的，减半征收契税。

十、其他

以出让方式或国家作价出资（入股）方式承受原改制重组企业、事业单位划拨用地的，不属上述规定的免税范围，对承受方应按规定征收契税。

本通知所称企业、公司是指依照中华人民共和国有关法律法规设立并在中国境内注册的企业、公司。

本通知执行期限为2012年1月1日至2014年12月31日。《财政部　国家税务总局关于企业改制重组若干契税政策的通知》（财税［2008］175号）、《财政部　国家税务总局关于事业单位改制有关契税政策的通知》（财税［2010］22号）以及《国家税务总局关于企业改制重组契税政策若干执行问题的通知》（国税发［2009］89号）同时废止。

财政部　国家税务总局关于固定业户总分支机构增值税汇总纳税有关政策的通知

2012年1月16日　财税［2012］9号

各省、自治区、直辖市、计划单列市财政厅（局）、国家税务局，新疆生产建设兵团财务局：

根据《中华人民共和国增值税暂行条例》第二十二条有关规定，现将固定业户总分支机构增值税汇总纳税政策通知如下：

固定业户的总分支机构不在同一县（市），但在同一省（区、市）范围内的，经省（区、市）财政厅（局）、国家税务局审批同意，可以由总机构汇总向总机构所在地的主管税务机关申报缴纳增值税。

省（区、市）财政厅（局）、国家税务局应将审批同意的结果，上报财政部、国家税务总局备案。

财政部　国家税务总局关于物流企业大宗商品仓储设施用地城镇土地使用税政策的通知

2012年1月20日　财税［2012］13号

各省、自治区、直辖市、计划单列市财政厅（局）、地方税务局，西藏、宁夏、青海省（自治区）国家税务局，新疆生产建设兵团财务局：

为促进物流业健康发展，根据《国务院办公厅关于促进物流业健康发展政策措施的意见》（国办发［2011］38号）有关精神，现就物流企业大宗商品仓储设施用地城镇土地使用税政策通知如下：

一、自2012年1月1日起至2014年12月31日止，对物流企业自有的（包括自用和出租）大宗商品仓储设施用地，减按所属土地等级适用税额标准的50%计征城镇土地使用税。

二、物流企业是指为工农业生产、流通、进出口和居民生活提供仓储、配送服务的专业物流企业。

大宗商品仓储设施是指仓储设施占地面积在6000平方米以上的，且储存粮食、棉花、油料、糖料、蔬菜、水果、肉类、水产品、化肥、农药、种子、饲料等农产品和农业生产资料；煤炭、焦炭、矿砂、非金属矿产品、原油、成品油、化工原料、木材、橡胶、纸浆及纸制品、钢材、水泥、有色金属、建材、塑料、纺织原料等矿产品和工业原材料；食品、饮料、药品、医疗器械、机电产品、文体用品、出版物等工业制成品的仓储设施。

仓储设施用地，包括仓库库区内的各类仓房（含配送中心）、油罐（池）、货场、晒场（堆场）、罩棚等储存设施和铁路专用线、码头、道路、装卸搬运区域等物流作业配套设施的用地。

三、符合上述减税条件的物流企业需持相关材料向主管税务机关办理备案手续。

请遵照执行。

财政部　工业和信息化部　海关总署
国家税务总局关于调整重大技术
装备进口税收政策有关目录的通知

2012年3月7日　财关税［2012］14号

各省、自治区、直辖市、计划单列市财政厅（局）、工业和信息化主管部门、国家税务局，新疆生产建设兵团财务局，海关总署广东分署、各直属海关，财政部驻各省、自治区、直辖市、计划单列市财政监察专员办事处：

按照《财政部　国家发展改革委　工业和信息化部　海关总署　国家税务总局　国家能源局关于调整重大技术装备进口税收政策的通知》（财关税［2009］55号）规定，根据国内相关产业发展情况，在广泛听取产业主管部门、行业协会及相关企业意见的基础上，经研究决定，对重大技术装备进口税收政策有关装备和产品目录、进口关键零部件和原材料目录、进口不予免税的装备和产品目录等予以调整，现通知如下：

一、《国家支持发展的重大技术装备和产品目录（2012年修订）》（见附件1）和《重大技术装备和产品进口关键零部件、原材料商品清单（2012年修订）》（见附件2）自2012年4月1日起执行，符合规定条件的国内企业为生产本通知附件1所列装备或产品而确有必要进口本通知附件2所列商品，免征关税和进口环节增值税。

二、《进口不予免税的重大技术装备和产品目录（2012年修订）》（见附件3）自2012年4月1日起执行。对2012年4月1日以后批准的按照或比照《国务院关于调整进口设备税收政策的通知》（国发［1997］37号）规定享受进口税收优惠政策的下列项目和企业，进口本通知附件3所列自用设备以及按照合同随上述设备进口的技术及配套件、备件，一律照章征收进口关税：

（一）国家鼓励发展的国内投资项目和外商投资项目；

（二）外国政府贷款和国际金融组织贷款项目；

（三）由外商提供不作价进口设备的加工贸易企业；

（四）中西部地区外商投资优势产业项目；

（五）《海关总署关于进一步鼓励外商投资有关进口税收政策的通知》（署税［1999］791 号）规定的外商投资企业和外商投资设立的研究中心利用自有资金进行技术改造项目。

2012 年 4 月 1 日前（不含 4 月 1 日）批准的上述项目和企业在 2012 年 9 月 31 日前进口本通知附件 3 所列设备，继续按照财关税［2010］17 号文件附件 3、财关税［2010］50 号文件附件 3、财关税［2011］45 号文件附件 3 执行；自 2012 年 10 月 1 日起（含 10 月 1 日）对上述项目和企业进口本通知附件 3 中设备，一律照章征收进口税收。

三、2011 年已获得免税资格的制造企业、承担城市轨道交通自主化依托项目业主、承担核电装备自主化依托项目业主，在 2012 年 4 月 1 日前（不含 4 月 1 日）申报进口关键零部件、原材料，继续按照财关税［2010］17 号、财关税［2010］50 号、财关税［2011］45 号文件及其附件有关规定执行；自 2012 年 4 月 1 日起，2011 年已获得免税资格的企业及业主申报进口关键零部件、原材料，按照本通知有关规定执行。

四、新申请享受本通知附件 1 所列装备和产品进口税收优惠政策的企业，应在 2012 年 3 月 1 日至 3 月 31 日提交申请文件，包括 2012 年 4 月 1 日至 12 月 31 日的进口零部件及原材料货值，具体申请程序和要求仍依据财关税［2009］55 号文件所附《重大技术装备进口税收政策暂行规定》执行。

省级工业和信息化主管部门应按照规定程序和要求对上述领域的地方企业申请材料进行初审，并在 2012 年 4 月 15 日前将申请文件及初审意见汇总上报工业和信息化部。

自 2012 年 4 月 1 日起，新申请企业提交的申请文件经初审符合要求的，企业凭受理部门出具的证明文件向海关申请凭税款担保先予办理有关零部件及原材料放行手续。

五、根据国内相关产业发展情况，本通知附件 1《国家支持发展的重大技术装备和产品目录（2012 年修订）》对风力发电机（组）及其配套部件（叶片、齿轮箱、发电机）、直流输变电设备、交流输变电设备等 3 类装备的技术规格要求进行了调整（具体见附件 1）。

生产上述风力发电机（组）及其配套部件等 3 类装备的企业，在 2011 年已获得符合免税资格的，原免税资格在 2012 年 3 月 31 日之前有效；上述领域在 2011 年已认定符合免税资格的企业继续申请享受 2012 年 4 月 1 日至 12 月 31 日期间重大技术装备进口税收优惠政策的，应在 2012 年 3 月 1 日至 31 日按照本通知第四条规定的申请程序和要求提交申请文件。省级工业和信息化主管部门应会同有关部门比照本通知第四条要求在 4 月 15 日前完成初审工作。

六、2011 年已享受重大技术装备进口税收优惠政策的所有企业，应在 2012 年 3 月 1 日至 31 日按照财关税［2009］55 号文件所附《重大技术装备进口税收政策暂行规定》有关要求报送享受优惠政策落实情况报告。具体格式及要求见本通知附件 4《重大技术装备企业享受进口税收政策落实情况报告及其要求》，申请享受政策的企业应严格按照要求填写该报告及有关表格。

七、自 2012 年 4 月 1 日起，下列文件废止：

1.《财政部　海关总署　国家税务总局关于调整重大技术装备进口税收政策暂行规定有关清单的通知》（财关税［2010］17 号）；

2.《财政部　工业和信息化部　海关总署　国家税务总局关于调整大型环保及资源综合利用设备等重大技术装备进口税收政策的通知》（财关税［2010］50 号）；

3.《财政部　工业和信息化部　海关总署　国家税务总局关于调整三代核电机组等重大技术装备进口税收政策暂行规定有关清单的通知》（财关税［2011］45 号）。

附件（略）：1. 国家支持发展的重大技术装备和产品目录（2012 年修订）

2. 重大技术装备和产品进口关键零部件、原材料商品清单（2012 年修订）

3. 进口不予免税的重大技术装备和产品目录（2012 年修订）

4. 重大技术装备企业享受进口税收政策落实情况报告及其要求

财政部 国家税务总局关于中小企业信用担保机构有关准备金企业所得税税前扣除政策的通知

2012 年 4 月 11 日 财税［2012］25 号

根据《中华人民共和国企业所得税法》和《中华人民共和国企业所得税法实施条例》的有关规定，现就中小企业信用担保机构有关税前扣除政策问题通知如下：

一、符合条件的中小企业信用担保机构按照不超过当年年末担保责任余额 1% 的比例计提的担保赔偿准备，允许在企业所得税税前扣除，同时将上年度计提的担保赔偿准备余额转为当期收入。

二、符合条件的中小企业信用担保机构按照不超过当年担保费收入 50% 的比例计提的未到期责任准备，允许在企业所得税税前扣除，同时将上年度计提的未到期责任准备余额转为当期收入。

三、中小企业信用担保机构实际发生的代偿损失，符合税收法律法规关于资产损失税前扣除政策规定的，应冲减已在税前扣除的担保赔偿准备，不足冲减部分据实在企业所得税税前扣除。

四、本通知所称符合条件的中小企业信用担保机构，必须同时满足以下条件：

（一）符合《融资性担保公司管理暂行办法》（银监会等七部委令 2010 年第 3 号）相关规定，并具有融资性担保机构监管部门颁发的经营许可证；

（二）以中小企业为主要服务对象，当年新增中小企业信用担保和再担保业务收入占新增担保业务收入总额的 70% 以上（上述收入不包括信用评级、咨询、培训等收入）；

（三）中小企业信用担保业务的平均年担保费率不超过银行同期贷款基准利率的 50%；

（四）财政、税务部门规定的其他条件。

五、申请享受本通知规定的准备金税前扣除政策的中小企业信用担保机构，在汇算清缴时，需报送法人执照副本复印件、融资性担保机构监管部门颁发的经营许可证复印件、具有资质的中介机构鉴证的年度会计报表和担保业务情况（包括担保业务明细和风险准备金提取等），以及财政、税务部门要求提供的其他材料。

六、本通知自 2011 年 1 月 1 日起至 2015 年 12 月 31 日止执行。

财政部　国家税务总局关于进一步鼓励软件产业和集成电路产业发展企业所得税政策的通知

2012 年 4 月 20 日　财税［2012］27 号

各省、自治区、直辖市、计划单列市财政厅（局）、国家税务局、地方税务局：

根据《中华人民共和国企业所得税法》及其实施条例和《国务院关于印发进一步鼓励软件产业和集成电路产业发展若干政策的通知》（国发［2011］4 号）精神，为进一步推动科技创新和产业结构升级，促进信息技术产业发展，现将鼓励软件产业和集成电路产业发展的企业所得税政策通知如下：

一、集成电路线宽小于 0.8 微米（含）的集成电路生产企业，经认定后，在 2017 年 12 月 31 日前自获利年度起计算优惠期，第一年至第二年免征企业所得税，第三年至第五年按照 25% 的法定税率减半征收企业所得税，并享受至期满为止。

二、集成电路线宽小于 0.25 微米或投资额超过 80 亿元的集成电路生产企业，经认定后，减按 15% 的税率征收企业所得税，其中经营期在 15 年以上的，在 2017 年 12 月 31 日前自获利年度起计算优惠期，第一年至第五年免征企业所得税，第六年至第十年按照 25% 的法定税率减半征收企业所得税，并享受至期满为止。

三、我国境内新办的集成电路设计企业和符合条件的软件企业，经认定后，在 2017 年 12 月 31 日前自获利年度起计算优惠期，第一年至第二年免征企业所得税，第三年至第五年按照 25% 的法定税率减半征收企业所得税，并享受至期满为止。

四、国家规划布局内的重点软件企业和集成电路设计企业，如当年未享受免税优惠的，可减按 10% 的税率征收企业所得税。

五、符合条件的软件企业按照《财政部　国家税务总局关于软件产品增值税政策的通知》（财税［2011］100 号）规定取得的即征即退增值税款，由企业专项用于软件产品研发和扩大再生产并单独进行核算，可以作为不征税收入，在计算应纳税所得额时从收入总额中减除。

六、集成电路设计企业和符合条件软件企业的职工培训费用，应单独进行核算并按实际发生额在计算应纳税所得额时扣除。

七、企业外购的软件，凡符合固定资产或无形资产确认条件的，可以按照固定资产或无形资产进行核算，其折旧或摊销年限可以适当缩短，最短可为 2 年（含）。

八、集成电路生产企业的生产设备，其折旧年限可以适当缩短，最短可为 3 年（含）。

九、本通知所称集成电路生产企业，是指以单片集成电路、多芯片集成电路、混合集成电路制造为主营业务并同时符合下列条件的企业：

（一）依法在中国境内成立并经认定取得集成电路生产企业资质的法人企业；

（二）签订劳动合同关系且具有大学专科以上学历的职工人数占企业当年月平均职工总人数的比例不低于 40%，其中研究开发人员占企业当年月平均职工总数的比例不低于 20%；

（三）拥有核心关键技术，并以此为基础开展经营活动，且当年度的研究开发费用总额占企业销售（营业）收入（主营业务收入与其他业务收入之和，下同）总额的比例不低于 5%；其中，企业在中国境内发生的研究开发费用金额占研究开发费用总额的比例不低于60%；

（四）集成电路制造销售（营业）收入占企业收入总额的比例不低于60%；

（五）具有保证产品生产的手段和能力，并获得有关资质认证（包括ISO质量体系认证、人力资源能力认证等）；

（六）具有与集成电路生产相适应的经营场所、软硬件设施等基本条件。

《集成电路生产企业认定管理办法》由发展改革委、工业和信息化部、财政部、税务总局会同有关部门另行制定。

十、本通知所称集成电路设计企业或符合条件的软件企业，是指以集成电路设计或软件产品开发为主营业务并同时符合下列条件的企业：

（一）2011年1月1日后依法在中国境内成立并经认定取得集成电路设计企业资质或软件企业资质的法人企业；

（二）签订劳动合同关系且具有大学专科以上学历的职工人数占企业当年月平均职工总人数的比例不低于40%，其中研究开发人员占企业当年月平均职工总数的比例不低于20%；

（三）拥有核心关键技术，并以此为基础开展经营活动，且当年度的研究开发费用总额占企业销售（营业）收入总额的比例不低于6%；其中，企业在中国境内发生的研究开发费用金额占研究开发费用总额的比例不低于60%；

（四）集成电路设计企业的集成电路设计销售（营业）收入占企业收入总额的比例不低于60%，其中集成电路自主设计销售（营业）收入占企业收入总额的比例不低于50%；软件企业的软件产品开发销售（营业）收入占企业收入总额的比例一般不低于50%（嵌入式软件产品和信息系统集成产品开发销售（营业）收入占企业收入总额的比例不低于40%），其中软件产品自主开发销售（营业）收入占企业收入总额的比例一般不低于40%（嵌入式软件产品和信息系统集成产品开发销售（营业）收入占企业收入总额的比例不低于30%）；

（五）主营业务拥有自主知识产权，其中软件产品拥有省级软件产业主管部门认可的软件检测机构出具的检测证明材料和软件产业主管部门颁发的《软件产品登记证书》；

（六）具有保证设计产品质量的手段和能力，并建立符合集成电路或软件工程要求的质量管理体系并提供有效运行的过程文档记录；

（七）具有与集成电路设计或者软件开发相适应的生产经营场所、软硬件设施等开发环境（如EDA工具、合法的开发工具等），以及与所提供服务相关的技术支撑环境；

《集成电路设计企业认定管理办法》、《软件企业认定管理办法》由工业和信息化部、发展改革委、财政部、税务总局会同有关部门另行制定。

十一、国家规划布局内重点软件企业和集成电路设计企业在满足本通知第十条规定条件的基础上，由发展改革委、工业和信息化部、财政部、税务总局等部门根据国家规划布局支持领域的要求，结合企业年度集成电路设计销售（营业）收入或软件产品开发销售（营业）收入、盈利等情况进行综合评比，实行总量控制、择优认定。

《国家规划布局内重点软件企业和集成电路设计企业认定管理办法》由发展改革委、工业和信息化部、财政部、税务总局会同有关部门另行制定。

十二、本通知所称新办企业认定标准按照《财政部 国家税务总局关于享受企业所得税优惠政策的新办企业认定标准的通知》（财税［2006］1号）规定执行。

十三、本通知所称研究开发费用政策口径按照《国家税务总局关于印发〈企业研究开发费用税前扣除管理办法（试行）〉的通知》（国税发［2008］116号）规定执行。

十四、本通知所称获利年度，是指该企业当年应纳税所得额大于零的纳税年度。

十五、本通知所称集成电路设计销售（营业）收入，是指集成电路企业从事集成电路（IC）功能研发、设计并销售的收入。

十六、本通知所称软件产品开发销售（营业）收入，是指软件企业从事计算机软件、信息系统或嵌入式软件等软件产品开发并销售的收入，以及信息系统集成服务、信息技术咨询服务、数据处理和存储服务等技术服务收入。

十七、符合本通知规定须经认定后享受税收优惠的企业，应在获利年度当年或次年的企业所得税汇算清缴之前取得相关认定资质。如果在获利年度次年的企业所得税汇算清缴之前取得相关认定资质，该企业可从获利年度起享受相应的定期减免税优惠；如果在获利年度次年的企业所得税汇算清缴之后取得相关认定资质，该企业应在取得相关认定资质起，就其从获利年度起计算的优惠期的剩余年限享受相应的定期减免优惠。

十八、符合本通知规定条件的企业，应在年度终了之日起4个月内，按照本通知及《国家税务总局关于企业所得税减免税管理问题的通知》（国税发［2008］111号）的规定，向主管税务机关办理减免税手续。在办理减免税手续时，企业应提供具有法律效力的证明材料。

十九、享受上述税收优惠的企业有下述情况之一的，应取消其享受税收优惠的资格，并补缴已减免的企业所得税税款：

（一）在申请认定过程中提供虚假信息的；

（二）有偷、骗税等行为的；

（三）发生重大安全、质量事故的；

（四）有环境等违法、违规行为，受到有关部门处罚的。

二十、享受税收优惠的企业，其税收优惠条件发生变化的，应当自发生变化之日起15日内向主管税务机关报告；不再符合税收优惠条件的，应当依法履行纳税义务；未依法纳税的，主管税务机关应当予以追缴。同时，主管税务机关在执行税收优惠政策过程中，发现企业不符合享受税收优惠条件的，可暂停企业享受的相关税收优惠。

二十一、在2010年12月31日前，依照《财政部　国家税务总局关于企业所得税若干优惠政策的通知》（财税［2008］1号）第一条规定，经认定并可享受原定期减免税优惠的企业，可在本通知施行后继续享受到期满为止。

二十二、集成电路生产企业、集成电路设计企业、软件企业等依照本通知规定可以享受的企业所得税优惠政策与企业所得税其他相同方式优惠政策存在交叉的，由企业选择一项最优惠政策执行，不叠加享受。

二十三、本通知自2011年1月1日起执行。《财政部　国家税务总局关于企业所得税若干优惠政策的通知》（财税［2008］1号）第一条第（一）项至第（九）项自2011年1月1日起停止执行。

财政部　国家税务总局关于工伤职工取得的工伤保险待遇有关个人所得税政策的通知

2012年5月3日　财税［2012］40号

各省、自治区、直辖市、计划单列市财政厅（局）、地方税务局，新疆生产建设兵团财务局：

为贯彻落实《工伤保险条例》（国务院令第586号），根据个人所得税法第四条中“经国务院财政部门批准免税的所得”的规定，现就工伤职工取得的工伤保险待遇有关个人所得税政策通知如下：

一、对工伤职工及其近亲属按照《工伤保险条例》（国务院令第586号）规定取得的工伤保险待遇，免征个人所得税。

二、本通知第一条所称的工伤保险待遇，包括工伤职工按照《工伤保险条例》（国务院令第586号）规定取得的一次性伤残补助金、伤残津贴、一次性工伤医疗补助金、一次性伤残就业补助金、工伤医疗待遇、住院伙食补助费、外地就医交通食宿费用、工伤康复费用、辅助器具费用、生活护理费等，以及职工因工死亡，其近亲属按照《工伤保险条例》（国务院令第586号）规定取得的丧葬补助金、供养亲属抚恤金和一次性工亡补助金等。

三、本通知自2011年1月1日起执行。对2011年1月1日之后已征税款，由纳税人向主管税务机关提出申请，主管税务机关按相关规定予以退还。

财政部　国家税务总局关于出口货物劳务增值税和消费税政策的通知

2012年5月25日　财税［2012］39号

各省、自治区、直辖市、计划单列市财政厅（局）、国家税务局，新疆生产建设兵团财务局：

为便于征纳双方系统、准确地了解和执行出口税收政策，财政部和国家税务总局对近年来陆续制定的一系列出口货物、对外提供加工修理修配劳务（以下统称出口货物劳务，包括视同出口货物）增值税和消费税政策进行了梳理归类，并对在实际操作中反映的个别问题做了明确。现将有关事项通知如下：

一、适用增值税退（免）税政策的出口货物劳务

对下列出口货物劳务，除适用本通知第六条和第七条规定的外，实行免征和退还增值税［以下称增值税退（免）税］政策：

（一）出口企业出口货物

本通知所称出口企业，是指依法办理工商登记、税务登记、对外贸易经营者备案登记，自营或委托出口货物的单位或个体工商户，以及依法办理工商登记、税务登记但未办理对外贸易经营者备案登记，委托出口货物的生产企业。

本通知所称出口货物，是指向海关报关后实际离境并销售给境外单位或个人的货物，分为自营出口货物和委托出口货物两类。

本通知所称生产企业，是指具有生产能力（包括加工修理修配能力）的单位或个体工商户。

（二）出口企业或其他单位视同出口货物

具体是指：

1. 出口企业对外援助、对外承包、境外投资的出口货物。

2. 出口企业经海关报关进入国家批准的出口加工区、保税物流园区、保税港区、综合保税区、珠澳跨境工业区（珠海园区）、中哈霍尔果斯国际边境合作中心（中方配套区域）、保税物流中心（B型）（以下统称特殊区域）并销售给特殊区域内单位或境外单位、个人的货物。

3. 免税品经营企业销售的货物［国家规定不允许经营和限制出口的货物（见附件1）、卷烟和超出免税品经营企业《企业法人营业执照》规定经营范围的货物除外］。具体是指：（1）中国免税品（集团）有限责任公司向海关报关运入海关监管仓库，专供其经国家批准设立的统一经营、统一组织进货、统一制定零售价格、统一管理的免税店销售的货物；（2）国家批准的除中国免税品（集团）有限责任公司外的免税品经营企业，向海关报关运入海关监管仓库，专供其所属的首都机场口岸海关隔离区内的免税店销售的货物；（3）国家批准的除中国免税品（集团）有限责任公司外的免税品经营企业所属的上海虹桥、浦东机场海关隔离区内的免税店销售的货物。

4. 出口企业或其他单位销售给用于国际金融组织或外国政府贷款国际招标建设项目的中标机电产品（以下称中标机电产品）。上述中标机电产品，包括外国企业中标再分包给出口企业或其他单位的机电产品。贷款机构和中标机电产品的具体范围见附件2。

5. 生产企业向海上石油天然气开采企业销售的自产的海洋工程结构物。海洋工程结构物和海上石油天然气开采企业的具体范围见附件3。

6. 出口企业或其他单位销售给国际运输企业用于国际运输工具上的货物。上述规定暂仅适用于外轮供应公司、远洋运输供应公司销售给外轮、远洋国轮的货物，国内航空供应公司生产销售给国内和国外航空公司国际航班的航空食品。

7. 出口企业或其他单位销售给特殊区域内生产企业生产耗用且不向海关报关而输入特殊区域的水（包括蒸汽）、电力、燃气（以下称输入特殊区域的水电气）。

除本通知及财政部和国家税务总局另有规定外，视同出口货物适用出口货物的各项规定。

（三）出口企业对外提供加工修理修配劳务。

对外提供加工修理修配劳务，是指对进境复出口货物或从事国际运输的运输工具进行的加工修理修配。

二、增值税退（免）税办法

适用增值税退（免）税政策的出口货物劳务，按照下列规定实行增值税免抵退税或免退税办法。

（一）免抵退税办法

生产企业出口自产货物和视同自产货物（视同自产货物的具体范围见附件4）及对外提供加工修理修配劳务，以及列名生产企业（具体范围见附件5）出口非自产货物，免征增值税，相应的进项税额抵减应纳增值税额（不包括适用增值税即征即退、先征后退政策的应纳增值税额），未抵减完的部分予以退还。

（二）免退税办法

不具有生产能力的出口企业（以下称外贸企业）或其他单位出口货物劳务，免征增值税，相应的进项税额予以退还。

三、增值税出口退税率

（一）除财政部和国家税务总局根据国务院决定而明确的增值税出口退税率（以下称退税率）外，出口货物的退税率为其适用税率。国家税务总局根据上述规定将退税率通过出口货物劳务退税率文库予以发布，供征纳双方执行。退税率有调整的，除另有规定外，其执行时间以货物（包括被加工修理修配的货物）出口货物报关单（出口退税专用）上注明的出口日期为准。

（二）退税率的特殊规定

1. 外贸企业购进按简易办法征税的出口货物、从小规模纳税人购进的出口货物，其退税率分别为简易办法实际执行的征收率、小规模纳税人征收率。上述出口货物取得增值税专用发票的，退税率按照增值税专用发票上的税率和出口货物退税率孰低的原则确定。

2. 出口企业委托加工修理修配货物，其加工修理修配费用的退税率，为出口货物的退税率。

3. 中标机电产品、出口企业向海关报关进入特殊区域销售给特殊区域内生产企业生产耗用的列名原材料（以下称列名原材料，其具体范围见附件6）、输入特殊区域的水电气，其退税率为适用税率。如果国家调整列名原材料的退税率，列名原材料应当自调整之日起按调整后的退税率执行。

4. 海洋工程结构物退税率的适用，见附件3。

（三）适用不同退税率的货物劳务，应分开报关、核算并申报退（免）税，未分开报关、核算或划分不清的，从低适用退税率。

四、增值税退（免）税的计税依据

出口货物劳务的增值税退（免）税的计税依据，按出口货物劳务的出口发票（外销发票）、其他普通发票或购进出口货物劳务的增值税专用发票、海关进口增值税专用缴款书确定。

（一）生产企业出口货物劳务（进料加工复出口货物除外）增值税退（免）税的计税依据，为出口货物劳务的实际离岸价（FOB）。实际离岸价应以出口发票上的离岸价为准，但如果出口发票不能反映实际离岸价，主管税务机关有权予以核定。

（二）生产企业进料加工复出口货物增值税退（免）税的计税依据，按出口货物的离岸价（FOB）扣除出口货物所含的海关保税进口料件的金额后确定。

本通知所称海关保税进口料件，是指海关以进料加工贸易方式监管的出口企业从境外和特殊区域等进口的料件。包括出口企业从境外单位或个人购买并从海关保税仓库提取且办理海关进料加工手续的料件，以及保税区外的出口企业从保税区内的企业购进并办理海关进料加工手续的进口料件。

（三）生产企业国内购进无进项税额且不计提进项税额的免税原材料加工后出口的货物的计税依据，按出口货物的离岸价（FOB）扣除出口货物所含的国内购进免税原材料的金额后确定。

（四）外贸企业出口货物（委托加工修理修配货物除外）增值税退（免）税的计税依据，为购进出口货物的增值税专用发票注明的金额或海关进口增值税专用缴款书注明的完税价格。

（五）外贸企业出口委托加工修理修配货物增值税退（免）税的计税依据，为加工修理修配费用增值税专用发票注明的金额。外贸企业应将加工修理修配使用的原材料（进料加工海关保税进口料件除外）作价销售给受托加工修理修配的生产企业，受托加工修理修配的生产企业应将原材料成本并入加工修理修配费用开具发票。

（六）出口进项税额未计算抵扣的已使用过的设备增值税退（免）税的计税依据，按下列公式确定：

退（免）税计税依据 = 增值税专用发票上的金额或海关进口增值税专用缴款书注明的完税价格 × 已使用过的设备固定资产净值 ÷ 已使用过的设备原值

已使用过的设备固定资产净值 = 已使用过的设备原值 − 已使用过的设备已提累计折旧

本通知所称已使用过的设备，是指出口企业根据财务会计制度已经计提折旧的固定资产。

（七）免税品经营企业销售的货物增值税退（免）税的计税依据，为购进货物的增值税专用发票注明的金额或海关进口增值税专用缴款书注明的完税价格。

（八）中标机电产品增值税退（免）税的计税依据，生产企业为销售机电产品的普通发票注明的金额，外贸企业为购进货物的增值税专用发票注明的金额或海关进口增值税专用缴款书注明的完税价格。

（九）生产企业向海上石油天然气开采企业销售的自产的海洋工程结构物增值税退（免）税的计税依据，为销售海洋工程结构物的普通发票注明的金额。

（十）输入特殊区域的水电气增值税退（免）税的计税依据，为作为购买方的特殊区域内生产企业购进水（包括蒸汽）、电力、燃气的增值税专用发票注明的金额。

五、增值税免抵退税和免退税的计算

（一）生产企业出口货物劳务增值税免抵退税，依下列公式计算：

1. 当期应纳税额的计算

当期应纳税额 = 当期销项税额 −（当期进项税额 − 当期不得免征和抵扣税额）

当期不得免征和抵扣税额 = 当期出口货物离岸价 × 外汇人民币折合率 ×（出口货物适用税率 − 出口货物退税率）− 当期不得免征和抵扣税额抵减额

当期不得免征和抵扣税额抵减额 = 当期免税购进原材料价格 ×（出口货物适用税率 − 出口货物退税率）

2. 当期免抵退税额的计算

当期免抵退税额 = 当期出口货物离岸价 × 外汇人民币折合率 × 出口货物退税率 - 当期免抵退税额抵减额

当期免抵退税额抵减额 = 当期免税购进原材料价格 × 出口货物退税率

3. 当期应退税额和免抵税额的计算

（1）当期期末留抵税额≤当期免抵退税额，则

当期应退税额 = 当期期末留抵税额

当期免抵税额 = 当期免抵退税额 - 当期应退税额

（2）当期期末留抵税额 > 当期免抵退税额，则

当期应退税额 = 当期免抵退税额

当期免抵税额 = 0

当期期末留抵税额为当期增值税纳税申报表中“期末留抵税额”。

4. 当期免税购进原材料价格包括当期国内购进的无进项税额且不计提进项税额的免税原材料的价格和当期进料加工保税进口料件的价格，其中当期进料加工保税进口料件的价格为组成计税价格。

当期进料加工保税进口料件的组成计税价格 = 当期进口料件到岸价格 + 海关实征关税 + 海关实征消费税

（1）采用“实耗法”的，当期进料加工保税进口料件的组成计税价格为当期进料加工出口货物耗用的进口料件组成计税价格。其计算公式为：

当期进料加工保税进口料件的组成计税价格 = 当期进料加工出口货物离岸价 × 外汇人民币折合率 × 计划分配率

计划分配率 = 计划进口总值 ÷ 计划出口总值 × 100%

实行纸质手册和电子化手册的生产企业，应根据海关签发的加工贸易手册或加工贸易电子化纸质单证所列的计划进出口总值计算计划分配率。

实行电子账册的生产企业，计划分配率按前一期已核销的实际分配率确定；新启用电子账册的，计划分配率按前一期已核销的纸质手册或电子化手册的实际分配率确定。

（2）采用“购进法”的，当期进料加工保税进口料件的组成计税价格为当期实际购进的进料加工进口料件的组成计税价格。

若当期实际不得免征和抵扣税额抵减额大于当期出口货物离岸价 × 外汇人民币折合率 ×（出口货物适用税率 - 出口货物退税率）的，则：

当期不得免征和抵扣税额抵减额 = 当期出口货物离岸价 × 外汇人民币折合率 ×（出口货物适用税率 - 出口货物退税率）

（二）外贸企业出口货物劳务增值税免退税，依下列公式计算：

1. 外贸企业出口委托加工修理修配货物以外的货物：

增值税应退税额 = 增值税退（免）税计税依据 × 出口货物退税率

2. 外贸企业出口委托加工修理修配货物：

出口委托加工修理修配货物的增值税应退税额 = 委托加工修理修配的增值税退（免）税计税依据 × 出口货物退税率

（三）退税率低于适用税率的，相应计算出的差额部分的税款计入出口货物劳务成本。

（四）出口企业既有适用增值税免抵退项目，也有增值税即征即退、先征后退项目的，增值税即征即退和先征后退项目不参与出口项目免抵退税计算。出口企业应分别核算增值税免抵退项目和增值税即征即退、先征后退项目，并分别申请享受增值税即征即退、先征后退和免抵退税政策。

用于增值税即征即退或者先征后退项目的进项税额无法划分的，按照下列公式计算：

无法划分进项税额中用于增值税即征即退或者先征后退项目的部分 = 当月无法划分的全部进项税额 × 当月增值税即征即退或者先征后退项目销售额 ÷ 当月全部销售额、营业额合计

六、适用增值税免税政策的出口货物劳务

对符合下列条件的出口货物劳务，除适用本通知第七条规定外，按下列规定实行免征增值税（以下称

增值税免税）政策：

（一）适用范围。

适用增值税免税政策的出口货物劳务，是指：

1. 出口企业或其他单位出口规定的货物，具体是指：

（1）增值税小规模纳税人出口的货物。

（2）避孕药品和用具，古旧图书。

（3）软件产品。其具体范围是指海关税则号前四位为“9803”的货物。

（4）含黄金、铂金成分的货物，钻石及其饰品。其具体范围见附件7。

（5）国家计划内出口的卷烟。其具体范围见附件8。

（6）已使用过的设备。其具体范围是指购进时未取得增值税专用发票、海关进口增值税专用缴款书但其他相关单证齐全的已使用过的设备。

（7）非出口企业委托出口的货物。

（8）非列名生产企业出口的非视同自产货物。

（9）农业生产者自产农产品［农产品的具体范围按照《农业产品征税范围注释》（财税［1995］52号）的规定执行］。

（10）油画、花生果仁、黑大豆等财政部和国家税务总局规定的出口免税的货物。

（11）外贸企业取得普通发票、废旧物资收购凭证、农产品收购发票、政府非税收入票据的货物。

（12）来料加工复出口的货物。

（13）特殊区域内的企业出口的特殊区域内的货物。

（14）以人民币现金作为结算方式的边境地区出口企业从所在省（自治区）的边境口岸出口到接壤国家的一般贸易和边境小额贸易出口货物。

（15）以旅游购物贸易方式报关出口的货物。

2. 出口企业或其他单位视同出口的下列货物劳务：

（1）国家批准设立的免税店销售的免税货物［包括进口免税货物和已实现退（免）税的货物］。

（2）特殊区域内的企业为境外的单位或个人提供加工修理修配劳务。

（3）同一特殊区域、不同特殊区域内的企业之间销售特殊区域内的货物。

3. 出口企业或其他单位未按规定申报或未补齐增值税退（免）税凭证的出口货物劳务。

具体是指：

（1）未在国家税务总局规定的期限内申报增值税退（免）税的出口货物劳务。

（2）未在规定期限内申报开具《代理出口货物证明》的出口货物劳务。

（3）已申报增值税退（免）税，却未在国家税务总局规定的期限内向税务机关补齐增值税退（免）税凭证的出口货物劳务。

对于适用增值税免税政策的出口货物劳务，出口企业或其他单位可以依照现行增值税有关规定放弃免税，并依照本通知第七条的规定缴纳增值税。

（二）进项税额的处理计算。

1. 适用增值税免税政策的出口货物劳务，其进项税额不得抵扣和退税，应当转入成本。

出口卷烟，依下列公式计算：

2. 不得抵扣的进项税额 = 出口卷烟含消费税金额 ÷（出口卷烟含消费税金额 + 内销卷烟销售额）× 当期全部进项税额

（1）当生产企业销售的出口卷烟在国内有同类产品销售价格时

出口卷烟含消费税金额 = 出口销售数量 × 销售价格

“销售价格”为同类产品生产企业国内实际调拨价格。如实际调拨价格低于税务机关公示的计税价格的，“销售价格”为税务机关公示的计税价格；高于公示计税价格的，销售价格为实际调拨价格。

（2）当生产企业销售的出口卷烟在国内没有同类产品销售价格时：

出口卷烟含税金额 =（出口销售额 + 出口销售数量 × 消费税定额税率）÷（1 - 消费税比例税率）

“出口销售额”以出口发票上的离岸价为准。若出口发票不能如实反映离岸价，生产企业应按实际离岸价计算，否则，税务机关有权按照有关规定予以核定调整。

3. 除出口卷烟外，适用增值税免税政策的其他出口货物劳务的计算，按照增值税免税政策的统一规定执行。其中，如果涉及销售额，除来料加工复出口货物为其加工费收入外，其他均为出口离岸价或销售额。

七、适用增值税征税政策的出口货物劳务

下列出口货物劳务，不适用增值税退（免）税和免税政策，按下列规定及视同内销货物征税的其他规定征收增值税（以下称增值税征税）：

（一）适用范围。

适用增值税征税政策的出口货物劳务，是指：

1. 出口企业出口或视同出口财政部和国家税务总局根据国务院决定明确的取消出口退（免）税的货物[不包括来料加工复出口货物、中标机电产品、列名原材料、输入特殊区域的水电气、海洋工程结构物]。

2. 出口企业或其他单位销售给特殊区域内的生活消费用品和交通运输工具。

3. 出口企业或其他单位因骗取出口退税被税务机关停止办理增值税退（免）税期间出口的货物。

4. 出口企业或其他单位提供虚假备案单证的货物。

5. 出口企业或其他单位增值税退（免）税凭证有伪造或内容不实的货物。

6. 出口企业或其他单位未在国家税务总局规定期限内申报免税核销以及经主管税务机关审核不予免税核销的出口卷烟。

7. 出口企业或其他单位具有以下情形之一的出口货物劳务：

（1）将空白的出口货物报关单、出口收汇核销单等退（免）税凭证交由除签有委托合同的货代公司、报关行，或由境外进口方指定的货代公司（提供合同约定或者其他相关证明）以外的其他单位或个人使用的。

（2）以自营名义出口，其出口业务实质上是由本企业及其投资的企业以外的单位或个人借该出口企业名义操作完成的。

（3）以自营名义出口，其出口的同一批货物既签订购货合同，又签订代理出口合同（或协议）的。

（4）出口货物在海关验放后，自己或委托货代承运人对该笔货物的海运提单或其他运输单据等上的品名、规格等进行修改，造成出口货物报关单与海运提单或其他运输单据有关内容不符的。

（5）以自营名义出口，但不承担出口货物的质量、收款或退税风险之一的，即出口货物发生质量问题不承担购买方的索赔责任（合同中有约定质量责任承担者除外）；不承担未按期收款导致不能核销的责任（合同中有约定收款责任承担者除外）；不承担因申报出口退（免）税的资料、单证等出现问题造成不退税责任的。

（6）未实质参与出口经营活动、接受并从事由中间人介绍的其他出口业务，但仍以自营名义出口的。

（二）应纳增值税的计算。

适用增值税征税政策的出口货物劳务，其应纳增值税按下列办法计算：

1. 一般纳税人出口货物

销项税额 =（出口货物离岸价 - 出口货物耗用的进料加工保税进口料件金额）÷（1 + 适用税率）× 适用税率

出口货物若已按征退税率之差计算不得免征和抵扣税额并已经转入成本的，相应的税额应转回进项税额。

（1）出口货物耗用的进料加工保税进口料件金额 = 主营业务成本 ×（投入的保税进口料件金额 ÷ 生产成本）

主营业务成本、生产成本均为不予退（免）税的进料加工出口货物的主营业务成本、生产成本。当耗用的保税进口料件金额大于不予退（免）税的进料加工出口货物金额时，耗用的保税进口料件金额为不予退（免）税的进料加工出口货物金额。

（2）出口企业应分别核算内销货物和增值税征税的出口货物的生产成本、主营业务成本。未分别核算的，其相应的生产成本、主营业务成本由主管税务机关核定。

进料加工手册海关核销后，出口企业应对出口货物耗用的保税进口料件金额进行清算。清算公式为：

清算耗用的保税进口料件总额＝实际保税进口料件总额－退（免）税出口货物耗用的保税进口料件总额－进料加工副产品耗用的保税进口料件总额

若耗用的保税进口料件总额与各纳税期扣减的保税进口料件金额之和存在差额时，应在清算的当期相应调整销项税额。当耗用的保税进口料件总额大于出口货物离岸金额时，其差额部分不得扣减其他出口货物金额。

2. 小规模纳税人出口货物

应纳税额＝出口货物离岸价÷（1＋征收率）×征收率

八、适用消费税退（免）税或征税政策的出口货物

适用本通知第一条、第六条或第七条规定的出口货物，如果属于消费税应税消费品，实行下列消费税政策：

（一）适用范围。

1. 出口企业出口或视同出口适用增值税退（免）税的货物，免征消费税，如果属于购进出口的货物，退还前一环节对其已征的消费税。

2. 出口企业出口或视同出口适用增值税免税政策的货物，免征消费税，但不退还其以前环节已征的消费税，且不允许在内销应税消费品应纳消费税款中抵扣。

3. 出口企业出口或视同出口适用增值税征税政策的货物，应按规定缴纳消费税，不退还其以前环节已征的消费税，且不允许在内销应税消费品应纳消费税款中抵扣。

（二）消费税退税的计税依据。

出口货物的消费税应退税额的计税依据，按购进出口货物的消费税专用缴款书和海关进口消费税专用缴款书确定。

属于从价定率计征消费税的，为已征且未在内销应税消费品应纳税额中抵扣的购进出口货物金额；属于从量定额计征消费税的，为已征且未在内销应税消费品应纳税额中抵扣的购进出口货物数量；属于复合计征消费税的，按从价定率和从量定额的计税依据分别确定。

（三）消费税退税的计算。

消费税应退税额＝从价定率计征消费税的退税计税依据×比例税率＋从量定额计征消费税的退税计税依据×定额税率

九、出口货物劳务增值税和消费税政策的其他规定

（一）认定和申报

1. 适用本通知规定的增值税退（免）税或免税、消费税退（免）税或免税政策的出口企业或其他单位，应办理退（免）税认定。

2. 经过认定的出口企业及其他单位，应在规定的增值税纳税申报期内向主管税务机关申报增值税退（免）税和免税、消费税退（免）税和免税。委托出口的货物，由委托方申报增值税退（免）税和免税、消费税退（免）税和免税。输入特殊区域的水电气，由作为购买方的特殊区域内生产企业申报退税。

3. 出口企业或其他单位骗取国家出口退税款的，经省级以上税务机关批准可以停止其退（免）税资格。

（二）若干征、退（免）税规定

1. 出口企业或其他单位退（免）税认定之前的出口货物劳务，在办理退（免）税认定后，可按规定适用增值税退（免）税或免税及消费税退（免）税政策。

2. 出口企业或其他单位出口货物劳务适用免税政策的，除特殊区域内企业出口的特殊区域内货物、出口企业或其他单位视同出口的免征增值税的货物劳务外，如果未按规定申报免税，应视同内销货物和加工修理修配劳务征收增值税、消费税。

3. 开展进料加工业务的出口企业若发生未经海关批准将海关保税进口料件作价销售给其他企业加工的，应按规定征收增值税、消费税。

4. 卷烟出口企业经主管税务机关批准按国家批准的免税出口卷烟计划购进的卷烟免征增值税、消费税。

5. 发生增值税、消费税不应退税或免税但已实际退税或免税的，出口企业和其他单位应当补缴已退或已免税款。

6. 出口企业和其他单位出口的货物（不包括本通知附件7所列货物），如果原材料成本80%以上为附件9所列原料的，应执行该原料的增值税、消费税政策，上述出口货物的增值税退税率为附件9所列该原料海关税则号在出口货物劳务退税率文库中对应的退税率。

7. 国家批准的免税品经营企业销售给免税店的进口免税货物免征增值税。

（三）外贸企业核算要求

外贸企业应单独设账核算出口货物的购进金额和进项税额，若购进货物时不能确定是用于出口的，先记入出口库存账，用于其他用途时应从出口库存账转出。

（四）符合条件的生产企业已签订出口合同的交通运输工具和机器设备，在其退税凭证尚未收集齐全的情况下，可凭出口合同、销售明细账等，向主管税务机关申报免抵退税。在货物向海关报关出口后，应按规定申报退（免）税，并办理已退（免）税的核销手续。多退（免）的税款，应予追回。生产企业申请时应同时满足以下条件：

1. 已取得增值税一般纳税人资格。

2. 已持续经营2年及2年以上。

3. 生产的交通运输工具和机器设备生产周期在1年及1年以上。

4. 上一年度净资产大于同期出口货物增值税、消费税退税额之和的3倍。

5. 持续经营以来从未发生逃税、骗取出口退税、虚开增值税专用发票或农产品收购发票、接受虚开增值税专用发票（善意取得虚开增值税专用发票除外）行为。

十、出口企业及其他单位具体认定办法及出口退（免）税具体管理办法，由国家税务总局另行制定。

十一、本通知除第一条第（二）项关于国内航空供应公司生产销售给国内和国外航空公司国际航班的航空食品适用增值税退（免）税政策，第六条第（一）项关于国家批准设立的免税店销售的免税货物、出口企业或其他单位未按规定申报或未补齐增值税退（免）税凭证的出口货物劳务、第九条第（二）项关于国家批准的免税品经营企业销售给免税店的进口免税货物适用增值税免税政策的有关规定自2011年1月1日起执行外，其他规定均自2012年7月1日起实施。《废止的文件和条款目录》（见附件10）所列的相应文件同时废止。

附件（略）：1. 国家规定不允许经营和限制出口的货物
2. 贷款机构和中标机电产品的具体范围
3. 海洋工程结构物和海上石油天然气开采企业的具体范围
4. 视同自产货物的具体范围
5. 列名生产企业的具体范围
6. 列名原材料的具体范围
7. 含黄金、铂金成分的货物和钻石及其饰品的具体范围
8. 国家计划内出口的卷烟的具体范围
9. 原料名称和海关税则号表
10. 废止的文件和条款目录

财政部　国家税务总局关于广告费和业务宣传费支出税前扣除政策的通知

2012年5月30日　财税［2012］48号

各省、自治区、直辖市、计划单列市财政厅（局）、国家税务局、地方税务局，新疆生产建设兵团财务局：

根据《中华人民共和国企业所得税法实施条例》（国务院令第512号）第四十四条规定，现就有关广告费和业务宣传费支出税前扣除政策通知如下：

1. 对化妆品制造与销售、医药制造和饮料制造（不含酒类制造，下同）企业发生的广告费和业务宣传费支出，不超过当年销售（营业）收入30%的部分，准予扣除；超过部分，准予在以后纳税年度结转扣除。

2. 对签订广告费和业务宣传费分摊协议（以下简称分摊协议）的关联企业，其中一方发生的不超过当年销售（营业）收入税前扣除限额比例内的广告费和业务宣传费支出可以在本企业扣除，也可以将其中的部分或全部按照分摊协议归集至另一方扣除。另一方在计算本企业广告费和业务宣传费支出企业所得税税前扣除限额时，可将按照上述办法归集至本企业的广告费和业务宣传费不计算在内。

3. 烟草企业的烟草广告费和业务宣传费支出，一律不得在计算应纳税所得额时扣除。

4. 本通知自2011年1月1日起至2015年12月31日止执行。

财政部　国家税务总局关于交通运输业和部分现代服务业营业税改征增值税试点若干税收政策的补充通知

2012年6月29日　财税［2012］53号

各省、自治区、直辖市、计划单列市财政厅（局）、国家税务局、地方税务局，新疆生产建设兵团财务局：

现就试点地区开展交通运输业和部分现代服务业营业税改征增值税试点有关税收政策补充通知如下：

一、未与我国政府达成双边运输免税安排的国家和地区的单位或者个人，向境内单位或者个人提供的国际运输服务，符合《交通运输业和部分现代服务业营业税改征增值税试点实施办法》（财税［2011］111

号，以下称《试点实施办法》）第六条规定的，试点期间扣缴义务人暂按3%的征收率代扣代缴增值税。

应扣缴税额按照下列公式计算：

应扣缴税额 = 接受方支付的价款 ÷（1 + 征收率）× 征收率

二、被认定为动漫企业的试点纳税人中的一般纳税人，为开发动漫产品提供的动漫脚本编撰、形象设计、背景设计、动画设计、分镜、动画制作、摄制、描线、上色、画面合成、配音、配乐、音效合成、剪辑、字幕制作、压缩转码（面向网络动漫、手机动漫格式适配）服务，以及在境内转让动漫版权（包括动漫品牌、形象或者内容的授权及再授权），自试点开始实施之日至2012年12月31日，可以选择适用简易计税方法计算缴纳增值税，但一经选择，在此期间不得变更计税方法。

动漫企业和自主开发、生产动漫产品的认定标准和认定程序，按照《文化部　财政部　国家税务总局关于印发〈动漫企业认定管理办法（试行）〉的通知》（文市发［2008］51号）的规定执行。

三、船舶代理服务统一按照港口码头服务缴纳增值税。《财政部　国家税务总局关于交通运输业和部分现代服务业营业税改征增值税试点若干税收政策的通知》（财税［2011］133号）第四条中“提供船舶代理服务的单位和个人，受船舶所有人、船舶经营人或者船舶承租人委托向运输服务接收方或者运输服务接收方代理人收取的运输服务收入，应当按照水路运输服务缴纳增值税”的规定相应废止。

四、试点纳税人中的一般纳税人，以试点实施之前购进或者自制的有形动产为标的物提供的经营租赁服务，试点期间可以选择适用简易计税方法计算缴纳增值税。

五、本通知第一条、第二条、第三条自2012年1月1日起执行，第四条自2012年7月1日起执行。

财政部　国家税务总局关于在北京等8省市开展交通运输业和部分现代服务业营业税改征增值税试点的通知

2012年7月31日　财税［2012］71号

各省、自治区、直辖市、计划单列市财政厅（局）、国家税务局、地方税务局，新疆生产建设兵团财务局：

经国务院批准，将交通运输业和部分现代服务业营业税改征增值税试点范围，由上海市分批扩大至北京等8个省（直辖市）。现将有关事项通知如下：

一、试点地区

北京市、天津市、江苏省、安徽省、浙江省（含宁波市）、福建省（含厦门市）、湖北省、广东省（含深圳市）。

二、试点日期

试点地区应自2012年8月1日开始面向社会组织实施试点工作，开展试点纳税人认定和培训、征管设备和系统调试、发票税控系统发行和安装，以及发票发售等准备工作，确保试点顺利推进，按期实现新旧税制转换。

北京市应当于2012年9月1日完成新旧税制转换。江苏省、安徽省应当于2012年10月1日完成新旧税制转换。福建省、广东省应当于2012年11月1日完成新旧税制转换。天津市、浙江省、湖北省应当于2012年12月1日完成新旧税制转换。

三、试点地区自新旧税制转换之日起，适用下列试点税收政策文件：

（一）《交通运输业和部分现代服务业营业税改征增值税试点实施办法》（财税［2011］111号）；

（二）《交通运输业和部分现代服务业营业税改征增值税试点有关事项的规定》（以下称《试点有关事项的规定》，财税［2011］111号）；

（三）《交通运输业和部分现代服务业营业税改征增值税试点过渡政策的规定》（以下称《试点过渡政策的规定》，财税［2011］111号）；

（四）《财政部国家税务总局关于应税服务适用增值税零税率和免税政策的通知》（财税［2011］131号）；

（五）《总机构试点纳税人增值税计算缴纳暂行办法》（财税［2011］132号）；

（六）《财政部国家税务总局关于交通运输业和部分现代服务业营业税改征增值税试点若干税收政策的通知》（以下称《试点若干政策通知》，财税［2011］133号）；

（七）《财政部国家税务总局关于交通运输业和部分现代服务业营业税改征增值税试点若干税收政策的补充通知》（财税［2012］53号）。

四、上述税收政策文件的有关内容修改如下

（一）《试点有关事项的规定》

1. 第一条第（四）项中，“2012年1月1日（含）”修改为“该地区试点实施之日（含）”。

试点实施之日是指完成新旧税制转换之日，下同。

2. 第一条第（五）项中，“试点地区应税服务年销售额未超过500万元的原公路、内河货物运输业自开票纳税人，应当申请认定为一般纳税人。”的规定废止。

3. 第一条第（六）项中，“2011年12月31日（含）”修改为“该地区试点实施之日”。

4. 第三条第（一）项第6点中，“2012年1月1日（含）”修改为“该地区试点实施之日（含）”。

5. 第三条第（三）项中，“2011年12月31日”修改为“该地区试点实施之日前”。

（二）《试点过渡政策的规定》

1. 第一条第（六）项中，“2012年1月1日”修改为“本地区试点实施之日”，“上海”修改为“属于试点地区的中国服务外包示范城市”。

2. 第三条中“2011年12月31日（含）”修改为“本地区试点实施之日”。

（三）《试点若干政策通知》

1. 第一条中，“2012年1月1日（含）”修改为“本地区试点实施之日（含）”；“2011年12月31日（含）”修改为“本地区试点实施之日”。

2. 第三条第（一）项中，“截至2011年12月31日尚未扣除的部分，不得在计算试点纳税人2012年1月1日后的销售额时予以抵减”，修改为“截至本地区试点实施之日前尚未扣除的部分，不得在计算试点纳税人本地区试点实施之日（含）后的销售额时予以抵减”。

3. 第三条第（二）项中，“2011年底”修改为“本地区试点实施之日”，“2012年1月1日”修改为“本地区试点实施之日（含）”。

4. 第三条第（三）项中，“2011年底”修改为“本地区试点实施之日”。

5. 第七条第（一）项规定的注册在试点地区的单位从事航空运输业务缴纳增值税和营业税的有关问题另行通知。

五、这次营业税改征增值税试点，范围广、时间紧、任务重，试点地区要高度重视，切实加强试点工作的组织领导，精心组织、周密安排、明确责任，采取各种有效措施，做好试点前的各项准备以及试点过程中的监测分析和宣传解释等工作，确保改革的平稳、有序、顺利进行。遇到问题及时向财政部和国家税务总局反映，财政部和国家税务总局将加强对试点工作的指导。

附　录

有关国家标准

国家标准：《全国组织机构代码编制规则》GB 11714—1997

前　言

本标准根据国家技术监督局1997年国家标准制修订项目补充计划，对GB/T 11714—1995《全国组织机构代码编制规则》进行修订。

本标准在标准性质和标准内容上作了以下改动。

1）本标准作为强制性标准代替GB/T11714—1995。

2）根据GB/T1.1—1993的规定本标准增加了前言部分。

本标准的附录A是标准的附录；

本标准的附录B是提示的附录。

本标准于1989年11月7日首次发布，1995年6月21日第一次修订。

本标准从实施之日起代替GB/T11714—1995。

本标准由中央机构编制委员会办公室、民政部、国家统计局提出。

本标准由全国组织机构代码管理中心归口。

本标准由全国组织机构代码管理中心负责解释。

本标准主要起草单位：全国组织机构代码管理中心、国家统计局统计设计与管理司、中央机构编制委员会办公室事业局、民政部社团管理司、中国人民银行会计司、国家税务总局征管司及信息中心、国家国有资产管理局统计评价司、国家信息中心综合部、国家工商行政管理局企业注册局

中华人民共和国国家标准

GB 11714—1997
代替GB 11714—1995

全国组织机构代码编制规则

Rules of coding for the representation of organization

1　范围

本标准规定了全国组织机构代码的编码方法，使全国各机关、团体、企事业单位等组织机构均获得一个唯一的、始终不变的法定代码，以适应政府部门的统一管理和业务单位实现计算机自动化管理的需要。

本标准适用于全国组织机构代码的编制、信息处理和信息交换。

2　代码的结构和表示形式

2.1　代码的结构

全国组织机构代码由八位数字（或大写拉丁字母）本体代码和一位数字（或大写拉丁字母）校验码

组成。

2.1.1 本体代码采用系列（即分区段）顺序编码方法。

2.1.2 校验码按下列公式计算：

$$C_9 = 11 - MOD(\sum_{i=1}^{8} C_i \times W_i, 11)$$

式中：MOD——表示求余函数；

i——表示代码字符从左至右位置序号；

C_i——表示第 i 位置上的代码字符的值；

C_9——表示校验码；

W_i——表示第 i 位置上的加权因子，其数值如下表：

I	1	2	3	4	5	6	7	8
W_i	3	7	9	10	5	8	4	2

当 MOD 函数值为 1（$C_9 = 10$）时，校验码应用大写拉丁字母 X 表示；当 MOD 函数值为 0 即（$C_9 = 11$）时，校验码仍用 0 表示。

2.2 代码的表示形式

为便于人工识别，应使用一个连字符“—”分隔本体代码与校验码。机读时，连字符省略。表示形式为：

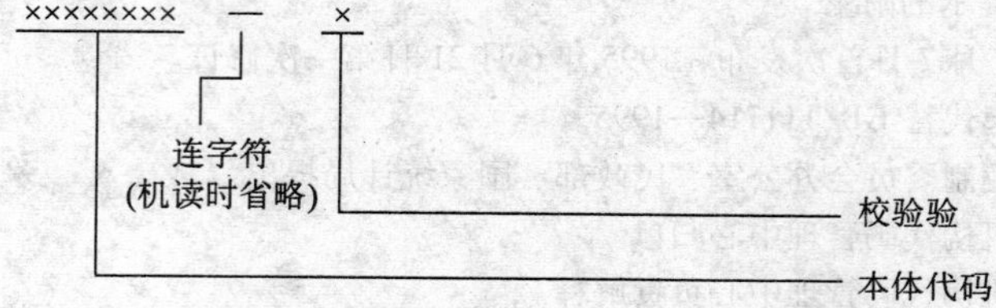

3 自定义区

为满足各系统管理上的特殊需要，本标准规定本体代码 PDY00001 至 PDY99999 为自定义区，供各系统编制内部组织机构代码使用。自定义区内编制的组织机构代码不作为各系统之间信息交换的依据。

国家标准：《中央党政机关、人民团体及其他机构代码》GB/T4657—2002

1 范围

本标准规定了中央一级的党政机关、人民团体及其他机构的代码。

本标准适用于信息处理和信息交换。

2 编制原则

2.1 根据国务院确定的机构设置方案，对 GB/T4657—1995 中未变动的机构和仅改变名称的机构保留原代码，新增设的机构赋予新的代码。

2.2 当几个机构合并为一个新机构时，在不破坏分类结构的前提下，新合并的机构代码使用合并前的一个机构的原代码。

2.3 本标准中全国人民代表大会常务委员会简称全国人大，中国人民政治协商会议全国委员会简称全国政协，最高人民检察院简称高检，最高人民法院简称高法，中国共产党中央委员会简称中央。

2.4 本标准中凡机构中带有中华人民共和国前缀的均省略前缀，如：中华人民共和国外交部简称外交部，依此类推。

2.5 本标准中各机构代码的先后顺序不作为各机构在其他领域、场合中排列顺序的依据。

3 编码方法

3.1 本标准采用序列顺序编码法。

3.2 代码用三位数字表示，第 1 位数字表示类别，第 2、3 位数字表示各类中的机构顺序。

3.3 代码结构如图 1 所示。

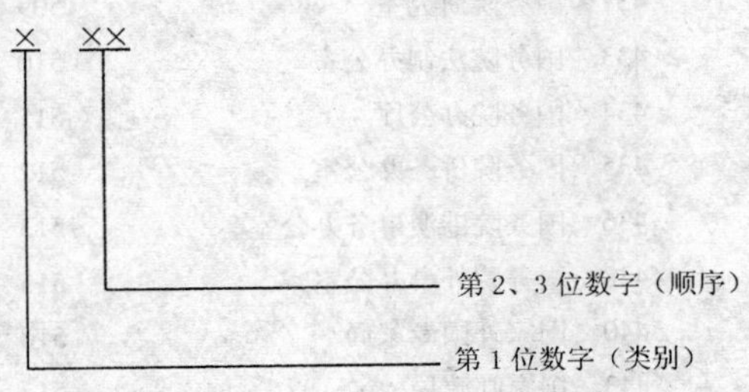

图 1　代码结构图

类别标识如下：

1——全国人大、全国政协、高检、高法

2——中央直属机关及直属事业单位

3——国务院各部委

4、6——国务院直属机构、办事机构、事业单位及部委管理的国家局和综合性行业协会

5——国家级金融机构、经济实体

7——全国性人民团体、民主党派机关

0、8、9——备用

4 代码表

101 全国人大常委会办公厅

131 全国政协办公厅

151 最高人民检察院

161 最高人民法院

199 其他

201 中央办公厅

203 中央组织部

211 中央宣传部

213 中央统战部

215 中央对外联络部

216 中央政法委员会

218 中央政策研究室

222 中央纪律检查委员会

223 中央对外宣传办公室（国务院新闻办公室）

224 中央财经领导小组办公室

225 中央机构编制委员会办公室

226 中央外事领导小组办公室

231 中央台湾工作办公室（国务院台湾事务办公室）

233 中央直属机关事务管理局

234 中央直属机关工作委员会

236 中央企业工作委员会

237 中央金融工作委员会

241 中央档案馆（国家档案局）

243 中央保密委员会办公室（国家保密局）

281 中央党校
282 人民日报社
283 中央党史研究室
284 中央文献研究室
285 中央编译局
286 人力资源和社会保障部
299 其他
301 外交部
302 国防部
303 国家发展和改革委员会
304 国务院国有资产监督管理委员会（监管企业）
305 国务院国有资产监督管理委员会（机关管理企业）
306 科学技术部
307 国防科学技术工业局（委员会）
308 国家民族事务委员会
311 监察部
312 公安部
313 国家安全部
314 民政部
315 司法部
318 财政部
319 审计署
320 中国人民银行
322 商务部
324 国土资源部
326 农业部
327 国家林业局
328 国务院扶贫开发领导小组办公室
332 水利部
333 住房和城乡建设部
342 国家安全生产监督管理总局
347 铁道部
350 交通运输部
357 文化部
359 国家广播电影电视总局
360 教育部
361 卫生部
362 国家体育总局
363 国家人口和计划生育委员会
364 全国社会保障基金理事会
365 全国哲学社会科学规划办
399 其他
410 国家统计局
411 国家信访局
414 国家工商行政管理总局
415 海关总署
416 中国气象局
417 中国民用航空局
418 国家海洋局
419 中国地震局
420 国家旅游局
421 国家新闻出版总署（国家版权局）
422 国家质量技术监督局
424 国家食品药品监督管理局
426 国家语言文字工作委员会
427 国家宗教事务局
429 国务院参事室
430 国务院机关事务管理局
431 国务院研究室
433 国务院法制办公室
434 国务院办公厅
435 国务院侨务办公室
436 国务院港澳事务办公室
438 国务院外事办公室
440 国家外国专家局
443 国家邮政局
444 国家税务总局
445 国家外汇管理局
446 国家质量监督检验检疫总局
447 国家保密局（中央保密委员会办公室）
449 国家粮食局
450 国家物资储备局
453 国家文物局
456 国家烟草专卖局
458 国家核安全局
463 国家知识产权局
466 国家测绘局
467 环境保护部
468 国家中医药管理局
469 中国外文出版发行事业局
480 国家自然科学基金委员会
481 国家信息中心
482 中国工程院
483 国家行政学院
484 中央国家机关工作委员会
485 中国银行业监督管理委员会
489 国家电力监管委员会
490 新华通讯社
491 中国科学院
492 中国社会科学院
493 国务院发展研究中心
494 中国保险监督管理委员会
497 中国证券监督管理委员会
498 中国工程物理研究院
499 其他
501 中国工商银行
502 中国农业银行
503 中国银行
504 中国建设银行
505 中国人民保险公司
506 交通银行
509 中国光大（集团）总公司
510 中国邮政集团公司
511 中国船舶工业集团公司
512 中国国际信托投资公司
513 中国石油化工集团公司
515 中国石油天然气集团公司
516 新兴际华集团有限公司
517 中国核工业集团公司
518 中国兵器工业集团公司
519 中国储备棉管理总公司
520 中国能源建设集团有限公司
523 北京有色金属研究总院
524 北京矿冶研究总院
525 中国港中旅集团公司
526 中国中煤能源集团公司
527 中国电力建设集团有限公司
528 国家开发投资公司
529 招商局集团有限公司
530 华润（集团）有限公司
531 中国船舶重工集团公司
534 中国铝业公司
535 中国印刷集团公司
536 国家电网公司
537 华侨城集团公司
538 中国东方电气集团有限公司
539 中国西电集团公司
540 南光（集团）有限公司
543 中国冶金地质总局

544 中国建筑工程总公司
546 中国海洋石油总公司
547 中国煤炭地质总局
548 哈尔滨电气集团公司
549 武汉钢铁（集团）公司
550 中国第一汽车集团公司
551 东风汽车公司
552 中国华电集团公司
553 中国长江三峡集团公司
554 中国黄金集团公司
555 中国联合网络通信集团有限公司
556 中国电信集团公司
557 中国移动通信集团公司
559 中国国电集团公司
560 国家开发银行
561 中国进出口银行
562 中国农业发展银行
564 中国铁路通信信号集团公司
565 中国铁路工程总公司
566 中国铁道建筑总公司
567 中国北方机车车辆工业集团公司
568 中国南车集团公司
569 中国电子科技集团公司
570 中国储备粮管理总公司
571 中国建筑设计研究院
572 中国建筑科学研究院
575 电信科学技术研究院
576 武汉邮电科学研究院
578 彩虹集团公司
579 中国盐业总公司
580 中国诚通控股集团有限公司
582 中国华能集团公司
592 中国第一重型机械集团公司
593 中国第二重型机械集团公司
594 中国广东核电集团有限公司
595 中国华录集团有限公司
596 中国大唐集团公司
597 神华集团有限责任公司
598 中国电力投资集团公司
599 其他
600 中国机械工业集团有限公司
605 中国化学工程集团公司
608 宝钢集团有限公司
609 鞍钢集团公司
612 中国中钢集团公司
613 中国冶金科工集团有限公司
615 中国电子信息产业集团有限公司
616 中国南方电网有限责任公司
617 中国普天信息产业集团公司
621 中国远洋运输（集团）总公司
622 中国外运长航集团有限公司
623 中国海运（集团）总公司
624 中国交通建设集团有限公司
628 中国轻工集团公司
634 华诚投资管理有限公司
637 中国恒天集团公司
638 中国医药集团总公司
639 中国化工集团公司
640 中国建筑材料集团有限公司
641 中国中材集团公司
642 中国有色矿业集团有限公司
643 中国农业发展集团总公司
647 中国林业集团公司
651 中国通用技术（集团）控股有限责任公司
652 中粮集团有限公司
653 中国中纺集团公司
654 中国工艺（集团）公司
655 中国中化集团公司
656 中国五矿集团公司
659 中国中丝集团公司
666 中国华孚贸易发展集团公司
671 中国国际技术智力合作公司
673 中国国旅集团有限公司
680 上海贝尔股份有限公司
682 中国节能环保集团公司
684 中国国际工程咨询公司
687 中国航空工业集团公司
689 中国航天科技集团公司
690 中国航天科工集团公司
691 中国核工业建设集团公司
692 中国兵器装备集团公司
693 中国出版集团
697 珠海振戎公司
702 中国保利集团公司
707 中国煤炭科工集团有限公司
708 机械科学研究总院
710 中国钢研科技集团公司
711 中华全国总工会
712 中国共产主义青年团中央委员会
713 中华全国妇女联合会
714 中华全国工商联合会
715 中华职业教育社
721 中国文学艺术界联合会
722 中华全国新闻工作者协会
723 中国作家协会
726 中国法学会
731 中国科学技术协会
741 中国国际贸易促进委员会
751 中国人民对外友好协会
752 中国人民外交协会
753 中国国民党革命委员会中央委员会
754 中国民主同盟中央委员会
755 中国民主建国会中央委员会
756 中国民主促进会中央委员会
757 中国农工民主党中央委员会
758 中国致公党中央委员会
759 九三学社中央委员会
760 台湾民主自治同盟中央委员会
761 中国红十字会总会
762 中国残疾人联合会
771 中华全国归国华侨联合会
772 中华全国台湾同胞联谊会
773 欧美同学会
774 黄埔军校同学会
781 宋庆龄基金会
782 中国发展研究基金会
783 国家交通战备办公室
784 国华工程承包公司
785 国务院三峡工程建设委员会办公室
786 国务院三峡移民局
787 国家空中交通管制委员会
788 中国藏学研究中心
789 矿业协会
790 国务院军转办
796 中国汽车技术研究中心
799 其他
801 解放军
802 武警
803 总装备部

804 武警内卫部队
805 新疆生产建设兵团
806 武警边防局
807 武警消防局
808 武警警卫局
809 武警森林指挥部
810 武警黄金指挥部
811 武警水电指挥部
812 武警交通指挥部
850 招商银行
851 中国民族国际信托投资公司
852 中国民族证券有限责任公司
853 中国金谷国际信托投资有限责任公司
854 中煤信托投资有限责任公司
855 中国科技国际信托投资有限责任公司
856 中央国债登记结算公司
857 中国银河证券有限责任公司
858 中信证券有限责任公司
859 中国人寿保险公司
860 中国再保险公司
861 中国出口信用保险公司
862 中国保险股份有限公司
864 中华联合财产保险公司
865 中国经济开发信托投资公司
866 中国信达资产管理公司
867 中国长城资产管理公司
868 中国东方资产管理公司
869 中国华融资产管理公司
901 中央人民政府驻香港特别行政区联络办
902 中央人民政府驻澳门特别行政区联络办
903 总参二部
905 经济日报社
906 《求是》杂志社
907 光明日报社
908 中国日报社
910 中国航空集团公司
911 中国东方航空集团公司
912 中国南方航空集团公司
913 中国民航信息集团公司
914 中国航空油料集团公司
915 中国航空器材集团公司
918 中国铁路物资总公司
921 中国印钞造币总公司
923 国家核电技术有限公司
952 全国政协民族宗教委员会
953 中国思想政治工作研究会
956 中国投资有限责任公司
957 中国国际金融有限公司
958 国家能源局
959 国务院南水北调工程建设委员会办公室
960 中央防范和处理邪教问题领导小组办公室
975 中华全国供销合作总社
992 工业和信息化部
995 中国国新控股有限责任公司
996 中国商用飞机有限责任公司
997 中国金币总公司
998 中国华粮物流集团公司
999 其他

国家标准：《中华人民共和国行政区划代码》GB/T2260—2007

前　言

GB/T2260《中华人民共和国行政区划代码》自1980年制定发布以来，已广泛应用于我国计划、统计、人口普查、工业普查、社会保障、信息化、教育、人事管理、组织机构管理等诸多领域。实践证明，此项标准是我国现代化管理中一项重要的基础标准。

关于行政区划代码，除GB/T2260外，另有一项可与GB/T2260配套使用的国家标准GB/T10114—1988《县以下行政区划代码编制规则》。

GB/T2260的本次修订以国家批准的1999年1月1日至2001年12月31日我国县级及县级以上行政区划变更为修订依据。

本次标准的修订版本代替GB/T2260—1999版本。

本次标准的修订版本与GB/T2260—1999版本相比主要变化如下：

——遵从GB/T1.1—2000《标准化工作导则　第1部分：标准的结构和编写规则》的要求，“引用标准”一章改为“规范性引用文件”，且其引导语有所改变；附录中说明附录性质的“提示的附录”改为“资料性附录”。

——增加了一项规范性引用文件：GB/T3304—1991《中国各民族名称的罗马字母拼写法和代码》，并在标准的第4.5条中给出了相应的引用表述。

——代码表中“数字码”一词被替换为“代码”，标准第3章标题中的“数字代码”改为“行政区划代码”，标准第4章标题中的“字母代码”改为“行政区划名称的字母缩写代码”。

——根据GB/T20001.3—2001《标准编写规则　第3部分：信息分类编码》有关代码表中同层的编码对象名称要上下对齐的格式要求，将代码表中县名称与市辖区名称的排列格式统一改为左起空一个字的排列格式。

——根据行政区划变更情况对代码表所作的修改合计为：撤销代码432个，新赋代码473个；撤销字母码94个，新赋字母码94个；区划名称变化152处；参见附录B。

——在附录B“中华人民共和国行政区划代码变更对照表”中，增加了“字母码变更对照表”。

本标准的附录A、附录B均为资料性附录。

本标准由中国标准研究中心提出并归口。

本标准由中国标准研究中心负责起草，中国测绘研究院参加起草。

本标准主要起草人：李小林、张铭、张爱、赵艳华、冯卫、张义。

本标准于1980年12月首次发布，1982年第一次修订，1984年第二次修订，1986年第三次修订，1988年第四次修订，1991年第五次修订，1995年第六次修订，1999年第七次修订，本次为第八次修订。

国家标准：《中华人民共和国行政区划代码》GB/T2260—2007

1　范围

本标准规定了中华人民共和国县级及县级以上行政区划代码，还规定了行政区划名称的字母缩写代码。

本标准适用于对县级及县级以上行政区划进行标识、信息处理和数据交换等过程。

对于县级以下的行政区划，GB/T10114《县以下行政区划代码编制规则》可作为本标准的补充和延拓，与本标准配合使用。

2　规范性引用文件

下列文件中的条款通过本标准的引用而成为本标准的条款。凡是注日期的引用文件，其随后所有的修改单（不包括勘误的内容）或修订版均不适用于本标准，然而，鼓励根据本标准达成协议的各方研究是否可使用这些文件的最新版本。凡是不注日期的引用文件，其最新版本适用于本标准。

GB/T3304—1991　中国各民族名称的罗马字母拼写法和代码

GB/T7407—1997　中国及世界主要海运贸易港口代码

GB/T15514—1998　中华人民共和国口岸及其有关地点代码

3　行政区划代码的编制原则和结构

3.1　本标准采用三层六位数字代码，按层次分别表示我国各省（自治区、直辖市、特别行政区）、市（地区、自治州、盟）、县（自治县、县级市、旗、自治旗、市辖区、林区、特区）。

3.2　行政区划代码从左至右的含义是：

第一层即前两位代码表示省、自治区、直辖市、特别行政区。

第二层即中间两位代码表示市、地区、自治州、盟、直辖市所属市辖区（县、县级市）汇总码、省（自治区）直辖县级行政单位汇总码，其中：

a）01—20、51—70 表示市，01、02、03 还用于表示直辖市所属市辖区（县、县级市）汇总码；

b）21—50 表示地区、自治州、盟；

c）90 表示省（自治区）直辖县级行政单位汇总码。

第三层即后两位表示县、自治县、县级市、旗、自治旗、市辖区、林区、特区，其中：

a）01—20 表示市辖区、地区（自治州、盟）辖县级市、市辖特区；

b）21—80 表示县、自治县、旗、自治旗、林区、地区辖特区；

c）81—99 表示省辖县级市。

3.3 为保证代码的惟一性，行政区划若有变更，原区划代码不再赋予其他行政区划。

4 行政区划名称的字母缩写代码编制原则和结构

4.1 行政区划名称字母缩写代码（简称字母码），遵循科学性、统一性、实用性编码原则，参照县及县以上行政区划名称汉语拼音的罗马字母拼写，取三位字母表示。

4.2 省、自治区、直辖市、特别行政区一级的行政区划名称字母码用两位字母表示。

4.3 行政区划名称字母码采用国家标准 GB/T15514 或 GB/T7407 的字母码，在代码表用 * 号标出。

4.4 以蒙古语、维吾尔语、藏语命名的行政区划名称，参照其各自语言音译转写的罗马字母拼写，取三位字母表示，并在代码表中用 * * 号标出。

4.5 除 4.4 条所述情况外，行政区划名称的罗马字母拼写一般采用汉语拼音形式，但当行政区划名称中含有民族名称时，该民族名称的罗马字母拼写采用 GB/T3304—1991 规定的拼写形式。

注：①本标准根据实际工作需要，按照国家统计局 2004 年 9 月 30 日发布的标准进行了补充。

②代码表中删减了字母码。

省、自治区、直辖市、特别行政区代码表

代　码	名　称	字母码	代　码	名　称	字母码
110000	北京市	BJ	430000	湖南省	HN
120000	天津市	TJ	440000	广东省	GD
130000	河北省	HE	450000	广西壮族自治区	GX
140000	山西省	SX	460000	海南省	HI
150000	内蒙古自治区	NM	500000	重庆市	CQ
210000	辽宁省	LN	510000	四川省	SC
220000	吉林省	JL	520000	贵州省	GZ
230000	黑龙江省	HL	530000	云南省	YN
310000	上海市	SH	540000	西藏自治区	XZ
320000	江苏省	JS	610000	陕西省	SN
330000	浙江省	ZJ	620000	甘肃省	GS
340000	安徽省	AH	630000	青海省	QH
350000	福建省	FJ	640000	宁夏回族自治区	NX
360000	江西省	JX	650000	新疆维吾尔自治区	XJ
370000	山东省	SD	710000	台湾省	TW
410000	河南省	HA	810000	香港特别行政区	HK
420000	湖北省	HB	820000	澳门特别行政区	MO

续表

数字码	名　称	数字码	名　称	数字码	名　称
110000	北京市	120223	静海县	130223	滦县
110100	市辖区	120225	蓟县	130224	滦南县
110101	东城区	130000	河北省	130225	乐亭县
110102	西城区	130100	石家庄市	130227	迁西县
110105	朝阳区	130101	市辖区	130229	玉田县
110106	丰台区	130102	长安区	130230	唐海县
110107	石景山区	130103	桥东区	130281	遵化市
110108	海淀区	130104	桥西区	130283	迁安市
110109	门头沟区	130105	新华区	130300	秦皇岛市
110111	房山区	130107	井陉矿区	130301	市辖区
110112	通州区	130108	裕华区	130302	海港区
110113	顺义区	130121	井陉县	130303	山海关区
110114	昌平区	130123	正定县	130304	北戴河区
110115	大兴区	130124	栾城县	130321	青龙满族自治县
110116	怀柔区	130125	行唐县	130322	昌黎县
110117	平谷区	130126	灵寿县	130323	抚宁县
110200	县	130127	高邑县	130324	卢龙县
110228	密云县	130128	深泽县	130400	邯郸市
110229	延庆县	130129	赞皇县	130401	市辖区
120000	天津市	130130	无极县	130402	邯山区
120100	市辖区	130131	平山县	130403	丛台区
120101	和平区	130132	元氏县	130404	复兴区
120102	河东区	130133	赵县	130406	峰峰矿区
120103	河西区	130181	辛集市	130421	邯郸县
120104	南开区	130182	藁城市	130423	临漳县
120105	河北区	130183	晋州市	130424	成安县
120106	红桥区	130184	新乐市	130425	大名县
120110	东丽区	130185	鹿泉市	130426	涉县
120111	西青区	130200	唐山市	130427	磁县
120112	津南区	130201	市辖区	130428	肥乡县
120113	北辰区	130202	路南区	130429	永年县
120114	武清区	130203	路北区	130430	邱县
120115	宝坻区	130204	古冶区	130431	鸡泽县
120116	滨海新区	130205	开平区	130432	广平县
120200	县	130207	丰南区	130433	馆陶县
120221	宁河县	130208	丰润区	130434	魏县

续表

数字码	名称	数字码	名称	数字码	名称
130435	曲周县	130629	容城县	130803	双滦区
130481	武安市	130630	涞源县	130804	鹰手营子矿区
130500	邢台市	130631	望都县	130821	承德县
130501	市辖区	130632	安新县	130822	兴隆县
130502	桥东区	130633	易县	130823	平泉县
130503	桥西区	130634	曲阳县	130824	滦平县
130521	邢台县	130635	蠡县	130825	隆化县
130522	临城县	130636	顺平县	130826	丰宁满族自治县
130523	内丘县	130637	博野县	130827	宽城满族自治县
130524	柏乡县	130638	雄县	130828	围场满族蒙古族自治县
130525	隆尧县	130681	涿州市	130900	沧州市
130526	任县	130682	定州市	130901	市辖区
130527	南和县	130683	安国市	130902	新华区
130528	宁晋县	130684	高碑店市	130903	运河区
130529	巨鹿县	130700	张家口市	130921	沧县
130530	新河县	130701	市辖区	130922	青县
130531	广宗县	130702	桥东区	130923	东光县
130532	平乡县	130703	桥西区	130924	海兴县
130533	威县	130705	宣化区	130925	盐山县
130534	清河县	130706	下花园区	130926	肃宁县
130535	临西县	130721	宣化县	130927	南皮县
130581	南宫市	130722	张北县	130928	吴桥县
130582	沙河市	130723	康保县	130929	献县
130600	保定市	130724	沽源县	130930	孟村回族自治县
130601	市辖区	130725	尚义县	130981	泊头市
130602	新市区	130726	蔚县	130982	任丘市
130603	北市区	130727	阳原县	130983	黄骅市
130604	南市区	130728	怀安县	130984	河间市
130621	满城县	130729	万全县	131000	廊坊市
130622	清苑县	130730	怀来县	131001	市辖区
130623	涞水县	130731	涿鹿县	131002	安次区
130624	阜平县	130732	赤城县	131003	广阳区
130625	徐水县	130733	崇礼县	131022	固安县
130626	定兴县	130800	承德市	131023	永清县
130627	唐县	130801	市辖区	131024	香河县
130628	高阳县	130802	双桥区	131025	大城县

续表

数字码	名　称	数字码	名　称	数字码	名　称
131026	文安县	140221	阳高县	140581	高平市
131028	大厂回族自治县	140222	天镇县	140600	朔州市
131081	霸州市	140223	广灵县	140601	市辖区
131082	三河市	140224	灵丘县	140602	朔城区
131100	衡水市	140225	浑源县	140603	平鲁区
131101	市辖区	140226	左云县	140621	山阴县
131102	桃城区	140227	大同县	140622	应县
131121	枣强县	140300	阳泉市	140623	右玉县
131122	武邑县	140301	市辖区	140624	怀仁县
131123	武强县	140302	城区	140700	晋中市
131124	饶阳县	140303	矿区	140701	市辖区
131125	安平县	140311	郊区	140702	榆次区
131126	故城县	140321	平定县	140721	榆社县
131127	景县	140322	盂县	140722	左权县
131128	阜城县	140400	长治市	140723	和顺县
131181	冀州市	140401	市辖区	140724	昔阳县
131182	深州市	140402	城区	140725	寿阳县
140000	山西省	140411	郊区	140726	太谷县
140100	太原市	140421	长治县	140727	祁县
140101	市辖区	140423	襄垣县	140728	平遥县
140105	小店区	140424	屯留县	140729	灵石县
140106	迎泽区	140425	平顺县	140781	介休市
140107	杏花岭区	140426	黎城县	140800	运城市
140108	尖草坪区	140427	壶关县	140801	市辖区
140109	万柏林区	140428	长子县	140802	盐湖区
140110	晋源区	140429	武乡县	140821	临猗县
140121	清徐县	140430	沁县	140822	万荣县
140122	阳曲县	140431	沁源县	140823	闻喜县
140123	娄烦县	140481	潞城市	140824	稷山县
140181	古交市	140500	晋城市	140825	新绛县
140200	大同市	140501	市辖区	140826	绛县
140201	市辖区	140502	城区	140827	垣曲县
140202	城区	140521	沁水县	140828	夏县
140203	矿区	140522	阳城县	140829	平陆县
140211	南郊区	140524	陵川县	140830	芮城县
140212	新荣区	140525	泽州县	140881	永济市

续表

数字码	名　称	数字码	名　称	数字码	名　称
140882	河津市	141100	吕梁市	150222	固阳县
140900	忻州市	141101	市辖区	150223	达尔罕茂明安联合旗
140901	市辖区	141102	离石区	150300	乌海市
140902	忻府区	141121	文水县	150301	市辖区
140921	定襄县	141122	交城县	150302	海勃湾区
140922	五台县	141123	兴县	150303	海南区
140923	代县	141124	临县	150304	乌达区
140924	繁峙县	141125	柳林县	150400	赤峰市
140925	宁武县	141126	石楼县	150401	市辖区
140926	静乐县	141127	岚县	150402	红山区
140927	神池县	141128	方山县	150403	元宝山区
140928	五寨县	141129	中阳县	150404	松山区
140929	岢岚县	141130	交口县	150421	阿鲁科尔沁旗
140930	河曲县	141181	孝义市	150422	巴林左旗
140931	保德县	141182	汾阳市	150423	巴林右旗
140932	偏关县	150000	内蒙古自治区	150424	林西县
140981	原平市	150100	呼和浩特市	150425	克什克腾旗
141000	临汾市	150101	市辖区	150426	翁牛特旗
141001	市辖区	150102	新城区	150428	喀喇沁旗
141002	尧都区	150103	回民区	150429	宁城县
141021	曲沃县	150104	玉泉区	150430	敖汉旗
141022	翼城县	150105	赛罕区	150500	通辽市
141023	襄汾县	150121	土默特左旗	150501	市辖区
141024	洪洞县	150122	托克托县	150502	科尔沁区
141025	古县	150123	和林格尔县	150521	科尔沁左翼中旗
141026	安泽县	150124	清水河县	150522	科尔沁左翼后旗
141027	浮山县	150125	武川县	150523	开鲁县
141028	吉县	150200	包头市	150524	库伦旗
141029	乡宁县	150201	市辖区	150525	奈曼旗
141030	大宁县	150202	东河区	150526	扎鲁特旗
141031	隰县	150203	昆都仑区	150581	霍林郭勒市
141032	永和县	150204	青山区	150600	鄂尔多斯市
141033	蒲县	150205	石拐区	150601	市辖区
141034	汾西县	150206	白云鄂博矿区	150602	东胜区
141081	侯马市	150207	九原区	150621	达拉特旗
141082	霍州市	150221	土默特右旗	150622	准格尔旗

续表

数字码	名　称	数字码	名　称	数字码	名　称
150623	鄂托克前旗	150925	凉城县	210105	皇姑区
150624	鄂托克旗	150926	察哈尔右翼前旗	210106	铁西区
150625	杭锦旗	150927	察哈尔右翼中旗	210111	苏家屯区
150626	乌审旗	150928	察哈尔右翼后旗	210112	东陵区
150627	伊金霍洛旗	150929	四子王旗	210113	沈北新区
150700	呼伦贝尔市	150981	丰镇市	210114	于洪区
150701	市辖区	152200	兴安盟	210122	辽中县
150702	海拉尔区	152201	乌兰浩特市	210123	康平县
150721	阿荣旗	152202	阿尔山市	210124	法库县
150722	莫力达瓦达斡尔族自治旗	152221	科尔沁右翼前旗	210181	新民市
150723	鄂伦春自治旗	152222	科尔沁右翼中旗	210200	大连市
150724	鄂温克族自治旗	152223	扎赉特旗	210201	市辖区
150725	陈巴尔虎旗	152224	突泉县	210202	中山区
150726	新巴尔虎左旗	152500	锡林郭勒盟	210203	西岗区
150727	新巴尔虎右旗	152501	二连浩特市	210204	沙河口区
150781	满洲里市	152502	锡林浩特市	210211	甘井子区
150782	牙克石市	152522	阿巴嘎旗	210212	旅顺口区
150783	扎兰屯市	152523	苏尼特左旗	210213	金州区
150784	额尔古纳市	152524	苏尼特右旗	210224	长海县
150785	根河市	152525	东乌珠穆沁旗	210281	瓦房店市
150800	巴彦淖尔市	152526	西乌珠穆沁旗	210282	普兰店市
150801	市辖区	152527	太仆寺旗	210283	庄河市
150802	临河区	152528	镶黄旗	210300	鞍山市
150821	五原县	152529	正镶白旗	210301	市辖区
150822	磴口县	152530	正蓝旗	210302	铁东区
150823	乌拉特前旗	152531	多伦县	210303	铁西区
150824	乌拉特中旗	152900	阿拉善盟	210304	立山区
150825	乌拉特后旗	152921	阿拉善左旗	210311	千山区
150826	杭锦后旗	152922	阿拉善右旗	210321	台安县
150900	乌兰察布市	152923	额济纳旗	210323	岫岩满族自治县
150901	市辖区	210000	辽宁省	210381	海城市
150902	集宁区	210100	沈阳市	210400	抚顺市
150921	卓资县	210101	市辖区	210401	市辖区
150922	化德县	210102	和平区	210402	新抚区
150923	商都县	210103	沈河区	210403	东洲区
150924	兴和县	210104	大东区	210404	望花区

续表

数字码	名　称	数字码	名　称	数字码	名　称
210411	顺城区	210882	大石桥市	211302	双塔区
210421	抚顺县	210900	阜新市	211303	龙城区
210422	新宾满族自治县	210901	市辖区	211321	朝阳县
210423	清原满族自治县	210902	海州区	211322	建平县
210500	本溪市	210903	新邱区	211324	喀喇沁左翼蒙古族自治县
210501	市辖区	210904	太平区	211381	北票市
210502	平山区	210905	清河门区	211382	凌源市
210503	溪湖区	210911	细河区	211400	葫芦岛市
210504	明山区	210921	阜新蒙古族自治县	211401	市辖区
210505	南芬区	210922	彰武县	211402	连山区
210521	本溪满族自治县	211000	辽阳市	211403	龙港区
210522	桓仁满族自治县	211001	市辖区	211404	南票区
210600	丹东市	211002	白塔区	211421	绥中县
210601	市辖区	211003	文圣区	211422	建昌县
210602	元宝区	211004	宏伟区	211481	兴城市
210603	振兴区	211005	弓长岭区	220000	吉林省
210604	振安区	211011	太子河区	220100	长春市
210624	宽甸满族自治县	211021	辽阳县	220101	市辖区
210681	东港市	211081	灯塔市	220102	南关区
210682	凤城市	211100	盘锦市	220103	宽城区
210700	锦州市	211101	市辖区	220104	朝阳区
210701	市辖区	211102	双台子区	220105	二道区
210702	古塔区	211103	兴隆台区	220106	绿园区
210703	凌河区	211121	大洼县	220112	双阳区
210711	太和区	211122	盘山县	220122	农安县
210726	黑山县	211200	铁岭市	220181	九台市
210727	义县	211201	市辖区	220182	榆树市
210781	凌海市	211202	银州区	220183	德惠市
210782	北镇市	211204	清河区	220200	吉林市
210800	营口市	211221	铁岭县	220201	市辖区
210801	市辖区	211223	西丰县	220202	昌邑区
210802	站前区	211224	昌图县	220203	龙潭区
210803	西市区	211281	调兵山市	220204	船营区
210804	鲅鱼圈区	211282	开原市	220211	丰满区
210811	老边区	211300	朝阳市	220221	永吉县
210881	盖州市	211301	市辖区	220281	蛟河市

续表

数字码	名　称	数字码	名　称	数字码	名　称
220282	桦甸市	220702	宁江区	230127	木兰县
220283	舒兰市	220721	前郭尔罗斯蒙古族自治县	230128	通河县
220284	磐石市	220722	长岭县	230129	延寿县
220300	四平市	220723	乾安县	230182	双城市
220301	市辖区	220724	扶余县	230183	尚志市
220302	铁西区	220800	白城市	230184	五常市
220303	铁东区	220801	市辖区	230200	齐齐哈尔市
220322	梨树县	220802	洮北区	230201	市辖区
220323	伊通满族自治县	220821	镇赉县	230202	龙沙区
220381	公主岭市	220822	通榆县	230203	建华区
220382	双辽市	220881	洮南市	230204	铁锋区
220400	辽源市	220882	大安市	230205	昂昂溪区
220401	市辖区	222400	延边朝鲜族自治州	230206	富拉尔基区
220402	龙山区	222401	延吉市	230207	碾子山区
220403	西安区	222402	图们市	230208	梅里斯达斡尔族区
220421	东丰县	222403	敦化市	230221	龙江县
220422	东辽县	222404	珲春市	230223	依安县
220500	通化市	222405	龙井市	230224	泰来县
220501	市辖区	222406	和龙市	230225	甘南县
220502	东昌区	222424	汪清县	230227	富裕县
220503	二道江区	222426	安图县	230229	克山县
220521	通化县	230000	黑龙江省	230230	克东县
220523	辉南县	230100	哈尔滨市	230231	拜泉县
220524	柳河县	230101	市辖区	230281	讷河市
220581	梅河口市	230102	道里区	230300	鸡西市
220582	集安市	230103	南岗区	230301	市辖区
220600	白山市	230104	道外区	230302	鸡冠区
220601	市辖区	230108	平房区	230303	恒山区
220602	八道江区	230109	松北区	230304	滴道区
220605	江源区	230110	香坊区	230305	梨树区
220621	抚松县	230111	呼兰区	230306	城子河区
220622	靖宇县	230112	阿城区	230307	麻山区
220623	长白朝鲜族自治县	230123	依兰县	230321	鸡东县
220681	临江市	230124	方正县	230381	虎林市
220700	松原市	230125	宾县	230382	密山市
220701	市辖区	230126	巴彦县	230400	鹤岗市

续表

数字码	名称	数字码	名称	数字码	名称
230401	市辖区	230706	翠峦区	231005	西安区
230402	向阳区	230707	新青区	231024	东宁县
230403	工农区	230708	美溪区	231025	林口县
230404	南山区	230709	金山屯区	231081	绥芬河市
230405	兴安区	230710	五营区	231083	海林市
230406	东山区	230711	乌马河区	231084	宁安市
230407	兴山区	230712	汤旺河区	231085	穆棱市
230421	萝北县	230713	带岭区	231100	黑河市
230422	绥滨县	230714	乌伊岭区	231101	市辖区
230500	双鸭山市	230715	红星区	231102	爱辉区
230501	市辖区	230716	上甘岭区	231121	嫩江县
230502	尖山区	230722	嘉荫县	231123	逊克县
230503	岭东区	230781	铁力市	231124	孙吴县
230505	四方台区	230800	佳木斯市	231181	北安市
230506	宝山区	230801	市辖区	231182	五大连池市
230521	集贤县	230803	向阳区	231200	绥化市
230522	友谊县	230804	前进区	231201	市辖区
230523	宝清县	230805	东风区	231202	北林区
230524	饶河县	230811	郊区	231221	望奎县
230600	大庆市	230822	桦南县	231222	兰西县
230601	市辖区	230826	桦川县	231223	青冈县
230602	萨尔图区	230828	汤原县	231224	庆安县
230603	龙凤区	230833	抚远县	231225	明水县
230604	让胡路区	230881	同江市	231226	绥棱县
230605	红岗区	230882	富锦市	231281	安达市
230606	大同区	230900	七台河市	231282	肇东市
230621	肇州县	230901	市辖区	231283	海伦市
230622	肇源县	230902	新兴区	232700	大兴安岭地区
230623	林甸县	230903	桃山区	232721	呼玛县
230624	杜尔伯特蒙古族自治县	230904	茄子河区	232722	塔河县
230700	伊春市	230921	勃利县	232723	漠河县
230701	市辖区	231000	牡丹江市	310000	上海市
230702	伊春区	231001	市辖区	310100	市辖区
230703	南岔区	231002	东安区	310101	黄浦区
230704	友好区	231003	阳明区	310104	徐汇区
230705	西林区	231004	爱民区	310105	长宁区

续表

数字码	名　称	数字码	名　称	数字码	名　称
310106	静安区	320205	锡山区	320583	昆山市
310107	普陀区	320206	惠山区	320584	吴江市
310108	闸北区	320211	滨湖区	320585	太仓市
310109	虹口区	320281	江阴市	320600	南通市
310110	杨浦区	320282	宜兴市	320601	市辖区
310112	闵行区	320300	徐州市	320602	崇川区
310113	宝山区	320301	市辖区	320611	港闸区
310114	嘉定区	320302	鼓楼区	320612	通州区
310115	浦东新区	320303	云龙区	320621	海安县
310116	金山区	320305	贾汪区	320623	如东县
310117	松江区	320311	泉山区	320681	启东市
310118	青浦区	320312	铜山区	320682	如皋市
310120	奉贤区	320321	丰县	320684	海门市
310200	县	320322	沛县	320700	连云港市
310230	崇明县	320324	睢宁县	320701	市辖区
320000	江苏省	320381	新沂市	320703	连云区
320100	南京市	320382	邳州市	320705	新浦区
320101	市辖区	320400	常州市	320706	海州区
320102	玄武区	320401	市辖区	320721	赣榆县
320103	白下区	320402	天宁区	320722	东海县
320104	秦淮区	320404	钟楼区	320723	灌云县
320105	建邺区	320405	戚墅堰区	320724	灌南县
320106	鼓楼区	320411	新北区	320800	淮安市
320107	下关区	320412	武进区	320801	市辖区
320111	浦口区	320481	溧阳市	320802	清河区
320113	栖霞区	320482	金坛市	320803	楚州区
320114	雨花台区	320500	苏州市	320804	淮阴区
320115	江宁区	320501	市辖区	320811	清浦区
320116	六合区	320502	沧浪区	320826	涟水县
320124	溧水县	320503	平江区	320829	洪泽县
320125	高淳县	320504	金阊区	320830	盱眙县
320200	无锡市	320505	虎丘区	320831	金湖县
320201	市辖区	320506	吴中区	320900	盐城市
320202	崇安区	320507	相城区	320901	市辖区
320203	南长区	320581	常熟市	320902	亭湖区
320204	北塘区	320582	张家港市	320903	盐都区

续表

数字码	名　称	数字码	名　称	数字码	名　称
320921	响水县	321323	泗阳县	330322	洞头县
320922	滨海县	321324	泗洪县	330324	永嘉县
320923	阜宁县	330000	浙江省	330326	平阳县
320924	射阳县	330100	杭州市	330327	苍南县
320925	建湖县	330101	市辖区	330328	文成县
320981	东台市	330102	上城区	330329	泰顺县
320982	大丰市	330103	下城区	330381	瑞安市
321000	扬州市	330104	江干区	330382	乐清市
321001	市辖区	330105	拱墅区	330400	嘉兴市
321002	广陵区	330106	西湖区	330401	市辖区
321003	邗江区	330108	滨江区	330402	南湖区
321012	江都区	330109	萧山区	330411	秀洲区
321023	宝应县	330110	余杭区	330421	嘉善县
321081	仪征市	330122	桐庐县	330424	海盐县
321084	高邮市	330127	淳安县	330481	海宁市
321100	镇江市	330182	建德市	330482	平湖市
321101	市辖区	330183	富阳市	330483	桐乡市
321102	京口区	330185	临安市	330500	湖州市
321111	润州区	330200	宁波市	330501	市辖区
321112	丹徒区	330201	市辖区	330502	吴兴区
321181	丹阳市	330203	海曙区	330503	南浔区
321182	扬中市	330204	江东区	330521	德清县
321183	句容市	330205	江北区	330522	长兴县
321200	泰州市	330206	北仑区	330523	安吉县
321201	市辖区	330211	镇海区	330600	绍兴市
321202	海陵区	330212	鄞州区	330601	市辖区
321203	高港区	330225	象山县	330602	越城区
321281	兴化市	330226	宁海县	330621	绍兴县
321282	靖江市	330281	余姚市	330624	新昌县
321283	泰兴市	330282	慈溪市	330681	诸暨市
321284	姜堰市	330283	奉化市	330682	上虞市
321300	宿迁市	330300	温州市	330683	嵊州市
321301	市辖区	330301	市辖区	330700	金华市
321302	宿城区	330302	鹿城区	330701	市辖区
321311	宿豫区	330303	龙湾区	330702	婺城区
321322	沭阳县	330304	瓯海区	330703	金东区

续表

数字码	名　称	数字码	名　称	数字码	名　称
330723	武义县	331122	缙云县	340322	五河县
330726	浦江县	331123	遂昌县	340323	固镇县
330727	磐安县	331124	松阳县	340400	淮南市
330781	兰溪市	331125	云和县	340401	市辖区
330782	义乌市	331126	庆元县	340402	大通区
330783	东阳市	331127	景宁畲族自治县	340403	田家庵区
330784	永康市	331181	龙泉市	340404	谢家集区
330800	衢州市	340000	安徽省	340405	八公山区
330801	市辖区	340100	合肥市	340406	潘集区
330802	柯城区	340101	市辖区	340421	凤台县
330803	衢江区	340102	瑶海区	340500	马鞍山市
330822	常山县	340103	庐阳区	340501	市辖区
330824	开化县	340104	蜀山区	340502	金家庄区
330825	龙游县	340111	包河区	340503	花山区
330881	江山市	340121	长丰县	340504	雨山区
330900	舟山市	340122	肥东县	340521	当涂县
330901	市辖区	340123	肥西县	340522	含山县
330902	定海区	340124	庐江县	340523	和县
330903	普陀区	340181	巢湖市	340600	淮北市
330921	岱山县	340200	芜湖市	340601	市辖区
330922	嵊泗县	340201	市辖区	340602	杜集区
331000	台州市	340202	镜湖区	340603	相山区
331001	市辖区	340203	弋江区	340604	烈山区
331002	椒江区	340207	鸠江区	340621	濉溪县
331003	黄岩区	340208	三山区	340700	铜陵市
331004	路桥区	340221	芜湖县	340701	市辖区
331021	玉环县	340222	繁昌县	340702	铜官山区
331022	三门县	340223	南陵县	340703	狮子山区
331023	天台县	340225	无为县	340711	郊区
331024	仙居县	340300	蚌埠市	340721	铜陵县
331081	温岭市	340301	市辖区	340800	安庆市
331082	临海市	340302	龙子湖区	340801	市辖区
331100	丽水市	340303	蚌山区	340802	迎江区
331101	市辖区	340304	禹会区	340803	大观区
331102	莲都区	340311	淮上区	340811	宜秀区
331121	青田县	340321	怀远县	340822	怀宁县

续表

数字码	名　　称	数字码	名　　称	数字码	名　　称
340823	枞阳县	341300	宿州市	341881	宁国市
340824	潜山县	341301	市辖区	350000	福建省
340825	太湖县	341302	埇桥区	350100	福州市
340826	宿松县	341321	砀山县	350101	市辖区
340827	望江县	341322	萧县	350102	鼓楼区
340828	岳西县	341323	灵璧县	350103	台江区
340881	桐城市	341324	泗县	350104	仓山区
341000	黄山市	341500	六安市	350105	马尾区
341001	市辖区	341501	市辖区	350111	晋安区
341002	屯溪区	341502	金安区	350121	闽侯县
341003	黄山区	341503	裕安区	350122	连江县
341004	徽州区	341521	寿县	350123	罗源县
341021	歙县	341522	霍邱县	350124	闽清县
341022	休宁县	341523	舒城县	350125	永泰县
341023	黟县	341524	金寨县	350128	平潭县
341024	祁门县	341525	霍山县	350181	福清市
341100	滁州市	341600	亳州市	350182	长乐市
341101	市辖区	341601	市辖区	350200	厦门市
341102	琅琊区	341602	谯城区	350201	市辖区
341103	南谯区	341621	涡阳县	350203	思明区
341122	来安县	341622	蒙城县	350205	海沧区
341124	全椒县	341623	利辛县	350206	湖里区
341125	定远县	341700	池州市	350211	集美区
341126	凤阳县	341701	市辖区	350212	同安区
341181	天长市	341702	贵池区	350213	翔安区
341182	明光市	341721	东至县	350300	莆田市
341200	阜阳市	341722	石台县	350301	市辖区
341201	市辖区	341723	青阳县	350302	城厢区
341202	颍州区	341800	宣城市	350303	涵江区
341203	颍东区	341801	市辖区	350304	荔城区
341204	颍泉区	341802	宣州区	350305	秀屿区
341221	临泉县	341821	郎溪县	350322	仙游县
341222	太和县	341822	广德县	350400	三明市
341225	阜南县	341823	泾县	350401	市辖区
341226	颍上县	341824	绩溪县	350402	梅列区
341282	界首市	341825	旌德县	350403	三元区

续表

数字码	名　　称	数字码	名　　称	数字码	名　　称
350421	明溪县	350681	龙海市	360102	东湖区
350423	清流县	350700	南平市	360103	西湖区
350424	宁化县	350701	市辖区	360104	青云谱区
350425	大田县	350702	延平区	360105	湾里区
350426	尤溪县	350721	顺昌县	360111	青山湖区
350427	沙县	350722	浦城县	360121	南昌县
350428	将乐县	350723	光泽县	360122	新建县
350429	泰宁县	350724	松溪县	360123	安义县
350430	建宁县	350725	政和县	360124	进贤县
350481	永安市	350781	邵武市	360200	景德镇市
350500	泉州市	350782	武夷山市	360201	市辖区
350501	市辖区	350783	建瓯市	360202	昌江区
350502	鲤城区	350784	建阳市	360203	珠山区
350503	丰泽区	350800	龙岩市	360222	浮梁县
350504	洛江区	350801	市辖区	360281	乐平市
350505	泉港区	350802	新罗区	360300	萍乡市
350521	惠安县	350821	长汀县	360301	市辖区
350524	安溪县	350822	永定县	360302	安源区
350525	永春县	350823	上杭县	360313	湘东区
350526	德化县	350824	武平县	360321	莲花县
350527	金门县	350825	连城县	360322	上栗县
350581	石狮市	350881	漳平市	360323	芦溪县
350582	晋江市	350900	宁德市	360400	九江市
350583	南安市	350901	市辖区	360401	市辖区
350600	漳州市	350902	蕉城区	360402	庐山区
350601	市辖区	350921	霞浦县	360403	浔阳区
350602	芗城区	350922	古田县	360421	九江县
350603	龙文区	350923	屏南县	360423	武宁县
350622	云霄县	350924	寿宁县	360424	修水县
350623	漳浦县	350925	周宁县	360425	永修县
350624	诏安县	350926	柘荣县	360426	德安县
350625	长泰县	350981	福安市	360427	星子县
350626	东山县	350982	福鼎市	360428	都昌县
350627	南靖县	360000	江西省	360429	湖口县
350628	平和县	360100	南昌市	360430	彭泽县
350629	华安县	360101	市辖区	360481	瑞昌市

续表

数字码	名　称	数字码	名　称	数字码	名　称
360482	共青城市	360823	峡江县	361102	信州区
360500	新余市	360824	新干县	361121	上饶县
360501	市辖区	360825	永丰县	361122	广丰县
360502	渝水区	360826	泰和县	361123	玉山县
360521	分宜县	360827	遂川县	361124	铅山县
360600	鹰潭市	360828	万安县	361125	横峰县
360601	市辖区	360829	安福县	361126	弋阳县
360602	月湖区	360830	永新县	361127	余干县
360622	余江县	360881	井冈山市	361128	鄱阳县
360681	贵溪市	360900	宜春市	361129	万年县
360700	赣州市	360901	市辖区	361130	婺源县
360701	市辖区	360902	袁州区	361181	德兴市
360702	章贡区	360921	奉新县	370000	山东省
360721	赣县	360922	万载县	370100	济南市
360722	信丰县	360923	上高县	370101	市辖区
360723	大余县	360924	宜丰县	370102	历下区
360724	上犹县	360925	靖安县	370103	市中区
360725	崇义县	360926	铜鼓县	370104	槐荫区
360726	安远县	360981	丰城市	370105	天桥区
360727	龙南县	360982	樟树市	370112	历城区
360728	定南县	360983	高安市	370113	长清区
360729	全南县	361000	抚州市	370124	平阴县
360730	宁都县	361001	市辖区	370125	济阳县
360731	于都县	361002	临川区	370126	商河县
360732	兴国县	361021	南城县	370181	章丘市
360733	会昌县	361022	黎川县	370200	青岛市
360734	寻乌县	361023	南丰县	370201	市辖区
360735	石城县	361024	崇仁县	370202	市南区
360781	瑞金市	361025	乐安县	370203	市北区
360782	南康市	361026	宜黄县	370205	四方区
360800	吉安市	361027	金溪县	370211	黄岛区
360801	市辖区	361028	资溪县	370212	崂山区
360802	吉州区	361029	东乡县	370213	李沧区
360803	青原区	361030	广昌县	370214	城阳区
360821	吉安县	361100	上饶市	370281	胶州市
360822	吉水县	361101	市辖区	370282	即墨市

续表

数字码	名　称	数字码	名　称	数字码	名　称
370283	平度市	370682	莱阳市	370902	泰山区
370284	胶南市	370683	莱州市	370911	岱岳区
370285	莱西市	370684	蓬莱市	370921	宁阳县
370300	淄博市	370685	招远市	370923	东平县
370301	市辖区	370686	栖霞市	370982	新泰市
370302	淄川区	370687	海阳市	370983	肥城市
370303	张店区	370700	潍坊市	371000	威海市
370304	博山区	370701	市辖区	371001	市辖区
370305	临淄区	370702	潍城区	371002	环翠区
370306	周村区	370703	寒亭区	371081	文登市
370321	桓台县	370704	坊子区	371082	荣成市
370322	高青县	370705	奎文区	371083	乳山市
370323	沂源县	370724	临朐县	371100	日照市
370400	枣庄市	370725	昌乐县	371101	市辖区
370401	市辖区	370781	青州市	371102	东港区
370402	市中区	370782	诸城市	371103	岚山区
370403	薛城区	370783	寿光市	371121	五莲县
370404	峄城区	370784	安丘市	371122	莒县
370405	台儿庄区	370785	高密市	371200	莱芜市
370406	山亭区	370786	昌邑市	371201	市辖区
370481	滕州市	370800	济宁市	371202	莱城区
370500	东营市	370801	市辖区	371203	钢城区
370501	市辖区	370802	市中区	371300	临沂市
370502	东营区	370811	任城区	371301	市辖区
370503	河口区	370826	微山县	371302	兰山区
370521	垦利县	370827	鱼台县	371311	罗庄区
370522	利津县	370828	金乡县	371312	河东区
370523	广饶县	370829	嘉祥县	371321	沂南县
370600	烟台市	370830	汶上县	371322	郯城县
370601	市辖区	370831	泗水县	371323	沂水县
370602	芝罘区	370832	梁山县	371324	苍山县
370611	福山区	370881	曲阜市	371325	费县
370612	牟平区	370882	兖州市	371326	平邑县
370613	莱山区	370883	邹城市	371327	莒南县
370634	长岛县	370900	泰安市	371328	蒙阴县
370681	龙口市	370901	市辖区	371329	临沭县

续表

数字码	名称	数字码	名称	数字码	名称
371400	德州市	371722	单县	410302	老城区
371401	市辖区	371723	成武县	410303	西工区
371402	德城区	371724	巨野县	410304	瀍河回族区
371421	陵县	371725	郓城县	410305	涧西区
371422	宁津县	371726	鄄城县	410306	吉利区
371423	庆云县	371727	定陶县	410311	洛龙区
371424	临邑县	371728	东明县	410322	孟津县
371425	齐河县	410000	河南省	410323	新安县
371426	平原县	410100	郑州市	410324	栾川县
371427	夏津县	410101	市辖区	410325	嵩县
371428	武城县	410102	中原区	410326	汝阳县
371481	乐陵市	410103	二七区	410327	宜阳县
371482	禹城市	410104	管城回族区	410328	洛宁县
371500	聊城市	410105	金水区	410329	伊川县
371501	市辖区	410106	上街区	410381	偃师市
371502	东昌府区	410108	惠济区	410400	平顶山市
371521	阳谷县	410122	中牟县	410401	市辖区
371522	莘县	410181	巩义市	410402	新华区
371523	茌平县	410182	荥阳市	410403	卫东区
371524	东阿县	410183	新密市	410404	石龙区
371525	冠县	410184	新郑市	410411	湛河区
371526	高唐县	410185	登封市	410421	宝丰县
371581	临清市	410200	开封市	410422	叶县
371600	滨州市	410201	市辖区	410423	鲁山县
371601	市辖区	410202	龙亭区	410425	郏县
371602	滨城区	410203	顺河回族区	410481	舞钢市
371621	惠民县	410204	鼓楼区	410482	汝州市
371622	阳信县	410205	禹王台区	410500	安阳市
371623	无棣县	410211	金明区	410501	市辖区
371624	沾化县	410221	杞县	410502	文峰区
371625	博兴县	410222	通许县	410503	北关区
371626	邹平县	410223	尉氏县	410505	殷都区
371700	菏泽市	410224	开封县	410506	龙安区
371701	市辖区	410225	兰考县	410522	安阳县
371702	牡丹区	410300	洛阳市	410523	汤阴县
371721	曹县	410301	市辖区	410526	滑县

续表

数字码	名　　称	数字码	名　　称	数字码	名　　称
410527	内黄县	410901	市辖区	411323	西峡县
410581	林州市	410902	华龙区	411324	镇平县
410600	鹤壁市	410922	清丰县	411325	内乡县
410601	市辖区	410923	南乐县	411326	淅川县
410602	鹤山区	410926	范县	411327	社旗县
410603	山城区	410927	台前县	411328	唐河县
410611	淇滨区	410928	濮阳县	411329	新野县
410621	浚县	411000	许昌市	411330	桐柏县
410622	淇县	411001	市辖区	411381	邓州市
410700	新乡市	411002	魏都区	411400	商丘市
410701	市辖区	411023	许昌县	411401	市辖区
410702	红旗区	411024	鄢陵县	411402	梁园区
410703	卫滨区	411025	襄城县	411403	睢阳区
410704	凤泉区	411081	禹州市	411421	民权县
410711	牧野区	411082	长葛市	411422	睢县
410721	新乡县	411100	漯河市	411423	宁陵县
410724	获嘉县	411101	市辖区	411424	柘城县
410725	原阳县	411102	源汇区	411425	虞城县
410726	延津县	411103	郾城区	411426	夏邑县
410727	封丘县	411104	召陵区	411481	永城市
410728	长垣县	411121	舞阳县	411500	信阳市
410781	卫辉市	411122	临颍县	411501	市辖区
410782	辉县市	411200	三门峡市	411502	浉河区
410800	焦作市	411201	市辖区	411503	平桥区
410801	市辖区	411202	湖滨区	411521	罗山县
410802	解放区	411221	渑池县	411522	光山县
410803	中站区	411222	陕县	411523	新县
410804	马村区	411224	卢氏县	411524	商城县
410811	山阳区	411281	义马市	411525	固始县
410821	修武县	411282	灵宝市	411526	潢川县
410822	博爱县	411300	南阳市	411527	淮滨县
410823	武陟县	411301	市辖区	411528	息县
410825	温县	411302	宛城区	411600	周口市
410882	沁阳市	411303	卧龙区	411601	市辖区
410883	孟州市	411321	南召县	411602	川汇区
410900	濮阳市	411322	方城县	411621	扶沟县

续表

数字码	名　　称	数字码	名　　称	数字码	名　　称
411622	西华县	420116	黄陂区	420601	市辖区
411623	商水县	420117	新洲区	420602	襄城区
411624	沈丘县	420200	黄石市	420606	樊城区
411625	郸城县	420201	市辖区	420607	襄州区
411626	淮阳县	420202	黄石港区	420624	南漳县
411627	太康县	420203	西塞山区	420625	谷城县
411628	鹿邑县	420204	下陆区	420626	保康县
411681	项城市	420205	铁山区	420682	老河口市
411700	驻马店市	420222	阳新县	420683	枣阳市
411701	市辖区	420281	大冶市	420684	宜城市
411702	驿城区	420300	十堰市	420700	鄂州市
411721	西平县	420301	市辖区	420701	市辖区
411722	上蔡县	420302	茅箭区	420702	梁子湖区
411723	平舆县	420303	张湾区	420703	华容区
411724	正阳县	420321	郧县	420704	鄂城区
411725	确山县	420322	郧西县	420800	荆门市
411726	泌阳县	420323	竹山县	420801	市辖区
411727	汝南县	420324	竹溪县	420802	东宝区
411728	遂平县	420325	房县	420804	掇刀区
411729	新蔡县	420381	丹江口市	420821	京山县
419000	省直辖县级行政区划	420500	宜昌市	420822	沙洋县
419001	济源市	420501	市辖区	420881	钟祥市
420000	湖北省	420502	西陵区	420900	孝感市
420100	武汉市	420503	伍家岗区	420901	市辖区
420101	市辖区	420504	点军区	420902	孝南区
420102	江岸区	420505	猇亭区	420921	孝昌县
420103	江汉区	420506	夷陵区	420922	大悟县
420104	硚口区	420525	远安县	420923	云梦县
420105	汉阳区	420526	兴山县	420981	应城市
420106	武昌区	420527	秭归县	420982	安陆市
420107	青山区	420528	长阳土家族自治县	420984	汉川市
420111	洪山区	420529	五峰土家族自治县	421000	荆州市
420112	东西湖区	420581	宜都市	421001	市辖区
420113	汉南区	420582	当阳市	421002	沙市区
420114	蔡甸区	420583	枝江市	421003	荆州区
420115	江夏区	420600	襄阳市	421022	公安县

续表

数字码	名　称	数字码	名　称	数字码	名　称
421023	监利县	422826	咸丰县	430381	湘乡市
421024	江陵县	422827	来凤县	430382	韶山市
421081	石首市	422828	鹤峰县	430400	衡阳市
421083	洪湖市	429000	省直辖县级行政区划	430401	市辖区
421087	松滋市	429004	仙桃市	430405	珠晖区
421100	黄冈市	429005	潜江市	430406	雁峰区
421101	市辖区	429006	天门市	430407	石鼓区
421102	黄州区	429021	神农架林区	430408	蒸湘区
421121	团风县	430000	湖南省	430412	南岳区
421122	红安县	430100	长沙市	430421	衡阳县
421123	罗田县	430101	市辖区	430422	衡南县
421124	英山县	430102	芙蓉区	430423	衡山县
421125	浠水县	430103	天心区	430424	衡东县
421126	蕲春县	430104	岳麓区	430426	祁东县
421127	黄梅县	430105	开福区	430481	耒阳市
421181	麻城市	430111	雨花区	430482	常宁市
421182	武穴市	430112	望城区	430500	邵阳市
421200	咸宁市	430121	长沙县	430501	市辖区
421201	市辖区	430124	宁乡县	430502	双清区
421202	咸安区	430181	浏阳市	430503	大祥区
421221	嘉鱼县	430200	株洲市	430511	北塔区
421222	通城县	430201	市辖区	430521	邵东县
421223	崇阳县	430202	荷塘区	430522	新邵县
421224	通山县	430203	芦淞区	430523	邵阳县
421281	赤壁市	430204	石峰区	430524	隆回县
421300	随州市	430211	天元区	430525	洞口县
421301	市辖区	430221	株洲县	430527	绥宁县
421303	曾都区	430223	攸县	430528	新宁县
421321	随县	430224	茶陵县	430529	城步苗族自治县
421381	广水市	430225	炎陵县	430581	武冈市
422800	恩施土家族苗族自治州	430281	醴陵市	430600	岳阳市
422801	恩施市	430300	湘潭市	430601	市辖区
422802	利川市	430301	市辖区	430602	岳阳楼区
422822	建始县	430302	雨湖区	430603	云溪区
422823	巴东县	430304	岳塘区	430611	君山区
422825	宣恩县	430321	湘潭县	430621	岳阳县

续表

数字码	名称	数字码	名称	数字码	名称
430623	华容县	431023	永兴县	431302	娄星区
430624	湘阴县	431024	嘉禾县	431321	双峰县
430626	平江县	431025	临武县	431322	新化县
430681	汨罗市	431026	汝城县	431381	冷水江市
430682	临湘市	431027	桂东县	431382	涟源市
430700	常德市	431028	安仁县	433100	湘西土家族苗族自治州
430701	市辖区	431081	资兴市	433101	吉首市
430702	武陵区	431100	永州市	433122	泸溪县
430703	鼎城区	431101	市辖区	433123	凤凰县
430721	安乡县	431102	零陵区	433124	花垣县
430722	汉寿县	431103	冷水滩区	433125	保靖县
430723	澧县	431121	祁阳县	433126	古丈县
430724	临澧县	431122	东安县	433127	永顺县
430725	桃源县	431123	双牌县	433130	龙山县
430726	石门县	431124	道县	440000	广东省
430781	津市市	431125	江永县	440100	广州市
430800	张家界市	431126	宁远县	440101	市辖区
430801	市辖区	431127	蓝山县	440103	荔湾区
430802	永定区	431128	新田县	440104	越秀区
430811	武陵源区	431129	江华瑶族自治县	440105	海珠区
430821	慈利县	431200	怀化市	440106	天河区
430822	桑植县	431201	市辖区	440111	白云区
430900	益阳市	431202	鹤城区	440112	黄埔区
430901	市辖区	431221	中方县	440113	番禺区
430902	资阳区	431222	沅陵县	440114	花都区
430903	赫山区	431223	辰溪县	440115	南沙区
430921	南县	431224	溆浦县	440116	萝岗区
430922	桃江县	431225	会同县	440183	增城市
430923	安化县	431226	麻阳苗族自治县	440184	从化市
430981	沅江市	431227	新晃侗族自治县	440200	韶关市
431000	郴州市	431228	芷江侗族自治县	440201	市辖区
431001	市辖区	431229	靖州苗族侗族自治县	440203	武江区
431002	北湖区	431230	通道侗族自治县	440204	浈江区
431003	苏仙区	431281	洪江市	440205	曲江区
431021	桂阳县	431300	娄底市	440222	始兴县
431022	宜章县	431301	市辖区	440224	仁化县

续表

数字码	名　　称	数字码	名　　称	数字码	名　　称
440229	翁源县	440703	蓬江区	441300	惠州市
440232	乳源瑶族自治县	440704	江海区	441301	市辖区
440233	新丰县	440705	新会区	441302	惠城区
440281	乐昌市	440781	台山市	441303	惠阳区
440282	南雄市	440783	开平市	441322	博罗县
440300	深圳市	440784	鹤山市	441323	惠东县
440301	市辖区	440785	恩平市	441324	龙门县
440303	罗湖区	440800	湛江市	441400	梅州市
440304	福田区	440801	市辖区	441401	市辖区
440305	南山区	440802	赤坎区	441402	梅江区
440306	宝安区	440803	霞山区	441421	梅县
440307	龙岗区	440804	坡头区	441422	大埔县
440308	盐田区	440811	麻章区	441423	丰顺县
440400	珠海市	440823	遂溪县	441424	五华县
440401	市辖区	440825	徐闻县	441426	平远县
440402	香洲区	440881	廉江市	441427	蕉岭县
440403	斗门区	440882	雷州市	441481	兴宁市
440404	金湾区	440883	吴川市	441500	汕尾市
440500	汕头市	440900	茂名市	441501	市辖区
440501	市辖区	440901	市辖区	441502	城区
440507	龙湖区	440902	茂南区	441521	海丰县
440511	金平区	440903	茂港区	441523	陆河县
440512	濠江区	440923	电白县	441581	陆丰市
440513	潮阳区	440981	高州市	441600	河源市
440514	潮南区	440982	化州市	441601	市辖区
440515	澄海区	440983	信宜市	441602	源城区
440523	南澳县	441200	肇庆市	441621	紫金县
440600	佛山市	441201	市辖区	441622	龙川县
440601	市辖区	441202	端州区	441623	连平县
440604	禅城区	441203	鼎湖区	441624	和平县
440605	南海区	441223	广宁县	441625	东源县
440606	顺德区	441224	怀集县	441700	阳江市
440607	三水区	441225	封开县	441701	市辖区
440608	高明区	441226	德庆县	441702	江城区
440700	江门市	441283	高要市	441721	阳西县
440701	市辖区	441284	四会市	441723	阳东县

续表

数字码	名　称	数字码	名　称	数字码	名　称
441781	阳春市	450103	青秀区	450327	灌阳县
441800	清远市	450105	江南区	450328	龙胜各族自治县
441801	市辖区	450107	西乡塘区	450329	资源县
441802	清城区	450108	良庆区	450330	平乐县
441821	佛冈县	450109	邕宁区	450331	荔蒲县
441823	阳山县	450122	武鸣县	450332	恭城瑶族自治县
441825	连山壮族瑶族自治县	450123	隆安县	450400	梧州市
441826	连南瑶族自治县	450124	马山县	450401	市辖区
441827	清新县	450125	上林县	450403	万秀区
441881	英德市	450126	宾阳县	450404	蝶山区
441882	连州市	450127	横县	450405	长洲区
441900	东莞市	450200	柳州市	450421	苍梧县
442000	中山市	450201	市辖区	450422	藤县
445100	潮州市	450202	城中区	450423	蒙山县
445101	市辖区	450203	鱼峰区	450481	岑溪市
445102	湘桥区	450204	柳南区	450500	北海市
445121	潮安县	450205	柳北区	450501	市辖区
445122	饶平县	450221	柳江县	450502	海城区
445200	揭阳市	450222	柳城县	450503	银海区
445201	市辖区	450223	鹿寨县	450512	铁山港区
445202	榕城区	450224	融安县	450521	合浦县
445221	揭东县	450225	融水苗族自治县	450600	防城港市
445222	揭西县	450226	三江侗族自治县	450601	市辖区
445224	惠来县	450300	桂林市	450602	港口区
445281	普宁市	450301	市辖区	450603	防城区
445300	云浮市	450302	秀峰区	450621	上思县
445301	市辖区	450303	叠彩区	450681	东兴市
445302	云城区	450304	象山区	450700	钦州市
445321	新兴县	450305	七星区	450701	市辖区
445322	郁南县	450311	雁山区	450702	钦南区
445323	云安县	450321	阳朔县	450703	钦北区
445381	罗定市	450322	临桂县	450721	灵山县
450000	广西壮族自治区	450323	灵川县	450722	浦北县
450100	南宁市	450324	全州县	450800	贵港市
450101	市辖区	450325	兴安县	450801	市辖区
450102	兴宁区	450326	永福县	450802	港北区

续表

数字码	名　称	数字码	名　称	数字码	名　称
450803	港南区	451222	天峨县	469001	五指山市
450804	覃塘区	451223	凤山县	469002	琼海市
450821	平南县	451224	东兰县	469003	儋州市
450881	桂平市	451225	罗城仫佬族自治县	469005	文昌市
450900	玉林市	451226	环江毛南族自治县	469006	万宁市
450901	市辖区	451227	巴马瑶族自治县	469007	东方市
450902	玉州区	451228	都安瑶族自治县	469021	定安县
450921	容县	451229	大化瑶族自治县	469022	屯昌县
450922	陆川县	451281	宜州市	469023	澄迈县
450923	博白县	451300	来宾市	469024	临高县
450924	兴业县	451301	市辖区	469025	白沙黎族自治县
450981	北流市	451302	兴宾区	469026	昌江黎族自治县
451000	百色市	451321	忻城县	469027	乐东黎族自治县
451001	市辖区	451322	象州县	469028	陵水黎族自治县
451002	右江区	451323	武宣县	469029	保亭黎族苗族自治县
451021	田阳县	451324	金秀瑶族自治县	469030	琼中黎族苗族自治县
451022	田东县	451381	合山市	469031	西沙群岛
451023	平果县	451400	崇左市	469032	南沙群岛
451024	德保县	451401	市辖区	469033	中沙群岛的岛礁及其海域
451025	靖西县	451402	江洲区	500000	重庆市
451026	那坡县	451421	扶绥县	500100	市辖区
451027	凌云县	451422	宁明县	500101	万州区
451028	乐业县	451423	龙州县	500102	涪陵区
451029	田林县	451424	大新县	500103	渝中区
451030	西林县	451425	天等县	500104	大渡口区
451031	隆林各族自治县	451481	凭祥市	500105	江北区
451100	贺州市	460000	海南省	500106	沙坪坝区
451101	市辖区	460100	海口市	500107	九龙坡区
451102	八步区	460101	市辖区	500108	南岸区
451121	昭平县	460105	秀英区	500109	北碚区
451122	钟山县	460106	龙华区	500110	綦江区
451123	富川瑶族自治县	460107	琼山区	500111	大足区
451200	河池市	460108	美兰区	500112	渝北区
451201	市辖区	460200	三亚市	500113	巴南区
451202	金城江区	460201	市辖区	500114	黔江区
451221	南丹县	469000	省直辖县级行政区划	500115	长寿区

续表

数字码	名　称	数字码	名　称	数字码	名　称
500116	江津区	510121	金堂县	510603	旌阳区
500117	合川区	510122	双流县	510623	中江县
500118	永川区	510124	郫县	510626	罗江县
500119	南川区	510129	大邑县	510681	广汉市
500200	县	510131	蒲江县	510682	什邡市
500223	潼南县	510132	新津县	510683	绵竹市
500224	铜梁县	510181	都江堰市	510700	绵阳市
500226	荣昌县	510182	彭州市	510701	市辖区
500227	璧山县	510183	邛崃市	510703	涪城区
500228	梁平县	510184	崇州市	510704	游仙区
500229	城口县	510300	自贡市	510722	三台县
500230	丰都县	510301	市辖区	510723	盐亭县
500231	垫江县	510302	自流井区	510724	安县
500232	武隆县	510303	贡井区	510725	梓潼县
500233	忠县	510304	大安区	510726	北川羌族自治县
500234	开县	510311	沿滩区	510727	平武县
500235	云阳县	510321	荣县	510781	江油市
500236	奉节县	510322	富顺县	510800	广元市
500237	巫山县	510400	攀枝花市	510801	市辖区
500238	巫溪县	510401	市辖区	510802	利州区
500240	石柱土家族自治县	510402	东区	510811	元坝区
500241	秀山土家族苗族自治县	510403	西区	510812	朝天区
500242	酉阳土家族苗族自治县	510411	仁和区	510821	旺苍县
500243	彭水苗族土家族自治县	510421	米易县	510822	青川县
510000	四川省	510422	盐边县	510823	剑阁县
510100	成都市	510500	泸州市	510824	苍溪县
510101	市辖区	510501	市辖区	510900	遂宁市
510104	锦江区	510502	江阳区	510901	市辖区
510105	青羊区	510503	纳溪区	510903	船山区
510106	金牛区	510504	龙马潭区	510904	安居区
510107	武侯区	510521	泸县	510921	蓬溪县
510108	成华区	510522	合江县	510922	射洪县
510112	龙泉驿区	510524	叙永县	510923	大英县
510113	青白江区	510525	古蔺县	511000	内江市
510114	新都区	510600	德阳市	511001	市辖区
510115	温江区	510601	市辖区	511002	市中区

续表

数字码	名　　称	数字码	名　　称	数字码	名　　称
511011	东兴区	511500	宜宾市	511826	芦山县
511024	威远县	511501	市辖区	511827	宝兴县
511025	资中县	511502	翠屏区	511900	巴中市
511028	隆昌县	511503	南溪区	511901	市辖区
511100	乐山市	511521	宜宾县	511902	巴州区
511101	市辖区	511523	江安县	511921	通江县
511102	市中区	511524	长宁县	511922	南江县
511111	沙湾区	511525	高县	511923	平昌县
511112	五通桥区	511526	珙县	512000	资阳市
511113	金口河区	511527	筠连县	512001	市辖区
511123	犍为县	511528	兴文县	512002	雁江区
511124	井研县	511529	屏山县	512021	安岳县
511126	夹江县	511600	广安市	512022	乐至县
511129	沐川县	511601	市辖区	512081	简阳市
511132	峨边彝族自治县	511602	广安区	513200	阿坝藏族羌族自治州
511133	马边彝族自治县	511621	岳池县	513221	汶川县
511181	峨眉山市	511622	武胜县	513222	理县
511300	南充市	511623	邻水县	513223	茂县
511301	市辖区	511681	华蓥市	513224	松潘县
511302	顺庆区	511700	达州市	513225	九寨沟县
511303	高坪区	511701	市辖区	513226	金川县
511304	嘉陵区	511702	通川区	513227	小金县
511321	南部县	511721	达县	513228	黑水县
511322	营山县	511722	宣汉县	513229	马尔康县
511323	蓬安县	511723	开江县	513230	壤塘县
511324	仪陇县	511724	大竹县	513231	阿坝县
511325	西充县	511725	渠县	513232	若尔盖县
511381	阆中市	511781	万源市	513233	红原县
511400	眉山市	511800	雅安市	513300	甘孜藏族自治州
511401	市辖区	511801	市辖区	513321	康定县
511402	东坡区	511802	雨城区	513322	泸定县
511421	仁寿县	511821	名山县	513323	丹巴县
511422	彭山县	511822	荥经县	513324	九龙县
511423	洪雅县	511823	汉源县	513325	雅江县
511424	丹棱县	511824	石棉县	513326	道孚县
511425	青神县	511825	天全县	513327	炉霍县

续表

数字码	名称	数字码	名称	数字码	名称
513328	甘孜县	520113	白云区	520501	市辖区
513329	新龙县	520114	小河区	520502	七星关区
513330	德格县	520121	开阳县	520521	大方县
513331	白玉县	520122	息烽县	520522	黔西县
513332	石渠县	520123	修文县	520523	金沙县
513333	色达县	520181	清镇市	520524	织金县
513334	理塘县	520200	六盘水市	520525	纳雍县
513335	巴塘县	520201	钟山区	520526	威宁彝族回族苗族自治县
513336	乡城县	520203	六枝特区	520527	赫章县
513337	稻城县	520221	水城县	520600	铜仁市
513338	得荣县	520222	盘县	520601	市辖区
513400	凉山彝族自治州	520300	遵义市	520602	碧江区
513401	西昌市	520301	市辖区	520603	万山区
513422	木里藏族自治县	520302	红花岗区	520621	江口县
513423	盐源县	520303	汇川区	520622	玉屏侗族自治县
513424	德昌县	520321	遵义县	520623	石阡县
513425	会理县	520322	桐梓县	520624	思南县
513426	会东县	520323	绥阳县	520625	印江土家族苗族自治县
513427	宁南县	520324	正安县	520626	德江县
513428	普格县	520325	道真仡佬族苗族自治县	520627	沿河土家族自治县
513429	布拖县	520326	务川仡佬族苗族自治县	520628	松桃苗族自治县
513430	金阳县	520327	凤冈县	522300	黔西南布依族苗族自治州
513431	昭觉县	520328	湄潭县	522301	兴义市
513432	喜德县	520329	余庆县	522322	兴仁县
513433	冕宁县	520330	习水县	522323	普安县
513434	越西县	520381	赤水市	522324	晴隆县
513435	甘洛县	520382	仁怀市	522325	贞丰县
513436	美姑县	520400	安顺市	522326	望谟县
513437	雷波县	520401	市辖区	522327	册亨县
520000	贵州省	520402	西秀区	522328	安龙县
520100	贵阳市	520421	平坝县	522600	黔东南苗族侗族自治州
520101	市辖区	520422	普定县	522601	凯里市
520102	南明区	520423	镇宁布依族苗族自治县	522622	黄平县
520103	云岩区	520424	关岭布依族苗族自治县	522623	施秉县
520111	花溪区	520425	紫云苗族布依族自治县	522624	三穗县
520112	乌当区	520500	毕节市	522625	镇远县

续表

数字码	名　　称	数字码	名　　称	数字码	名　　称
522626	岑巩县	530126	石林彝族自治县	530602	昭阳区
522627	天柱县	530127	嵩明县	530621	鲁甸县
522628	锦屏县	530128	禄劝彝族苗族自治县	530622	巧家县
522629	剑河县	530129	寻甸回族彝族自治县	530623	盐津县
522630	台江县	530181	安宁市	530624	大关县
522631	黎平县	530300	曲靖市	530625	永善县
522632	榕江县	530301	市辖区	530626	绥江县
522633	从江县	530302	麒麟区	530627	镇雄县
522634	雷山县	530321	马龙县	530628	彝良县
522635	麻江县	530322	陆良县	530629	威信县
522636	丹寨县	530323	师宗县	530630	水富县
522700	黔南布依族苗族自治州	530324	罗平县	530700	丽江市
522701	都匀市	530325	富源县	530701	市辖区
522702	福泉市	530326	会泽县	530702	古城区
522722	荔波县	530328	沾益县	530721	玉龙纳西族自治县
522723	贵定县	530381	宣威市	530722	永胜县
522725	瓮安县	530400	玉溪市	530723	华坪县
522726	独山县	530401	市辖区	530724	宁蒗彝族自治县
522727	平塘县	530402	红塔区	530800	普洱市
522728	罗甸县	530421	江川县	530801	市辖区
522729	长顺县	530422	澄江县	530802	思茅区
522730	龙里县	530423	通海县	530821	宁洱哈尼族彝族自治县
522731	惠水县	530424	华宁县	530822	墨江哈尼族自治县
522732	三都水族自治县	530425	易门县	530823	景东彝族自治县
530000	云南省	530426	峨山彝族自治县	530824	景谷傣族彝族自治县
530100	昆明市	530427	新平彝族傣族自治县	530825	镇沅彝族哈尼族拉祜族自治县
530101	市辖区	530428	元江哈尼族彝族傣族自治县	530826	江城哈尼族彝族自治县
530102	五华区	530500	保山市	530827	孟连傣族拉祜族佤族自治县
530103	盘龙区	530501	市辖区	530828	澜沧拉祜族自治县
530111	官渡区	530502	隆阳区	530829	西盟佤族自治县
530112	西山区	530521	施甸县	530900	临沧市
530113	东川区	530522	腾冲县	530901	市辖区
530114	呈贡区	530523	龙陵县	530902	临翔区
530122	晋宁县	530524	昌宁县	530921	凤庆县
530124	富民县	530600	昭通市	530922	云县
530125	宜良县	530601	市辖区	530923	永德县

续表

数字码	名　　称	数字码	名　　称	数字码	名　　称
530924	镇康县	532627	广南县	540101	市辖区
530925	双江拉祜族佤族布朗族傣族自治县	532628	富宁县	540102	城关区
530926	耿马傣族佤族自治县	532800	西双版纳傣族自治州	540121	林周县
530927	沧源佤族自治县	532801	景洪市	540122	当雄县
532300	楚雄彝族自治州	532822	勐海县	540123	尼木县
532301	楚雄市	532823	勐腊县	540124	曲水县
532322	双柏县	532900	大理白族自治州	540125	堆龙德庆县
532323	牟定县	532901	大理市	540126	达孜县
532324	南华县	532922	漾濞彝族自治县	540127	墨竹工卡县
532325	姚安县	532923	祥云县	542100	昌都地区
532326	大姚县	532924	宾川县	542121	昌都县
532327	永仁县	532925	弥渡县	542122	江达县
532328	元谋县	532926	南涧彝族自治县	542123	贡觉县
532329	武定县	532927	巍山彝族回族自治县	542124	类乌齐县
532331	禄丰县	532928	永平县	542125	丁青县
532500	红河哈尼族彝族自治州	532929	云龙县	542126	察雅县
532501	个旧市	532930	洱源县	542127	八宿县
532502	开远市	532931	剑川县	542128	左贡县
532503	蒙自市	532932	鹤庆县	542129	芒康县
532523	屏边苗族自治县	533100	德宏傣族景颇族自治州	542132	洛隆县
532524	建水县	533102	瑞丽市	542133	边坝县
532525	石屏县	533103	芒市	542200	山南地区
532526	弥勒县	533122	梁河县	542221	乃东县
532527	泸西县	533123	盈江县	542222	扎囊县
532528	元阳县	533124	陇川县	542223	贡嘎县
532529	红河县	533300	怒江傈僳族自治州	542224	桑日县
532530	金平苗族瑶族傣族自治县	533321	泸水县	542225	琼结县
532531	绿春县	533323	福贡县	542226	曲松县
532532	河口瑶族自治县	533324	贡山独龙族怒族自治县	542227	措美县
532600	文山壮族苗族自治州	533325	兰坪白族普米族自治县	542228	洛扎县
532601	文山市	533400	迪庆藏族自治州	542229	加查县
532622	砚山县	533421	香格里拉县	542231	隆子县
532623	西畴县	533422	德钦县	542232	错那县
532624	麻栗坡县	533423	维西傈僳族自治县	542233	浪卡子县
532625	马关县	540000	西藏自治区	542300	日喀则地区
532626	丘北县	540100	拉萨市	542301	日喀则市

续表

数字码	名　称	数字码	名　称	数字码	名　称
542322	南木林县	542624	墨脱县	610400	咸阳市
542323	江孜县	542625	波密县	610401	市辖区
542324	定日县	542626	察隅县	610402	秦都区
542325	萨迦县	542627	朗县	610403	杨陵区
542326	拉孜县	610000	陕西省	610404	渭城区
542327	昂仁县	610100	西安市	610422	三原县
542328	谢通门县	610101	市辖区	610423	泾阳县
542329	白朗县	610102	新城区	610424	乾县
542330	仁布县	610103	碑林区	610425	礼泉县
542331	康马县	610104	莲湖区	610426	永寿县
542332	定结县	610111	灞桥区	610427	彬县
542333	仲巴县	610112	未央区	610428	长武县
542334	亚东县	610113	雁塔区	610429	旬邑县
542335	吉隆县	610114	阎良区	610430	淳化县
542336	聂拉木县	610115	临潼区	610431	武功县
542337	萨嘎县	610116	长安区	610481	兴平市
542338	岗巴县	610122	蓝田县	610500	渭南市
542400	那曲地区	610124	周至县	610501	市辖区
542421	那曲县	610125	户县	610502	临渭区
542422	嘉黎县	610126	高陵县	610521	华县
542423	比如县	610200	铜川市	610522	潼关县
542424	聂荣县	610201	市辖区	610523	大荔县
542425	安多县	610202	王益区	610524	合阳县
542426	申扎县	610203	印台区	610525	澄城县
542427	索县	610204	耀州区	610526	蒲城县
542428	班戈县	610222	宜君县	610527	白水县
542429	巴青县	610300	宝鸡市	610528	富平县
542430	尼玛县	610301	市辖区	610581	韩城市
542500	阿里地区	610302	渭滨区	610582	华阴市
542521	普兰县	610303	金台区	610600	延安市
542522	札达县	610304	陈仓区	610601	市辖区
542523	噶尔县	610322	凤翔县	610602	宝塔区
542524	日土县	610323	岐山县	610621	延长县
542525	革吉县	610324	扶风县	610622	延川县
542526	改则县	610326	眉县	610623	子长县
542527	措勤县	610327	陇县	610624	安塞县
542600	林芝地区	610328	千阳县	610625	志丹县
542621	林芝县	610329	麟游县	610626	吴起县
542622	工布江达县	610330	凤县	610627	甘泉县
542623	米林县	610331	太白县	610628	富县

续表

数字码	名 称	数字码	名 称	数字码	名 称
610629	洛川县	610927	镇坪县	620521	清水县
610630	宜川县	610928	旬阳县	620522	秦安县
610631	黄龙县	610929	白河县	620523	甘谷县
610632	黄陵县	611000	商洛市	620524	武山县
610700	汉中市	611001	市辖区	620525	张家川回族自治县
610701	市辖区	611002	商州区	620600	武威市
610702	汉台区	611021	洛南县	620601	市辖区
610721	南郑县	611022	丹凤县	620602	凉州区
610722	城固县	611023	商南县	620621	民勤县
610723	洋县	611024	山阳县	620622	古浪县
610724	西乡县	611025	镇安县	620623	天祝藏族自治县
610725	勉县	611026	柞水县	620700	张掖市
610726	宁强县	620000	甘肃省	620701	市辖区
610727	略阳县	620100	兰州市	620702	甘州区
610728	镇巴县	620101	市辖区	620721	肃南裕固族自治县
610729	留坝县	620102	城关区	620722	民乐县
610730	佛坪县	620103	七里河区	620723	临泽县
610800	榆林市	620104	西固区	620724	高台县
610801	市辖区	620105	安宁区	620725	山丹县
610802	榆阳区	620111	红古区	620800	平凉市
610821	神木县	620121	永登县	620801	市辖区
610822	府谷县	620122	皋兰县	620802	崆峒区
610823	横山县	620123	榆中县	620821	泾川县
610824	靖边县	620200	嘉峪关市	620822	灵台县
610825	定边县	620201	市辖区	620823	崇信县
610826	绥德县	620300	金昌市	620824	华亭县
610827	米脂县	620301	市辖区	620825	庄浪县
610828	佳县	620302	金川区	620826	静宁县
610829	吴堡县	620321	永昌县	620900	酒泉市
610830	清涧县	620400	白银市	620901	市辖区
610831	子洲县	620401	市辖区	620902	肃州区
610900	安康市	620402	白银区	620921	金塔县
610901	市辖区	620403	平川区	620922	瓜州县
610902	汉滨区	620421	靖远县	620923	肃北蒙古族自治县
610921	汉阴县	620422	会宁县	620924	阿克塞哈萨克族自治县
610922	石泉县	620423	景泰县	620981	玉门市
610923	宁陕县	620500	天水市	620982	敦煌市
610924	紫阳县	620501	市辖区	621000	庆阳市
610925	岚皋县	620502	秦州区	621001	市辖区
610926	平利县	620503	麦积区	621002	西峰区

续表

数字码	名　称	数字码	名　称	数字码	名　称
621021	庆城县	623023	舟曲县	632622	班玛县
621022	环县	623024	迭部县	632623	甘德县
621023	华池县	623025	玛曲县	632624	达日县
621024	合水县	623026	碌曲县	632625	久治县
621025	正宁县	623027	夏河县	632626	玛多县
621026	宁县	630000	青海省	632700	玉树藏族自治州
621027	镇原县	630100	西宁市	632721	玉树县
621100	定西市	630101	市辖区	632722	杂多县
621101	市辖区	630102	城东区	632723	称多县
621102	安定区	630103	城中区	632724	治多县
621121	通渭县	630104	城西区	632725	囊谦县
621122	陇西县	630105	城北区	632726	曲麻莱县
621123	渭源县	630121	大通回族土族自治县	632800	海西蒙古族藏族自治州
621124	临洮县	630122	湟中县	632801	格尔木市
621125	漳县	630123	湟源县	632802	德令哈市
621126	岷县	632100	海东地区	632821	乌兰县
621200	陇南市	632121	平安县	632822	都兰县
621201	市辖区	632122	民和回族土族自治县	632823	天峻县
621202	武都区	632123	乐都县	640000	宁夏回族自治区
621221	成县	632126	互助土族自治县	640100	银川市
621222	文县	632127	化隆回族自治县	640101	市辖区
621223	宕昌县	632128	循化撒拉族自治县	640104	兴庆区
621224	康县	632200	海北藏族自治州	640105	西夏区
621225	西和县	632221	门源回族自治县	640106	金凤区
621226	礼县	632222	祁连县	640121	永宁县
621227	徽县	632223	海晏县	640122	贺兰县
621228	两当县	632224	刚察县	640181	灵武市
622900	临夏回族自治州	632300	黄南藏族自治州	640200	石嘴山市
622901	临夏市	632321	同仁县	640201	市辖区
622921	临夏县	632322	尖扎县	640202	大武口区
622922	康乐县	632323	泽库县	640205	惠农区
622923	永靖县	632324	河南蒙古族自治县	640221	平罗县
622924	广河县	632500	海南藏族自治州	640300	吴忠市
622925	和政县	632521	共和县	640301	市辖区
622926	东乡族自治县	632522	同德县	640302	利通区
622927	积石山保安族东乡族撒拉族自治县	632523	贵德县	640303	红寺堡区
623000	甘南藏族自治州	632524	兴海县	640323	盐池县
623001	合作市	632525	贵南县	640324	同心县
623021	临潭县	632600	果洛藏族自治州	640381	青铜峡市
623022	卓尼县	632621	玛沁县	640400	固原市

续表

数字码	名称	数字码	名称	数字码	名称
640401	市辖区	652700	博尔塔拉蒙古自治州	653200	和田地区
640402	原州区	652701	博乐市	653201	和田市
640422	西吉县	652722	精河县	653221	和田县
640423	隆德县	652723	温泉县	653222	墨玉县
640424	泾源县	652800	巴音郭楞蒙古自治州	653223	皮山县
640425	彭阳县	652801	库尔勒市	653224	洛浦县
640500	中卫市	652822	轮台县	653225	策勒县
640501	市辖区	652823	尉犁县	653226	于田县
640502	沙坡头区	652824	若羌县	653227	民丰县
640521	中宁县	652825	且末县	654000	伊犁哈萨克自治州
640522	海原县	652826	焉耆回族自治县	654002	伊宁市
650000	新疆维吾尔自治区	652827	和静县	654003	奎屯市
650100	乌鲁木齐市	652828	和硕县	654021	伊宁县
650101	市辖区	652829	博湖县	654022	察布查尔锡伯自治县
650102	天山区	652900	阿克苏地区	654023	霍城县
650103	沙依巴克区	652901	阿克苏市	654024	巩留县
650104	新市区	652922	温宿县	654025	新源县
650105	水磨沟区	652923	库车县	654026	昭苏县
650106	头屯河区	652924	沙雅县	654027	特克斯县
650107	达坂城区	652925	新和县	654028	尼勒克县
650109	米东区	652926	拜城县	654200	塔城地区
650121	乌鲁木齐县	652927	乌什县	654201	塔城市
650200	克拉玛依市	652928	阿瓦提县	654202	乌苏市
650201	市辖区	652929	柯坪县	654221	额敏县
650202	独山子区	653000	克孜勒苏柯尔克孜自治州	654223	沙湾县
650203	克拉玛依区	653001	阿图什市	654224	托里县
650204	白碱滩区	653022	阿克陶县	654225	裕民县
650205	乌尔禾区	653023	阿合奇县	654226	和布克赛尔蒙古自治县
652100	吐鲁番地区	653024	乌恰县	654300	阿勒泰地区
652101	吐鲁番市	653100	喀什地区	654301	阿勒泰市
652122	鄯善县	653101	喀什市	654321	布尔津县
652123	托克逊县	653121	疏附县	654322	富蕴县
652200	哈密地区	653122	疏勒县	654323	福海县
652201	哈密市	653123	英吉沙县	654324	哈巴河县
652222	巴里坤哈萨克自治县	653124	泽普县	654325	青河县
652223	伊吾县	653125	莎车县	654326	吉木乃县
652300	昌吉回族自治州	653126	叶城县	659000	自治区直辖县级行政区划
652301	昌吉市	653127	麦盖提县	659001	石河子市
652302	阜康市	653128	岳普湖县	659002	阿拉尔市
652323	呼图壁县	653129	伽师县	659003	图木舒克市
652324	玛纳斯县	653130	巴楚县	659004	五家渠市
652325	奇台县	653131	塔什库尔干塔吉克自治县	659005	北屯市
652327	吉木萨尔县				
652328	木垒哈萨克自治县				

国家标准:《国民经济行业分类与代码》（GB /T4754—2011）

中华人民共和国国家标准公告（2011 年第 5 号）

国家质量监督检验检疫总局、国家标准化管理委员会批准《国民经济行业分类》

国家标准，现予以公布（见附件）。

1. 范围

本标准规定了全社会经济活动的分类与代码。

本标准适用于在统计、计划、财政、税收、工商等国家宏观管理中，对经济活动的分类，并用于信息处理和信息交换。

2. 术语和定义

下列术语和定义适用于本文件。

2.1　行业（industry）

行业（或产业）是指从事相同性质的经济活动的所有单位的集合。

2.2　主要活动（principal activity）

当一个单位对外从事两种以上的经济活动时，占其单位增加值份额最大的一种活动称为主要活动。如果无法用增加值确定单位的主要活动，可依据销售收入、营业收入或从业人员确定主要活动。

与主要活动相对应的是次要活动和辅助活动。次要活动是指一个单位对外从事的所有经济活动中，除主要活动以外的经济活动。辅助活动是指一个单位的全部活动中，不对外提供产品和劳务的活动。辅助活动是为保证本单位主要活动和次要活动正常运转而进行的一种内部活动。

2.3　单位（unit）

本标准中的单位是指有效地开展各种经济活动的实体，是划分国民经济行业的载体。

2.4　产业活动单位（establishment）

产业活动单位是法人单位的附属单位。产业活动单位应具备下列条件：

——在一个场所从事一种或主要从事一种经济活动；

——相对独立地组织生产、经营或业务活动；

——能够掌握收入和支出等资料。

2.5　法人单位（corporate unit）

具备下列条件的单位为法人单位：

——依法成立，有自己的名称、组织机构和场所，能够独立承担民事责任；

——独立拥有和使用（或授权使用）资产，承担负债，有权与其他单位签定合同；

——会计上独立核算，能够编制资产负债表。

3. 分类的原则和规定

3.1　划分行业的原则

本标准采用经济活动的同质性原则划分国民经济行业。即每一个行业类别按照同一种经济活动的性质划分，而不是依据编制、会计制度或部门管理等划分。

3.2 行业分类的基本单位

根据联合国《所有经济活动的国际标准产业分类》（ISIC Rev.4），本标准主要以产业活动单位和法人单位作为划分行业的单位。采用产业活动单位划分行业，适合生产统计和其他不以资产负债、财务状况为对象的统计调查；采用法人单位划分行业，适合以资产负债、财务状况为对象的统计调查。

在以法人单位划分行业时，应将由多法人组成的企业集团、集团公司等联合性企业中的每个法人单位区分开，按单个法人单位划分行业。

3.3 确定单位行业归属的原则

本标准按照单位的主要经济活动确定其行业性质。当单位从事一种经济活动时，则按照该经济活动确定单位的行业；当单位从事两种以上的经济活动时，则按照主要活动确定单位的行业。

4. 编码方法和代码结构

4.1 本标准采用线分类法和分层次编码方法，将国民经济行业划分为门类、大类、中类和小类四级。代码由一位拉丁字母和四位阿拉伯数字组成。

门类代码用一位拉丁字母表示，即用字母 A、B、C……依次代表不同门类；大类代码用两位阿拉伯数字表示，打破门类界限，从 01 开始按顺序编码；中类代码用三位阿拉伯数字表示，前两位为大类代码，第三位为中类顺序代码；小类代码用四位阿拉伯数字表示，前三位为中类代码，第四位为小类顺序代码。

4.2 本标准的中类和小类，根据需要设立带有“其他”字样的收容项。为了便于识别，原则上规定收容项的代码尾数为“9”。

4.3 当本标准大类、中类不再细分时，代码补“0”直至第四位。

目　　录

- A 农、林、牧、渔业
- B 采矿业
- C 制造业
- D 电力、热力、燃气及水生产和供应业
- E 建筑业
- F 批发和零售业
- G 交通运输、仓储和邮政业
- H 住宿和餐饮业
- I 信息传输、软件和信息技术服务业
- J 金融业
- K 房地产业
- L 租赁和商务服务业
- M 科学研究和技术服务业
- N 水利、环境和公共设施管理业
- O 居民服务、修理和其他服务业
- P 教育
- Q 卫生和社会工作
- R 文化、体育和娱乐业
- S 公共管理、社会保障和社会组织
- T 国际组织

代码				类别名称	说明
门类	大类	中类	小类		
A				**农、林、牧、渔业**	本门类包括01—05大类。
	01			**农业**	指对各种农作物的种植
		011		谷物种植	指以收获籽实为主，供人类食用的农作物的种植，如稻谷、小麦、玉米等农作物的种植
			0111	稻谷种植	
			0112	小麦种植	
			0113	玉米种植	
			0119	其他谷物种植	
		012		豆类、油料和薯类种植	
			0121	豆类种植	
			0122	油料种植	
			0123	薯类种植	
		013		棉、麻、糖、烟草种植	
			0131	棉花种植	
			0132	麻类种植	
			0133	糖料种植	指用于制糖的甘蔗和甜菜的种植
			0134	烟草种植	
		014		蔬菜、食用菌及园艺作物种植	
			0141	蔬菜种植	
			0142	食用菌种植	
			0143	花卉种植	
			0149	其他园艺作物种植	
		015		水果种植	
			0151	仁果类和核果类水果种植	指苹果、梨、桃、杏、李子等水果种植
			0152	葡萄种植	
			0153	柑橘类种植	
			0154	香蕉等亚热带水果种植	指香蕉、菠萝、芒果等亚热带水果种植
			0159	其他水果种植	
		016		坚果、含油果、香料和饮料作物种植	
			0161	坚果种植	
			0162	含油果种植	指椰子、橄榄、油棕榈等的种植
			0163	香料作物种植	
			0169	茶及其他饮料作物种植	
		017	0170	中药材种植	指主要用于中药配制以及中成药加工的药材作物的种植
		019	0190	其他农业	指上述未列明的农作物种植
	02			**林业**	
		021		林木育种和育苗	
			0211	林木育种	指应用遗传学原理选育和繁殖林木新品种核心的栽植材料的林木遗传改良活动

续表

门类	大类	中类	小类	类别名称	说明
			0212	林木育苗	指通过人为活动将种子、穗条或植物其他组织培育成苗木的活动
		022	0220	造林和更新	指在宜林荒山荒地荒沙、采伐迹地、火烧迹地、疏林地、灌木林地等一切可造林的土地上通过人工造林、人工更新、封山育林、飞播造林等方式培育和恢复森林的活动
		023	0230	森林经营和管护	指为促进林木生长发育，在林木生长的不同时期进行的促进林木生长发育的活动
		024		木材和竹材采运	指对林木和竹木的采伐，并将其运出山场至贮木场的生产活动
			0241	木材采运	
			0242	竹材采运	
		025		林产品采集	指在天然林地和人工林地进行的各种林木产品和其他野生植物的采集等活动
			0251	木竹材林产品采集	
			0252	非木竹材林产品采集	指在天然林地和人工林地进行的除木材、竹材产品外的其他各种林产品的采集活动
	03			**畜牧业**	指为了获得各种畜禽产品而从事的动物饲养、捕捉活动
		031		牲畜饲养	
			0311	牛的饲养	
			0312	马的饲养	
			0313	猪的饲养	
			0314	羊的饲养	
			0315	骆驼饲养	
			0319	其他牲畜饲养	
		032		家禽饲养	
			0321	鸡的饲养	
			0322	鸭的饲养	
			0323	鹅的饲养	
			0329	其他家禽饲养	
		033	0330	狩猎和捕捉动物	指对各种野生动物的捕捉以及与此相关的活动
		039	0390	其他畜牧业	
	04			**渔业**	
		041		水产养殖	
			0411	海水养殖	指利用海水对各种水生动植物的养殖
			0412	内陆养殖	指在内陆水域进行的各种水生动植物的养殖
		042		水产捕捞	
			0421	海水捕捞	指在海洋中对各种天然水生动植物的捕捞
			0422	内陆捕捞	指在内陆水域对各种天然水生动植物的捕捞
	05			**农、林、牧、渔服务业**	
		051		农业服务业	指对农业生产活动进行的各种支持性服务，但不包括各种科学技术和专业技术服务
			0511	农业机械服务	指为农业生产提供农业机械并配备操作人员的活动

续表

代码				类别名称	说明
门类	大类	中类	小类		
			0512	灌溉服务	指对农业生产灌溉系统的经营与管理
			0513	农产品初加工服务	指对各种农产品（包括天然橡胶、纺织纤维原料）进行脱水、凝固、去籽、净化、分类、晒干、剥皮、初烤、沤软或大批包装以提供初级市场的服务，以及其他农产品的初加工；其中棉花等纺织纤维原料加工指对棉纤维、短绒剥离后的棉籽以及棉花秸秆、铃壳等副产品的综合加工和利用活动
			0519	其他农业服务	指防止病虫害的活动，以及其他未列明的农业服务
		052		林业服务业	指为林业生产服务的病虫害的防治、林地防火等各种辅助性活动
			0521	林业有害生物防治服务	
			0522	森林防火服务	
			0523	林产品初级加工服务	指对各种林产品进行去皮、打枝或去料、净化、初包装提供至贮木场或初级市场的服务
			0529	其他林业服务	
		053	0530	畜牧服务业	指提供牲畜繁殖、圈舍清理、畜产品生产和初级加工等服务
		054	0540	渔业服务业	指对渔业生产活动进行的各种支持性服务，包括鱼苗及鱼种场、水产良种场和水产增殖场等进行的活动
B				**采矿业**	本类包括06～12大类，采矿业指对固体（如煤和矿物）、液体（如原油）或气体（如天然气）等自然产生的矿物的采掘；包括地下或地上采掘、矿井的运行，以及一般在矿址或矿址附近从事的旨在加工原材料的所有辅助性工作，例如碾磨、选矿和处理，均属本类活动；还包括使原料得以销售所需的准备工作；不包括水的蓄集、净化和分配，以及地质勘查、建筑工程活动
	06			**煤炭开采和洗选业**	指对各种煤炭的开采、洗选、分级等生产活动；不包括煤制品的生产和煤炭勘探活动
		061	0610	烟煤和无烟煤开采洗选	指对地下或露天烟煤、无烟煤的开采，以及对采出的烟煤、无烟煤及其他硬煤进行洗选、分级等提高质量的活动
		062	0620	褐煤开采洗选	指对褐煤——煤化程度较低的一种燃料的地下或露天开采，以及对采出的褐煤进行洗选、分级等提高质量的活动
		069	0690	其他煤炭采选	指对生长在古生代地层中的含碳量低、灰分高的煤炭资源（如石煤、泥炭）的开采
	07			**石油和天然气开采业**	指在陆地或海洋，对天然原油、液态或气态天然气的开采，对煤矿瓦斯气（煤层气）的开采；为运输目的所进行的天然气液化和从天然气田气体中生产液化烃的活动，还包括对含沥青的页岩或油母页岩矿的开采，以及对焦油沙矿进行的同类作业
		071	0710	石油开采	
		072	0720	天然气开采	
	08			**黑色金属矿采选业**	

续表

代码				类别名称	说明
门类	大类	中类	小类		
		081	0810	铁矿采选	指对铁矿石的采矿、选矿活动
		082	0820	锰矿、铬矿采选	
		089	0890	其他黑色金属矿采选	指对钒矿等钢铁工业黑色金属辅助原料矿的采矿、选矿活动
	09			**有色金属矿采选业**	指对常用有色金属矿、贵金属矿，以及稀有稀土金属矿的开采、选矿活动
		091		常用有色金属矿采选	指对铜、铅锌、镍钴、锡、锑、铝、镁、汞、镉、铋等常用有色金属矿的采选
			0911	铜矿采选	
			0912	铅锌矿采选	
			0913	镍钴矿采选	
			0914	锡矿采选	
			0915	锑矿采选	
			0916	铝矿采选	
			0917	镁矿采选	
			0919	其他常用有色金属矿采选	
		092		贵金属矿采选	指对在地壳中含量极少的金、银和铂族元素（铂、铱、锇、钌、钯、铑）矿的采选
			0921	金矿采选	
			0922	银矿采选	
			0929	其他贵金属矿采选	
		093		稀有稀土金属矿采选	指对在自然界中含量较小，分布稀散或难以从原料中提取，以及研究和使用较晚的金属矿开采、精选
			0931	钨钼矿采选	
			0932	稀土金属矿采选	指镧系金属及与镧系金属性质相近的金属矿的采选
			0933	放射性金属矿采选	指对主要含钍和铀的矿石开采，以及对这类矿石的精选
			0939	其他稀有金属矿采选	指对稀有轻金属矿、稀有高熔点金属矿、稀散金属矿采选活动，以及其他稀有金属矿的采选
	10			**非金属矿采选业**	
		101		土砂石开采	
			1011	石灰石、石膏开采	指对石灰、石膏，以及石灰石助熔剂的开采
			1012	建筑装饰用石开采	指通常在采石场切制加工各种纪念碑及建筑用石料的活动
			1013	耐火土石开采	
			1019	粘土及其他土砂石开采	指用于建筑、陶瓷等方面的粘土开采，以及用于铺路和建筑材料的石料、石渣、砂的开采
		102	1020	化学矿开采	指对化学矿和肥料矿物的开采
		103	1030	采盐	指通过以海水（含沿海浅层地下卤水）为原料晒制，或以钻井汲取地下卤水，或注水溶解地下岩盐为原料，经真空蒸发干燥，以及从盐湖中采掘制成的以氯化钠为主要成分的盐产品的开采、粉碎和筛选
		109		石棉及其他非金属矿采选	指对石棉、石墨、贵重宝石、金刚石、天然磨料及其他矿石的开采
			1091	石棉、云母矿采选	

续表

代码				类别名称	说明
门类	大类	中类	小类		
			1092	石墨、滑石采选	指对天然石墨、滑石的开采
			1093	宝石、玉石采选	指对贵重宝石、玉石、彩石的开采
			1099	其他未列明非金属矿采选	
	11			**开采辅助活动**	指为煤炭、石油和天然气等矿物开采提供的服务
		111	1110	煤炭开采和洗选辅助活动	
		112	1120	石油和天然气开采辅助活动	
		119	1190	其他开采辅助活动	
	12			**其他采矿业**	
		120	1200	其他采矿业	指对地热资源、矿泉水资源以及其他未列明的自然资源的开采，但不包括利用这些资源建立的热电厂和矿泉水厂的活动
C				**制造业**	本门类包括13～43大类，指经物理变化或化学变化后成为新的产品，不论是动力机械制造，还是手工制作；也不论产品是批发销售，还是零售，均视为制造 建筑物中的各种制成品、零部件的生产应视为制造，但在建筑预制品工地，把主要部件组装成桥梁、仓库设备、铁路与高架公路、升降机与电梯、管道设备、喷水设备、暖气设备、通风设备与空调设备，照明与安装电线等组装活动，以及建筑物的装置，均列为建筑活动 本门类包括机电产品的再制造，指将废旧汽车零部件、工程机械、机床等进行专业化修复的批量化生产过程，再制造的产品达到与原有新产品相同的质量和性能
	13			**农副食品加工业**	指直接以农、林、牧、渔业产品为原料进行的谷物磨制、饲料加工、植物油和制糖加工、屠宰及肉类加工、水产品加工，以及蔬菜、水果和坚果等食品的加工
		131	1310	谷物磨制	也称粮食加工，指将稻子、谷子、小麦、高粱等谷物去壳、碾磨及精加工的生产活动
		132	1320	饲料加工	指适用于农场、农户饲养牲畜、家禽的饲料生产加工，包括宠物食品的生产活动，也包括用屠宰下脚料加工生产的动物饲料，即动物源性饲料的生产活动
		133		植物油加工	
			1331	食用植物油加工	指用各种食用植物油料生产油脂，以及精制食用油的加工
			1332	非食用植物油加工	指用各种非食用植物油料生产油脂的活动
		134	1340	制糖业	指以甘蔗、甜菜等为原料制作成品糖，以及以原糖或砂糖为原料精炼加工各种精制糖的生产活动
		135		屠宰及肉类加工	
			1351	牲畜屠宰	指对各种牲畜进行宰杀，以及鲜肉冷冻等保鲜活动，但不包括商业冷藏活动
			1352	禽类屠宰	指对各种禽类进行宰杀，以及鲜肉冷冻等保鲜活动，但不包括商业冷藏活动

续表

代码				类别名称	说明
门类	大类	中类	小类		
			1353	肉制品及副产品加工	指主要以各种畜、禽肉为原料加工成熟肉制品，以及畜、禽副产品的加工
		136		水产品加工	
			1361	水产品冷冻加工	指为了保鲜，将海水、淡水养殖或捕捞的鱼类、虾类、甲壳类、贝类、藻类等水生动物或植物进行的冷冻加工，但不包括商业冷藏活动
			1362	鱼糜制品及水产品干腌制加工	指鱼糜制品制造，以及水产品的干制、腌制等加工
			1363	水产饲料制造	指用低值水产品及水产品加工废弃物（如鱼骨、内脏、虾壳）等为主要原料的饲料加工
			1364	鱼油提取及制品制造	指从鱼或鱼肝中提取油脂，并生产制品的活动
			1369	其他水产品加工	指对水生动植物进行的其他加工
		137		蔬菜、水果和坚果加工	指用脱水、干制、冷藏、冷冻、腌制等方法，对蔬菜、水果、坚果的加工
			1371	蔬菜加工	
			1372	水果和坚果加工	
		139		其他农副食品加工	
			1391	淀粉及淀粉制品制造	指用玉米、薯类、豆类及其他植物原料制作淀粉和淀粉制品的生产；还包括以淀粉为原料，经酶法或酸法转换得到的糖品生产活动
			1392	豆制品制造	指以大豆、小豆、绿豆、豌豆、蚕豆等豆类为主要原料，经加工制成食品的活动
			1393	蛋品加工	
			1399	其他未列明农副食品加工	
	14			**食品制造业**	
		141		焙烤食品制造	
			1411	糕点、面包制造	指用米粉、面粉、豆粉为主要原料，配以辅料，经成型、油炸、烤制而成的各种食品生产活动
			1419	饼干及其他焙烤食品制造	指以面粉（或糯米粉）、糖和油脂为主要原料，配以奶制品、蛋制品等辅料，经成型、焙烤制成的各种饼干，以及用薯类、谷类、豆类等制作的各种易于保存、食用方便的焙烤食品生产活动
		142		糖果、巧克力及蜜饯制造	
			1421	糖果、巧克力制造	糖果制造指以砂糖、葡萄糖浆或饴糖为主要原料，加入油脂、乳品、胶体、果仁、香料、食用色素等辅料制成甜味块状食品的生产活动；巧克力制造指以浆状、粉状或块状可可、可可脂、可可酱、砂糖、乳品等为主要原料加工制成巧克力及巧克力制品的生产活动
			1422	蜜饯制作	指以水果、坚果、果皮及植物的其他部分制作糖果蜜饯的活动
		143		方便食品制造	指以米、面、杂粮等为主要原料加工制成，只需简单烹制即可作为主食，具有食用简便、携带方便，易于储藏等特点的食品制造
			1431	米、面制品制造	指以米、面、杂粮等为原料，经粗加工制成，未经烹制的各类米面制品的生产活动

续表

代码				类别名称	说明
门类	大类	中类	小类		
			1432	速冻食品制造	指以米、面、杂粮等为主要原料，以肉类、蔬菜等为辅料，经加工制成各类烹制或未烹制的主食食品后，立即采用速冻工艺制成的，并可以在冻结条件下运输储存及销售的各类主食食品的生产活动
			1439	方便面及其他方便食品制造	指用米、面、杂粮等为主要原料加工制成的，可以直接食用或只需简单蒸煮即可作为主食的各种方便主食食品的生产活动，以及其他未列明的方便食品制造
		144	1440	乳制品制造	指以生鲜牛（羊）乳及其制品为主要原料，经加工制成的液体乳及固体乳（乳粉、炼乳、乳脂肪、干酪等）制品的生产活动；不包括含乳饮料和植物蛋白饮料生产活动
		145		罐头食品制造	指将符合要求的原料经处理、分选、修整、烹调（或不经烹调）、装罐、密封、杀菌、冷却（或无菌包装）等罐头生产工艺制成的，达到商业无菌要求，并可以在常温下储存的罐头食品的制造
			1451	肉、禽类罐头制造	
			1452	水产品罐头制造	
			1453	蔬菜、水果罐头制造	
			1459	其他罐头食品制造	指婴幼儿辅助食品类罐头、米面食品类罐头（如八宝粥罐头等）及上述未列明的罐头食品制造
		146		调味品、发酵制品制造	
			1461	味精制造	指以淀粉或糖蜜为原料，经微生物发酵、提取、精制等工序制成的，谷氨酸钠含量在80%及以上的鲜味剂的生产活动
			1462	酱油、食醋及类似制品制造	指以大豆和（或）脱脂大豆，小麦和（或）麸皮为原料，经微生物发酵制成的各种酱油和酱类制品，以及以单独或混合使用各种含有淀粉、糖的物料或酒精，经微生物发酵酿制的酸性调味品的生产活动
			1469	其他调味品、发酵制品制造	
		149		其他食品制造	
			1491	营养食品制造	指主要适宜伤残者、老年人，含肉、鱼、水果、蔬菜、奶、麦精、钙等均质配料的营养食品的生产活动
			1492	保健食品制造	指标明具有特定保健功能的食品，适用于特定人群食用，具有调节机体功能，不以治疗为目的，对人体不产生急性、亚急性或慢性危害，以补充维生素、矿物质为目的的营养素补充等保健食品制造
			1493	冷冻饮品及食用冰制造	指以砂糖、乳制品、豆制品、蛋制品、油脂、果料和食用添加剂等经混合配制、加热杀菌、均质、老化、冻结（凝冻）而成的冷食饮品的制造，以及食用冰的制造
			1494	盐加工	指以原盐为原料，经过化卤、蒸发、洗涤、粉碎、干燥、脱水、筛分等工序，或在其中添加碘酸钾及调味品等加工制成盐产品的生产活动
			1495	食品及饲料添加剂制造	指增加或改善食品特色的化学品，以及补充动物饲料的营养成分和促进生长、防治疫病的制剂的生产活动

续表

代码				类别名称	说明
门类	大类	中类	小类		
			1499	其他未列明食品制造	
	15			**酒、饮料和精制茶制造业**	
		151		酒的制造	指酒精、白酒、啤酒及其专用麦芽、黄酒、葡萄酒、果酒、配制酒以及其他酒的生产
			1511	酒精制造	指用玉米、小麦、薯类等淀粉质原料或用糖蜜等含糖质原料，经蒸煮、糖化、发酵及蒸馏等工艺制成的酒精产品的生产活动
			1512	白酒制造	指以高粱等粮谷为主要原料，以大曲、小曲或麸曲及酒母等为糖化发酵剂，经蒸煮、糖化、发酵、蒸馏、陈酿、勾兑而制成的蒸馏酒产品的生产活动
			1513	啤酒制造	指以麦芽（包括特种麦芽）、水为主要原料，加啤酒花，经酵母发酵酿制而成，含二氧化碳、起泡、低酒精度的发酵酒产品（包括无醇啤酒，也称脱醇啤酒）的生产活动，以及啤酒专用原料麦芽的生产活动
			1514	黄酒制造	指以稻米、黍米、黑米、小麦、玉米等为主要原料，加曲、酵母等糖化发酵剂发酵酿制而成的发酵酒产品的生产活动
			1515	葡萄酒制造	指以新鲜葡萄或葡萄汁为原料，经全部或部分发酵酿制而成，含有一定酒精度的发酵酒产品的生产活动
			1519	其他酒制造	指除葡萄酒以外的果酒、配制酒以及上述未列明的其他酒产品的生产活动
		152		饮料制造	
			1521	碳酸饮料制造	指在一定条件下充入二氧化碳气的饮用品制造，其成品中二氧化碳气的含量（20℃时的体积倍数）不低于2.0倍
			1522	瓶（罐）装饮用水制造	指以地下矿泉水和符合生活饮用水卫生标准的水为水源加工制成的，密封于塑料瓶（罐）、玻璃瓶或其他容器中，不含任何添加剂，可直接饮用的水的生产活动
			1523	果菜汁及果菜汁饮料制造	指以新鲜或冷藏水果和蔬菜为原料，经加工制得的果菜汁液制品生产活动，以及在果汁或浓缩果汁、蔬菜汁中加入水、糖液、酸味剂等，经调制而成的可直接饮用的饮品（果汁含量不低于10%）的生产活动
			1524	含乳饮料和植物蛋白饮料制造	指以鲜乳或乳制品为原料（经发酵或未经发酵），加入水、糖液等调制而成的可直接饮用的含乳饮品的生产活动，以及以蛋白质含量较高的植物的果实、种子或核果类、坚果类的果仁等为原料，在其加工制得的浆液中加入水、糖液等调制而成的可直接饮用的植物蛋白饮品的生产活动
			1525	固体饮料制造	指以糖、食品添加剂、果汁或植物抽提物等为原料，加工制成粉末状、颗粒状或块状制品［其成品水分（质量分数）不高于5%］的生产活动
			1529	茶饮料及其他饮料制造	指茶饮料、特殊用途饮料以及其他未列明的饮料制造

续表

代码				类别名称	说明
门类	大类	中类	小类		
		153	1530	精制茶加工	指对毛茶或半成品原料茶进行筛分、轧切、风选、干燥、匀堆、拼配等精制加工茶叶的生产活动
	16			**烟草制品业**	
		161	1610	烟叶复烤	指在原烟（初烤）基础上进行第二次烟叶水分调整的活动
		162	1620	卷烟制造	指各种卷烟生产，但不包括生产烟用滤嘴棒的纤维丝束原料的制造
		169	1690	其他烟草制品制造	
	17			**纺织业**	
		171		棉纺织及印染精加工	指棉、棉型化纤（化纤短丝）纺织及印染精加工
			1711	棉纺纱加工	指以棉及棉型化学纤维为主要原料进行的纺纱加工
			1712	棉织造加工	指以棉纱、混纺纱、化学纤维纱为主要原料进行的机织物织造加工
			1713	棉印染精加工	指对非自产的棉和化学纤维织物进行漂白、染色、印花、轧光、起绒、缩水等工序的加工
		172		毛纺织及染整精加工	
			1721	毛条和毛纱线加工	指以毛及毛型化学纤维为原料进行梳条的加工，按毛纺工艺（精梳、粗梳、半精梳）进行纺纱的加工
			1722	毛织造加工	指以毛及毛型化学纤维纱线为原料进行的机织物织造加工
			1723	毛染整精加工	指对非自产的毛织物进行漂白、染色、印花等工序的染整精加工
		173		麻纺织及染整精加工	
			1731	麻纤维纺前加工和纺纱	指以苎麻、亚麻、大麻、黄麻、剑麻、罗布麻等为原料的纺前纤维加工和纺纱加工
			1732	麻织造加工	指以苎麻、亚麻、大麻、黄麻、剑麻、罗布麻纤维纱线等为主要原料的机织物织造加工
			1733	麻染整精加工	指对非自产的麻织物进行漂白、染色、印花等工序的染整精加工
		174		丝绢纺织及印染精加工	
			1741	缫丝加工	指由蚕茧经过加工缫制成丝的活动
			1742	绢纺和丝织加工	指以丝为主要原料进行的丝织物织造加工
			1743	丝印染精加工	指对非自产的丝织物进行漂白、染色、印花、轧光、起绒、缩水等工序的加工
		175		化纤织造及印染精加工	指经纬双向或经向以化纤长丝（不包括化纤短纤）为主要原料生产的机织物
			1751	化纤织造加工	指以化纤长丝（含有色长丝）为主要原料生产的机织坯布、色织布
			1752	化纤织物染整精加工	指对化纤长丝坯布进行漂白、染色、印花、轧光、起绒、缩水等染整工序的加工
		176		针织或钩针编织物及其制品制造	
			1761	针织或钩针编织物织造	指采用经编、纬编、横编及钩针编工艺进行的针织物织造加工
			1762	针织或钩针编织物印染精加工	指对非自产的针织品进行漂白、染色、印花、轧光、起绒、缩水等工序的加工

续表

代码				类别名称	说明
门类	大类	中类	小类		
			1763	针织或钩针编织品制造	指除针织或钩针编织服装以外的其他针织品或钩针编织品的加工
		177		家用纺织制成品制造	
			1771	床上用品制造	指以棉、麻、丝、毛、化学纤维等纤维及纺织品为主要原料，加工制造床上用品（包括含有填充物的被子、睡袋、枕头等类产品）的生产活动
			1772	毛巾类制品制造	指以棉、麻、丝及化学纤维等为主要原料，加工制造毛巾类产品的生产活动
			1773	窗帘、布艺类产品制造	指以棉、麻、丝、毛及化学纤维等为主要原料，加工制造窗帘、各种装饰罩（套）、靠垫、坐垫、贮物袋等生活用布艺产品的生产活动
			1779	其他家用纺织制成品制造	指以棉、麻、丝、毛及化学纤维等为主要原料，加工制造毛毯、桌布、台布、餐巾、擦布、洗碗巾等餐厨生活制品的其他家用纺织制成品生产活动
		178		非家用纺织制成品制造	也称产业用纺织制成品制造
			1781	非织造布制造	指定向或随机排列的纤维，通过摩擦、抱合或粘合，或者这些方法的组合而相互结合制成的片状物、纤网或絮垫的生产活动；所用纤维可以是天然纤维、化学纤维和无机纤维，也可以是短纤维、长丝或直接形成的纤维状物
			1782	绳、索、缆制造	指用天然纤维和化学纤维制造绳、索具、缆绳、合股线的生产活动
			1783	纺织带和帘子布制造	指帘子布、复合材料用基布、输送带基布、传送带和胶管等增强材料的生产活动
			1784	篷、帆布制造	指车用篷布、帐篷布、鞋用纺织材料、灯箱布等纺织材料的生产活动
			1789	其他非家用纺织制成品制造	指革基布，过滤、防护用纺织品，工业用毡、呢，建筑用纺织品，交通运输用纺织品，包装用纺织品，文体用纺织品，绝缘隔热纺织品，农业用纺织品，渔业用纺织品，造纸用纺织品等其他产业用纺织制成品的生产活动
	18			**纺织服装、服饰业**	
		181	1810	机织服装制造	指以机织面料为主要原料，缝制各种男、女服装，以及儿童成衣的活动；包括非自产原料制作的服装，以及固定生产地点的服装制作活动
		182	1820	针织或钩针编织服装制造	指以针织、钩针编织面料为主要原料，经裁剪后缝制各种男、女服装，以及儿童成衣的活动
		183	1830	服饰制造	指帽子、手套、围巾、领带、领结、手绢，以及袜子等服装饰品的加工
	19			**皮革、毛皮、羽毛及其制品和制鞋业**	
		191	1910	皮革鞣制加工	指动物生皮经脱毛、鞣制等物理和化学方法加工，再经涂饰和整理，制成具有不易腐烂、柔韧、透气等性能的皮革生产活动
		192		皮革制品制造	

续表

代码				类别名称	说明
门类	大类	中类	小类		
			1921	皮革服装制造	指全部或大部分用皮革、人造革、合成革为面料，制作各式服装的活动
			1922	皮箱、包（袋）制造	指全部或大部分用皮革、人造革、合成革为材料，或者以塑料、纺织物为材料，制作各种用途的皮箱、皮包（袋），或其他材料的箱、包（袋）等的制作活动
			1923	皮手套及皮装饰制品制造	指全部或大部分用皮革、人造革、合成革为材料制成的皮手套、皮带，以及皮领带等皮装饰制品的生产活动
			1929	其他皮革制品制造	指全部或大部分用皮革、人造革、合成革为材料制成上述未列明的其他各种皮革制品的生产活动
		193		毛皮鞣制及制品加工	
			1931	毛皮鞣制加工	指带毛动物生皮经鞣制等化学和物理方法处理后，保持其绒毛形态及特点的毛皮（又称裘皮）的生产活动
			1932	毛皮服装加工	指用各种动物毛皮和人造毛皮为面料或里料，加工制作毛皮服装的生产活动
			1939	其他毛皮制品加工	指用各种动物毛皮和人造毛皮为材料，加工制作上述类别未列明的其他各种用途毛皮制品的生产活动
		194		羽毛（绒）加工及制品制造	
			1941	羽毛（绒）加工	指对鹅、鸭等禽类羽毛进行加工成标准毛的生产活动
			1942	羽毛（绒）制品加工	指用加工过的羽毛（绒）作为填充物制作各种用途的羽绒制品（如羽绒服装、羽绒寝具、羽绒睡袋等）的生产活动
		195		制鞋业	指纺织面料鞋、皮鞋、塑料鞋、橡胶鞋及其他各种鞋的生产活动
			1951	纺织面料鞋制造	指用各种纺织面料、木材、棕草等原料缝制、模压或编制各种鞋的生产活动
			1952	皮鞋制造	指全部或大部分用皮革、人造革、合成革为面料，以橡胶、塑料或合成材料等为外底，按缝绱、胶粘、模压、注塑等工艺方法制作各种皮鞋的生产活动
			1953	塑料鞋制造	指以聚氯乙烯、聚乙烯、聚氨酯和乙烯醋酸乙烯等树脂为原料生产发泡或不发泡的塑料鞋类制品的活动
			1954	橡胶鞋制造	指以橡胶作为鞋底、鞋帮的橡胶鞋及其橡胶鞋部件的生产活动
			1959	其他制鞋业	
	20			**木材加工和木、竹、藤、棕、草制品业**	
		201		木材加工	
			2011	锯材加工	指以原木为原料，利用锯木机械或手工工具将原木纵向锯成具有一定断面尺寸（宽、厚度）的木材加工生产活动，用防腐剂和其他物质浸渍木料或对木料进行化学处理的加工，以及地板毛料的制造

续表

代码				类别名称	说明
门类	大类	中类	小类		
			2012	木片加工	指利用森林采伐、造材、加工等剩余物和定向培育的木材，经削（刨）片机加工成一定规格的产品生产活动
			2013	单板加工	指用于单板层积材（LVL）、纺织用木质层压板、电工层压木板和木质层积塑料等单位的生产；随着科技进步，装饰单板（厚度0.55mm以下的单板）发展很快，主要用于装饰贴面二次加工，如生产装饰贴面胶合板、实木复合地板、木质复合门窗、家具、楼梯、汽车内饰、木墙纸和踢脚线等
			2019	其他木材加工	指对木材进行干燥、防腐、改性、染色加工等活动
		202		人造板制造	指用木材及其剩余物、棉秆、甘蔗渣和芦苇等植物纤维为原料，加工成符合国家标准的胶合板、纤维板、刨花板、细木工板和木丝板等产品的生产活动，以及人造板二次加工装饰板的制造
			2021	胶合板制造	指具有一定规格的原木经旋（刨）切成单板，再经干燥、涂胶、组坯、热压而成的符合国家标准及供需双方协定标准的产品生产活动
			2022	纤维板制造	指用木材碎料（包括木片）、棉秆、甘蔗渣、芦苇等植物纤维作原料，经削片纤维分离，铺装成型，热压而成的产品生产活动
			2023	刨花板制造	指用木材碎料（包括木片）和其他植物纤维作原料，制成刨花，经干燥、施胶，铺装成型，热压而成的产品生产活动
			2029	其他人造板制造	包括非木质纤维、胶合木等其他各类人造板的制造
		203		木制品制造	指以木材为原料加工成建筑用木料和木材组件、木容器、软木制品及其他木制品的生产活动，但不包括木质家具的制造
			2031	建筑用木料及木材组件加工	指主要用于建筑施工工程的木质制品，如建筑施工用的大木工或其他支撑物，以及建筑木工的生产活动
			2032	木门窗、楼梯制造	
			2033	地板制造	
			2034	木制容器制造	
			2039	软木制品及其他木制品制造	指天然软木除去表皮，经初加工后获得的结块软木及其制品的生产活动，以及其他未列明的木质产品的生产活动
		204		竹、藤、棕、草等制品制造	指除木材以外，以竹、藤、棕、草等天然植物为原料生产制品的活动，但不包括家具的制造
			2041	竹制品制造	指竹胶合板、竹地板、竹丝板等竹制品的制造
			2042	藤制品制造	
			2043	棕制品制造	
			2049	草及其他制品制造	
	21			**家具制造业**	指用木材、金属、塑料、竹、藤等材料制作的，具有坐卧、凭倚、储藏、间隔等功能，可用于住宅、旅馆、办公室、学校、餐馆、医院、剧场、公园、船舰、飞机、机动车等任何场所的各种家具的制造

续表

代码				类别名称	说明
门类	大类	中类	小类		
		211	2110	木质家具制造	指以天然木材和木质人造板为主要材料，配以其他辅料（如油漆、贴面材料、玻璃、五金配件等）制作各种家具的生产活动
		212	2120	竹、藤家具制造	指以竹材和藤材为主要材料，配以其他辅料制作各种家具的生产活动
		213	2130	金属家具制造	指支（框）架及主要部件以铸铁、钢材、钢板、钢管、合金等金属为主要材料，结合使用木、竹、塑等材料，配以人造革、尼龙布、泡沫塑料等其他辅料制作各种家具的生产活动
		214	2140	塑料家具制造	指用塑料管、板、异型材加工或用塑料、玻璃钢（即增强塑料）直接在模具中成型的家具的生产活动
		219	2190	其他家具制造	指主要由弹性材料（如弹簧、蛇簧、拉簧等）和软质材料（如棕丝、棉花、乳胶海绵、泡沫塑料等），辅以绷结材料（如绷绳、绷带、麻布等）和装饰面料及饰物（如棉、毛、化纤织物及牛皮、羊皮、人造革等）制成的各种软家具；以玻璃为主要材料，辅以木材或金属材料制成的各种玻璃家具，以及其他未列明的原材料制作各种家具的生产活动
	22			**造纸和纸制品业**	
		221		纸浆制造	指经机械或化学方法加工纸浆的生产活动
			2211	木竹浆制造	
			2212	非木竹浆制造	
		222		造纸	指用纸浆或其他原料（如矿渣棉、云母、石棉等）悬浮在流体中的纤维，经过造纸机或其他设备成型，或手工操作而成的纸及纸板的制造
			2221	机制纸及纸板制造	
			2222	手工纸制造	指采用手工操作成型，制成纸的生产活动
			2223	加工纸制造	指对原纸及纸板进一步加工的生产活动
		223		纸制品制造	指用纸及纸板为原料，进一步加工制成纸制品的生产活动
			2231	纸和纸板容器制造	
			2239	其他纸制品制造	指符合出售规格或包装要求的纸制品，以及其他未列明的纸制品的制造
	23			**印刷和记录媒介复制业**	
		231		印刷	
			2311	书、报刊印刷	
			2312	本册印制	指由各种纸及纸板制作的，用于书写和其他用途的本册生产活动
			2319	包装装潢及其他印刷	指根据一定的商品属性、形态，采用一定的包装材料，经过对商品包装的造型结构艺术和图案文字的设计与安排来装饰美化商品的印刷，以及其他印刷活动
		232	2320	装订及印刷相关服务	指专门企业从事的装订、压印媒介制造等与印刷有关的服务
		233	2330	记录媒介复制	指将母带、母盘上的信息进行批量翻录的生产活动
	24			**文教、工美、体育和娱乐用品制造业**	

续表

代码				类别名称	说明
门类	大类	中类	小类		
		241		文教办公用品制造	
			2411	文具制造	指办公、学习等使用的各种文具的制造
			2412	笔的制造	指用于学习、办公或绘画等用途的各种笔制品的制造
			2413	教学用模型及教具制造	指主要用于教学的各种专用模型、标本及教具的制造
			2414	墨水、墨汁制造	
			2419	其他文教办公用品制造	指上述未列明的文教办公类用品的制造
		242		乐器制造	指中国民族乐器、西乐器等各种乐器及乐器零部件和配套产品的制造，但不包括玩具乐器的制造
			2421	中乐器制造	
			2422	西乐器制造	
			2423	电子乐器制造	
			2429	其他乐器及零件制造	指其他未列明的乐器、乐器零件及配套产品的制造
		243		工艺美术品制造	
			2431	雕塑工艺品制造	指以玉石、宝石、象牙、角、骨、贝壳等硬质材料，木、竹、椰壳、树根、软木等天然植物，以及石膏、泥、面、塑料等为原料，经雕刻、琢、磨、捏或塑等艺术加工而制成的各种供欣赏和实用的工艺品的制作活动
			2432	金属工艺品制造	指以金、银、铜、铁、锡等各种金属为原料，经过制胎、浇铸、锻打、錾刻、搓丝、焊接、纺织、镶嵌、点兰、烧制、打磨、电镀等各种工艺加工制成的造型美观、花纹图案精致的工艺美术品的制作活动
			2433	漆器工艺品制造	指将半生漆、腰果漆加工调配成各种鲜艳的漆料，以木、纸、塑料、铜、布等作胎，采用推光、雕填、彩画、镶嵌、刻灰等传统工艺和现代漆器工艺进行的工艺制品的制作活动
			2434	花画工艺品制造	指以绢、丝、绒、纸、涤纶、塑料、羽毛、通草以及鲜花草等为原料，经造型设计、模压、剪贴、干燥等工艺精制而成的花、果、叶等人造花类工艺品，以画面出现、可以挂或摆的具有欣赏性、装饰性的画类工艺品的制作活动
			2435	天然植物纤维编织工艺品制造	指以竹、藤、棕、草、柳、葵、麻等天然植物纤维为材料，经编织或镶嵌而成具有造型艺术或图案花纹，以欣赏为主的工艺陈列品以及工艺实用品的制作活动
			2436	抽纱刺绣工艺品制造	指以棉、麻、丝、毛及人造纤维纺织品等为主要原料，经设计、刺绣、抽、拉、钩等工艺加工各种生活装饰用品，以及以纺织品为主要原料，经特殊手工工艺或民间工艺方法加工成各种具有较强装饰效果的生活用纺织品的制作活动

续表

门类	大类	中类	小类	类别名称	说明
			2437	地毯、挂毯制造	指以羊毛、丝、棉、麻及人造纤维等为原料，经手工编织、机织、栽绒等方式加工而成的各种具有装饰性的地面覆盖物或可用于悬挂、垫坐等用途的生活装饰用品的制作活动
			2438	珠宝首饰及有关物品制造	指以金、银、铂等贵金属及其合金以及钻石、宝石、玉石、翡翠、珍珠等为原料，经金属加工和连结组合、镶嵌等工艺加工制作各种图案的装饰品的制作活动
			2439	其他工艺美术品制造	
		244		体育用品制造	
			2441	球类制造	指各种皮制、胶制、革制的可充气的运动用球，以及其他材料制成的各种运动用硬球、软球等球类产品的生产活动
			2442	体育器材及配件制造	指各项竞技比赛和训练用器材及用品，体育场馆设施及器件的生产活动
			2443	训练健身器材制造	指供健身房、家庭或体育训练用的健身器材及运动物品的制造
			2444	运动防护用具制造	指用各种材质，为各项运动特制手套、鞋、帽和护具的生产活动
			2449	其他体育用品制造	指钓鱼专用的各种用具及用品，以及上述未列明的体育用品制造
		245	2450	玩具制造	指以儿童为主要使用者，用于玩耍、智力开发等娱乐器具的制造
		246		游艺器材及娱乐用品制造	
			2461	露天游乐场所游乐设备制造	指主要安装在公园、游乐园、水上乐园、儿童乐园等露天游乐场所的电动及非电动游乐设备和游艺器材的制造
			2462	游艺用品及室内游艺器材制造	指主要供室内、桌上等游艺及娱乐场所使用的游乐设备、游艺器材和游艺娱乐用品，以及主要安装在室内游乐场所的电子游乐设备的制造
			2469	其他娱乐用品制造	
	25			**石油加工、炼焦和核燃料加工业**	
		251		精炼石油产品制造	
			2511	原油加工及石油制品制造	指从天然原油、人造原油中提炼液态或气态燃料以及石油制品的生产活动
			2512	人造原油制造	指从油母页岩中提炼原油的生产活动
		252	2520	炼焦	指主要从硬煤和褐煤中生产焦炭、干馏炭及煤焦油或沥青等副产品的炼焦炉的操作活动
		253	2530	核燃料加工	指从沥青铀矿或其他含铀矿石中提取铀、浓缩铀的生产，对铀金属的冶炼、加工，以及其他放射性元素、同位素标记、核反应堆燃料元件的制造，还包括与核燃料加工有关的核废物处置活动
	26			**化学原料和化学制品制造业**	

续表

代码				类别名称	说明
门类	大类	中类	小类		
		261		基础化学原料制造	
			2611	无机酸制造	
			2612	无机碱制造	指烧碱、纯碱等的生产活动
			2613	无机盐制造	
			2614	有机化学原料制造	
			2619	其他基础化学原料制造	
		262		肥料制造	指化学肥料、有机肥料及微生物肥料的制造
			2621	氮肥制造	指矿物氮肥及用化学方法制成含有作物营养元素氮的化肥的生产活动
			2622	磷肥制造	指以磷矿石为主要原料，用化学或物理方法制成含有作物营养元素磷的化肥的生产活动
			2623	钾肥制造	指用天然钾盐矿经富集精制加工制成含有作物营养元素钾的化肥的生产活动
			2624	复混肥料制造	指经过化学或物理方法加工制成的，含有两种以上作物所需主要营养元素（氮、磷、钾）的化肥的生产活动；包括通用型复混肥料和专用型复混肥料
			2625	有机肥料及微生物肥料制造	指来源于动植物，经发酵或腐熟等化学处理后，适用于土壤并提供植物养分供给的，其主要成分为含氮物质的肥料制造
			2629	其他肥料制造	指上述未列明的微量元素肥料及其他肥料的生产
		263		农药制造	指用于防治农业、林业作物的病、虫、草、鼠和其他有害生物，调节植物生长的各种化学农药、微生物农药、生物化学农药，以及仓储、农林产品的防蚀、河流堤坝、铁路、机场、建筑物及其他场所用药的原药和制剂的生产活动
			2631	化学农药制造	指化学农药原药，以及经过机械粉碎、混合或稀释制成粉状、乳状和水状的化学农药制剂的生产活动
			2632	生物化学农药及微生物农药制造	指由细菌、真菌、病毒和原生动物或基因修饰的微生物等自然产生，以及由植物提取的防治病、虫、草、鼠和其他有害生物的农药制剂生产活动
		264		涂料、油墨、颜料及类似产品制造	
			2641	涂料制造	指在天然树脂或合成树脂中加入颜料、溶剂和辅助材料，经加工后制成的覆盖材料的生产活动
			2642	油墨及类似产品制造	指由颜料、联接料（植物油、矿物油、树脂、溶剂）和填充料经过混合、研磨调制而成，用于印刷的有色胶浆状物质，以及用于计算机打印、复印机用墨等的生产活动
			2643	颜料制造	指用于陶瓷、搪瓷、玻璃等工业的无机颜料及类似材料的生产活动，以及油画、水粉画、广告等艺术用颜料的制造
			2644	染料制造	指有机合成、植物性或动物性色料，以及有机颜料的生产活动
			2645	密封用填料及类似品制造	指用于建筑涂料、密封和漆工用的填充料，以及其他类似化学材料的制造
		265		合成材料制造	

续表

代码				类别名称	说明
门类	大类	中类	小类		
			2651	初级形态塑料及合成树脂制造	也称初级塑料或原状塑料的生产活动，包括通用塑料、工程塑料、功能高分子塑料的制造
			2652	合成橡胶制造	指人造橡胶或合成橡胶及高分子弹性体的生产活动
			2653	合成纤维单（聚合）体制造	指以石油、天然气、煤等为主要原料，用有机合成的方法制成合成纤维单体或聚合体的生产活动
			2659	其他合成材料制造	指陶瓷纤维等特种纤维及其增强的复合材料的生产活动；其他专用合成材料的制造
		266		专用化学产品制造	
			2661	化学试剂和助剂制造	指各种化学试剂、催化剂及专用助剂的生产活动
			2662	专项化学用品制造	指水处理化学品、造纸化学品、皮革化学品、油脂化学品、油田化学品、生物工程化学品、日化产品专用化学品等产品的生产活动
			2663	林产化学产品制造	指以林产品为原料，经过化学和物理加工方法生产产品的活动
			2664	信息化学品制造	指电影、照相、医用、幻灯及投影用感光材料、冲洗套药，磁、光记录材料，光纤维通讯用辅助材料，及其专用化学制剂的制造
			2665	环境污染处理专用药剂材料制造	指对水污染、空气污染、固体废物等污染物处理所专用的化学药剂及材料的制造
			2666	动物胶制造	指以动物骨、皮为原料，经一系列工艺处理制成有一定透明度、粘度、纯度的胶产品的生产活动
			2669	其他专用化学产品制造	指其他各种用途的专用化学用品的制造
		267		炸药、火工及焰火产品制造	
			2671	炸药及火工产品制造	指各种军用和生产用炸药、雷管及类似的火工产品的制造
			2672	焰火、鞭炮产品制造	指节日、庆典用焰火及民用烟花、鞭炮等产品的制造
		268		日用化学产品制造	
			2681	肥皂及合成洗涤剂制造	指以喷洒、涂抹、浸泡等方式施用于肌肤、器皿、织物、硬表面，即冲即洗，起到清洁、去污、渗透、乳化、分散、护理、消毒除菌等功能，广泛用于家居、个人清洁卫生、织物清洁护理、工业清洗、公共设施及环境卫生清洗等领域的产品（固、液、粉、膏、片状等），以及中间体表面活性剂产品的制造
			2682	化妆品制造	指以涂抹、喷洒或者其他类似方法，撒布于人体表面任何部位（皮肤、毛发、指甲、口唇等），以达到清洁、消除不良气味、护肤、美容和修饰目的的日用化学工业产品的制造
			2683	口腔清洁用品制造	指用于口腔或牙齿清洁卫生制品的生产活动
			2684	香料、香精制造	指具有香气和香味，用于调配香精的物质——香料的生产，以及以多种天然香料和合成香料为主要原料，并与其他辅料一起按合理的配方和工艺调配制得的具有一定香型的复杂混合物，主要用于各类加香产品中的香精的生产活动

续表

代码				类别名称	说明
门类	大类	中类	小类		
			2689	其他日用化学产品制造	指室内散香或除臭制品，光洁用品，擦洗膏及类似制品，动物用化妆盥洗品，火柴，蜡烛及类似制品等日用化学产品的生产活动
	27			**医药制造业**	
		271	2710	化学药品原料药制造	指供进一步加工化学药品制剂所需的原料药生产活动
		272	2720	化学药品制剂制造	指直接用于人体疾病防治、诊断的化学药品制剂的制造
		273	2730	中药饮片加工	指对采集的天然或人工种植、养殖的动物和植物的药材部位进行加工、炮制，使其符合中药处方调剂或中成药生产使用的活动
		274	2740	中成药生产	指直接用于人体疾病防治的传统药的加工生产活动
		275	2750	兽用药品制造	指用于动物疾病防治医药的制造
		276	2760	生物药品制造	指利用生物技术生产生物化学药品、基因工程药物的生产活动
		277	2770	卫生材料及医药用品制造	指卫生材料、外科敷料、药品包装材料、辅料以及其他内、外科用医药制品的制造
	28			**化学纤维制造业**	
		281		纤维素纤维原料及纤维制造	
			2811	化纤浆粕制造	指纺织生产用粘胶纤维的基本原料生产活动
			2812	人造纤维（纤维素纤维）制造	指用化纤浆粕经化学加工生产纤维的活动
		282		合成纤维制造	指以石油、天然气、煤等为主要原料，用有机合成的方法制成单体，聚合后经纺丝加工生产纤维的活动
			2821	锦纶纤维制造	也称聚酰胺纤维制造，指由尼龙66盐和聚乙内酰胺为主要原料生产合成纤维的活动
			2822	涤纶纤维制造	也称聚酯纤维制造，指以聚对苯二甲酸乙二醇酯（简称聚酯）为原料生产合成纤维的活动
			2823	腈纶纤维制造	也称聚丙烯腈纤维制造，指以丙烯腈为主要原料（含丙烯腈85%以上）生产合成纤维的活动
			2824	维纶纤维制造	也称聚乙烯醇纤维制造，指以聚乙烯醇为主要原料生产合成纤维的活动
			2825	丙纶纤维制造	也称聚丙烯纤维制造，指以聚丙烯为主要原料生产合成纤维的活动
			2826	氨纶纤维制造	也称聚氨酯纤维制造，指以聚氨基甲酸酯为主要原料生产合成纤维的活动
			2829	其他合成纤维制造	
	29			**橡胶和塑料制品业**	
		291		橡胶制品业	指以天然及合成橡胶为原料生产各种橡胶制品的活动，还包括利用废橡胶再生产橡胶制品的活动；不包括橡胶鞋制造
			2911	轮胎制造	

续表

代码				类别名称	说明
门类	大类	中类	小类		
			2912	橡胶板、管、带制造	指用未硫化的、硫化的或硬质橡胶生产橡胶板状、片状、管状、带状、棒状和异型橡胶制品的活动，以及以橡胶为主要成分，用橡胶灌注、涂层、覆盖或层叠的纺织物、纱绳、钢丝（钢缆）等制作的传动带或输送带的生产活动
			2913	橡胶零件制造	指各种用途的橡胶异形制品、橡胶零配件制品的生产活动
			2914	再生橡胶制造	指用废橡胶生产再生橡胶的活动
			2915	日用及医用橡胶制品制造	
			2919	其他橡胶制品制造	
		292		塑料制品业	指以合成树脂（高分子化合物）为主要原料，经采用挤塑、注塑、吹塑、压延、层压等工艺加工成型的各种制品的生产，以及利用回收的废旧塑料加工再生产塑料制品的活动；不包括塑料鞋制造
			2921	塑料薄膜制造	指用于农业覆盖，工业、商业及日用包装薄膜的制造
			2922	塑料板、管、型材制造	指各种塑料板、管及管件、棒材、薄片等的生产活动，以及以聚氯乙烯为主要原料，经连续挤出成型的塑料异型材的生产活动
			2923	塑料丝、绳及编织品制造	指塑料制丝、绳、扁条，塑料袋及编织袋、编织布等的生产活动
			2924	泡沫塑料制造	指以合成树脂为主要原料，经发泡成型工艺加工制成内部具有微孔的塑料制品的生产活动
			2925	塑料人造革、合成革制造	指外观和手感似皮革，其透气、透湿性虽然略逊色于天然革，但具有优异的物理、机械性能，如强度和耐磨性等，并可代替天然革使用的塑料人造革的生产活动；模拟天然人造革的组成和结构，正反面都与皮革十分相似，比普通人造革更近似天然革，并可代替天然革的塑料合成革的生产活动
			2926	塑料包装箱及容器制造	指用吹塑或注塑工艺等制成的，可盛装各种物品或液体物质，以便于储存、运输等用途的塑料包装箱及塑料容器制品的生产活动
			2927	日用塑料制品制造	指塑料制餐、厨用具，卫生设备、洁具及其配件，塑料服装，日用塑料装饰品，以及其他日用塑料制品的生产活动
			2928	塑料零件制造	指塑料制绝缘零件、密封制品、紧固件，以及汽车、家具等专用零配件的生产活动
			2929	其他塑料制品制造	指上述未列明的其他各类非日用塑料制品的生产活动
	30			**非金属矿物制品业**	
		301		水泥、石灰和石膏制造	
			3011	水泥制造	指以水泥熟料加入适量石膏或一定混合材，经研磨设备（水泥磨）磨制到规定的细度，制成水凝水泥的生产活动，还包括水泥熟料的生产活动
			3012	石灰和石膏制造	
		302		石膏、水泥制品及类似制品制造	
			3021	水泥制品制造	指水泥制管、杆、桩、砖、瓦等制品制造

续表

代码				类别名称	说明
门类	大类	中类	小类		
			3022	砼结构构件制造	指用于建筑施工工程的水泥混凝土预制构件的生产活动
			3023	石棉水泥制品制造	
			3024	轻质建筑材料制造	指石膏板、石膏制品及类似轻质建筑材料的制造
			3029	其他水泥类似制品制造	指玻璃纤维增强水泥制品，以及其他未列明的水泥制品的制造
		303		砖瓦、石材等建筑材料制造	指粘土、陶瓷砖瓦的生产，建筑用石的加工，用废料或废渣生产的建筑材料，以及其他建筑材料的制造
			3031	粘土砖瓦及建筑砌块制造	指用粘土和其他材料生产的砖、瓦及建筑砌块的活动
			3032	建筑陶瓷制品制造	指用于建筑物的内、外墙及地面装饰或耐酸腐蚀的陶瓷材料（不论是否涂釉）的生产活动，以及水道、排水沟的陶瓷管道及配件的制造
			3033	建筑用石加工	指用于建筑、筑路、墓地及其他用途的大理石板、花岗岩等石材的切割、成形和修饰活动
			3034	防水建筑材料制造	指以沥青或类似材料为主要原料制造防水材料的活动
			3035	隔热和隔音材料制造	指用于隔热、隔音、保温的岩石棉、矿渣棉、膨胀珍珠岩、膨胀蛭石等矿物绝缘材料及其制品的制造，但不包括石棉隔热、隔音材料的制造
			3039	其他建筑材料制造	
		304		玻璃制造	指任何形态玻璃的生产，以及利用废玻璃再生产玻璃活动，包括特制玻璃的生产
			3041	平板玻璃制造	指用浮法、垂直引上法、压延法等生产平板玻璃原片的活动
			3049	其他玻璃制造	指未列明的玻璃制造
		305		玻璃制品制造	指任何形态玻璃制品的生产，以及利用废玻璃再生产玻璃制品的活动
			3051	技术玻璃制品制造	指用于建筑、工业生产的技术玻璃制品的制造
			3052	光学玻璃制造	指用于放大镜、显微镜、光学仪器等方面的光学玻璃，日用光学玻璃，钟表用玻璃或类似玻璃，光学玻璃眼镜毛坯的制造，以及未进行光学加工的光学玻璃元件的制造
			3053	玻璃仪器制造	指实验室、医疗卫生用各种玻璃仪器和玻璃器皿以及玻璃管的制造
			3054	日用玻璃制品制造	指餐厅、厨房、卫生间、室内装饰及其他生活用玻璃制品的制造
			3055	玻璃包装容器制造	指主要用于产品包装的各种玻璃容器的制造
			3056	玻璃保温容器制造	指玻璃保温瓶和其他个人或家庭用玻璃保温容器的制造
			3057	制镜及类似品加工	指以平板玻璃为材料，经对其进行镀银、镀铝，或冷、热加工后成型的镜子及类似制品的制造
			3059	其他玻璃制品制造	
		306		玻璃纤维和玻璃纤维增强塑料制品制造	

续表

代码				类别名称	说明
门类	大类	中类	小类		
			3061	玻璃纤维及制品制造	
			3062	玻璃纤维增强塑料制品制造	也称玻璃钢，指用玻璃纤维增强热固性树脂生产塑料制品的活动
		307		陶瓷制品制造	
			3071	卫生陶瓷制品制造	指卫生和清洁盥洗用的陶瓷用具的生产活动
			3072	特种陶瓷制品制造	指专为工业、农业、实验室等领域的各种特定用途和要求，采用特殊生产工艺制造陶瓷制品的生产活动
			3073	日用陶瓷制品制造	指以粘土、瓷石、长石、石英等为原料，经破碎、制泥、成型、烧炼等工艺制成，主要供日常生活用的各种瓷器、炻器、陶器等陶瓷制品的制造
			3079	园林、陈设艺术及其他陶瓷制品制造	指以石英、长石、瓷土等为原料，经制胎、施釉、装饰、烧成等工艺制成的，具有艺术造型或花纹、图案等，主要供陈设、观赏或装饰用的纯艺术欣赏陶瓷制品和以欣赏为主的陶瓷陈列品、实用品的制造，以及其他未列明的陶瓷制品的制造
		308		耐火材料制品制造	
			3081	石棉制品制造	指以石棉或其他矿物纤维素为基础，制造摩擦制品、石棉纺织制品、石棉橡胶制品、石棉保温隔热材料制品的生产活动
			3082	云母制品制造	
			3089	耐火陶瓷制品及其他耐火材料制造	指用硅质、粘土质、高铝质等石粉成形的陶瓷隔热制品的制造
		309		石墨及其他非金属矿物制品制造	
			3091	石墨及碳素制品制造	指以炭、石墨材料加工的特种石墨制品、碳素制品、异形制品，以及用树脂和各种有机物浸渍加工而成的碳素异形产品的制造
			3099	其他非金属矿物制品制造	
	31			**黑色金属冶炼和压延加工业**	
		311	3110	炼铁	指用高炉法、直接还原法、熔融还原法等，将铁从矿石等含铁化合物中还原出来的生产活动
		312	3120	炼钢	指利用不同来源的氧（如空气、氧气）来氧化炉料（主要是生铁）所含杂质的金属提纯活动
		313	3130	黑色金属铸造	指铸铁件、铸钢件等各种成品、半成品的制造
		314	3140	钢压延加工	指通过热轧、冷加工、锻压和挤压等塑性加工使连铸坯、钢锭产生塑性变形，制成具有一定形状尺寸的钢材产品的生产活动
		315	3150	铁合金冶炼	指铁与其他一种或一种以上的金属或非金属元素组成的合金生产活动
	32			**有色金属冶炼和压延加工业**	
		321		常用有色金属冶炼	指通过熔炼、精炼、电解或其他方法从有色金属矿、废杂金属料等有色金属原料中提炼常用有色金属的生产活动
			3211	铜冶炼	指对铜精矿等矿山原料、废杂铜料进行熔炼、精炼、电解等提炼铜的生产活动

续表

代码				类别名称	说明
门类	大类	中类	小类		
			3212	铅锌冶炼	
			3213	镍钴冶炼	
			3214	锡冶炼	
			3215	锑冶炼	
			3216	铝冶炼	指对铝矿山原料通过冶炼、电解、铸型，以及对废杂铝料进行熔炼等提炼铝的生产活动
			3217	镁冶炼	
			3219	其他常用有色金属冶炼	
		322		贵金属冶炼	指对金、银及铂族金属的提炼活动
			3221	金冶炼	指用金精（块）矿、阳极泥（冶炼其他有色金属时回收的阳极泥含金）、废杂金提炼黄金的生产活动
			3222	银冶炼	指用银精（块）矿、阳极泥（冶炼其他有色金属时回收的阳极泥含银）、废杂银提炼白银的生产活动
			3229	其他贵金属冶炼	
		323		稀有稀土金属冶炼	指钨钼、稀有轻金属、稀有高熔点金属、稀散金属、稀土金属及其他稀有稀土金属冶炼活动，但不包括钍和铀等放射性金属的冶炼加工
			3231	钨钼冶炼	
			3232	稀土金属冶炼	
			3239	其他稀有金属冶炼	
		324	3240	有色金属合金制造	指以有色金属为基体，加入一种或几种其他元素所构成的合金生产活动
		325	3250	有色金属铸造	指有色金属及其合金铸造的各种成品、半成品的制造
		326		有色金属压延加工	
			3261	铜压延加工	指铜及铜合金的压延加工生产活动
			3262	铝压延加工	指铝及铝合金的压延加工生产活动
			3263	贵金属压延加工	指对金、银及铂族等贵金属，进行轧制、拉制或挤压加工的生产活动
			3264	稀有稀土金属压延加工	指对钨、钼、钽等稀有金属材的加工
			3269	其他有色金属压延加工	
	33			**金属制品业**	
		331		结构性金属制品制造	
			3311	金属结构制造	指以铁、钢或铝等金属为主要材料，制造金属构件、金属构件零件、建筑用钢制品及类似品的生产活动，这些制品可以运输，并便于装配、安装或竖立
			3312	金属门窗制造	指用金属材料（铝合金或其他金属）制作建筑物用门窗及类似品的生产活动
		332		金属工具制造	
			3321	切削工具制造	指手工或机床用可互换的切削工具的制造
			3322	手工具制造	指在生产和日常生活中，进行装配、安装、维修时使用的手工工具的制造

续表

代码				类别名称	说明
门类	大类	中类	小类		
			3323	农用及园林用金属工具制造	指主要用于农牧业生产的小农具，园艺或林业作业用金属工具的制造
			3324	刀剪及类似日用金属工具制造	指日常生活用刀剪、刀具、指甲钳等类似金属工具的制造
			3329	其他金属工具制造	指上述类别未包括的用于各种用途的金属工具的制造
		333		集装箱及金属包装容器制造	
			3331	集装箱制造	指专门设计，可长期反复使用，不用换箱内货物，便可从一种运输方式转移到另一种运输方式的放置货物的钢质箱体（其容积大于1m^3）的生产活动
			3332	金属压力容器制造	指用于存装压缩气体、液化气体及其他具有一定压力的液体物质的金属容器（不论其是否配有顶盖、塞子，或衬有除铁、钢、铝以外的材料）的制造
			3333	金属包装容器制造	指主要为商品运输或包装而制作的金属包装容器及附件的制造
		334	3340	金属丝绳及其制品制造	
		335		建筑、安全用金属制品制造	
			3351	建筑、家具用金属配件制造	指用于建筑物、家具、交通工具或其他场所和用具的金属装置、锁及其金属配件的制造
			3352	建筑装饰及水暖管道零件制造	指用于建筑方面的金属装饰材料，以及建筑工程对中性介质（如水、油、蒸汽、空气、煤气等没有腐蚀性的气体和液体物质）在低压下进行工作的设备和管道上所使用的金属附件的制造
			3353	安全、消防用金属制品制造	指安全、消防用金属保险柜、保险箱、消防梯等金属制品的制造
			3359	其他建筑、安全用金属制品制造	
		336	3360	金属表面处理及热处理加工	指对外来的金属物件表面进行的电镀、镀层、抛光、喷涂、着色等专业性作业加工
		337		搪瓷制品制造	指在金属坯体表面涂搪瓷釉制成的，具有金属机械强度和瓷釉物化特征，及可装饰性的制品制造
			3371	生产专用搪瓷制品制造	指专为工业生产设备、工业产品及家电配套的各种搪瓷制品的制造
			3372	建筑装饰搪瓷制品制造	指用于建筑及其装饰方面的搪瓷制品和搪瓷制建筑材料的制造
			3373	搪瓷卫生洁具制造	指卫生用和清洁盥洗用搪瓷用具的生产活动
			3379	搪瓷日用品及其他搪瓷制品制造	指金属薄板经过成型、搪烧制成的日用品及其他搪瓷制品的制造
		338		金属制日用品制造	指以不锈钢、铝等金属为主要原材料，加工制作各种日常生活用金属制品的生产活动
			3381	金属制厨房用器具制造	指厨房烹制、调理用各种金属器具、用具的生产活动
			3382	金属制餐具和器皿制造	

续表

代码				类别名称	说明
门类	大类	中类	小类		
			3383	金属制卫生器具制造	指卫生用和清洁盥洗用的各种金属器具、用具的生产活动
			3389	其他金属制日用品制造	
		339		其他金属制品制造	
			3391	锻件及粉末冶金制品制造	指通过对金属坯料进行锻造变形而得到的工件或毛坯，或者将金属粉末和与非金属粉末的混合物通过压制变形、烘焙制作制品和材料的活动，包括自由锻件、模锻件、特殊成形锻件、冷锻件、温锻件、粉末冶金件等的制造
			3392	交通及公共管理用金属标牌制造	
			3399	其他未列明金属制品制造	指其他上述未包括的金属制品的制造；本类别还包括武器弹药的制造
	34			**通用设备制造业**	
		341		锅炉及原动设备制造	
			3411	锅炉及辅助设备制造	指各种蒸汽锅炉、汽化锅炉，以及除同位素分离器以外的各种核反应堆的制造
			3412	内燃机及配件制造	指用于移动或固定用途的往复式、旋转式、火花点火式或压燃式内燃机及配件的制造，但不包括飞机、汽车和摩托车发动机的制造
			3413	汽轮机及辅机制造	指汽轮机和燃气轮机（蒸汽涡轮机）的制造
			3414	水轮机及辅机制造	
			3415	风能原动设备制造	指风能发电设备及其他风能原动设备制造
			3419	其他原动设备制造	
		342		金属加工机械制造	
			3421	金属切削机床制造	指用于加工金属的各种切削加工机床的制造
			3422	金属成形机床制造	指以锻压、锤击和模压方式加工金属的机床，或以弯曲、折叠、矫直、剪切、冲压、开槽、拉丝等方式加工金属的机床的制造
			3423	铸造机械制造	指金属铸件（机械零件毛坯件）铸造用专用设备及其专门配套件的制造，普通铸造设备、制芯设备、砂处理设备、清理设备和特种铸造设备等制造
			3424	金属切割及焊接设备制造	指将电能及其他形式的能量转换为切割、焊接能量对金属进行切割、焊接设备的制造
			3425	机床附件制造	指扩大机床加工性能和使用范围的附属装置的制造
			3429	其他金属加工机械制造	
		343		物料搬运设备制造	指在工厂、仓库、码头、站台及其他场地，进行起重、输送、装卸、搬运、堆码、存储等作业的机械设备以及车辆及其专门配套件的制造
			3431	轻小型起重设备制造	指结构轻巧、动作简单、可在狭小场地升降或移动重物的简易起重设备及器具的制造；包括起重滑车、手动葫芦、电动葫芦、普通卷扬机、千斤顶、汽车举升机、单轨小车等制造
			3432	起重机制造	指具有起升、变幅或回转、行走等主要工作机构的各种起重机及其专门配套件的制造

续表

代码				类别名称	说明
门类	大类	中类	小类		
			3433	生产专用车辆制造	指用于生产企业内部，进行装卸、堆跺或短距离搬运、牵引、顶推等作业的无轨车辆及其专门配套件的制造；包括电动叉车、内燃叉车、集装箱正面吊运机、短距离牵引车及固定平台搬运车、跨运车，以及手动搬运、堆跺车等的制造
			3434	连续搬运设备制造	指在同一方向上，按照规定的线路连续或间歇地运送或装卸散状物料和成件物品的搬运设备及其专门配套件的制造；包括输送机械、装卸机械、给料机械等三类产品及其专门配套件的制造
			3435	电梯、自动扶梯及升降机制造	指各种电梯、自动扶梯及自动人行道、升降机及其专门配套件的制造
			3439	其他物料搬运设备制造	指除上述以外的其他物料搬运设备及其专门配套件的制造
		344		泵、阀门、压缩机及类似机械制造	指泵、真空设备、压缩机，液压和气压动力机械及类似机械和阀门的制造
			3441	泵及真空设备制造	指用以输送各种液体、液固混合体、液气混合体及其增压、循环、真空等用途的设备制造
			3442	气体压缩机械制造	指对气体进行压缩，使其压力提高到340kPa以上的压缩机械的制造
			3443	阀门和旋塞制造	指通过改变其流道面积的大小，用以控制流体流量、压力和流向的装置制造
			3444	液压和气压动力机械及元件制造	指以液体（或气体）为工作介质，靠液体静压力（或气压动力）来传送能量的装置制造
		345		轴承、齿轮和传动部件制造	
			3451	轴承制造	指各种轴承及轴承零件的制造
			3452	齿轮及齿轮减、变速箱制造	指用于传递动力和转速的齿轮和齿轮减（增）速箱（机、器）、齿轮变速箱的制造；不包括汽车变速箱等的制造
			3459	其他传动部件制造	指除齿轮及齿轮减、变速箱以外的其他相关传动装置制造；包括链传动、带传动、离合器、联轴节、制动器、平衡系统及其配套件制造
		346		烘炉、风机、衡器、包装等设备制造	
			3461	烘炉、熔炉及电炉制造	指使用液体燃料、粉状固体燃料（焚化炉）或气体燃料，进行煅烧、熔化或其他热处理用的非电力熔炉、窑炉和烘炉等燃烧器的制造，以及工业或实验室用电炉及零件的制造
			3462	风机、风扇制造	指用来输送各种气体，以及气体增压、循环、通风换气、排尘等设备的制造
			3463	气体、液体分离及纯净设备制造	指气体和液体的提纯、分离、液化、过滤、净化等设备的制造
			3464	制冷、空调设备制造	指用于专业生产、商业经营等方面的制冷设备和空调设备的制造，但不包括家用空调设备的制造
			3465	风动和电动工具制造	指带有电动机、非电力发动机或风动装置的手工操作加工工具的制造
			3466	喷枪及类似器具制造	

续表

代码				类别名称	说明
门类	大类	中类	小类		
			3467	衡器制造	指用来测定物质重量的各种机械、电子或机电结合的装置或设备的生产活动
			3468	包装专用设备制造	指对瓶、桶、箱、袋或其他容器的洗涤、干燥、装填、密封和贴标签等专用包装机械的制造
		347		文化、办公用机械制造	
			3471	电影机械制造	指各种类型或用途的电影摄影机、电影录音摄影机、影像放映机及电影辅助器材和配件的制造
			3472	幻灯及投影设备制造	指通过媒体将在电子成像器件上的文字图像、胶片上的文字图像、纸张上的文字图像及实物投射到银幕上的各种设备、器材及零配件的制造
			3473	照相机及器材制造	指各种类型或用途的照相机的制造；包括用以制备印刷板，用于水下或空中照相的照相机制造，以及照相机用闪光装置、摄影暗室装置和零件的制造
			3474	复印和胶印设备制造	指各种用途的复印设备和集复印、打印、扫描、传真为一体的多功能一体机的制造；以及主要用于办公室的胶印设备、文字处理设备及零件的制造
			3475	计算器及货币专用设备制造	指金融、商业、交通及办公等使用的电子计算器、具有计算功能的数据记录、重现和显示机器的制造；以及货币专用设备及类似机械的制造
			3479	其他文化、办公用机械制造	
		348		通用零部件制造	
			3481	金属密封件制造	指以金属为原料制作密封件的生产活动
			3482	紧固件制造	
			3483	弹簧制造	
			3484	机械零部件加工	指对专用和通用机械零部件的加工
			3489	其他通用零部件制造	
		349	3490	其他通用设备制造业	
	35			**专用设备制造业**	
		351		采矿、冶金、建筑专用设备制造	
			3511	矿山机械制造	指用于各种固体矿物及石料的开采和洗选的机械设备及其专门配套设备的制造；包括建井设备，采掘、凿岩设备，矿山提升设备，矿物破碎、粉磨设备，矿物筛分、洗选设备，矿用牵引车及矿车等产品及其专用配套件的制造
			3512	石油钻采专用设备制造	指对陆地和海洋的石油、天然气等专用开采设备的制造；不包括海上石油、天然气勘探开采平台及相关漂浮设备的制造
			3513	建筑工程用机械制造	指建筑施工及市政公共工程用机械的制造
			3514	海洋工程专用设备制造	指海上工程、海底工程、近海工程的专用设备制造，不含港口工程设备以及船舶、潜水、救捞等设备制造
			3515	建筑材料生产专用机械制造	指生产水泥、水泥制品、玻璃及玻璃纤维、建筑陶瓷、砖瓦等建筑材料所使用的各种生产、搅拌成型机械的制造

续表

代码				类别名称	说明
门类	大类	中类	小类		
			3516	冶金专用设备制造	指金属冶炼、锭坯铸造、轧制及其专用配套设备等生产专用设备的制造
		352		化工、木材、非金属加工专用设备制造	
			3521	炼油、化工生产专用设备制造	指炼油、化学工业生产专用设备的制造，但不包括包装机械等通用设备的制造
			3522	橡胶加工专用设备制造	指加工橡胶，或以橡胶为材料生产橡胶制品的专用机械制造
			3523	塑料加工专用设备制造	指塑料加工工业中所使用的各类专用机械和装置的制造
			3524	木材加工机械制造	指加工木材、木质板材及木制品的生产专用机械的制造，包括人造板成套设备及非木质人造板成套设备制造、人造板二次加工成套设备制造
			3525	模具制造	指金属铸造用模具、矿物材料用模具、橡胶或塑料用模具及其他用途的模具的制造
			3529	其他非金属加工专用设备制造	
		353		食品、饮料、烟草及饲料生产专用设备制造	
			3531	食品、酒、饮料及茶生产专用设备制造	指主要用于食品、酒、饮料生产及茶制品加工等专用设备的制造
			3532	农副食品加工专用设备制造	指对谷物、干豆类等农作物的筛选、碾磨、储存等专用机械，糖料和油料作物加工机械，畜禽屠宰、水产品加工及盐加工机械的制造
			3533	烟草生产专用设备制造	
			3534	饲料生产专用设备制造	
		354		印刷、制药、日化及日用品生产专用设备制造	
			3541	制浆和造纸专用设备制造	指在制浆、造纸、纸加工及纸制品的生产过程中所用的各类机械和设备的制造
			3542	印刷专用设备制造	指使用印刷或其他方式将图文信息转移到承印物上的专用生产设备的制造
			3543	日用化工专用设备制造	指日用化学工业产品，如洗涤用品、口腔清洁用品、化妆品、香精、香料、动物胶、感光材料及其他日用化学制品专用生产设备的制造
			3544	制药专用设备制造	指化学原料药和药剂、中药饮片及中成药专用生产设备的制造
			3545	照明器具生产专用设备制造	指用于生产各种电灯泡、荧光灯管等电光源和各种照明器具产品专用生产设备的制造
			3546	玻璃、陶瓷和搪瓷制品生产专用设备制造	指用于生产加工玻璃制品、玻璃器皿的专用机械，陶瓷器等类似产品的加工机床和生产专用机械，以及搪瓷制品生产设备的制造
			3549	其他日用品生产专用设备制造	指上述未列明的日用品、工艺美术品的生产专用机械设备的制造
		355		纺织、服装和皮革加工专用设备制造	
			3551	纺织专用设备制造	指纺织纤维预处理、纺纱、织造和针织机械的制造

续表

代码				类别名称	说明
门类	大类	中类	小类		
			3552	皮革、毛皮及其制品加工专用设备制造	指在制革、毛皮鞣制及其制品的加工生产过程中所使用的各种专用设备的制造
			3553	缝制机械制造	指用于服装、鞋帽、箱包等制作的专用缝纫机械制造，以及生产加工各种面料服装、鞋帽所包括的铺布、裁剪、整烫、输送管理等机械和羽绒加工设备的制造
			3554	洗涤机械制造	指洗衣店等专业洗衣机械的制造；不包括家用洗衣机的制造
		356		电子和电工机械专用设备制造	
			3561	电工机械专用设备制造	指电机、电线、电缆等电站、电工专用机械及器材的生产设备的制造
			3562	电子工业专用设备制造	指生产半导体器件、集成电路、电子元件、电真空器件专用设备的制造，以及电子设备整机装配专用设备的制造
		357		农、林、牧、渔专用机械制造	
			3571	拖拉机制造	
			3572	机械化农业及园艺机具制造	指用于土壤处理，作物种植或施肥，种植物收割的农业、园艺或其他机械的制造
			3573	营林及木竹采伐机械制造	
			3574	畜牧机械制造	指草原建设、管理，畜禽养殖及畜禽产品采集等专用机械的制造
			3575	渔业机械制造	指渔业养殖、渔业捕捞等专用设备的制造
			3576	农林牧渔机械配件制造	指拖拉机配件和其他农林牧渔机械配件的制造
			3577	棉花加工机械制造	指棉花加工专用机械制造，棉花加工成套设备的制造和安装
			3579	其他农、林、牧、渔业机械制造	指用于农产品初加工机械，以及其他未列明的农、林、牧、渔业机械的制造
		358		医疗仪器设备及器械制造	
			3581	医疗诊断、监护及治疗设备制造	指用于内科、外科、眼科、妇产科、中医等医疗专用诊断、监护、治疗等方面的设备制造
			3582	口腔科用设备及器具制造	指用于口腔治疗、修补设备及器械的制造
			3583	医疗实验室及医用消毒设备和器具制造	指医疗实验室或医疗用消毒、灭菌设备及器具的制造
			3584	医疗、外科及兽医用器械制造	指各种手术室、急救室、诊疗室等医疗专用及兽医用手术器械、医疗诊断用品和医疗用具的制造
			3585	机械治疗及病房护理设备制造	指各种治疗设备、病房护理及康复专用设备的制造
			3586	假肢、人工器官及植（介）入器械制造	指外科、牙科等医疗专用及兽医用假肢、人工器官、植入器械的制造，还包括矫形器具的制造
			3589	其他医疗设备及器械制造	指外科、牙科等医疗专用及兽医用家具器械的制造，以及其他未列明的医疗设备及器械的制造
		359		环保、社会公共服务及其他专用设备制造	
			3591	环境保护专用设备制造	指环境污染防治、废旧物品加工，以及工业材料回收专用设备的制造
			3592	地质勘查专用设备制造	指地质勘查（勘探）专用设备的制造；不包括通用钻采、挖掘机械的制造

续表

代码				类别名称	说明
门类	大类	中类	小类		
			3593	邮政专用机械及器材制造	
			3594	商业、饮食、服务专用设备制造	
			3595	社会公共安全设备及器材制造	指公安、消防、安全等社会公共安全设备及器材的制造和加工
			3596	交通安全、管制及类似专用设备制造	指除铁路运输以外的道路运输、水上运输及航空运输等有关的管理、安全、控制专用设备的制造；不包括电气照明设备、信号设备的制造
			3597	水资源专用机械制造	指水利工程管理、节水工程及水的生产、供应专用设备的制造
			3599	其他专用设备制造	指上述类别中未列明的其他专用设备的制造，包括同位素设备的制造
	36			**汽车制造业**	
		361	3610	汽车整车制造	指由动力装置驱动，具有四个以上车轮的非轨道、无架线的车辆，并主要用于载送人员和（或）货物，牵引输送人员和（或）货物的车辆制造，还包括汽车发动机的制造
		362	3620	改装汽车制造	指利用外购汽车底盘改装各类汽车的制造
		363	3630	低速载货汽车制造	指最高时速限制在规定范围内的农用三轮或四轮等载货汽车的制造
		364	3640	电车制造	指以电作为动力，以屏板或可控硅方式控制的城市内交通工具和专用交通工具的制造
		365	3650	汽车车身、挂车制造	指其设计和技术特性需由汽车牵引，才能正常行驶的一种无动力的道路车辆的制造
		366	3660	汽车零部件及配件制造	指机动车辆及其车身的各种零配件的制造
	37			**铁路、船舶、航空航天和其他运输设备制造业**	
		371		铁路运输设备制造	
			3711	铁路机车车辆及动车组制造	指以外来电源或以蓄电池驱动的，或以压燃式发动机及其他方式驱动的，能够牵引铁路车辆的动力机车、铁路动车组的制造，以及用于运送旅客和用以装运货物的客车、货车及其他铁路专用车辆的制造
			3712	窄轨机车车辆制造	指可用于交通运输的窄轨内燃机车、电力机车和窄轨非机动车的制造
			3713	铁路机车车辆配件制造	指铁道或有轨机车及其拖拽车辆的专用零配件的制造
			3714	铁路专用设备及器材、配件制造	指铁路安全或交通控制设备的制造，以及其他铁路专用设备及器材、配件的制造
			3719	其他铁路运输设备制造	
		372	3720	城市轨道交通设备制造	
		373		船舶及相关装置制造	
			3731	金属船舶制造	指以钢质、铝质等各种金属为主要材料，为民用或军事部门建造远洋、近海或内陆河湖的金属船舶的制造
			3732	非金属船舶制造	指以各种木材、水泥、玻璃钢等非金属材料，为民用或军事部门建造船舶的活动

续表

代码				类别名称	说明
门类	大类	中类	小类		
			3733	娱乐船和运动船制造	指游艇和用于娱乐或运动的其他船只的制造
			3734	船用配套设备制造	指船用主机、辅机设备的制造
			3735	船舶改装与拆除	
			3739	航标器材及其他相关装置制造	指用于航标的各种器材，以及不以航行为主的船只的制造，不含海上浮动装置的制造
		374		航空、航天器及设备制造	
			3741	飞机制造	指在大气同温层以内飞行的用于运货或载客，用于国防，以及用于体育运动或其他用途的各种飞机及其零件的制造，包括飞机发动机的制造
			3742	航天器制造	
			3743	航空、航天相关设备制造	
			3749	其他航空航天器制造	
		375		摩托车制造	
			3751	摩托车整车制造	指不论是否装有边斗的摩托车制造，包括摩托车发动机的制造
			3752	摩托车零部件及配件制造	
		376		自行车制造	
			3761	脚踏自行车及残疾人座车制造	指未装马达，主要以脚蹬驱动，装有一个或多个轮子的脚踏车辆、残疾人座车及其零件的制造
			3762	助动自行车制造	指主要以蓄电池作为辅助能源，具有两个车轮，能实现人力骑行、电动或电动助力功能的特种自行车及其零件的制造
		377	3770	非公路休闲车及零配件制造	指运动休闲车（不含跑车、山地车和越野车）、四轮休闲车、草地车、观光车等的制造
		379		潜水救捞及其他未列明运输设备制造	
			3791	潜水及水下救捞装备制造	指潜水装置及水下作业、救捞装备的制造
			3799	其他未列明运输设备制造	指手推车辆、牲畜牵引车辆的制造，以及上述未列明的交通运输设备的制造
	38			**电气机械和器材制造业**	
		381		电机制造	
			3811	发电机及发电机组制造	指发电机及其辅助装置、发电成套设备的制造
			3812	电动机制造	指交流或直流电动机及零件的制造
			3819	微电机及其他电机制造	指自动化系统中一种主要用于传递和交换信号等方面的元件，即控制微电机的制造，以及其他未列明的电机制造
		382		输配电及控制设备制造	
			3821	变压器、整流器和电感器制造	指变压器、静止式变流器等电力电子设备和互感器的制造
			3822	电容器及其配套设备制造	指电力电容器及其配套装置和电容器零件的制造
			3823	配电开关控制设备制造	指用于电压超过1000V的，诸如一般在配电系统中使用的接通及断开或保护电路的电器，以及用于电压不超过1000V的，如在住房、工业设备或家用电器中使用的配电开关控制设备及其零件的制造

续表

代码				类别名称	说明
门类	大类	中类	小类		
			3824	电力电子元器件制造	指用于电能变换和控制（从而实现运动控制）的电子元器件的制造
			3825	光伏设备及元器件制造	指太阳能组件（太阳能电池）、控制设备及其他太阳能设备和元器件制造；不包括太阳能用蓄电池制造
			3829	其他输配电及控制设备制造	指开关设备和控制设备内部的元器件之间，以及与外部电路之间的电连接所需用的器件和配件的制造
		383		电线、电缆、光缆及电工器材制造	
			3831	电线、电缆制造	指在电力输配、电能传送，声音、文字、图像等信息传播，以及照明等各方面所使用的电线电缆的制造
			3832	光纤、光缆制造	指将电的信号变成光的信号，进行声音、文字、图像等信息传输的光缆、光纤的制造
			3833	绝缘制品制造	指电气绝缘子、电机或电气设备用的绝缘零件，以及带有绝缘材料的金属制电导管及接头的制造，但不包括玻璃、陶瓷绝缘体和绝缘漆制品的制造
			3839	其他电工器材制造	
		384		电池制造	指以正极活性材料、负极活性材料，配合电介质，以密封式结构制成的，并具有一定公称电压和额定容量的化学电源的制造；包括一次性、不可充电和二次可充电，重复使用的干电池、蓄电池（含太阳能用蓄电池）的制造，以及利用氢与氧的合成转换成电能的装置，即燃料电池制造；不包括利用太阳光转换成电能的太阳能电池制造
			3841	锂离子电池制造	指以锂离子嵌入化合物为正极材料电池的制造
			3842	镍氢电池制造	以储氢合金为负极材料，氢氧化镍为正极材料，电解液是含氢氧化锂（LiOH）的氢氧化钾（KOH）水溶液的电池的制造
			3849	其他电池制造	
		385		家用电力器具制造	指使用交流电源或电池的各种家用电器的制造
			3851	家用制冷电器具制造	
			3852	家用空气调节器制造	指使用交流电源（制冷量14000W及以下），调节室内温度、湿度、气流速度和空气洁净度的房间空气调节器的制造
			3853	家用通风电器具制造	指由单相交流电动机驱动扇叶旋转，产生强制气流，以改善人体与周围空气间的热交换条件的电器制造
			3854	家用厨房电器具制造	指家庭厨房用的电热蒸煮器具、电热烘烤器具、电热水和饮料加热器具、电热煎炒器具、家用电灶、家用食品加工电器具、家用厨房电清洁器具等电器具的制造
			3855	家用清洁卫生电器具制造	指家用洗衣机、吸尘器等电力器具的制造
			3856	家用美容、保健电器具制造	
			3857	家用电力器具专用配件制造	指家用电力器具专用配件的制造，不包括通用零部件制造

续表

代码				类别名称	说明
门类	大类	中类	小类		
			3859	其他家用电力器具制造	
		386		非电力家用器具制造	
			3861	燃气、太阳能及类似能源家用器具制造	指以液化气、天然气、人工煤气、沼气或太阳能作燃料，以马口铁、搪瓷、不锈钢等为材料加工制成的家用器具的生产活动
			3869	其他非电力家用器具制造	
		387		照明器具制造	
			3871	电光源制造	电光源也称灯泡或电灯，本类是指将电能转变为光的器件的制造；目前按发光原理可分为白炽灯（指因电流通过使钨丝白炽而发光的灯）和气体放电灯（指电流通过灯两端的电极形成气体放电而产生光的灯）
			3872	照明灯具制造	指由起支撑、固定反射和保护作用的部件及联结光源所必须的电路辅助装置组合而成，将一个或多个光源发出的光进行控制分配或反射装置的制造；包括建筑物照明、道路照明、运输设备照明、生产照明、舞台照明等各种灯具的制造
			3879	灯用电器附件及其他照明器具制造	指灯用电器附件，以及为各种灯泡配套用的灯座及其他照明器具的制造
		389		其他电气机械及器材制造	
			3891	电气信号设备装置制造	指交通运输工具（如机动车、船舶、铁道车辆等）专用信号装置及各种电气音响或视觉报警、警告、指示装置的制造，以及其他电气声像信号装置的制造
			3899	其他未列明电气机械及器材制造	指上述未列明的电气机械及器材的制造
	39			**计算机、通信和其他电子设备制造业**	
		391		计算机制造	
			3911	计算机整机制造	指将可进行算术或逻辑运算的中央处理器和外围设备集成计算整机的制造，也包括硬件与软件集成计算机系统的制造，还包括来件组装计算机的加工
			3912	计算机零部件制造	指组成电子计算机的内存、板卡、硬盘、电源、机箱、显示器等部件的制造
			3913	计算机外围设备制造	指计算机外围设备及附属设备的制造；包括输入设备、输出设备和外存储设备等的制造
			3919	其他计算机制造	指计算机应用电子设备（以中央处理器为核心，配以专业功能模块、外围设备等构成各行业应用领域专用的电子产品及设备，如金融电子、汽车电子、医疗电子、工业控制计算机及装置、信息采集及识别设备、数字化3C产品等）、信息安全设备（用于保护网络和计算机中信息和数据安全的专用设备，包括边界安全、通信安全、身份鉴别与访问控制、数据安全、基础平台、内容安全、评估审计与监控、安全应用设备等），以及其他未列明计算机设备的制造
		392		通信设备制造	

续表

代码				类别名称	说明
门类	大类	中类	小类		
			3921	通信系统设备制造	指固定或移动通信接入、传输、交换设备等通信系统建设所需设备的制造
			3922	通信终端设备制造	指固定或移动通信终端设备的制造
		393		广播电视设备制造	
			3931	广播电视节目制作及发射设备制造	指广播电视节目制作、发射设备及器材的制造
			3932	广播电视接收设备及器材制造	指专业广播电视接收设备、专业用录音录像重放、音响设备及其他配套的广播电视设备的制造，但不包括家用广播电视接收设备及装置的制造
			3939	应用电视设备及其他广播电视设备制造	指应用电视设备、其他广播电视设备和器材的制造
		394	3940	雷达及配套设备制造	指雷达整机及雷达配套产品的制造
		395		视听设备制造	
			3951	电视机制造	指非专业用电视机制造
			3952	音响设备制造	指非专业用无线电收音机、收录音机、唱机等音响设备的制造
			3953	影视录放设备制造	指非专业用录像机、摄像机、激光视盘机等影视设备整机及零部件的制造，包括教学用影视设备的制造，但不包括广播电视等专业影视设备的制造
		396		电子器件制造	
			3961	电子真空器件制造	指电子热离子管、冷阴极管或光电阴极管及其他真空电子器件，以及电子管零件的制造
			3962	半导体分立器件制造	
			3963	集成电路制造	指单片集成电路、混合式集成电路的制造
			3969	光电子器件及其他电子器件制造	指光电子器件、显示器件和组件，以及其他未列明的电子器件的制造
		397		电子元件制造	
			3971	电子元件及组件制造	指组装好的电子模压组件、微型组件或类似组件的制造
			3972	印制电路板制造	指在绝缘板上通过常规或非常规的印刷工艺，使导电元件、触点或电感器件、电阻器和电容器等其他印刷元件组成的电路及专用元件的制造
		399	3990	其他电子设备制造	指电子（气）物理设备及其他未列明的电子设备的制造
	40			**仪器仪表制造业**	
		401		通用仪器仪表制造	
			4011	工业自动控制系统装置制造	指用于连续或断续生产制造过程中，测量和控制生产制造过程的温度、压力、流量、物位等变量或者物体位置、倾斜、旋转等参数的工业用计算机控制系统、检测仪表、执行机构和装置的制造
			4012	电工仪器仪表制造	指用于电压、电流、电阻、功率等电磁量的测量、计量、采集、监测、分析、处理、检验与控制用仪器仪表及系统装置的制造
			4013	绘图、计算及测量仪器制造	指供设计、制图、绘图、计算、测量，以及学习或办公、教学等使用的测量和绘图用具、器具、精密天平及量仪的制造

续表

代码				类别名称	说明
门类	大类	中类	小类		
			4014	实验分析仪器制造	指利用物质的物理、化学、电学等性能对物质进行定性、定量分析和结构分析，以及湿度、粘度、质量、比重等性能测定所使用的仪器的制造；用于对各种物体在温度、湿度、光照、辐射等环境变化后适应能力的实验装置的制造；各种物体物化特性参数测量的仪器、实验装置及相关器具的制造
			4015	试验机制造	指测试、评定和研究材料、零部件及其制成品的物理性能、机械（力学）性能、工艺性能、安全性能、舒适性能的实验仪器和设备的制造
			4019	供应用仪表及其他通用仪器制造	指电、气、水、油和热等类似气体或液体的供应过程中使用的计量仪表、自动调节或控制仪器及装置，以及其他未列明的通用仪器仪表和仪表元器件的制造
		402		专用仪器仪表制造	
			4021	环境监测专用仪器仪表制造	指对环境中的污染物、噪声、放射性物质、电磁波等进行监测和监控的专用仪器仪表及系统装置的制造
			4022	运输设备及生产用计数仪表制造	指汽车、船舶及工业生产用转数计、生产计数器、里程记录器及类似仪表的制造
			4023	导航、气象及海洋专用仪器制造	指用于气象、海洋、水文、天文、航海、航空等方面的导航、制导、测量仪器和仪表及类似装置的制造
			4024	农林牧渔专用仪器仪表制造	指农、林、牧、渔生产专用仪器、仪表及类似装置的制造
			4025	地质勘探和地震专用仪器制造	指地质勘探、钻采、地震等地球物理专用仪器、仪表及类似装置的制造
			4026	教学专用仪器制造	指专供教学示范或展览，而无其他用途的专用仪器的制造
			4027	核子及核辐射测量仪器制造	指专门用于核离子射线的测量或检验的仪器、装置，核辐射探测器等核专业用仪器仪表的制造
			4028	电子测量仪器制造	指用电子技术实现对被测对象（电子产品）的电参数定量检测装置的制造
			4029	其他专用仪器制造	指用于纺织、电站热工仪表等其他未列明的专用仪器的制造
		403	4030	钟表与计时仪器制造	指各种钟、表、钟表机芯、时间记录装置、计时器的制造，还包括装有钟表机芯或同步马达，用以测量、记录或指示时间间隔的装置、定时开关，以及钟表零配件的制造
		404		光学仪器及眼镜制造	
			4041	光学仪器制造	指用玻璃或其他材料（如石英、萤石、塑料或金属）制作的光学配件、装配好的光学元件、组合式光学显微镜，以及军用望远镜等光学仪器的制造
			4042	眼镜制造	指眼镜成镜、眼镜框架和零配件、眼镜镜片、角膜接触镜（隐形眼镜）及护理产品的制造
		409	4090	其他仪器仪表制造业	指上述未列明的仪器、仪表的制造
	41			**其他制造业**	
		411		日用杂品制造	

续表

门类	大类	中类	小类	类别名称	说明
			4111	鬃毛加工、制刷及清扫工具制造	指用原毛加工成生产刷子类产品的成品毛的生产，或以成品毛和棕、金属丝、塑料丝等为原料加工制刷的生产，以及其他清扫工具的制造
			4119	其他日用杂品制造	指制伞及其他未列明的各种日常生活用杂品的生产活动
		412	4120	煤制品制造	指用烟煤、无烟煤、褐煤及其他各种煤炭制成的煤砖、煤球等固体燃料制品的活动
		413	4130	核辐射加工	指核技术与同位素技术的应用，由核辐照站利用核技术对原有产品改良、改变性质并使其增值的加工活动
		419	4190	其他未列明制造业	
	42			**废弃资源综合利用业**	**指废弃资源和废旧材料回收加工**
		421	4210	金属废料和碎屑加工处理	指从各种废料［包括固体废料、废水（液）、废气等］中回收，并使之便于转化为新的原材料，或适于进一步加工为金属原料的金属废料和碎屑的再加工处理活动，包括废旧电器、电子产品拆解回收
		422	4220	非金属废料和碎屑加工处理	指从各种废料［包括固体废料、废水（液）、废气等］中回收，或经过分类，使其适于进一步加工为新原料的非金属废料和碎屑的再加工处理活动
	43			**金属制品、机械和设备修理业**	
		431	4310	金属制品修理	
		432	4320	通用设备修理	
		433	4330	专用设备修理	
		434		铁路、船舶、航空航天等运输设备修理	
			4341	铁路运输设备修理	不包括火车机车回厂修理和发动机修理活动
			4342	船舶修理	不包括船舶回厂修复、发动机修理以及船舶拆除活动
			4343	航空航天器修理	不包括航空航天器回厂修理和发动机修理活动
			4349	其他运输设备修理	
		435	4350	电气设备修理	
		436	4360	仪器仪表修理	
		439	4390	其他机械和设备修理业	
D				**电力、热力、燃气及水生产和供应业**	本门类包括44～46大类
	44			**电力、热力生产和供应业**	
		441		电力生产	
			4411	火力发电	指利用煤炭、石油、天然气等燃料燃烧产生的热能，通过火电动力装置转换成电能的生产活动
			4412	水力发电	指通过建设水电站将水能转换成电能的生产活动
			4413	核力发电	指利用核反应堆中重核裂变所释放出的热能转换成电能的生产活动
			4414	风力发电	
			4415	太阳能发电	
			4419	其他电力生产	指利用地热、潮汐能、温差能、波浪能、生物能及其他未列明的能源的发电活动

续表

代码				类别名称	说明
门类	大类	中类	小类		
		442	4420	电力供应	指利用电网出售给用户电能的输送与分配活动，以及供电局的供电活动
		443	4430	热力生产和供应	指利用煤炭、油、燃气等能源，通过锅炉等装置生产蒸汽和热水，或外购蒸汽、热水进行供应销售、供热设施的维护和管理的活动
	45			**燃气生产和供应业**	
		450	4500	燃气生产和供应业	指利用煤炭、油、燃气等能源生产燃气，或利用畜禽粪便和秸秆等农业、农村废弃物生产沼气，或外购液化石油气、天然气等燃气，并进行输配，向用户销售燃气的活动，以及对煤气、液化石油气、天然气输配及使用过程中的维修和管理活动
	46			**水的生产和供应业**	
		461	4610	自来水生产和供应	指将天然水（地下水、地表水）经过蓄集、净化达到生活饮用水或其他用水标准，并向居民家庭、企业和其他用户供应的活动
		462	4620	污水处理及其再生利用	指对污水污泥的处理和处置，及净化后的再利用活动
		469	4690	其他水的处理、利用与分配	指将海水淡化处理，达到可以使用标准的生产活动，以及对雨水、微咸水等类似水进行收集、处理和利用活动
E				**建筑业**	本门类包括47～50大类
	47			**房屋建筑业**	
		470	4700	房屋建筑业	指房屋主体工程的施工活动；不包括主体工程施工前的工程准备活动
	48			**土木工程建筑业**	指土木工程主体的施工活动；不包括施工前的工程准备活动
		481		铁路、道路、隧道和桥梁工程建筑	
			4811	铁路工程建筑	
			4812	公路工程建筑	
			4813	市政道路工程建筑	
			4819	其他道路、隧道和桥梁工程建筑	
		482		水利和内河港口工程建筑	
			4821	水源及供水设施工程建筑	
			4822	河湖治理及防洪设施工程建筑	
			4823	港口及航运设施工程建筑	
		483	4830	海洋工程建筑	指海上工程、海底工程、近海工程建筑活动，不含港口工程建筑活动
		484	4840	工矿工程建筑	指除厂房外的矿山和工厂生产设施、设备的施工和安装
		485		架线和管道工程建筑	指建筑物外的架线、管道和设备的施工活动
			4851	架线及设备工程建筑	
			4852	管道工程建筑	
		489	4890	其他土木工程建筑	

续表

代码				类别名称	说明
门类	大类	中类	小类		
	49			**建筑安装业**	指建筑物主体工程竣工后，建筑物内各种设备的安装活动，以及施工中的线路敷设和管道安装活动；不包括工程收尾的装饰，如对墙面、地板、天花板、门窗等处理活动
		491	4910	电气安装	指建筑物及土木工程构筑物内电气系统（含电力线路）的安装活动
		492	4920	管道和设备安装	指管道、取暖及空调系统等的安装活动
		499	4990	其他建筑安装业	
	50			**建筑装饰和其他建筑业**	
		501	5010	建筑装饰业	指对建筑工程后期的装饰、装修和清理活动，以及对居室的装修活动
		502		工程准备活动	指房屋、土木工程建筑施工前的准备活动
			5021	建筑物拆除活动	
			5029	其他工程准备活动	
		503	5030	提供施工设备服务	指为建筑工程提供配有操作人员的施工设备的服务
		509	5090	其他未列明建筑业	指上述未列明的其他工程建筑活动
F				**批发和零售业**	本门类包括51和52大类，指商品在流通环节中的批发活动和零售活动
	51			**批发业**	指向其他批发或零售单位（含个体经营者）及其他企事业单位、机关团体等批量销售生活用品、生产资料的活动，以及从事进出口贸易和贸易经纪与代理的活动，包括拥有货物所有权，并以本单位（公司）的名义进行交易活动，也包括不拥有货物的所有权，收取佣金的商品代理、商品代售活动；本类还包括各类商品批发市场中固定摊位的批发活动，以及以销售为目的的收购活动
		511		农、林、牧产品批发	指未经过加工的农作物、林产品及牲畜、畜产品、鱼苗的批发和进出口活动，但不包括蔬菜、水果、肉、禽、蛋、奶及水产品的批发和进出口活动，包括以批发为目的的农副产品收购活动
			5111	谷物、豆及薯类批发	
			5112	种子批发	
			5113	饲料批发	
			5114	棉、麻批发	
			5115	林业产品批发	指林木种苗、采伐产品及采集产品等的批发和进出口活动
			5116	牲畜批发	
			5119	其他农牧产品批发	
		512		食品、饮料及烟草制品批发	指经过加工和制造的食品、饮料及烟草制品的批发和进出口活动，以及蔬菜、水果、肉、禽、蛋、奶及水产品的批发和进出口活动
			5121	米、面制品及食用油批发	
			5122	糕点、糖果及糖批发	
			5123	果品、蔬菜批发	
			5124	肉、禽、蛋、奶及水产品批发	

续表

代码				类别名称	说明
门类	大类	中类	小类		
			5125	盐及调味品批发	
			5126	营养和保健品批发	
			5127	酒、饮料及茶叶批发	指可直接饮用或稀释、冲泡后饮用的饮料、酒及茶叶的批发和进出口活动
			5128	烟草制品批发	指经过加工、生产的烟草制品的批发和进出口活动
			5129	其他食品批发	
		513		纺织、服装及家庭用品批发	指纺织面料、纺织品、服装、鞋、帽及日杂品、家用电器、家具等生活日用品的批发和进出口活动
			5131	纺织品、针织品及原料批发	
			5132	服装批发	
			5133	鞋帽批发	
			5134	化妆品及卫生用品批发	
			5135	厨房、卫生间用具及日用杂货批发	指灶具、炊具、厨具、餐具及各种容器、器皿等的批发和进出口活动；卫生间的用品用具和生活用清洁、清扫用品、用具等的批发和进出口活动
			5136	灯具、装饰物品批发	
			5137	家用电器批发	
			5139	其他家庭用品批发	指上述未列明的其他生活日用品的批发和进出口活动
		514		文化、体育用品及器材批发	指各类文具用品、体育用品、图书、报刊、音像、电子出版物、首饰、工艺美术品、收藏品及其他文化用品、器材的批发和进出口活动
			5141	文具用品批发	
			5142	体育用品及器材批发	
			5143	图书批发	
			5144	报刊批发	
			5145	音像制品及电子出版物批发	
			5146	首饰、工艺品及收藏品批发	
			5149	其他文化用品批发	
		515		医药及医疗器材批发	指各种化学药品、生物药品、中药及医疗器材的批发和进出口活动；包括兽用药的批发和进出口活动
			5151	西药批发	
			5152	中药批发	指中成药、中药材的批发和进出口活动
			5153	医疗用品及器材批发	
		516		矿产品、建材及化工产品批发	指煤及煤制品、石油制品、矿产品及矿物制品、金属材料、建筑和装饰装修材料以及化工产品的批发和进出口活动
			5161	煤炭及制品批发	
			5162	石油及制品批发	
			5163	非金属矿及制品批发	
			5164	金属及金属矿批发	
			5165	建材批发	指建筑用材料和装饰装修材料的批发和进出口活动
			5166	化肥批发	

续表

代码				类别名称	说明
门类	大类	中类	小类		
			5167	农药批发	
			5168	农用薄膜批发	
			5169	其他化工产品批发	
		517		机械设备、五金产品及电子产品批发	提供通用机械、专用设备、交通运输设备、电气机械、五金、交通器材、电料、计算机设备、通讯设备、电子产品、仪器仪表及办公用机械的批发和进出口活动
			5171	农业机械批发	
			5172	汽车批发	
			5173	汽车零配件批发	
			5174	摩托车及零配件批发	
			5175	五金产品批发	指小五金、工具、水暖部件及材料的批发和进出口活动
			5176	电气设备批发	
			5177	计算机、软件及辅助设备批发	
			5178	通讯及广播电视设备批发	指电信设备、广播电视设备的批发和进出口活动
			5179	其他机械设备及电子产品批发	
		518		贸易经纪与代理	指代办商、商品经纪人、拍卖商的活动；专门为某一生产企业做销售代理的活动；为买卖双方提供贸易机会或代表委托人进行商品交易代理活动
			5181	贸易代理	指不拥有货物的所有权，为实现供求双方达成交易，按协议收取佣金的贸易代理
			5182	拍卖	
			5189	其他贸易经纪与代理	
		519		其他批发业	指上述未包括的批发和进出口活动
			5191	再生物资回收与批发	指将可再生的废旧物资回收，并批发给制造企业作初级原料的活动
			5199	其他未列明批发业	
	52			**零售业**	指百货商店、超级市场、专门零售商店、品牌专卖店、售货摊等主要面向最终消费者（如居民等）的销售活动，以互联网、邮政、电话、售货机等方式的销售活动，还包括在同一地点，后面加工生产，前面销售的店铺（如面包房）；谷物、种子、饲料、牲畜、矿产品、生产用原料、化工原料、农用化工产品、机械设备（乘用车、计算机及通信设备除外）等生产资料的销售不作为零售活动；多数零售商对其销售的货物拥有所有权，但有些则是充当委托人的代理人，进行委托销售或以收取佣金的方式进行销售
		521		综合零售	
			5211	百货零售	指经营的商品品种较齐全，经营规模较大的综合零售活动
			5212	超级市场零售	指经营食品、日用品等的超级市场的综合零售活动
			5219	其他综合零售	指日用杂品综合零售活动；在街道、社区、乡镇、农村、工矿区、校区、交通要道口、车站、码头、机场等人口稠密地区开办的小型综合零售店的活动；以小超市形式开办的便利店活动；农村供销社的零售活动

续表

代码				类别名称	说明
门类	大类	中类	小类		
		522		食品、饮料及烟草制品专门零售	指专门经营粮油、食品、饮料及烟草制品的店铺零售活动
			5221	粮油零售	
			5222	糕点、面包零售	
			5223	果品、蔬菜零售	
			5224	肉、禽、蛋、奶及水产品零售	
			5225	营养和保健品零售	
			5226	酒、饮料及茶叶零售	指专门经营酒、茶叶及各种饮料的店铺零售活动
			5227	烟草制品零售	
			5229	其他食品零售	指上述未列明的店铺食品零售活动
		523		纺织、服装及日用品专门零售	指专门经营纺织面料、纺织品、服装、鞋、帽及各种生活日用品的店铺零售活动
			5231	纺织品及针织品零售	
			5232	服装零售	
			5233	鞋帽零售	
			5234	化妆品及卫生用品零售	
			5235	钟表、眼镜零售	
			5236	箱、包零售	
			5237	厨房用具及日用杂品零售	指专门经营炊具、厨具、餐具、日用陶瓷、日用玻璃器皿、塑料器皿、清洁用具和用品的店铺零售活动，以及各种材质其他日用杂品的零售活动
			5238	自行车零售	
			5239	其他日用品零售	指专门经营小饰物、礼品花卉及其他未列明日用品的店铺零售活动
		524		文化、体育用品及器材专门零售	指专门经营文具、体育用品、图书、报刊、音像制品、首饰、工艺美术品、收藏品、照相器材及其他文化用品的店铺零售活动
			5241	文具用品零售	
			5242	体育用品及器材零售	
			5243	图书、报刊零售	
			5244	音像制品及电子出版物零售	
			5245	珠宝首饰零售	
			5246	工艺美术品及收藏品零售	指专门经营具有收藏价值和艺术价值的工艺品、艺术品、古玩、字画、邮品等的店铺零售活动
			5247	乐器零售	
			5248	照相器材零售	
			5249	其他文化用品零售	指专门经营游艺用品及其他未列明文化用品的店铺零售活动
		525		医药及医疗器材专门零售	指专门经营各种化学药品、生物药品、中药、医疗用品及器材的店铺零售活动
			5251	药品零售	
			5252	医疗用品及器材零售	
		526		汽车、摩托车、燃料及零配件专门零售	指专门经营汽车、摩托车、汽车部件、汽车零配件及燃料的店铺零售活动

续表

代码				类别名称	说明
门类	大类	中类	小类		
			5261	汽车零售	指乘用车的零售
			5262	汽车零配件零售	
			5263	摩托车及零配件零售	
			5264	机动车燃料零售	指专门经营机动车燃料及相关产品（润滑油）的店铺零售活动
		527		家用电器及电子产品专门零售	指专门经营家用电器和计算机、软件及辅助设备、电子通信设备、电子元器件及办公设备的店铺零售活动
			5271	家用视听设备零售	指专门经营电视、音响设备、摄录像设备等的店铺零售活动
			5272	日用家电设备零售	指专门经营冰箱、洗衣机、空调、吸尘器及其他家用电器设备的店铺零售活动
			5273	计算机、软件及辅助设备零售	
			5274	通信设备零售	不包括专业通信设备的销售
			5279	其他电子产品零售	
		528		五金、家具及室内装饰材料专门零售	指专门经营五金用品、家具和装修材料的店铺零售活动，以及在家具、家居装饰、建材城（中心）及展销会上设摊位的销售活动
			5281	五金零售	
			5282	灯具零售	
			5283	家具零售	
			5284	涂料零售	
			5285	卫生洁具零售	
			5286	木质装饰材料零售	指专门经营木质地板、门、窗等店铺零售活动，不包括板材销售活动
			5287	陶瓷、石材装饰材料零售	指专门经营陶瓷、石材制地板砖、壁砖等店铺零售活动
			5289	其他室内装饰材料零售	
		529		货摊、无店铺及其他零售业	
			5291	货摊食品零售	指流动货摊的食品零售活动
			5292	货摊纺织、服装及鞋零售	指流动货摊的纺织、服装及鞋的零售活动
			5293	货摊日用品零售	指流动货摊的日用品零售活动
			5294	互联网零售	不包括在网络销售中，仅提供网络支付的活动，以及仅建立或提供网络交易平台和接入的活动
			5295	邮购及电视、电话零售	指通过邮政及电视、电话等通讯工具进行销售，并送货上门的零售活动
			5296	旧货零售	
			5297	生活用燃料零售	指从事生活用煤、煤油、酒精、薪柴、木炭以及罐装液化石油气等专门零售活动
			5299	其他未列明零售业	
G				**交通运输、仓储和邮政业**	本门类包括53～60大类
	53			**铁路运输业**	指铁路客运、货运及相关的调度、信号、机车、车辆、检修、工务等活动；不包括铁路系统所属的机车、车辆及信号通信设备的制造厂（公司）、建筑工程公司、商店、学校、科研所、医院等活动

续表

代码				类别名称	说明
门类	大类	中类	小类		
		531	5310	铁路旅客运输	
		532	5320	铁路货物运输	
		533		铁路运输辅助活动	
			5331	客运火车站	
			5332	货运火车站	
			5339	其他铁路运输辅助活动	指除铁路旅客、货物运输及为其服务的客、货运火车站以外的运输网、信号、调度及铁路设施的管理和养护等活动
	54			**道路运输业**	
		541		城市公共交通运输	指城市旅客运输活动
			5411	公共电汽车客运	
			5412	城市轨道交通	指城市地铁、轻轨、有轨电车等活动
			5413	出租车客运	
			5419	其他城市公共交通运输	指其他未列明的城市旅客运输活动
		542	5420	公路旅客运输	指城市以外道路的旅客运输活动
		543	5430	道路货物运输	指所有道路的货物运输活动
		544		道路运输辅助活动	指与道路运输相关的运输辅助活动
			5441	客运汽车站	指长途旅客运输汽车站的服务
			5442	公路管理与养护	
			5449	其他道路运输辅助活动	
	55			**水上运输业**	
		551		水上旅客运输	
			5511	海洋旅客运输	
			5512	内河旅客运输	指江、河、湖泊、水库的水上旅客运输活动
			5513	客运轮渡运输	指城市及其他水域旅客轮渡运输活动
		552		水上货物运输	
			5521	远洋货物运输	
			5522	沿海货物运输	
			5523	内河货物运输	指江、河、湖泊、水库的水上货物运输活动
		553		水上运输辅助活动	
			5531	客运港口	
			5532	货运港口	
			5539	其他水上运输辅助活动	指其他未列明的水上运输辅助活动
	56			**航空运输业**	
		561		航空客货运输	
			5611	航空旅客运输	指以旅客运输为主的航空运输活动
			5612	航空货物运输	指以货物或邮件为主的航空运输活动
		562	5620	通用航空服务	指使用民用航空器从事除公共航空运输以外的民用航空活动
		563		航空运输辅助活动	
			5631	机场	
			5632	空中交通管理	
			5639	其他航空运输辅助活动	指其他未列明的航空运输辅助活动

续表

代码				类别名称	说明
门类	大类	中类	小类		
	57			**管道运输业**	
		570	5700	管道运输业	指通过管道对气体、液体等的运输活动
	58			**装卸搬运和运输代理业**	
		581	5810	装卸搬运	
		582		运输代理业	指与运输有关的代理及服务活动
			5821	货物运输代理	
			5822	旅客票务代理	
			5829	其他运输代理业	
	59			**仓储业**	指专门从事货物仓储、货物运输中转仓储，以及以仓储为主的货物送配活动，还包括以仓储为目的的收购活动
		591		谷物、棉花等农产品仓储	
			5911	谷物仓储	指国家储备及其他谷物仓储活动
			5912	棉花仓储	指棉花加工厂仓储、中转仓储、棉花专业仓储、棉花物流配送活动，还包括在棉花仓储、物流配送过程中的棉花信息化管理活动
			5919	其他农产品仓储	指未列明的其他农产品仓储活动
		599	5990	其他仓储业	
	60			**邮政业**	
		601	6010	邮政基本服务	指邮政企业提供的信件、印刷品、包裹、汇兑等邮政服务，以及国家规定的其他邮政服务；不包括邮政快递服务
		602	6020	快递服务	指在承诺的时限内快速完成的寄递服务
H				**住宿和餐饮业**	本门类包括61和62大类
	61			**住宿业**	指为旅行者提供短期留宿场所的活动，有些单位只提供住宿，也有些单位提供住宿、饮食、商务、娱乐一体的服务，本类不包括主要按月或按年长期出租房屋住所的活动
		611	6110	旅游饭店	指按照国家有关规定评定的旅游饭店和具有同等质量、水平的饭店活动
		612	6120	一般旅馆	指不具备评定旅游饭店和同等水平饭店的一般旅馆的活动
		619	6190	其他住宿业	指上述未列明的住宿服务
	62			**餐饮业**	指通过即时制作加工、商业销售和服务性劳动等，向消费者提供食品和消费场所及设施的服务
		621	6210	正餐服务	指在一定场所内提供以中餐、晚餐为主的各种中西式炒菜和主食，并由服务员送餐上桌的餐饮活动
		622	6220	快餐服务	指在一定场所内提供快捷、便利的就餐服务
		623		饮料及冷饮服务	指在一定场所内以提供饮料和冷饮为主的服务
			6231	茶馆服务	
			6232	咖啡馆服务	
			6233	酒吧服务	
			6239	其他饮料及冷饮服务	

续表

代码				类别名称	说明
门类	大类	中类	小类		
		629		其他餐饮业	
			6291	小吃服务	指提供全天就餐的简便餐饮服务，包括路边小饭馆、农家饭馆、流动餐饮和单一小吃等餐饮服务
			6292	餐饮配送服务	
			6299	其他未列明餐饮业	
I				**信息传输、软件和信息技术服务业**	本门类包括63~65大类
	63			**电信、广播电视和卫星传输服务**	
		631		电信	指利用有线、无线的电磁系统或者光电系统，传送、发射或者接收语音、文字、数据、图像以及其他任何形式信息的活动
			6311	固定电信服务	指从事固定通信业务活动
			6312	移动电信服务	指从事移动通信业务活动
			6319	其他电信服务	指除固定电信服务、移动电信服务外，利用固定、移动通信网从事的信息服务
		632		广播电视传输服务	
			6321	有线广播电视传输服务	指有线广播电视网和信号的传输服务
			6322	无线广播电视传输服务	指无线广播电视信号的传输服务
		633	6330	卫星传输服务	指人造卫星的电信传输和广播电视传输服务
	64			**互联网和相关服务**	
		641	6410	互联网接入及相关服务	指除基础电信运营商外，基于基础传输网络为存储数据、数据处理及相关活动，提供接入互联网的有关应用设施的服务
		642	6420	互联网信息服务	指除基础电信运营商外，通过互联网提供在线信息、电子邮箱、数据检索、网络游戏等信息服务
		649	6490	其他互联网服务	指除基础电信运营商服务、互联网接入及相关服务、互联网信息服务以外的其他未列明互联网服务
	65			**软件和信息技术服务业**	指对信息传输、信息制作、信息提供和信息接收过程中产生的技术问题或技术需求所提供的服务
		651	6510	软件开发	指为用户提供计算机软件、信息系统或者设备中嵌入的软件，或者在系统集成、应用服务等技术服务时提供软件的开发和经营活动；包括基础软件、支撑软件、应用软件、嵌入式软件、信息安全软件、计算机（应用）系统、工业软件以及其他软件的开发和经营活动
		652	6520	信息系统集成服务	指基于需方业务需求进行的信息系统需求分析和系统设计，并通过结构化的综合布缆系统、计算机网络技术和软件技术，将各个分离的设备、功能和信息等集成到相互关联的、统一和协调的系统之中，以及为信息系统的正常运行提供支持的服务；包括信息系统设计、集成实施、运行维护等服务
		653	6530	信息技术咨询服务	指在信息资源开发利用、工程建设、人员培训、管理体系建设、技术支撑等方面向需方提供的管理或技术咨询评估服务；包括信息化规划、信息技术管理咨询、信息系统工程监理、测试评估、信息技术培训等

续表

代码				类别名称	说明
门类	大类	中类	小类		
		654	6540	数据处理和存储服务	指供方向需方提供的信息和数据的分析、整理、计算、编辑、存储等加工处理服务，以及应用软件、业务运营平台、信息系统基础设施等的租用服务；包括各种数据库活动、网站内容更新、数据备份服务、数据存储服务、在线企业资源规划（ERP）、在线杀毒、电子商务平台、物流信息服务平台、服务器托管、虚拟主机等
		655	6550	集成电路设计	指IC设计服务，即企业开展的集成电路功能研发、设计等服务
		659		其他信息技术服务业	
			6591	数字内容服务	指数字内容的加工处理，即将图片、文字、视频、音频等信息内容运用数字化技术进行加工处理并整合应用的服务
			6592	呼叫中心	指受企事业单位委托，利用与公用电话网或因特网连接的呼叫中心系统和数据库技术，经过信息采集、加工、存储等建立信息库，通过固定网、移动网或因特网等公众通信网络向用户提供有关该企事业单位的业务咨询、信息咨询和数据查询等服务
			6599	其他未列明信息技术服务业	
J				**金融业**	本门类包括66～69大类
	66			**货币金融服务**	
		661	6610	中央银行服务	指代表政府管理金融活动，并制定和执行货币政策，维护金融稳定，管理金融市场的特殊金融机构的活动
		662	6620	货币银行服务	指除中央银行以外的各类银行所从事存款、贷款和信用卡等货币媒介活动，还包括在中国开展货币业务的外资银行及分支机构的活动
		663		非货币银行服务	指主要与非货币媒介机构以各种方式发放贷款有关的金融服务
			6631	金融租赁服务	指经中国人民银行批准以经营融资租赁业务为主的非银行金融机构的活动
			6632	财务公司	指经中国人民银行批准，为企业融资提供的金融活动
			6633	典当	指以实物、财产权利质押或抵押的放款活动
			6639	其他非货币银行服务	指上述未包括的从事融资、抵押等非货币银行的服务，包括小额贷款公司、农村合作基金会等融资活动，以及各种消费信贷、国际贸易融资、公积金房屋信贷、抵押顾问和经纪人的活动
		664	6640	银行监管服务	指代表政府管理银行业活动，制定并发布对银行业金融机构及其业务活动监督管理的规章、规则
	67			**资本市场服务**	
		671		证券市场服务	
			6711	证券市场管理服务	指非政府机关进行的证券市场经营和监管，包括证券交易所、登记结算机构的活动

续表

代码				类别名称	说明
门类	大类	中类	小类		
			6712	证券经纪交易服务	指在金融市场上代他人进行交易、代理发行证券和其他有关活动，包括证券经纪、证券承销与保荐、融资融券业务、客户资产管理业务等活动
			6713	基金管理服务	指在收费或合同基础上为个人、企业及其他客户进行的资产组合和基金管理活动，包括证券投资基金、企业年金、社保基金、专户理财、国内资本境外投资管理（QDII）等活动
		672		期货市场服务	
			6721	期货市场管理服务	指非政府机关进行的期货市场经营和监管，包括商品期货交易所、金融期货交易所、期货保证金监控中心的活动
			6729	其他期货市场服务	指商品合约经纪及其他未列明的期货市场的服务
		673	6730	证券期货监管服务	指由政府或行业自律组织进行的对证券期货市场的监管活动
		674	6740	资本投资服务	指经批准的证券投资机构的自营投资、直接投资活动，以及风险投资和其他投资活动
		679	6790	其他资本市场服务	指投资咨询服务、财务咨询服务、资信评级服务，以及其他未列明的资本市场的服务
	68			**保险业**	
		681		人身保险	指以人的寿命和身体为保险标的的保险活动，包括人寿保险、健康保险和意外伤害保险
			6811	人寿保险	指普通寿险、分红寿险、万能寿险、投资连结保险等活动（不论是否带有实质性的储蓄成分）
			6812	健康和意外保险	指疾病保险、医疗保险、失能收入损失保险、护理保险以及意外伤害保险的活动
		682	6820	财产保险	指除人身保险外的保险活动，包括财产损失保险、责任保险、信用保险、保证保险等
		683	6830	再保险	指承担与其他保险公司承保的现有保单相关的所有或部分风险的活动
		684	6840	养老金	指专为单位雇员或成员提供退休金补贴而设立的法定实体的活动（如基金、计划和/或项目等），包括养老金定额补贴计划以及完全根据成员贡献确定补贴数额的个人养老金计划等
		685	6850	保险经纪与代理服务	指保险代理人和经纪人进行的年金、保单和分保单的销售、谈判或促合活动
		686	6860	保险监管服务	指根据国务院授权及相关法律、法规规定所履行的对保险市场的监督、管理活动
		689		其他保险活动	
			6891	风险和损失评估	指保险标的或保险事故的评估、鉴定、勘验、估损或理算等活动，包括索赔处理、风险评估、风险和损失核定、海损理算和损失理算，以及保险理赔等活动
			6899	其他未列明保险活动	指与保险和养老金相关或密切相关的活动（理赔和保险代理人、经纪人的活动除外），包括救助管理、保险精算等活动
	69			**其他金融业**	

续表

代码				类别名称	说明
门类	大类	中类	小类		
		691	6910	金融信托与管理服务	指根据委托书、遗嘱或代理协议代表受益人管理的信托基金、房地产账户或代理账户等活动，还包括单位投资信托管理
		692	6920	控股公司服务	指通过一定比例股份，控制某个公司或多个公司的集团，控股公司仅控制股权，不直接参与经营管理，以及其他类似的活动
		693	6930	非金融机构支付服务	指非金融机构在收付款人之间作为中介机构提供下列部分或全部货币资金转移服务，包括网络支付、预付卡的发行与受理、银行卡收单及中国人民银行确定的其他支付等服务
		694	6940	金融信息服务	指向从事金融分析、金融交易、金融决策或者其他金融活动的用户提供可能影响金融市场的信息（或者金融数据）的服务
		699	6990	其他未列明金融业	指主要与除提供贷款以外的资金分配有关的其他金融媒介活动，包括保理活动、掉期、期权和其他套期保值安排、保单贴现公司的活动、金融资产的管理、金融交易处理与结算等活动，还包括信用卡交易的处理与结算、外币兑换等活动
K				**房地产业**	本门类包括 70 大类
	70			**房地产业**	
		701	7010	房地产开发经营	指房地产开发企业进行的房屋、基础设施建设等开发，以及转让房地产开发项目或者销售、出租房屋等活动
		702	7020	物业管理	指物业服务企业按照合同约定，对房屋及配套的设施设备和相关场地进行维修、养护、管理，维护环境卫生和相关秩序的活动
		703	7030	房地产中介服务	指房地产咨询、房地产价格评估、房地产经纪等活动
		704	7040	自有房地产经营活动	指除房地产开发商、房地产中介、物业公司以外的单位和居民住户对自有房地产（土地、住房、生产经营用房和办公用房）的买卖和以营利为目的的租赁活动，以及房地产管理部门和企事业、机关提供的非营利租赁服务，还包括居民居住自有住房所形成的住房服务
		709	7090	其他房地产业	
L				**租赁和商务服务业**	本门类包括 71 和 72 大类
	71			**租赁业**	
		711		机械设备租赁	指不配备操作人员的机械设备的租赁服务
			7111	汽车租赁	
			7112	农业机械租赁	
			7113	建筑工程机械与设备租赁	
			7114	计算机及通讯设备租赁	
			7119	其他机械与设备租赁	
		712		文化及日用品出租	

续表

代码				类别名称	说明
门类	大类	中类	小类		
			7121	娱乐及体育设备出租	
			7122	图书出租	
			7123	音像制品出租	
			7129	其他文化及日用品出租	
	72			**商务服务业**	
		721		企业管理服务	
			7211	企业总部管理	指不具体从事对外经营业务，只负责企业的重大决策、资产管理，协调管理下属各机构和内部日常工作的企业总部的活动，其对外经营业务由下属的独立核算单位或单独核算单位承担，还包括派出机构的活动（如办事处等）
			7212	投资与资产管理	指政府主管部门转变职能后，成立的国有资产管理机构和行业管理机构的活动；不包括资本活动的投资
			7213	单位后勤管理服务	指为企事业、机关提供综合后勤服务的活动
			7219	其他企业管理服务	指其他各类企业、行业管理机构的活动
		722		法律服务	指律师、公证、仲裁、调解等活动
			7221	律师及相关法律服务	指在民事案件、刑事案件和其他案件中，为原被告双方提供法律代理服务，以及为一般民事行为提供的法律咨询服务
			7222	公证服务	
			7229	其他法律服务	
		723		咨询与调查	
			7231	会计、审计及税务服务	
			7232	市场调查	
			7233	社会经济咨询	
			7239	其他专业咨询	指社会经济咨询以外的其他专业咨询活动
		724	7240	广告业	指在报纸、期刊、路牌、灯箱、橱窗、互联网、通讯设备及广播电影电视等媒介上为客户策划、制作的有偿宣传活动
		725	7250	知识产权服务	指对专利、商标、版权、著作权、软件、集成电路布图设计等的代理、转让、登记、鉴定、评估、认证、咨询、检索等活动
		726		人力资源服务	指提供公共就业、职业中介、劳务派遣、职业技能鉴定、劳动力外包等服务
			7261	公共就业服务	指向劳动者提供公益性的就业服务
			7262	职业中介服务	指为求职者寻找、选择、介绍工作，为用人单位提供劳动力的服务
			7263	劳务派遣服务	指劳务派遣单位招用劳动力后，将其派到用工单位从事劳动的行为
			7269	其他人力资源服务	指职业技能鉴定、人力资源外包及其他未列明的人力资源服务
		727		旅行社及相关服务	指为社会各界提供商务、组团和散客旅游的服务，包括向顾客提供咨询、旅游计划和建议、日程安排、导游、食宿和交通等服务

续表

代码				类别名称	说明
门类	大类	中类	小类		
			7271	旅行社服务	
			7272	旅游管理服务	
			7279	其他旅行社相关服务	
		728		安全保护服务	指为社会提供的专业化、有偿安全防范服务
			7281	安全服务	指保安公司及类似单位提供的安全保护活动
			7282	安全系统监控服务	
			7289	其他安全保护服务	
		729		其他商务服务业	
			7291	市场管理	指各种交易市场的管理活动
			7292	会议及展览服务	指为商品流通、促销、展示、经贸洽谈、民间交流、企业沟通、国际往来而举办的展览和会议等活动
			7293	包装服务	指有偿或按协议为客户提供包装服务
			7294	办公服务	指为商务、公务及个人提供的各种办公服务
			7295	信用服务	指专门从事信用信息采集、整理和加工，并提供相关信用产品和信用服务的活动，包括信用评级、商账管理等活动
			7296	担保服务	指保证人和债权人约定，当债务人不履行债务时，保证人按照约定履行债务或者承担责任的行为活动；本类别特指专业担保机构的活动
			7299	其他未列明商务服务业	指上述未列明的商务、代理等活动
M				**科学研究和技术服务业**	本门类包括 73 ~ 75 大类
	73			**研究和试验发展**	指为了增加知识（包括有关自然、工程、人类、文化和社会的知识），以及运用这些知识创造新的应用，所进行的系统的、创造性的活动；该活动仅限于对新发现、新理论的研究，新技术、新产品、新工艺的研制研究与试验发展，包括基础研究、应用研究和试验发展
		731	7310	自然科学研究和试验发展	
		732	7320	工程和技术研究和试验发展	
		733	7330	农业科学研究和试验发展	
		734	7340	医学研究和试验发展	
		735	7350	社会人文科学研究	
	74			**专业技术服务业**	
		741	7410	气象服务	指从事气象探测、预报、服务和气象灾害防御、气候资源利用等活动
		742	7420	地震服务	指地震监测预报、震灾预防和紧急救援等防震减灾活动
		743	7430	海洋服务	
		744	7440	测绘服务	
		745	7450	质检技术服务	指通过专业技术手段对动植物、工业产品、商品、专项技术、成果及其他需要鉴定的物品所进行的检测、检验、测试、鉴定等活动，还包括产品质量、计量、认证和标准的管理活动

续表

代码				类别名称	说明
门类	大类	中类	小类		
		746		环境与生态监测	
			7461	环境保护监测	指对环境各要素，对生产与生活等各类污染源排放的液体、气体、固体、辐射等污染物或污染因子指标进行的测试和监测活动
			7462	生态监测	指对森林资源、湿地资源、荒漠化、珍稀濒危野生动植物资源的调查与监测活动；野生动物疫源疫病与防控以及对生态工程的监测活动
		747		地质勘查	指对矿产资源、工程地质、科学研究进行的地质勘查、测试、监测、评估等活动
			7471	能源矿产地质勘查	
			7472	固体矿产地质勘查	
			7473	水、二氧化碳等矿产地质勘查	
			7474	基础地质勘查	指区域、海洋、环境和水文地质勘查活动
			7475	地质勘查技术服务	指除矿产地质勘查、基础地质勘查以外的其他勘查和相关的技术服务
		748		工程技术	
			7481	工程管理服务	指工程项目建设中的项目策划、投资与造价咨询、招标代理、工程监理、项目管理等服务
			7482	工程勘察设计	指建筑工程施工前的工程测量、工程地质勘察和工程设计等活动
			7483	规划管理	指对区域和城镇、乡村的规划，以及其他规划
		749		其他专业技术服务业	
			7491	专业化设计服务	指除工程规划设计、软件设计、集成电路设计以外的独立的专业化设计活动
			7492	摄影扩印服务	
			7493	兽医服务	
			7499	其他未列明专业技术服务业	
	75			**科技推广和应用服务业**	
		751		技术推广服务	指将新技术、新产品、新工艺直接推向市场而进行的相关技术活动，以及技术推广和转让活动
			7511	农业技术推广服务	
			7512	生物技术推广服务	
			7513	新材料技术推广服务	
			7514	节能技术推广服务	
			7519	其他技术推广服务	
		752	7520	科技中介服务	指为科技活动提供社会化服务与管理，在政府、各类科技活动主体与市场之间提供居间服务的组织，主要开展信息交流、技术咨询、技术孵化、科技评估和科技鉴证等活动
		759	7590	其他科技推广和应用服务业	指除技术推广、科技中介以外的其他科技服务，但不包括短期的日常业务活动
N				**水利、环境和公共设施管理业**	本门类包括 76～78 大类
	76			**水利管理业**	

续表

代码				类别名称	说明
门类	大类	中类	小类		
		761	7610	防洪除涝设施管理	指对江河湖泊开展的河道、堤防、岸线整治等活动及对河流、湖泊、行蓄洪区和沿海的防洪设施的管理活动，包括防洪工程设施的管理及运行维护等
		762	7620	水资源管理	指对水资源的开发、利用、配置、节约等活动
		763	7630	天然水收集与分配	指通过各种方式收集、分配天然水资源的活动，包括通过蓄水（水库、塘堰等）、提水、引水和井等水源工程，收集和分配各类地表和地下淡水资源的活动
		764	7640	水文服务	指通过布设水文站网，对水的时空分布规律进行监测、收集和分析处理的活动
		769	7690	其他水利管理业	
	77			**生态保护和环境治理业**	
		771		生态保护	
			7711	自然保护区管理	指对有代表性的自然生态系统、珍稀濒危野生动植物物种和有特殊意义的自然遗迹等予以特殊保护和管理的活动
			7712	野生动物保护	指对野生及濒危动物的饲养、繁殖等保护活动，以及对栖息地的管理活动
			7713	野生植物保护	指对野生及濒危植物的培育等保护活动
			7719	其他自然保护	指除自然保护区管理、野生动植物保护以外的其他自然保护活动
		772		环境治理业	
			7721	水污染治理	指对江、河、湖泊、水库及地下水、地表水的污染综合治理活动，不包括排放污水的搜集和治理活动
			7722	大气污染治理	指对大气污染的综合治理以及对工业废气的治理活动
			7723	固体废物治理	指除城乡居民生活垃圾以外的固体废物治理及其他非危险废物的治理
			7724	危险废物治理	指对制造、维修、医疗等活动产生的危险废物进行收集、贮存、利用、处理和处置等活动
			7725	放射性废物治理	指对生产及其他活动过程产生的放射性废物进行收集、贮存、利用、处理和处置等活动
			7729	其他污染治理	指除水污染、大气污染、固体废物、危险废物、放射性废物治理以外的其他环境治理活动
	78			**公共设施管理业**	
		781	7810	市政设施管理	指污水排放、雨水排放、路灯、道路、桥梁、隧道、广场、涵洞、防空等城乡公共设施的抢险、紧急处理、管理等活动
		782	7820	环境卫生管理	指城乡生活垃圾的清扫、收集、运输、处理和处置、管理等活动，以及对公共厕所、化粪池的清扫、收集、运输、处理和处置、管理等活动
		783	7830	城乡市容管理	指城市户外标志、外景照明、公共建筑物、施工围档、材料堆放、渣土清运、竣工清理等管理活动；乡、村户外标志、村容镇貌、柴草堆放、树木花草养护等管理活动

续表

代码				类别名称	说明
门类	大类	中类	小类		
		784	7840	绿化管理	指城市绿地和生产绿地、防护绿地、附属绿地等的管理活动
		785		公园和游览景区管理	
			7851	公园管理	指主要为人们提供休闲、观赏、游览以及开展科普活动的城市各类公园管理活动
			7852	游览景区管理	指对具有一定规模的自然景观、人文景物的管理和保护活动，以及对环境优美，具有观赏、文化或科学价值的风景名胜区的保护和管理活动；包括风景名胜和其他类似的自然景区管理
O				**居民服务、修理和其他服务业**	本门类包括 79～81 大类
	79			**居民服务业**	
		791	7910	家庭服务	指雇佣家庭雇工的家庭住户和家庭户的自营活动，以及在雇主家庭从事有报酬的家庭雇工的活动，包括钟点工和居住在雇主家里的家政劳动者的活动
		792	7920	托儿所服务	指社会、街道、个人办的面向不足三岁幼儿的看护活动，可分为全托、日托、半托，或计时的服务
		793	7930	洗染服务	指专营的洗染店以及在宾馆、饭店内常设的独立（或相对独立）洗染服务
		794	7940	理发及美容服务	指专业理发、美容保健服务，以及在宾馆、饭店或娱乐场所常设的独立（或相对独立）理发、美容保健服务
		795	7950	洗浴服务	指专业洗浴室以及在宾馆、饭店或娱乐场所常设的独立（或相对独立）洗浴、温泉、SPA 等服务
		796	7960	保健服务	指专业保健场所以及在宾馆、饭店或娱乐场所开设的独立（或相对独立）保健按摩、足疗等服务
		797	7970	婚姻服务	指婚姻介绍、婚庆典礼等服务
		798	7980	殡葬服务	指与殡葬有关的各类服务
		799	7990	其他居民服务业	指上述未包括的居民服务
	80			**机动车、电子产品和日用产品修理业**	
		801		汽车、摩托车修理与维护	
			8011	汽车修理与维护	指汽车修理厂及路边门店的专业修理服务，包括为汽车提供上油、充气、打蜡、抛光、喷漆、清洗、换零配件、出售零部件等服务，不包括汽车回厂拆卸、改装、大修的活动
			8012	摩托车修理与维护	
		802		计算机和办公设备维修	指对计算机硬件及系统环境的维护和修理活动
			8021	计算机和辅助设备修理	
			8022	通讯设备修理	
			8029	其他办公设备维修	指其他未列明的各种办公设备的修理公司（中心）、修理门市部和修理网点的修理活动
		803		家用电器修理	
			8031	家用电子产品修理	指电视、音响等家用视频、音频产品的修理活动
			8032	日用电器修理	指洗衣机、电冰箱、空调等日用电器维修门市部，以及生产企业驻各地的维修网点和维修公司（中心）的修理活动

续表

代码				类别名称	说明
门类	大类	中类	小类		
		809		其他日用产品修理业	
			8091	自行车修理	
			8092	鞋和皮革修理	
			8093	家具和相关物品修理	
			8099	其他未列明日用产品修理业	指其他日用产品维修门市部、修理摊点的活动，以及生产企业驻各地的维修网点和维修中心的修理活动
	81			**其他服务业**	
		811		清洁服务	指对建筑物、办公用品、家庭用品的清洗和消毒服务；包括专业公司和个人提供的清洗服务
			8111	建筑物清洁服务	指对建筑物内外墙、玻璃幕墙、地面、天花板及烟囱的清洗活动
			8119	其他清洁服务	指专业清洗人员为企业的机器、办公设备的清洗活动，以及为居民的日用品、器具及设备的清洗活动，包括清扫、消毒等服务
		819	8190	其他未列明服务业	
P				**教育**	本门类包括82大类
	82			**教育**	
		821	8210	学前教育	指经教育行政部门批准举办的对学龄前幼儿进行保育和教育的活动
		822		初等教育	指《义务教育法》规定的小学教育以及成人小学教育（含扫盲）的活动
			8221	普通小学教育	
			8222	成人小学教育	
		823		中等教育	
			8231	普通初中教育	指《义务教育法》规定的对小学毕业生进行初级中等教育的活动
			8232	职业初中教育	
			8233	成人初中教育	
			8234	普通高中教育	指非义务教育阶段，通过考试招收初中毕业生进行普通高中教育的活动
			8235	成人高中教育	
			8236	中等职业学校教育	指经教育行政部门或劳动就业行政部门批准举办的中等技术学校、中等师范学校、成人中等专业学校、职业高中学校、技工学校等教育活动
		824		高等教育	
			8241	普通高等教育	指经教育行政部门批准，由国家、地方、社会办的在完成高级中等教育基础上实施的获取学历的高等教育活动
			8242	成人高等教育	指经教育主管部门批准办的成人高等教育活动
		825	8250	特殊教育	指为残障儿童提供的特殊教育活动
		829		技能培训、教育辅助及其他教育	指我国学校教育制度以外，经教育主管部门、劳动部门或有关主管部门批准，由政府部门、企业、社会办的职业培训、就业培训和各种知识、技能的培训活动，以及教育辅助和其他教育活动

续表

代码				类别名称	说明
门类	大类	中类	小类		
			8291	职业技能培训	指由教育部门、劳动部门或其他政府部门批准举办，或由社会机构举办的为提高就业人员就业技能的就业前的培训和其他技能培训活动，不包括社会上办的各类培训班、速成班、讲座等
			8292	体校及体育培训	指各类、各级体校培训，以及其他各类体育运动培训活动，不包括学校教育制度范围内的体育大学、学院、学校的体育专业教育
			8293	文化艺术培训	指国家学校教育制度以外，由正规学校或社会各界办的文化艺术培训活动，不包括少年儿童的课外艺术辅导班
			8294	教育辅助服务	指专门从事教育检测、评价、考试、招生等辅助活动
			8299	其他未列明教育	指经批准的宗教院校教育及上述未列明的教育活动
Q				**卫生和社会工作**	本门类包括 83 和 84 大类
	83			**卫生**	
		831		医院	
			8311	综合医院	
			8312	中医医院	
			8313	中西医结合医院	
			8314	民族医院	
			8315	专科医院	
			8316	疗养院	指以疗养、康复为主，治疗为辅的医疗服务活动
		832		社区医疗与卫生院	
			8321	社区卫生服务中心（站）	
			8322	街道卫生院	
			8323	乡镇卫生院	
		833	8330	门诊部（所）	指门诊部、诊所、医务室、卫生站、护理院等卫生机构的活动
		834	8340	计划生育技术服务活动	指各地区计划生育技术服务机构的活动
		835	8350	妇幼保健院（所、站）	指非医院的妇女及婴幼儿保健活动
		836	8360	专科疾病防治院（所、站）	指对各种专科疾病进行预防及群众预防的活动
		837	8370	疾病预防控制中心	指卫生防疫站、卫生防病中心、预防保健中心等活动
		839	8390	其他卫生活动	指急救中心及其他未列明的卫生机构的活动
	84			**社会工作**	指提供慈善、救助、福利、护理、帮助等社会工作的活动
		841		提供住宿社会工作	指提供临时、长期住宿的福利和救济活动
			8411	干部休养所	
			8412	护理机构服务	指各级政府、企业和社会力量兴办的主要面向老年人、残疾人提供的专业化护理的服务机构的活动
			8413	精神康复服务	指智障、精神疾病、吸毒、酗酒等人员的住宿康复治疗活动

续表

代码				类别名称	说明
门类	大类	中类	小类		
			8414	老年人、残疾人养护服务	指各级政府、企业和社会力量兴办的主要面向老年人和残疾人提供的长期照料、养护、关爱等服务机构的活动
			8415	孤残儿童收养和庇护服务	指对孤残儿童、生活无着流浪儿童等人员的收养救助活动
			8419	其他提供住宿社会救助	指对生活无着流浪等其他人员的收养救助等活动
		842		不提供住宿社会工作	指为孤儿、老人、残疾人、智障、军烈属、五保户、低保户、受灾群众及其他弱势群体提供不住宿的看护、帮助活动，以及慈善、募捐等其他社会工作的活动
			8421	社会看护与帮助服务	指为老人、残疾人、五保户及其他弱势群体提供不住宿的看护、帮助活动
			8429	其他不提供住宿社会工作	指慈善、募捐等其他社会工作的活动
R				**文化、体育和娱乐业**	本门类包括 85 ~ 89 大类
	85			**新闻和出版业**	
		851	8510	新闻业	
		852		出版业	
			8521	图书出版	
			8522	报纸出版	
			8523	期刊出版	
			8524	音像制品出版	
			8525	电子出版物出版	
			8529	其他出版业	
	86			**广播、电视、电影和影视录音制作业**	指对广播、电视、电影、影视录音内容的制作、编导、主持、播出、放映等活动；不包括广播电视信号的传输和接收活动
		861	8610	广播	指广播节目的现场制作、播放及其他相关活动，还包括互联网广播
		862	8620	电视	指有线和无线电视节目的现场制作、播放及其他相关活动，还包括互联网电视
		863	8630	电影和影视节目制作	指电影、电视和录像（含以磁带、光盘为载体）节目的制作活动，该节目可以作为电视、电影播出、放映，也可以作为出版、销售的原版录像带（或光盘），还可以在其他场合宣传播放，还包括影视节目的后期制作，但不包括电视台制作节目的活动
		864	8640	电影和影视节目发行	不含录像制品（以磁带、光盘为载体）的发行
		865	8650	电影放映	指专业电影院以及设在娱乐场所独立（或相对独立）的电影放映等活动
		866	8660	录音制作	指从事录音节目、音乐作品的制作活动，其节目或作品可以在广播电台播放，也可以制作成出版、销售的原版录音带（磁带或光盘），还可以在其他宣传场合播放，但不包括广播电台制作节目的活动

续表

代码				类别名称	说明
门类	大类	中类	小类		
	87			**文化艺术业**	
		871	8710	文艺创作与表演	指文学、美术创造和表演艺术（如戏曲、歌舞、话剧、音乐、杂技、马戏、木偶等表演艺术）等活动
		872	8720	艺术表演场馆	指有观众席、舞台、灯光设备，专供文艺团体演出的场所管理活动
		873		图书馆与档案馆	
			8731	图书馆	
			8732	档案馆	
		874	8740	文物及非物质文化遗产保护	指对具有历史、文化、艺术、科学价值，并经有关部门鉴定，列入文物保护范围的不可移动文物的保护和管理活动；对我国口头传统和表现形式，传统表演艺术，社会实践、意识、节庆活动，有关的自然界和宇宙的知识和实践，传统手工艺等非物质文化遗产的保护和管理活动
		875	8750	博物馆	指收藏、研究、展示文物和标本的博物馆的活动，以及展示人类文化、艺术、科技、文明的美术馆、艺术馆、展览馆、科技馆、天文馆等管理活动
		876	8760	烈士陵园、纪念馆	
		877	8770	群众文化活动	指对各种主要由城乡群众参与的文艺类演出、比赛、展览等公益性文化活动的管理活动
		879	8790	其他文化艺术业	
	88			**体育**	
		881	8810	体育组织	指专业从事体育比赛、训练、辅导和管理的组织的活动
		882	8820	体育场馆	指可供观赏比赛的场馆和专供运动员训练用的场地管理活动
		883	8830	休闲健身活动	指主要面向社会开放的休闲健身场所和其他体育娱乐场所的管理活动
		889	8890	其他体育	指上述未包括的体育活动
	89			**娱乐业**	
		891		室内娱乐活动	指室内各种娱乐活动和以娱乐为主的活动
			8911	歌舞厅娱乐活动	
			8912	电子游艺厅娱乐活动	
			8913	网吧活动	指通过计算机等装置向公众提供互联网上网服务的网吧、电脑休闲室等营业性场所的服务
			8919	其他室内娱乐活动	
		892	8920	游乐园	指配有大型娱乐设施的室外娱乐活动及以娱乐为主的活动
		893	8930	彩票活动	指各种形式的彩票活动
		894		文化、娱乐、体育经纪代理	
			8941	文化娱乐经纪人	
			8942	体育经纪人	
			8949	其他文化艺术经纪代理	
		899	8990	其他娱乐业	指公园、海滩和旅游景点内小型设施的娱乐活动及其他娱乐活动

续表

代码				类别名称	说明
门类	大类	中类	小类		
S				**公共管理、社会保障和社会组织**	本类包括90~95大类
	90			**中国共产党机关**	
		900	9000	中国共产党机关	
	91			**国家机构**	
		911	9110	国家权力机构	指宪法规定的全国和地方各级人民代表大会及常委会机关的活动
		912		国家行政机构	指国务院及所属行政主管部门的活动；县以上地方各级人民政府及所属各工作部门的活动；乡（镇）级地方人民政府的活动；行政管理部门下属的监督、检查机构的活动
			9121	综合事务管理机构	指中央和地方人民政府的活动，以及依法管理全国或地方综合事务的政府主管部门的活动，还包括政府事务管理
			9122	对外事务管理机构	
			9123	公共安全管理机构	
			9124	社会事务管理机构	
			9125	经济事务管理机构	
			9126	行政监督检查机构	指依法对社会经济活动进行监督、稽查、检查、查处等活动，包括独立（或相对独立）于各级行政管理机构的执法检查大队的活动
		913		人民法院和人民检察院	指宪法规定的人民法院和人民检察院的活动
			9131	人民法院	指各级人民法院的活动
			9132	人民检察院	指各级人民检察院的活动
		919	9190	其他国家机构	指其他未另列明的国家机构的活动
	92			**人民政协、民主党派**	
		921	9210	人民政协	指全国人民政治协商会议及各级人民政协的活动
		922	9220	民主党派	
	93			**社会保障**	
		930	9300	社会保障	指依据国家有关规定开展的各种社会保障活动
	94			**群众团体、社会团体和其他成员组织**	
		941		群众团体	指不在社会团体登记管理机关登记的群众团体的活动
			9411	工会	
			9412	妇联	
			9413	共青团	
			9419	其他群众团体	
		942		社会团体	指依法在社会团体登记管理机关登记的单位的活动
			9421	专业性团体	指由同一领域的成员、专家组成的社会团体（如学科、学术、文化、艺术、教育、卫生等）的活动
			9422	行业性团体	指由一个行业，或某一类企业，或不同企业的雇主（经理、厂长）组成的社会团体的活动
			9429	其他社会团体	指未列明的其他社会团体的活动
		943	9430	基金会	指利用自然人、法人或者其他组织捐赠的财产，以从事公益事业为目的，按照国务院颁布的《基金会管理条例》的规定成立的非营利性法人的活动

续表

代码				类别名称	说明
门类	大类	中类	小类		
		944	9440	宗教组织	指在民政部门登记的宗教团体的活动和在政府宗教事务部门登记的宗教活动场所的活动
	95			**基层群众自治组织**	指通过选举产生的社区性组织，该组织为本地区提供一般性管理、调解、治安、优抚、计划生育等服务
		951	9510	社区自治组织	指城市、镇的居民通过选举产生的群众性自治组织的管理活动
		952	9520	村民自治组织	指农村村民通过选举产生的群众性自治组织的管理活动
T				**国际组织**	本门类包括96大类
	96			**国际组织**	
		960	9600	国际组织	指联合国和其他国际组织驻我国境内机构等的活动

国家标准:《世界各国和地区名称代码》GB/T2659—2000

前　言

本标准等效采用 ISO 3166—1：1997（E/F）《国家及下属地区名称代码——第1部分：国家代码》，并参照 ISO 3166 维护机构（ISO 3166/MA）和联合国统计署（UNSD）截至1999年9月30日发布的公告，对 GB/T2659—1994 进行修订。

本标准所列国家和地区的名称及代码不代表我国对其主权、政治地位及边界划分的态度。

本标准所列国家和地区的英文简称及全称与 ISO 3166—1：1997（E/F）基本一致，中文简称及全称与 GB/T2659—1994 基本一致。

本标准与 ISO 3166—1：1997（E/F）和 GB/T2659—1994 的主要异同点：

1. 本标准等效采用 ISO 3166—1：1997（E/F）中的第3、5、6、8、9章；

2. 本标准未采用 ISO 3166—1：1997（E/F）中的第1、2、4、7章；

3. 本标准的表1采用 GB/T2659—1997 的栏目设置形式。为使用方便，增加了序号一栏，序号由全国信息与文献标准化技术委员会维护；

4. 本标准与 GB/T2659—1994 和 ISO 3166—1：1997（E/F）一样，列出了国家和地区名称两字符拉丁字母代码索引、国家和地区名称三字符拉丁字母代码索引和国家和地区名称阿拉伯数字代码索引，并增加了国家和地区名称汉语拼音索引。四种索引均为本标准提示的附录。

本标准1981年首次发布，1986年第一次修订，1994年第二次修订，此次为第三次修订。

本标准从实施之日起代替 GB/T2659—1994。

本标准由国家邮政局提出。

本标准由全国信息与文献标准化技术委员会归口。

本标准起草单位：国家邮政局科学研究规划院、中国科学技术信息研究所、北京文献服务处。

本标准主要起草人：张志云、于彤、李秀锦、真溱、沈玉兰、赵晓晨。

中华人民共和国国家标准

GB/T2659—2000

eqv ISO 3166—1：1997

代替 GB/T2659—1994

世界各国和地区名称代码

Codes for the representation of names of countries and regions

---

1 范围

本标准规定了世界各国和地区名称的代码。

本标准适用于国内外信息处理与交换。

2. 定义

本标准采用下列定义。

2.1 代码 code

按预定规则，对数据进行转换所得到的符号表述。

2.2 代码元素 code element

对待编码的一组元素中某个元素赋予代码的结果。

注：本标准中，一个代码元素代表一个国家或地区的名称。

2.3 国家和地区名称 country and region name

国家或其他具有特别地理政治意义地区的名称。

2.4 国家和地区名称代码 country and region code

包含国家和地区名称及对应代码元素的列表。

3. 代码结构

国家和地区名称用三种代码方式表示：两字符拉丁字母代码、三字符拉丁字母代码和阿拉伯数字代码。其中，拉丁字母代码以国家和地区简称为基础进行编码。

3.1 两字符拉丁字母代码结构

由两位大写拉丁字母（省略发音符号）构成，从 AA 到 ZZ。

3.2 三字符拉丁字母代码结构

由三位大写拉丁字母（省略发音符号）构成，从 AAA 到 ZZZ。

3.3 阿拉伯数字代码结构

由三位阿拉伯数字构成，从 000 到 999。

3.4 使用说明

应用本标准时，应明确表示使用三种代码中的哪一种。如果因特殊用途，本标准中的代码元素需要与其他字符组合使用时，应明确说明这些字符的选定办法和功能。

4. 国家和地区名称代码及索引

4.1　国家和地区名称代码见表1。

4.2　国家和地区名称汉语拼音索引见附录A（提示的附录）；国家和地区名称两字符拉丁字母代码索引见附录B（提示的附录）；国家和地区名称三字符拉丁字母代码索引见附录C（提示的附录）；国家和地区名称阿拉伯数字代码索引见附录D（提示的附录）。

5. 用户使用指南

因特殊目的需要扩展或变更国家和地区名称代码元素时，应按5.1～5.4的规定执行，并通知全国信息与文献标准化技术委员会。

5.1　子集

如果用户不使用表1中全部的国家和地区名称代码，可以按其所需创建子集，同时标明使用的版本和创建子集的目的。

5.2　重组

如果用户将表1中的某些国家和地区名称分组，且需要对每一组用一个代码元素表示时，应按5.3的规定执行。

国家质量技术监督局 2000-07-31 批准　　2001-03-01 实施

5.3　用户分配代码元素

表1中未包括的代码元素，可用的两字符拉丁字母代码区为：AA、QM～QZ、XA～XZ、ZZ，三字符拉丁字母代码区为：AAA～AAZ、QMA～QZZ、XAA～XZZ、ZZA～ZZZ，阿拉伯数字代码区为：900～999。

5.4　用户分配代码元素的扩展方法

如果5.3中的用户分配代码元素不能满足需要，除了表1中定义过的代码外，也可使用字母代码元素OO、OOO或数字代码元素000。

5.5　重定义

如果用户发现表1中的某个代码元素需要重新定义，应咨询全国信息与文献标准化技术委员会。

表1　　国家和地区名称代码

序号	中文和英文简称	两字符拉丁字母代码	三字符拉丁字母代码	阿拉伯数字代码	中文和英文全称
1	阿富汗 AFGHANISTAN	AF	AFG	004	阿富汗 Afghanistan
2	阿尔巴尼亚 ALBANIA	AL	ALB	008	阿尔巴尼亚共和国 Republic of Albania
3	阿尔及利亚 ALGERIA	DZ	DZA	012	阿尔及利亚民主人民共和国 Democratic People's Republic of Algeria
4	美属萨摩亚 AMERICAN SAMOA	AS	ASM	016	美属萨摩亚 American Samoa
5	安道尔 ANDORRA	AD	AND	020	安道尔公国 Principality of Andorra
6	安哥拉 ANGOLA	AO	AGO	024	安哥拉共和国 Republic of Angola

续表

序号	中文和英文简称	两字符拉丁字母代码	三字符拉丁字母代码	阿拉伯数字代码	中文和英文全称
7	安圭拉 ANGUILLA	AI	AIA	660	安圭拉 Anguilla
8	南极洲 ANTARCTICA	AQ	ATA	010	南极洲 Antarctica
9	安提瓜和巴布达 ANTIGUA AND BARBUDA	AG	ATG	028	安提瓜和巴布达 Antigua and Barbuda
10	阿根廷 ARGENTINA	AR	ARG	032	阿根廷共和国 Argentine Republic
11	亚美尼亚 ARMENIA	AM	ARM	051	亚美尼亚共和国 Republic of Armenia
12	阿鲁巴 ARUBA	AW	ABW	533	阿鲁巴 Aruba
13	澳大利亚 AUSTRALIA	AU	AUS	036	澳大利亚联邦 Commonwealth of Australia
14	奥地利 AUSTRIA	AT	AUT	040	奥地利共和国 Republic of Austria
15	阿塞拜疆 AZERBAIJAN	AZ	AZE	031	阿塞拜疆共和国 Republic of Azerbaijan
16	巴哈马 BAHAMAS	BS	BHS	044	巴哈马联邦 Commonwealth of the Bahamas
17	巴林 BAHRAIN	BH	BHR	048	巴林国 State of Bahrain
18	孟加拉国 BANGLADESH	BD	BGD	050	孟加拉人民共和国 People's Republic of Bangladesh
19	巴巴多斯 BARBADOS	BB	BRB	052	巴巴多斯 Barbados
20	白俄罗斯 BELARUS	BY	BLR	112	白俄罗斯共和国 Republic of Belarus
21	比利时 BELGIUM	BE	BEL	056	比利时王国 Kingdom of Belgium
22	伯利兹 BELIZE	BZ	BLZ	084	伯利兹 Belize
23	贝宁 BENIN	BJ	BEN	204	贝宁共和国 Republic of Benin
24	百慕大 BERMUDA	BM	BMU	060	百慕大 Bermuda
25	不丹 BHUTAN	BT	BTN	064	不丹王国 Kingdom of Bhutan
26	玻利维亚 BOLIVIA	BO	BOL	068	玻利维亚共和国 Republic of Bolivia
27	波黑 BOSNIA AND HERZEGOVINA	BA	BIH	070	波斯尼亚和黑塞哥维那 Bosnia and Herzegovina
28	博茨瓦纳 BOTSWANA	BW	BWA	072	博茨瓦纳共和国 Republic of Botswana

续表

序号	中文和英文简称	两字符拉丁字母代码	三字符拉丁字母代码	阿拉伯数字代码	中文和英文全称
29	布维岛 BOUVET ISLAND	BV	BVT	074	布维岛 Bouvet Island
30	巴西 BRAZIL	BR	BRA	076	巴西联邦共和国 Federative Republic of Brazil
31	英属印度洋领地 BRITISH INDIAN OCEAN TERRITORY	IO	IOT	086	英属印度洋领地 British Indian Ocean Territory
32	文莱 BRUNEI	BN	BRN	096	文莱达鲁萨兰国 Brunei Darussalam
33	保加利亚 BULGARIA	BG	BGR	100	保加利亚共和国 Republic of Bulgaria
34	布基纳法索 BURKINA FASO	BF	BFA	854	布基纳法索 Burkina Faso
35	布隆迪 BURUNDI	BI	BDI	108	布隆迪共和国 Republic of Burundi
36	柬埔寨 CAMBODIA	KH	KHM	116	柬埔寨王国 Kingdom of Cambodia
37	喀麦隆 CAMEROON	CM	CMR	120	喀麦隆共和国 Republic of Cameroon
38	加拿大 CANADA	CA	CAN	124	加拿大 Canada
39	佛得角 CAPE VERDE	CV	CPV	132	佛得角共和国 Republic of Cape Verde
40	开曼群岛 CAYMAN ISLANDS	KY	CYM	136	开曼群岛 Cayman Islands
41	中非 CENTRAL AFRICAN REPUBLIC	CF	CAF	140	中非共和国 Central African Republic
42	乍得 CHAD	TD	TCD	148	乍得共和国 Republic of Chad
43	智利 CHILE	CL	CHL	152	智利共和国 Republic of Chile
44	中国 CHINA	CN	CHN	156	中华人民共和国 People's Republic of China

续表

序号	中文和英文简称	两字符拉丁字母代码	三字符拉丁字母代码	阿拉伯数字代码	中文和英文全称
45	香港 HONG KONG	HK	HKG	344	中国香港特别行政区 Hong Kong Special Administrative Region of China
46	澳门 MACAU	MO	MAC	446	中国澳门特别行政区 Macau Special Administrative Region of China
47	台湾 TAIWAN，PROVINCE OF CHINA	TW	TWN	158	中国台湾 Taiwan，Province of China
48	圣诞岛 CHRISTMAS ISLAND	CX	CXR	162	圣诞岛 Christmas Island
49	科科斯（基林）群岛 COCOS（KEELING）ISLANDS	CC	CCK	166	科科斯（基林）群岛 Cocos（Keeling）Islands
50	哥伦比亚 COLOMBIA	CO	COL	170	哥伦比亚共和国 Republic of Colombia
51	科摩罗 COMOROS	KM	COM	174	科摩罗伊斯兰联邦共和国 Islamic Federal Republic of the Comoros
52	刚果（布） CONGO	CG	COG	178	刚果共和国 Republic of Congo
53	刚果（金） CONGO，THE DEMOCRATIC REPUBLIC OF THE	CD	COD	180	刚果民主共和国 Democratic Republic of Congo
54	库克群岛 COOK ISLANDS	CK	COK	184	库克群岛 Cook Islands
55	哥斯达黎加 COSTA RICA	CR	CRI	188	哥斯达黎加共和国 Republic of Costa Rica
56	科特迪瓦 COTE D'IVOIRE	CI	CIV	384	科特迪瓦共和国 Republic of Côte d'Ivoire
57	克罗地亚 CROATIA	HR	HRV	191	克罗地亚共和国 Republic of Croatia
58	古巴 CUBA	CU	CUB	192	古巴共和国 Republic of Cuba
59	塞浦路斯 CYPRUS	CY	CYP	196	塞浦路斯共和国 Republic of Cyprus

续表

序号	中文和英文简称	两字符拉丁字母代码	三字符拉丁字母代码	阿拉伯数字代码	中文和英文全称
60	捷克 CZECH REPUBLIC	CZ	CZE	203	捷克共和国 Czech Republic
61	丹麦 DENMARK	DK	DNK	208	丹麦王国 Kingdom of Denmark
62	吉布提 DJIBOUTI	DJ	DJI	262	吉布提共和国 Republic of Djibouti
63	多米尼克 DOMINICA	DM	DMA	212	多米尼克国 Commonwealth of Dominica
64	多米尼加 DOMINICAN REPUBLIC	DO	DOM	214	多米尼加共和国 Dominican Republic
65	东帝汶 EAST TIMOR	TP	TMP	626	东帝汶 East Timor
66	厄瓜多尔 ECUADOR	EC	ECU	218	厄瓜多尔共和国 Republic of Ecuador
67	埃及 EGYPT	EG	EGY	818	阿拉伯埃及共和国 Arab Republic of Egypt
68	萨尔瓦多 EL SALVADOR	SV	SLV	222	萨尔瓦多共和国 Republic of El Salvador
69	赤道几内亚 EQUATORIAL GUINEA	GQ	GNQ	226	赤道几内亚共和国 Republic of Equatorial Guinea
70	厄立特里亚 ERITREA	ER	ERI	232	厄立特里亚国 State of Eritrea
71	爱沙尼亚 ESTONIA	EE	EST	233	爱沙尼亚共和国 Republic of Estonia
72	埃塞俄比亚 ETHIOPIA	ET	ETH	231	埃塞俄比亚联邦民主共和国 Federal Democratic Republic of Ethiopia
73	福克兰群岛（马尔维纳斯） FALKLAND ISLANDS (MALVINAS)	FK	FLK	238	福克兰群岛（马尔维纳斯） Falkland Islands (Malvinas)
74	法罗群岛 FAROE ISLANDS	FO	FRO	234	法罗群岛 Faroe Islands
75	斐济 FIJI	FJ	FJI	242	斐济群岛共和国 Republic of the Fiji Islands
76	芬兰 FINLAND	FI	FIN	246	芬兰共和国 Republic of Finland
77	法国 FRANCE	FR	FRA	250	法兰西共和国 French Republic

续表

序号	中文和英文简称	两字符拉丁字母代码	三字符拉丁字母代码	阿拉伯数字代码	中文和英文全称
78	法属圭亚那 FRENCH GUIANA	GF	GUF	254	法属圭亚那 French Guiana
79	法属波利尼西亚 FRENCH POLYNESIA	PF	PYF	258	法属波利尼西亚 French Polynesia
80	法属南部领地 FRENCH SOUTHERN TERRI-TORIES	TF	ATF	260	法属南部领地 French Southern Territories
81	加蓬 CABON	GA	GAB	266	加蓬共和国 Gabonese Republic
82	冈比亚 GAMBIA	GM	GMB	270	冈比亚共和国 Republic of the Gambia
83	格鲁吉亚 GEORGIA	GE	GEO	268	格鲁吉亚 Georgia
84	德国 GERMANY	DE	DEU	276	德意志联邦共和国 Federal Republic of Germany
85	加纳 GHANA	GH	GHA	288	加纳共和国 Republic of Ghana
86	直布罗陀 GIBRALTAR	GI	GIB	292	直布罗陀 Gibraltar
87	希腊 GREECE	GR	GRC	300	希腊共和国 Hellenic Republic
88	格陵兰 GREENLAND	GL	GRL	304	格陵兰 Greenland
89	格林纳达 GRENADA	GD	GRD	308	格林纳达 Grenada
90	瓜德罗普 GUADELOUPE	GP	GLP	312	瓜德罗普 Guadeloupe
91	关岛 GUAM	GU	GUM	316	关岛 Guam
92	危地马拉 GUATEMALA	GT	GTM	320	危地马拉共和国 Republic of Guatemala
93	几内亚 GUINEA	GN	GIN	324	几内亚共和国 Republic of Guinea
94	几内亚比绍 GUINEA – BISSAU	GW	GNB	624	几内亚比绍共和国 Republic of Guinea – Bissau
95	圭亚那 GUYANA	GY	GUY	328	圭亚那合作共和国 Cooperative Republic of Guyana

续表

序号	中文和英文简称	两字符拉丁字母代码	三字符拉丁字母代码	阿拉伯数字代码	中文和英文全称
96	海地 HAITI	HT	HTI	332	海地共和国 Republic of Haiti
97	赫德岛和麦克唐纳岛 HEARD ISLAND AND MCDONALD ISLANDS	HM	HMD	334	赫德岛和麦克唐纳岛 Heard Island and Mcdonald Islands
98	洪都拉斯 HONDURAS	HN	HND	340	洪都拉斯共和国 Republic of Honduras
99	匈牙利 HUNGARY	HU	HUN	348	匈牙利共和国 Republic of Hungary
100	冰岛 ICELAND	IS	ISL	352	冰岛共和国 Republic of Iceland
101	印度 INDIA	IN	IND	356	印度共和国 Republic of India
102	印度尼西亚 INDONESIA	ID	IDN	360	印度尼西亚共和国 Republic of Indonesia
103	伊朗 IRAN	IR	IRN	364	伊朗伊斯兰共和国 Islamic Republic of Iran
104	伊拉克 IRAQ	IQ	IRQ	368	伊拉克共和国 Republic of Iraq
105	爱尔兰 IRELAND	IE	IRL	372	爱尔兰 Ireland
106	以色列 ISRAEL	IL	ISR	376	以色列国 State of Israel
107	意大利 ITALY	IT	ITA	380	意大利共和国 Italian Republic
108	牙买加 JAMAICA	JM	JAM	388	牙买加 Jamaica
109	日本 JAPAN	JP	JPN	392	日本国 Japan
110	约旦 JORDAN	JO	JOR	400	约旦哈希姆王国 Hashemite Kingdom of Jordan
111	哈萨克斯坦 KAZAKHSTAN	KZ	KAZ	398	哈萨克斯坦共和国 Republic of Kazakhstan
112	肯尼亚 KENYA	KE	KEN	404	肯尼亚共和国 Republic of Kenya
113	基里巴斯 KIRIBATI	KI	KIR	296	基里巴斯共和国 Republic of Kiribati

续表

序号	中文和英文简称	两字符拉丁字母代码	三字符拉丁字母代码	阿拉伯数字代码	中文和英文全称
114	朝鲜 KOREA，DEMOCRATIC PEOPLE'S REPUBLIC OF	KP	PRK	408	朝鲜民主主义人民共和国 Democratic People's Republic of Korea
115	韩国 KOREA，REPUBLIC OF	KR	KOR	410	大韩民国 Republic of Korea
116	科威特 KUWAIT	KW	KWT	414	科威特国 State of Kuwait
117	吉尔吉斯斯坦 KYRGYZSTAN	KG	KGZ	417	吉尔吉斯共和国 Kyrgyz Republic
118	老挝 LAOS	LA	LAO	418	老挝人民民主共和国 Lao People's Democratic Republic
119	拉脱维亚 LATVIA	LV	LVA	428	拉脱维亚共和国 Republic of Latvia
120	黎巴嫩 LEBANON	LB	LBN	422	黎巴嫩共和国 Lebanese Republic
121	莱索托 LESOTHO	LS	LSO	426	莱索托王国 Kingdom of Lesotho
122	利比里亚 LIBERIA	LR	LBR	430	利比里亚共和国 Republic of Liberia
123	利比亚 LIBYA	LY	LBY	434	大阿拉伯利比亚人民社会主义民众国 Great Socialist People's Libyan Arab Jamahiriya
124	列支敦士登 LIECHTENSTEIN	LI	LIE	438	列支敦士登公国 Principality of Liechtenstein
125	立陶宛 LITHUANIA	LT	LTU	440	立陶宛共和国 Republic of Lithuania
126	卢森堡 LUXEMBOURG	LU	LUX	442	卢森堡大公国 Grand Duchy of Luxembourg
127	前南马其顿 MACEDONIA，THE FORMER YUGOSLAV REPUBLIC OF	MK	MKD	807	前南斯拉夫马其顿共和国 The former Yugoslav Republic of Macedonia
128	马达加斯加 MADAGASCAR	MG	MDG	450	马达加斯加共和国 Republic of Madagascar
129	马拉维 MALAWI	MW	MWI	454	马拉维共和国 Republic of Malawi
130	马来西亚 MALAYSIA	MY	MYS	458	马来西亚 Malaysia
131	马尔代夫 MALDIVES	MV	MDV	462	马尔代夫共和国 Republic of Maldives

续表

序号	中文和英文简称	两字符拉丁字母代码	三字符拉丁字母代码	阿拉伯数字代码	中文和英文全称
132	马里 MALI	ML	MLI	466	马里共和国 Republic of Mali
133	马耳他 MALTA	MT	MLT	470	马耳他共和国 Republic of Malta
134	马绍尔群岛 MARSHALL ISLANDS	MH	MHL	584	马绍尔群岛共和国 Republic of the Marshall Islands
135	马提尼克 MARTINIQUE	MQ	MTQ	474	马提尼克 Martinique
136	毛里塔尼亚 MAURITANIA	MR	MRT	478	毛里塔尼亚伊斯兰共和国 Islamic Republic of Mauritania
137	毛里求斯 MAURITIUS	MU	MUS	480	毛里求斯共和国 Republic of Mauritius
138	马约特 MAYOTTE	YT	MYT	175	马约特 Mayotte
139	墨西哥 MEXICO	MX	MEX	484	墨西哥合众国 United States of Mexico
140	密克罗尼西亚联邦 MICRONESIA, FEDERATED STATES OF	FM	FSM	583	密克罗尼西亚联邦 Federated States of Micronesia
141	摩尔多瓦 MOLDOVA	MD	MDA	498	摩尔多瓦共和国 Republic of Moldova
142	摩纳哥 MONACO	MC	MCO	492	摩纳哥公国 Principality of Monaco
143	蒙古 MONGOLIA	MN	MNG	496	蒙古国 Mongolia
144	蒙特塞拉特 MONTSERRAT	MS	MSR	500	蒙特塞拉特 Montserrat
145	摩洛哥 MOROCCO	MA	MAR	504	摩洛哥王国 Kingdom of Morocco
146	莫桑比克 MOZAMBIQUE	MZ	MOZ	508	莫桑比克共和国 Republic of Mozambique
147	缅甸 MYANMAR	MM	MMR	104	缅甸联邦 Union of Myanmar
148	纳米比亚 NAMIBIA	NA	NAM	516	纳米比亚共和国 Republic of Namibia
149	瑙鲁 NAURU	NR	NRU	520	瑙鲁共和国 Republic of Nauru

续表

序号	中文和英文简称	两字符拉丁字母代码	三字符拉丁字母代码	阿拉伯数字代码	中文和英文全称
150	尼泊尔 NEPAL	NP	NPL	524	尼泊尔王国 Kingdom of Nepal
151	荷兰 NETHERLANDS	NL	NLD	528	荷兰王国 Kingdom of the Netherlands
152	荷属安的列斯 NETHERLANDS ANTILLES	AN	NAT	530	荷属安的列斯 Netherlands Antilles
153	新喀里多尼亚 NEW CALEDONIA	NC	NCL	540	新喀里多尼亚 New Caledonia
154	新西兰 NEW ZEALAND	NZ	NZL	554	新西兰 New Zealand
155	尼加拉瓜 NICARAGUA	NI	NIC	558	尼加拉瓜共和国 Republic of Nicaragua
156	尼日尔 NIGER	NE	NER	562	尼日尔共和国 Republic of Niger
157	尼日利亚 NIGERIA	NG	NGA	566	尼日利亚联邦共和国 Federal Republic of Nigeria
158	纽埃 NIUE	NU	NIU	570	纽埃 Niue
159	诺福克岛 NORFOLK ISLAND	NF	NFK	574	诺福克岛 Norfolk Island
160	北马里亚纳 NORTHERN MARIANA ISLANDS	MP	MNP	580	北马里亚纳自由联邦 Commonwealth of the Northern Mariana Islands
161	挪威 NORWAY	NO	NOR	578	挪威王国 Kingdom of Norway
162	阿曼 OMAN	OM	OMN	512	阿曼苏丹国 Sultanate of Oman
163	巴基斯坦 PAKISTAN	PK	PAK	586	巴基斯坦伊斯兰共和国 Islamic Republic of Pakistan
164	帕劳 PALAU	PW	PLW	585	帕劳共和国 Republic of Palau
165	巴勒斯坦 PALESTINE	PS	PSE	275	巴勒斯坦国 State of Palestine
166	巴拿马 PANAMA	PA	PAN	591	巴拿马共和国 Republic of Panama
167	巴布亚新几内亚 PAPUA NEW GUINEA	PG	PNG	598	巴布亚新几内亚独立国 Independent State of Papua New Guinea

续表

序号	中文和英文简称	两字符拉丁字母代码	三字符拉丁字母代码	阿拉伯数字代码	中文和英文全称
168	巴拉圭 PARAGUAY	PY	PRY	600	巴拉圭共和国 Republic of Paraguay
169	秘鲁 PERU	PE	PER	604	秘鲁共和国 Republic of Peru
170	菲律宾 PHILIPPINES	PH	PHL	608	菲律宾共和国 Republic of the Philippines
171	皮特凯恩 PITCAIRN	PN	PCN	612	皮特凯恩 Pitcairn
172	波兰 POLAND	PL	POL	616	波兰共和国 Republic of Poland
173	葡萄牙 PORTUGAL	PT	PRT	620	葡萄牙共和国 Portuguese Republic
174	波多黎各 PUERTO RICO	PR	PRI	630	波多黎各 Puerto Rico
175	卡塔尔 QATAR	QA	QAT	634	卡塔尔国 State of Qatar
176	留尼汪 REUNION	RE	REU	638	留尼汪 Reunion
177	罗马尼亚 ROMANIA	RO	ROM	642	罗马尼亚 Romania
178	俄罗斯联邦 RUSSIAN FEDERATION	RU	RUS	643	俄罗斯联邦 Russian Federation
179	卢旺达 RWANDA	RW	RWA	646	卢旺达共和国 Republic of Rwanda
180	圣赫勒拿 SAINT HELENA	SH	SHN	654	圣赫勒拿 Saint Helena
181	圣基茨和尼维斯 SAINT KITTS AND NEVIS	KN	KNA	659	圣基茨和尼维斯联邦 Federation of Saint Kitts and Nevis
182	圣卢西亚 SAINT LUCIA	LC	LCA	662	圣卢西亚 Saint Lucia
183	圣皮埃尔和密克隆 SAINT PIERRE AND MIQUELON	PM	SPM	666	圣皮埃尔和密克隆 Saint Pierre and Miquelon
184	圣文森特和格林纳丁斯 SAINT VINCENT AND THE GRENADINES	VC	VCT	670	圣文森特和格林纳丁斯 Saint Vincent and the Grenadines
185	萨摩亚 SAMOA	WS	WSM	882	萨摩亚独立国 Independent State of Samoa

续表

序号	中文和英文简称	两字符拉丁字母代码	三字符拉丁字母代码	阿拉伯数字代码	中文和英文全称
186	圣马力诺 SAN MARINO	SM	SMR	674	圣马力诺共和国 Republic of San Marino
187	圣多美和普林西比 SAO TOME AND PRINCIPE	ST	STP	678	圣多美和普林西比民主共和国 Democratic Republic of Sao Tome and Principe
188	沙特阿拉伯 SAUDI ARABIA	SA	SAU	682	沙特阿拉伯王国 Kingdom of Saudi Arabia
189	塞内加尔 SENEGAL	SN	SEN	686	塞内加尔共和国 Republic of Senegal
190	塞舌尔 SEYCHELLES	SC	SYC	690	塞舌尔共和国 Republic of Seychelles
191	塞拉利昂 SIERRA LEONE	SL	SLE	694	塞拉利昂共和国 Republic of Sierra Leone
192	新加坡 SINGAPORE	SG	SGP	702	新加坡共和国 Republic of Singapore
193	斯洛伐克 SLOVAKIA	SK	SVK	703	斯洛伐克共和国 Slovak Republic
194	斯洛文尼亚 SLOVENIA	SI	SVN	705	斯洛文尼亚共和国 Republic of Slovenia
195	所罗门群岛 SOLOMON ISLANDS	SB	SLB	090	所罗门群岛 Solomon Islands
196	索马里 SOMALIA	SO	SOM	706	索马里共和国 Somali Republic
197	南非 SOUTH AFRICA	ZA	ZAF	710	南非共和国 Republic of South Africa
198	南乔治亚岛和南桑德韦奇岛 SOUTH GEORGIA AND THE SOUTH SANDWICH ISLANDS	GS	SGS	239	南乔治亚岛和南桑德韦奇岛 South Georgia and the South Sandwich Islands
199	西班牙 SPAIN	ES	ESP	724	西班牙王国 Kingdom of Spain
200	斯里兰卡 SRI LANKA	LK	LKA	144	斯里兰卡民主社会主义共和国 Democratic Socialist Republic of Sri Lanka
201	苏丹 SUDAN	SD	SDN	736	苏丹共和国 Republic of the Sudan
202	苏里南 SURINAME	SR	SUR	740	苏里南共和国 Republic of Suriname
203	斯瓦尔巴岛和扬马延岛 SVALBARD AND JAN MAYEN	SJ	SJM	744	斯瓦尔巴岛和扬马延岛 Svalbard and Jan Mayen

续表

序号	中文和英文简称	两字符拉丁字母代码	三字符拉丁字母代码	阿拉伯数字代码	中文和英文全称
204	斯威士兰 SWAZILAND	SZ	SWZ	748	斯威士兰王国 Kingdom of Swaziland
205	瑞典 SWEDEN	SE	SWE	752	瑞典王国 Kingdom of Sweden
206	瑞士 SWITZERLAND	CH	CHE	756	瑞士联邦 Swiss Confederation
207	叙利亚 SYRIAN ARAB REPUBLIC	SY	SYR	760	阿拉伯叙利亚共和国 Syrian Arab Republic
208	塔吉克斯坦 TAJIKISTAN	TJ	TJK	762	塔吉克斯坦共和国 Republic of Tajikistan
209	坦桑尼亚 TANZANIA	TZ	TZA	834	坦桑尼亚联合共和国 United Republic of Tanzania
210	泰国 THAILAND	TH	THA	764	泰王国 Kingdom of Thailand
211	多哥 TOGO	TG	TGO	768	多哥共和国 Republic of Togo
212	托克劳 TOKELAU	TK	TKL	772	托克劳 Tokelau
213	汤加 TONGA	TO	TON	776	汤加王国 Kingdom of Tonga
214	特立尼达和多巴哥 TRINIDAD AND TOBAGO	TT	TTO	780	特立尼达和多巴哥共和国 Republic of Trinidad and Tobago
215	突尼斯 TUNISIA	TN	TUN	788	突尼斯共和国 Republic of Tunisia
216	土耳其 TURKEY	TR	TUR	792	土耳其共和国 Republic of Turkey
217	土库曼斯坦 TURKMENISTAN	TM	TKM	795	土库曼斯坦 Turkmenistan
218	特克斯和凯科斯群岛 TURKS AND CAICOS ISLANDS	TC	TCA	796	特克斯和凯科斯群岛 Turks and Caicos Islands
219	图瓦卢 TUVALU	TV	TUV	798	图瓦卢 Tuvalu
220	乌干达 UGANDA	UG	UGA	800	乌干达共和国 Republic of Uganda
221	乌克兰 UKRAINE	UA	UKR	804	乌克兰 Ukraine

续表

序号	中文和英文简称	两字符拉丁字母代码	三字符拉丁字母代码	阿拉伯数字代码	中文和英文全称
222	阿联酋 UNITED ARAB EMIRATES	AE	ARE	784	阿拉伯联合酋长国 United Arab Emirates
223	英国 UNITED KINGDOM	GB	GBR	826	大不列颠及北爱尔兰联合王国 United Kingdom of Great Britain and Northern Ireland
224	美国 UNITED STATES	US	USA	840	美利坚合众国 United States of America
225	美国本土外小岛屿 UNITED STATES MINOR OUTLYING ISLANDS	UM	UMI	581	美国本土外小岛屿 United States Minor Outlying Islands
226	乌拉圭 URUGUAY	UY	URY	858	乌拉圭东岸共和国 Oriental Republic of Uruguay
227	乌兹别克斯坦 UZBEKISTAN	UZ	UZB	860	乌兹别克斯坦共和国 Republic of Uzbekistan
228	瓦努阿图 VANUATU	VU	VUT	548	瓦努阿图共和国 Republic of Vanuatu
229	梵蒂冈 VATICAN	VA	VAT	336	梵蒂冈城国 Vatican City State
230	委内瑞拉 VENEZUELA	VE	VEN	862	委内瑞拉共和国 Republic of Venezuela
231	越南 VIET NAM	VN	VNM	704	越南社会主义共和国 Socialist Republic of Viet Nam
232	英属维尔京群岛 VIRGIN ISLANDS，BRITISH	VG	VGB	092	英属维尔京群岛 British Virgin Islands
233	美属维尔京群岛 VIRGIN ISLANDS，U. S.	VI	VIR	850	美属维尔京群岛 Virgin Islands of the United States
234	瓦利斯和富图纳 WALLIS AND FUTUNA	WF	WLF	876	瓦利斯和富图纳 Wallis and Futuna
235	西撒哈拉 WESTERN SAHARA	EH	ESH	732	西撒哈拉 Western Sahara
236	也门 YEMEN	YE	YEM	887	也门共和国 Republic of Yemen
237	南斯拉夫 YUGOSLAVIA	YU	YUG	891	南斯拉夫联盟共和国 Federal Republic of Yugoslavia
238	赞比亚 ZAMBIA	ZM	ZMB	894	赞比亚共和国 Republic of Zambia
239	津巴布韦 ZIMBABWE	ZW	ZWE	716	津巴布韦共和国 Republic of Zimbabwe

附 录 A

（提示的附录）

国家和地区名称汉语拼音索引

表 A1

中文和英文简称	序号	中文和英文简称	序号
A		澳大利亚 AUSTRALIA	13
阿尔巴尼亚 ALBANIA	2	澳门 MACAU	46
阿尔及利亚 ALGERIA	3	B	
阿富汗 AFGHANISTAN	1	巴巴多斯 BARBADOS	19
阿根廷 ARGENTINA	10	巴布亚新几内亚 PAPUA NEW GUINEA	167
阿联酋 UNITED ARAB EMIRATES	222	巴哈马 BAHAMAS	16
阿鲁巴 ARUBA	12	巴基斯坦 PAKISTAN	163
阿曼 OMAN	162	巴拉圭 PARAGUAY	168
阿塞拜疆 AZERBAIJAN	15	巴勒斯坦 PALESTINE	165
埃及 EGYPT	67	巴林 BAHRAIN	17
埃塞俄比亚 ETHIOPIA	72	巴拿马 PANAMA	166
爱尔兰 IRELAND	105	巴西 BRAZIL	30
爱沙尼亚 ESTONIA	71	白俄罗斯 BELARUS	20
安道尔 ANDORRA	5	百慕大 BERMUDA	24
安哥拉 ANGOLA	6	保加利亚 BULGARIA	33
安圭拉 ANGUILLA	7	北马里亚纳 NORTHERN MARIANA ISLANDS	160
安提瓜和巴布达 ANTIGUA AND BARBUDA	9	贝宁 BENIN	23
奥地利 AUSTRIA	14	比利时 BELGIUM	21

续表

中文和英文简称	序号	中文和英文简称	序号
秘鲁 PERU	169	多米尼加 DOMINICAN REPUBLIC	64
冰岛 ICELAND	100	多米尼克 DOMINICA	63
波多黎各 PUERTO RICO	174	E	
波黑 BOSNIA AND HERZEGOVINA	27	俄罗斯联邦 RUSSIAN FEDERATION	178
波兰 POLAND	172	厄瓜多尔 ECUADOR	66
玻利维亚 BOLIVIA	26	厄立特里亚 ERITREA	70
伯利兹 BELIZE	22	F	
博茨瓦纳 BOTSWANA	28	法国 FRANCE	77
不丹 BHUTAN	25	法罗群岛 FAROE ISLANDS	74
布基纳法索 BURKINA FASO	34	法属波利尼西亚 FRENCH POLYNESIA	79
布隆迪 BURUNDI	35	法属圭亚那 FRENCH GUIANA	78
布维岛 BOUVET ISLAND	29	法属南部领地 FRENCH SOUTHERN TERRITORIES	80
C		梵蒂冈 VATICAN	229
朝鲜 KOREA，DEMOCRATIC PEOPLE'S REPUBLIC OF	114	菲律宾 PHILIPPINES	170
赤道几内亚 EQUATORIAL GUINEA	69	斐济 FIJI	75
D		芬兰 FINLAND	76
丹麦 DENMARK	61	佛得角 CAPE VERDE	39
德国 GERMANY	84	福克兰群岛（马尔维纳斯） FALKLAND ISLANDS（MALVINAS）	73
东帝汶 EAST TIMOR	65	G	
多哥 TOGO	211	冈比亚 GAMBIA	82

续表

中文和英文简称	序号	中文和英文简称	序号
刚果（布） CONGO	52	J	
刚果（金） CONGO，THE DEMOCRATIC REPUBLIC OF THE	53	基里巴斯 KIRIBATI	113
哥伦比亚 COLOMBIA	50	吉布提 DJIBOUTI	62
哥斯达黎加 COSTA RICA	55	吉尔吉斯斯坦 KYRGYZSTAN	117
格林纳达 GRENADA	89	几内亚 GUINEA	93
格陵兰 GREENLAND	88	几内亚比绍 GUINEA－BISSAU	94
格鲁吉亚 GEORGIA	83	加拿大 CANADA	38
古巴 CUBA	58	加纳 GHANA	85
瓜德罗普 GUADELOUPE	90	加蓬 GABON	81
关岛 GUAM	91	柬埔寨 CAMBODIA	36
圭亚那 GUYANA	95	捷克 CZECH REPUBLIC	60
H		津巴布韦 ZIMBABWE	239
哈萨克斯坦 KAZAKHSTAN	111	K	
海地 HAITI	96	喀麦隆 CAMEROON	37
韩国 KOREA，REPUBLIC OF	115	卡塔尔 QATAR	175
荷兰 NETHERLANDS	151	开曼群岛 CAYMAN ISLANDS	40
荷属安的列斯 NETHERLANDS ANTILLES	152	科科斯（基林）群岛 COCOS（KEELING）ISLANDS	49
赫德岛和麦克唐纳岛 HEARD ISLAND AND MCDONALD ISLANDS	97	科摩罗 COMOROS	51
洪都拉斯 HONDURAS	98	科特迪瓦 COTE D'IVOIRE	56
		科威特 KUWAIT	116
		克罗地亚 CROATIA	57

续表

中文和英文简称	序号	中文和英文简称	序号
肯尼亚 KENYA	112	马来西亚 MALAYSIA	130
库克群岛 COOK ISLANDS	54	马里 MALI	132
L		马绍尔群岛 MARSHALL ISLANDS	134
拉脱维亚 LATVIA	119	马提尼克 MARTINIQUE	135
莱索托 LESOTHO	121	马约特 MAYOTTE	138
老挝 LAOS	118	毛里求斯 MAURITIUS	137
黎巴嫩 LEBANON	120	毛里塔尼亚 MAURITANIA	136
立陶宛 LITHUANIA	125	美国 UNITED STATES	224
利比里亚 LIBERIA	122	美国本土外小岛屿 UNITED STATES MINOR OUTLYING ISLANDS	225
利比亚 LIBYA	123	美属萨摩亚 AMERICAN SAMOA	4
列支敦士登 LIECHTENSTEIN	124	美属维尔京群岛 VIRGIN ISLANDS，U. S.	233
留尼汪 REUNION	176	蒙古 MONGOLIA	143
卢森堡 LUXEMBOURG	126	蒙特塞拉特 MONTSERRAT	144
卢旺达 RWANDA	179	孟加拉国 BANGLADESH	18
罗马尼亚 ROMANIA	177	密克罗尼西亚联邦 MICRONESIA，FEDERATED STATES OF	140
M		缅甸 MYANMAR	147
马达加斯加 MADAGASCAR	128		
马尔代夫 MALDIVES	131	摩尔多瓦 MOLDOVA	141
马耳他 MALTA	133	摩洛哥 MOROCCO	145
马拉维 MALAWI	129	摩纳哥 MONACO	142

续表

中文和英文简称	序号	中文和英文简称	序号
莫桑比克 MOZAMBIQUE	146	Q	
墨西哥 MEXICO	139	前南马其顿 MACEDONIA, THE FORMER YUGOSLAV REPUBLIC OF	127
N		R	
纳米比亚 NAMIBIA	148	日本 JAPAN	109
南非 SOUTH AFRICA	197	瑞典 SWEDEN	205
南极洲 ANTARCTICA	8	瑞士 SWITZERLAND	206
南乔治亚岛和南桑德韦奇岛 SOUTH GEORGIA AND THE SOUTH SANDWICH ISLANDS	198	S	
南斯拉夫 YUGOSLAVIA	237	萨尔瓦多 EL SALVADOR	68
瑙鲁 NAURU	149	萨摩亚 SAMOA	185
尼泊尔 NEPAL	150	塞拉利昂 SIERRA LEONE	191
尼加拉瓜 NICARAGUA	155	塞内加尔 SENEGAL	189
尼日尔 NIGER	156	塞浦路斯 CYPRUS	59
尼日利亚 NIGERIA	157	塞舌尔 SEYCHELLES	190
纽埃 NIUE	158	沙特阿拉伯 SAUDI ARABIA	188
挪威 NORWAY	161	圣诞岛 CHRISTMAS ISLAND	48
诺福克岛 NOREOLK ISLAND	159	圣多美和普林西比 SAO TOME AND PRINCIPE	187
P		圣赫勒拿 SAINT HELENA	180
帕劳 PALAU	164	圣基茨和尼维斯 SAINT KITTS AND NEVIS	181
皮特凯恩 PITCAIRN	171	圣卢西亚 SAINT LUCIA	182
葡萄牙 PORTUGAL	173	圣马力诺 SAN MARINO	186

续表

中文和英文简称	序号	中文和英文简称	序号
圣皮埃尔和密克隆 SAINT PIERRE AND MIQUELON	183	突尼斯 TUNISIA	215
圣文森特和格林纳丁斯 SAINT VINCENT AND THE GRENADINES	184	图瓦卢 TUVALU	219
斯里兰卡 SRILANKA	200	土耳其 TURKEY	216
斯洛伐克 SLOVAKIA	193	土库曼斯坦 TURKMENISTAN	217
斯洛文尼亚 SLOVENIA	194	托克劳 TOKELAU	212
斯瓦尔巴岛和扬马延岛 SVALBARD AND JAN MAYEN	203	W	
斯威士兰 SWAZILAND	204	瓦利斯和富图纳 WALLIS AND FUTUNA	234
苏丹 SUDAN	201	瓦努阿图 VANUATU	228
苏里南 SURINAME	202	危地马拉 GUATEMALA	92
所罗门群岛 SOLOMON ISLANDS	195	委内瑞拉 VENEZUELA	230
索马里 SOMALIA	196	文莱 BRUNEI	32
T		乌干达 UGANDA	220
塔吉克斯坦 TAJIKISTAN	208	乌克兰 UKRAINE	221
台湾 TAIWAN，PROVINCE OF CHINA	47	乌拉圭 URUGUAY	226
泰国 THAILAND	210	乌兹别克斯坦 UZBEKISTAN	227
坦桑尼亚 TANZANIA	209	X	
汤加 TONGA	213	西班牙 SPAIN	199
特克斯和凯科斯群岛 TURKS AND CAICOS ISLANDS	218	西撒哈拉 WESTERN SAHARA	235
特立尼达和多巴哥 TRINIDAD AND TOBAGO	214	希腊 GREECE	87
		香港 HONG KONG	45

续表

中文和英文简称	序号	中文和英文简称	序号
新加坡 SINGAPORE	192	印度尼西亚 INDONESIA	102
新喀里多尼亚 NEW CALEDONIA	153	英国 UNITED KINGDOM	223
新西兰 NEW ZEALAND	154	英属维尔京群岛 VIRGIN ISLANDS，BRITISH	232
匈牙利 HUNGARY	99	英属印度洋领地 BRITISH INDIAN OCEAN TERRITORY	31
叙利亚 SYRIAN ARAB REPUBLIC	207	约旦 JORDAN	110
Y		越南 VIET NAM	231
牙买加 JAMAICA	108	Z	
亚美尼亚 ARMENIA	11	赞比亚 ZAMBIA	238
也门 YEMEN	236	乍得 CHAD	42
伊拉克 IRAQ	104	直布罗陀 GIBRALTAR	86
伊朗 IRAN	103	智利 CHILE	43
以色列 ISRAEL	106	中非 CENTRAL AFRICAN REPUBLIC	41
意大利 ITALY	107	中国 CHINA	44
印度 INDIA	101		

附　录　B

（提示的附录）

国家和地区名称两字符拉丁字母代码索引

表 B1

代码	中文和英文简称	序号	代码	中文和英文简称	序号
	A		AF	阿富汗 AFGHANISTAN	1
AD	安道尔 ANDORRA	5	AG	安提瓜和巴布达 ANTIGUA AND BARBUDA	9
AE	阿联酋 UNITED ARAB EMIRATES	222			

续表

代码	中文和英文简称	序号	代码	中文和英文简称	序号
AI	安圭拉 ANGUILLA	7	BH	巴林 BAHRAIN	17
AL	阿尔巴尼亚 ALBANIA	2	BI	布隆迪 BURUNDI	35
AM	亚美尼亚 ARMENIA	11	BJ	贝宁 BENIN	23
AN	荷属安的列斯 NETHERLANDS ANTILLES	152	BM	百慕大 BERMUDA	24
AQ	安哥拉 ANGOLA	6	BN	文莱 BRUNEI	32
AQ	南极洲 ANTARCTICA	8	BO	玻利维亚 BOLIVIA	26
AR	阿根廷 ARGENTINA	10	BR	巴西 BRAZIL	30
AS	美属萨摩亚 AMERICAN SAMOA	4	BS	巴哈马 BAHAMAS	16
AT	奥地利 AUSTRIA	14	BT	不丹 BHUTAN	25
AU	澳大利亚 AUSTRALIA	13	BV	布维岛 BOUVET ISLAND	29
AW	阿鲁巴 ARUBA	12	BW	博茨瓦纳 BOTSWANA	28
AZ	阿塞拜疆 AZERBAIJAN	15	BY	白俄罗斯 BELARUS	20
	B		BZ	伯利兹 BELIZE	22
BA	波黑 BOSNIA AND HERZEGOVINA	27		C	
BB	巴巴多斯 BARBADOS	19	CA	加拿大 CANADA	38
BD	孟加拉国 BANGLADESH	18	CC	科科斯（基林）群岛 COCOS（KEELING）ISLANDS	49
BE	比利时 BELGIUM	21	CD	刚果（金） CONGO，THE DEMOCRATIC REPUBLIC OF THE	53
BF	布基纳法索 BURKINA FASO	34	CF	中非 CENTRAL AFRICAN REPUBLIC	41
BG	保加利亚 BULGARIA	33	CG	刚果（布） CONGO	52

续表

代码	中文和英文简称	序号
CH	瑞士 SWITZERLAND	206
CI	科特迪瓦 COTE D' IVOIRE	56
CK	库克群岛 COOK ISLANDS	54
CL	智利 CHILE	43
CM	喀麦隆 CAMEROON	37
CN	中国 CHINA	44
CO	哥伦比亚 COLOMBIA	50
CR	哥斯达黎加 COSTA RICA	55
CU	古巴 CUBA	58
CV	佛得角 CAPE VERDE	39
CX	圣诞岛 CHRISTMAS ISLAND	48
CY	塞浦路斯 CYPRUS	59
CZ	捷克 CZECH REPUBLIC	60
	D	
DE	德国 GERMANY	84
DJ	吉布提 DJIBOUTI	62
DK	丹麦 DENMARK	61
DM	多米尼克 DOMINICA	63
DO	多米尼加 DOMINICAN REPUBLIC	64
DZ	阿尔及利亚 ALGERIA	3
	E	
EC	厄瓜多尔 ECUADOR	66
EE	爱沙尼亚 ESTONIA	71
EG	埃及 EGYPT	67
EH	西撒哈拉 WESTERN SAHARA	235
ER	厄立特里亚 ERITREA	70
ES	西班牙 SPAIN	199
ET	埃塞俄比亚 ETHIOPIA	72
	F	
FI	芬兰 FINLAND	76
FJ	斐济 FIJI	75
FK	福克兰群岛（马尔维纳斯） FALKLAND ISLANDS（MALVINAS）	73
FM	密克罗尼西亚联邦 MICRONESIA，FEDERATED STATES OF	140
FO	法罗群岛 FAROE ISLANDS	74
FR	法国 FRANCE	77
	G	
GA	加蓬 GABON	81
GB	英国 UNITED KINGDOM	223
GD	格林纳达 GRENADA	89

续表

代码	中文和英文简称	序号	代码	中文和英文简称	序号
TZ	坦桑尼亚 TANZANIA	209	VI	美属维尔京群岛 VIRGIN ISLANDS，U. S.	233
	U		VN	越南 VIET NAM	231
UA	乌克兰 UKRAINE	221	VU	瓦努阿图 VANUATU	228
UG	乌干达 UGANDA	220		W	
UM	美国本土外小岛屿 UNITED STATES MINOR OUTLYING ISLANDS	225	WF	瓦利斯和富图纳 WALLIS AND FUTUNA	234
US	美国 UNITED STATES	224	WS	萨摩亚 SAMOA	185
UY	乌拉圭 URUGUAY	226		Y	
UZ	乌兹别克斯坦 UZBEKISTAN	227	YE	也门 YEMEN	236
	V		YT	马约特 MAYOTTE	138
VA	梵蒂冈 VATICAN	229	YU	南斯拉夫 YUGOSLAVIA	237
VC	圣文森特和格林纳丁斯 SAINT VINCENT AND THE GRENADINES	184		Z	
VE	委内瑞拉 VENEZUELA	230	ZA	南非 SOUTH AFRICA	197
VG	英属维尔京群岛 VIRGIN ISLANDS，BRITISH	232	ZM	赞比亚 ZAMBIA	238
			ZW	津巴布韦 ZIMBABWE	239

附　录　C

（提示的附录）

国家和地区名称三字符拉丁字母代码索引

表 C1

代码	中文和英文简称	序号	代码	中文和英文简称	序号
	A		ALB	阿尔巴尼亚 ALBANIA	2
ABW	阿鲁巴 ARUBA	12	AND	安道尔 ANDORRA	5
AFG	阿富汗 AFGHANISTAN	1	ANT	荷属安的列斯 NETHERLANDS ANTILLES	152
AGO	安哥拉 ANGOLA	6	ARE	阿联酋 UNITED ARAB EMIRATES	222
AIA	安圭拉 ANGUILLA	7			

续表

代码	中文和英文简称	序号
ARG	阿根廷 ARGENTINA	10
ARM	亚美尼亚 ARMENIA	11
ASM	美属萨摩亚 AMERICAN SAMOA	4
ATA	南极洲 ANTARCTICA	8
ATF	法属南部领地 FRENCH SOUTHERN TERRITORIES	80
ATG	安提瓜和巴布达 ANTIGUA AND BARBUDA	9
AUS	澳大利亚 AUSTRALIA	13
AUT	奥地利 AUSTRIA	14
AZE	阿塞拜疆 AZERBAIJAN	15
	B	
BDI	布隆迪 BURUNDI	35
BEL	比利时 BELGIUM	21
BEN	贝宁 BENIN	23
BFA	布基纳法索 BURKINA FASO	34
BGD	孟加拉国 BANGLADESH	18
BGR	保加利亚 BULGARIA	33
BHR	巴林 BAHRAIN	17
BHS	巴哈马 BAHAMAS	16
BIH	波黑 BOSNIA AND HERZEGOVINA	27
BLR	白俄罗斯 BELARUS	20
BLZ	伯利兹 BELIZE	22
BMU	百慕大 BERMUDA	24
BOL	玻利维亚 BOLIVIA	26
BRA	巴西 BRAZIL	30
BRB	巴巴多斯 BARBADOS	19
BRN	文莱 BRUNEI	32
BTN	不丹 BHUTAN	25
BVT	布维岛 BOUVET ISLAND	29
BWA	博茨瓦纳 BOTSWANA	28
	C	
CAF	中非 CENTRAL AFRICAN REPUBLIC	41
CAN	加拿大 CANADA	38
CCK	科科斯（基林）群岛 COCOS（KEELING）ISLANDS	49
CHE	瑞士 SWITZERLAND	206
CHL	智利 CHILE	43
CHN	中国 CHINA	44
CIV	科特迪瓦 CÔTE D'IVOIRE	56
CMR	喀麦隆 CAMEROON	37

续表

代码	中文和英文简称	序号
COD	刚果（金） CONGO，THE DEMOCRATIC REPUBLIC OF THE	53
COG	刚果（布） CONGO	52
COK	库克群岛 COOK ISLANDS	54
COL	哥伦比亚 COLOMBIA	50
COM	科摩罗 COMOROS	51
CPV	佛得角 CAPE VERDE	39
CRI	哥斯达黎加 COSTA RICA	55
CUB	古巴 CUBA	58
CXR	圣诞岛 CHRISTMAS ISLAND	48
CYM	开曼群岛 CAYMAN ISLANDS	40
CYP	塞浦路斯 CYPRUS	59
CZE	捷克 CZECH REPUBLIC	60
	D	
DEU	德国 GERMANY	84
DJI	吉布提 DJIBOUTI	62
DMA	多米尼克 DOMINICA	63
DNK	丹麦 DENMARK	61
DOM	多米尼加 DOMINICAN REPUBLIC	64
DZA	阿尔及利亚 ALGERIA	3
	E	
ECU	厄瓜多尔 ECUADOR	66
EGY	埃及 EGYPT	67
ERI	厄立特里亚 ERITREA	70
ESH	西撒哈拉 WESTERN SAHARA	235
ESP	西班牙 SPAIN	199
EST	爱沙尼亚 ESTONIA	71
ETH	埃塞俄比亚 ETHIOPIA	72
	F	
FIN	芬兰 FINLAND	76
FJI	斐济 FIJI	75
FLK	福克兰群岛（马尔维纳斯） FALKLAND ISLANDS（MALVINAS）	73
FRA	法国 FRANCE	77
FRO	法罗群岛 FAROE ISLANDS	74
FSM	密克罗尼西亚联邦 MICRONESIA，FEDERATED STATES OF	140
	G	
GAB	加蓬 GABON	81
GBR	英国 UNITED KINGDOM	223
GEO	格鲁吉亚 GEORGIA	83
GHA	加纳 GHANA	85

续表

代码	中文和英文简称	序号	代码	中文和英文简称	序号
GIB	直布罗陀 GIBRALTAR	86	HUN	匈牙利 HUNGARY	99
GIN	几内亚 GUINEA	93		I	
GLP	瓜德罗普 GUADELOUPE	90	IDN	印度尼西亚 INDONESIA	102
GMB	冈比亚 GAMBIA	82	IND	印度 INDIA	101
GNB	几内亚比绍 GUINEA – BISSAU	94	IOT	英属印度洋领地 BRITISH INDIAN OCEAN TERRITORY	31
GNQ	赤道几内亚 EQUATORIAL GUINEA	69	IRL	爱尔兰 IRELAND	105
GRC	希腊 GREECE	87	IRN	伊朗 IRAN	103
GRD	格林纳达 GRENADA	89	IRQ	伊拉克 IRAQ	104
GRL	格陵兰 GREENLAND	88	ISL	冰岛 ICELAND	100
GTM	危地马拉 GUATEMALA	92	ISR	以色列 ISRAEL	106
GUF	法属圭亚那 FRENCH GUIANA	78	ITA	意大利 ITALY	107
GUM	关岛 GUAM	91		J	
GUY	圭亚那 GUYANA	95	JAM	牙买加 JAMAICA	108
	H		JOR	约旦 JORDAN	110
HKG	中国香港 HONG KONG	45	JPN	日本 JAPAN	109
HMD	赫德岛和麦克唐纳岛 HEARD ISLAND AND MCDONALD ISLANDS	97		K	
HND	洪都拉斯 HONDURAS	98	KAZ	哈萨克斯坦 KAZAKHSTAN	111
HRV	克罗地亚 CROATIA	57	KEN	肯尼亚 KENYA	112
HTI	海地 HAITI	96	KGZ	吉尔吉斯斯坦 KYRGYZSTAN	117
			KHM	柬埔寨 CAMBODIA	36

续表

代码	中文和英文简称	序号	代码	中文和英文简称	序号
KIR	基里巴斯 KIRIBATI	113	MDA	摩尔多瓦 MOLDOVA	141
KNA	圣基茨和尼维斯 SAINT KITTS AND NEVIS	181	MDG	马达加斯加 MADAGASCAR	128
KOR	韩国 KOREA，REPUBLIC OF	115	MDV	马尔代夫 MALDIVES	131
KWT	科威特 KUWAIT	116	MEX	墨西哥 MEXICO	139
	L		MHL	马绍尔群岛 MARSHALL ISLANDS	134
LAO	老挝 LAOS	118	MKD	前南马其顿 MACEDONIA，THE FORMER YUGOSLAV REPUBLIC OF	127
LBN	黎巴嫩 LEBANON	120	MLI	马里 MALI	132
LBR	利比里亚 LIBERIA	122	MLT	马耳他 MALTA	133
LBY	利比亚 LIBYA	123	MMR	缅甸 MYANMAR	147
LCA	圣卢西亚 SAINT LUCIA	182	MNG	蒙古 MONGOLIA	143
LIE	列支敦士登 LIECHTENSTEIN	124	MNP	北马里亚纳 NORTHERN MARIANA ISLANDS	160
LKA	斯里兰卡 SRI LANKA	200	MOZ	莫桑比克 MOZAMBIQUE	146
LSO	莱索托 LESOTHO	121	MRT	毛里塔尼亚 MAURITANIA	136
LTU	立陶宛 LITHUANIA	125	MSR	蒙特塞拉特 MONTSERRAT	144
LUX	卢森堡 LUXEMBOURG	126	MTQ	马提尼克 MARTINIQUE	135
LVA	拉脱维亚 LATVIA	119	MUS	毛里求斯 MAURITIUS	137
	M		MWI	马拉维 MALAWI	129
MAC	澳门 MACAU	46	MYS	马来西亚 MALAYSIA	130
MAR	摩洛哥 MOROCCO	145			
MCO	摩纳哥 MONACO	142			

续表

代码	中文和英文简称	序号	代码	中文和英文简称	序号
MYT	马约特 MAYOTTE	138	PER	秘鲁 PERU	169
	N		PHL	菲律宾 PHILIPPINES	170
NAM	纳米比亚 NAMIBIA	148	PLW	帕劳 PALAU	164
NCL	新喀里多尼亚 NEW CALEDONIA	153	PNG	巴布亚新几内亚 PAPUA NEW GUINEA	167
NER	尼日尔 NIGER	156	POL	波兰 POLAND	172
NFK	诺福克岛 NORFOLK ISLAND	159	PRI	波多黎各 PUERTO RICO	174
NGA	尼日利亚 NIGERIA	157	PRK	朝鲜 KOREA, DEMOCRATIC PEOPLE'S REPUBLIC OF	114
NIC	尼加拉瓜 NICARAGUA	155	PRT	葡萄牙 PORTUGAL	173
NIU	纽埃 NIUE	158	PRY	巴拉圭 PARAGUAY	168
NLD	荷兰 NETHERLANDS	151	PSE	巴勒斯坦 PALESTINE	165
NOR	挪威 NORWAY	161	PYF	法属波利尼西亚 FRENCH POLYNESIA	79
NPL	尼泊尔 NEPAL	150		Q	
NRU	瑙鲁 NAURU	149	QAT	卡塔尔 QATAR	175
NZL	新西兰 NEW ZEALAND	154		R	
	O		REU	留尼汪 RÉUNION	176
OMN	阿曼 OMAN	162	ROM	罗马尼亚 ROMANIA	177
	P		RUS	俄罗斯联邦 RUSSIAN FEDERATION	178
PAK	巴基斯坦 PAKISTAN	163	RWA	卢旺达 RWANDA	179
PAN	巴拿马 PANAMA	166		S	
PCN	皮特凯恩 PITCAIRN	171	SAU	沙特阿拉伯 SAUDI ARABIA	188

续表

代码	中文和英文简称	序号
SDN	苏丹 SUDAN	201
SEN	塞内加尔 SENEGAL	189
SGP	新加坡 SINGAPORE	192
SGS	南乔治亚岛和南桑德韦奇岛 SOUTH GEORGIA AND THE SOUTH SANDWICH ISLANDS	198
SHN	圣赫勒拿 SAINT HELENA	180
SJM	斯瓦尔巴岛和扬马延岛 SVALBARD AND JAN MAYEN	203
SLB	所罗门群岛 SOLOMON ISLANDS	195
SLE	塞拉利昂 SIERRA LEONE	191
SLV	萨尔瓦多 EL SALVADOR	68
SMR	圣马力诺 SAN MARINO	186
SOM	索马里 SOMALIA	196
SPM	圣皮埃尔和密克隆 SAINT PIERRE AND MIQUELON	183
STP	圣多美和普林西比 SAO TOME AND PRINCIPE	187
SUR	苏里南 SURINAME	202
SVK	斯洛伐克 SLOVAKIA	193
SVN	斯洛文尼亚 SLOVENIA	194
SWE	瑞典 SWEDEN	205
SWZ	斯威士兰 SWAZILAND	204

代码	中文和英文简称	序号
SYC	塞舌尔 SEYCHELLES	190
SYR	叙利亚 SYRIAN ARAB REPUBLIC	207
	T	
TCA	特克斯和凯科斯群岛 TURKS AND CAICOS ISLANDS	218
TCD	乍得 CHAD	42
TGO	多哥 TOGO	211
THA	泰国 THAILAND	210
TJK	塔吉克斯坦 TAJIKISTAN	208
TKL	托克劳 TOKELAU	212
TKM	土库曼斯坦 TURKMENISTAN	217
TMP	东帝汶 EAST TIMOR	65
TON	汤加 TONGA	213
TTO	特立尼达和多巴哥 TRINIDAD AND TOBAGO	214
TUN	突尼斯 TUNISIA	215
TUR	土耳其 TURKEY	216
TUV	图瓦卢 TUVALU	219
TWN	中国台湾 TAIWAN，PROVINCE OF CHINA	47
TZA	坦桑尼亚 TANZANIA	209

续表

代码	中文和英文简称	序号	代码	中文和英文简称	序号
	U		VIR	美属维尔京群岛 VIRGIN ISLANDS，U. S.	233
UGA	乌干达 UGANDA	220	VNM	越南 VIET NAM	231
UKR	乌克兰 UKRAINE	221	VUT	瓦努阿图 VANUATU	228
UMI	美国本土外小岛屿 UNITED STATES MINOR OUTLYING ISLANDS	225		W	
URY	乌拉圭 URUGUAY	226	WLF	瓦利斯和富图纳 WALLIS AND FUTUNA	234
USA	美国 UNITED STATES	224	WSM	萨摩亚 SAMOA	185
UZB	乌兹别克斯坦 UZBEKISTAN	227		Y	
	V		YEM	也门 YEMEN	236
VAT	梵蒂冈 VATICAN	229	YUG	南斯拉夫 YUGOSLAVIA	237
VCT	圣文森特和格林纳丁斯 SAINT VINCENT AND THE GRENADINES	184		Z	
VEN	委内瑞拉 VENEZUELA	230	ZAF	南非 SOUTH AFRICA	197
			ZMB	赞比亚 ZAMBIA	238
VGB	英属维尔京群岛 VIRGIN ISLANDS，BRITISH	232	ZWE	津巴布韦 ZIMBABWE	239

附　录　D
（提示的附录）

国家和地区名称阿拉伯数字代码索引

表 D1

代码	中文和英文简称	序号	代码	中文和英文简称	序号
004	阿富汗 AFGHANISTAN	1	024	安哥拉 ANGOLA	6
008	阿尔巴尼亚 ALBANIA	2			
010	南极洲 ANTARCTICA	8	028	安提瓜和巴布达 ANTIGUA AND BARBUDA	9
012	阿尔及利亚 ALGERIA	3	031	阿塞拜疆 AZERBAIJAN	15
016	美属萨摩亚 AMERICAN SAMOA	4	032	阿根廷 ARGENTINA	10
020	安道尔 ANDORRA	5	036	澳大利亚 AUSTRALIA	13

续表

代码	中文和英文简称	序号	代码	中文和英文简称	序号
040	奥地利 AUSTRIA	14	100	保加利亚 BULGARIA	33
044	巴哈马 BAHAMAS	16	104	缅甸 MYANMAR	147
048	巴林 BAHRAIN	17	108	布隆迪 BURUNDI	35
050	孟加拉国 BANGLADESH	18	112	白俄罗斯 BELARUS	20
051	亚美尼亚 ARMENIA	11	116	柬埔寨 CAMBODIA	36
052	巴巴多斯 BARBADOS	19	120	喀麦隆 CAMEROON	37
056	比利时 BELGIUM	21	124	加拿大 CANADA	38
060	百慕大 BERMUDA	24	132	佛得角 CAPE VERDE	39
064	不丹 BHUTAN	25	136	开曼群岛 CAYMAN ISLANDS	40
068	玻利维亚 BOLIVIA	26	140	中非 CENTRAL AFRICAN REPUBLIC	41
070	波黑 BOSNIA AND HERZEGOVINA	27	144	斯里兰卡 SRILANKA	200
072	博茨瓦纳 BOTSWANA	28	148	乍得 CHAD	42
074	布维岛 BOUVET ISLAND	29	152	智利 CHILE	43
076	巴西 BRAZIL	30	156	中国 CHINA	44
084	伯利兹 BELIZE	22	158	中国台湾 TAIWAN，PROVINCE OF CHINA	47
086	英属印度洋领地 BRITISH INDIAN OCEAN TERRITORY	31	162	圣诞岛 CHRISTMAS ISLAND	48
090	所罗门群岛 SOLOMON ISLANDS	195	166	科科斯（基林）群岛 COCOS（KEELING）ISLANDS	49
092	英属维尔京群岛 VIRGIN ISLANDS，BRITISH	232	170	哥伦比亚 COLOMBIA	50
096	文莱 BRUNEI	32	174	科摩罗 COMOROS	51

续表

代码	中文和英文简称	序号	代码	中文和英文简称	序号
175	马约特 MAYOTTE	138	234	法罗群岛 FAROE ISLANDS	74
178	刚果（布） CONGO	52	238	福克兰群岛（马尔维纳斯） FALKLAND ISLANDS（MALVINAS）	73
180	刚果（金） CONGO，THE DEMOCRATIC REPUBLIC OF THE	53	239	南乔治亚岛和南桑德韦奇岛 SOUTH GEORGIA AND THE SOUTH SANDWICH ISLANDS	198
184	库克群岛 COOK ISLANDS	54	242	斐济 FIJI	75
188	哥斯达黎加 COSTA RICA	55	246	芬兰 FINLAND	76
191	克罗地亚 CROATIA	57	250	法国 FRANCE	77
192	古巴 CUBA	58	254	法属圭亚那 FRENCH GUIANA	78
196	塞浦路斯 CYPRUS	59	258	法属波利尼西亚 FRENCH POLYNESIA	79
203	捷克 CZECH REPUBLIC	60	260	法属南部领地 FRENCH SOUTHERN TERRITORIES	80
204	贝宁 BENIN	23	262	吉布提 DJIBOUTI	62
208	丹麦 DENMARK	61	266	加蓬 GABON	81
212	多米尼克 DOMINICA	63	268	格鲁吉亚 GEORGIA	83
214	多米尼加 DOMINICAN REPUBLIC	64	270	冈比亚 GAMBIA	82
218	厄瓜多尔 ECUADOR	66	275	巴勒斯坦 PALESTINE	165
222	萨尔瓦多 EL SALVADOR	68	276	德国 GERMANY	84
226	赤道几内亚 EQUATORIAL GUINEA	69	288	加纳 GHANA	85
231	埃塞俄比亚 ETHIOPIA	72	292	直布罗陀 GIBRALTAR	86
232	厄立特里亚 ERITREA	70	296	基里巴斯 KIRIBATI	113
233	爱沙尼亚 ESTONIA	71			

续表

代码	中文和英文简称	序号	代码	中文和英文简称	序号
300	希腊 GREECE	87	372	爱尔兰 IRELAND	105
304	格陵兰 GREENLAND	88	376	以色列 ISRAEL	106
308	格林纳达 GRENADA	89	380	意大利 ITALY	107
312	瓜德罗普 GUADELOUPE	90	384	科特迪瓦 CÔTE D'IVOIRE	56
316	关岛 GUAM	91	388	牙买加 JAMAICA	108
320	危地马拉 GUATEMALA	92	392	日本 JAPAN	109
324	几内亚 GUINEA	93	398	哈萨克斯坦 KAZAKHSTAN	111
328	圭亚那 GUYANA	95	400	约旦 JORDAN	110
332	海地 HAITI	96	404	肯尼亚 KENYA	112
334	赫德岛和麦克唐纳岛 HEARD ISLAND AND MCDONALD ISLANDS	97	408	朝鲜 KOREA，DEMOCRATIC PEOPLE'S REPUBLIC OF	114
336	梵蒂冈 VATICAN	229	410	韩国 KOREA，REPUBLIC OF	115
340	洪都拉斯 HONDURAS	98	414	科威特 KUWAIT	116
344	中国香港 HONG KONG	45	417	吉尔吉斯斯坦 KYRGYZSTAN	117
348	匈牙利 HUNGARY	99	418	老挝 LAOS	118
352	冰岛 ICELAND	100	422	黎巴嫩 LEBANON	120
356	印度 INDIA	101	426	莱索托 LESOTHO	121
360	印度尼西亚 INDONESIA	102	428	拉脱维亚 LATVIA	119
364	伊朗 IRAN	103	430	利比里亚 LIBERIA	122
368	伊拉克 IRAQ	104			

续表

代码	中文和英文简称	序号	代码	中文和英文简称	序号
434	利比亚 LIBYA	123	504	摩洛哥 MOROCCO	145
438	列支敦士登 LIECHTENSTEIN	124	508	莫桑比克 MOZAMBIQUE	146
440	立陶宛 LITHUANIA	125	512	阿曼 OMAN	162
442	卢森堡 LUXEMBOURG	126	516	纳米比亚 NAMIBIA	148
446	澳门 MACAU	46	520	瑙鲁 NAURU	149
450	马达加斯加 MADAGASCAR	128	524	尼泊尔 NEPAL	150
454	马拉维 MALAWI	129	528	荷兰 NETHERLANDS	151
458	马来西亚 MALAYSIA	130	530	荷属安的列斯 NETHERLANDS ANTILLES	152
462	马尔代夫 MALDIVES	131	533	阿鲁巴 ARUBA	12
466	马里 MALI	132	540	新喀里多尼亚 NEW CALEDONIA	153
470	马耳他 MALTA	133	548	瓦努阿图 VANUATU	228
474	马提尼克 MARTINIQUE	135	554	新西兰 NEW ZEALAND	154
478	毛里塔尼亚 MAURITANIA	136	558	尼加拉瓜 NICARAGUA	155
480	毛里求斯 MAURITIUS	137	562	尼日尔 NIGER	156
484	墨西哥 MEXICO	139	566	尼日利亚 NIGERIA	157
492	摩纳哥 MONACO	142	570	纽埃 NIUE	158
496	蒙古 MONGOLIA	143	574	诺福克岛 NORFOLK ISLAND	159
498	摩尔多瓦 MOLDOVA	141	578	挪威 NORWAY	161
500	蒙特塞拉特 MONTSERRAT	144	580	北马里亚纳 NORTHERN MARIANA ISLANDS	160

续表

代码	中文和英文简称	序号	代码	中文和英文简称	序号
581	美国本土外小岛屿 UNITED STATES MINOR OUTLYING ISLANDS	225	643	俄罗斯联邦 RUSSIAN FEDERATION	178
583	密克罗尼西亚联邦 MICRONESIA，FEDERATED STATES OF	140	646	卢旺达 RWANDA	179
584	马绍尔群岛 MARSHALL ISLANDS	134	654	圣赫勒拿 SAINT HELENA	180
585	帕劳 PALAU	164	659	圣基茨和尼维斯 SAINT KITTS AND NEVIS	181
586	巴基斯坦 PAKISTAN	163	660	安圭拉 ANGUILLA	7
591	巴拿马 PANAMA	166	662	圣卢西亚 SAINT LUCIA	182
598	巴布亚新几内亚 PAPUA NEW GUINEA	167	666	圣皮埃尔和密克隆 SAINT PIERRE AND MIQUELON	183
600	巴拉圭 PARAGUAY	168	670	圣文森特和格林纳丁斯 SAINT VINCENT AND THE GRENADINES	184
604	秘鲁 PERU	169	674	圣马力诺 SAN MARINO	186
608	菲律宾 PHILIPPINES	170	678	圣多美和普林西比 SAO TOME AND PRINCIPE	187
612	皮特凯恩 PITCAIRN	171	682	沙特阿拉伯 SAUDI ARABIA	188
616	波兰 POLAND	172	686	塞内加尔 SENEGAL	189
620	葡萄牙 PORTUGAL	173	690	塞舌尔 SEYCHELLES	190
624	几内亚比绍 GUINEA – BISSAU	94	694	塞拉利昂 SIERRA LEONE	191
626	东帝汶 EAST TIMOR	65	702	新加坡 SINGAPORE	192
630	波多黎各 PUERTO RICO	174	703	斯洛伐克 SLOVAKIA	193
634	卡塔尔 QATAR	175	704	越南 VIET NAM	231
638	留尼汪 REUNION	176	705	斯洛文尼亚 SLOVENIA	194
642	罗马尼亚 ROMANIA	177	706	索马里 SOMALIA	196

续表

代码	中文和英文简称	序号
710	南非 SOUTH AFRICA	197
716	津巴布韦 ZIMBABWE	239
724	西班牙 SPAIN	199
732	西撒哈拉 WESTERN SAHARA	235
736	苏丹 SUDAN	201
740	苏里南 SURINAME	202
744	斯瓦尔巴岛和扬马延岛 SVALBARD AND JAN MAYEN	203
748	斯威士兰 SWAZILAND	204
752	瑞典 SWEDEN	205
756	瑞士 SWITZERLAND	206
760	叙利亚 SYRIAN ARAB REPUBLIC	207
762	塔吉克斯坦 TAJIKISTAN	208
764	泰国 THAILAND	210
768	多哥 TOGO	211
772	托克劳 TOKELAU	212
776	汤加 TONGA	213
780	特立尼达和多巴哥 TRINIDAD AND TOBAGO	214
784	阿联酋 UNITED ARAB EMIRATES	222
788	突尼斯 TUNISIA	215
792	土耳其 TURKEY	216
795	土库曼斯坦 TURKMENISTAN	217
796	特克斯和凯科斯群岛 TURKS AND CAICOS ISLANDS	218
798	图瓦卢 TUVALU	219
800	乌干达 UGANDA	220
804	乌克兰 UKRAINE	221
807	前南马其顿 MACEDONIA, THE FORMER YUGOSLAV REPUBLIC OF	127
818	埃及 EGYPT	67
826	英国 UNITED KINGDOM	223
834	坦桑尼亚 TANZANIA	209
840	美国 UNITED STATES	224
850	美属维尔京群岛 VIRGIN ISLANDS, U. S.	233
854	布基纳法索 BURKINA FASO	34
858	乌拉圭 URUGUAY	226
860	乌兹别克斯坦 UZBEKISTAN	227
862	委内瑞拉 VENEZUELA	230
876	瓦利斯和富图纳 WALLIS AND FUTUNA	234
882	萨摩亚 SAMOA	185
887	也门 YEMEN	236
891	南斯拉夫 YUGOSLAVIA	237
894	赞比亚 ZAMBIA	238

国家统计局关于印发统计上大中小微型企业划分办法的通知

2011 年 9 月 2 日　国统字［2011］75 号

各省、自治区、直辖市统计局，新疆生产建设兵团统计局，国家统计局各调查总队，国务院有关部门：

为贯彻落实工业和信息化部、国家统计局、国家发展改革委、财政部《关于印发中小企业划型标准规定的通知》（工信部联企业［2011］300 号），结合统计工作的实际情况，我们制定了《统计上大中小微型企业划分办法》。现印发给你们，请遵照执行。

统计上大中小微型企业划分办法

一、根据工业和信息化部、国家统计局、国家发展改革委、财政部《关于印发中小企业划型标准规定的通知》（工信部联企业［2011］300 号），结合统计工作的实际情况，特制定本办法。

二、本办法适用对象为在中华人民共和国境内依法设立的各种组织形式的法人企业或单位。个体工商户参照本办法进行划分。

三、本办法适用范围包括：农、林、牧、渔业，采矿业，制造业，电力、热力、燃气及水生产和供应业，建筑业，批发和零售业，交通运输、仓储和邮政业，住宿和餐饮业，信息传输、软件和信息技术服务业，房地产业，租赁和商务服务业，科学研究和技术服务业，水利、环境和公共设施管理业，居民服务、修理和其他服务业，文化、体育和娱乐业等 15 个行业门类以及社会工作行业大类。

四、本办法按照行业门类、大类、中类和组合类别，依据从业人员、营业收入、资产总额等指标或替代指标，将我国的企业划分为大型、中型、小型、微型等四种类型。具体划分标准见附表。

五、企业划分由政府综合统计部门根据统计年报每年确定一次，定报统计原则上不进行调整。

六、本办法自印发之日起执行，国家统计局 2003 年印发的《统计上大中小型企业划分办法（暂行）》（国统字［2003］17 号）同时废止。

附表：统计上大中小微型企业划分标准

附表　　**统计上大中小微型企业划分标准**

行业名称	指标名称	计量单位	大型	中型	小型	微型
农、林、牧、渔业	营业收入（Y）	万元	Y≥20000	500≤Y＜20000	50≤Y＜500	Y＜50
工业*	从业人员（X）	人	X≥1000	300≤X＜1000	20≤X＜300	X＜20
	营业收入（Y）	万元	Y≥40000	2000≤Y＜40000	300≤Y＜2000	Y＜300

续表

行业名称	指标名称	计量单位	大型	中型	小型	微型
建筑业	营业收入（Y）	万元	Y≥80000	6000≤Y<80000	300≤Y<6000	Y<300
	资产总额（Z）	万元	Z≥80000	5000≤Z<80000	300≤Z<5000	Z<300
批发业	从业人员（X）	人	X≥200	20≤X<200	5≤X<20	X<5
	营业收入（Y）	万元	Y≥40000	5000≤Y<40000	1000≤Y<5000	Y<1000
零售业	从业人员（X）	人	X≥300	50≤X<300	10≤X<50	X<10
	营业收入（Y）	万元	Y≥20000	500≤Y<20000	100≤Y<500	Y<100
交通运输业*	从业人员（X）	人	X≥1000	300≤X<1000	20≤X<300	X<20
	营业收入（Y）	万元	Y≥30000	3000≤Y<30000	200≤Y<3000	Y<200
仓储业	从业人员（X）	人	X≥200	100≤X<200	20≤X<100	X<20
	营业收入（Y）	万元	Y≥30000	1000≤Y<30000	100≤Y<1000	Y<100
邮政业	从业人员（X）	人	X≥1000	300≤X<1000	20≤X<300	X<20
	营业收入（Y）	万元	Y≥30000	2000≤Y<30000	100≤Y<2000	Y<100
住宿业	从业人员（X）	人	X≥300	100≤X<300	10≤X<100	X<10
	营业收入（Y）	万元	Y≥10000	2000≤Y<10000	100≤Y<2000	Y<100
餐饮业	从业人员（X）	人	X≥300	100≤X<300	10≤X<100	X<10
	营业收入（Y）	万元	Y≥10000	2000≤Y<10000	100≤Y<2000	Y<100
信息传输业*	从业人员（X）	人	X≥2000	100≤X<2000	10≤X<100	X<10
	营业收入（Y）	万元	Y≥100000	1000≤Y<100000	100≤Y<1000	Y<100
软件和信息技术服务业	从业人员（X）	人	X≥300	100≤X<300	10≤X<100	X<10
	营业收入（Y）	万元	Y≥10000	1000≤Y<10000	50≤Y<1000	Y<50
房地产开发经营	营业收入（Y）	万元	Y≥200000	1000≤Y<200000	100≤Y<1000	Y<100
	资产总额（Z）	万元	Z≥10000	5000≤Z<10000	2000≤Z<5000	Z<2000
物业管理	从业人员（X）	人	X≥1000	300≤X<1000	100≤X<300	X<100
	营业收入（Y）	万元	Y≥5000	1000≤Y<5000	500≤Y<1000	Y<500
租赁和商务服务业	从业人员（X）	人	X≥300	100≤X<300	10≤X<100	X<10
	资产总额（Z）	万元	Z≥120000	8000≤Z<120000	100≤Z<8000	Z<100
其他未列明行业*	从业人员（X）	人	X≥300	100≤X<300	10≤X<100	X<10

说明：

1. 大型、中型和小型企业须同时满足所列指标的下限，否则下划一档；微型企业只须满足所列指标中的一项即可。

2. 附表中各行业的范围以《国民经济行业分类》（GB/T4754－2011）为准。带*的项为行业组合类别，其中，工业包括采矿业，制造业，电力、热力、燃气及水生产和供应业；交通运输业包括道路运输业，水上运输业，航空运输业，管道运输业，装卸搬运和运输代理业，不包括铁路运输业；信息传输业包括电信、广播电视和卫星传输服务，互联网和相关服务；其他未列明行业包括科学研究和技术服务业，水利、环境和公共设施管理业，居民服务、修理和其他服务业，社会工作，文化、体育和娱乐业，以及房地产中介服务，其他房地产业等，不包括自有房地产经营活动。

3. 企业划分指标以现行统计制度为准。（1）从业人员，是指期末从业人员数，没有期末从业人员数的，采用全年平均人员数代替。（2）营业收入，工业、建筑业、限额以上批发和零售业、限额以上住宿和餐饮业以及其他设置主营业务收入指标的行业，采用主营业务收入；限额以下批发与零售业企业采用商品销售额代替；限额以下住宿与餐饮业企业采用营业额代替；农、林、牧、渔业企业采用营业总收入代替；其他未设置主营业务收入的行业，采用营业收入指标。（3）资产总额，采用资产总计代替。